AMERICAN LITERARY MANUSCRIPTS

Sponsored by the American Literature Section
of the Modern Language Association

AMERICAN LITERARY MANUSCRIPTS

*A Checklist of Holdings
in Academic, Historical, and Public Libraries,
Museums, and Authors' Homes
in the United States*

Compiled, with the assistance of Associates, by
J. ALBERT ROBBINS, EDITOR
and

GEORGE HENDRICK	A. W. PLUMSTEAD
KIMBALL KING	F. WARREN ROBERTS
ALAN MARGOLIES	LEO A. WEIGANT
E. PETER NOLAN	THOMAS WORTHAM

Second Edition

THE UNIVERSITY OF GEORGIA PRESS
ATHENS

Library of Congress Cataloging in Publication Data

Robbins, John Albert, 1914–
   American literary manuscripts.

Edition for 1961 compiled by the Committee on Manuscript Holdings of the American Literature Group, Modern Language Association of America.
   Bibliography.
   1. American literature — Manuscripts — Catalogs. I. Modern Language Association of America. American Literature Section. II. Modern Language Association of America. American Literature Group. Committee on Manuscript Holdings. American literary manuscripts. III. Title.

Z6620.U5M6   1977   [PS88]   016.81   76–49156
          ISBN 0–8203–0412–3

CONTENTS

THE COMMITTEE ON MANUSCRIPT HOLDINGS
of the American Literature Section,
Modern Language Association of America,
Compilers of this Volume

Chairman of the Committee, project director, and editor: J. Albert
Robbins, Indiana University

ASSISTANTS TO THE EDITOR

Richard W. Counts, Indiana University, computer consultant
Melissa Kuramoto, Indiana University, editorial assistant
John Kolena, Indiana University, computer assistant and proofreader
James S. Sims, Indiana University, computer assistant

NEW ENGLAND
(Connecticut, Maine, New Hampshire, Rhode Island,
Massachusetts, Vermont)

Regional Chairman: A. W. Plumstead, University of Massachusetts, Am-
herst
Regional Associates:
John J. Duffy, Johnson State College
Gerald R. Griffin, Northeastern University
Elizabeth G. Gunning, Rhode Island College
Eleanor J. Lyons, Indiana University, South Bend
George Monteiro, Brown University
Ralph H. Orth, University of Vermont
Robert C. Ryan, Boston University
Sharon C. Seelig, Mount Holyoke College

NEW YORK STATE

Regional Chairman: Alan Margolies, John Jay College of Criminal Justice,
City University of New York
Regional Associates:
Cortland P. Auser, Bronx Community College, CUNY
Diana Arbin Ben-Merre, New College, Hofstra University
Johannes D. Bergmann, George Mason University

G. Ferris Cronkhite, Ithaca College
Daniel Golden, State University College at Buffalo
Robert E. Golden, Rochester Institute of Technology
Ruth D. Johnston, John Jay College of Criminal Justice, CUNY
Thomas S. W. Lewis, Skidmore College
Francis X. Nulty, John Jay College of Criminal Justice, CUNY
Arthur S. Pfeffer, John Jay College of Criminal Justice, CUNY
Burton R. Pollin, Emeritus, Bronx Community College, CUNY
Rochelle L. Roth, New York, N.Y.
Jon Christian Suggs, John Jay College of Criminal Justice, CUNY

MIDDLE ATLANTIC

(Delaware, District of Columbia, Maryland, New Jersey, Pennsylvania)

Regional Chairman: Leo A. Weigant, Bowie, Md.
Regional Associates:
  Robert S. Fraser, Princeton, N.J.
  Charles W. Mann, Fred Lewis Pattee Library, Pennsylvania State
    University, University Park
  Christopher Sten, George Washington University
  Neda M. Westlake, Charles Van Pelt Library, University of Pennsyl-
    vania

SOUTH ATLANTIC

(Alabama, Florida, Georgia, Kentucky, Mississippi, North Carolina,
South Carolina, Tennessee, Virginia, West Virginia)

Regional Chairman: Kimball King, University of North Carolina, Chapel
    Hill
Regional Associates:
  Ray M. Atchison, Samford University
  R. Bruce Bickley, Jr., Florida State University
  Gordon E. Bigelow, University of Florida
  John C. Boggs, Jr., University of Richmond
  James Brewster, Morgantown, W. Va.
  John Clum, Duke University
  Carl R. Dolmetsch, College of William and Mary
  George Ellison, Mississippi State University
  Lawrence Huff, Georgia Southern College
  Harold H. Kolb, Jr., University of Virginia
  F. DeWolfe Miller, University of Tennessee, Knoxville
  Rayburn S. Moore, University of Georgia

Joel Myerson, University of South Carolina
Norman Olsen, Jr., College of Charleston
John Pilkington, University of Mississippi
Clayton Reeve, Tennessee State University
Lawrence S. Thompson, University of Kentucky

SOUTH CENTRAL
(Arkansas, Louisiana, Oklahoma, Texas)

Regional Chairman: F. Warren Roberts, Humanities Research Center, University of Texas, Austin
Regional Associates:
  Robert Murray Davis, University of Oklahoma
  John R. Payne, Humanities Research Center, University of Texas, Austin
  Blair Rouse, University of Arkansas, Fayetteville
  Darwin H. Shrell, Louisiana State University, Baton Rouge

MIDWEST
(Illinois, Indiana, Iowa, Kansas, Michigan, Minnesota, Missouri, Nebraska, Ohio, Wisconsin)

Regional Chairman: George Hendrick, University of Illinois, Urbana
Regional Associates:
  David D. Anderson, Michigan State University
  Kent Bales, University of Minnesota, Minneapolis
  Clifford M. Caruthers, Northern Illinois University
  Richard Crowder, Purdue University
  Arthur D. Epstein, Palo Alto, Calif.
  David Farmer, University of Texas, Austin
  Benjamin Franklin V, University of South Carolina
  Dean H. Keller, Kent State University Library
  Jerome Klinkowitz, University of Northern Iowa
  Jeanette W. Mann, Northern Illinois University
  L. Terry Oggel, Northern Illinois University
  Herb Stappenbeck, University of Missouri, Columbia

WEST
(Arizona, Colorado, Idaho, Montana, Nevada, New Mexico, North Dakota, South Dakota, Utah, Wyoming)

Regional Chairman: E. Peter Nolan, University of Colorado, Boulder

PACIFIC COAST
(Alaska, California, Hawaii, Oregon, Washington)

Regional Chairman: Thomas Wortham, University of California, Los Angeles
Regional Associates:
John Casteen, University of California, Berkeley
John Griffith, University of Washington, Seattle
Paul David Johnson, University of California, Davis
Edward C. Kemp, Jr., University of Oregon Library
Luther S. Luedtke, University of Southern California

ACKNOWLEDGMENTS

The project has been made possible by a grant from the Joseph Fels Foundation of New York City and by a supplemental grant in 1975 to assist us in meeting unexpected expenses and inflated costs. The Committee on Manuscript Holdings and the American Literature Section are grateful for this generous and essential aid.

The chairman's institution, Indiana University, has assisted in many substantial ways. We are pleased to acknowledge a planning grant-in-aid from the Indiana University Foundation, assistance from the Office of Contract Administration and Contract Accounting, computer time from the Marshal H. Wrubel Computing Center, valuable service by the Reference Department of the Indiana University Library, research assistance and clerical help from the Department of English, and timely and essential end-of-project support from Indiana University research funds. The Department of English chairman, Kenneth Gros Louis, has given ready assistance in many forms on many occasions.

We are grateful to the Horace H. Rackham School of Graduate Studies of the University of Michigan for a grant-in-aid; to the Research Committee of the Academic Senate, University of California, Los Angeles, for a grant to assist the Pacific Coast Regional Chairman; to the Research Foundation of the City University of New York for a Faculty Research Award Emergency Grant for data gathering in the New York Public Library; to the Undergraduate Student Assistance Program, Cornell University, for help in compiling the Cornell University Library report; to the Department of English, State University of New York at Albany, for research assistance; and to the University of Minnesota Graduate School and Department of English.

In addition, the committee is indebted to the institutions of the regional chairmen and regional associates for help in many forms—postage, supplies, secretarial help, telephone charges, and the services of research assistants. Without such local aid the project funds would have been exhausted in the early years of our work. In quite tangible ways these institutions have invested in and assured the success of this enterprise.

We have a massive indebtedness to the hundreds of librarians for whom our requests for data and verification are an added burden to their duties. The high incidence of ready assistance from these professional custodians of manuscripts is a debt that this committee is keenly aware of. Quite literally this volume would not be possible without the help of manuscript librarians, country wide.

Knowing that any specification of librarians' aid is a disservice to many, we venture a very partial list of persons with the hope that no one will consider such mention to imply that others did not aid us as largely or as well. A complete roster of all who helped would run to many pages and, even so, would risk overlooking some, unknown to the editor, who aided as significantly. Our thanks, then, to the hundreds of librarians who assisted, including Margaret E. Berg (University of Michigan), Lawrence J. Bradley (University of Notre Dame), John Broderick (Library of Congress), Alma J. Burner (University of Rochester), Herbert Cahoon (Pierpont Morgan Library), John H. Dobson (University of Tennessee), Donald Gallup (Yale University), Edie Goodall (Johns Hopkins University), Jack D. Haley (University of Oklahoma), Holly Hall (Washington University, St. Louis), James D. Hart (University of California, Berkeley), Diane Haskell (Newberry Library), Carolyn Jakeman (Harvard University), Elfrieda Lang (Indiana University), Paula M. Love (Will Rogers Memorial), R. Russell Maylone (Northwestern University), Frank Paluka (University of Iowa), Jean Preston (Henry E. Huntington Library), Milton Ream (University of Oklahoma), Mary L. Ritzenthaler (University of Illinois at Chicago Circle), Victor A. Schaefer (University of Notre Dame), Anthony Shipps (Indiana University), Samuel Sizer (University of Arkansas), Paul Spence (Illinois Historical Society), Howard A. Sullivan (Wayne State University), Sandra Taylor (Indiana University), Mrs. Marion B. Thielman (Arkansas State University), Brooke Whiting (University of California, Los Angeles).

Many have assisted in research and data gathering, including Barry B. Adams, Richard P. Adams, Paul Barrett, Julie Norris Burson, Penny Caminis, Carol Cavey, Constance Chapman-Lambie, Philip B. Eppard, Martha L. Oburn Fitzgerald, Neil K. Fitzgerald, Marcia Frizzell, Susan Geary, Claude L. Gibson, Dorys Grover, Eugene Harding, Sue Ann Helm, Bonita Higgerson, Vicki Hoover, Susan R. Horton, Hedayat Izadpanah, Paul Kameen, Patricia Kovel-Jarboe, Richard Kuhn, Jean Langley, David Levine, Alma Moriconi, Edward Chukwuemeka Okwu, Brook Patternotte, Kathleen Peppard, Kathy Schwartz, Sheldon Sloan, and Gloria Weissman.

In the chairman's office at Indiana University, I have had, in a variety of tasks, the good services of William N. Claxon, Stephen Mannenbach, Richard Muldoon, Bruce Petersen, Charles L. P. Silet, and Lary Smith. My greatest indebtedness is to four people who have been essential to the shaping of libraries' raw data into publishable form. Of all here, my longest working association, dating from early stages of planning, is with Richard W. Counts, whose generous services to this project have been given during his work with, formerly, the Aerospace Research Application Center and, presently, the Quantum Chemistry Program Exchange. As our computer consultant, he devised the many programs necessary to the tasks of intermediate proofreading and correction, updating original reports, ordering names and library symbols, inverting from index by library to the present index by author, and making our master tapes compatible with the capacity of the printer's equipment for setting copy by machine.

Two others, James S. Sims and John Kolena, have served me greatly in dealing with the computer. For two and a half years Jim served as principal keypuncher and computer trouble shooter. As the workload increased, we acquired John as a second keypuncher. When teaching obligations took Jim away from the project, it was John who finished the keypunching of final changes and corrections and handled the daily printings and reprogrammings needed to produce our tapes and printouts in clear form. John was additionally valuable in proofreading and in the large job of recording with accuracy the bulky, recent information libraries sent to update their original reports.

Equally vital has been the work of Melissa Kuramoto as editorial assistant and office manager. In her work during the last two years of the project, she mastered a wide range of duties: she set up files and determined office procedures, did library research on authors' names and dates, handled correspondence, edited library reports, detected and resolved errors and suspect data, compiled searches for information requested by scholars, and proofread the numerous printouts and revisions. Her grasp of the many details of the project and her standards of accuracy have been invaluable in producing a checklist with a minimum of error.

Once the regional associates and regional chairmen, nationwide, deposited their harvest of reports in the editor's office, it was these skilled assistants who endured the drudgery of subduing a mindless computer to our needs and bringing all into editorial order. The quality of the present volume comes from the commitment and work of these persons and the hundreds of other associates across the country—graduate students, professors, and librarians.

All of our regional chairmen and many of our regional associates have assisted with advice on general policy and on details of planning, operation, and editing. Among these valued colleagues, I owe special thanks to Professor George Hendrick of the University of Illinois, to whom I have turned again and again for advice and counsel. His experience and good judgment have been of signal importance to the enterprise.

Superintendence and final decisions have, for better or worse, been mine.

J. ALBERT ROBBINS

INTRODUCTION

Manuscripts are, in every sense, the primary source for literary study, whether it be biography, bibliography, textual study, literary history, or literary criticism. The scholar seeking to master an author, a genre, or a period cannot be content in his mastery until he has consulted the extant manuscripts relevant to his interests—either in the manuscript artifact or manuscripts edited by a competent and scrupulous scholar. We may be thankful that in the last fifty years high scholarly standards have given us accurate printed texts of creative works, letters, and journals, for beyond question this attention to what the manuscripts say has enriched and made authentic the biographies and published editions of the nation's authors—with consequent enrichment of critical studies of those authors.

But manuscripts present special problems to the scholar. Each is unique and seeking them uniquely difficult, for the papers of an author may be scattered among a hundred libraries, to say nothing of private and corporate collections. Until recently the American literary scholar had few published guides to manuscripts in his field, but in 1960 the first edition of *American Literary Manuscripts* appeared; in 1961, Philip M. Hamer's *A Guide to Archives and Manuscripts in the United States;* in 1962, the first volume of the continuing series, *National Union Catalog of Manuscript Collections;* and in 1967 the first volume of Calendars of American Literary Manuscripts. The approaches are wholly different. *ALM* is an item-count finding list arranged by author; Hamer gives summary descriptions of library holdings; *NUCMC* provides brief descriptions of collections of papers; and CALM volumes publish descriptive inventories of the known manuscripts of a single author. All are useful to the scholar, but only *ALM,* with its large list of literary and quasi-literary persons, attempts to guide the scholar to both large and minuscule holdings.

American Literary Manuscripts had its inception a quarter century ago, when the American Literature Section of the Modern Language Association constituted a Committee on Materials of American Literary History (Robert E. Spiller, chairman) to survey a range of needs in the field. From this there issued a seminar, A Survey and Inventory of American Literary Manuscripts, chaired by Professor Lewis Leary at the 1950 meeting of the MLA, the result being formal agreement on the need for some form of guide to manuscript resources. The seminar recommended formation of a committee on library manuscript holdings, with Leary as chairman. In 1951 a working committee was appointed to devise procedures and commence the gathering of data for eventual publication. Its members were Joseph Jones, chairman, Ernest Marchand, H. Dan Piper, J. Albert Robbins, and Herman E. Spivey.

Using the bibliography of the *Literary History of the United States* and the principal biographical dictionaries, the committee compiled a list of 2,350 names of authors in all the genres (including children's and science-fiction literature), publishers and editors, theatrical producers and actors, anthologists, scholar-critics, and selected public figures known also as writers.

Aided in its work by a grant from the Lilly Endowment of Indianapolis, the committee published its findings as *American Literary Manuscripts, A Checklist of Holdings in Academic, Historical, and Public Libraries in the United States* (Austin: University of Texas Press, 1960). It quickly became a standard reference work and a second printing was issued in 1971.

With publication of the volume, the American Literature Section authorized continuance of the committee, with J. Albert Robbins as chairman of the new group. As a first step in planning the work of the committee, he sought the advice of participating libraries. Manuscript librarians agreed upon the usefulness of the volume and gave a consensus for, in due time, not a supplement but a thorough resurvey. The choice proved to be wise in many ways. With a completely new survey we had the opportunity to eliminate known errors in the first volume and to eliminate three symbols which had produced ambiguities, to elicit more complete reporting from participating libraries and greatly to enlarge the number of libraries reporting, and to seek out holdings in museums, foundations, and authors' homes.

With the award in early 1969 of a project grant by the Joseph Fels Foundation of New York, the chairman divided the country into eight regions, defined to reflect groups of states in the regional Modern Language Associations, and appointed a regional chairman responsible for data gathering in each area. These chairmen, in turn, appointed as many regional associates (one or more per state) as deemed necessary. Altogether sixty-three regional associates were appointed, bringing the committee membership to a total of seventy-two. The regional chairmen were able to plan and closely supervise data gathering in their regions, and to solve many problems locally. Such organization gave us a local representative on or near the scene, able to visit libraries or more readily contact them by telephone. All were encouraged to pass on any information received about holdings elsewhere. The committee chairman referred this information to the proper person and, as well, sent out notices of new acquisitions as these appeared in library and manuscript journals.

It is the initiative and alertness of our large corps of workers which largely accounts for the significant increase in data reported. When libraries were unable to compile their reports, regional associates, in some instances, have done the work; in others, regional chairmen or associates have procured and superintended hired searchers. Our people have ranged from graduate students to senior professors and professional librarians—all giving their time to the project in addition to their regular duties. We are, of course, deeply in the debt of the hundreds of librarians who gave generously of their time and expertise. Without their help this volume would be far less accurate and complete.

II

Those familiar with the first *American Literary Manuscripts* will see that we have retained the basic format of that volume, adding a few new symbol categories and devising alternate modes of reporting to gain more flexibility. The following notes explain some features new to this edition and summarize our data gathering and editing procedures, in the belief that knowing how this volume came into being will be useful to those who consult it.

The author list. Although there are some marginal names in the 1960 *ALM,* we felt it wise to retain that list intact and expand it to include a better representation of black authors and younger twentieth-century authors of growing reputation. The 1960 author list of 2,350 names we expanded to 2,750 and, in the last year of the project, we circulated an addendum list of forty-one names. General policy, in both editions, has been to include all major authors and a wide spectrum of minor authors through the nineteenth century. With twentieth-century authors we have, of necessity, been selective with minor figures, believing that we could not include all new authors, some of whom indeed are too young yet to have their manuscripts held in library collections.

Coverage of libraries and exclusions. We have, of course, circularized all libraries reported in the 1960 volume and have been able to extend coverage of the 273 libraries in the first edition to 600 in this. In addition to academic, historical, and public libraries we have recorded holdings also in museums, foundations, and authors' homes. Our policy has been to seek out those libraries which may house only a few manuscript items, since other general guides do not attempt to record these.

The committee has not, as in the first volume, canvassed publishing houses. Because publishers' archives often are large and not organized for research purposes, many publishers could only spottily report their holdings in the 1960 *ALM.* Meanwhile, some publishers' archives (for example, those of Random House, Scribner's, Holt, Bobbs-Merrill) have been deposited in libraries and made available to scholars there.

This committee concurred with our predecessors in excluding private collections of manuscripts. Some private collectors are not equipped, or willing, to respond to inquiries, and, in time, their collections will come upon the market for purchase or be given or sold to libraries.

Changes in symbols. We have retained the essential data categories of the first edition, dropped three, and added four new ones. Because they were ambiguous and invited abuse, we have eliminated the symbols SC (special collection), X (manuscript material of uncertain authenticity), and + (significant holdings without specific count). We have added the following: PR (proof sheets, without item count), R (audio recording, video tape, and film, without item count), M (memorabilia, without item count), and REF (reference).

We are aware that memorabilia are not manuscripts but, since such materials are seldom recorded, we believed it could be useful to register them. The symbol M may signify a lock of hair or a piece of furniture, but it may also indicate such items of potential research value as scrapbooks, photo albums, clippings, and tear sheets.

We have added several informational references (REF), explained more fully elsewhere. REF 1, for example, indicates that a library has a unique-copy checklist or inventory of an author's papers, available to patrons on personal visit, or, in some cases, available by photocopy upon written request. When known to us, we have also cited under REF articles and books which describe collections in useful detail. Other published guides will be found in the Bibliography. We record only published guides and inventories and exclude works which publish the texts of manuscripts.

Signal citations. When a library could not give us exact item counts for MS, L, C, D, and MG, we have elected to use the numeral 1 as a signal that there are one or more pieces. The symbol C (correspondence—letter *to* an author), for example, is especially difficult to report, for few libraries can afford the luxury of detailed cross referencing in their records. Such signal citations are employed only when more complete reporting is impossible.

Procedures in data gathering and editing. 1) The contents of the 1960 *ALM* we keypunched and transferred to computer tape, inverting data from an author listing to a library listing. Thus our staff could approach participating libraries with a printout of what they had reported to us originally. Libraries with few new acquisitions could readily emend that report; others could elect either to supplement that earlier report or to compile a current report afresh. The printout also enabled some librarians to spot errors not known to us in the 1960 report. 2) Library reports began arriving at the chairman's office in January, 1971. In most instances, they came first to the regional chairman, who screened authors' names, dates, and reported data before forwarding to the central office. 3) The chairman also checked names, dates, and data. When necessary, we corresponded with libraries to resolve discrepancies and query suspected errors. 4) The return was keypunched and the printout proofread. 5) At this point, instead of readying copy for the printer, we provided each library with a copy of the new printout of its holdings, asking the librarian to correct errors, update holdings so that the report could be current as of 1975, resolve any residue of snags, report on the addendum list of forty-one authors, designate informational references (REF 1–8) as appropriate, and verify mailing addresses. 6) With verified reports in hand, we edited and keypunched all additions and corrections, and proofread the updated printout. 7) The computer data, arranged by library, was inverted to provide a printout alphabetical by author. This was proofread, corrections made, and a final master printout proofread. 8) The master tape went to the publisher for machine-set composition, and the editor gave the typeset proofs a final check. Except for the publisher's routine checking of typeset proofs, all source data and editing have been under the control of the editor. Since composition has been machine set from the computer tape, we have eliminated errors inevitable with keyboard typesetting. The multiple proofreadings involved in our procedures may have generated errors, but we have made every effort to check data carefully in the several stages of preparing the master tape.

III

As we know, many libraries in the larger American universities have actively acquired manuscript collections in recent years and our findings document this growth. Harvard's holdings of papers of American authors, as reported in the 1960 *ALM* and in this edition, have increased from 1037 to 1585, Yale's from 1103 to 1436, Columbia's from 594 to 1392, Virginia's from 652 to 1105, Indiana's from 563 to 997, California-Berkeley's from 337 to 742. But increases in smaller institutions often, in percentage of growth, are even larger. In the first *ALM*, Colby College (Maine) reported 4 authors; they now report 227. Boston University has increased from 60 to 616; Syracuse University, 59 to 271; Oklahoma, 34 to 258; Western Kentucky, 14 to 109; Washington University, St. Louis, 73 to 298; Iowa, 59 to 420; Colorado, 9 to 113.

Among nonacademic research libraries, the Pierpont Morgan Library has increased from 379 authors to 487; the Folger Shakespeare Library, from 10 to 206; Newberry Library, from 339 to 815; the Henry E. Huntington Library, from 358 to 1012.

As we noted above, in this edition we have more than doubled the number of reporting libraries. In the first edition we reported one or more libraries in each of forty-three states; in this edition we have reports from all fifty states and the District of Columbia (ranging from a few states with just one reporting library to New York with ninety-two). Some of the libraries newly reported in this edition are small, but let me say again that we are pleased to report libraries with just one manuscript. Some of the libraries, either overlooked in the first edition or declining then to report or then having no manuscripts, now report significant numbers of authors. The Vermont Historical Society has manuscripts of 134 authors; Connecticut Historical Society, 267; Morristown National Historical Park, Morristown, N.J., 326; University of Delaware, 334; Eleutherian Mills Historical Society, Greenville, Del., 111; University of Arkansas, 125; Missouri Historical Society, St. Louis, 196; Brigham Young University, Provo, Utah, 267; Archive of Contemporary History, University of Wyoming, 82; University of California, Santa Barbara, 112.

Manuscripts have surfaced in both likely and unlikely places. Many authors' homes have manuscripts and memorabilia—the John Steinbeck house in Salinas, California, and the Vachel Lindsay home in Springfield, Illinois, for example. Another form of memorial is parks and shrines. Some of these have manuscripts—for example, the Jack London State Historical Park Museum in Glen Ellen, California; the Will Rogers State Historic Park in Pacific Palisades, California; the Limberlost State Memorial, Geneva, Indiana, memorializing Gene Stratton-Porter; and the Mark Twain Birthplace Memorial Shrine in the Mark Twain State Park, Florida, Missouri. At the latter is the Clemens birthplace house, enclosed in a protective building, and the manuscript of *The Adventures of Tom Sawyer.* Naturally enough, there are manuscripts of Thomas Merton at the Abbey of Gethsemani, Trappist, Kentucky—as well as others at the recently organized Thomas Merton Studies Center, Bellarmine College, Louisville. Appropriately, there are James Agee materials at Saint Andrew's School, Saint Andrews, Tennessee.

Regional chairmen and associates have explored possible holdings in specialized libraries and other "unlikely" places with interesting results. We have found manuscripts of seventy-five authors in the Francis A. Countway Library of Medicine, Boston; the International Museum of Photography, Rochester, N.Y. (15 authors); Baker Library, Graduate School of Business Administration, Harvard University (48); Gray Herbarium and Arnold Arboretum, Harvard (2); Harvard Law School (10); Duke University Medical Center Library (7); United States Military Academy (19); Juilliard School (1); and Cathedral of Saint John the Divine, New York, N.Y. (1). And our Pacific Coast Regional Chairman has found five letters of Henry Wadsworth Longfellow and one of George Washington in the Museum of the Forest Lawn Cemetery in Glendale, California.

In the 1960 *ALM* we located in the United States just one item associated with Edgar Rice Burroughs. There had to be quantities of manuscripts of such a prolific author somewhere. As we now know, there is a warehouse full of his papers in the possession of Edgar Rice Burroughs, Inc., in Tarzana, California. Estimates of holdings include fifty-two manuscripts, ten journals, 200,000 letters by Burroughs and a like number to him, 30,000 books with marginalia and vast quantities of books, filmscripts, and Tarzan promotional materials.

The Lincoln National Life Insurance Company of Fort Wayne, Indiana, we have learned, has established a Lincoln Library and Museum with quantities of Lincoln manuscripts, documents, and memorabilia, with, as well, manuscripts of thirty-three other American authors.

Though it is with pride that we can report substantially increased holdings in this edition, we cannot claim a total survey. Some regional chairmen and regional associates have been able to achieve total or near-total coverage in their areas, others have not. In some instances, we have not had the time to circularize some libraries where we knew manuscripts to be. In some cases, repeated inquiries produced no results, for a variety of reasons. Some libraries were moving to new quarters and their records were in disarray; some had acquired new manuscript librarians too occupied with learning the job to aid us; some promised reports which never materialized. But the successes have been more than I could have wished, many of these coming from the resolve and persistence of our staff, many coming from a personal investment of valuable time when, as on occasion it proved necessary, our chairmen and associates had to travel many miles and do the job themselves.

IV

American Literary Manuscripts is a general guide and one should adjust his expectations accordingly. In some instances, I am sure, our report of library holdings is complete and accurate as of the date of reporting. Some reports, we know, are incomplete. (See Notes on Coverage for the most important of these.) With any enterprise such as this, in which hundreds of persons have assisted, inadvertent errors or omissions are inevitable. Our efforts are designed to give a sense of what and how much, within the limits of time, funds available, and human fallibility. Further inquiry, by letter or in person, will verify or modify what we report.

For the novice or seasoned scholar unaccustomed to the special problems of seeking and using manuscripts, we urge a careful reading of James Thorpe's *The Use of Manuscripts in Literary Research: Problems of Access and Literary Property Rights.* Those in search of manuscripts should supplement our listings by consulting the *National Union Catalog of Manuscript*

Collections and other relevant sources of information cited in our bibliography. Make inquiry by letter at libraries where you know there are manuscripts of interest to you, and always preface a personal visit with a letter defining what you seek and specifying when you will arrive.

Be reminded that neither this volume nor the other basic guides to manuscripts can locate and describe everything you might find useful. We have not determined holdings of filmscripts and motion picture archives, or television scripts and television company archives. We have not been able to explore the large resources of the United Nations archives or of the National Archives in Washington (but see the Bibliography for a guide to the latter) or oral history resources (but see the Bibliography for the catalog of the large oral history collection at Columbia University). We have not covered holdings in the archives of newspapers or periodicals. And, as already noted, we have left unexplored publishers' archives still in the possession of publishing corporations and, of course, have not sought out holdings in private collections. Exploring these and other peripheral sources of manuscripts must, as of now, be the task of the researcher, using his imagination and knowledge to determine where inquiry and search is most likely to produce results.

Moreover there is a continual traffic in manuscripts. When manuscripts pass in public sale from private hands to private hands, one may learn of the movement by dealers' and auction-house catalogs; but not always is it possible to ascertain the name of a private buyer. Acquisitions by academic and other institutions are sometimes recorded in the daily press, as well as notices in such journals as *Manuscripts, American Archivist, College and Research Libraries News,* and periodicals issued by major research libraries.

The quest for manuscripts is likely to be frustrating, but, if one has a hunter's instinct, it can be exciting and—with persistence, knowledgeable search, and luck—rewarding.

J. ALBERT ROBBINS

NOTES ON COVERAGE

A majority of the reports of holdings recorded in this volume has been compiled by manuscript librarians. When a library has not been able to report its holdings, we have, in some cases, used hired searchers. In some instances, regional chairmen have done the compiling. The following notes on coverage are designed to specify special circumstances and to give some sense of reports which are necessarily incomplete. One should also be aware that large manuscript departments always have materials which are unprocessed and, so, are difficult or impossible to report at a given time.

CSt (Stanford University Library). We have been unable to determine possible holdings in Lane Medical Library, J. Hugh Jackson Library of Business, Law School Library, and University Archives.

DLC (Library of Congress, Washington, D.C.). Because the holdings of the library are so massive, we have been able to report only items in selected smaller collections (compiled by *ALM* staff), plus citing a few of the larger collections of authors' papers. Scholars should consult several published reports of holdings: the library's reports in the *National Union Catalog of Manuscript Collections;* articles and announcements in the *Library of Congress Quarterly Journal of Current Acquisitions,* 1943–1963, renamed the *Quarterly Journal of the Library of Congress* in 1964 (beginning with vol. 9, 1951–1952, the journal is indexed annually); and the list, "Manuscript Collections on Microfilm," issued by the Manuscript Division of the library. In visits to the Manuscript Division, scholars should consult finding aids and indexes in the library's Manuscript Reading Room and officers and specialists on the Manuscript Division staff. *ALM* cites as references some, but not all, of the articles and announcements published in the *Quarterly Journal.*

ICU (Joseph Regenstein Library, University of Chicago). The fourteen authors reported by this library constitute only a small portion of the library's holdings. The papers of *Poetry, A Magazine of Verse* at that library are a major source of manuscripts of poets from 1912 to 1961.

InU (Lilly Library, Indiana University, Bloomington). The report was compiled by an *ALM* searcher. Reporting from the archives of Bobbs-Merrill Company, of *Poetry, A Magazine of Verse,* and the papers of Upton Sinclair is partial, those collections not being fully processed. In some cases, large quantities of correspondence (C) are estimated.

MBNEH (New England Historic Genealogical Society, Boston, Mass.). The report of twenty-two authors, compiled by an *ALM* searcher, cannot be considered exhaustive. Individual inquiry or personal visit is suggested.

MNS-S (Sophia Smith Collection, Smith College). The present partial report of fifty-eight authors was compiled by the director of the collection. See the Bibliography for the published catalog.

MWelC (Special Collections, Wellesley College Library). We have been unable to secure an updated report and here reprint the holdings of 183 authors recorded in the 1960 *ALM*. Some manuscripts in Wellesley College Archives are in process of being transferred to Special Collections. Address all inquiries to Special Collections.

MdBJ (Milton S. Eisenhower Library, Johns Hopkins University). The three libraries holding manuscripts (Milton S. Eisenhower Library, John Work Garrett Library, and William H. Welch Library) are included here under MdBJ. Address inquiries to Special Collections Librarian.

NBLiHi (Long Island Historical Society, Brooklyn, N.Y.). Partial report. For other holdings consult Manuscript Librarian.

NIC (John M. Olin Library, Cornell University). The report was compiled by an *ALM* searcher. The library has large unanalyzed holdings not presently available to scholars.

NN (New York Public Library, New York, N.Y.). The report of the Henry W. and Albert A. Berg Collection (NN-B) was compiled by *ALM* staff, as was the report of the Schomburg Center for Research in Black Culture (NN-Sc). The forty-two authors in the Schomburg report of holdings is partial. We were unable to secure reports of holdings in other divisions of the New York Public Library, notably the Manuscripts and Archives Division (5th Avenue and 42nd Street) and the Theatre Collection (Performing Arts Research Center, Lincoln Center). See the Bibliography for a recently published guide to the research collections of the library and catalog of the Manuscripts Division.

NNFF (Ford Foundation Archives, New York, N.Y.). Access to materials is governed by restrictions of the Ford Foundation and granted only upon written application to its Archivist.

NNMus (Museum of the City of New York). We were unable to obtain an updating of holdings and so reprint items cited in the 1960 *ALM,* all of which, according to the museum, are still in the collection. The museum has a large collection on the New York stage which has not been cataloged.

Nc-Ar (North Carolina State Division of Archives and History, Raleigh). When it was impossible to search large collections, the division has indicated one item only, to register presence of one or more holdings of an author. The division is the repository for the Black Mountain College

Papers, portions of which are restricted. In it are materials relating to Charles Olson, Robert Creeley, Edward Dorn, Jonathan Williams, and others.

NcU (University of North Carolina Library, Chapel Hill). The library's report is selective. Not included are post-1960 acquisitions of authors for which they had no entries in the 1960 *ALM*. For materials acquired since 1960, they report only authors for which they have substantial holdings. They do not report persons chiefly historical rather than literary, and they do not attempt to report collections imperfectly cataloged or those with present restrictions.

NjP (Princeton University Library). The information in this report was gathered from records available for certain sections of the library's collection of American manuscripts. The records used were the manuscripts catalog in the Department of Rare Books and Special Collections, a file analyzing the greater part of the Charles Scribner's Sons Archive, and checklists of special collections of authors surveyed by *ALM*. These records, however, cover only a portion of the library's large holdings. Relevant material exists in other collections, especially the Henry Holt Archive (420 ctns.) and the Sylvia Beach Papers (261 ctns.).

PPiL (International Poetry Forum, Pittsburgh, Pa.). This report of holdings, compiled by *ALM* staff in 1973, the Forum has not been able to verify and update.

TxU (Humanities Research Center, University of Texas, Austin). Materials in both the Humanities Research Center and the Historical Manuscripts Collection are included in the TxU report. For details about the latter, see the guide edited by Chester V. Kielman (Bibliography, below). Address all inquiries to the Director, Humanities Research Center.

ViHi (Virginia Historical Society, Richmond). Data on the fifty-two authors here reported were compiled by an *ALM* searcher procured by the society. The society library has not been able to give full counts or estimates for correspondence (C). C1, in many cases, indicates the presence of uncounted correspondence in scattered collections.

WyU-Ar (Archive of Contemporary History, University of Wyoming). The report of eighty-two authors, compiled by E. Peter Nolan, regional chairman, is about 90 percent complete.

Data of holdings in the following libraries were compiled by *ALM* staff or by hired searchers. To identify these symbols, see the list of participating libraries, below.

CGlF, CHi, CLSM, CLU, CSmH, CU, DLC, IU-R, Ia-HA, InU, M-Ar, MB, MBNEH, MH, MHi, MSaE, MWHi, MoSHi, N, NAlI, NBiSU,

NBuHi, NCanHi, NHC, NHi, NIC, NIHi, NN-B, NN-Sc, NNMM, NNebgWM, NR, NRHi, NRM, NSchU, NSsS, NTaI, NcD, OrU, RPAB, RPB-JH, RPJCB, ViHi, VtHi, WHi, WyU-Ar

Concerning institutions in the 1960 *ALM* not appearing in this edition, the following now report no manuscripts: Savannah (Ga.) Public Library; Century Club, New York, N.Y.; Grolier Society, New York, N.Y.; University Club, New York, N.Y.; Lancaster (Pa.) Free Public Library. The Plainfield (N.J.) Public Library does not wish the five authors reported in the first edition to be included here. Manuscripts formerly at the Ohio State Library, Columbus, are now in the Ohio Historical Society. Because of small staff and disruptions from moving, the Martha Kinney Cooper Ohioana Library Association, Columbus, has been unable to verify its 1960 *ALM* report or update it. Manuscripts formerly at the Peabody Institute, Baltimore, are now at the Enoch Pratt Library, Baltimore, and reported under MdBE. Drexel University, Philadelphia, has sold the Poe manuscript reported in the 1960 *ALM.* Crozer Theological Seminary, Chester, Pa., cited in the 1960 *ALM* as a participating library, proves to be a bibliographical ghost (no manuscripts).

There have been several institutional name changes since 1960—for example, the Historical and Philosophical Society of Ohio (Cincinnati) has been renamed the Cincinnati Historical Society. Such changes are traceable in the *American Library Directory* or other standard reference works.

INSTITUTIONS FROM WHOM REPORTS COULD NOT BE SECURED

National Archives, Washington, D.C. Collections generally are arranged under the titles of government offices and departments. There is no master index of personal names. Scholars who suspect the presence of manuscripts in the files of specific government departments (the Federal Writers Project of WPA, for example) should direct inquiry to the Central Reference Division, National Archives and Records Service, Washington, D.C. 20408.

Indiana University Archives, Bloomington, Ind. 47401. There are some literary manuscripts in the archives. A report could not be secured.

Shepard Historical Society of the First Congregational Church, Cambridge, Mass. 02138. The society has no archivist and cannot presently verify published reports of its holdings.

Rockefeller Archive Center, Hillcrest, Pocantico Hill, North Tarrytown, N.Y. 10591. In addition to present holdings, the center in the future will receive the archives of Rockefeller University, Rockefeller Brothers Fund, and some papers of the Rockefeller family. Address inquiries to the director.

Lyndon Baines Johnson Presidential Library, Austin, Tex. 78705. Materials are in process of being cataloged.

Rokeby (Rowland E. Robinson Home), North Ferrisburg, Vt. 05473. There are uncataloged manuscripts, memorabilia, and other material by and about Robinson and others of his time.

Pearl S. Buck Birthplace Foundation, Box 126, Hillsboro, W.Va. 24936. In 1975 the foundation reported extensive holdings (twenty-seven filing cabinets of correspondence) as yet unprocessed and unavailable for use. Address inquiries to the Executive Director.

HOW TO USE THESE LISTINGS

We cite formal names (for example, William Penn Adair Rogers, not Will Rogers) and pseudonyms only when unavoidable (as in the case of the joint pseudonym, "Clark McMeekin"). We have verified birth and death dates from a variety of reference works and, in some instances, have benefited from the special knowledge of manuscript librarians.

Holdings under each author are alphabetical by library symbol, followed in most cases by item counts under the following category-symbols:

MS   Manuscripts (including original typescripts) of creative works: poems, novels, plays, essays, sermons, addresses, and such. A 300-page manuscript of a novel is one item (MS 1); one manuscript leaf of a novel is one item (MS 1). A four-line poem is one item. A copybook with fifty-two poems or drafts of poems is fifty-two items. Photocopies and holograph copies of manuscripts are not reported, unless there is reason to believe that the original is lost or that copies were made at the author's direction.

J   Journals or diaries by the author.

L   Letters, postal cards, telegrams, cablegrams by the author. Letters in the hand of an amanuensis and carbon copies of typed letters are cited.

C   Letters (correspondence) to the author. The user of this book should understand that many libraries cannot afford cross-referenced indexes of letters *to* an author and so our report of C items is necessarily incomplete in some instances.

D   Documents relating to the author (birth, marriage and death certificates, diplomas, award certificates, deeds, wills, contracts, petitions, royalty statements, cancelled checks, and such). When known to the manuscript librarian, letters about an author may be counted as a document of that author. A reader's report about an author's manuscript being considered by a publisher is deemed a document about the author in question, as are promotional materials (advertising copy, publishers' brochures, playbills, motion-picture posters and such).

MG   Books in which underscoring and marginalia are known to be by the author. The user of this book should realize that such volumes are usually not housed in manuscript departments and that not all

manuscript librarians keep records by author of books with margina-
lia.

PR   Galley or page proofs, whether they contain corrections or not.
Without item count.

R   Audio recording (disk or tape), video tape, and film. Commercial
recordings are excluded. Without item count.

M   Memorabilia—such associational items as photo albums, clippings
and tear sheets, scrapbooks, college yearbooks, trophies. These are
not manuscripts, of course, but memorabilia, seldom reported in
reference works, may have research value. Without item count.

REF   Reference. REFs with single-digit numerals are informational.
REFs with multiple-digit numerals refer to published checklists, cal-
endars, registers, or inventories of manuscripts. The keyed list of
references follows the text of the book.

ALTERNATE FORMS OF REPORTING

Libraries unable to report according to this detailed formulary may use
these alternate forms:

Round-number estimates. When there are large, uncataloged collections,
a manuscript librarian may report in round numbers, for example:
MS100 L2000 C5000 D25.

Linear shelf feet. For example: 9 FT.

Cartons. Carton or container is a variable designation but generally is the
standard hinged "document box" which can hold up to about 300
pieces. As with shelf feet, this is obviously an approximate designa-
tion of quantity. For example: 6 CTN.

Reference (REF). When holdings are detailed in published form and when
a manuscript librarian cannot employ the above descriptions, we refer
the user of this book to the cited REF only.

SYMBOLS AND ADDRESSES OF PARTICIPATING LIBRARIES

Library symbols conform to those found in *Symbols of American Libraries*
(Washington, Library of Congress, 1969). Symbols not found in that source
have been authorized by the Library of Congress. Symbols and addresses
are designed to reflect separate locations of manuscripts within an institu-
tion. For example, manuscripts at the University of Minnesota are to be
found in two buildings on the central campus and in two off campus.

Addresses are intended to be adequate for purposes of correspondence,
with these qualifications. When the word *library* does not appear in our

listing of academic institutions, add that word when you correspond. Further, since library departments employ varying names (Department of Manuscripts, Special Collections, Rare Books and Manuscripts), we have not attempted to record these. In letters of inquiry, address "Manuscripts Librarian" and your letter will reach the proper person, whatever his title and whatever his department's name. This list is alphabetized by library symbol.

Alabama

A-Ar	Alabama Department of Archives and History, 624 Washington Ave., Montgomery 36104
AAP	Ralph Brown Draughon Library, Auburn University, Auburn 36830
ABH	Samford University, Birmingham 35209

Alaska

Ak	Alaska State Library, Juneau 99801

Arkansas

ArStC	Dean B. Ellis Library, Arkansas State University, State University 72467
ArU	University of Arkansas, Fayetteville 72701

Arizona

AzTP	Arizona Historical Society, 949 E. 2nd St., Tucson 85719
AzTeS	Charles Trumbull Hayden Library, Arizona State University, Tempe 85281
AzU	University of Arizona, Tucson 85721

California

C	California State Library, P.O. Box 2037, Sacramento 95809
C-S	California State Library, Sutro Branch, Civic Center, San Francisco 94102
CCC	Honnold Library for the Claremont Colleges, 9th and Dartmouth Sts., Claremont 91711
CCFB	Francis Bacon Library, 655 N. Dartmouth Ave., Claremont 91711
CCamarSJ	Edward Lawrence Doheny Memorial Library, St. John's Seminary, Camarillo 93010
CCarm	Harrison Memorial Library, Carmel 93921

CCarmJ	Tor House (Jeffers Literary Properties), 26304 Ocean View Ave., Carmel 93921
CFS	California State University, Fresno 93710
CGlF	Forest Lawn Museum, 1712 S. Glendale Ave., Glendale 91209
CGlenL	Jack London State Historical Park Museum, Glen Ellen 95442
CHi	California Historical Society, 2090 Jackson St., San Francisco 94109
CL	Los Angeles Public Library, 630 W. 5th Street, Los Angeles 90017
CLI	Immaculate Heart College, 2021 N. Western Ave., Los Angeles 90027
CLMSM	Mount St. Mary's College, 12001 Chalon Rd., Los Angeles 90049
CLO	Mary Norton Clapp Library, Occidental College, 1600 Campus Rd., Los Angeles 90041
CLSM	Southwest Museum Library, 234 Museum Dr., Los Angeles 90065
CLSU	University of Southern California, Los Angeles 90007
CLU	University of California, Research Library (Special Collections), 405 Hilgard Avenue, Los Angeles 90024
CLU-C	William Andrews Clark Memorial Library, University of California, 2520 Cimarron St., Los Angeles 90018
CMont	Monterey Public Library, 625 Pacific St., Monterey 93940
CNoS	California State University, Northridge 91324
CO	Oakland Public Library, 14th and Oak Sts., Oakland 94612
COMC	Mills College, Oakland 94613
CPom	Pomona Public Library, P.O. Box 2271, Pomona 91766
CPpR	Will Rogers State Historic Park, Pacific Palisades 90272
CRedl	A. K. Smiley Public Library, 125 W. Vine St., Redlands 92373
CRpS	California State College, Sonoma, 1801 E. Cotati Ave., Rohnert Park 94928
CSahS	Silverado Museum, P.O. Box 409, St. Helena 94574
CSal	Salinas Public Library, 110 W. San Luis St., Salinas 93901
CSalJS	John Steinbeck House, 132 Central Ave., Salinas 93901
CSdS	Malcolm A. Love Library, San Diego State University, San Diego 92115
CSf	San Francisco Public Library, Civic Center, San Francisco 94102
CSfU	Richard A. Gleeson Library, University of San Francisco, San Francisco 94117
CSjU	San José State University, San José 95192

CSmH	Henry E. Huntington Library, 1151 Oxford Rd., San Marino 91108
CSmatHi	San Mateo County Historical Association, 1700 W. Hillsdale Blvd., San Mateo 94402
CSt	Stanford University, Stanford 94305
CSt-H	Hoover Institution on War, Revolution and Peace, Stanford 94305
CStaC	Santa Ana College, Santa Ana 92706
CStbS	University of California, Santa Barbara 93106
CStoC	Stuart Library of Western Americana, Pacific Center for Western Historical Studies, University of the Pacific, Stockton 95204
CStoPM	Pioneer Museum and Haggin Galleries, Stockton 95203
CTarB	Edgar Rice Burroughs, Inc., P.O. Box 277, Tarzana 91356
CU	Bancroft Library, University of California, Berkeley 94720
CU-A	Shields Library, University of California, Davis 95616
CU-I	University of California, Irvine 92664
CU-Riv	University of California, Riverside 92507
CU-S	University of California, San Diego, La Jolla 92037
CWhC	Wardman Library, Whittier College, Whittier 90608

Colorado

CoC	Penrose Public Library, Colorado Springs 80901
CoCC	Charles Leaming Tutt Library, Colorado College, Colorado Springs 80903
CoD	Denver Public Library, 1357 Broadway, Denver 80203
CoDU	Penrose Library, University of Denver, Denver 80210
CoFS	Colorado State University, Fort Collins 80521
CoHi	State Historical Society of Colorado, 200 14th Ave., Denver 80203
CoU	Norlin Library, University of Colorado, Boulder 80302

Connecticut

Ct	Connecticut State Library, 231 Capitol Ave., Hartford 06115
CtB	Bridgeport Public Library, 925 Broad St., Bridgeport 06604
CtH	Hartford Public Library, 500 Main St., Hartford 06103
CtHC	Case Memorial Library (Archives), Hartford Seminary Foundation, 55 Elizabeth St., Hartford 06105
CtHMTM	Mark Twain Memorial, 351 Farmington Ave., Hartford 06105

CtHSD	Stowe, Beecher, Hooker, Seymour, Day Memorial Library and Historical Foundation, 77 Forest St., Hartford 06105
CtHT-W	Watkinson Library, Trinity College, 300 Summit St., Hartford 06106
CtHi	Connecticut Historical Society, 1 Elizabeth St., Hartford 06105
CtLHi	Litchfield Historical Society, P.O. Box 385, Litchfield 06759
CtMyMHi	G. W. Blunt White Library, Mystic Seaport, Inc., Mystic 06355
CtNbP	New Britain Public Library, New Britain 06050
CtNhHi	New Haven Colony Historical Society, 114 Whitney Ave., New Haven 06510
CtNlC	Palmer Library, Connecticut College, New London 06320
CtU	University of Connecticut, Storrs 06268
CtW	Wesleyan University, Middletown 06457
CtY	Beinecke Rare Book and Manuscript Library (Curator, Collection of American Literature), Yale University, New Haven 06520

District of Columbia

DDO	Dumbarton Oaks Research Library, 1703 32nd St., N.W., Washington 20007
DFo	Folger Shakespeare Library, 201 E. Capitol St., Washington 20003
DGU	Georgetown University, 37th and O Sts., N.W., Washington 20057
DGW	George Washington University, 2023 G St., N.W., Washington 20006
DHU	Moorland-Spingarn Research Center, Howard University, Washington 20059
DLC	Library of Congress (Manuscript Division), Washington 20540
DSI	Smithsonian Institution Library, Constitution Ave. and 10th St., N.W., Washington 20560
DTr	Trinity College, Washington 20017

Delaware

DeGE	Eleutherian Mills Historical Library, Greenville 19807
DeU	University of Delaware, Newark 19711
DeWI	Wilmington Institute Library, 10th and Market Sts., Wilmington 19801

Florida

FKw	Monroe County Public Library, 700 Fleming St., Key West 33040
FKwH	Ernest Hemingway Home, 907 Whitehead St., Key West 33040
FKwHi	Key West Art and Historical Society, S. Roosevelt Blvd., Key West 33040
FM	Miami-Dade Public Library, 1 Biscayne Blvd., Miami 33132
FSRC	Ringling Museum of the Circus, P.O. Box 1838, Sarasota 33578
FTaSU	Robert Manning Strozier Library, Florida State University, Tallahassee 32306
FU	University of Florida, Gainesville 32601
FWpR	Mills Memorial Library, Rollins College, Winter Park 32789

Georgia

GA	Atlanta Public Library, 126 Carnegie Way, N.W., Atlanta 30303
GAH	The Wren's Nest (Joel Chandler Harris home), 1050 Gordon St., S.W., Atlanta 30310
GAHi	Margaret Mitchell Memorial Library, Atlanta Historical Society, 3099 Andrews Dr., N.W., Atlanta 30305
GAOC	Oglethorpe University, 4484 Peachtree Rd., N.E., Atlanta 30319
GAU	Trevor Arnett Library, Atlanta University, 273 Chestnut St., S.W., Atlanta 30314
GDS	McCain Library, Agnes Scott College, Decatur 30030
GEU	Robert W. Woodruff Library, Emory University, Atlanta 30322
GHi	W. B. Hodgson Hall Library, Georgia Historical Society, 501 Whitaker St., Savannah 31401
GM	Washington Memorial Library, 1180 Washington Ave., Macon 31201
GMiW	Ina Dillard Russell Library, Georgia College, Milledgeville 31061
GU	University of Georgia, Athens 30601

Hawaii

HHB	Bernice P. Bishop Museum, P.O. Box 6037, Honolulu 96818

HU	Thomas Hale Hamilton Library, University of Hawaii, 2550 The Mall, Honolulu 96822

Illinois

I-Ar	Director, Illinois State Archives, Archives Building, Springfield 62756
IC	Chicago Public Library, 425 N. Michigan Ave., Chicago 60611
ICHi	Chicago Historical Society, Clark St. at North Ave., Chicago 60614
ICI	James S. Kemper Library, Illinois Institute of Technology, 35 W. 33rd St., Chicago 60616
ICIU	University of Illinois at Chicago Circle, Box 8198, 801 S. Morgan St., Chicago 60680
ICL	Elizabeth M. Cudahy Memorial Library, Loyola University, 6525 N. Sheridan Rd., Chicago 60626
ICMcC	McCormick Theological Seminary, 1100 E. 55th St., Chicago 60615
ICN	Newberry Library, 60 W. Walton St., Chicago 60610
ICU	Joseph Regenstein Library, University of Chicago, 1100 E. 57th St., Chicago 60637
ICarbS	Delyte W. Morris Library, Southern Illinois University, Carbondale 62901
IDeKN	Swen Franklin Parson Library, Northern Illinois University, DeKalb 60115
IEN	Northwestern University, 1935 Sheridan Rd., Evanston 60201
IGK	Knox College Archives, Henry M. Seymour Library, Galesburg 61401
IGS	Carl Sandburg Birthplace Association, 331 E. 3rd St., Galesburg 61401
IGaDC	Illinois State Department of Conservation, Division of Parks and Memorials, 910 3rd St., Galena 61036
IHi	Illinois State Historical Library, Old State Capitol, Springfield 62706
IHo	Hoopeston Public Library, 110 N. 4th St., Hoopeston 60942
IJI	Illinois College, Jacksonville 62650
IJMac	Henry Pfeiffer Library, MacMurray College, Jacksonville 62650
INS	Milner Library, Illinois State University, Normal 61761
IOa	Oak Park Public Library, 834 Lake St., Oak Park 60301
IPetM	Edgar Lee Masters Memorial Museum, 8th and Jackson Sts., Petersburg 62675

IPriHi	Bureau County Historical Society, 109 Park Ave. W., Princeton 61356
ISL	Lincoln Library, 326 S. 7th St., Springfield 62701
ISVL	Vachel Lindsay Association, 502 S. State St., Springfield 62704
IU-Ar	University of Illinois Archives, Urbana 61801
IU-HS	Illinois Historical Survey, University of Illinois, Urbana 61801
IU-L	Lincoln Room, University of Illinois Library, Urbana 61801
IU-R	Rare Book Room, University of Illinois Library, Urbana 61801

Iowa

Ia-HA	Iowa Historical Library, Division of Historical Museum and Archives, E. 12th and Grand Ave., Des Moines 50319
Ia-T	State Library Commission of Iowa, Historical Bldg., Des Moines 50321
IaAS	Iowa State University, Ames 50010
IaDa	Davenport Public Library, 321 Main St., Davenport 52801
IaDmD	Cowles Library, Drake University, 28th St. and University Ave., Des Moines 50311
IaDmE	Iowa State Education Association, Salisbury House, Des Moines 50312
IaGG	Grinnell College, Grinnell 50112
IaHi	Iowa State Historical Department, Division of the State Historical Society, 402 Iowa Ave., Iowa City 52240
IaMc	Mason City Public Library, 225 2nd St., S.E., Mason City 50401
IaU	University of Iowa, Iowa City 52242
IaWa	Washington Public Library, 120 E. Main St., Washington 52353
IaWec	Kendall Young Library, 1201 Willson Ave., Webster City 50595

Idaho

IdU	University of Idaho, Moscow 83843

Indiana

In	Indiana State Library, 140 N. Senate Ave., Indianapolis 46204
InBroA	George Ade Hazelden Home, Brook 47922
InCLW	General Lew Wallace Studio, Pike St. and Wallace Ave., Crawfordsville 47933
InCW	Lilly Library, Wabash College, Crawfordsville 47933

InFwL	Lincoln Library and Museum, Lincoln National Life Foundation, 1301 S. Harrison St., Fort Wayne 46801
InGeL	Limberlost State Memorial, Geneva 46740
InGrD	Roy O. West Library, DePauw University, Greencastle 46135
InGrD-Ar	DePauw University Archives, Greencastle 46135
InHi	Indiana Historical Society, 140 N. Senate Ave., Indianapolis 46204
InI	Indianapolis-Marion County Public Library, 40 E. St. Clair St., Indianapolis 46204
InIB	Irwin Library, Butler University, Indianapolis 46208
InIR	James Whitcomb Riley Home, 528 Lockerbie St., Indianapolis 46202
InLP	Purdue University, West Lafayette 47907
InMuB	Ball State University, Muncie 47306
InNd	Memorial Library, University of Notre Dame, Notre Dame 46556
InNd-Ar	University of Notre Dame Archives, Notre Dame 46556
InNhW	New Harmony Workingmen's Institute, New Harmony 47631
InRE	Lilly Library, Earlham College, Richmond 47374
InRomS	Gene Stratton-Porter Memorial, Route 1, Rome City 46784
InTD	Eugene V. Debs Foundation, 451 N. 8th St., Terre Haute 47808
InTI	Cunningham Memorial Library, Indiana State University, Terre Haute 47809
InTVHi	Library of Wabash Valley Historical Museum, Vigo County Historical Society, 1411 S. 6th St., Terre Haute 47802
InU	Lilly Library, Indiana University, Bloomington 47401
InViU	Lewis Historical Library, Vincennes University, 1st and College Sts., Vincennes 47591

Kansas

KAM	Feeney Memorial Library, Benedictine College, 801 S. 8th St., Atchison 66002
KEmT	William Allen White Library, Kansas State Teachers College, Emporia 66801
KHi	Kansas State Historical Society, 10th and Jackson Sts., Topeka 66612
KIJ	Independence Community Junior College, 1031 N. 10th St., Independence 67301
KLeS	Saint Mary College, Leavenworth 66048
KPT	Porter Library, Kansas State College, Pittsburg 66762
KU-M	Clendening Medical Library, University of Kansas Medical Center, 39th St. and Rainbow Blvd., Kansas City 66103

KU-RH	Kenneth Spencer Research Library, Regional History Division, University of Kansas, Lawrence 66045
KU-S	Kenneth Spencer Research Library, University of Kansas, Lawrence 66045
KWiU	Ablah Library, Wichita State University, Wichita 67208

Kentucky

KyBB	Hutchins Library, Berea College, Berea 40403
KyBgW	Western Kentucky University, Bowling Green 42101
KyHaHi	Harrodsburg Historical Society, 220 S. Chiles St., Harrodsburg 40330
KyHi	Kentucky Historical Society, Box H, Old Capitol Annex, Frankfort 40601
KyLo	Louisville Free Public Library, 4th and York Sts., Louisville 40203
KyLoB-M	Thomas Merton Studies Center, Bellarmine College, 2000 Norris Place, Louisville 40205
KyLoF	Filson Club, 118 W. Breckinridge St., Louisville 40203
KyLoU	University of Louisville, Louisville 40208
KyRE	John Grant Crabbe Library, Eastern Kentucky University, Richmond 40475
KyTrA	Abbey of Gethsemani, Trappist 40073
KyU	Margaret I. King Library, University of Kentucky, Lexington 40506

Louisiana

LN	New Orleans Public Library, 219 Loyola Ave., New Orleans 70140
LNHT	Howard-Tilton Memorial Library, Tulane University, New Orleans 70118
LNL	Loyola University, New Orleans 70118
LNaN	Eugene P. Watson Library, Northwestern State University of Louisiana, Natchitoches 71457
LNU	Archives, Earl K. Long Library, University of New Orleans, New Orleans 70122
LU-Ar	Department of Archives and Manuscripts, Louisiana State University, Baton Rouge 70803

Massachusetts

M-Ar	Archives Division, Secretary of State, State House, Boston 02133
MA	Amherst College, Amherst 01002

MAJ	Jones Library, Amherst 01002
MAm	Amesbury Public Library, 149 Main St., Amesbury 01913
MAmW	Whittier Home Association, 86 Friend St., Amesbury 01913
MAnP	Oliver Wendell Holmes Library, Phillips Academy, Andover 01810
MB	Boston Public Library, Copley Square, Boston 02117
MBAt	Boston Athenaeum, 10½ Beacon St., Boston 02108
MBC	Congregational Library, 14 Beacon St., Boston 02108
MBCo	Francis A. Countway Library of Medicine, 10 Shattuck St., Boston 02115
MBDio	Diocesan Library (Episcopal), 1 Joy St., Boston 02108
MBNEH	New England Historic Genealogical Society, 101 Newbury St., Boston 02116
MBSpnea	Society for the Preservation of New England Antiquities, 141 Cambridge St., Boston 02114
MBU	Mugar Memorial Library, Boston University, 771 Commonwealth Ave., Boston 02215
MCLong	Longfellow House, 105 Brattle St., Cambridge 02138
MCM	Massachusetts Institute of Technology, Cambridge 02139
MCR	Schlesinger Library, Radcliffe College, 3 James St., Cambridge 02138
MChB	Bapst Library, Boston College, Chestnut Hill 02167
MCo	Concord Free Public Library, 129 Main St., Concord 01742
MCoW	The Wayside (Minute Man National Historical Park, P.O. Box 160), Concord 01742
MDedHi	Dedham Historical Society, Dedham 02026
MGlHi	Cape Ann Historical Association, 27 Pleasant St., Gloucester 01930
MH	Houghton Library, Harvard University, Cambridge 02138
MH-BA	Baker Library, Graduate School of Business Administration, Harvard University, Soldiers Field, Boston 02163
MH-G	Gray Herbarium and Arnold Arboretum, Harvard University, 22 Divinity Avenue, Cambridge 02138
MH-L	Harvard Law School, Langdell Hall, Cambridge 02138
MHa	Haverhill Public Library, Haverhill 01830
MHi	Massachusetts Historical Society, 1154 Boylston St., Boston 02215
MMal	Malden Public Library, Malden 02148
MMar	Marlborough Public Library, Marlborough 01752
MMeT	Tufts University, Medford 02155
MNBedf	New Bedford Free Public Library, Box C-902, New Bedford 02741

MNF	Forbes Library, Northampton 01060
MNS	Smith College, Northampton 01060
MNS-S	Sophia Smith Collection (Women's History Archive), Smith College, Northampton 01060
MNoW	Wheaton College, Norton 02766
MNtcA	Andover Newton Theological School, Newton Centre 02159
MPB	Berkshire Athenaeum, 1 Wendell Ave., Pittsfield 01201
MPlPS	Pilgrim Society, 75 Court St., Plymouth 02360
MQ	Thomas Crane Public Library, Quincy 02169
MS	Springfield City Library, 220 State St., Springfield, 01103
MSaE	James Duncan Phillips Library, Essex Institute, Salem 01970
MStoc	Stockbridge Library Association, Main St., Stockbridge 01262
MU	University of Massachusetts, Amherst 01002
MU-Ar	Archives and Manuscripts Collection, University of Massachusetts, Amherst 01002
MWA	American Antiquarian Society, 185 Salisbury St., Worcester 01609
MWC	Clark University, Worcester 01610
MWH	Dinand Memorial Library, College of the Holy Cross, Worcester 01610
MWHi	Worcester Historical Society, 39 Salisbury St., Worcester 01608
MWalA	American Jewish Historical Society, 2 Thornton Rd., Waltham 02154
MWalB	Goldfarb Library, Brandeis University, 415 South St., Waltham 02154
MWalK	John F. Kennedy Library, 380 Trapelo Road, Waltham 02154
MWeA	Westfield Athenaeum, 6 Elm St., Westfield 01085
MWelC	Wellesley College, Wellesley 02181
MWiW	Williams College, Williamstown 01267
MWiW-C	Chapin Library, Williams College, Williamstown 02167

Maryland

Md	Maryland State Library, Courts of Appeal Bldg., 361 Rowe Blvd., Annapolis 21401
MdAS	St. John's College, Annapolis 21404
MdBE	Enoch Pratt Free Library, 400 Cathedral St., Baltimore 21201
MdBG	Goucher College, Towson 21204
MdBJ	Milton S. Eisenhower Library, Johns Hopkins University, Baltimore 21218
MdBT	Albert S. Cook Library, Towson State College, Baltimore 21204

MdChW	Clifton M. Miller Library, Washington College, Chestertown 21620
MdHi	Maryland Historical Society, 201 W. Monument St., Baltimore 21201
MdU	McKeldin Library, University of Maryland, College Park 20742

Maine

MeB	Bowdoin College, Brunswick 04011
MeLB	Bates College, Lewiston 04240
MeU	Raymond H. Fogler Library, University of Maine, Orono 04473
MeWC	Colby College, Waterville 04901

Michigan

MiD	Detroit Public Library (Rare Book Room), 5201 Woodward Ave., Detroit 48202
MiDW	G. Flint Purdy Library, Wayne State University, Detroit 48202
MiDW-Mi	Wayne State University (Miles Manuscript Collection), Detroit 48202
MiEM	Michigan State University, East Lansing 48824
MiMtpT	Clarke Historical Library, Central Michigan University, Mt. Pleasant 48859
MiU	University of Michigan, Ann Arbor 48104
MiU-C	William L. Clements Library, University of Michigan, Ann Arbor 48104
MiU-H	Michigan Historical Collections (Bentley Historical Library), University of Michigan, Ann Arbor 48104
MiU-Ho	Avery Hopwood and Jule Hopwood Room, University of Michigan Library, Ann Arbor 48104

Minnesota

MnHi	Minnesota Historical Society, 1500 Mississippi St., St. Paul 55101
MnM	Minneapolis Public Library, 300 Nicollet Mall, Minneapolis 55401
MnNC-Ar	Carleton College Archives, Northfield 55057
MnNHi	Norwegian-American Historical Association (St. Olaf College), Northfield 55057
MnS	St. Paul Public Library, 90 W. 4th St., St. Paul 55102

MnSM	Weyerhaeuser Library, Macalester College, St. Paul 55105
MnSST	College of Saint Thomas, St. Paul 55101
MnScL	Sinclair Lewis Foundation, Sauk Centre 56378
MnU	University of Minnesota Library (Manuscripts Division), Minneapolis 55455
MnU-Ar	University Archives, Walter Library, University of Minnesota, Minneapolis 55455
MnU-K	Kerlan Collection, Research Center for Children's Books, Walter Library, University of Minnesota, Minneapolis 55455
MnU-Rb	Rare Books Department, Wilson Library, University of Minnesota, Minneapolis 55455
MnU-SW	Social Welfare History Archives, University of Minnesota, 2520 Broadway Dr., St. Paul 55113

Missouri

MoCgS	Kent Library, Southeast Missouri State University, Cape Girardeau 63701
MoFlM	Mark Twain Shrine, Mark Twain State Park, Stoutsville 65283
MoFuWC	Reeves Library, Westminster College, Fulton 65251
MoHM	Mark Twain Museum, Hannibal 63401
MoHi	State Historical Society of Missouri, Columbia 65201
MoLiWJ	Curry Library, William Jewell College, Liberty 64068
MoManW	Laura Ingalls Wilder-Rose Wilder Lane Home and Museum, Mansfield 65704
MoS	St. Louis Public Library, 1301 Olive St., St. Louis 63103
MoSFi	Eugene Field House and Toy Museum, 634 S. Broadway, St. Louis 63102
MoSHi	Missouri Historical Society, Jefferson Memorial Bldg., St. Louis 63112
MoSM	St. Louis Mercantile Library Association, 510 Locust St., St. Louis 63188
MoSU	Pius XII Memorial Library (Rare Books and Archives), St. Louis University, 3655 W. Pine Blvd., St. Louis 63108
MoSW	Washington University, St. Louis 63130
MoU	Western Historical Manuscripts Collection, 23 Ellis Library, University of Missouri, Columbia 65201

Mississippi

Ms-Ar	Mississippi Department of Archives and History, P.O. Box 571, Jackson 39205
MsU	University of Mississippi, University 38677

Montana

MtHi   Montana Historical Society, 225 N. Roberts St., Helena 59601

MtU   University of Montana, Missoula 59801

New York

N   New York State Library, Albany 12207

NAlI   Albany Institute of History and Art, 125 Washington Ave., Albany 12210

NAuS   Seward House, 33 South St., Auburn 13021

NAurW   Louis Jefferson Long Library, Wells College, Aurora 13026

NB   Brooklyn Public Library, Grand Army Plaza, Brooklyn 11238

NBC   Brooklyn College, Brooklyn 11210

NBLiHi   Long Island Historical Society, 128 Pierrepont St., Brooklyn 11201

NBP   Pratt Institute, Brooklyn 11205

NBiSU   State University of New York, Binghamton 13901

NBrockU-EC

     Educational Communication Center, State University of New York College, Brockport 14420

NBu   Buffalo and Erie County Public Library, Lafayette Square, Buffalo 14203

NBuHi   Buffalo and Erie County Historical Society, 25 Nottingham Court, Buffalo 14216

NBuU   Poetry Collection, 207 Lockwood Memorial Library, State University of New York, Buffalo 14214

NCH   Burke Library, Hamilton and Kirkland Colleges, Clinton 13323

NCaS   St. Lawrence University, Canton 13617

NCanHi   Ontario County Historical Society, 55 N. Main St., Canandaigua 14424

NCooHi   New York State Historical Association, Cooperstown 13326

NEAuH   Elbert Hubbard Library Museum, 571 Main St., East Aurora 14052

NEh   East Hampton Free Library, 159 Main St., East Hampton 11937

NElmC   Gannett-Tripp Learning Center, Elmira College, Elmira 14901

NElmHi   Chemung County Historical Society, 304 William St., Elmira 14901

NEmNHi	Nassau County Museum Reference Library, Eisenhower Park, East Meadow 11554
NFQC	Paul Klapper Library, Queens College, Flushing 11367
NFQC-H	Historical Documents Collection, Queens College, Flushing 11367
NGH	Hobart and William Smith Colleges, Geneva 14456
NGcA	Adelphi University, Garden City 11530
NGenoU	State University of New York College, Geneseo 14454
NHC	Everett Needham Case Library, Colgate University, Hamilton 13346
NHemH	Hofstra University, Hempstead 11550
NHi	New-York Historical Society, 170 Central Park W., New York 10024
NHpR	Franklin D. Roosevelt Library, Hyde Park 12538
NHsW	Walt Whitman Birthplace Association, 246 Walt Whitman Road, Huntington Station 11746
NHu	Huntington Public Library, Huntington 11743
NIC	John M. Olin Library, Cornell University, Ithaca 14853
NIHi	DeWitt Historical Society of Tompkins County, Ithaca 14850
NJQ	Queensborough Public Library, 89–11 Merrick Blvd., Jamaica 11432
NMtv	Mount Vernon Public Library, Mount Vernon 10550
NN-B	Henry W. and Albert A. Berg Collection of English and American Literature, New York Public Library, 5th Ave. and 42nd St., New York 10018
NN-Sc	Schomburg Center for Research in Black Culture, New York Public Library, 103 W. 135th St., New York 10030
NNAF	Helen Keller Archives, American Foundation for the Blind, 15 W. 16th St., New York 10011
NNAL	American Academy of Arts and Letters, 633 W. 155th St., New York 10032
NNAuS	National Audubon Society, 950 3rd Ave., New York 10022
NNBa	Wollman Library, Barnard College, Columbia University, New York 10027
NNC	Butler Library, Columbia University, New York 10027
NNCoCi	Morris Raphael Cohen Library, City College, City University of New York, 135th St. and Convent Ave., New York 10031
NNE	Engineering Societies Library, 345 E. 47th St., New York 10017
NNF	Duane Library, Fordham University, Bronx 10458
NNFF	Ford Foundation, 320 E. 43rd St., New York 10017

NNH	Hispanic Society of America, 613 W. 155th St., New York 10032
NNHuC	Hunter College (Archives), City University of New York, 695 Park Ave., New York 10021
NNJu	Lila Acheson Wallace Library, Juilliard School, Lincoln Center, New York 10023
NNLI	New York Law Institute, 120 Broadway, New York 10005
NNMM	Metropolitan Museum of Art (Library), 5th Ave. at 82nd St., New York 10028
NNMus	Museum of the City of New York, 5th Ave. at 104th St., New York 10029
NNPM	Pierpont Morgan Library, 29 E. 36th St., New York 10016
NNPf	Carl H. Pforzheimer Library, Room 815, 41 E. 42nd St., New York 10017
NNS	New York Society Library, 53 E. 79th St., New York 10021
NNSII	Staten Island Institute of Arts and Sciences, 75 Stuyvesant Pl., Staten Island 10301
NNSJD	Cathedral of St. John the Divine, 1047 Amsterdam Ave., New York 10025
NNStJ	St. John's University, Grand Central and Utopia Pkwys., Jamaica 11439
NNU-F	Fales Library (Div. of Special Collections), New York University, Elmer Holmes Bobst Library, 70 Washington Sq. S., New York 10012
NNUT	Union Theological Seminary, 3041 Broadway, New York 10027
NNWH	Walter Hampden-Edwin Booth Theatre Collection and Library, 16 Gramercy Park, New York 10003
NNWML	Horrmann Library, Wagner College, Staten Island 10301
NNYI	YIVO Institute for Jewish Research, 1048 5th Ave., New York 10028
NNebgWM	Washington's Headquarters Museum, Newburgh 12550
NNopo	Northport Public Library, 151 Laurel Ave., Northport 11768
NOcaS	Shaker Museum Foundation, Old Chatham 12136
NPV	Vassar College, Poughkeepsie 12601
NPlaU	Feinberg Library, North Country Historical Research Center, State University of New York College, Plattsburgh 12901
NR	Rochester Public Library, 115 South Ave., Rochester 14604
NRAB	Samuel Colgate Library, American Baptist Historical Society, 1106 S. Goodman St., Rochester 14620
NRCR	Ambrose-Swasey Library, Colgate-Rochester Divinity School, 1100 S. Goodman St., Rochester 14620

NRGE	International Museum of Photography, 900 East Ave., Rochester 14607
NRHi	Rochester Historical Society, 485 East Ave., Rochester 14607
NRM	Rochester Museum and Science Center, 657 East Ave., Rochester 14607
NRRI	Wallace Memorial Library, Rochester Institute of Technology, 1 Lomb Memorial Dr., Rochester 14623
NRMW	Margaret Woodbury Strong Museum, 700 Allen Creek Rd., Rochester 14618
NRU	University of Rochester, Rochester 14627
NRom	Jervis Library, 613 N. Washington St., Rome 13440
NRosl	Bryant Library, Paper Mill Road, Roslyn 11576
NRyHi	Rye Historical Society, P.O. Box 155, Rye 10580
NSbSU	State University of New York, Stony Brook 11790
NSchU	Schaffer Library, Union College, Schenectady 12308
NSoHi	Somers Historical Society, Somers 10589
NSsS	Lucy Scribner Library, Skidmore College, Saratoga Springs 12866
NStBU	Friedsam Memorial Library, St. Bonaventure University, St. Bonaventure 14778
NSyU	George Arents Research Library, Syracuse University, Syracuse 13210
NTaHi	Historical Society of the Tarrytowns, 1 Grove St., Tarrytown 10591
NTaI	Sleepy Hollow Restorations, 150 White Plains Rd., Tarrytown 10591
NWM	United States Military Academy, West Point 10996
NWefHi	Chautauqua County Historical Society, Westfield 14787

Nebraska

NbHi	Nebraska State Historical Society, 1500 R St., Lincoln 68508
NbL	Bennett Martin Public Library, 14th and N Sts., Lincoln 68508
NbO	Omaha Public Library, 1823 Harney St., Omaha 68102
NbRcW	Willa Cather Pioneer Memorial, Red Cloud 68970
NbU	University of Nebraska, Lincoln 68508

North Carolina

Nc-Ar	North Carolina State Division of Archives and History, Raleigh 27611
NcA	Pack Memorial Public Library, Pack Square, Asheville 28801

NcD	William R. Perkins Library, Duke University, Durham 27706
NcD-MC	Duke University Medical Center Library, Durham 27710
NcDaD	E. H. Little Library, Davidson College, Davidson 28038
NcGrE	East Carolina University (East Carolina Manuscript Collection), Greenville 27834
NcGU	Walter Clinton Jackson Library, University of North Carolina, Greensboro 27412
NcU	University of North Carolina (Manuscripts Department and Southern Historical Collection), Chapel Hill 27514
NcWsW	Wake Forest University, Box 7777, Reynolda Station, Winston-Salem 27109

North Dakota

NdU	Chester Fritz Library, University of North Dakota, Grand Forks 58201

New Hampshire

Nh	New Hampshire State Library, Concord 03301
NhD	Baker Memorial Library, Dartmouth College, Hanover 03755
NhExP	Phillips Exeter Academy, Exeter 03833
NhHi	New Hampshire Historical Society, 30 Park St., Concord 03301
NhPlS	Herbert H. Lamson Library, Plymouth State College, Plymouth 03264
NhU	University of New Hampshire, Durham 03824

New Jersey

NjCaHi	Camden County Historical Society, Park Blvd. and Euclid Ave., Camden 08103
NjConC	College of St. Elizabeth, Convent Station 07961
NjGbS	Glassboro State College, Glassboro 08028
NjHack	Johnson Free Public Library, Hackensack 07601
NjLi	Free Public Library, Livingston 07039
NjMD	Rose Memorial Library, Drew University, Madison 07940
NjMF	Fairleigh Dickinson University, Madison 07940
NjMo	Joint Free Public Library of Morristown and Morris Township, 1 Miller Road, Morristown 07960
NjMoHP	Morristown National Historical Park, Morristown 07960
NjN	Newark Public Library, Newark 07101
NjP	Princeton University, Princeton 08540
NjPT	Speer Library, Princeton Theological Seminary, Princeton 08540

NjR	Rutgers University, New Brunswick 08903
NjRuF	Fairleigh Dickinson University, Rutherford 07070
NjT	Trenton Free Public Library, 120 Academy St., Trenton 08608
NjWP	William Paterson College of New Jersey, 300 Pompton Road, Wayne 07470
NjWdHi	Gloucester County Historical Society, Woodbury 08096

New Mexico

NmA	Albuquerque Public Library, Albuquerque 87101
NmLcU	New Mexico State University (Archives), Las Cruces 88003
NmSM	Museum of New Mexico (History Library), P.O. Box 2087, Santa Fe 87503
NmU	Zimmerman Library, University of New Mexico, Albuquerque 87131

Nevada

NvU	University of Nevada, Reno 89507

Ohio

OAU	Ohio University, Athens 45701
OAkU	University of Akron, Akron 44304
OBgU	Bowling Green State University, Bowling Green 43402
OC	Public Library of Cincinnati and Hamilton County, 800 Vine St., Cincinnati 45202
OCHP	Cincinnati Historical Society, Eden Park, Cincinnati 45202
OCU	University of Cincinnati, Cincinnati 45221
OCX	McDonald Memorial Library, Xavier University, Victory Parkway and Dana Ave., Cincinnati 45207
OCl	Cleveland Public Library, 325 Superior Ave., Cleveland 44114
OClW	Freiberger Library, Case Western Reserve University, Cleveland 44106
OClWHi	Western Reserve Historical Society, 10825 East Blvd., Cleveland 44106
ODaU	University of Dayton, 300 College Park, Dayton 45469
OFH	Rutherford B. Hayes Library, 1337 Hayes Ave., Fremont 43420
OHi	Ohio Historical Society, 1982 Velma Ave., Columbus 43211
OHirC	Teachout-Price Memorial Library, Hiram College, Hiram 44234
OKentU	Kent State University, Kent 44242
OLitW	The Wagnalls Memorial, 150 E. Columbus St., Lithopolis 43136

OMC	Dawes Memorial Library, Marietta College, Marietta 45750
OMans	Mansfield Public Library, Mansfield 44902
OO	Carnegie Library, Oberlin College, Oberlin 44074
OOxM	Miami University, Oxford 45056
OS	Warder Public Library of Springfield and Clark County, 137 E. High St., Springfield 45502
OT	Toledo-Lucas County Public Library (Local History and Genealogy Dept.), 325 Michigan St., Toledo 43624
OTU	University of Toledo (Special Collections), 2801 W. Bancroft St., Toledo 43606
OU	Ohio State University, 1858 Neil Ave., Columbus 43210
OYesA	Antioch College, Yellow Springs 45387

Oklahoma

OkClaW	Will Rogers Memorial, Claremore 74017
OkE	Public Library of Enid and Garfield County, P.O. Box 3337, Enid 73701
OkLaU	M. B. Tolson Black Heritage Center, Langston University, Langston 73050
OkS	Oklahoma State University, Stillwater 74074
OkT	Tulsa City-County Library, 400 Civic Center, Tulsa 74103
OkTG	Thomas Gilcrease Institute of American History and Art, 2501 W. Newton St., Tulsa 74127
OkTU	McFarlin Library, University of Tulsa, Tulsa 74104
OkU	University of Oklahoma, 401 W. Brooks St., Norman 73069

Oregon

OrHi	Oregon Historical Society, 1230 S.W. Park Ave., Portland 97205
OrU	University of Oregon, Eugene 97403

Pennsylvania

P	State Library of Pennsylvania, Box 1601, Harrisburg 17126
PAt	Allentown Public Library, 914 Hamilton St., Allentown 18101
PBL	Lucy Packer Linderman Memorial Library, Lehigh University, Bethlehem 18015
PBm	Bryn Mawr College, Bryn Mawr 19010
PCarlD	Dickinson College, Carlisle 17013
PEL	Lafayette College, Easton 18042
PGC	Schmucker Memorial Library, Gettysburg College, Gettysburg 17325

PHC	Haverford College, Haverford 19041
PHarH	Pennsylvania Historical and Museum Commission, Box 1026, Harrisburg 17108
PHi	Historical Society of Pennsylvania, 1300 Locust Street, Philadelphia 19107
PInU	Indiana University of Pennsylvania, Indiana 15701
PLF	Franklin and Marshall College, Lancaster 17604
PMA	Reis Library, Allegheny College, Meadville 16335
PMilS	Helen A. Ganser Library, Millersville State College, Millersville 17551
PP	Free Library of Philadelphia, Logan Square, Philadelphia 19103
PPAmP	American Philosophical Society, 105 S. 5th St., Philadelphia 19106
PPC	College of Physicians of Philadelphia, 19 S. 22nd Street, Philadelphia 19103
PPCCH	Logue Library, Chestnut Hill College, Germantown and Northwestern Aves., Philadelphia 19118
PPL	Library Company of Philadelphia, 1314 Locust Street, Philadelphia 19107. (Manuscripts on deposit in Historical Society of Pennsylvania.)
PPRF	Philip H. and A.S.W. Rosenbach Foundation Museum and Library, 2010 DeLancey Place, Philadelphia 19103
PPT	Temple University, Philadelphia 19122
PPi	Carnegie Library of Pittsburgh, 4400 Forbes Ave., Pittsburgh 15213
PPiCI	Hunt Library (Fine and Rare Book Rooms), Carnegie-Mellon University, Schenley Park, Pittsburgh 15213
PPiHi	Historical Society of Western Pennsylvania, 4338 Bigelow Blvd., Pittsburgh 15213
PPiI	International Poetry Forum, Carnegie Library, 4400 Forbes Ave., Pittsburgh 15213
PPiU	Hillman Library, University of Pittsburgh, Pittsburgh 15213
PSC	Thomas E. and Jeannette L. McCabe Library, Swarthmore College, Swarthmore 19081
PSC-Hi	Friends Historical Library, Swarthmore College, Swarthmore 19081
PSt	Fred Lewis Pattee Library, Pennsylvania State University, University Park 16802
PU	Charles Patterson Van Pelt Library, University of Pennsylvania, Philadelphia 19104
PV	Falvey Memorial Library, Villanova University, Villanova 19085

PWcS	Francis Harvey Green Library, West Chester State College, West Chester 19380

Rhode Island

R	Department of State, State of Rhode Island and Providence Plantations, Room 43, State House, Providence 02903
RHi	Rhode Island Historical Society, 52 Power St., Providence 02906
RNR	Redwood Library and Athenaeum, 50 Bellevue Ave., Newport 02840
RP	Providence Public Library, 150 Empire St., Providence 02903
RPA	Providence Athenaeum, 251 Benefit St., Providence 02903
RPAB	Annmary Brown Memorial Library, Brown University, Providence 02912
RPB-JH	John Hay Library, Brown University, Providence 02912
RPJCB	John Carter Brown Library, Brown University, Providence 02912
RPRC	James P. Adams Library, Rhode Island College, Providence 02908
RU	University of Rhode Island, Kingston 02881

South Carolina

ScC	Charleston Library Society, 164 King St., Charleston 29401
ScCC	College of Charleston, 66 George St., Charleston 29401
ScCMu	Charleston Museum, 121 Rutledge Ave., Charleston 29409
ScCleu	Robert Muldrow Cooper Library, Clemson University, Clemson 29631
ScHi	South Carolina Historical Society, Fireproof Bldg., Charleston 29401
ScU	South Caroliniana Library, University of South Carolina, Columbia 29208.

South Dakota

SdSiFA	Mikkelsen Library, Augustana College, Sioux Falls 57102

Tennessee

T	Tennessee State Library and Archives, 403 7th Ave., N., Nashville 37219
TJefC	Carson-Newman College, Jefferson City 37760
TMM	John Brister Library, Memphis State University, Memphis 38152
TNF	Fisk University, Nashville 37203
TNJ	Joint University Libraries, Nashville 37203

TSS	James Agee Library, St. Andrew's School, St. Andrews 37372
TU	James D. Hoskins Library, University of Tennessee, Knoxville 37916

Texas

TxAuE	Archives and Historical Collections—Episcopal Church, P.O. Box 2247, Austin 78767
TxCM	Texas A & M University, College Station 77843
TxDaM	Fondren Library, Southern Methodist University, Dallas 75222
TxE	El Paso Public Library, 501 N. Oregon St., El Paso 79901
TxFTC	Texas Christian University, Fort Worth 76129
TxGR	Rosenberg Library, 2310 Sealy St., Galveston 77550
TxGeoS	Cody Memorial Library, Southwestern University, Georgetown 78626
TxHR	Fondren Library, Rice University, Houston 77001
TxHU	M. D. Anderson Memorial Library, University of Houston, 3801 Cullen Blvd., Houston 77004
TxLT	Southwest Collection, Texas Tech University, P.O. Box 4090, Lubbock 79409
TxSa	San Antonio Public Library, 203 S. St. Mary's St., San Antonio 78205
TxSaT	George Storch Memorial Library, Trinity University, 715 Stadium Dr., San Antonio 78212
TxSaU	University of Texas at San Antonio, San Antonio 78285
TxU	Humanities Research Center, University of Texas, Box 7219, Austin 78712
TxWB	Texas Collection, Baylor University, P.O. Box 6396, Waco 76706
TxWB-B	Armstrong Browning Library, Baylor University, Box 6336, Waco 76706

Utah

ULA	Merrill Library, Utah State University, Logan 84322
UPB	Harold B. Lee Library, Brigham Young University, Provo 84602
UU	Marriott Library, University of Utah, Salt Lake City 84112

Virginia

Vi	Virginia State Library, Richmond 23219
ViBlbV	Carol M. Newman Library, Virginia Polytechnic Institute and State University, Blacksburg 24061
ViCoC	Castle Hill Museum, Cobham 22929

ViFGM	Research Center for the Federal Theatre Project, George Mason University, 4400 University Dr., Fairfax 22030
ViFreM	E. Lee Trinkle Library, Mary Washington College, Fredericksburg 22401
ViHdsC	Eggleston Library, Hampden-Sydney College, Hampden-Sydney 23943
ViHi	Virginia Historical Society, 428 North Boulevard, Richmond 23221
ViHo	Fishburn Library, Hollins College, Hollins College 24020
ViLRM	Lipscomb Library, Randolph-Macon Woman's College, Lynchburg 24504
ViLxW	Cyrus Hall McCormick Library, Washington and Lee University, Lexington 24450
ViMtvL	Mount Vernon Ladies' Association of the Union, Mount Vernon 22121
ViRCU	James Branch Cabell Library, Virginia Commonwealth University, 901 Park Avenue, Richmond 23220
ViRU	Boatwright Memorial Library, University of Richmond, Richmond 23173
ViRVal	Valentine Museum, 1015 E. Clay Street, Richmond 23219
ViSwC	Sweet Briar College, Sweet Briar 24595
ViU	Alderman Library, University of Virginia, Charlottesville 22901
ViW	Earl Gregg Swem Library, College of William and Mary, Williamsburg 23185
ViWC	Colonial Williamsburg Foundation, Research Library, Drawer C, Williamsburg 23185

Vermont

VtHi	Vermont Historical Society, Montpelier 05602
VtMiM	Abernethy Library, Middlebury College, Middlebury 05753
VtU	Guy W. Bailey Library, University of Vermont, Burlington 05401

Wisconsin

WAL	Seeley G. Mudd Library, Lawrence University, Appleton 54911
WBaraC	Circus World Museum, Baraboo 53913
WGr	Brown County Library (Local History Dept.), 515 Pine St., Green Bay 54301
WHi	State Historical Society of Wisconsin, 816 State St., Madison 53706

WLacU	Murphy Library, University of Wisconsin, LaCrosse 54601
WM	Milwaukee Public Library, 814 W. Wisconsin Ave., Milwaukee 53233
WMCHi	Milwaukee County Historical Society, 910 N. 3rd St., Milwaukee 53203
WMM-Ar	Memorial Library, Marquette University, 1415 W. Wisconsin Ave., Milwaukee 53233
WMUW	University of Wisconsin, Milwaukee 53201
WU	University of Wisconsin, 728 State St., Madison 53706
WU-Ar	University of Wisconsin, Division of Archives, 443F Memorial Library, Madison 53706

Washington

Wa	Washington State Library, Olympia 98501
WaBe	Bellingham Public Library, 210 Central Ave., Bellingham 98225
WaHi	Henry Hewitt, Jr., Memorial Library, Washington State Historical Society, 315 N. Stadium Way, Tacoma 98403
WaPS	Washington State University, Pullman 99163
WaU	Suzallo Library, University of Washington, Seattle 98195
WaWW	Penrose Memorial Library, Whitman College, 345 Boyer, Walla Walla 99362

West Virginia

WvU	West Virginia University, Morgantown 26506

Wyoming

WyU-Ar	University of Wyoming, Archive of Contemporary History, Box 3334, Laramie 82071

CHECKLIST OF
MANUSCRIPT HOLDINGS

ABBE, George (1911-   ) • ArU L3 • CLU MS14 • CU L1 • CtY
L122 C26 D1 M • ICN L1 • IEN L1 • IU-Ar MS1 L9 D1 • IU-R L1
• IaU MS1 L2 • InU L4 C2 • MBU 12FT REF1 • MoSW L11 C3 • NBuU
MS21 L4 • NbU L3 C1 M REF2 • NjR L1 • OkU L4 C3 D1 • PSt L1
• PU L1 • RPB-JH MS4 L24 C1 D1 • WHi L2 C2 • WaU L11 C2

ABBEY, Henry (1842-1911) • CSmH L2 • CtY L3 • DFo L3 • ICHi
L1 • MH L2 • MeB L1 • NBu L2 • NCH L3 • NIC L1 • NNC L18 •
NcD L2 • NhD L1 • OFH L1 • PHi L2 • RPB-JH L1 C2 • ViU MS1
L4 • VtMiM L2

ABBOTT, George (1889-   ) • CLSM L1 C1 • CtY L7 • DLC D1
• MBU L38 D2 • NIC L1 • NN-B L2 • NNC L2 • OrU L2 • TxU MS2
L5 C3

ABBOTT, Jacob (1803-1879) • CtHC L2 • CtHi MS1 • CtY MS1 L1
• IU-R D1 • MB L4 • MH L5 • MHi D1 • MWelC L1 • MeB 10CTN
M • MeU L1 • MeWC L4 • MnHi L1 • N L1 • NHi L1 • NNC L1 D16
• NNPM L38 • NNU-F L2 • NhD L1 D1 • NjMoHP L1 • OAU L1 •
PHC L1 • PHi L4 • PU L1 • TxU MS1 • ViU L15 D3

ABBOTT, Lyman (1835-1922) • A-Ar L1 • CL MS1 • CLU L2 • CSdS
L1 • CSmH L4 • CU L1 • CoCC L1 • CtHC L3 • CtHSD L2 C3 • CtHi
L2 • CtY L43 C3 • DFo C1 • DLC L8 • DeU D1 • ICHi L1 • ICN L3
• IU-Ar L2 • In L1 • InFwL L2 • InNd-Ar D1 • InU L9 C3 • KLeS L1
• KyBB L1 • KyBgW L1 • KyLo D1 • LNHT L2 • LU-Ar L1 • MA
L2 C13 • MB L4 • MH L21 C2 • MHi L7 • MNS L1 • MWA L6 • MWalA
L1 • MWelC L13 D2 • MdBJ L16 • MdHi L3 • MeB 32CTN M • MeWC
L1 C5 • MnU L1 • MoSHi D1 • NBu L1 • NHi MS1 L3 D2 REF66 •
NIC L67 C33 • NNC L33 D2 • NNU-F L2 • NNWML L1 • NPV L8
• NRU L1 C1 • NSchU L8 • NSyU L1 C1 • NcD L9 D1 • NcU L3 •
NhD L2 • NhHi L2 • NjP L4 • OFH L19 M • OMC L1 • PCarlD L2
• PHC L2 • PHi C2 • PSC L1 • PSt L1 • TNJ L5 • TxGR L2 • ViU
L8 • VtHi L1 • VtU L4

ADAMIC, Louis (1899-1951) • CL L1 • CLU L2 C2 • CSmH L21 C1
• CSt L1 • CU L5 • CoU L7 • CtW L1 • CtY L6 C4 D5 • DeU MS1
L1 • ICarbS L1 • IU-R L4 • IaU L1 • InNd L21 • InU L40 C2 D1 •
KPT MS4 L1 D1 • KyBB L1 • MH L8 C6 • MeWC L1 • MiU L3 C7
D3 • MiU-H L5 C1 • MnHi L1 C1 • MnU-SW MS1 L10 C10 • NIC L2
• NNC L4 • NNYI L1 • NPV L2 • NSsS L1 • NSyU L1 C1 • NcD L1

Adamic, Louis (cont.)

● NjP 71CTN ● OT MS1 ● OkU C1 ● PU L31 ● TxHR L1 ● TxU L4 ●
ViU L2 ● VtU L2 C2 ● WaU L4

ADAMS, Abigail (Smith) (1744-1818) ● CCamarSJ L1 ● CSmH L3
● CtY D1 ● DDO L1 ● DFo L1 ● DLC L3 ● InU L2 ● MB L26 ●
MCR L3 C1 M ● MH L23 ● MHi MS3 J1 L204 D6 REF4, REF54
● MSaE L6 M ● MU L1 ● MWA L219 ● MdBJ L1 ● MiU-C C2 ●
MoSHi L1 ● NCH D1 ● NHi L16 REF66 ● NNBa L2 ● NNC L1 ●
NNMus L1 ● NNPM L5 ● NRU L1 ● NcD L7 ● NcD-MC L6 ●
NhHi L1 ● NjMoHP L2 ● OCHP L1 ● PHC L3 ● PHi L9 ● PPAmP
L4 C1 ● PPL L1 ● RPB-JH REF4 ● ViU L1 ● VtHi L4 M

ADAMS, Andy (1859-1935) ● CSmH L22 C1 ● CoC MS1 ● Ia-HA L11
C7 ● In L1 ● PPT L1 ● VtHi C1 D1

ADAMS, Brooks (1848-1927) ● CLU C1 ● CtY MS2 L47 C1 ● DLC
L27 C7 D12 ● KU-S C1 ● MB L2 ● MBU L8 ● MCR L1 ● MH L315 C150
● MH-BA L1 ● MHi 1FT REF4, REF54 ● MWA L1 ● MdBJ L3 ● MdHi
L1 ● MiU-C L1 ● MiU-H L2 ● NNAL L8 C14 D1 ● NNC L23 ● NNPM
L1 ● NSyU L1 C1 ● NhHi L1 ● NjP L1 C12 ● PHi L12 ● PSt L1 ● RNR
L1 ● RPB-JH L3 D6 REF4 ● ViHi L4 C2 ● ViU MS1

ADAMS, Charles Follen (1842-1918) ● CL M ● CU-S L1 ● Ct L1 ● GHi
L1 ● InU L1 ● LNHT L1 ● MB MS1 L3 ● MH MS34 L3 C59 D1 PR ●
MHi L1 ● NBu L1 ● NNC L1 ● OrU L1 ● PHi L1 ● ViU MS1 L5 C1
● VtHi D1 ● WHi MS1

ADAMS, Charles Francis (1835-1915) ● CL L1 ● CLSU L1 ● CLU L8
C1 ● CSmH L7 D2 ● CStbS L2 ● CU L5 ● CU-S L4 ● CoCC L1 ● Ct L1
● CtHT-W L3 ● CtY L37 C5 D2 ● DDO MS1 L1 ● DLC L442 C55 D26
● DeGE L5 C1 ● ICHi L4 ● ICN L1 ● IU-Ar L1 ● InFwL L1 ● InU L3
● MB L23 C3 ● MBU L10 ● MCR L1 ● MH MS1 L258 C13 ● MH-BA
L31 ● MHi 3FT REF4, REF54 ● MS L1 ● MWA L32 ● MWH MS1 ●
MdBJ L5 C2 ● MdHi L1 ● MeB L3 ● MeWC C1 ● MiU-C L2 ● MiU-H
L5 C1 ● MnHi J1 L1 ● MoSHi L1 ● MoSW L1 ● N L1 ● NCanHi L1 ●
NHi REF66 ● NHpR L1 ● NIC L30 C13 ● NN-B L2 ● NNAL L19 ● NNC
L261 D1 ● NNU-F L1 ● NNebgWM L1 ● NPV L1 ● NRU L9 ● NSchU
L85 C27 ● NcD L17 D1 ● NcU L11 C3 ● NhExP L7 ● NhHi L5 ● NjMoHP
L3 ● NjP C6 ● OCHP L1 ● OClWHi L2 ● OFH L5 M ● OHi L13 C1 ●
OKentU L2 ● OrHi D1 ● PSC L1 ● PSt L2 ● PU L4 ● RNR L3 ● RP

2

L1 • RPAB L1 • RPB-JH L2 REF4 • ScU MS1 • T L5 D2 • TxGR L5
C1 D1 • TxU L7 D1 • ViU L15 D1 • ViW L2 • VtHi L1 • WHi L4 •
WaPS 1FT

ADAMS, Franklin Pierce (1881-1960) • CSmH L3 • CU L5 • CoU MS1
• CtY MS1 L9 C1 • DLC L1 • DeU L12 • ICN L11 D1 • IGK MS1 •
InLP L28 C22 • InU MS2 L3 • KyU L1 • MA L2 • MAJ L1 • MBU
L2 • MH MS4 L11 C4 1CTN M • MeWC L2 C2 • MiU L6 C8 • MiU-C
L1 • MiU-H M • NBuU L1 • NCH L1 • NHpR L1 • NN-B L1 • NNAL
L3 C4 D1 • NNC L14 • NNWH L1 • NSyU L4 • NcA L1 • NcD L3
• NjP L1 C2 • OOxM L1 • OU L3 C2 • PBm L1 • PSt L1 • PU L2 •
RPB-JH L2 • TxU MS1 L1 • ViU MS1 C1 • WaU L2

ADAMS, Henry (1838-1918) • A-Ar L3 • CCamarSJ L1 • CLU L5 •
CSmH L1 D1 M • CU L2 • CtY L63 C5 D2 • DDO MS1 • DLC MS1
L102 C5 D22 PR M • DeGE L1 D1 • ICHi C1 • InU L1 • KU-S L1 •
MB L2 D8 • MBU L5 • MH MS10 L618 C311 • MHi 12FT REF4, REF54
• MWA L3 • MdBJ L28 C1 • MiU-C L4 • MnHi L2 • MnU-Rb L1 •
NHi L4 D1 1CTN • NIC L1 • NNAL L13 C15 D4 • NNC L17 • NNH
L2 • NNPM L1 D1 • NNU-F L1 • NRU L21 C1 • NSchU L1 • NcD
L1 • NcU L3 • NhD L1 • NjP L2 C1 • OClW L9 D3 MG234 M • OMC
L1 • PHC C1 • PHi L8 • PPT L1 • RPB-JH MS1 L106 C4 D127 REF4
• RPJCB L2 • TxU D4 • ViHi L18 C6 • ViU L70 C5 D59 • VtHi D1
• VtMiM L1 C1 MG1 • WHi L2

ADAMS, James Truslow (1878-1949) • CSmH L1 D1 • CU MS1 L2
C1 • CtNlC L1 • CtW L1 • CtY L100 C6 • DLC L7 • InU L10 D1 •
MB L9 • MH MS1 L94 • MH-BA L20 • MMeT L1 • MWC L1 • MeWC
L3 • MiU L7 C6 • MiU-H L2 • MnHi L2 • MnU-SW L3 C4 • NBu L1
• NHpR L1 • NIC MS1 L4 • NJQ L2 • NN-B L1 • NNBa L1 • NNC
MS1 L147 C2600 D2 M REF4, 7 • NcD L2 • NjP L495 C270 D685 •
NjR L3 • OMC L1 • OkU L3 C2 • OrU L6 • PU L8 • TxU L1 • ViU
MS2 L2

ADAMS, John (1735-1826) • A-Ar L1 • CCamarSJ L2 D1 • CLU L1
• CSmH MS1 L18 C18 D19 • CSt L1 D1 • CU L1 • CoCC L1 • Ct L2
D1 • CtHC L3 • CtHi L45 C60 • CtLHi L2 D5 • CtY L31 C5 D14 M
• DFo D1 • DGU L1 • DLC MS3 L285 C280 D35 PR M • DeGE L1
C2 D1 • ICHi L8 D7 • ICN L12 D1 • IEN L1 • IGK L2 • IHi L4 • InGrD
D1 • InHi L2 • InU L7 D1 • KyLoU L1 • M-Ar L6 D12 • MA L2 D1

Adams, John (cont.)

• MB MS3 L43 C3 D60 MG1 REF50 • MBAt MS2 L2 • MBCo MS3 L8
C8 D5 • MBU L2 D3 • MH MS6 L45 C23 • MHa L1 • MHi 40FT REF4,
REF54 • MWA L16 • MWalK L1 D1 REF2 • MWelC L1 • MWiW L2
• MWiW-C L2 • MdBJ L2 C1 • MdHi L6 C3 • MiU-C L10 C9 D1 •
MoSHi L4 • MoSW L1 D1 • N L7 C1 D1 • NAlI L3 C5 D1 • NBLiHi
L3 D1 • NBuHi L3 C3 D2 • NCanHi L1 • NHi L42 C46 D14 M REF66
• NHpR L3 • NIC L3 • NN-B L1 • NNC L74 C79 D4 • NNMus L1 •
NNPM L21 D7 • NNS L2 D1 • NNebgWM L1 • NPV L1 • NRU L1
D1 • NSchU L1 • NWM L1 • Nc-Ar MS1 D1 • NcD L3 D2 • NcD-MC
L1 • NcU L1 • NhD L18 D18 MG1 • NhHi L8 • NjMoHP L15 C2 •
NjP MS2 L42 D3 • NjT L1 • OCHP L1 • OCl D1 • OClWHi L3 D5 •
OFH L1 • OMC L2 • OOxM L1 • PBL L1 • PCarlD L2 • PHC L10 D1
• PHi L26 C23 D13 1CTN • PP L6 C1 • PPAmP J9 L107 C31 D179 •
PPL L2 D27 • PPRF L12 • PSt D1 • PU L9 • RHi L3 D3 • RPB-JH
MS1 REF4 • RPJCB L1 D1 • ScC D1 • ScHi L27 • TxU L3 C1 D4 •
ViU L5 C3 D7 • VtHi J2 L2 D2 • VtU L1 • WHi L3 D1

ADAMS, John Quincy (1767-1848) • A-Ar L1 • ArU L1 • CCC L2 •
CCamarSJ L3 • CLU L3 • CSmH L73 C5 D13 • CSt L4 D3 • CU L1
D1 • Ct MS20 D1 • CtHi L50 C28 • CtLHi L1 D7 • CtW L1 • CtY MS1
L19 D4 • DFo L2 • DGU L1 • DLC MS6 L209 C220 D123 PR • DeGE
L3 • GHi L2 • ICHi L11 C1 D12 • ICN MS1 L5 D1 • IEN L1 • IGK
L2 • IHi L4 • IU-HS L3 • IaDmE L1 • InGrD D1 • InHi L2 C1 D2 •
InU L11 C1 D10 • KU-S MS1 D1 • KyBgW D2 • KyLo D1 • KyLoF
D1 • KyU C2 • MA L1 D2 • MAJ L1 • MB MS2 L29 C2 D36 • MBAt
MS1 L1 • MBCo MS1 L2 C3 D2 • MBSpnea REF2 • MBU L1 D3 • MH
MS6 L34 C10 D1 • MHi 72FT REF4, REF54 • MPB L1 C1 • MS L2
• MWA MS18 L72 C1 • MWalA M • MWelC D1 • MWiW MS1 L1 •
MWiW-C L2 • MdBJ MS1 L3 C1 • MdHi L16 C6 D6 • MiMtpT L1 D3
• MiU D7 • MiU-C L22 D5 • MnHi MS1 L4 M • MoHi C2 • MoSHi
L1 D13 • MoSM L1 • N L1 C2 D3 • NAlI MS1 L2 D1 • NBLiHi D1
• NBu L1 D1 • NBuHi L4 • NCH L6 • NCanHi L1 • NHi REF66 • NIC
MS2 L20 C1 D7 M • NN-B D1 • NNC MS1 L39 C12 D3 • NNF L1 •
NNMus L26 C1 • NNPM MS1 L33 D3 • NNPf L2 REF2 • NNS L2 D1
• NNU-F L1 C1 • NNebgWM L2 • NRU L6 C10 • NWM L3 • Nc-Ar
L4 D1 • NcD L3 D2 • NcU L3 • Nh L10 C6 • NhD L6 D75 • NhHi

4

L10 C4 D1 M • NjMoHP L26 C2 • NjP MS4 L22 D1 • OCHP MS2 L64
C7 • OCU L1 • OClWHi L2 D5 • OFH L1 • OMC L1 D1 • PBL L1
• PCarlD L2 D2 • PHC L12 D12 • PHi MS4 L77 C8 D22 • PLF L1 •
PMA L2 • PP L4 C1 • PPAmP J1 L19 C3 D12 • PPRF L3 • PSt L1 •
PU MS1 L17 D1 • RHi L4 C1 D1 • RP L1 • RPAB C1 D1 • RPB-JH
MS1 L41 C77 D92 M REF4 • ScHi D2 C5 • ScU C1 • TxGR D1 • TxU
L6 D1 • ViHi L12 D29 M • ViU MS2 L22 C40 D7 • ViW L5 • VtHi L1
D11 • WHi L8 C1 D2

ADAMS, Leonie (1899-   ) • CtY 3FT REF7 • DLC MS27 L2 • DeU
MS9 L18 C3 • ICN L3 D2 • IU-R L1 • InU MS1 L5 C1 D1 • MA MS1
L32 • MBU L8 • MH L2 • MNS L3 • MiU L7 C9 • MoSW L17 MG1
• NBuU L2 • NNAL L29 C34 D7 • NNC L2 • NNFF L2 C2 D2 • NjP
L1 • PU L1 • RPB-JH L3 • TxU MS2 • WaU L7 C5

ADAMS, Samuel (1722-1803) • CCamarSJ D1 • CSmH L4 • CtHC L1
• CtHi C2 • CtY L7 C3 D1 • DLC L15 C7 D3 • ICHi L1 D2 • InU L1
D1 • M-Ar L1 D20 • MA L3 D2 • MB L8 C9 D26 • MBCo L2 D1 •
MBU C1 D3 • MH L14 C1 • MHi L134 C1 D52 • MNF L3 • MdHi L1
C1 • MnHi M • MoSHi L1 • N L1 D2 • NAlI L1 • NBuHi D3 • NHi
L12 C7 D2 REF66 • NIC D1 • NNC L2 • NNPM L7 D2 • NNS D3 •
NRom L1 • NhD C2 • NjMoHP L1 C2 • NjP L3 • OClWHi L1 • OMC
D1 • PHC L4 D5 • PHi L20 C5 D5 • PPAmP L18 D3 • PPRF L2 D2
• PU D1 • R L16 • RHi L2 • RPB-JH D3 • RPJCB D1 • TxU D1 • VtHi
D3 • WHi L1 D2

ADAMS, Samuel Hopkins (1871-1958) • CSmH L5 • CU L2 • CtY L14
C3 • DLC MS1 L5 • ICN L9 • IU-R L2 • InU L9 REF3 • LU-Ar D1
• MA L5 • MBU L2 • MH MS1 L71 C18 • MHi MS1 • MeWC L4 •
MnU-Ar L2 C1 • N L1 • NCH MS8 L229 C332 D15 M • NCooHi L37
C8 • NHi L1 • NIC L2 • NNC L16 • NRU L2 • NSyU 9CTN REF1
• NcD L3 • NjP L11 C1 • OU L1 • PPC L1 • PU L11 • TxU L8 • ViU
L6 • WaU L32

ADAMS, William Taylor (1822-1897) • CU-S MS3 • CtY MS1 L3 •
DFo L1 • DLC L2 • ICHi L1 • ICL L1 • MB L1 • MWA L21 D280 •
MdHi L1 • MnM MS1 • NIC L3 • NNPM MS1 • NNU-F MS1 L3 • NhD
L3 • NjMoHP L1 • PHC L3 • PHi L4 • PU L1 • UPB L1 • ViU MS1
L10

ADDAMS, Jane (1860-1935) • A-Ar L1 • CCC L1 • CLSU L2 C2 •

5

Addams, Jane (cont.)

CLU L2 C2 • CSmH L4 • CSt L2 • CSt-H L8 C11 • CU L116 C3 D2 • CtNlC L1 • CtY MS1 L22 C1 D1 • DLC L15 C21 • ICIU L1500 C200 D215 M REF1, 4 • ICN MS3 L40 • ICarbS L1 • IEN L2 • IGK L20 M • IU-Ar L1 C2 D1 • IaHi L3 • InGrD-Ar L3 • InNd L3 • InU L385 C6 D4 M • KPT L2 C5 MG6 • KyLoU L1 • KyU L5 • MA L1 • MB L1 • MCR MS1 L74 C13 D1 • MH L23 C4 • MHi L1 • MNS-S L49 C17 2CTN M • MWalA L6 • MdBJ L1 • MiEM L1 • MiU L4 • MiU-H L16 C7 • MnHi L3 C1 • MnU-SW MS12 L314 C344 D260 M • MoSHi L1 • NHpR L1 • NIC L3 • NN-B L1 • NNBa L1 • NNC MS4 L89 C2 • NPV L5 • NRU L3 • NSyU L2 C1 • NcD L1 • OO L1 • PPT L6 • PSC-Hi 147CTN R M REF1 • PU L1 • RNR L1 • RPB-JH L1 • TxU L1 • VtU L2 • WHi MS1 L9 C1 D1 REF4

ADE, George (1866-1944) • CCC L1 • CLSU L6 C3 • CLU MS1 L4 MG5 • CSmH L32 • CU MS1 L5 • CtY L4 • DLC L13 C1 • ICHi J1 L2 • ICIU MS38 L6 C20 • ICN 12CTN • ICarbS L1 • IEN MS1 L14 D4 • IGK L2 • IU-Ar L1 C1 D1 M • IU-R L1 C2 D2 MG2 • Ia-HA C2 • IaU L4 • In MS5 L18 C1 D2 • InBroA MS7 M • InGrD L1 • InGrD-Ar L3 • InHi MS7 L7 C1 • InI M • InLP MS432 L1848 C2068 M • InNhW L1 MG1 M • InRE L1 • InU MS30 L110 C12 D8 REF3 • KU-S L1 • KyLoU L1 • MA L1 • MH L15 • MHi L1 • MWH L1 • MiU L2 D2 • NHi L1 • NIC L1 C3 • NN-B MS1 L2 D1 • NNAL MS2 L14 C7 D3 • NNC L37 • NNMus L1 • NNU-F MS1 L3 M • NPV L1 • NRGE L2 • NRU L2 • NSyU MS1 L3 D4 • NcWsW MS1 • NhD MS1 L2 • NjP L3 • OCU L1 • P L1 • PHi L1 • PPiU L2 C1 • PSt L3 • PU L6 • RPB-JH L2 • TxU L5 C28 D1 • ViU MS8 L37 M

AGAR, Herbert Sebastian (1897-   ) • CLU L1 • CtY MS2 L13 C28 • IU-Ar R • IU-R L1 C1 • KyBB L1 • MH L4 C3 • MiU L1 C2 • NNC L12 • NcA L1 • NcD L1 • NjP MS1 • OkU L1 C3 M • RPB-JH L1 • TxU L3 • VtU L1

AGASSIZ, Jean Louis Rodolphe (1807-1873) • A-Ar L1 • CL L1 • CLU L4 • CSmH L45 C4 D9 MG1 • CSt L1 • CU L1 M • CtHC L1 • CtHT-W L1 • CtY MS2 L47 C2 D1 • DGU L1 • DLC L55 C29 D35 M • DeGE L1 • ICHi L3 D1 • IGK L8 C2 D1 • IU-R L32 D2 • IaDmE L1 • InU L2 • KU-S L15 D1 • LU-Ar L2 D2 • MB MS1 L12 C1 D2 • MBCo L1 D4 • MBU L1 • MCR L5 C10 D5 • MChB L1 • MH L6 C18 • MHi MS1

L87 D17 • MNF L1 • MNS L3 • MWA L13 • MWHi L1 • MWelC L1 D1 • MWiW L2 • MdBE L3 • MdBJ L11 • MdHi MS1 L19 C111 D1 • MeB L7 D1 • MiU-C L2 • MiU-H L1 • MnHi L2 • MoSHi L6 M • N C1 • NBu L1 • NBuHi L1 C1 • NCanHi L1 • NGenoU L1 • NHC L1 • NHi L5 D1 • NIC L38 D1 M • NN-B L2 • NNC L3 • NNPM L2 • NNWH L2 • NNebgWM L1 • NRU L28 • NSyU L1 • NcD L5 C5 • NcD-MC L2 • NcU L6 D1 • NhD L28 D4 • NjMoHP L4 • NjP L2 • OCHP L3 • OClWHi L1 • OFH L5 M • OMC L2 • OO L2 • PHC L8 • PHi L12 • PMA L2 • PPAmP L85 C16 D110 • PSt L1 • PU L2 • RNR L1 • RPA L1 • RPB-JH L2 • ScU L3 C1 • T D1 • TxGR L1 • TxU MS2 • ViU L1 C1 D19 • VtHi L1 • VtU L3 • WHi L2 • WaPS D1

AGEE, James (1909-1955) • CLU MS2 • CU L2 • CtY MS1 L1 C2 D1 • DeU MS1 L1 • IU-R L1 • InU L1 • MH L1 • NCH MS9 L32 • NIC MS1 • NN-B MS1 L1 • NNC L1 • NSyU L2 C1 • NjR L1 • OU L1 • RPB-JH L1 • TSS R M • TxU MS153 L42 C18 D24 1CTN PR REF92 • WyU-Ar L5

AIKEN, Conrad Potter (1889-1973) • ArU L33 C78 • CLU L11 C6 • CSmH L4 • CU-S MS2 • CtY L15 C2 PR • DLC L3 • DeU L54 • ICN L4 • ICarbS MS1 L4 • IEN L1 • IU-Ar MS1 L1 • IU-R L1 C19 • InU MS3 L25 C3 D2 • MA L1 • MAJ L2 • MB D1 • MBU L12 • MChB L1 • MH MS63 L267 C67 • MMeT L4 • MNS L2 • MU L1 • MWiW-C L1 • MdU L2 • MeWC MS1 L5 C1 • MiU L10 C11 • MnU-Ar L1 • MoSW MS33 L207 C19 M • NBuU MS42 L10 • NIC L1 • NN-B L7 D2 • NNAL L56 C38 D26 • NNC MS1 L68 • NNFF L1 D3 • NRU L1 • NSbSU L4 • NSyU L23 • NcA L1 • NhU MS3 L63 D1 PR M • NjP L132 C133 D248 • NjR L1 • P L3 • PPT L1 C3 • PSt MS1 L1 • PU MS1 L35 • RPB-JH L6 • TMM L3 • TxU MS14 L121 C7 D11 PR • ViU MS16 L53 C26 D15 • VtU L1 • WaU L1 • WyU-Ar L13

AIKEN, Ednah (Robinson) (1872-1960) • CSt-H L1 C2 • CU 6CTN

AINSLIE, Hew (1792-1878) • KyLoF L3 C39 • NNC MS3 L3 D1 • PHi L1

AINSWORTH, Edward Madden (1902-1968) • CLU MS3 PR • CU-S L1 • TxWB L14 D37

AKINS, Zoë (1886-1958) • CLU MS74 C1 • CSmH REF1, 7 • CU MS1 L1 • CtW MS1 • CtY L1 D1 • DeU L2 • ICarbS MS1 • IGK L1 • IU-R C20 D1 • InU L1 C1 • MH L27 C16 • MiU L1 • MoSHi MS21 L2 D2

Akins, Zoë (cont.)

M • NBuU MS2 L3 • NN-B MS7 D1 • NNC L14 • NNU-F L1 • NRU L4 • TxU MS1 L1 • ViU L1 C11 M

ALBEE, Edward (1928-   ) • CtHT-W R • ICarbS L2 C1 • InU MS1 • MBU MS1 L1 D1 • NBP R • NN-B MS1 • NNAL L6 C16 D3 • NNC L2 • NSyU D1 R • TxU MS1 C3 D1

ALCOTT, Amos Bronson (1799-1888) • CU L4 • CtHi L3 • CtY MS1 L18 • DLC MS1 L5 • ICHi L1 • IJI L1 • IU-R L1 • IaAS L12 D1 REF1 • InNd-Ar MS1 D4 • InU MS1 L1 D1 • MB MS2 L4 C3 D27 • MCo MS15 L111 D57 M REF4 • MH REF1 • MHi L3 D9 • MNS L1 • MNS-S L7 • MPIPS REF56 • MWelC L1 • MeB L2 • MiU MS1 D3 • MnM L3 • NBu MS1 REF65 • NHi L1 M • NIC L2 • NN-B L4 C5 • NNC MS1 REF4 • NNPM L2 D1 • NNU-F L1 • NPV L1 • NcD L9 M • NhD L1 • OCHP L1 • OKentU L1 • OMC L1 • OU D1 • PHC L1 • PHi L3 • PSC-Hi L1 • PSt L1 • PU L1 • RPB-JH L3 D2 • ViU MS5 L32 C5 D8 • VtMiM MS1 L42

ALCOTT, Louisa May (1832-1888) • CCC L1 • CCamarSJ MS2 L1 • CSmH MS3 L2 D1 • CtY MS1 L3 • DFo MS1 • DLC L3 • ICN L1 • IGK L2 • IaMc MS1 • InU MS1 L1 • KyBB L1 • MB L17 D6 • MBAt L1 • MCR MS1 L4 M • MChB L1 • MCo MS6 L2 D64 REF4 • MH MS51 L307 C200 D4 M REF6 • MHi J1 L10 D5 • MNS L2 • MNS-S L2 • MWA L6 • MeB L1 • MiU L1 • MiU-H L1 • MnHi L1 • MoSHi L1 • NBu MS2 REF65 • NHi L19 REF66 • NIC L2 • NN-B MS8 L17 D1 • NNBa MS3 L4 • NNC L4 • NNPM MS1 L3 D1 • NNU-F MS1 L4 C2 D1 M • NRU L1 • NcD L1 • NcU L1 • NjMoHP L1 • OCHP L3 • OFH L1 • PHi L2 • PMilS L1 • PSC-Hi L1 • PU L2 • RNR MS1 • RPB-JH L1 • TxU L1 • UPB MS2 • ViU MS34 L127 C88 D35 • WHi MS1 D1

ALCOTT, William Andrus (1798-1859) • CtY C1 • MB L1 D1 • MH L1 • MWA MS1 • NIC L10 • NjP L2 • OYesA L2 • PU D1 • ViU L2

ALDEN, Henry Mills (1836-1919) • CLSU L1 • CSmH L60 C2 • CU L2 • CtHT-W L75 • CtY MS1 L29 C8 • DFo L4 C1 • DLC L55 C4 • DeU L5 C49 • FU L2 • GEU L2 C1 • ICN L3 • InU L12 C6 D1 • KyU MS1 L1 • LNHT L12 • LU-Ar L62 • MA L1 • MB L1 • MH L130 C6 • MHi L1 • MNS L1 • MWA L7 • MWH L3 • MWiW L3 • MdBE L7 • MdBJ L16 • MdHi L3 • MeB L2 • MeWC L2 C1 • MiU L1 • MoU

L1 • N L1 • NBu L2 • NHi L2 REF66 • NIC L1 • NNAL MS1 L10 C9 • NNC L70 C53 D100 • NNPM L15 D1 • NNU-F MS1 L4 • NRU L16 C11 • NSchU L18 C1 • NbU L1 • NcD L17 • NcU L1 • NhD MS1 • NjP C2 • OFH L10 C1 • PHC L1 • PHi L4 • PPL L1 • RPB-JH MS1 L14 C3 • TxU L3 C1 • UPB L5 • ViU L5 C3

ALDEN, Isabella (MacDonald) (1841-1930) • CSt L1 • CU-S L68 • CtY L1 • InU L1 • NBu L1 • NhD L1 • PHC L2 • UPB L1 • ViU L1

ALDINGTON, Hilda (Doolittle) (1886-1961) • ArU L7 • CLU L21 C2 • CoU L29 C10 M • CtY MS15 L147 PR • DeU MS1 L3 • ICarbS L256 C1 • InU L25 D2 • KU-S MS3 • MB L1 D1 • MH L118 C41 • MiU L1 • MoSW L4 • NBuU L3 • NIC L1 • NN-B PR • NNU-F C1 • PPT L3 C2 • PU L1 • RPB-JH L1 M • TxU L65 C2 • ViU MS3 D7 • WMUW MS2 L5

ALDRICH, Bess (Streeter) (1881-1954) • CtY L2 • ICIU L7 • IaU MS1 L16 PR M • InU L3 C1 D1 • NNBa L2 • NbHi MS27 L384 C3082 D19 PR M • NbU L4 M REF2 • OCHP C1 • OkU L3 C6 • OrU L3 • ViU MS1 L6

ALDRICH, Thomas Bailey (1836-1907) • AzU MS1 • CCC L2 • CCamarSJ L4 • CLSU L1 • CLU MS1 • CLU-C L1 • CSmH MS22 L110 MG1 • CU-A L2 • CtHT-W L2 • CtY L2 • DFo MS7 L29 • DLC MS4 L45 D4 • DeU L2 • GEU L4 • ICHi L1 • ICL L1 • ICN MS1 L1 REF1 • IGK MS2 L1 • IU-R L2 D1 • IaU L1 • InU L4 C2 D1 • KU-S L2 • KyU L16 D1 • LNHT L2 D6 • MAnP L1 C1 • MB MS1 L61 D1 • MBSpnea REF2 • MChB L2 • MH MS37 L489 C142 D2 M • MHi MS4 L2 D1 • MNF MS1 • MWA L10 D1 • MWH L7 • MWelC L2 D1 • MdBE L1 • MdBJ MS1 L11 • MeB MS1 L6 • MeWC MS4 L22 C6 • MiMtpT L1 • MiU L1 • MnHi L1 • MnM L3 MG1 • MnU L1 • MnU-Rb L1 • MoSHi L1 • MoSW MS2 • NBu MS1 L3 REF65 • NCH L5 • NCanHi MS1 • NHi L24 • NIC L42 C19 • NN-B MS8 L22 C2 MG1 • NNAL MS2 L14 C2 D3 MG2 • NNC MS1 L166 • NNPM MS10 L3 • NNU-F MS4 L4 M • NNWH MS1 L18 • NRU L1 • NcD L8 • Nh L2 • NhD MS1 L27 D1 • NjMoHP L2 • NjP MS14 L32 C20 • OCHP MS1 L2 • OClWHi MS1 • OFH MS2 C1 • OMC L3 • PBL L1 • PBm C1 • PCarlD L2 D1 • PHC L2 • PHi L5 C1 D1 • PPT MS6 L20 C9 PR M • PSC L1 • PSt MS4 L147 • PU L3 • RNR MS1 L1 • RP MS1 L1 • RPB-JH MS4

9

Aldrich, Thomas Bailey (cont.)

L8 C1 D9 • TxU MS4 L4 • UPB MS1 L2 • ViU MS29 L76 C1 • VtMiM
L15 C5 • WaPS MS1

   ALEICHEM, Sholom (1859-1916) • MH L6 • NNYI MS4 L187

   ALFRED, William (1923-   ) • CtY L11 • IU-Ar L1 • MBU L1 •
MH MS13 L8 C24 • NBC 2CTN PR R M • NBuU L1 • NNFF D3

   ALGER, Horatio (1832-1899) • CSmH REF1 • CtY L4 • DLC MS1
L3 • ICL L1 • IGK L2 • IaU L1 • MB L1 D1 • MH L1 • MMar M •
MWA L7 • MiU-C L5 • NNC L15 • NNPM MS1 • PHC L2 • PU L1
• UPB L1 • ViU MS5 L6

   ALGREN, Nelson (1909-   ) • CtY L8 • ICI MS1 • ICN L5 D3 •
IEN L5 C1 • IU-Ar L11 C3 R M • IU-R L5 • MBU MS2 L123 C19 •
MeWC MG1 • NBuU L1 • NNC L9 • NNU-F L3 • NSyU L2 C1 • NvU
PR • OU 15CTN PR M • PU L2 • TxU L7

   ALLEN, Elizabeth Ann (Chase) Akers (1832-1911) • CL D1 •
CSmH MS1 L1 • CU L2 • CtY MS2 • ICHi MS1 • InU L1 D1 •
LNHT L1 • MChB L1 • MH MS1 L6 • MeWC MS430 L17 C483
M • NHi L2 • NIC L1 • NN-B L7 • NNBa L1 • NNC L6 • NNU-
F MS1 • Nh L1 • NjMoHP L1 • NjP L20 C9 • OCHP MS1 L1 •
PSt MS1 L1 • RPB-JH MS3 L6 D3 M • ViU MS5 L5 • VtHi MS1
D3 M

   ALLEN, Ethan (1738-1789) • CSmH L1 D4 • Ct D29 • CtHi L2 • CtY
D1 • DLC MS1 L8 C5 • InU L1 D2 • M-Ar D1 • MB D5 • MH MS1
L3 C2 D2 • MWA L3 • MiU-C L1 C2 • MoSHi L2 • N L1 D3 • NHi
L6 C2 D6 • NIC L1 • NNPM L1 • NcD L1 • NhD L1 D1 • NhHi C1
• NjMoHP L2 • OMC C1 D1 • PHC L2 D1 • PHi L8 C2 • PPAmP D1
• R C2 • RNR L2 • VtHi MS1 L33 D73 • VtU L2 • WHi D1

   ALLEN, Hervey (1889-1949) • CU L1 • CoU L1 • CtW L1 • CtY MS3
L20 C4 D1 • DeU L3 • GEU L3 D10 • ICN L1 • IEN L1 • IGK L1
• IaU L10 • InU L7 C1 • MBU L1 • MH L73 C28 • MWC L2 • MWelC
L2 • MeB L1 C1 • MnHi L1 • NBuU L1 • NCH L1 • NN-B L10 • NNAL
L13 D1 • NNC L6 • NNU-F L1 • NNWML L2 • NhD L2 C2 • NjP
L1 • OClWHi L1 • OKentU L2 • OU L1 • OkU L8 C13 • P L3 • PHi
L1 • PPiU PR M 57FT • PSt L2 • PU L5 • RPB-JH L1 • ScHi L113
C50 • ScU L1 • TNJ L25 • TxU L3 D1 1CTN PR • ViRVal L5 • ViU
MS1 L22 C2 D1 • VtHi L1 • VtMiM MS3 L4 D1 • VtU L2

ALLEN, James (1739-1808) • CSmH D1 • DLC D1 • MH D1 • MHi D2 • NHi MS1 REF66 • NjMoHP L1 • R C3

ALLEN, James Lane (1849-1925) • CCamarSJ L3 • CLSU L4 • CLU L1 • CSmH MS2 • CU L3 • CtY L3 • DFo L1 • DLC L2 • ICN L3 • IaU L2 • InU L6 C1 D3 • KU-S L1 • KyBB L2 • KyBgW L28 • KyHi MS1 L75 D5 • KyLoF MS2 L50 D5 • KyRE L13 • KyU MS39 L282 C9 D27 M • LNHT L1 • MCR L1 • MH L27 • MHi L1 • MWH MS1 • MWelC L1 • MdBJ L1 • MnHi L2 • MoSW L1 • NN-B MS1 L7 • NNAL L7 • NNC MS1 L49 D8 • NNMus L1 • NNPM MS1 L1 • NNU-F L5 • NcD L38 • NjMoHP L1 • NjP C1 • OCHP L3 • OO L1 • OkU L1 • PCarlD L2 • PHi L4 • PP L1 • PPT L1 • PSt L5 • PU L10 • TxU MS2 L2 • ViU MS2 L83 • WvU L1

ALLEN, Paul (1775-1826) • CSmH MS1 • DLC L2 C3 • ICHi L1 • MB L1 D1 • MBSpnea REF2 • MH C1 • NNPM L3 • PHi L1 • PPAmP C1 D1 • R C6 • RHi L4 D1 • RPB-JH L4 C3 D8 • ScU MS1 • TxU D1

ALLEN, Thomas (1743-1810) • CtY L1 • DLC L1 C1 • MB L2 • MH MS1 • MHi J1 • MNF MS2 L15 C1 M • MPB MS3 D1 • MWA MS1 L1 • N L3 • NHi L2 REF66 • NjMoHP L2 • R C3

ALLEN, William (1784-1868) • CLU MS1 • CtHC L1 C1 • CtY L7 • DLC L7 C50 D2 • DeU L1 • MB L10 • MH MS4 L2 C2 M • MHi L18 D1 • MNF J1 L7 C31 M • MeB L26 C5 D50 M • NHi MS1 L2 C6 D1 REF66 • NNC L9 • NSyU L6 C6 • Nh L2 C2 • NhHi L6 C1 • NjP L3 • R C4 • RNR L1 • RPB-JH L1

ALLIBONE, Samuel Austin (1816-1889) • CSmH MS1 L42 C555 • CtHC L2 C1 • CtHi L2 • CtY L5 C3 • DFo L3 • DGU L1 • ICN L1 • IGK L1 • InU L1 • MB L15 C2 • MBAt L2 • MH L23 C7 • MHi L132 • MS L2 • MdBE L1 • MdBJ L6 • MeB L4 • MiU-C L1 C1 • MoSW L1 • NHi L45 REF66 • NIC L4 • NNC L1 • NNPM L2 • NNU-F L2 • NRU L6 • NcD L3 • NhHi L3 C3 • NjMoHP L5 • OClWHi C1 • OFH L2 C2 M • PCarlD L1 C3 • PHC L6 • PHi MS1 L68 C13 D2 • PPL L5 D4 • PPT L1 • PSC L1 • PU MS1 L10 • RNR L1 • RPAB L5 • RPB-JH L2 • TxGR L1 • UPB L1 • ViU L9 • VtMiM L1 • VtU L6

ALLING, Kenneth Slade (1887-   ) • ICN L2 • InU D2 • MA L2 • MH L16 • NBuU MS2 L3 • RPB-JH L1 • TxU L2

ALLISON, Young Ewing (1853-1932) • CSmH L1 • DLC L1 C1 • IGK L1 • InU MS6 L50 C3 D1 • KyBgW L1 • KyRE L1 • KyU L5 M • NhD

11

Allison, Young Ewing (cont.)
L1 • NjP MS1 L4 • TxU L1

ALLSTON, Washington (1779-1843) • CLU L1 • CSmH D1 • CtHi L1 • CtY L4 D2 • DLC L13 C4 D13 • DeGE D1 • GHi L1 • ICHi L1 • MB L7 D3 • MBAt MS1 L1 • MH MS10 L16 C17 D1 • MHi MS1 J1 L123 D18 REF4 • MWelC L1 • MWiW L1 • MiU-C L1 • N L1 • NHi L4 D2 M REF66 • NIC MS1 • NN-B D1 • NNC L1 • NNPM L1 D1 • NNU-F L1 • NhD L3 D3 • NjP D1 • OMC D1 • PHC L2 • PHi L10 C1 D1 • PP L1 • PU L1 • RHi L1 • ScU L3 • TxU MS1 • ViU MS1 L7 • VtHi L1

ALSOP, Richard (1761-1815) • Ct D1 • CtHi L2 • CtW L1 • CtY MS8 J2 L23 C1 D2 M • ICHi L1 D1 • MB L2 D1 • NHi L7 D1 • NhD L1 D1 • PHC L1 • PHi L5 D1 • ViU MS1 J1

ALTSHELER, Joseph Alexander (1862-1919) • CL L1 • KyRE L1 • KyU MS1 • NHi D1 REF66 • NNC L2 • UPB L1 • ViU L1

AMES, Fisher (1758-1808) • CSmH D1 • CSt MS1 L10 C2 D22 • CtHC L1 • CtHi L28 C5 • CtMyMHi L5 C2 • CtY L1 C2 M • DLC L3 • ICHi L4 D3 • InU L1 D1 • MA L1 • MB L12 D9 • MDedHi 1CTN • MH MS1 L8 C4 • MHi MS1 L55 C1 D10 • MWA MS1 L5 D2 • MWiW L1 • MeB L3 • N D6 • NHi L15 C1 REF66 • NN-B L1 • NNC L3 D1 • NNPM L2 • NNS L11 • Nc-Ar L1 • NcD L1 • NcU L4 • NhD L1 • NhHi L2 • NjMoHP L3 • OCHP L1 • OMC L2 • PCarlD C1 • PHC L2 D1 • PHi MS1 L14 C2 D1 • PSt L1 • PU D1 • RPB-JH L2 D1 • T D1

AMES, Nathaniel (1708-1764) • DeGE L1 • MB D2 • MDedHi 2CTN • MH MS1 L1 • MHi D6 • MeB MS1 • PHi L2 • RPB-JH D1 • RPJCB MG28

AMORY, Cleveland (1917-   ) • CtY L4 • DLC L2 • MB L1 • MBU C13 • MH L1 • MWC L2 • NNC L5 • OkU L1 C1 • OrU L2 • RNR L1 • RPB-JH L2 • TxU L1 C1

AMSBARY, Wallace Bruce (1867-1954) • ICN MS1 • IEN L8 • IGK MS1 • PPT L5

ANDERSON, Barbara Tunnell (1894-   ) • ICN L1 • KyU MS1

ANDERSON, Forrest (1903-   ) • CtY L17 C4 • DeU MS3 L29 • IU-Ar MS3 L1 • MeWC L2 • NBuU MS20 L51 • NNC L1

ANDERSON, Lee (1896-   ) • ArU C3 • CtY J3 R • ICN L1 • InU

MS2 L9 • MoSW MS40 J68 L110 C1200 PR R M • RPB-JH L43

ANDERSON, Margaret C. (1890-1973) • CtY L6 C15 • ICN L4 D14 • ICarbS L32 • MA MS1 L6 • MH L37 C54 • MiU L2 • NBuU L7 • NIC L2 • NN-B L1 • NNC L9 • NNWML L1 • RPB-JH L1 • TxU MS1 L32 C2 D6 • ViLxW L4 • WMUW MS14 L3

ANDERSON, Maxwell (1888-1959) • CSt L1 • CU L2 C1 • CtY MS1 L19 C2 D1 • DLC MS37 L6 MG7 PR • ICN L2 • ICarbS C7 • IU-R D1 • InNd L2 • InU L7 • MBU MS3 L3 • MH L7 • MWC L1 • MWelC L1 • MiU L2 C5 • NN-B D1 • NNAL MS2 L11 C27 D2 • NNC L19 • NNWH L1 • NRU L1 • NdU MS9 J2 L1 MG1 • NhD MS1 L1 • NjP L1 C7 D5 • OU L1 • PPT L1 • PPiU L1 • PU L6 • RPB-JH L1 • TxU MS541 J8 L543 C3575 D1124 MG1 PR M REF89 • VtMiM L1 D1 • WaU L1

ANDERSON, Robert Woodruff (1917-   ) • MBU L6 • MH MS12 • MdHi MS1 • MnU-Ar R • NNC L2 • NNFF L2 C1 M • NSyU L3 • NhExP MS3 • OU M • P L1

ANDERSON, Sherwood (1876-1941) • ArU L6 • CCamarSJ L1 • CLSU L1 • CLU L1 C1 • CSfU MS1 • CSmH L4 D1 • CSt L1 D1 • CSt-H L10 C3 • CU L40 • CtY L263 C96 D3 M • DLC MS2 L131 D1 MG1 PR • DeU L5 • GEU L2 • ICHi L1 • ICN MS1278 J20 L5832 C7890 D775 • ICarbS L6 • IEN L3 D2 • IU-Ar L3 • IU-R L11 C2 • InGrD L1 • InNd L36 C31 D1 • InU L15 C1 D3 • LNHT L13 C4 • LU-Ar L2 • MB L1 • MBU L2 • MH L7 • MMeT L1 • MNS-S L30 • MdBJ L1 • MdU L1 • MiU L1 • MnHi L1 • MnU-Ar L5 • MnU-Rb MG1 • NCH L1 • NIC MS2 L35 C17 • NN-B L1 D1 • NNAL L10 C5 D1 • NNC L43 C1 D1 PR • NNU-F MS1 L12 • NPV L1 • NRU MS1 L6 • NSyU L1 • NcGrE L10 • NcU MS1 L66 • NhD L2 D1 • NjP MS5 L163 C116 • OFH L2 • OkU L2 C1 • OrU L2 M • PBm L1 • PCarlD L1 • PGC L1 • PHC L1 • PPT L1 C3 • PPiU L1 • PSC L1 • PSt L3 D1 • PU MS3 L220 • TNF L40 C3 • TxU L94 D2 • TxWB-B MS1 • ViBlbV L3 MG1 • ViU MS8 L72 C3 • WHi L100 C100 • WMUW MS5 L6

ANDREWS, Charles Robert Douglas Hardy (1903-   ) • CLSU MS2 • MBU 18FT PR M REF1 • NIC C1 • OU MS1 L4 C4

ANDREWS, Mary Raymond Shipman (1865-1936) • CSmH L1 • CtY L3 • InU L1 REF3 • KyU L2 • MBU L2 • MCR L1 • NNC L4 • NNU-F L1 • NjP MS1 L248 C303 D628 • TxU L1 • ViU L1

13

ANGOFF, Charles (1902-   ) • CU L6 • CtY C1 • DeU L1 • ICN L3 • MBU 32FT REF1 • MH L7 C1 • MnU L3 • NN-B C1 • NSyU L1 C1 • NjP L3 C3 • OkU L1 • PU L8 • TxU L3

ANTHONY, Susan Brownell (1820-1906) • CCC L1 • CCamarSJ L1 • CHi L3 D2 M • CLU L2 • CSmH MS1 L381 C104 D17 • CSt L1 • CU D2 • Ct L2 • CtHSD L102 C3 • CtNlC L1 • CtY L8 • DGU L3 M • DLC MS14 J41 L234 C19 D17 17CTN M REF1 • ICN L1 REF1 • ICarbS L2 • IEN L4 • IGK L2 • IU-Ar L3 • In L8 • InU L3 D1 • KyU L30 C1 • MB L5 • MCR MS7 J3 L291 C88 D3 M • MH L9 M • MHi L29 • MNS L3 • MNS-S L108 C1 2CTN M • MPB L1 • MWA L2 • MdBJ D1 • MdHi L1 • MeB L1 • MeWC L2 • MiU-H L3 • MnHi L7 • MoSHi L99 C3 D1 • MoSM L1 • N L6 D3 • NAurW L1 • NBu L2 REF65 • NBuHi M • NGenoU L1 • NHi L5 • NHpR L1 • NIC MS1 L31 C3 M • NNBa L1 • NNC L3 C3 • NPV MS6 L98 • NR L105 C3 • NRHi L2 M • NRM L4 D1 M • NRU L300 C75 REF1, 6 • NSbSU L1 • NSyU L20 C3 • NcD L1 • Nh L1 • NhHi L5 • NjGbS L1 • NjMoHP L1 • NjP L2 • OCHP L1 M • OCl L1 • OClWHi L1 • OFH L6 C2 • OO L1 • PPT L1 • PSC-Hi L8 C1 • PSt L1 • RNR L1 • TxU D1 • UPB L4 • VtHi D1 • VtMiM C1 • VtU L2 • WHi L6

ANTIN, Mary (1881-1949) • ArU L1 • CSmH L2 • CU L3 • DLC L2 • MB MS3 L17 C2 • MHi MS1 L29 • MWA L1 • MWalB L1 • NNC L1 • NNWML L1 • NNYI L1 • NSsS L1 • NSyU L2 • NjP L1 • PPC L1 • PPT L4 • PU L3 • RPB-JH L4

APPLEBAUM, Harold S. (1916-   ) • NBuU MS9 L2

APPLEGATE, Frank (1882-1932) • NmU 1CTN • PU L1

APPLETON, Thomas Gold (1812-1884) • CSmH L2 • CtY L5 C2 • MB MS1 L2 C1 D1 • MBNEH C1 • MH MS1 L75 C33 M • MHi L2 • MiMtpT L2 • NHi L7 REF66 • NNPM L1 • PHC L1 • PHi L1 • PPL L1 • TxU L3 C1

ARMOUR, Richard Willard (1906-   ) • CCC MS40 C11 • CLO MS1 • CSmH L1 • CU L7 C1 • HU MS4 L10 C10 • IU-R L1 • IaU L2 • InU L90 C10 • MBU 4FT REF1 • MH L7 C3 • MWC L6 • NBuU MS7 L4 • NNC L2 • NSyU L12 • OU L1 C1 • OrU L4 • TMM L6 • TxU MS1 L1

ARNOLD, Elliott (1912-   ) • AzU MS1 • CSt D1 • CU L2 • MBU L1 • NhD MS1 • OkU L1 C1 • TxU L8 C7

14

ARNOLD, George (1834-1865) ● DFo MS1 ● MdBE L3 ● NHi L1 ●
OCHP MS1 L1 ● RP MS1 ● RPB-JH MS1 D3

ARNOW, Harriette Louisa (Simpson) (1908-   ) ● ICN L1 ●
KyLoF L1 ● KyRE L2 D1 ● KyU MS1 D10 ● MiU L5 C11 ●
NSyU L58 ● TxU L4 ● ViBlbV L1

ARTHUR, Timothy Shay (1809-1885) ● CSmH MS1 L1 ● CtHT-W L1
● CtHi L1 ● CtY L2 ● DFo L1 ● DLC L1 ● ICL L1 ● IaU L1 ● InU MS1
● MB L5 ● MH MS1 L2 D1 ● MHi L1 ● MnHi L1 ● NHi L1 REF66 ●
NN-B L1 ● NNC L5 D1 ● NNPM L1 ● NNU-F L3 M ● NRU L1 ● NhD
L1 ● NhHi MS1 ● NjMoHP L3 ● OCHP L1 ● OHi L1 ● PHC L2 D1 ●
PHi L6 D1 ● PP L1 ● PPL L1 ● PSt L6 ● ViU MS1 L16 ● VtMiM L1

ASCH, Sholem (1880-1957) ● CtY MS16 L5 C1 PR ● FM MS2 ● InU
L4 C1 ● MH L2 ● MdU L6 ● MiU C2 ● NNYI MS5 L50 C8 D17 ● OKentU
L1 ● TxU L1

ASIMOV, Isaac (1920-   ) ● CtY C1 ● KU-S L42 ● MBU 68FT REF1
● MnU-K L1 C1 ● NGenoU MS1 ● NSsS L1 ● NSyU MS2 L35 C25 ●
OrU L27 ● TxU MS1 ● WHi L10 C10

ATHERTON, Gertrude Franklin (Horn) (1857-1948) ● C L2 ● CCC
L1 D1 ● CCamarSJ L1 ● CHi L15 M ● CLSU L6 ● CLU L2 ● CO
L3 ● COMC MS1 L17 ● CSf MS2 L10 M ● CSfU L1 ● CSmH MS1
L50 D2 ● CSt L16 D1 MG2 ● CStbS L3 ● CU 13CTN REF1, 8 ●
CtY L95 C3 ● DDO L2 ● DLC MS3 L77 D2 ● ICL L1 ● ICN L1
REF1 ● IEN L1 ● IGK L1 ● IaU L2 ● InU MS1 L55 C7 D7 REF3
● LNHT L1 ● MA L2 ● MCR L1 ● MChB L1 ● MH L4 C2 ●
MMeT L2 ● MWC L9 ● MWH MS1 ● MdU L4 D1 ● MeWC L1 ●
MoSHi L1 ● N L1 ● NBu L1 ● NN-B L20 D1 ● NNAL L17 C15
D3 ● NNBa L3 ● NNC L13 ● NNU-F L14 PR ● NNWML L1 ●
NPV L1 ● NRU L1 ● NcD L1 ● NcGrE L1 ● NhD MS2 L1 ●
NjMoHP L3 ● NjP L12 C9 D4 ● OKentU L2 ● OU L2 ● OrU L1 ●
PBL D1 ● PCarlD L3 ● PPC L1 ● PPT L4 C3 ● PSC L1 ● PSt L2
● PU L74 ● TxGR L1 ● TxU MS3 L101 C3 D4 ● ULA L1 ● UPB
L2 ● ViU MS3 L23

ATTAWAY, William (1912-   ) ● CU L6 ● NN-Sc D5 PR

AUCHINCLOSS, Louis Stanton (1917-   ) ● CtY MS3 L1 ● MBU
L21 ● MdU MS1 PR ● MiU L1 C2 ● NHemH PR R M ● NNAL L5 C3
D3 ● NNC MS22 L59 D1 ● NNFF L2 ● NNPM MS1 ● NNU-F L1 ● NjR

Auchincloss, Louis Stanton (cont.)
L3 • TxU L5 • ViU MS6 L3 PR

AUDEN, Wystan Hugh (1907-1973) • CLSU MS1 • CLU L10 • CU
L4 • CtW L1 • CtY MS5 L10 C8 R • DLC MS3 L3 • ICN MS1 L4 •
ICarbS L1 • IU-Ar C1 M • InGrD-Ar D1 R • InU MS1 L3 D10 • KU-S
L1 • MA L17 • MH MS8 L2 C1 M • MMeT L1 • MU-Ar R • MWelC
L2 • MiU L4 C6 MG1 • MiU-H L7 M • MnU-Ar R • MoSW MS1 L4
C6 PR • NBuU MS23 L17 • NN-B MS8 L15 D9 PR • NNAL MS1 L24
C51 D35 • NNC MS5 L48 PR M • NNFF L2 D1 • NNPM MS1 • NNU-F
MS2 • NSyU MS1 L2 C2 • NcD L2 C1 • NhD MS3 L1 D1 • NjP L1
C2 • NjR MS1 L3 • OrU L3 • PBm L1 • PPiI L2 C4 R • PSC MS30
L7 C5 MG1 R M • RPB-JH L4 C2 D3 • TxU MS80 L52 C31 D14 MG1
PR • ViU MS2 L1 D1 • VtMiM L4 • WaU L38 C2 PR • WyU-Ar L9

AUDUBON, John James (1785-1851) • A-Ar L1 • CSmH D1 • CoCC
L1 • CtHi L2 • CtY MS3 L10 D1 • DLC L1 D2 • GHi MG1 • ICHi L3
• ICN J1 L2 REF40 • ICarbS D1 • InHi MS1 D1 • InU L1 • KU-S L1
C7 D3 • KyU L2 M • LNHT L14 D3 M • LU-Ar D6 • MA L1 • MB
L4 D2 • MBAt D1 • MH MS2 L239 C89 D9 M • MHi L12 D16 • MWA
L2 D1 • Md L5 C2 D11 M • MeB L2 D4 • MoSHi MS7 L10 C60 D2
M • NBu MS1 REF65 • NHi MS1 L11 D2 REF66 • NIC L1 • NN-B
L1 • NNAuS MS19 L18 C5 • NNC L2 C2 • NNPM L12 D1 • NhHi L1
• NjMoHP L2 • NjP 9CTN • OMC L1 • PBL L1 • PHC L2 • PHi L13
D1 • PLF L1 • PMA L1 • PPAmP J20 L200 C60 D66 • PPC L7 • PPL
D1 • PU L1 • ScCMu L4 C29 • T D1 • TxU L2 • ViU C5 D1 • WHi
REF4

AUSLANDER, Joseph (1897-1965) • ArU L1 • CL L1 • CLU L2 •
CSmH L1 • CSt MS2 L4 • CU L1 • CoU L1 • CtY L7 • DLC C1 • IEN
L1 • IU-R L1 • InLP L1 C1 • InU L4 • KyBgW L1 • MA L1 • MBU
L2 • MH MS2 L12 C2 • MMeT L1 • MNS L1 • MWC MS1 L1 • MWelC
L6 • MeWC MS3 L3 • MiU L2 C8 • NBuU MS1 L2 • NN-B L3 • NNC
MS8 L20 • NNWML L2 • NSyU L2 • NcU L1 • NhD MS1 D2 • NjP
D2 • OCl L1 • PBm MS1 • PU L1 • RPB-JH L1 • TxU L15 • ViU MS4
L6 C1 • VtU MS1 L1

AUSTIN, Jane (Goodwin) (1831-1894) • AzU MS7 L20 • COMC
MS1 • CSmH L1 • CtY L1 • DLC L10 • MH L3 • MHi L1 •
MWA L7 • MdBJ L2 • NBu L1 • NNBa MS1 L5 • NNU-F L1 •

16

NjMoHP L1 • OFH L2 • TxU MS1 D1 • ViU MS7 L7 C1

AUSTIN, Mary (Hunter) (1868-1934) • C MS1 L2 • CHi 2CTN • CLSM MS1 J6 L13 • CLSU L5 • CLU MS4 L75 C10 D5 • CO L4 C2 • COMC MS1 L66 C11 PR • CSf MS1 L1 • CSmH REF1, 7 • CU MS1 L95 C2 D8 M • CoCC L1 • CtY L70 D1 • DLC L2 C1 M • FU L1 • ICN L4 • IEN L1 • IU-R MS1 L8 D13 • InU L10 D1 REF3 • MH L30 C4 M • MPB L1 • MiU-H C1 • MnHi L2 C5 • MnU-SW L25 C25 D1 • NIC L1 • NN-B L2 • NNBa L2 • NNC MS2 L21 • NNPM L7 • NNU-F L3 • NNWML L4 • NmSM L3 C3 • NmU 3CTN • OkU L1 C3 • PMA L1 • PPT L1 • PU L18 • RPB-JH L1 • TxFTC L5 • ViU MS1 L6

AUSTIN, Sarah (Taylor) (1793-1868) • CLU L37 • CSmH L4 • CtHi L1 • CtY MS1 L3 C2 • DFo L2 • MB L1 • MH L7 • NNPM C1 • NjMoHP L1 • NjP L1 • PSt L1 • TxHR L2 • TxU MS1 L1

AUSTIN, William (1778-1841) • MBU C1 • MSaE J1 • MiU-C L2 • NcD L1 • PHi L1 D3 • ViU D1

BABBITT, Irving (1865-1933) • CLSU L1 C2 • CSt MS1 L14 C1 D20 • CtY L9 C2 • IU-Ar L21 C7 D2 • InU L2 • MH L2 D1 M • MiU-H L3 • NIC L1 • NNAL MS2 L9 C38 D4 MG1 • NNC L1 • NRU L3 • OCHP C1 • PPT L1 • PU L1 • ViU L1

BABSON, John James (1809-1886) • CtY L1 • MGlHi MS1 • MH L1 • MHi L8

BACH, Marcus (1906-   ) • CtY L1 C1 M • IaU MS6 L6 • NNFF MS1 D5 • NSyU L1 C1 • NjP L1

BACHELLER, Irving (1859-1950) • CCamarSJ MG1 • CL MS1 • CLSU MS2 J1 L145 C5 • CSmH MS1 L32 C2 D2 • CtY L6 • DLC MS1 L27 • FWpR MS28 • ICL L1 • ICN L1 REF1 • IEN L1 • IGK L4 • IU-R C1 D4 • IaU L2 • InU MS1 L8 C1 REF3 • LNHT L1 • MA L1 • MAJ L1 • MBU L1 • MChB L1 • MH L9 C1 • MWH MS1 • MeB L1 • MeWC L1 • MiU L2 • MnHi L1 • N L4 • NCH L6 • NCaS MS25 J23 L105 C20 • NHi MS1 REF66 • NIC L1 • NN-B L5 D1 • NNAL MS2 • NNC MS3 L90 C1 • NNU-F MS1 L5 • NNWML L9 • NPV L1 • NcD L5 • NhD L2 D1 • NjMoHP L1 • NjP MS2 L11 C6 • OkU L2 C1 • PHi L2 • PMA L2 • PPT L2 C2 • PSt L2 • PU L1 • RPB-JH L1 • TxU L3 • UPB L1 • ViU MS17 J1 L19 C86 • VtMiM L1 • WvU L3

BACHMAN, John (1790-1874) • CSmH MS4 • KU-S L2 • MH MS2

Bachman, John (cont.)

L10 C167 • MdHi L2 • MoSHi MS1 L2 • NNC L1 D1 • PPAmP J1 L10 C1 D2 • PPC L1 • ScU MS1 L10

BACON, Delia Salter (1811-1859) • CtY L15 C5 • DFo MS1 L116 C132 M • MB L1 D1 • MH D1 • MHi L1 • N D10 • NjP D1 • PHi MS1

BACON, Leonard (1887-1954) • CLU MS1 • CSmH MS1 L5 • CU 2CTN • CtY MS70 L500 C1500 D1 PR REF7 • DLC L4 C3 • IaU L1 • MA L14 • MH L53 C10 M • MMeT L3 • MeWC MS1 L8 • NBuU MS3 L9 • NCH L1 • NNAL MS3 L100 C105 • NNC L3 • NRU L3 • NSyU L32 C2 • NhD MS1 L1 • NjP MS1 • OKentU L1 • OOxM L1 • OU L2 C1 • OkU L1 • PPiU MS3 L23 C6 • PU L9 • RPB-JH MS2 L19 C4 PR M • RPRC L50 C90 REF3 • RU MS8 L20 C11 D1 M • TxU MS1 L15 • WaU L1

BACON, Martha Sherman (1917-   ) • CtY MS3 L200 C100 • NBuU MS11 L2 • RPB-JH L1 • TxU L2

BACON, Wallace A. (1914-   ) • NBuU MS2 L2 • TxU MS1 L16 C1

BAGLEY, William C. (1874-1946) • MnU-Ar L14 C14 • MoCgS L2 • NNC L1 • NjP L3 C7 D23 • PU L1

BAILEY, James Montgomery (1841-1894) • CtHi L1 • CtNlC L18 • MH L1 M • MdBJ L1 • MeB L1 • NcU L1 • NjMoHP L1 • PHC L1 • PHi L1 • PU L1 • VtHi L1

BAILEY, Paul Dayton (1906-   ) • AzU MS3 • CLU MS9 • CU L3

BAIRD, Henry Carey (1825-1912) • CSmH L4 D1 • CtHi L1 • CtY L2 • DLC D1 • MB L43 C4 • MH L8 C3 • MHi L17 • MdBJ L1 • N L19 C1 • NIC C1 • NNPM C1 • NSchU L1 • NWM L7 • NcD L2 • OFH L3 • PCarlD L1 C1 • PHi L6 C5 1CTN • PU L9 • RPB-JH L1 • UPB L2

BAKER, Dorothy (Dodds) (1907-1968) • CU MS4 L1 PR M • NNFF D1 • TxU L7 C5

BAKER, George Pierce (1866-1935) • CLSU L6 • CSmH L14 • CtY L5 • DFo MS1 L2 • ICN L1 • IU-Ar L21 C7 D2 • IaU L1 • InU L1 • MB L9 D1 • MH L11 C12 MG5 M • MHi L1 • MWA L1 • MeWC C1 • MiU-H L1 • NIC L11 • NN-B L3 • NNC L15 • NRU L1 • NbU L4 • NjP L11 • OKentU L1 • PSt L1 • PU L4 • R L1 • RPB-JH L1 • TxU L1 • ViU L38 • VtMiM L1

BAKER, Howard (1905-   ) • CSt MS2 • CU L1 • CtY L34 C27

18

BAKER, Laura Nelson (1911-   ) • IaU MS1 • MnU-K MS11 L131 C141 PR

BAKER, Ray Stannard (1870-1946) • A-Ar L3 • ArU L1 • CLSU L15 • CSmH L5 • CU L10 • CtY L22 • DLC L10 C1 210CTN REF1 • ICN L8 • ICarbS L2 • IU-Ar L2 C1 D1 • IU-R L2 • IaU L1 • InU L25 C10 D1 • KyLoU MS2 L1 • MA L4 • MAJ MS10 J1 L37 C1000 D5 • MB MS1 • MCR L1 • MH L33 C10 M • MH-BA L11 • MWC L2 • MWH L1 • MdBJ L5 C3 • MeWC L1 • MiU-H L4 C1 • MnHi L1 • MnU-SW L2 C5 • NCH L2 • NIC L6 • NN-B D1 • NNAL L16 C19 D5 • NNC MS1 L6 • NNU-F L2 • NPV L1 • NcD L3 • NhD L2 • NhHi L1 • NjP 20CTN REF1 • OkU C1 • OrU L4 • PCarlD L7 C3 • PMA L32 C10 • PPT L3 • PSC-Hi L1 • PSt L3 • TxU L2 • UPB L1 • ViLxW L2 • ViU L17 • VtU L11 • WHi L10 C10 D2

BALDWIN, James (1924-   ) • CLSU R • CSf PR • DHU REF3 • GAU MS3 L4 • ICarbS L1 • IU-Ar R • In D1 • InU L1 REF3 • MBU MS1 L3 D1 • MH L1 • NN-B MS1 • NNAL L4 C6 D6 • NNC L1 PR • NNFF L6 C9 D10 • NSyU D1 R • NjR L5 • TxU MS5 PR • WHi L5 C5 • WyU-Ar L4

BALDWIN, Joseph Glover (1815-1864) • CSmH D1 • CU L1

BALESTIER, Charles Wolcott (1861-1891) • CtY D1 • InU C1 • NNC D1 • NNPf L1 REF2 • NRU L1 • NjP L4 C2 D5 • ViU L3

BALLOU, Adin (1803-1890) • CtY L3 • MB L12 • MH L7 • MHi L1 • NIC L2 • NSyU C1 • PSC-Hi L1

BALLOU, Hosea (1771-1852) • ICHi L1 • MB L2 • MH L1 C1 • MWA MS1 L5 C2 • PHi L1 • PPL L1 • VtHi D1

BALLOU, Maturin Murray (1820-1895) • CtY MS1 • ICHi L1 • InU C1 • MB C1 • MH C1 D1 • MHi L1 • MWA L1 D1 • MdBJ L2 • NNPM L1 • PHi L3 • UPB L1 • ViU L1 C1

BANCROFT, Aaron (1755-1839) • CSmH L1 • ICHi L1 • MB L2 D1 • MBAt L1 • MH L4 • MHi L1 • MWA MS4 L12 C10 D9 1CTN • NNPM L1 • OClWHi C1 • PHi L3 • VtU L5 C2

BANCROFT, George (1800-1891) • CCC L1 • CLU L4 C5 • CSdS L1 • CSmH MS1 L63 C3 D3 • CSt D1 • CU L6 C14 • CU-S L1 • CtHT-W L1 • CtHi L23 C2 • CtLHi 1CTN • CtW L1 • CtY MS1 L55 C8 • DFo L1 • DGU L3 • DLC MS3 L469 C717 D56 PR R • DeGE L21 C5 • DeU L1 • ICHi L4 C2 D1 • ICN L1 • IEN L1 • IGK MS1 L117 C6 D2 • IHi

19

Bancroft, George (cont.)

L3 • IU-R L2 D9 • IaDmE L1 • IaMc L1 • IaU L1 • InFwL L1 •
InGrD-Ar L1 • InNd-Ar L7 C7 D10 • InU MS1 L8 D4 • KU-S L2 •
KyLoF L1 • KyU L2 • LU-Ar L11 • MA L1 • MAJ L4 • MB L67 C2
D2 • MBAt L2 • MBU L5 C1 • MH MS2 L145 C11 • MHi MS1 J4 L1939
D41 • MNBedf L1 • MNF L4 • MStoc L1 • MWA MS1 L110 D646 •
MWH L1 M • MWiW-C L1 • MdBE L4 • MdBJ L16 C1 • MdHi L10
C4 • MeB MS1 L5 • MeWC L7 • MiMtpT L1 • MiU L1 • MiU-C L8
C1 • MiU-H C7 • MnHi L8 • MnM L1 • MoSHi L3 • N L2 C2 • NAlI
C1 • NBu L1 • NHi MS1 L32 C7 D2 REF66 • NHpR L1 • NIC L22
C234 REF4 • NN-B L8 • NNC MS1 L56 C5 D5 • NNMus L1 • NNPM
L10 D1 • NNS L1 • NNU-F MS1 L1 • NPV L2 • NRU L29 C8 • NSchU
L51 • NcD L13 C1 • NcU L12 C2 • NhD L10 • NhExP L30 • NhHi
L9 • NjMoHP L17 C2 • NjP L9 • OClWHi L5 • OFH L9 C16 • OMC
L1 C3 • OOxM L4 • OU L1 • PBL L1 • PCarlD L1 • PHC L4 • PHi
MS1 J1 L81 C28 • PP L1 C1 • PPAmP L9 D9 • PPC L1 • PPL L1 D7
• PPRF L4 • PSC L1 • PSC-Hi C1 • PSt L2 • PU L6 D10 • RHi L1 •
RNR L6 • RP L2 • RPB-JH L7 • ScU C3 • T L1 D3 • TxGR L1 • TxU
MS1 L5 • ViHi L6 C3 D5 M • ViU MS1 L63 C3 • ViW L5 C2 • VtHi
D1 • VtU L2 • WHi MS1 L5 D2

BANCROFT, Hubert Howe (1832-1918) • C L6 • CLU L15 C10 D2
• CSmH L20 D3 • CU REF8 • CU-S 2CTN • CoCC D1 • CtHT-W L2
• CtY L2 C1 D1 • ICN L1 • InU L1 • MH MS1 L3 • MHi L3 • MdBJ
L7 D1 • MiU D1 • NBu L1 • NHi L1 • NIC L2 • NNC L1 D1 • NNPM
D1 • NcD L1 • NhHi L1 • OMC L1 • OrHi 1CTN • PHC L1 • PHi L5
• PU L4 • R L2 • ViU L2

BANDELIER, Adolph Francis Alphonse (1840-1914) • CLSM MS3
L100 C100 D20 M • CSmH D2 • CU 1CTN • MH L3 • MHi L26 • MoSU
L4 C1 • NHi L1 • NRU L164 • NmU MS1 J1 1FT

BANGS, John Kendrick (1862-1922) • CCamarSJ L1 • CLSU L2 •
CSmH MS2 L40 C2 • CU L1 • CU-S L1 • CtY MS3 L21 C9 D1 15CTN
M REF7 • DFo L3 • DLC MS3 L31 • ICHi L2 • ICN L1 REF1, REF40
• IGK L1 • IU-Ar L7 • IU-R D1 • IaMc L1 • IaU L1 • InLP L1 • InU
L4 C2 D1 • KyU L2 • MB L1 • MCR L1 • MChB L2 • MH L26 C3
• MWA L1 • MeWC L2 C3 • MnHi M • NCH L1 • NHemH L1 • NHi
L2 C1 REF66 • NN-B MS5 • NNC MS1 L22 D27 • NNPM L2 • NNU-F

L8 • NNWML L4 • NPV L2 • NRU L11 • NcD L1 • NcWsW MS1 •
Nh L1 • NjMoHP L1 • NjP L17 C7 • OU L1 • PBL L1 • PCarlD L14
C1 • PHi L3 • PSC L1 • PSt L2 • TxU L2 • ViU MS6 L32 • VtMiM
C1

BANNEKER, Benjamin (1731-1806) • DLC C1 • MB D1 • MHi L1
• PHi L14 D4

BANNING, Margaret (Culkin) (1891-   ) • CLSU L2 • CU L6
PR • CoU L1 • MBU 36FT REF1 • MnHi L7 C11 • MnU-Ar L1
C2 • MnU-SW L4 C4 D3 • NPV L1 • NcA L2 • OkU L1 • OrU
L2 • PPT L1 • PSt L2

BANNISTER, Nathaniel (1813-1847) • DFo D2 • PHi C1

BARAKA, Imamu Amiri (1934-   ) • CLSU R • CLU L4 C260 •
CStbS D1 • CU L2 • CU-S MS1 L3 • CtU MS2 L54 • CtY MS2 L23 •
DHU L1 D1 • DeU L2 • IEN MS1 L2 PR • IU-Ar L1 • IaU L6 • InU
MS20 L90 C155 D1 PR • KU-S MS2 D1 • MBU L5 C2 • MiU L1 C1
• MoSW L12 C1 • NBuU MS5 L1 • NNC MS3 L3 D1 • NNFF L3 C1
D4 • NNU-F MS9 L6 • NSbSU MS1 MG2 • NSyU 8CTN REF1 • NjR
L1 • OU MS1 • PSt MS3 L3 C2 D1 • TxU MS1 L1 C2 D4 PR • ViU
L27

BARKER, James Nelson (1784-1858) • CSmH MS1 C1 • DLC L4 •
DeGE L2 C2 • ICHi L1 C2 D1 • InU C2 • MB C2 • MWA MS1 L1 •
NHi MS1 L54 C3 REF66 • NNC L1 • NhD MS1 • NjMoHP L3 • PHC
L1 D1 • PHi L19 C39 D12 • PPL D28 • PPT L1 • ViU L2

BARLOW, Joel (1754-1812) • CLU MS1 • CLU-C L1 • CSmH MS1
L5 C70 D9 • CtHi MS1 L27 C1 • CtLHi L1 • CtY MS6 L33 C125 D22
M REF6 • DLC MS1 L84 C29 D2 • DeGE L1 • ICHi L1 D1 • IEN L1
• InU L1 C2 D1 • KyU D1 • MA L1 • MB L4 C5 D4 • MBU L1 D1
• MH REF1 • MHi L7 D9 • MWA L3 D214 • MWelC L1 • MdHi L14
C23 D2 • MiU L5 • MiU-C L1 C2 • MnU-Rb L1 • N MS1 L1 C1 • NHi
MS1 L22 C8 D8 REF66 • NIC C1 D1 M • NNC D1 • NNPM L1 D1
• NNS D1 • NhD L3 D5 • NhHi L1 C1 • NjMoHP L2 • OCIW L1 C1
• OCIWHi C1 • OHi L2 REF6 • OMC L2 C1 • PHC L3 • PHi L10 D4
• PPAmP L3 C2 D2 • PPL L3 D6 • PPRF D1 • PU L1 • RPB-JH L14
C7 D2 MG2 • UPB L1 • ViU MS3 L4 D1 M • VtHi C2

BARNARD, Henry (1811-1900) • CLU L4 • CSmH L7 • CU L1 • Ct
L4 • CtH D1 • CtHT-W MS24 L25 C319 D45 M • CtHi L5 C250 • CtLHi

Barnard, Henry (cont.)

L1 • CtW L1 • CtY L173 C14 D8 M • DLC L2 • MH L2 • MHi L33 • MS L1 • MdBE L1 • MdBJ L10 C2 D1 • MdHi L1 • MnHi L1 • N L7 • NHi L4 C1 REF66 • NIC L6 • NNC L6 • NPV L1 C1 • NRU L11 C1 • NRom L1 • NcD L30 • RHi D1 • RNR L1 • RPRC L11 • ViW L16 C8 • VtHi M • WHi L1 D2 REF4

BARNES, Djuna (1892-   ) • CtY L8 C6 • DLC MS1 MG1 • DeU L1 • ICarbS L1 C1 D1 • MA L2 • MH L9 • MdU 59CTN REF1, 5 • NNAL L7 C11 D9 • NNC MS1 • PU L1 • TxU L4 • ViU L4 • WMUW MS1 L2

BARNES, Margaret (Ayer) (1886-1967) • CLSU L1 • CtY L2 • ICHi D2 • ICN L8 • IaU L1 • LNHT L3 • MH MS1 L22 • MiU L1 C2 • NN-B MS3 • NRU L1 • NjP L1 • OCHP L6 • PBm 12CTN • TxU L2 • ViU L1

BARNEY, Danford Newton (1892-1952) • CLSU L4 • CtY MS5 L1 C63 • IU-R C1 • MH L1

BARNUM, Phineas Taylor (1810-1891) • CLSU L2 • CLU L2 • CSmH MS1 L8 C1 D3 • CU L1 • Ct MS20 L2 M • CtB L32 C152 D30 M REF17 • CtHi L10 • CtY MS1 L11 C3 M • DFo L4 • DGU L1 • DLC L20 C1 • DeGE L1 • FSRC L21 • ICHi L5 D1 • ICL L1 • ICN L1 • IGK L5 • INS L89 C4 D43 M • IaU L3 • InU L2 C1 • KyU L2 • MB L4 D1 • MBU C1 • MH L13 • MHi L8 D5 • MMeT L183 C18 D76 M • MNF L1 • MWA L8 • MeB L1 • MiMtpT L2 • MoSHi L13 • N L2 C1 • NAlI L1 • NHi L19 C2 D8 REF66 • NIC L8 • NN-B L1 • NNBa L1 • NNC L10 • NNMus L3 • NNPM L4 D1 • NNWH L2 • NRU L86 C7 • NSoHi L3 M • NcD L1 • NhD L1 D1 • NjP L4 • OCHP L1 • OClWHi L1 • OFH MS1 L2 • OOxM L1 • PHC L4 • PHi L9 C1 D4 • PPL D1 • PPRF L5 D1 • PPT L1 • PSC-Hi C1 • RNR M • RPAB L2 • RPB-JH L2 C1 • TxSa L77 C41 D2 M • TxU L1 • ViRVal L1 • ViU MS1 L4 • VtHi L1 • WBaraC L5 M • WHi L2

BARR, Amelia Edith (Huddleston) (1831-1919) • CSdS L1 • CSmH L7 • CtY MS1 L4 • DFo L2 M • ICN L1 REF1 • IU-R L2 • KyU L7 • MB MS1 • MCR L2 • MH L4 • MHi L2 • MWA L9 • MeB L3 • MiU L1 • N L1 • NIC L1 • NN-B D1 • NNBa MS3 L2 • NNC L2 • NNU-F MS2 L10 • NjMoHP L5 • NjP L1 C1 • PCarlD L1 • PHi L3 • PSC-Hi L1 • RNR L1 • TxGR L1 • TxU MS1 •

22

UPB L2 • ViU MS2 L49 • WHi L1

BARRY, Philip (1896-1949) • CLU C1 • CtY MS315 L24 D3 PR • MH MS6 L1 • MWH L1 • MiU C1 • NN-B D1 • NNAL MS2 L3 C24 D6 • NNC L1 • NNMus MS3 • NNWH MS1 • NRU L1 • NjP L3 C3 • OkU C1

BARTH, John (1930-   ) • DLC REF24 • InU L1 • MH L12 • MiEM L1 • MiU L1 C1 • NGenoU PR • OU L2 D2 • PPiI L4 C3 R • PSt MS1 L28 C9 D6 REF2

BARTON, Benjamin Smith (1766-1815) • CtY L1 C1 • DLC L24 C26 • ICN D1 • KU-S C1 D1 • MB L1 C56 D4 • MH L1 • MHi L19 • NHi L3 • NNC C1 • NhD L2 • NjMoHP L1 • PHi 4FT • PPAmP J47 L150 C650 M REF5 • PPC L23 • PU L1 D7 • RPB-JH L1 D1

BARTON, Bruce (1886-1967) • CLSU L1 • CStbS L1 • CU L13 • CtY L4 • DeGE L10 • ICN L2 • IGK L1 • IU-R L3 • InNd L1 • InU L8 C3 REF3 • KyBB L38 C6 • KyRE L1 • LNHT L1 • MA L7 • MBU L4 C1 • MH L10 C1 • MH-BA L29 • MWA L2 • MeWC L2 • MiU-H L1 • NIC L4 • NNC L12 • NNFF L1 D2 • NcD L1 • NjP L27 C43 D1 • OkU L2 C1 • P L3 • PCarlD L1 • PPT L1 • PU L2 • TxU L7 • VtHi MS1 • WHi 153CTN REF1, 5, 7 • WaBe L1

BARTON, William Eleazar (1861-1930) • CLSU L1 • CStbS L1 • CtHC L9 C7 • CtY L1 • DLC MS1 • ICU 12FT REF1, 7 • IGK MS1 • IHi MS3 L7 C9 • InU MS2 L9 C3 D7 REF3 • KyBB L105 C11 D1 • KyRE L2 • MBU 2FT • MoSW MS1 • PPAmP J4 L5 C14 D4 • PPT L6 • RPB-JH L5 C1 • TxU L1 • UPB L2

BARTRAM, John (1699-1777) • CtY L5 C1 D2 • DLC C3 • ICHi C1 • MB L1 • NHi L4 C2 D7 • NNC REF4 • NNPM MS1 • PHi MS1 J3 L13 C15 D21 6CTN • PPAmP L44 C30 D31 • PPC C2 • PPL L1 D5 • PSC-Hi L1 D1

BARTRAM, William (1739-1823) • CSt MS1 C1 • DLC L4 C2 • MB L2 C1 D1 • NHi L4 C2 D7 • NNC L2 • NhD MS1 L1 • PHC L1 D1 • PHi MS1 L3 C11 D14 8CTN • PPAmP L23 C21 D10 REF5 • PPC C4 • PSt L4 • PU MS1 L3

BARZUN, Jacques (1907-   ) • CSt L3 • CtY L10 C3 • IU-Ar L8 D1 R • IaU L1 • KyLoB-M L2 • MBU L9 • MH L2 • MiU L7 C9 • MiU-H L3 • NNAL L23 C24 D6 M • NNC MS15 L14 C7000 70CTN PR M REF7 • NNFF L15 C13 D19 • NSsS L2 • NSyU L8 • OkU C1

23

Barzun, Jacques (cont.)

● PU L1 ● TMM L10 ● TxU L12 C2 ● VtU L1

BASSETT, Sara Ware (1872-1968) ● IGK L1 ● MB MS16 L3 C130 ●
MBU L5 ● MH L10 ● MiU-H L1 ● UPB L1

BASSO, Hamilton (1904-1964) ● CU L1 ● CtY 12CTN ● GU L1 ● ICN
L57 ● LNHT L8 ● MH L1 C3 ● MoSHi L1 C2 ● NN-B D1 ● NNAL L6
C7 ● NjP MS1 L330 C235 D19 ● OU L1 C1 ● PU L26 ● ScCleU L3 ●
TxU L2

BATES, Arlo (1850-1918) ● CL L1 ● CSmH MS1 L2 ● CtY L1 C1 ●
DLC L4 ● IaU L1 ● MB L8 C2 D1 ● MH MS2 L30 C6 M ● MHi MS1
L1 ● MNF MS1 ● MWA L10 ● MdHi L1 ● MeB L6 D25 ● NBuU L1
● NNAL D1 ● NNC L2 ● NcD L1 ● NhD L4 ● NjP L3 C17 D1 ● PHi
L1 ● PSt L3 ● UPB L1 ● ViU MS1 L5 ● VtMiM L2

BATES, Katharine Lee (1859-1929) ● CLSU L1 ● CLU L4 ● CSf MS1
● CSmH L1 ● CU-S L2 ● CtW L1 ● CtY MS1 L498 C18 ● DFo L3 ● ICN
L3 ● IEN L3 ● IGK MS1 L2 ● IU-R D1 ● IaU L3 C1 ● InGrD-Ar MS1
L103 REF2 ● InU MS2 L4 ● KU-S L1 ● MA L12 C12 D2 ● MB MS2
L4 ● MBAt MS1 ● MCR MS1 L4 ● MH MS1 L94 C15 ● MMeT L1 ●
MNBedf L1 ● MNS L5 ● MWA L3 ● MWH L3 M ● MeWC L3 ● NBu
L1 ● NBuU L5 ● NIC L1 ● NNBa MS1 L2 ● NNC MS1 L26 ● NNPM
MS1 ● NNU-F L1 ● NNWML L2 ● NPV L6 ● NhHi L1 ● NjN L1 L2
● PGC L1 ● PSt L4 ● PU L1 ● TxU MS8 L1 ● UPB MS1 L3 ● ViU MS6
L13 ● VtMiM L2

BAUM, Lyman Frank (1856-1919) ● CSdS L1 ● CU L2 ● CtY MS1 L1
● IGK L2 ● Ia-HA L20 C8 ● MoSHi L1 ● NN-B MS1 ● NNC MS3 L5
M ● TxU MS2

BEACH, Joseph Warren (1880-1957) ● DLC MS7 L1 37CTN PR REF1
● ICN L7 ● IU-Ar MS2 L10 R M ● IU-R L14 ● MBU L1 ● MH L6 ●
MdBJ L4 ● MiU L4 C6 ● MnHi L17 ● MnU L1 C1 ● MnU-Ar MS6 L39
C262 D2 R M ● MnU-SW L1 C1 ● NBuU MS16 L1 ● NRU L1 ● NSyU
L7 ● NbU L5 C1 REF2 ● OkU L1 C1 ● PU L2 ● TxU L5

BEACH, Rex Ellingwood (1877-1949) ● CCamarSJ L1 ● CLSU L6 C1
● CLU L4 ● CSmH L1 ● CSt L1 C1 ● CU L3 ● CtY MS1 L4 ● DLC L1
● FWpR MS187 ● ICL L1 ● ICN L2 ● IGK L1 ● Ia-HA L39 C9 ● InLP
L6 C1 ● InU L4 C1 D1 ● MH L5 C1 ● MnHi L1 ● NIC L1 C1 ● NN-B
L1 ● NNC L3 ● NNU-F L5 ● NRU L2 ● NhD L1 ● NjP L2 ● PHi L2

• TxU L1 • ViU MS1 L18

BEACH, Sylvia (1887-1962) • CLU L1 • CU L1 D1 • CtY L14 • ICN
L2 • ICarbS L8 D1 M • IU-R L1 C3 • MA L13 • NIC L1 C1 • NN-B
L2 • NNC MS1 L18 • NSsS MG1 • NjP 261CTN REF1 • PSt M • PU
L1 • TxU L10 D2 • WMUW L4

BEADLE, Erastus Flavel (1821-1894) • MH L1 • NCooHi C20 D7

BEARD, Charles Austin (1874-1948) • CCC L1 • CSmH L15 C1 D6
• CSt-H L50 C38 D2 • CU L4 • CtNbP L1 • CtY L47 C10 • ICN MS11
L16 • ICarbS MS1 L251 • IU-Ar L11 D9 M • IaU L10 C4 • InGrD-Ar
L3 R M • InU L15 D1 • MH L36 C2 • MdBJ L12 C9 D1 • MeU L1 •
MeWC L1 • MiU-H L7 C2 • MnHi L2 • MnU-Ar MS1 L109 C97 D3
• MnU-SW L8 C5 D1 • MoSHi L9 • NBu L1 • NHpR L9 C12 • NIC
L13 C2 • NNAL L11 C11 D3 • NNC MS2 L104 • NPV L2 • NcD L2
• NjP L21 C18 • NjR L1 • OCl L2 • OkU L3 C2 • OrU L24 • PHC L2
• PPT L9 C1 • PU L3 • RPB-JH L1 • ScU MS1 • TxU L1 • ViU MS7
L6 • VtU L2 • WHi L10

BEARD, Mary Ritter (1867-1958) • CSmH MS1 L29 • CSt-H L3 C1
• CtW L1 • ICarbS L5 • In L1 • InGrD-Ar MS1 L1 C1 M • InU L5 •
MCR MS6 L452 C331 D22 M REF7 • MH L6 • MNS-S MS5 L437 C32
2CTN • NHpR L2 C1 • NIC L10 • NNC L2 • NPV L7 • NRU L1 •
NcD L7 • PMA L4 C2 • ViU L1 • WHi C1

BEAUDOIN, Kenneth Laurence (1913-   ) • CLU MS1 L3 • CtY
MS12 J1 L24 C1 • IU-Ar MS23 • KyU 6CTN • MBU L6 • MH L5 C1
• MoSW MS2 L5 C3 • NBuU MS7 L31 • NN-B L1 • NbU MS1 L3 REF2
• NjP L2 D1 • TMM MS309 J2 L2 C2 PR M

BECKER, Edna (1898-   ) • NBuU MS6 L5 • NNC D1

BEECHER, Henry Ward (1813-1887) • CLU L4 C1 • CSfU L1 • CSmH
L19 D5 • CSt M • CU L2 • CtHSD L115 M • CtHT-W L1 • CtHi L2
D1 • CtMyMHi L1 • CtW L1 • CtY MS3 L844 C788 D15 • DFo L3 D2
• DLC MS1 L105 C21 D26 25CTN M REF1 • GEU C1 • ICHi L4 • ICL
L1 • ICMcC MS1 D2 REF1, 4 • ICarbS MS1 L2 M • IGK L7 • IJI MS6
L8 • IU-R D1 • IaDmE L1 • IaU L12 • In L3 D9 • InFwL L1 • InHi
MS1 L5 C1 D9 • InNd-Ar D3 • InU MS1 L2 D2 • KLeS L1 • KyBB
L1 • KyBgW L1 • KyU MS1 L1 D1 M • LU-Ar D2 • MA MS4 L18 •
MB L11 C2 D26 • MBAt L1 • MBC MS3 L3 • MBU L4 • MCR L68
C3 D6 M • MH L24 C4 • MHi L7 • MNF L1 • MS L5 • MSaE L5 M

25

Beecher, Henry Ward (cont.)

● MWA L3 D6 ● MWelC L1 ● MdBE L1 ● MdBJ L1 D1 ● MdHi D1
● MeB L51 ● MeWC L3 ● MiMtpT L3 ● MiU L1 ● MiU-C L1 ● MnHi
L1 ● MoSHi L1 C1 ● MoSW L1 ● N L2 ● NB C2 ● NBLiHi L5 ● NBu
MS1 L2 REF65 ● NCanHi L1 ● NHC L1 ● NHi MS2 L10 C2 D12 M
REF66 ● NIC L11 C1 M ● NJQ L2 ● NN-B L2 ● NNC L11 C2 ● NNMus
L1 ● NNPM L2 ● NNU-F L3 ● NNWH L1 ● NPV L1 ● NRU MS1 L4
C1 ● NSchU L2 ● NcD L4 M ● Nh L1 ● NhD L2 D6 ● NhExP L1 ● NhHi
L7 ● NjMD L5 ● NjMoHP L3 ● NjP L2 ● OCHP L4 ● OClWHi L1 ●
OFH MS5 L97 C1 M ● OHi MS1 L2 C1 ● OMC L3 ● PBL L1 ● PCarlD
MS4 L27 C5 M ● PHC L2 ● PHi MS1 L12 C1 D1 ● PPRF L1 ● PPT L1
● PSC-Hi L1 D3 ● PU L2 ● RNR MS1 L1 ● RPB-JH L2 ● T D4 ● TxGR
L2 D2 ● TxU MS1 L1 ● ViU MS3 L11 C1 ● WHi L3 ● WaPS L1 D30

BEECHER, Lyman (1775-1863) ● CLU MS1 L3 ● CSmH D2 ● CtHC
L8 C2 ● CtHSD MS6 L73 C40 D10 MG1 M ● CtHT-W L1 ● CtHi L2
● CtY MS4 L35 C6 D2 M ● ICMcC MS3 L6 C7 D9 REF1, 4 ● IJI L5
● InU D1 ● KyU L1 ● MA L2 ● MB L2 D16 ● MBC MS1 D10 ● MCR
L26 C41 D2 M ● MH L1 ● MHi D2 ● MWA L1 ● MWiW L1 ● MiU-C
L1 ● NBLiHi L3 ● NHi L5 ● NN-B L1 ● NNC L1 D2 ● NRom L1 ● NSyU
L3 ● NhD D4 ● NjMD MS1 L3 ● NjP L3 ● OCHP L2 C1 D2 ● OClWHi
L2 D1 ● OFH L1 ● OO L1 ● PHi L6 D1 ● RPB-JH L1 ● UPB L1 ● ViU
L1

BEER, Thomas (1889-1940) ● ArU L4 ● CLSU L2 ● CtY MS29 L25
C1 D1 PR REF7 ● ICarbS L1 ● IaU L2 ● LU-Ar L1 D1 ● MH L1 ● MiU
C2 ● NIC L2 ● NN-B L3 D1 ● NNC L2 ● NjP L4 C2 ● OU MS1 ● OkU
C2 ● PHi L1 ● PPT L2 ● PU L16 ● TxU L7 C2 ● ViU MS2 L7

BEERS, Ethelinda (Eliot) (1827-1879) ● InU MS1 ● MH L1

BEERS, Henry Augustin (1847-1926) ● CtY MS32 L232 C198 M ● DLC
L2 C2 ● InU L3 C4 D1 ● MH L3 ● MdBJ L2 ● NNC L11 ● NjP L8 C4
● PSt L5 ● PU L4 ● UPB L2 ● ViU L1

BEHRMAN, Samuel Nathaniel (1893-1973) ● CSmH C52 ● CU L6 ●
CtY MS32 L30 C1 M ● ICN L6 ● IEN L7 ● InU L3 C1 ● MBU MS1 D1
● MH MS1 L22 ● MWC L32 ● NCH L2 ● NIC L2 ● NNAL L6 C8 ● NNC
L25 ● OkU L1 ● P L1 ● PBm L14 ● PSt MS1 ● TxU MS1 L31 C9 D1
21CTN ● ViW L1 ● WHi 33CTN REF1, 7

BEIN, Albert (1902-1963) ● CtY L16 ● ICN L2 ● NN-B D1 ● NcGrE

L1 • PU L2

BELASCO, David (1853-1931) • C C75 • CLSU L1 • CSmH MS1 L2
D1 • CSt MS1 L1 • CU-A M • CtW L1 • CtY MS2 L10 • DFo L12 C2
D9 M • ICHi L1 • ICL L4 D2 M • ICarbS L2 • IEN L1 • InNd L1 •
InU L7 C1 D1 • KyLoF L1 • LU-Ar D6 • MB L5 D1 • MH L6 • MWC
L1 • NHi L1 D1 • NN-B D1 • NNC L22 D2 • NNMus MS8 L7 • NNU-F
MS1 • NNWH L3 • NNYI L1 • NRU L3 • NjP MS1 • OCl L5 D1 •
OFH L1 • OrU L75 M • PHC L1 • PU MS7 L5 • TxHR L6 • TxU L5
• UPB L1 • ViU MS1 L6 • WHi MS1

BELITT, Ben (1911-   ) • CSmH L1 • CtY L7 C2 • ICN L35 • IU-Ar
L3 • InU L9 C4 D9 • MA L15 • MBU 1FT REF1 • MoSW L22 • NBuU
MS3 L5 • NNFF MS1 • WaU MS1 L6 C5

BELKNAP, Jeremy (1744-1798) • CSmH L1 • CtHi L6 C4 • CtY L5
C4 • DLC L3 C6 • ICL L1 • MB MS3 L12 C5 D6 • MBNEH D1 • MH
MS1 L11 • MHi MS111 J93 L422 D32 MG33 • MWA MS2 L9 • MiU-C
L1 D1 • NHi L2 • NNC L6 C1 • NNPM L1 • NhD MS2 J1 L9 C1 D11
• NjP L1 • OMC L2 • PHC L1 • PHi L16 D2 • PPL L23 • RPB-JH MS1
L1 • ViU L1

BELL, Bernard Iddings (1886-1958) • ABH L1 • CtY L26 C16 • DLC
MS3 • IU-Ar R • MH L6 C3 • MiMtpT L9 • NNC L5 • NSyU L6

BELL, Charles G. (1916-   ) • CtY L1 • ICN L1 • InU L4 C2 • MA
L6 • MBU MS21 REF1 • NBuU MS2 L2 • PPiI L7 C8 • TxU L26 C3

BELL, Corydon (1894-   ) • GHi L2 • MnU-K L18 • NcA MS1
REF5 • NcGU MS6 1CTN REF5 • NcU MS2

BELL, Horace (1830-1918) • CLSM D1 • CSmH MS8 L24 REF2 • CU
D1 M

BELL, James Madison (1826-1902) • CLU L1 • MdHi L2 • PHi L2

BELL, Marvin (1937-   ) • IEN MS3 L11 PR • InU L8 C4 • MoSW
L5 C1

BELL, Thelma Harrington (1896-   ) • InU L1 D1 • MnU-K MS2
L13 C1 • NcA MS2 • NcGU MS6 1CTN REF5

BELLAMANN, Henry (1882-1945) • IaU L1 • MH L15 C9 • NcD L1
• OkU L1 C1 D1 • PPiU L3 C1 • TxU C1

BELLAMY, Edward (1850-1898) • CCamarSJ L1 • CL L1 • CSmH
MS1 • CtY MS2 L7 • DLC L12 D1 • ICN L2 • IU-R L1 • IaMc L1 •
MB L2 • MCR L2 • MH REF1 • MHi L1 • MnHi L1 • MoSHi L2 •

27

Bellamy, Edward (cont.)

NBu L1 • NNC L14 D2 • NNPf L6 REF2 • NNU-F L2 • NjP L3 C1 • OFH L1 • PBm L1 • PHi L2 • PPT L8 C1 • PSt L2 • T MS1 L1 • UPB L1 • ViU MS3 L13 • WHi L2

BELLAMY, Joseph (1719-1790) • Ct D2 M • CtHC MS91 L62 C316 D5 • CtHT-W MS1 D1 • CtHi MS6 L1 C9 D2 • CtLHi MS3 D1 • CtY MS10 L13 C10 D2 • MBU L1 • MH L2 D2 • MHi L2 • MWA MS1 • MoSW L1 • NNPM C1 • NhD L3 C3 D4 • NjP C1 • OMC C1 • WHi L1

BELLOW, Saul (1915-   ) • CU-S C1 • DLC L1 • ICU 30FT REF1, 7 • IEN L1 • IU-Ar L3 M • IaU L1 • MBU L3 • MH L1 C3 • MiU MS1 L5 C12 D5 M • NIC L1 • NNAL L8 C14 D15 • NNC MS2 L11 • NNFF L7 C13 D15 • NPV L1 • NbU L1 C1 REF2 • NjR L16 • PU L2 • TxU MS13 L6 C8 D1 MG1 PR • VtMiM L4 C5

BEMELMANS, Ludwig (1898-1962) • CL L1 • CLU MS2 • KEmT MS1 • MBU L1 • MH C1 • MnU-K L2 • NNC L24 • PBm L1 • ViU L8 • WHi L5 C5

BENCHLEY, Nathaniel (1915-   ) • MBU 17FT REF1 • MH L1 • NIC L1 C1 • NhExP MS2 • OU L4 C2

BENCHLEY, Robert Charles (1889-1945) • CLU MS1 L1 • CtY L1 • ICL L1 D1 M • InU L3 • MBU MS1 L1 M • MH L5 C1 • MWC L5 • MiU L1 C1 • NIC D4 • NNC MS2 • NNU-F L1 • NSyU MS2 L2 M • NcD L1 • NhExP MS5 • NjP MS1 L1 C3 • OU L2 C1 D16 • PPT L1 • TxU L2 • ViU L3

BENEFIELD, Barry (1877-   ) • CSmH L1 • CU L37 • LNHT L3 C1 • MA L2 • MH L2 • NNU-F L1 • OkU L4 C1 • PPT L1 • PSt L2 • PU L1 • TxFTC L1

BENÉT, Laura (1884-   ) • ArU L2 • CSmH L5 • CtY MS33 L374 C70 D2 M • LNHT L1 • MA L2 • MAJ L2 • MB L3 • MBU L3 • MH L3 C1 • MMeT L2 • MNS L3 • MNS-S L54 • NBuU MS19 L6 • NNC L3 • NjP L1 C2 D2 • P L2 • PU L2 • TxU L14 C1

BENÉT, Stephen Vincent (1898-1943) • ArU L1 • CStbS L1 • CU L2 • CtY MS128 L400 C1200 D7 PR REF7 • DLC MS7 L2 D1 M • GEU L1 • ICL L1 • ICarbS L3 C4 • IEN L2 • IU-Ar L1 D1 • IaU L4 D1 • InNhW M • InU L4 C1 D2 REF3 • KU-S L1 • KyBgW L1 • MBU L34 • MH L15 • MMeT L1 • MWC L1 • MWelC L12 • MdBJ MS1 • MeWC

28

L3 • MiU L5 C10 • MoSW L1 • NN-B MS2 L2 • NNAL MS1 L40 C150 D16 • NNC L14 • NNMus MS1 • NNPM L1 • NNS L3 • NNU-F J2 L2 • NRU L1 • NSyU L2 • NWM L2 • NcD L1 • NcU C5 • NjP MS1 L3 C3 D1 • OFH L1 • OOxM L5 • OkU C1 • OrU L2 • PCarlD L2 C2 • PPT L1 • PPiU L6 C1 • PU L15 • RPB-JH L1 C1 • SdSiFA REF2 • TMM L1 • TNJ L5 • TxU MS6 L4 C4 D2 • ViU MS5 L17 C1 D3 • VtMiM L2 • VtU L1 • WHi L2 C2 • WaU L2 • WyU-Ar L2

BENÉT, William Rose (1886-1950) • ArU L23 C1 • CL L1 • CLSU L1 • CSf L2 • CSmH MS2 L53 M • CSt L3 • CU L20 • CoU L7 • CtY MS100 J10 L300 C5000 D25 MG1 PR M REF7 • DGU L1 • DLC MS2 L5 MG1 PR • DeU MS1 L45 • ICL MS1 • ICN L4 • IDeKN L1 • IEN L8 • IGK L3 • IU-R L5 D1 • IaU L1 • InU L15 C2 • KU-S L1 • LNHT L4 D1 • MA L1 • MAJ L1 • MB L1 • MH MS5 L78 C36 • MH-BA 1CTN • MMeT L1 • MNS L8 • MNS-S MS1 L9 • MWC L2 • MWelC MS1 L13 • MdBJ MS1 L1 • MeWC L8 • MiU L1 C2 • MnU-Ar L1 C1 • MnU-K L1 • MnU-SW L1 C1 • MoSW L2 • NBu L2 • NBuU MS63 L41 • NN-B L6 • NNAL MS1 L54 C125 • NNC MS1 L51 C1 • NNU-F MS1 L5 • NNWML L3 • NPV L2 • NSyU L19 C1 • NcD L1 • NhD L6 • NjP MS1 L36 C32 • NjR L1 • OCU L1 • OCX L4 • OKentU L1 • OU L3 • OkU L6 C7 • OrU L3 M • PBm L2 • PCarlD MS1 L6 C2 • PHC MS1 L9 • PPiU L15 C6 • PSt L8 • PU L24 D2 • RPB-JH L10 • TMM L1 • TxU MS5 L93 C50 D4 PR • ViLRM MS1 • ViRCU L1 • ViU MS2 L25 D1 • VtMiM L4 • WHi L2 C2 • WaU L1 C2 • WyU-Ar L1

BENEZET, Anthony (1713-1784) • CSmH MS2 L1 C1 D1 • MB L2 C1 • MH L1 • MdHi D1 • NHi L2 D2 M • NNC L2 C1 • PHC L44 C2 D3 • PHi MS2 L18 C2 D37 • PPAmP L2 C1 D1 • PPT L1 MG2 • PSC-Hi MS1 L3 C1 D1

BENJAMIN, Park (1809-1864) • CLU L1 • CSmH L4 • CtHT-W L1 • CtHi L5 • CtY L4 C2 D1 • DGU L1 • DLC MS1 L1 • ICHi L2 • IGK L1 • MB MS1 L12 D1 • MChB L1 • MH MS1 L21 C1 • MHi L6 • MdBE L11 • MdHi L29 C2 D2 • MiU-C L1 • N L1 • NHi L5 • NN-B L1 • NNC MS31 L268 C19 D48 M REF7 • NNPM MS1 L2 D1 • NNU-F L1 • NNebgWM L1 • NRU L2 • NSchU L2 • NcD L1 • Nh L1 • NhHi MS1 L1 • NjMoHP L4 • OCHP MS1 • OU L1 • PHC L3 • PHi L20 D2 • PP L1 • PU L1 • RPB-JH L3 • TxU MS1 • ViU L11 C1 • WHi L1

BENNETT, Emerson (1822-1905) • OFH L1 • OHi L1 • PHi L3

BENNETT, John (1865-1957) ● CSmH L11 ● InU L20 C6 D3 REF3 ● NNC MS1 L1 ● NSyU L13 C10 ● NbU L2 REF2 ● NcD L28 ● PPiU L66 C10 ● ScC MS1 ● ScHi 76CTN REF7 ● ScU L7 ● UPB L1 ● VtHi D1

BENSON, Sara Mahala Redway (Smith) (1900-1972) ● NNC L10 PR ● PPT L1

BENTLEY, Eric (1916-   ) ● CLU L3 ● CU-S L2 ● CtY L6 C2 ● ICN L21 ● ICarbS L38 C24 ● IU-Ar MS1 L34 C2 ● MBU 9FT REF1 ● MH MS4 L23 C5 PR ● MiU L5 C10 ● MnU-Ar L2 C2 R ● NIC M ● NN-B L6 ● NNC MS2 L29 D1 ● NNFF L7 C5 D1 ● NSyU L6 ● NjR L23 ● PU L2 ● TxU L53 C16 1CTN ● VtMiM L1 C2

BENTON, Joel (1832-1911) ● CSmH L3 ● CtY MS1 L2 ● ICN L1 REF1 ● IEN L1 ● IU-R L1 ● MB L3 ● MH MS1 L14 ● MdBE L1 ● MeB L1 ● MeWC L6 ● MiU L1 ● MoSW L2 ● NBu L1 ● NIC MS1 L5 ● NNC L12 ● NNU-F MS1 L4 ● NPV L2 C39 ● NjMoHP L1 ● NjP C5 ● OKentU L1 ● RPB-JH MS1 L1 ● UPB L1 ● ViU MS3 L5

BERCOVICI, Konrad (1882-1961) ● ICN L5 ● IU-R D3 ● InU L2 ● NNC L6 ● PSt D1 ● PU L3

BERNARD, William Bayle (1807-1875) ● CSmH C2 ● MB L2 ● NNU-F L1 ● NRU L2 ● PHi L5 ● PSt L2

BERRIGAN, Daniel (1921-   ) ● DGU L1 ● InU L5 C2 ● KyLoB-M L22 ● NIC MS3000 L1000 C5000 D200 REF2, 7 ● PPiI L2 C8 R

BERRYMAN, John (1914-1972) ● CU-S D1 ● CtU L1 ● CtW L5 ● ICN L2 ● IU-Ar L3 M ● InU MS1 L15 C7 D3 PR ● MH MS21 L2 C2 ● MiDW-Mi L2 ● MiU L1 C3 D1 ● MnHi MS2 ● MnU 81CTN 46FT REF2 ● MnU-Ar MS1 D1 R ● MoSW MS9 L16 D5 PR ● NBrockU-EC R ● NBuU L4 R ● NN-B L5 ● NNAL L1 C16 D1 ● NNC MS8 L103 C5 D15 PR REF4 ● NNU-F L1 ● NjP M ● NjR L1 ● PPiI L1 C5 R ● RPB-JH D1 ● TxHR M ● TxU PR ● ViLxW L1 ● WaU L1 ● WyU-Ar L1

BETHUNE, George Washington (1805-1862) ● CSmH L7 ● CtY L5 C1 ● GEU L2 ● GHi L1 ● MB MS1 L6 ● MH L4 ● MHi L9 ● MNF L1 ● MWiW L1 ● MdBE L1 ● MdHi L1 ● MeB L1 ● MiU-C L1 ● MiU-H L1 ● MnHi L1 ● N L2 ● NHi MS1 L5 D2 M REF66 ● NNC L1 ● NSchU L1 ● NcD L1 ● NhD D1 ● NhHi L1 ● OFH L1 ● PCarlD L3 ● PHC L4 ● PHi L41 D2 ● PPAmP L1 D2 ● PPL L4 D6 ● RPB-JH L1 ● TxU MS1 ● ViU L2 ● WHi L1

BEVERLEY, Robert (1673-1722) • DLC L187 C2 D9 • NRU C1 • PHi
L2 D2

BIDDLE, Nicholas (1786-1844) • CLU L1 C3 • CSmH L6 C1 • CStbS
C1 • CoCC L1 • CtHi L3 C3 • CtW L2 • CtY L32 C2 1CTN • DLC L1
C17 126CTN REF1, 4 • DeGE L2 C1 D1 • IEN L1 • IGK L1 C1 • InU
L3 C4 D1 • KyU L7 C5 • MH L233 C2 • MH-BA 1CTN • MHi L7 D3
• MdBE L1 • MdBJ MS1 • MdHi L107 C47 D8 • MnHi M • NHi MS1
L68 C8 D8 REF66 • NIC L7 D1 • NNC L1 D1 • NRU L4 C9 • NSyU
L1 • NcD L2 • NhHi L18 C3 D1 • NjMoHP L2 C4 • NjP MS2 L12 C41
D5 • OClWHi L1 • OMC L1 • PCarlD L1 C2 • PP L2 C1 • PU L20 D3
• RNR L1 • TxU L1 • WHi L4 C1 REF4

BIERCE, Ambrose (1842-1914?) • C L5 • CCC L23 • CCamarSJ L3
• CHi 2CTN • CL MS1 • CLSU L34 C1 D7 • CLU 1CTN REF1 • CO
L1 • COMC MS1 L8 • CSf L3 M • CSmH REF1 • CSt 15CTN • CU
6CTN REF8 • CtY MS4 L22 C200 D12 32CTN M • DLC L3 MG1 M
• IGK L2 • IU-R L1 C1 D1 • InU D16 • KU-S L1 • KyLoU L1 • MB
L1 C1 • MH L9 • MWalA L66 • MWalB L2 • MiU L1 • NB L2 • NBu
L1 • NHi L1 • NIC L36 • NN-B MS1 L180 C305 D7 • NNC MS3 L12
• NNPM L1 • NNU-F L3 • NNWML L23 • NRU L1 • NhD L7 D1 •
NjP L5 • OCU L59 • OMC L1 • OrU L6 • PBL L1 • PU L8 • TxU L3
• UPB L4 • ViU MS1 L157 C170 D99

BIGELOW, John (1817-1911) • CLU L21 D1 • CSmH L24 C2 • CtHT-
W L15 • CtHi C1 • CtY L17 C1 • DLC L44 D7 • DeU L5 • GEU L2
C1 • ICHi L2 • ICN L4 C3 REF40 • ICarbS L1 • InU C13 • LU-Ar L1
• MAJ L4 • MB L4 D2 • MBU L14 • MCR L1 • MH MS1 J1 L5 • MHi
L50 • MWA L11 • MdBJ MS1 L13 • MdHi L2 D1 • MeB L5 • MeU
L2 • MiU L1 • MnHi L2 • N C1 • NBu L3 REF65 • NHi L42 C3 D1
M REF66 • NIC L1 • NNAL L34 C5 • NNC L136 D6 • NNMM L1
• NNPM L12 D2 • NNU-F L4 • NRU L215 C23 • NSchU L250 C10000
REF1 • NSyU L1 • NWM L2 • NcD L2 • NhD L1 D1 • NjMoHP L13
• NjP L12 C13 • OFH L1 • PCarlD L4 D1 • PHC L1 • PHi L9 • PPAmP
L1 • PPT L2 C1 • PSC L2 • PU L7 • RPB-JH MS1 L39 C17 D11 • ViU
L2 • VtHi L1 • VtU L3 • WHi L1

BIGGERS, Earl Derr (1884-1933) • GAHi L1 • IaU L1 • InU L1 C1
REF3 • MH L1 • PHi L5 M • TxU L8

BINNS, Archie (1899-1934) • CtY L4 C8 • IU-R L1 • MH L2 • NjP

31

Binns, Archie (cont.)

L81 C161 • TxU L1 C1 D1 • ViU MS1

BIRD, Robert Montgomery (1806-1854) • CtY L4 • DeGE L8 • IU-R D5 • IaDmE C1 • KyU L1 • MB L2 • PHC L2 • PHi L8 D3 • PP L1 • PPAmP L2 D1 • PPC L1 • PPL L1 • PSt L1 • PU 12CTN REF1 • ViU MS1 L3 • WaPS MS1

BISHOP, Elizabeth (1911-   ) • CtW L3 • CtY L43 C4 • DLC L2 • ICN L7 • IEN L1 • IU-Ar MS5 L1 C1 • InU L8 C4 D1 • MA L10 • MBU L4 • MH MS10 L9 C2 • MiU L3 C3 D2 • MoSW L22 D5 • NBuU MS3 L4 • NN-B MS5 L8 • NNAL L1 C8 D1 • NPV L2 • NjR L5 • OrU L24 • PBm L5 • RPB-JH L1 • TxU L1 • WaU L3

BISHOP, John Peale (1892-1944) • ArU L2 • CtY L26 C17 • DLC MS10 • ICN L18 • IEN L1 • IU-Ar L1 • InNd L1 • MA L9 • MH L4 • NBuU MS2 L3 • NjP MS1 L171 C158 D294 PR M • OkU L5 C5 • PSt L2 • PU L4 • RPB-JH MS2 L19 C1 • TxU MS10 L2 • ViU MS5 L4 C1 • WaU L1

BISHOP, Morris (1893-1973) • CoU L2 • DLC L1 • ICN L4 • IEN L1 • InU L1 • MB L1 • MH L13 C7 • MMeT L2 • NBuU MS4 L15 • NIC MS16 L14 C135 R M • NNU-F L1 • NSyU L11 • OkU L2 • PBm L16 • TxU L6 C1 • ViW L1

BISSELL, Richard Pike (1913-   ) • Ct MS1 • IaU MS5 L10 • MBU L1 • MH L1 C2 • NhExP MS2 • TxU L1

BJÖRKMAN, Edwin August (1866-1951) • CLSU L1 • CSmH L4 • CtY C5 • DLC L2 • ICN L11 • IU-R C3 D1 • InU L27 • KyBgW L1 • MH L3 • MnHi L1 D1 • NN-B MS1 • NNC L2 • NPV L1 • NcA L1 • NcD L1 • NcU 12FT REF7 • NjP MS1 L120 C153 D19 • PSt L1 • PU L13 • TxU L3

BLACK, John (1893-   ) • ArU L3 • CLU L1 • IU-R C1 • InU L2 • MH L1 • NBuU MS43 L12 • NNC L2 • NNWML L5 • NSyU L3 • NbU L2 C1 M REF2 • OkU L2 C1 • TxU L3

BLACKMUR, Richard Palmer (1904-1965) • CU L1 • CU-A L1 • CtY L61 C44 • DeU L45 C50 • ICN L8 • IEN L1 • IU-Ar MS3 L26 C5 R M • IaU L1 • MH MS61 L52 C1 • MU-Ar R • MdBJ L10 • MiU L4 C6 • MoSW L8 D1 • NBuU MS7 L2 • NNAL MS2 L17 C26 D3 • NNC L3 • NSyU L4 • NbU L1 REF2 • NjP 67CTN • NjR L5 • PBm L1 • PU L14 • RPB-JH L1 • TxU L3 • VtMiM L1 C1

BLAIR, James (1656-1743) ● CSmH L1 ● ICHi D1 ● MB D1 ● MHi D1 ● PHi D1 ● ViHi L14 C4 D38 M ● ViW MS1 ● ViWC D1

BLANDING, Don (1894-1957) ● C L2 ● CLSU L6 ● CO L2 ● CU L2 ● GEU L11 ● LNHT L1 ● MeWC L1 ● NBuU MS1 L2 ● NjN L1

BLITZSTEIN, Marc (1905-1964) ● CtY L3 C6 ● ICN L4 ● MBU L1 ● MH L5 C1 ● NN-B MS1 ● NNC L4 ● NNFF D1 ● NNPM MS1 ● NNWH MS1 ● TxU MS1 L1 C1 ● WHi 90CTN REF1, 4, 7 ● WaU L1

BLIVEN, Bruce (1889-   ) ● ArU L3 ● CCFB L1 ● CL L1 ● CLU L1 ● CSt MS1 L7 C9 PR REF2 ● CU L48 ● CtY L12 C3 ● ICN L74 ● IU-Ar L3 D1 ● IU-R L4 ● IaHi MS1 L3 ● IaU MS2 L24 C5 PR M ● InU L40 C4 D1 ● MA L1 ● MBU L2 ● MH L11 C11 ● MiU L6 C7 ● MiU-H L10 C10 ● MnHi L28 C46 ● MnU L5 ● MnU-SW L40 C40 ● NIC L1 ● NNC L45 ● NNFF L1 C2 ● NNU-F L1 ● NPV L2 ● NcD L1 ● NjN L3 ● NjP L7 C8 ● OkU C1 ● PSt L1 ● PU L22 ● TxU L7 C1 ● VtU L1 ● WGr L1 ● WHi L15

BLOOD, Benjamin Paul (1832-1919) ● ICarbS L1 C1 ● MH MS3 L16 C36 PR ● MoSHi L23 ● NRU L1 ● NjP MS24 L112 C39

BLY, Robert (1926-   ) ● CtU L3 ● DeU L8 ● ICN L1 ● IEN MS1 L2 ● InU L40 C5 D2 ● KU-S MS1 L2 ● MBU L22 ● MMeT L1 ● MiU L7 C7 D1 ● MnU L24 C5 ● MoSW MS7 L26 C4 D4 ● NBrockU-EC R ● NBuU MS21 L69 R ● NNFF L2 C3 ● NNU-F MS1 L16 ● NjR L1 ● PPT R ● PPiI L3 C5 ● PSt L31 D4 ● RPB-JH L2 ● TxU L10 C7

BODENHEIM, Maxwell (1893-1954) ● CU D1 ● CoU MS1 ● CtY L2 ● DeU L14 C3 D3 M ● ICHi R ● ICN MS2 L2 ● ICarbS MS1 L12 C1 ● IEN L1 ● IU-R L3 ● InU L2 ● MA D1 ● MH L14 C5 ● MoSW L2 ● MsU M ● NBuU L1 ● NNAL C6 ● NNC L1 ● NjP MS1 ● OKentU L2 ● PPiU L4 ● PU MS2 L50 ● RPB-JH L2 C1 ● ViU MS8 ● VtMiM L2 C1 ● WMUW MS11

BOGAN, Louise (1897-1970) ● CU L3 ● CoU L4 ● CtY L4 ● DLC L2 ● ICN L423 ● IEN L2 ● InU MS4 L9 C3 D3 PR ● MA 12FT ● MB L1 ● MH L3 ● MMeT L1 ● MeWC L6 ● MiDW-Mi L3 ● MiU L25 C35 D1 M ● MoSW MS2 L14 C1 D2 PR ● NBuU MS2 L8 ● NN-B L16 ● NNAL MS3 L4 C13 D1 ● NNC L9 ● NNFF L6 C1 D1 ● NNHuC L2 ● NcA L1 ● NjP MS9 L165 C274 D21 ● NjR L2 ● PBm L4 ● PSC R ● RPB-JH L5 ● TMM L8 ● TxHR L1 ● TxU L14 ● ViHo L1 ● ViU MS1 L5 ● WaU MS5 L125 C5 ● WyU-Ar L2

33

BOGART, William Henry (1810-1888) • CL L1 • MHi L1 • N L4 • NAurW J5 L27 C17 • NHi L21 REF66 • NNC L1 • NRU L43 C3 • NSchU L1

BOK, Edward William (1863-1930) • CCC L6 • CLSU L7 C2 • CSmH L9 • CU L1 • CtY L51 C9 D1 • DFo C1 • DLC MS4 L133 C111 M REF1 • DeU L14 • GEU L1 • GU L3 • IU-Ar L3 C2 • IU-R L7 C1 D1 • Ia-HA L5 C2 • IaU L2 C11 • In C1 • InU L30 C1 • KU-M L2 • KyBB L2 • LNHT L18 • MA L9 • MB L1 C3 • MH MS2 L44 C25 • MHi L2 • MWA L2 • MdBJ L4 C2 • MeB L9 • MeWC L2 C1 • MnHi L1 • MoSHi L3 • MoSW L2 • N L2 • NBu L1 • NCH L2 • NHi MS1 L2 C1 • NIC L4 C1 • NNC L21 • NNU-F L1 • NPV L5 • NRU L17 C4 • NSyU L2 C1 • NcD L22 C3 • NhD C1 • NhHi L9 C1 M • NjP L668 C19 D270 • OFH L54 C6 • OKentU L1 • OMC C1 • PCarlD MS1 L11 • PHC L4 C1 • PHi L9 C4 D1 • PPT L4 • PSC-Hi L1 • PU L1 • RPB-JH L1 C3 • TxU L15 • UPB L2 • ViU L10 C4 • WAL L1 • WGr L1 • WM L1

BOKER, George Henry (1823-1890) • CSmH MS1 L38 • CU-S L1 • CtY MS3 L8 • DFo L1 • DLC MS1 L23 C2 • DeGE L1 • ICHi L1 • ICL L3 • IGK MS1 • IaU MS1 C3 • InU L1 • MB L2 D1 • MH L7 • MHa L3 • MHi L1 • MdBE L1 • MiU L1 • NBu MS1 REF65 • NHi REF66 • NIC L203 C185 • NNC MS2 L1 C1 • NNU-F L2 • NRU L3 • NcD L9 • NhD L1 • NjP MS15 L9 C2 D1 M • PHC L1 • PHi L36 C8 D5 • PPL L1 • PSC L1 • PSt MS3 L113 • PU MS3 L13 D2 PR • RPB-JH MS4 L4 • TxU MS1 • ViU MS4 L12

BOLES, Robert (1943-   ) • NNFF MS1

BOLLES, Frank (1856-1894) • CtY L2 • ICN D1 REF1 • MH L28 • MdBJ L2 • NjP C1 • PSt L1 • RPB-JH L1 • ViU MS1

BOLTON, Sarah T. Barrett (1814-1893) • CU L1 • DLC MS1 • In MS2 L1 • InHi MS1 L6 C1 D1 M • InNhW M • InU MS1 • NBu L1 • NHi L1 • NNBa MS1 • NcD L2 • NjP C1

BOND, Carrie (Jacobs) (1862-1946) • CLSU L1 • CLU MS35 L2 MG11 M • CSmH L1 • CU-Riv MS1 • DLC L1 • ICN L6 • MH L1 • P M • PPT L5 • TxU L1 M • WGr D1

BONER, John Henry (1845-1903) • CSmH MS2 C5 • CtY L1 • DFo L1 • LNHT L15 • NBu L1 • NNC MS2 L143 • Nc-Ar L1 C13 • NcD MS1 L37 • NjP C3 • OFH L2 • PHi L5 D1 • UPB L1 • ViU MS2 L2

BONNER, Amy (1891-1955) • ArU L1 • CU L1 • DLC L3 • ICN L8

34

• ICU .5FT REF1, 7 • MA L2 • MNS L3 • MeWC L2 • NNC L2 •
NNWML L1 • NSyU L3 • NjP L6 C4 • PSt MS60 J20 L63 C559 •
RPB-JH L2 • TMM L2 • TxU L1 C1

BONNER, Charles (1896-   ) • CLSU MS3 • CSmH L1 • CU L3 •
MH L1 C1

BONTEMPS, Arna (1902-1973) • CL L1 • CLU C1 • CtY L13 C6
6CTN • DHU L53 • GAU C25 • KLeS L1 • LNU L45 • MBU L1 • MH
L4 C2 • MnHi L1 • MnU-K L2 C2 • MnU-SW L2 C2 • NN-Sc 1CTN
• NNFF L2 C2 • NSyU 50CTN REF1 • NcD L1 • OrU L78 • PSt L5
• TNF 31CTN • TxU L1

BOOTH, Edwin Thomas (1833-1893) • CCamarSJ L1 • CLU L1 •
CNoS L1 • CSt L1 • CU-A L3 M • CtW L2 • CtY L7 D3 M • DFo MS2
L578 C2 D9 M • DLC L16 C22 D1 • ICL L1 D1 M • IGK L1 • IU-R
D1 • InU M • MB L4 D3 • MH MS1 L37 D6 MG1 • MHi L1 D1 • MWA
L1 • MeB L2 • MeWC L2 C1 • MnHi M • MoSW L1 • NBu L2 • NBuHi
L3 M • NHi L5 D2 REF66 • NIC L2 M • NNC L11 C2 D2 M • NNPM
L1 • NNWH L600 C900 D500 MG100 R M • NRU L2 • NcD L1 • NjP
L9 C1 • OClWHi L3 • OMC L1 • OU L1 • PSt L18 C5 • PU L7 D3 M
• RNR M • RP M • RPB-JH L1 D3 • ScU L1 • TxU L1 • ViU L1 •
VtMiM C1 • WHi L1 • WaPS L1

BORDEN, Lucile (Papin) (1873-   ) • DGU L8 • ICL L1 • KAM
L1 • MoSHi 2CTN • TxU C7 M

BORLAND, Hal G. (1900-   ) • CStbS L1 • CoU L34 • MBU L1
• MH L1 • MnU L1 • NBuU MS1 L2 • NbU M • OkU C1 • PU L1 •
TxU L2 C1

BOTTA, Anne Charlotte (Lynch) (1815-1891) • CSmH MS6 L1 •
CtHi L1 • CtY L3 C21 • DFo C4 • FU C4 • ICN L1 • IaU MS1
L4 C3 • InU L2 C1 • MAJ C7 • MB MS1 L6 • MH L7 C5 •
MdBE L3 • MiU MS1 • NHi L3 C16 REF66 • NIC L35 C3 •
NNBa MS1 L1 • NNC L4 • NNPM L1 • NRU L2 • NSchU L8 •
NjP C1 • RPB-JH MS3 L46 C21 D3 M REF1 • TxU MS2 • ViU
L5 C1 • VtHi M • VtMiM L2 C1 • VtU MS2 L5

BOUCHER, Jonathan (1738-1804) • CSmH MS1 L4 • DLC L30 C7 D4
• IEN L1 • MH M • MdHi L1 D3 • MiU-C L1 C1 • NHi D1 • NNC
C1 • PHi L5 • ViHi L2 D1 M

BOUCICAULT, Dion L. (1820-1890) • CLU L1 • CSmH MS1 L7 C1

Boucicault, Dion L. (cont.)

D1 • CU L1 • CU-A L3 M • CtHT-W L1 • CtHi L1 • CtY MS1 L7 M • DFo MS6 L146 C1 D3 • FU L7 • ICHi L1 • ICL L10 M • IU-R L7 D6 • IaU L1 • InU L5 D1 M • MB L11 • MChB D1 • MH MS2 L6 C1 D2 • MHi L3 • MWA L1 • MdBJ L1 • NIC L8 • NN-B D1 • NNC L14 • NNMus MS6 L12 • NNPM L3 • NNU-F MS1 L2 • NNWH L5 C2 • NRU L5 • NcD L1 • NhD L1 D1 • NjP L4 • PHC L1 • PHi L7 D1 • PU MS2 L5 D1 • RPB-JH L1 D1 • TxU MS2 L5 C2 D1 MG1 PR • UPB L1

BOURJAILY, Vance Nye (1922-   ) • CtY L2 • DeU C1 • FU MS1 C1 R • ICN L3 • IaU L1 • MBU L4 • MeB 21CTN • MoSW L1 • NIC L2 • NN-B L2 D6 • NNC L1 • NSyU L2 • NjP L55 C71 • PU L1 • RPB-JH L3 • TxU L2 PR • VtMiM L3 C3

BOURNE, Randolph Silliman (1886-1918) • CtY MS1 L49 D1 • NNC MS37 L237 D1 REF4, 7 • NjP C1 D11 • PU MS1 L46

BOWDITCH, Nathaniel (1773-1838) • CSmH J1 L2 D2 • CtMyMHi L1 • CtY L8 C1 • DLC L5 C6 • IGK C3 • InU D2 • MB 5FT • MBAt MS1 • MBCo C2 • MH L6 C4 D2 • MH-BA 59FT • MHi MS3 L22 D17 MG3 • MSaE MS2 J10 L1 D2 • MWA L3 D1 • MdHi D1 • MnHi L1 • NHi L1 D2 REF66 • NNC D1 • NNPM L1 • PHi L10 D3 • PPT L1 • PU D1 • RHi D1 • VtHi D1

BOWDOIN, James (1726-1790) • CSmH L1 D1 • CtHi L10 C9 D4 • CtY L6 C3 • DLC L22 C8 • ICHi L1 D2 • InU MS1 C1 D3 • KLeS C1 • M-Ar C1 D76 • MB L8 C7 D9 • MH MS1 L8 C3 D2 • MHi MS6 J3 L513 D15 • MNF L1 • MWA L5 D1 • MdBE L1 • MeB L10 D19 MG1 M • MiU-C L1 C2 D3 • N L3 D1 • NBu D1 • NHi L6 C5 REF66 • NNC L3 D1 • NNPM L1 • NNS D3 • NRU C1 • NhD D3 • NjMoHP L14 • NjP L1 D1 • OMC L1 • PHC L7 D1 • PHi L19 C10 D2 • PPAmP L6 C2 D3 • PPL L1 C2 • PSC-Hi D1 • R L40 • RHi L1 C1 • TxU C3

BOWEN, Catherine (Drinker) (1897-1973) • CCC L1 • CCFB L1 C2 D1 • CSt 2CTN REF2 • CoU L3 • CtW L1 • CtY L2 • DLC L1 • ICN L1 • InU MS1 • MBU L1 • MCR R • MH L5 C2 • MiU L11 C16 • MnHi L3 • MoSW L4 • NNAL L21 C37 D5 • NNC L18 • NNU-F L1 • NcA L1 • NjP L10 • ODaU L1 • P L1 • PBm L2 • PCarlD L1 • PP MS3 • PU MS3 • TMM L3 • TxU L2 • VtMiM L1 • VtU L3 C1 • WaU L5

BOWEN, Robert O. (1920-   ) ● FU MS20 J2 L216 C300 REF1 ● ICN L1 ● IU-Ar L9 M ● NNFF L3 C1 D1

BOWLES, Paul Frederic (1911-   ) ● CLU L35 ● CSt 1CTN ● CtY L44 C10 D1 ● DeU L13 C2 ● IaU L1 ● KU-S L3 ● MBU L11 ● MH L2 ● NN-B D1 ● NNAL L2 C1 ● NNC MS7 L149 R ● NvU PR ● TxU MS262 L165 C155 D16 PR

BOYD, Ernest Augustus (1887-1946) ● ArU L7 ● CSmH L1 ● CtY L1 C16 ● DLC L2 ● ICN L4 ● ICarbS C1 ● IU-Ar L2 ● IU-R L8 C17 D2 ● InU L1 ● KU-S C3 ● MeWC MS2 L2 C12 ● MoSHi L1 ● NIC L7 C19 D163 ● NN-B L14 PR ● NjP L14 C311 D13 ● OkU C1 ● PU L20 ● TxU L7 C8 D20

BOYD, James (1888-1944) ● CCamarSJ L1 ● CtY L5 C2 ● ICN L21 ● InU L5 ● MBU L2 ● MH L1 ● MiU L5 C5 D1 ● NN-B L1 ● NNAL L3 C9 D3 ● NPV L2 ● NcA L1 ● NcD L2 ● NcU 3FT ● NjP MS6 L197 C361 D263 ● OkU C1 ● PU L2 ● RPB-JH L1 ● TxU L15 C1 ● ViU L8 C3 D64 M ● VtU L1 C2

BOYD, Thomas Alexander (1898-1935) ● MH C3 ● NPV MS8 L21 ● NSyU L1 ● NhD MS1 L1 ● NjP L219 C245 D134 ● PU L9 ● ViU L5 C2

BOYESEN, Hjalmar Hjorth (1848-1895) ● CLSU L3 ● CLU L1 ● CSdS MS1 ● CU-S L1 ● CtY MS2 L14 ● DFo L1 ● DLC L1 C1 ● ICN L7 ● IGK MS1 L1 ● IU-Ar D12 ● InU L3 C1 ● LNHT L23 ● MA C1 ● MH L28 C2 ● MdBJ L2 ● MeB L2 ● MiU MS1 L1 ● MoSHi L1 ● NBu MS1 L1 REF65 ● NHi REF66 ● NIC MS1 L3 C1 ● NN-B MS1 D1 ● NNC MS4 L28 D5 REF4 ● NNPM MS2 ● NPV L1 ● NRU C1 ● NjMoHP L2 ● NjP L57 C23 D10 ● OCHP L1 ● OFH L1 ● PHC L2 ● PHi L6 ● RPB-JH MS1 L1 ● UPB L13 ● ViU MS3 L22 C145 PR M ● WHi L2 D1 ● WvU L1

BOYLE, Kay (1903-   ) ● CCFB L2 C2 ● CLSU L1 ● CLU L4 ● CStbS C1 ● CtW L1 ● CtY L24 C4 ● DeU L2 ● ICN L10 D2 ● ICarbS MS24 L211 C21 D1 MG10 29FT PR R M REF1, 7 ● IEN MS3 L6 C1 PR ● IU-Ar MS2 L2 D1 M ● IaU MS1 L8 ● InU L3 D2 ● MA L5 ● MH L3 ● MdU C2 MG1 ● MoSW L44 ● NBuU MS6 L9 ● NN-B MS3 L32 ● NNAL MS1 L46 C40 D5 ● NNBa L1 ● NNFF L1 ● NNU-F MS2 L1 ● NNYI L7 C4 ● NRU L2 ● NSyU L51 C1 D1 ● NjR L2 ● PSt L5 ● PU MS1 L10 ● RPB-JH MS1 ● TxU MS2 L22 C73 D2 ● ViHo L2 ● WyU-Ar L9

BRACE, Gerald Warner (1901-   ) • MBU 8FT REF1 • MU-Ar L2

BRACKENRIDGE, Henry Marie (1786-1871) • CSmH L1 • CtY L1 • DLC L3 C2 • ICHi C1 • LU-Ar L6 • MB L3 • MdBE L1 • MnHi L1 • MoSHi L5 • NhD D1 • PHC L1 • PHi L15 C3 • PPAmP L1 D1 • PPL L1 • PPiU 2FT • RPB-JH MG1 • ScCleU L1

BRACKENRIDGE, Hugh Henry (1748-1816) • DLC L6 C2 • MB L1 • NHi L1 D9 REF66 • NN-B MS1 • NjP MS2 L3 • PCarlD L3 C1 • PHC L1 • PHi L23 C1 D3 • PPL L3 • PPiHi L4 • PPiU L24 C2 D1 • ViU L4

BRADBURY, Bianca (1894-   ) • ICN L1 • NBuU MS7 L4 • PU L1

BRADBURY, Ray (1920-   ) • CL L2 • CLSU MS6 L6 R • CLU MS20 L3 R M • CU D1 • IEN L1 • MBU L1 R • MiMtpT L8 C6 • NNC L3 • NSyU MS1 L30 C1 • NvU L2 C2 • OKentU MS1 L1 • OrU L9 • PCarlD L1 • TxU L3 C2 • VtMiM L1 C1 • WHi L5 C5

BRADFORD, Gamaliel (1863-1932) • CSmH L5 • CSt L5 • CU L4 • CtHi L1 • CtY MS1 L58 C20 • DLC L2 • DeU L3 • GEU L6 • ICarbS L10 C51 D6 M • IGK MS1 L1 • IU-R L2 • In L3 C1 • InGrD-Ar L2 • InU L15 D1 • MB MS3 L2 • MBAt MS1 • MBU L1 • MH REF1 • MHi MS1 • MWA L11 • MWelC MS1 L27 MG1 • MeWC L6 C1 • MiU L1 C1 • MiU-H L1 C1 • N L2 • NBuU MS3 • NIC L1 • NNAL MS3 J1 L8 C6 D3 • NNC L25 • NNU-F L1 • NSyU L3 • NcD L7 M • NcU L3 C1 • NjMoHP L1 • NjP L13 C20 D1 • OMC L1 • P L1 • PBm L2 • PPT L4 C2 • PSt L1 C2 • PU L9 • RPB-JH L33 C13 • TxU L11 C5 • ViHo L1 • ViU MS8 L33 C1 • ViW L22

BRADFORD, Roark (1896-1948) • CLU MS1 L1 • CtNbP L1 • CtY C1 • GEU D1 • ICN L1 • LNHT MS86 L2 C17 M • LU-Ar L1 D108 • MH L2 • NN-B MS1 • NNAL L1 C3 D2 • NNU-F L1 • OkU C1 D1 • T MS1 D1 • TxU 1CTN • ViU L1 C1

BRADFORD, William (1588-1657) • Ct L1 • CtY L1 • DLC D1 • MH C1 D1 • MHi MS4 L1 D13 • WHi D1

BRADFORD, William (1755-1795) • CSt L1 • CtHi L1 D1 • CtNlC D1 • CtY L2 C1 • DLC L14 C11 D2 • DeU L1 • InU L3 • MB L1 • MH L3 • N L1 • NHi L5 C7 REF66 • NIC D1 • NNC L1 • NcD D1 • NjP MS3 L6 • OMC L1 • PHC L4 D2 • PPAmP L1 C5 D1 • PPL D3 • PSC-Hi L1 • R L40 • RHi L4 C2 D6 • WHi L2

BRADLEY, William Aspenwall (1878-1939) • CSmH L1 • CtY L125 C2 • ICN L1 • IU-R C2 • InU L1 • KyBB L11 • MA L14 • MH L41 C15 M • NNC L42 • NNPM L7 • NSyU D1 R • NcD L2 • NjP L3 • OU L2 • PU L26 • TxU L7 C3 • ViU L5

BRADSTREET, Anne (Dudley) (1612-1672) • MH J1 REF6 • MHi D1 • PHC L1

BRADY, Cyrus Townsend (1861-1920) • CSmH MS2 L4 • CtY MS3 L3 C1 • DLC L2 • ICL L1 • IU-R D2 • MA L3 C1 • MB MS1 • MH L11 • MHi L1 • MoSHi L1 • NN-B MS1 L23 • NNU-F MS11 L6 M • NNWML L6 • NRU L1 • NjP L354 C78 D17 • PCarlD L1 • PSC L1 • PSt MS2 L2 • TxU L5 C2 • UPB L1 • ViU MS1 L2

BRAINARD, John Gardiner Calkins (1796-1828) • CtHi MS1 L2 • CtY L2 • ICHi D1 • MB L1 • MH MS1 • MHi MS1 • MWiW MS1 • MeWC MS1 • NNPM MS1 • PHC L1 • PHi L2 D1

BRAITHWAITE, William Stanley Beaumont (1878-1962) • ArU L5 • CSmH L4 • CU L2 • CoU L5 • CtY L20 C25 M • DHU MS1 L6 • DLC L2 • DeU MS1 L14 • GEU L3 • ICN L11 • IEN L12 • IU-R C1 D1 • IaU L1 • InNd C1 • InU L3 C1 D1 • KyU C5 • LNHT L1 • MB MS1 D1 • MH MS42 L54 C4800 REF1 • MMeT L2 • MNS L4 C1 • MWH L2 C2 M • MeWC C3 • MnU-Ar L23 • NBuU L8 • NN-B L2 • NN-Sc MS1 L5 REF1 • NNC MS2 L76 C40 • NNWML L3 • NRU L4 C1 • NSyU 7CTN REF76 • NcD L1 • NhD MS1 L9 C2 D2 • NjP L7 C6 D1 • OCl L1 • OMC C1 • PPT C2 • PPiU L9 C2 • PU L2 • RPB-JH MS2 L9 C8 • TxU L9 • ViU 9FT • VtMiM L1 C7

BRALEY, Berton (1882-1966) • CLU L2 • IU-R C2 • InU L1 REF3 • KyBgW L1 • MH L3 • MNS L1 • MWC L5 • MtHi L1 • NBuU MS1 L2 • OrU L2 • P L2 • PPC L1 • PSC MS1 • PU L2 • RPB-JH MS1 • ViU L2 C1 • ViW L1 • WHi MS1

BRANCH, Anna Hempstead (1875-1937) • ArU L1 • CLSU L1 • CLU L4 • CSmH L6 • CU L1 • CtY MS23 L61 C23 D1 • DLC L11 C1 • ICN L4 • IU-R L1 • InU L8 • KyBgW L13 • LNHT MS1 L10 • MChB L1 • MH L13 C1 • MNF MS1 • MNS 3CTN • MWH MS1 • MWelC L8 • MeWC MS1 L2 • NN-B L2 • NNC MS1 L26 C1 • NNWML L44 • NRU L3 • NhD L2 D1 • PSt D1 • PU L2 • TxU L1 • ViU MS2 L10

BRAND, Millen (1906-   ) • CStbS L3 • CU MS1 D1 • DeU L22 • ICN L8 • IEN MS1 L22 PR • IU-Ar MS6 L18 M • InU L3 • MA L2

39

Brand, Millen (cont.)

● MBU L172 ● MH L2 ● NBuU MS2 L4 ● NN-B MS2 ● NNC MS2000
L500 C10000 REF7 ● NjP L1 C1 ● RPB-JH L3 ● TxU 1CTN ● VtMiM
L1 ● VtU L4

BRANN, William Cowper (1855-1898) ● TxU MS3 3CTN

BRÉGY, Katherine Marie Campbell (1888-1967) ● DGU L2 ● ICL L1
● InNd L1 ● MB D1 ● MH L3 ● MWH MS1 L4 M ● PU L1 ● TxU L2

BREWSTER, Anne Marie Hampton (1818-1892) ● CtY L49 ● InU L2
● MH L3 ● RNR L1 ● RPB-JH L1 ● TxU L1

BRIGGS, Charles Frederick (1804-1877) ● CSmH MS1 ● DFo L3 ●
DeGE L1 ● MB L9 D2 ● MH L9 C50 ● MHi L2 ● MeWC C1 ● MiU L1
● NHi C1 ● NIC L127 ● NNC L13 ● NNPM L2 ● NSchU L1 ● OCHP
L1 ● PHi L5 ● RPB-JH L1 ● ViU L1 C6

BRINIG, Myron (1900-   ) ● CU L4 ● CtY L77 ● MH L2 C1

BRINK, Carol Ryrie (1895-   ) ● CU L1 ● CU-S MS1 ● IdU MS4
PR ● MnHi L8 ● MnU MS2 ● MnU-Ar L3 D3 ● MnU-K MS18 L17 C13

BRINNIN, John Malcolm (1916-   ) ● COMC MS1 ● CtY L6 ● IU-Ar
L7 M ● InU L5 C3 D1 ● MH L11 C39 ● MiDW-Mi L2 ● MiU L11 C11
● MiU-H MS4 ● MiU-Ho MS3 ● MoSW L6 ● NBrockU-EC R ● NN-B
L3 C1 PR ● NNC L1 ● NNFF L18 C17 D3 ● NPV L1 ● NjP L2 C1 ●
RPB-JH MS1 L17 ● RU L3 ● TxU MS1 L14 ● WaU L12 C16 ● WyU-Ar
L1

BRISBANE, Albert (1809-1890) ● CtHi L4 ● CtY L1 ● DLC MS1 L3
D1 ● IU-HS MS160 L195 C11 D41 M ● InNd-Ar MS2 L2 D3 ● MB L3
● MHi D1 ● NN-B L1 ● NNWML L10 ● NRU L4 ● NjMoHP L1 ● OU
L2 ● PPT L1 ● TxGR L1 ● TxU L2 ● WHi L2

BROMFIELD, Louis (1896-1956) ● CLSU L4 ● CLU L2 ● CU L2 ●
CtW L1 ● CtY L67 M ● DLC L2 ● GEU L3 ● ICHi L1 ● ICN L9 ● ICarbS
MS1 L2 C1 ● IEN D2 ● IU-Ar L2 ● IU-R L1 ● IaU L2 ● InU L20 C1
D1 ● KyBB L6 C2 ● KyLoU L1 ● LNHT L1 ● MA L2 ● MBU L10 ●
MH L2 C1 ● MMeT L7 ● MNS-S L4 ● MWC L3 ● MeWC L2 ● MiU
L5 C9 ● MnU-SW L1 C1 ● MoSHi D1 ● MoU L1 ● NHi L1 ● NIC L1
● NN-B L14 D1 ● NNAL L6 C16 D3 ● NNC MS2 L26 M ● NNU-F L9
● NNWML L2 ● NRU MS1 L1 ● NSyU L9 ● NcD L1 ● NjP L3 D3 ●
OAU L3 ● OCl L2 ● OMC L10 ● OU C88 ● OkU MS1 L23 C42 D2 M
● PHC L2 ● PLF L1 ● PMA L1 ● PPC L1 ● PPT L5 ● PPiU L3 C1 ●

PSt L5 • PU L3 • TNJ L6 • TxHR L2 • TxU MS1 L9 • ViU MS1 L14 • WMM-Ar MS1 L1 PR M

BROOKS, Charles Timothy (1813-1883) • CL L1 • CSmH L5 • CtMyMHi MS1 REF5 • CtY MS1 L1 • MB MS1 L5 D1 • MH MS1 L57 • MHi L2 • MdHi L2 D1 • NBu MS1 L4 • NHi MS1 • NIC L3 C1 • NN-B L1 • NNC L1 • NNPM L1 • OCHP MS2 • PHC L1 D1 • PHi L6 • PSt L1 • RNR MS1 L2 • RP MS1 L1 • RPB-JH MS9 L6 D2 • ViU MS4 L5 REF107

BROOKS, Cleanth (1906-   ) • ArU L1 C2 • CLU L2 • CU L2 C1 • CtY L30 C2 REF6 • ICN L24 • IU-Ar L2 • KU-S L2 • KyU MS68 • LNHT L1 • MBU L2 • MH L1 • MWelC L3 • MdBJ L4 • MiDW-Mi L6 • MoSW L17 • NIC L1 • NN-B L18 • NNAL L2 C5 D3 • NNC L6 • NNFF L2 • NRU L1 • NSyU L11 • NjP L1 • NjR L1 • OkU L4 C9 • RPB-JH L1 • TNJ MS1 L21 C7 REF86 • TxU L2 • VtMiM L2 C1

BROOKS, Gwendolyn (1917-   ) • ICN L3 • IEN L1 • InU L10 C5 • MBU L2 • MWalK MS1 REF2 • MoSW L1 R • NBuU MS14 L3 • NNWML L2 • NjP L1 • P L1 • PPT R • PPiL L1 C4 R • TxU MS1

BROOKS, James Gordon (1801-1841) • ICHi L1 • MB L1 • MHi L1 • NNC L1 C2 • PHC L1 • PHi L8 C3 • PP L1 • VtHi D1

BROOKS, Maria (Gowen) (1794-1845) • CSmH L1 • CtY MS1 L4 • KU-S C1 • MB L2 • NIC L2 • NNBa L2 • NNPM MS1 • PHi L13 • RPB-JH MS1 • ViU MS2 L5

BROOKS, Nathan Covington (1809-1898) • CtY C2 • InU C1 • MB L4 • MH L1 • MdHi L1 • NHi REF66 • NIC L1 • NNC L2 • NRU L3 • PHC L2 • PHi L6 • PU L2

BROOKS, Noah (1830-1903) • CLU L1 • CSmH L1 C2 D1 • CU L4 • CtHT-W L22 • CtY MS1 L1 • DFo L2 C3 • DLC L34 • IDeKN L1 • InU L4 • MA L1 • MWA L1 • MdBJ MS1 L1 • NBu L1 • NHi L2 REF66 • NIC L2 • NNC L13 • NNPM L1 • NjP L99 C35 D10 • RPB-JH L14 C2 D7 • TxGR L2 • UPB L1 • ViU L6

BROOKS, Phillips (1835-1893) • CLSU L89 D1 • CLU L2 • CSdS L1 • CSmH L18 C1 D1 • CU L1 • CU-S L1 • CoCC L1 • CtHC MS1 L3 • CtHSD L1 • CtHi L2 • CtW L1 • CtY L14 • DFo L2 • DLC L9 • DeGE L1 C1 • ICHi L1 D1 • IJI L1 • InU MS1 L2 • KU-S L1 • KyU L1 • MA L3 • MAJ L4 • MB MS1 L18 • MBAt L19 • MBDio 5CTN • MBSpnea REF2 • MBU L7 • MCR L3 • MH MS251 J44 L985 C226 D1

41

Brooks, Phillips (cont.)

● MHi MS1 L43 D8 ● MMeT C1 ● MNS MS1 ● MNS-S L5 ● MWA MS1
L15 C148 D3 ● MWelC L9 ● MWiW-C MS1 ● MdBJ L16 D1 ● MeB L18
● MeLB L1 ● MeWC L1 ● MiU-C L1 ● MiU-H L6 ● MnHi L8 M ● MoSHi
L2 ● NAurW L1 ● NBu MS1 REF65 ● NCanHi L1 ● NHC L2 ● NHi
L8 C1 REF66 ● NIC L3 ● NN-B MS1 ● NNC L6 D2 ● NNPM L3 ● NNUT
MS1 ● NPV L10 ● NRU L4 ● NcD L4 ● NhD L2 ● NhHi L9 ● NjMoHP
L2 ● NjP L10 ● OCHP L1 ● OFH L14 ● OKentU L3 ● OMC L1 ● OO
L2 ● PBm L1 ● PCarlD L1 ● PHC L10 ● PHi L9 D1 ● PPAmP L2 D2
● PPL D1 ● PPT L7 ● PSC-Hi L2 ● PU L1 ● RNR L1 ● RP L1 ● RPB-JH
L2 D2 ● ViHi D2 ● ViU L3 ● ViW L1 ● VtHi D2 M ● WaPS L1

BROOKS, Van Wyck (1886-1963) ● ArU L30 C58 ● CL L2 ● CLSU
L33 C1 ● CLU L11 ● CRedl L1 ● CSmH L40 ● CSt L12 C1 REF2 ● CU
L29 ● CU-S MS1 ● CtU L2 ● CtY MS1 L115 C23 ● DLC L9 ● DeU L10
C4 ● GHi L1 ● GU L1 ● ICN L70 ● IGK L6 D1 ● IU-Ar L1 ● IU-R L2
D1 ● IaU L3 ● InGrD-Ar L2 ● InU L65 M ● KyBgW L9 ● KyU L2 ●
LNHT L3 ● MAJ L1 ● MB L3 ● MBU L29 ● MH MS13 L159 C6 ● MHi
L2 ● MPB MS1 ● MeWC L27 ● MiEM L1 ● MiU L6 C9 ● MiU-H L4
C1 ● MnU L13 C12 ● NBiSU L11 ● NIC L2 C2 ● NJQ MS1 L2 ● NN-B
L4 D2 ● NNAL MS16 L200 C300 D15 ● NNC MS2 L193 D1 M ● NNFF
L1 C1 D3 ● NNU-F L2 D1 ● NNWH L2 C1 ● NNWML L3 ● NRU L1
● NSyU L25 ● NcA L1 ● NcD L1 ● NcU L9 ● NjP MS1 L51 C57 D60
● NjR L2 ● OkU L4 C3 ● OrU L1 ● PBm L1 ● PHC L1 ● PPAmP L1
● PPT L2 C1 ● PSt L26 ● PU 164CTN PR R M REF1 ● RPB-JH L50
C4 D1 ● ScC L3 ● TMM L1 ● TNJ L7 ● TxU MS2 L24 D1 ● ViU L87
C2 M ● ViW L3 ● VtMiM L7 ● VtU L2 ● WaU L5 ● WyU-Ar L8

BROOMELL, Myron Henry (1906-   ) ● IU-Ar L2 ● NBuU MS1 L9

BROUGHAM, John (1810-1880) ● CSmH MS1 L11 ● CU-A L1 M ●
CtY MS1 ● DFo MS1 L33 C2 D3 M ● DLC MS1 D2 ● ICL L3 M ● IGK
L1 ● InU L5 C1 M ● MB L4 ● MoSHi L1 ● N L1 ● NHi L1 ● NIC L2
C1 ● NNC L8 D2 ● NNPM L1 ● NNWH MS1 ● NRU L1 ● NjMoHP
L1 ● OCHP MS3 ● PHi L3 C1 D1 ● PPL D1 ● TxU MG1 ● ViRVal L1

BROUN, Heywood Campbell (1888-1939) ● ABH L1 ● CSmH L1 ● CU
MS1 L3 C2 ● CtH C1 ● CtY MS1 L3 C2 ● DLC MS1 L2 ● FU L1 ● ICarbS
L1 ● InU L10 D1 REF3 ● KyBgW L1 ● MBU L1 ● MH L10 ● MiU L1
C1 ● MiU-C L1 ● MnU-SW L5 C15 D3 ● NIC L1 C2 ● NNC L7 C17

● NNWML L1 ● NRU L1 ● NSyU L2 C2 ● NcD L4 ● NjP L1 C3 ● OkU C2 ● PBm L1 ● PPT L2 ● PSt L2 ● PU L5 ● TxU L4 ● ViU L3 ● WMM-Ar L2 C1

BROWN, Abbie Farwell (1870-1927) ● CLSU L1 ● CSmH L2 ● CU-S MS1 ● CtY MS3 ● MB MS2 ● MCR 4CTN REF7 ● MH MS2 L64 ● MNS L1 ● MWH MS1 ● MWelC L7 ● NNPM D1 ● NNWML L2 ● NRU L3 ● PSt L5 ● RPB-JH L3 ● ViU MS2 L5 C73

BROWN, Alice (1857-1948) ● CLSU L1 ● CLU L1 ● CSmH MS1 L10 ● CU L2 ● CtY MS179 L65 C1 PR REF7 ● DFo L1 ● DLC L4 ● DTr L1 ● ICL L8 C1 D1 M ● ICN MS1 L2 REF1 ● InU L2 ● KyBgW L2 D1 ● MB L18 D22 ● MChB MS2 ● MH L77 C2 ● MWA L10 ● MWH MS8 L115 C3 M ● MWelC L4 ● MeWC L14 ● MiU L33 ● MoSW L1 ● NHC L1 ● NIC C1 ● NN-B L4 D1 ● NNBa MS1 L5 ● NNC L5 ● NNU-F L2 ● NNWML L3 ● NhD MS4 L1 D1 ● NjP L24 C9 ● OCX L3 D1 ● OKentU L1 ● OOxM L1 ● OkU L1 C1 ● PHC L1 ● PHi L3 ● PMA L1 ● PSt L6 ● PU L4 ● RNR L1 ● RPB-JH L10 ● TxU L2 C1 ● ViU MS5 L28 M

BROWN, Charles Brockden (1771-1810) ● CtY M ● DLC L2 C1 ● IU-R D1 ● MB MS1 ● MH L1 ● MHi D2 ● MeB MS6 L55 D1 ● NHi L2 D1 ● NN-B L1 ● NNC L1 D1 ● NjP L2 ● PHC L2 ● PHi MS4 J4 L5 C2 D5 2CTN ● PPL L2 ● RPB-JH D1 ● TxU MS3 J1 L42 C14 D5 ● ViU L9 C1 D4

BROWN, Frank London (1927-1962) ● IU-Ar MS7 L1

BROWN, Harry Peter McNab (1917-   ) ● ICN L1 D1 ● IU-Ar L2 ● MH MS1 C1 ● MoSW MS33 L43 C11 ● NBuU MS3 L3 ● NN-B L3 ● NNC L95 ● NNU-F L1 ● NjP MS1 L16 C37 D71 ● TxU L4 C3

BROWN, John Mason (1900-1969) ● CLU L1 ● CU L4 ● CoU L3 ● CtY L63 D2 ● IaU L5 ● KyLoU MS3 ● KyU MS1 ● MBU L3 ● MH L10 C1 ● MWC L56 C1 ● MiU L10 C17 ● MiU-H L1 ● MnHi L6 ● MnU-K L1 ● NB MS1 ● NIC L2 ● NNC L100 ● OkU L1 ● P L1 ● PCarlD L1 ● PU L3 ● TxU L26 C4 D2 ● VtMiM L3 C1

BROWN, Robert Carlton (1886-1959) ● CLU 52FT ● CtY L25 ● DeU L6 ● ICN L1 ● ICarbS MS4 L9 C5 D2 5FT M ● IU-Ar L1 M ● IU-HS MS5 L50 C200 D5 M ● IU-R L4 ● InU MS1 L1 C7 REF3 ● KPT MG1 ● MH L2 ● NBuU MS6 L27 ● NSbSU L1 ● NSyU L7 ● NbU L2 REF2 ● NjP L9 C14 D1 ● RPB-JH D1 ● TxU L3 C1

BROWN, Solyman (1790-1876) ● CtY MS2 L1 C2 M ● MB L1 ● MH

Brown, Solyman (cont.)

L3 • MiU-C L2 • NIC MS1 L1 • PHi L2 C1 D1

BROWN, Wenzell (1912-   ) • MBU L2 • MPB MS1

BROWN, William Hill (1765-1793) • CU L4 C1 • MHi L1

BROWN, William Wells (c.1815-1884) • MB L4 D39 • MH L1 • MdBE L8 • NN-Sc L1 C1 REF1 • NNC L3 • NSyU L3 • PHi L6 C5 D2

BROWNE, Charles Farrar (1834-1867) • CLU MS1 • ICHi D1 • IU-R L2 • IaDmE L1 • MB L1 • MH MS1 L6 • MHi D1 • MeWC L1 • NBu L1 REF65 • NN-B L1 • NNC L2 • NNPM L1 • NhHi L1 • OMC L1 • PHC L1 • PHi L3 • RPB-JH MS1 • ViU L12 D1 M

BROWNE, John Ross (1821-1875) • CLU C1 • CSmH L2 D4 • CU L6 C1 D1 • CtY L6 D1 • DLC MS1 L1 • MH L3 • MHi L2 • NIC L3 • NNC L4 • NNPM L15 • NRU C1

BROWNE, Lewis (1897-1949) • CLU L4 • CU MS2 L1 • CtY L2 • ICN L1 • IU-R L4 C2 D1 • InU MS85 J25 L140 C580 D10 • MBU L1 • MH L1 C1 • MWalA L10 • NjN L1 • OkU L1 • OrU L1 • PPC L1 • PSt L1

BROWNELL, Henry Howard (1820-1872) • CSmH L30 C1 D1 • Ct C1 M • CtHi L1 • MH L2 • MdBJ L1 • RPB-JH D1 • ViU L1

BROWNELL, William Crary (1851-1928) • CLSU L4 • CSmH MS1 L2 • CU MS1 L6 • CtHC L2 • CtY MS1 L20 • GU L5 • IDeKN L1 • IU-Ar L18 C18 • IaU L2 • MA MS1 L176 C550 20CTN 8FT M • MH L13 • MHi L7 • MNS L1 • MdBJ L3 • NHi L1 • NIC L1 • NNAL MS3 L55 C70 • NNC L57 • NNPM MS1 • NcD L6 • NhD MS1 • NjP MS1 L631 C1840 D121 • PMA L1 • PU L1 • ViU MS1 L2

BROWNSON, Orestes Augustus (1803-1876) • CLU C1 • CSdS L1 • CSmH D1 • InNd L1 C1 • InNd-Ar REF4, 7, REF45 • KyU REF4 • MB L1 D9 • MH L5 C1 • MHi L7 • MWH L1 • NHi L3 • NNPM L2 • NNU-F L1 • NhD D5 • NhHi L1 • PHi L7 C2 • RPB-JH L2 • ScCleU L3 • ScU C4 • ViU L3 • VtHi L1 C1

BRUCE, Blanche Kelso (1841-1898) • CtY L1 • DHU L5 5CTN • DLC L1 • NcD L2 • NjP C1 • OFH L12 C39 • PSC-Hi L1 • WHi C2

BRUSH, Katharine (1902-1952) • CU L2 • CtY MS1 L3 C2 3CTN • MH L2 • MWC L8 • MiU-H L1 • NNC L1 D4 • OCl L1 • TxU L10 • ViU L7

BRYAN, William Jennings (1860-1925) • A-Ar L4 • CCC L1 • CLO MS15 J3 L201 C51 D100 MG6 M • CLSU L1 • CLU L15 C4 R • CSmH L7 C4 D7 • CSt L9 C1 • CU L34 D1 • CtNlC L1 • CtY L53 C3 M • DGU L25 D5 • DLC MS1 L1325 C2618 D17 66CTN REF1 • DeGE L1 • FU L1 • ICN L37 D3 • ICarbS MS1 L17 • IEN L3 C1 • IGK L1 • IHi MS1 L8 D1 • IU-Ar L1 C1 D1 • IU-R L2 • Ia-HA L1 C2 • IaU L35 • In L1 C1 D12 • InHi L1 D6 • InU L30 C8 D15 • KyBB L3 • KyBgW L2 • KyLoU L1 • KyU L4 D3 • MA L1 • MBU L1 • MChB L1 • MH L18 C1 • MHi D1 • MWA L2 • MdHi L4 • MeU L2 • MeWC L4 • MiEM L1 • MiU-H L19 C5 M • MnHi L6 C1 • MnSST L1 • MoCgS L1 • MoSHi MS1 L71 C56 D1 M • N L3 • NBuHi D3 • NHC L1 • NHi L3 M • NHpR L1 • NIC L3 • NN-B L1 • NNC L20 • NNPM MS1 • NNWML L2 • NRU L2 • NSyU L1 C1 • NbU M REF5 • NcD L16 • NcGrE L1 • NhD L1 D1 • NhHi L2 C2 • NjMoHP MS1 L2 • NjP L19 C1 • OCHP D1 • OClWHi L1 D1 • OHi L2 • OMC L1 • P M • PCarlD C1 • RPB-JH L1 D8 • TxU D1 • UPB L7 C1 • ViU L7 • ViW L11 • VtU L2 • WHi MS1 L18 1CTN

BRYANT, William Cullen (1794-1878) • A-Ar L1 • AzU MS1 • CCC L1 • CCamarSJ MS4 L2 • CLSU L1 • CLU L4 • CLU-C L1 • COMC L5 • CSmH MS38 L41 C3 D2 • CSt MS1 L4 • CU L8 D1 • CoCC L4 • Ct D1 • CtHC L1 • CtHi L4 D1 • CtLHi L1 • CtW L3 • CtY MS8 L55 C1 D2 • DFo L3 • DLC MS7 L93 C36 D12 M • DeGE MS1 • GEU L1 D1 • GHi L3 • ICHi L7 D1 • ICN L2 • IGK L3 • IHi L1 • IPriHi L11 D100 M • IU-R L6 D5 • IaDmE L2 • IaMc L1 • IaU MS1 L4 C2 • In C1 • InFwL L1 • InGrD-Ar L1 • InU MS2 L10 C1 D2 • KU-S MS1 L1 • KyBB L1 • KyU L2 • MA L11 D3 PR • MAJ L1 • MB MS1 L48 C3 D3 • MBU L1 • MChB L1 • MH MS5 L79 C4 • MHi MS1 L53 D12 • MNS L1 • MPB L1 • MS L1 • MStoc MS1 L1 • MWA L3 D1 • MWalB L1 • MWelC MS1 L6 • MWiW MS2 L8 D2 • MWiW-C MS2 L3 M • MdBE L4 • MdBJ L13 D1 • MdHi L1 D3 • MeB L2 • MeU L1 • MeWC MS1 L3 • MiU L1 • MiU-C L2 C1 • MiU-H L2 • MnHi L2 • MnM L7 • MnS L1 • MnSM MS1 • MnU-Rb L1 • MoSHi D1 • MoSM L1 • MoSW MS1 L2 • N L4 C9 D4 • NAlI L1 D2 • NBu MS1 L1 REF65 • NBuHi L1 • NCanHi L1 • NEmNHi L1 • NHC L1 • NHi MS12 L52 C2 D2 M REF66 • NIC L8 D2 • NJQ L16 • NN-B MS20 L77 D2 • NNC MS2 L71 C6 D6 • NNPM MS13 L13 D3 • NNPf MS1 L6 REF2 • NNU-F MS3

45

Bryant, William Cullen (cont.)

L14 • NNWH L1 • NNebgWM L1 • NPV L1 • NRU MS1 L4 • NRosl MS6 L41 C1 D11 M • NSchU L1 C15 • NcD MS5 L33 M • NcU L3 C1 • NcWsW MS2 • NhD L1 D4 • NhHi L1 • NjMoHP L2 • NjP MS1 L18 C1 M • OBgU L1 • OCHP L2 • OClWHi L3 • OFH MS1 L17 M • OKentU MS1 L7 • OMC L1 • OO L1 • OU L2 • PBL L3 • PGC L1 • PHC L8 • PHi MS1 L25 C8 D4 • PLF L2 • PMA L1 • PP L2 • PPT C1 • PPiCI L1 • PSC L1 • PSC-Hi L2 C1 • PSt MS1 L2 • PU L3 • RNR MS1 L5 • RPAB L3 • RPB-JH MS8 L15 C1 D15 • ScU C1 • T D2 • TxFTC REF87 • TxGR L1 • TxU MS8 L33 C2 D3 • ViRVal MS1 • ViU MS32 L146 C3 D68 M • ViW L1 • VtHi D3 • VtMiM L3 • VtU L2 • WHi L3 D2 • WaU C1 • WvU D2

BUCK, Pearl (Sydenstricker) (1892-1973) • CLU MS1 • CSmH L1 • CSt L4 C1 REF2 • CU L2 • CtHC L6 C4 • CtNlC L1 • CtY MS1 L39 C2 • DLC L29 • ICN L4 • ICarbS L6 C3 • IGK L1 • IaU L7 • InU L2 • KyBB L2 • LU-Ar L2 • MBU L5 R • MCR L2 C1 D5 • MH L10 C1 • MH-BA L10 • MNS-S L9 • MS L1 • MWC L7 • MWiW L1 • MdBJ L2 C1 D1 • MeB L1 • MeWC L1 • MiU L2 C3 D1 • MiU-H L4 • MnHi L5 M • MnU-K L1 C1 • MnU-SW L30 C30 D5 • MoCgS L1 • MsU L1 M • NBu L1 • NIC L1 C1 • NNAL MS1 L4 C12 D5 • NNBa L14 • NNC MS2 L64 • NNMM L1 • NNPM D1 • NNU-F MS3 L2 • NNWML L1 • NPV L3 • NSyU L8 C3 • NcA L1 • NcD L2 D1 • NhD MS1 L2 • NjP L95 C1 D3 • OU L4 • P L1 • PAt MS1 • PBm L1 • PCarlD L2 • PGC L1 • PHC L2 • PHi L3 • PMA L6 • PPT L3 • PSt L3 • PU L15 • RPB-JH L5 • TxFTC L1 • TxU MS5 L7 D1 PR • ViLRM MS1 L1 C8 D1 • ViU MS1 L18 C3 D1 M • VtMiM L2 C1 • VtU L37 C5 • WHi L5 • WyU-Ar L1

BUCKMINSTER, Joseph Stevens (1784-1812) • CtY L6 D1 • ICHi MS1 • MB MS2 C1 D1 • MBAt REF3 • MH L3 • MHi L2 • MWA L4 C1 • NcD D1 • NhD L10 D3 • NhExP D8 • PHi L3 D1

BULFINCH, Thomas (1796-1867) • MB L1 • MH L10 • MWA L1 • MeB L3 • NNU-F L1 • NRU L3

BULKELEY, Peter (1583-1659) • CtHi MS1 D1 • M-Ar L3 • MB L4 D1 • MBNEH L1 • MH MS1 • MWA D1 • PHi L1 D1

BUNCE, Oliver Bell (1828-1890) • CSmH L6 • CtY L1 • DFo L1 •

DLC L1 • FU L1 • MH L1 • MHi L1 • MdBJ L1 • MeB L2 • NNC L6 • NcD L3 • NjP C1 • PHi L3 • ViU L1

BUNKER, John Joseph Leo (1884-   ) • CtY MS2 L25 • MH MS4 L5 • NBuU MS3 L5 • OCX MS2 L6 C160 D30

BUNNER, Henry Cuyler (1855-1896) • CCamarSJ L1 • CSmH MS18 L11 • CtNlC MS1 D1 M • CtY L13 C1 • DFo MS1 L6 • ICHi MS1 • InU L3 C1 • LNHT L3 • MB L1 • MH MS1 L14 C1 • MnHi MS2 L10 • MoSW MS1 • NHi L1 REF66 • NN-B MS3 L1 • NNC MS6 L86 • NNHuC L1 • NRU MS1 • NjP MS1 L54 C6 D54 • PHi L1 • PSt D7 • RPB-JH L4 D4 • TxU MS2 L2 • ViU MS6 L11

BURDETTE, Robert Jones (1844-1914) • CCC L1 • CCamarSJ MS1 • CLSU L2 • CLU L3 • CSmH REF3, 7 • CU-S L1 • CtY MS1 L7 • ICHi L6 • IU-R MS1 • IaHi J1 • IaU MS1 L30 • In L5 D1 • InLP L4 • InU L30 C2 D1 REF3 • MH MS1 L8 • MWA L1 • MeWC MS1 L2 • MnHi MS1 • MoSHi C1 • NBu L1 • NHi L5 D1 • NNC L2 • NPV L1 • OCl L1 • OClWHi L1 • PBL D1 • PHi L2 D1 • PPRF L1 • ViU MS10 L25 • WHi L1 • WvU L1

BURFORD, William (1927-   ) • CU-A L2 • CtY L6 • InU MS1 L25 C10 D3 • MoSW L5 • NBuU MS19 L2 • NbU L2 REF2 • TxU MS1

BURGESS, Frank Gelett (1866-1951) • CCamarSJ D1 • CHi 1CTN • CLSU MS2 L2 • COMC L1 C1 • CSmH MS6 L15 • CSt PR • CU 20CTN REF8 • CoU L1 • CtY L46 C2 D1 M • DLC L1 • ICN L1 • IEN L1 D2 • IU-R C2 D2 • IaU L3 • InU L4 C1 • MB L1 • MBU L1 • MH MS1 L8 C2 • MNS L12 • MWH MS1 L1 • NBuU MS2 • NIC C1 • NN-B L1 D1 • NNC MS1 L16 D1 M REF5 • NNU-F MS3 • NPV L1 • NRU L76 • NjP MS1 L1 C2 • OkU C1 • OrU L2 • PBL L1 • PMA L2 • PPC L1 • PSC L1 • PU L1 • RPB-JH MS3 • TxFTC L1 • TxU MS44 L21 C6 D4 MG2 PR • UPB L3 • ViU MS24 L47 M

BURK, John Daly (1775-1808) • DLC L3 C4 • MHi D2 • ViHi D2

BURKE, Kenneth (1897-   ) • CU MS1 L4 • CtY L92 C81 • DLC L5 • DeU MS1 L6 C1 • ICN L226 • ICarbS MS3 L145 C9 • IU-Ar L16 M • IU-R C1 D1 MG1 • IaU L1 C1 • InU L11 C3 D3 • MH L2 C1 REF2 • MnU L2 C2 • MoSW MS1 L61 D2 R • NBuU MS3 L10 • NNAL MS1 L20 C25 D1 • NNC L26 • NNFF L2 C1 • NSyU L3 • NbU L1 REF2 • OKentU L2 • PBm L1 • PSt MS6 L17 C2 REF3 • PU L25 • RPB-JH MS1 J1 L25 • TxU MS7 L12 C1 • ViW L2 • WMUW MS3 L1 • WaU

47

Burke, Kenneth (cont.)
MS10 L51 C18 PR

BURLEIGH, William Henry (1812-1871) • CtHT-W MS1 C1 • CtHi MS1 • CtY MS1 L1 • MB L1 D2 • MH L4 • N L2 • NHi L1 • NIC L1 • NRU L3 • PHC L1 • PHi L2 • RPB-JH L4

BURMAN, Ben Lucien (1895-   ) • CU L4 • DeWI MS1 L1 • KyLoU MS1 • KyU MS29 PR M • MBU 1FT • MH L1 • MnU-K L2 • NSyU L8 • PCarlD L1 • TMM L1 • TNJ MS3 PR

BURNETT, Frances (Hodgson) (1849-1924) • AzU MS2 • CCamarSJ L4 • CLSU L2 • CLU L2 • COMC MS1 • CSmH MS1 L8 • CoD MS1 • CoU L1 • CtHMTM L3 • CtHSD MS3 L11 • CtY L15 • DFo L2 • DLC L1 • ICN MS2 • IGK L2 • IU-R D3 • IaU L1 • InNhW M • InU L10 D4 • KU-S L1 • MB MS5 L1 D2 • MCR L1 • MChB L1 • MH L5 • MNS L1 • MWA L1 • MWC L1 • MiU L1 • MnHi L1 • MnM MS1 • MnU-K L1 • MoSW L1 • NEmNHi L1 • NIC L1 • NN-B MS2 L1 D1 • NNBa L6 • NNC MS1 L18 M • NNMus MS2 L2 • NNPM MS1 • NNU-F L6 D1 M • NNWH MS5 • NNWML L2 • NPV L1 • NcD L6 • NcU L2 • NcWsW MS1 • NhD L1 • NhHi L1 • NjMoHP L1 • NjP MS1 L161 C91 D257 PR • OFH L2 • PBm L1 • PHC L2 • PHi L5 • PLF L2 • PP L1 • PPT L2 • PSC L1 • PU L1 • RNR MS1 • RPB-JH L3 D2 • T D2 • TJefC L12 • TxU L10 • ViU MS14 L40 D3 M

BURNETT, William Riley (1899-   ) • CU L5 • CtY L1 • IU-R L1 C1 • NjP L3 C4 • PU L2 • TxU L1

BURNS, John Horne (1916-1953) • CU-A L1 • NNC MS1 • VtMiM L3 C4

BURRITT, Elihu (1810-1879) • CLU L1 • CSmH MS2 L6 C1 D6 • CStbS L1 • Ct MS1 L1 • CtHi MS3 L18 D1 • CtNbP MS15 J21 L44 C26 M • CtW L2 • CtY MS1 L12 M • DFo L1 • DLC L8 • ICHi MS1 L1 • ICN L1 • IU-R L1 • InU L1 • MA L1 • MB MS1 L16 C2 D10 • MH MS1 L27 • MHi L20 • MWA L14 D1 1CTN • MWiW L7 • MeB L1 • MnHi L1 • NHi L8 REF66 • NIC L2 • NN-B L1 • NNC MS1 L2 • NNPM L4 • NRU L5 C2 • NSyU L14 • NbU L1 • NcD L2 • NhD L1 • NjGbS C1 • OClWHi L1 • OMC L1 • OO L2 • PCarlD L1 • PHC L4 • PHi L12 • PSC L1 • PSC-Hi L57 C1 3CTN REF1 • ScCleU L1 • UPB L1 • ViU L3 • WHi 1CTN

BURROUGHS, Edgar Rice (1875-1950) • CTarB MS52 J10 L200000 C200000 D50 MG30000 PR R M REF7 • ICN 1CTN • IU-R D1 • IaU L2 • NNC L1 • PGC L1 • PPC L1 • ViU L4

BURROUGHS, John (1837-1921) • CCamarSJ MS2 L4 C22 • CLSM L2 C2 D4 M • CLSU L41 C1 • CLU L2 D1 • CSmH MS19 J3 L54 D2 • CSt MS1 • CoCC L2 • CoU L1 • CtHi L1 • CtY MS18 L42 C24 D4 PR • DFo L1 • DLC MS1 L25 C8 PR M • DTr L1 • DeU L4 • GEU L1 • ICHi MS1 • ICN L2 • IGK L1 • IU-R L1 • IaMc L1 • IaU L1 C1 • In D1 • InU L10 C1 D1 • KU-S L1 • KyU L11 • LNHT L1 • MA MS1 L4 • MAJ L1 • MB MS4 L4 C1 • MBU L2 C2 • MCo MS1 L2 • MH MS1 L33 • MHi L21 • MS L1 • MWA L3 • MWH MS1 • MWalB L1 • MWelC L1 D1 • MWiW MS4 L2 • MdBJ L1 • MeB L6 • MeWC MS1 L13 C2 • MiEM MS1 L2 • MiU L1 • MnHi L1 • MnM L2 MG1 • MoSHi L1 • N L1 • NAlI L1 • NBu MS1 L2 REF65 • NCH L1 • NCanHi L1 • NCooHi MS1 L8 • NEmNHi L2 • NGenoU L1 • NHi L5 REF66 • NIC L7 • NN-B MS40 L202 M • NNAL MS4 L48 C156 D8 • NNC MS4 L21 • NNMus L1 • NNPM MS4 L1 D1 • NNU-F MS28 L27 M • NNWML L6 • NPV MS1 L15 C11 • NRGE L2 • NRU L4 C1 • NcD L16 • NcU L3 • NcWsW L1 • NhD MS1 L3 • NjP MS3 L11 C6 D7 • OClWHi L1 • OFH L1 • OHi L1 • OMC L1 • OO MS1 L4 • OrU L3 • PBL L1 • PHC L1 • PHi L4 • PMA MS9 L10 • PPT MS2 • PSC L1 • PSt L7 C1 • PU MS1 L12 PR • RNR L1 • RPB-JH MS2 L3 • TxU MS16 L32 C6 D4 • UPB L2 • ViSwC L1 • ViU MS21 L194 C57 D21 • VtMiM L19 C1 D1 PR • WHi MS1 L6 • WaPS L5

BURROUGHS, William S. (1914-   ) • CU MS7 L18 C3 D4 PR M • CtU L1 • DeU D2 • IEN MS11 L17 C1 PR • InU MS3 L3 D1 • KU-S MS19 L63 C100 D2 M • MH MS1 L1 • MoSW L4 C2 D6 M • NNC MS11 L32 C306 D2 R • NNU-F L8 • OU MS5 L1 PR • PPT MS2 L6 C10 • PSt L2 • TxU MS1 L30 1CTN

BURT, Maxwell Struthers (1882-1954) • CLSU L2 • CLU L2 C2 • CSmH L6 • CStbS MS1 • CU L10 • CtY L7 C2 • DLC L1 • IU-Ar L1 • Ia-HA L1 • IaU L1 • InU L8 • MA L2 • MBU L1 • MH L19 C6 • MeWC L2 • MiU L11 C9 • MnHi L3 • NBuU MS2 L1 • NIC L1 • NNAL MS2 L22 C20 D5 • NNC L4 • NNWML L1 • NbU L2 • NcA L1 • NcD L3 • NjP 29CTN • OkU L8 C5 • PBm L1 • PHC L1 • PHi L1 C1 D1 • PPT L2 • PU MS2 L6 • TxU L13 C1 • ViFreM MS2 • ViRCU L2 •

Burt, Maxwell Struthers (cont.)
ViU MS1 L4 C1

BURT, Nathaniel (1913-   ) • NBuU MS22 L1 • NjP 17CTN • PBm
L1 • PU MS1

BURTON, Richard Eugene (1859-1940) • CLSU L47 C6 • CLU L1 •
CSmH L5 • CU L1 • CtH L1 • CtHC L7 • CtHMTM L2 • CtHSD MS4
L8 C1 M • CtY L6 • DLC MS1 L16 • ICN L4 • IGK L3 • InU L7 C1
REF3 • KyU L2 • LU-Ar L1 D3 • MA L1 • MBU L1 • MH MS1 L50
• MWA L3 • MdBJ L19 • MeWC L2 • MnU-Ar MS30 L48 M • MoSHi
L1 • NBu L2 • NBuU L4 • NCH L2 • NNC MS1 L27 • NNWML L8
• NRU L1 • NhD L3 • NjP L2 • OCl L1 • PCarlD L1 • PSt MS1 L7
D3 • PU L3 • TxU L2 • TxWB-B MS1 • UPB L1 • ViU MS2 L8

BURTON, William Evans (1804-1860) • CtY L1 • DFo L7 C1 • ICL
L2 M • InU L1 M • MB L8 D1 • MH MS1 L2 • MoSHi L2 • NHC D1
• NIC C1 • NNC MS2 L1 • NNPM L3 • OCHP L1 • PHC D1 • PHi
L3 C3 D2 • PP L1 • PU L2 • WaPS L1

BUSHNELL, Adelyn (1894-   ) • MMal MS1 L2

BUSHNELL, Horace (1802-1876) • CtH L1 • CtHC L2 D2 • CtHSD
L4 D1 • CtHi MS1 L13 C1 D1 • CtLHi D1 • CtW L1 • CtY MS5 L60
• MB L1 • MH L17 D1 • MHi L2 • MNF L1 • MS L1 • MWA L2 •
MWiW L1 • MdBJ MS2 L16 C1 • MoSW L1 • NHi L3 • NIC L2 • NNC
L1 D2 • NNPM L1 • NRU L7 • NcD L1 • NhHi L1 • NjMD L1 • NjP
L5 • RPB-JH L1 • TxGR L1

BUTLER, Ellis Parker (1869-1937) • CCamarSJ L1 • CSmH L1 • CU
L2 • CtY L7 • DLC L16 • ICL MS1 L2 • IGK L1 • Ia-HA L3 C1 • IaU
MS1 L399 C294 D5 • InU L3 REF3 • KyU L6 C1 • LNHT L1 • MA
L21 • MH MS1 L2 • MHi L2 • MeWC L4 • NIC L8 • NNC L6 • NNPM
D1 • NNU-F L3 • NRU L1 • NcD L1 • NjP L1 • OKentU L1 • PPC
L1 • PPT L5 C1 • PU L3 • RPB-JH L2 • TxU L8 1CTN • ULA L1 •
ViU MS5 L16

BUTLER, Noble (1819-1882) • CtLHi D1 • KyLo L1 • MH L2 • NIC
C1 • NNPM D1

BUTTERWORTH, Hezekiah (1839-1905) • CLU L1 • CSmH L1 •
CU-S L3 • CtY L2 • DLC MS8 L2 • FU C1 • InNd C1 • InU L3 D15
• MB MS1 L6 • MBAt L1 • MH MS1 L40 C2 • MWA MS2 L2 • MdBJ
L1 • MiMtpT L2 • MnU-Ar L3 • NBu MS1 L1 • NNC L4 • NcD L15

● NhD L1 ● NhHi L8 ● NjP MS1 ● PSt L5 ● RPB-JH L1 ● TxU L10 ● ViU MS1 L6 C1

BUXBAUM, Katherine (1885-   ) ● IaWa MS1 ● NbU L1 REF2

BYLES, Mather (1707-1788) ● CtHi C1 ● CtY J1 C1 D1 ● DLC C1 ● MB L1 D5 ● MH MS2 L2 C1 D2 ● MHi 1FT ● MiU-C D1 ● NhD L1 ● PHi L2 D1 ● PPRF D1 ● RPB-JH MS25 C1 D1

BYNNER, Edwin Lassetter (1842-1893) ● DLC L7 ● MH L20 ● MHi L1 ● MWA L4 ● NNC L2 ● NjP L3 ● RPB-JH L1 ● UPB L1 ● ViU MS10 L5 C3 REF101

BYNNER, Witter (1881-1968) ● ArU L6 C5 ● CCFB L2 C2 ● CLO L1 ● CLSU L9 D1 ● CLU MS5 L75 ● COMC MS5 L192 C6 ● CSf MS1 L5 ● CSmH MS2 L29 C1 ● CSt MS2 L13 C13 ● CU 1CTN REF8 ● CoU MS1 L21 M ● CtU MS1 ● CtY MS19 L198 C14 PR ● DLC MS5 L4 ● DTr L1 ● DeU L13 ● ICN L48 ● ICarbS MS2 ● IEN L1 ● IGK MS2 ● IU-Ar L1 ● IU-R L25 C2 ● IaU MS1 L17 ● InNd C1 ● InU MS1 L45 C3 D1 ● KU-S L1 ● KyBgW D2 ● KyLoU L1 ● KyU L8 ● LU-Ar L1 ● MA L6 ● MB L4 ● MBU L4 ● MCR L4 ● MH MS6 L73 C108 PR ● MNS L5 ● MWH L4 ● MWelC L2 ● MeWC MS2 L3 ● MiU L22 C8 ● MoSHi L3 C14 ● MoSW L61 C23 ● NBuU MS4 L7 ● NCH L1 ● NN-B MS1 L11 ● NNAL MS5 L20 M ● NNC L51 ● NNFF D1 ● NNU-F MS3 L8 D1 ● NNWH L5 C2 ● NNWML L17 ● NPV L3 ● NSyU L5 ● NcA L1 ● NcD L4 ● NhD MS3 L8 D1 ● NjP MS1 L23 C10 ● OkU L3 ● OrU L2 ● P L2 ● PSt L5 ● PU L14 ● RPB-JH MS6 L85 C33 M ● TMM L3 ● TNJ L18 ● TxFTC L1 ● TxU MS62 L340 C74 D3 MG4 ● ViU MS13 L70 C5 PR M ● ViW L1 ● VtU L19 ● WGr MS2 L1 ● WHi L2 C2 D1 ● WMUW MS3 ● WaU L3 C1 ● WyU-Ar L1

BYRD, William (1674-1744) ● CSmH MS1 J2 L1 D16 ● DLC J1 D1 ● KU-S MS1 ● MB D2 ● NHi D1 ● Nc-Ar L1 ● NcD L1 ● NcU MS1 J1 REF2 ● NjMoHP L2 ● PHi L4 D2 ● PPAmP J2 ● PPL MG10 ● ViHi MS13 J2 L127 C10 D38 M ● ViW L1 ● ViWC MS3 L17

CABELL, James Branch (1879-1958) ● CCamarSJ L1 ● CLU L1 ● CSmH L1 ● CSt L1 ● CStbS L2 ● CU L1 ● CtY MS10 L602 C244 D4 PR M ● DLC MS4 L3 D1 PR M ● DeU L10 ● FU MS1 L47 C7 ● GEU L4 ● ICL L4 ● ICN L1 ● ICarbS L10 C1 D10 ● IGK MS1 L35 D4 ● IU-Ar MS1 ● IU-R L1 ● IaU L2 ● InGrD L1 ● InGrD-Ar L1 ● InU L40 C1 D1 REF3 ● KU-S L1 ● KyBgW L1 ● KyLoU L1 ● MBU L7 ● MH L20 ●

Cabell, James Branch (cont.)

MNS L2 • MWalB L1 • MiU L6 C1 • MiU-C L2 • MnU-Ar L3 • NB L26 • NBuU L3 • NHemH L1 • NIC L69 C1 • NN-B MS2 L3 • NNC L52 M • NNU-F L7 • NRU L1 • NSyU L2 • NcD MS1 L14 • NhD MS1 L3 • NjP MS1 L3 C3 • OClWHi L3 • ODaU L1 • OU L1 D3 • OkU C1 • PBL D1 • PP MS1 L21 • PPT L6 C1 • PPiU L1 • PSt L1 D1 • PU MS1 L206 • RPB-JH L3 C2 • TxU MS9 L186 C65 D24 PR • ViHi MS2 L10 D2 M • ViLxW L4 • ViRCU MS225 L127 C150 D150 MG5 M • ViU 12FT REF7, REF100 • ViW MS1 L14 C1 M • VtU L1 • WyU-Ar L1

CABLE, George Washington (1844-1925) • CCamarSJ L2 • CLSU L3 • CLU L1 • CSmH L14 C1 • CSt L1 • CoCC L1 • CtHT-W L2 • CtHi L1 • CtW L1 • CtY MS5 L62 C1 D3 • DLC MS1 L25 • DeU L2 • GEU L3 • ICN L6 REF1 • IGK L2 • IU-Ar L2 • IU-R L7 • IaU L1 • InU L15 • KyBB L31 D1 • KyU L3 • LNHT MS14 J17 L1779 C16973 D50 PR M • LU-Ar L12 D5 • MA MS1 L1 • MAJ L1 • MB MS1 L2 D1 • MCR L1 • MChB MS1 L2 • MH MS5 L102 C3 • MHi L9 • MNF L3 • MNS L4 C1 • MNS-S L7 • MS L1 • MWA L3 • MWH L1 • MWelC L3 D1 • MdBE L2 • MdBJ L14 C1 D5 • MeB L1 • MeWC L3 • MiMtpT L1 • MiU MS2 L1 • MnM L1 • N L2 • NBu MS2 L1 REF65 • NCH L1 • NHi L1 REF66 • NIC L2 • NN-B MS20 L190 D25 • NNAL MS3 L56 C30 M • NNC MS5 L298 D2 PR M • NNPM L2 • NNU-F MS1 L12 M • NPV L1 • NRM L1 • NRU L1 • NcD MS1 L43 • NcWsW L1 • NhD L1 • NjMoHP L1 • NjP L607 C232 D299 • OAU L1 • OCl L1 • OFH MS1 L7 • OMC L1 • OO L1 • OOxM L1 • PBL L1 • PCarlD L1 • PHC L1 • PHi L8 • PPC L2 • PPT L1 • PSC L1 • PSC-Hi L1 • PSt L9 D3 • PU L12 • RP L1 • RPB-JH L3 D3 • T L32 • TNF MS28 C11 D1 • TxGR L2 • TxU MS1 L9 C1 D2 • UPB L2 M • ViHi D1 • ViU MS12 L84 M • VtMiM L5 C2 • WHi L1 • WvU L2

CAHAN, Abraham (1860-1951) • CLSU L2 • CSmH L1 • ICN L1 • InU L4 • MH L11 • MWalA L12 • MiEM L1 • NNC L2 • NNYI L154 C6 • NcD L1 • NjP C2

CAHOON, Herbert (1918-   ) • CU-A L1 • CtY L20 • IU-R L1 • MA MS1 L18 • MH L1 • NBuU MS1 L28 • TxU MS2

CAIN, James Mallahan (1892-   ) • CLU MS1 L2 C1 • CU L1 • CtY L3 C3 • DLC L28 C35 3CTN • KyU MS1 • LU-Ar L11 C13 D3 • MBU

52

L1 • MH L5 • MdU MS1 L8 • MiU-C L1 • MnU-Rb MG1 • NIC L2
• NNC L9 • PBm L2 • PHC L1 • PU L1 • TxU MS1 L2

CALDWELL, Erskine (1903-   ) • ArU L5 • CLSU L3 • CLU L1
• CU L11 D1 • CU-A L1 • CtY MS1 L17 C4 D3 PR • DLC MS2 L14
PR • DeU MS7 L49 • GAHi L1 • GEU L34 REF2 • ICL L1 • ICN L1
• ICarbS L4 C1 • IEN L1 • IU-Ar MS1 L1 M • IU-R D1 • IaU L2 •
MBU L5 • MH L145 • MeWC MS23 L8 C2 • MnHi L1 • MnU-K L1
• NIC L1 • NN-B D1 • NNAL L5 C11 D1 • NNC MS1 L784 D50 •
NNU-F MS21 L2 • NRU L1 • NSyU 13CTN REF1 • NhD 49FT PR
M REF4, 7 • NjP L64 C73 D41 • OkTU MS1 • OkU L11 C9 M • OrU
L2 M • PPT MS1 L1 • PSt L3 • PU L30 • TMM L1 • TxHR L1 • TxU
MS6 L3 • ViBlbV MS3 PR • ViU MS1 L33 C6 D1 PR M • VtU L1 •
WHi L2 C2

CALDWELL, James Ralston (1900-1965) • CU 2CTN REF8 • NBuU
MS1 L3 • NbU L2 C1 REF2

CALDWELL, (Janet) Taylor (1900-   ) • FU MS10 • MWalA L5
• NBu MS2 • NBuHi MS1 PR • NjP L36 C36 D14 • PSt L7 • TxU
L3 C1

CALEF, Robert (1648-1719) • MB D2 • MHi D3 • MWA D1

CALHOUN, Frances Lewis (Boyd) (1867-1909) • IU-R D1 • ViLRM
MS1

CALHOUN, John Caldwell (1782-1850) • A-Ar L17 C4 D1 • CLU L4
• CSmH L20 C6 D13 • CSt D2 • CU L1 • CtHi L1 C9 • CtLHi C1 D6
• CtY L51 C14 D2 • DLC MS1 L284 C220 D60 REF4 • DeGE C1 • GAHi
L2 • GEU C2 D1 • GHi L1 C1 D1 • GU L13 • ICHi L32 C2 D4 • ICN
D3 • IGK L3 D1 • IU-HS L10 C14 • In L3 D1 • InHi L5 C6 • InNd-Ar
L5 C1 D14 • InU L15 C3 D4 • KyBgW D1 • KyLoF C3 • KyU L3 C1
D1 • LNHT C1 • MB L10 C6 D5 • MBU L6 C1 D1 • MH MS1 L14 C111
D4 • MHi L61 D26 • MS L1 • MWA L4 • MWelC L1 • MWiW-C L2
• MdBE L6 • MdBJ L3 • MdHi L8 C5 D3 • MiU-C L4 C1 D1 • MnHi
L4 • MnU-Rb L1 • MoSHi L30 C35 D4 • MoSM L2 • N L2 C1 • NCH
L1 • NHi L23 C15 D12 REF66 • NHpR L2 • NIC L6 C2 • NNC L12
C9 D1 • NNPM L23 D1 • NNebgWM L4 • NPV L1 • NRU L1 • NRom
D1 • NWM L5 • Nc-Ar L2 D4 • NcD MS1 L110 D1 • NcU MS1 L25
C2 • NhD L1 D23 • NhHi L6 D22 • NjMoHP L17 C2 • NjP L56 C2
• OCHP L4 C1 • OClWHi L6 C1 D1 • OFH L3 C1 • OOxM L2 • PCarlD

Calhoun, John Caldwell (cont.)

L1 ● PHC L6 D1 ● PHi J1 L59 C44 D5 ● PP L1 C2 ● PPAmP L4 C1 D1 ● PPL L5 D14 ● PU L8 ● RHi L1 C1 ● RNR L1 ● RPB-JH L2 D5 ● ScC L22 D2 ● ScCleU 4FT ● ScHi L10 C1 D2 M ● ScU 30CTN ● T L50 D10 ● TxE L1 ● TxGR L1 ● TxU L1 ● ViHi L8 C1 D11 M ● ViU L6 C20 ● ViW L3 C1 ● VtHi D4 ● WHi L5 D2

CALISHER, Hortense (1911-   ) ● IaU MS1 L1 ● MBU L1 ● MoSW L4 ● NNFF MS1 ● PSt MS1 ● WaU L2

CALKINS, (Clinch) Marion (1898?-1968) ● InU L1 ● MnU-SW MS10 L80 C80 D3 ● NBuU MS6 L1 ● NjP L1 ● OU L2 ● TMM L1 ● WGr D1

CALLENDER, John (1706-1748) ● CtY MS2 ● MB L6 ● MBNEH L1 ● MHi L4 ● PHi L2 D2 ● RHi C1 D1

CALVERT, George Henry (1803-1889) ● CLU L1 ● CSmH L2 ● CtY L6 ● MB L1 ● MH L16 ● MHi MS1 L3 ● MdBE L5 ● MdBJ L9 ● MdHi L1 C5 D2 ● MeB L1 ● NIC L1 ● NN-B L1 ● NNC L32 M ● NcD L5 ● PHi L3 D1 ● RNR MS1 L2 ● RPB-JH L106 ● TxU MS1

CALVERTON, Victor Francis (1900-1940) ● CU L2 ● CU-A L1 ● CtY L1 ● DHU M ● DeU L4 ● ICN L34 ● IU-Ar L2 C1 ● IU-R L9 C3 ● InNd L1 ● InU L20 C3 D3 REF3 ● KPT MG1 ● KyU L156 ● MBU L3 ● MH L20 C4 REF2 ● NIC L6 ● NN-B L1 ● NNC L15 ● NSyU L29 ● NjP MS8 L215 C213 D27 ● OkU L6 C1 ● PU L168 ● TxU L28

CAMPBELL, Anne (1888-   ) ● MH L2 ● MiU L2 ● PPC L1

CAMPBELL, Bartley Theodore (1843-1888) ● DFo L17 ● InU M ● MH L5 ● NNC L1 ● NNWH L3 ● PHi L4 ● PU MS1

CAMPBELL, James Edwin (1867-1895) ● KyRE MS1 ● PHi L3 C2

CAMPBELL, Marie (1907-   ) ● GAHi L1 ● KyLoU MS1 ● KyU MS6 L2 C333 ● OMC L1

CAMPBELL, Walter Stanley (1887-1957) ● ArU L4 C7 ● CSmH L20 ● CU L4 ● DLC MS1 PR ● ICN L1 ● IGK L1 ● NcU L1 ● OkU MS62 L180 C140 D3 248CTN M REF7 ● PU L1 ● TxU L1 C1

CAMPBELL, William Edward March (1894-1954) ● CtY MS1 L13 C2 ● DeU MS3 L19 ● IU-Ar L2 MG1 M ● InGrD-Ar L4 ● InNd L32 C24 ● NSyU L4 ● NjP L3 C7

CANBY, Henry Seidel (1878-1961) ● ArU L4 ● CLSU L4 ● CSmH L31 C2 ● CSt MS1 L3 REF2 ● CU L3 ● CoU L1 ● CtW L3 ● CtY MS16 L41

C500 REF7 • DLC L2 • ICN L24 • ICarbS L1 • IEN L5 • IGK L2 • IU-Ar L26 C10 • IU-R L10 C2 D1 • IaU L3 • InU MS1 L8 • KyBgW L3 C3 • KyU L4 • LNHT L2 • MA L28 • MAJ L1 • MB L2 • MBU L2 • MCR L2 • MCo L4 • MH L87 C82 • MH-BA L86 • MNS L2 • MeWC L4 • MiU L21 C24 D2 • MiU-H L8 • MnHi L1 • MoCgS L1 • MoSHi L7 • NHpR L1 • NIC L5 C3 • NN-B L1 • NNAL L150 C300 D9 • NNC MS6 L157 C1 M • NPV L14 • NRU C1 • NSbSU L1 • NbU L1 C1 • NjP L10 C11 • OCl L1 • OClWHi L1 • OkU L17 C10 M • PBm L1 • PHC L3 • PPC L1 • PPiU L8 C5 • PSt L19 • PU L202 • TxU MS3 L21 C12 D6 PR • ViLRM L1 • ViU MS1 L8 C2 • VtMiM L7 C1 • VtU L9 C1 • WU-Ar MS1 • WaU L4 C2 • WyU-Ar L2

CANDEE, Helen (Churchill) (1858-1949) • UPB L1

CANE, Melville (1879-   ) • CU L50 C1 • CtY MS1 L13 C5 • DeU L2 C1 • IU-Ar L1 • InU L35 C20 • MH L17 C2 • NBuU MS4 L6 • NNC MS1001 L48 C4538 M REF1 • NSyU L3 C1 • NbU L8 C1 REF2 • OU L1 C1 • PU MS2 L10 • TxU MS2 L18 C9 D1 • ViRCU L16 C2 • ViU MS2 L4

CANFIELD, James Hulme (1847-1909) • CSmH L1 • CU L7 • CtY L10 • IU-Ar L48 C46 • KyBB L2 • MH L2 • MWiW L3 • MdBJ L13 C10 • MiU-H L3 • MnHi L1 • NIC C8 • NNC L18 • NRU L1 • RPB-JH L5 C245 • VtHi L233 C11 D21 M

CANTWELL, Robert Emmett (1908-   ) • CU L1 • CU-A L1 • CtY L1 C6 • DeU L2 M • ICN L17 • InU L1 • MBU L1 • MH L1 • NNC L4 • NSyU L4 • OkU L2 C3 • OrU MS41 C218 PR M • PU L9 • TxU C1

CAPOTE, Truman (1924-   ) • DLC 5CTN • FU MS1 • MBU MS1 L7 D1 • MoSW L9 • NNAL MS1 L3 C12 D2 • NNC MS7 L102 D6 • NbU L1 REF2 • TxU MS1 L4 • ViU L1

CAREY, Henry Charles (1793-1879) • CLU L1 • CSmH L120 C1 D3 • CtHi L1 • CtY L85 • DLC L14 C1 • DeGE L3 • ICL L1 • InU L10 C1 • MB L28 C1 • MH L5 C1 • MHi L35 • MS L1 • MdBE L10 • MdHi L3 • MeWC L1 • NHi L5 C3 • NIC L1 • NN-B L1 • NNC L4 C1 • NNPM L3 D1 • NRU L10 • NcD L4 • NjMoHP L2 • NjP L1 • OCHP L1 • OMC C1 • PCarlD L3 C1 • PHi 23CTN • PPT L1 • PU L9 • RPB-JH L2 • TxU MS1 • ViU L2 • WHi L2 C2

CAREY, Mathew (1760-1839) • CLU L1 • CSmH L4 C1 • CtHi L18

Carey, Mathew (cont.)

C12 • CtLHi L3 • CtW L1 • CtY L12 C5 • DLC L46 C53 • DeGE L11 C3 • DeU L1 • ICHi L4 • InU L1 C2 • MB L4 C7 D1 • MH MS1 L8 C8 • MHi L58 • MWA L41 1CTN 8.5FT • MWiW L1 • MdBE L1 • MdHi L1 D1 • MiU-C L5 C130 D2 • NAII L2 • NCH L2 • NHi L25 C7 D1 REF66 • NIC L4 • NNC MS4 L22 C13 • NNPM L1 D1 • NNU-F L2 • NPV L1 • NSyU L6 • NcD L6 C1 • NhD D3 • NhHi L2 • NjMoHP L5 • NjP L2 C2 • PCarlD C3 • PHC L8 • PHi 13CTN • PP L2 C1 • PPAmP L4 C6 D10 • PPC C5 • PPL L4 C83 D28 • PPRF L4 C1 • PSC L1 • PSC-Hi L1 • PSt L6 D3 • PU J1 L1 D1 • RP L2 • RPB-JH L1 • ScU C3 • TxU L1 • ViU L55 C12 D1 • ViW L4 • WHi L2 D1 MG2

CARHART, Arthur Hawthorne (1892-   ) • CSmH L18 • CSt C2 • CoD MS3 PR R • IaU MS5 L90 C54 D1 • NNFF L9 C5 • PU L1

CARLETON, William McKendree (1845-1912) • CCC L1 • CLU L1 • CSmH MS1 • CU-S L1 • CoCC L1 • CtY MS1 L5 D2 • DFo L1 • ICHi MS2 • IGK L1 • IaDmE L1 • In L11 • InNd L1 • InU L2 C1 • MChB L2 • MH L4 • MNS L1 • MWA L2 • MWH L1 • MeB MS1 L1 • MoSHi MS1 • NBu MS1 L1 REF65 • NNC MS1 L5 • NNMus L1 • NNPM MS1 L1 • NNU-F L2 • NNWML L2 • NRU MS1 C1 • NjMoHP L1 • OClWHi L2 D1 • PBL L1 • PHi L3 D2 • PP L1 • PPRF L1 • TxU MS2 • ViU MS5 L13 C1

CARLSON, Natalie Savage (1906-   ) • MnU-K MS10 L16 C5 PR

CARMER, Carl Lamson (1893-   ) • CU L1 • CtY L18 C9 D1 M • LNHT L1 D1 • MBU L6 • MH L5 C1 • MiU L9 C12 D2 • MnU-K L2 • NBu L1 • NBuU MS1 L8 • NCH C5 • NCooHi MS60 L504 C1370 PR M • NHpR L1 • NIC L5 • NNC L70 • NSyU L2 • NjP L3 C3 D1 • OkU L1 C3 • PPiU L4 C5 • PSt MS1 L2 • PU L2 • RPB-JH L1 • TxU L6 C1 • VtMiM L6 C7 • VtU L1 • WHi L2 C2

CARPENTER, Stephen Cullen (?-1820) • MHi L1

CARROLL, Archer Latrobe (1894-   ) • NcGU MS28 7CTN M REF5

CARROLL, Paul (1927-   ) • CLU L14 • CU L2 • CU-S MS7 L31 C1 • CtU L6 • CtY MS1 L10 C15 • DLC L5 • IEN MS1 L3 PR • IU-Ar MS2 L5 C1 • InU MS4 L10 C3 • KU-S MS1 L6 • MoSW MS8 L64 D5 • NBuU R • NNC L2 • NNU-F MS3 L33 • NbU L2 REF2 • PPiI L1

CARROLL, Ruth (Robinson) (1899-   ) • NPV MS1 • NcGU

MS28 L2 C2 7CTN M REF5

CARROLL, Ruth (Robinson) (1899-   ) and Archer L. Carroll (1894-   ) • NcA MS2 L1 • OrU MS9 L40 C40 M

CARRUTH, Hayden (1921-   ) • ArU L2 • CSmH L5 • ICN L3 D5 • IaU L3 • InU MS2 L100 C30 D10 • KyLoB-M L6 • LNHT L1 • MBU L1 • MH MS1 L5 C2 REF2 • MnU L5 • MoSW L9 C4 • NBuU MS2 L6 • NN-B L2 • NNU-F MS1 L33 M • NNWML L3 • NcD L4 • NvU MS1 L3 C1 • OKentU MS1 L2 • PSt MS1 • RPB-JH L2 • RU L6 • ViRCU L2 • ViU L17 C10 • VtU L11 C11 D5 M

CARRYL, Charles Edward (1842-1920) • CtY L1 • DFo L4 C1 • DLC L4 • NNC L14 • NjP C10 • OMC C1 • RPB-JH L1

CARRYL, Guy Wetmore (1873-1904) • CSmH L1 • CtY L1 • DLC L1 D1 • ICN L1 • MH MS1 L2 • MStoc MS1 • NNC L1 D2 • NNPM L1 • NjP MS1 L12 PR • PHi L1 • PSC L1 • TxU L1 • ViU L3

CARSON, Rachel Louise (1907-1964) • CoU L1 • CtY 42CTN REF7 • DLC L1 • InNd L1 • MBU L70 • MdBJ L10 • MeU L1 • NGenoU L1 • NNC MS2 L19 • PBm L1 • PHC L1 • TxU L1 PR • VtMiM L1 C1 • WU L1

CARTER, Hodding (1907-1972) • ArU L4 • CU L1 • DLC L2 • GEU L3 C1 • IU-Ar R • InGrD-Ar L1 R • InNd L1 • LU-Ar C2 D11 • MBU L11 • MH L17 C15 • Ms-Ar MS6 • MsU M • NcD L5

CARTER, Robert (1819-1879) • CSmH C1 • CtHi L2 • CtY C1 • InU C1 • MB C3 • MH L149 C2 • MHi L11 • MeB L2 • NN-B L1 • NNC L9 • NRU L15 C1 • NcD L2 • PSC-Hi C3 • TxU C7

CARUTHERS, William Alexander (1802-1846) • CSmH L5 • GHi L2 • NcD L8 • NcU L7 C1 • ViW L7 C2

CARVER, Jonathan (1710-1780) • CSmH D3 • CtY L1 • ICN D1 • MH D1 • MHi L2 D6 • MnHi D1 • OrHi D6 • PHi D2 • PPAmP D1 • WHi D13 R

CARY, Alice (1820-1871) • CCamarSJ L1 • CSmH MS3 L19 • CtY MS1 L4 D1 • DLC L6 • ICHi L1 • ICL MS1 • IGK L2 D1 • MB MS6 L9 C4 D2 • MBU L1 • MCR L2 M • MH MS1 L3 • MHi L1 • MWelC L1 • MoSW L1 • N L1 • NBu L1 • NHi L1 C1 • NN-B L3 • NNC L1 • NNPM L1 • NNU-F L2 • NPV L3 • NcD MS1 L1 • NjMoHP L4 • OC L4 • OCHP MS2 L5 • OOxM L1 • PHC L1 • PHi MS4 L7 D2 • PSC-Hi MS1 D1 • RPB-JH MS1 L1 • ViU MS5 L17 M

57

CARY, Phoebe (1824-1871) ● AzTeS MS1 L1 ● CCamarSJ L1 ● CSmH MS2 L1 D2 ● CtY MS2 L1 ● MB MS3 L4 D1 ● MBC L1 ● MCR L2 M ● MH L2 PR ● MHi L1 ● NBu L1 REF65 ● NCaS L1 ● NIC L1 ● NN-B MS2 L1 ● NNPM MS1 ● NNU-F MS1 L1 M ● NPV MS1 L1 ● NcD L2 ● NhD L2 ● NjMoHP L1 ● OC L1 ● OCHP MS1 L3 ● PHC L1 D1 ● PHi MS1 L3 D2 ● PSC-Hi D1 ● RPB-JH L3 ● ViU MS4 L23 C1 M

CASSILL, Ronald Verlin (1919-   ) ● IU-Ar MS1 L11 D5 PR ● MBU 4FT PR M REF1 ● MiU L8 C10 ● MoSW L6 C1 D1 ● NNFF L2 C2 D1

CATHER, Willa Sibert (1873-1947) ● ArU L1 ● CCamarSJ L1 D2 ● CLSU L2 ● CSmH L183 REF2 ● CSt L2 REF2 ● CU L1 ● CtHi L1 ● CtW L1 ● CtY MS1 L52 C2 D4 ● DGU L2 ● ICHi L1 ● ICN L105 ● IGK L1 ● IU-Ar D1 ● InNd L5 ● InU MS1 L24 C3 D4 ● KyU L1 ● LNL L1 ● MA L12 ● MB L8 ● MBAt L1 ● MCR M ● MH MS1 L26 ● MNS L1 ● MNS-S L1 ● MWA L1 ● MWH L8 ● MWelC L2 ● MeWC MS1 L12 REF59 ● MiU L2 C6 D2 ● MiU-H L4 C1 ● NBiSU L1 ● NBu L1 ● NN-B MS1 L3 D1 ● NNAL L7 ● NNBa L2 ● NNC L38 M ● NNPM L127 ● NbHi L1 C2 M ● NbRcW L200 R ● NbU L13 C1 D1 R M ● NcD MS1 L5 ● NcU L1 ● NhD L2 ● NhExP L1 ● NjP MS2 L6 C8 D5 ● OClWHi L3 ● OKentU L2 ● OrU PR ● PBm L4 ● PMA L9 C1 ● PPiCI L2 ● PSt L3 C2 ● PU L3 ● RPB-JH L4 ● TxU L4 D4 ● ViBlbV L1 D2 ● ViRU L2 ● ViSwC L1 ● ViU MS1 L99 C4 PR M ● VtMiM L7 C1 ● VtU L79 MG1 M

CATHERWOOD, Mary (Hartwell) (1847-1902) ● CLSU L4 ● CtY L1 ● ICHi MS1 ● ICN MS22 J4 L41 C10 REF1 ● IGK L4 ● IHo L1 ● IU-R L1 D4 ● Ia-HA L1 ● In L2 D2 ● InNhW L1 M ● KU-S MS1 ● MB L1 ● MH L5 ● MHi L1 ● MeWC L2 ● MoHi L1 ● NNBa L2 ● NNC L1 D1 ● NhD L1 ● OFH L1 ● PHi L2 ● PSt L2 D2 ● TxU L2 ● UPB L1 ● ViU L5

CATLIN, George (1796-1872) ● CLU L2 ● CSmH REF1 ● CU D2 ● CtHi D1 ● CtLHi MS1 L2 D1 ● CtY MS4 L4 D1 PR ● DLC Li ● ICN L5 D1 REF5 ● IGK L1 ● IaDmE D1 ● InHi D4 ● InU L1 ● KU-S L1 D5 ● MB L2 ● MH L1 D1 ● MHi L2 ● MWA L1 ● MoSHi L3 D2 MG1 M ● N MS1 L1 ● NHi L10 D3 REF66 ● NIC C1 ● NN-B L1 ● NNC L1 ● NRU L2 C1 ● NjMoHP L3 ● OMC L1 ● OkTG MS3 L78 C16 ● RNR L1 ● RPB-JH L2 D2 ● WHi D1

CAWEIN, Madison Julius (1865-1914) ● CLSU L5 C5 ● CLU MS2 ●

CSmH MS2 L4 C1 • CU L2 • CtY MS1 L1 • DLC MS2 L3 C1 • FU L4 • ICL L1 M • ICN MS1 L3 • ICarbS L11 • IGK L1 • IU-R L12 D7 • IaU L1 C1 • In D1 • InRE L3 • InU L100 C65 REF3 • KyBgW L7 • KyHi MS1 L1 • KyLo MS1 MG20 • KyLoF MS25 J1 L10 C13 • KyLoU MS1 L5 C1 • KyRE L16 • KyU L23 • MH L23 C30 • MHi L1 • MNS L1 • MWA L1 • MWH L4 • MeWC L1 C1 • MiU MS2 L4 • NBu L1 • NCH L28 C1 • NN-B MS6 L48 C8 D1 PR • NNAL MS14 L8 • NNC L5 C1 • NNPM MS1 L1 • NNWML L6 • NRU C1 • NcD L14 • NhD L1 C1 • NjP L2 C1 D1 • OU L1 • PHi L2 C2 D1 • RPB-JH L3 • TxU L24 • ViU MS6 L22 • VtU L1 • WHi MS1 • WaBe L1 • WvU MS1 L9

CERF, Bennett (1898-1971) • CLU L2 • CSf L2 • CSmH L39 C21 D10 • CSt L1 • CU L25 • CtY L124 C23 • DLC L4 • ICN L2 • ICarbS L4 C1 • IGK L17 • IU-Ar L2 C2 R • IU-R L7 C1 • IaU L3 • InNd L2 • InU L45 C7 • KyBgW L1 • KyLoB-M L1 • KyLoU L2 • KyU L2 • MA L3 • MB L1 D2 • MBU L30 • MH L17 C10 PR • MWC L4 • MnU L9 C14 • MnU-K L3 C1 • NBu L1 • NIC L4 C1 • NN-B L1 C1 • NNC MS4 L10005 C20004 • NNWML L1 • NSbSU L1 • NSyU L5 C2 D1 R • NcA L1 • NjN L3 L4 • NjP L22 C9 D1 • OCl L1 • OkU L3 C3 • PBm L1 • PP L1 • PPT L2 • PSt L1 • PU L51 • RPB-JH L1 • TMM L1 • TxFTC L1 • TxU L27 C4 • ViU L3 • VtU L2 • WHi L5 C5 R • WaU L4

CHALKLEY, Thomas (1675-1741) • CSmH L1 • PHi MS1 L3 C7 D5 • PSC-Hi L1 D1

CHAMBERS, Robert William (1865-1933) • AzU MS1 • CCamarSJ L1 • CLSU L1 • CLU L4 • CSmH MS4 • CSt L1 • CU L2 • CtH L1 • CtY MS12 L7 PR • DFo L9 • DLC L1 • ICN L1 REF1 • IU-R C1 D12 • IaU L1 • InU L30 D70 • MA C1 • MH MS11 • MWH L1 • N MS1 L2 • NB MS1 • NBu L1 • NCooHi L45 C225 M • NHC MS81 L2 PR • NHemH L1 • NHi L3 • NIC C5 • NN-B D1 • NNAL MS1 L5 • NNC L7 C3 • NNU-F MS5 L5 • NhD MS1 • NjP MS1 L8 • PCarlD L4 • PHi L5 C1 • PPT L2 • PSt L8 C1 • PU MS1 L8 • TxU L1 • UPB MS1 L1 • ViU MS25 L19

CHANDLER, Elizabeth Margaret (1807-1834) • CtY D1 • MB MS1 D2 • MiU-H MS8 L24 C19 M

CHANDLER, Raymond (1888-1959) • CLO MS1 • CLU 12FT • CSt 1CTN • CU-S L3 • InU L3 • TxU L2

59

CHANNING, Edward Tyrrell (1790-1856) • CSmH L1 • DLC L1 •
MB L1 D1 • MBCo MS1 D1 • MH MS3 L4 C3 • MHi L34 D4 • MWA
L5 • MoSHi L1 • PHi L2 • RPB-JH C1

CHANNING, William Ellery (1780-1842) • CCamarSJ L1 • CLU L2
• CSmH L3 D3 • CtHi C1 • CtW L2 • CtY L5 • DLC L3 D1 • ICL L1
• IaDmE L1 • InNd-Ar L3 D2 • KLeS M • KyBB L1 • KyU L1 • MB
MS8 L10 C1 D62 • MBNEH L1 • MH MS10 L72 C126 • MHi L60 •
MiU-C L4 • N L2 D3 • NBu C1 • NHi L9 D2 REF66 • NIC MS1 L3
• NNC L3 C18 D1 • NNPM MS2 L32 D2 • NNS L7 • NRU L2 • NcD
MS3 L1 • NhD L10 D13 • NhHi L1 • NjMD L2 • NjMoHP L1 • NjP
L4 • OCHP L1 • OMC L1 • OU MS1 L2 • PHC L2 • PHi L11 C1 • PP
L1 • PPAmP L11 D1 • PSC-Hi L1 D1 • PSt L2 • RHi L52 • RPB-JH
MS1 L2 D1 • TxU L1 • UPB L2 • ViU L7 C1 M

CHANNING, William Ellery (1818-1901) • CSmH MS3 L2 • DFo J1
• MB L4 D1 • MBSpnea REF2 • MCo MS4 L94 C1 REF4 • MH MS12
L20 D1 • MHi L2 • MPlPS REF56 • MWA L1 • MdHi L1 D1 • MiU-C
L1 • MnM L1 • NBu MS4 REF65 • NHi MS1 • NIC L1 • NN-B L3 •
NNPM MS4 L3 D2 • NSyU L5 • OC L1 • RHi L2 • RPB-JH L5 C1 D2
• TxU MS1 L3 • ViU MS3 L3 D25 • VtHi D1 • VtMiM L2 C1 D1

CHANNING, William Henry (1810-1884) • CSdS L1 • CSmH L11 •
CtY L3 • ICN MG1 • InNd-Ar L2 D8 • MB L10 C1 D19 • MBCo L20
C1 D1 • MCR L1 • MChB L2 • MH L106 C13 D1 • MHi L35 • MWA
L2 • MWHi L1 • MdBJ MS1 • MiMtpT L1 • MiU MG1 • MnHi L2 •
NHi MS1 L1 REF66 • NN-B MS1 • NNC L6 • NNPM L1 D3 • NRU
L2 • NhD L10 • NjMoHP L1 • NjP L1 • OCHP L7 • OFH L1 • PCarlD
L1 • PHC L1 • PHi L1 • PSC-Hi L1 • RHi L1 C1 • RNR L2 • RPB-JH
D1 • ViU L1 • VtMiM L1

CHAPLIN, Ralph (1887-1961) • CoU L1 • ICN L1 • IU-R L5 • InU
L15 • MiU MS25 J1 L32 C90 D8 • NN-B L1 • WaHi REF118 • WaU
L16

CHAPMAN, John Jay (1862-1933) • CLSU L4 • CSmH L58 C39 D12
• CStbS L1 • CtY MS2 L75 D1 • DLC L3 C1 • IU-Ar L1 • IaU L1 •
InU L1 • MA MS1 • MH MS3 L266 C5 D8 REF1 • MH-BA L7 • MHi
L1 • MWA L1 • MWelC L3 D1 • MdBJ MS3 L100 C47 D8 • NN-B MS1
• NNC L49 • NPV L1 • NSchU L4 • NcD L1 • NjP L63 C14 D6 M •
PU L26 • TxU MS1 • ViU L3

CHASE, Mary Coyle (1907-   ) • OrU MS10 L1 C16 M • WHi L1

CHASE, Mary Ellen (1887-1973) • CCC L6 • CU L2 • CoDU MS1 • CtNlC L3 • CtY L7 C3 D1 • DLC L1 • InRE L1 • MAJ L2 • MB L5 • MBU MS4 L1 REF1 • MCR L1 • MH L4 • MNS MS3 L1 • MeB MS1 • MeU MS6 L45 M • MeWC MS46 J17 L41 C2 D1 • MiU L6 C7 D1 • MiU-H L1 C1 M • MnHi L2 • MnU MS1 C1 D1 • MnU-Ar L1 C1 D1 • NN-B L1 • NNC L321 • NNPM L1 • NNU-F L1 • NRU L2 • NSyU L1 • OCl M • OU L1 • P L1 • RNR L1 • RPB-JH L1 • TxU L1 C1 • VtMiM L5 • VtU L2 • WMM-Ar MS1 L1

CHATFIELD-TAYLOR, Hobart Chatfield (1865-1945) • CLSU L31 C3 • CLU L2 • CU L2 C1 • ICHi L7 • ICN L50 REF1 • IGK L1 • IU-R D2 • IaU L1 • InU L2 • LNHT L2 • MH L1 C1 • MiU-C L1 • NIC L1 • NNAL MS6 L25 • NNC L94 • NcD L1 • NjR L2 • PPT L5 • RPB-JH L1 • TxU L5

CHAUNCY, Charles (1705-1787) • CtY L53 C1 • DLC L1 • MB L3 D2 • MBU MS29 L5 D1 • MH L2 D1 • MHi L19 D1 • MWA MS1 L1 D1 • NcD L1 D2 • NhD L3 C2 D13 • PHi L4 D1 • PPAmP L9 C1 D1 • PU L2

CHAVEZ, Angelico Fray (1910-   ) • ArU L44 • MH MS13 L38 C23 • TMM L4 • TxU L1 C1 • WHi MS1

CHAYEFSKY, Paddy (1923-   ) • IaU MS1 • MBU MS1 L2 D1 • NNC L2 D1 • P L2 • TxU L1 • WHi 17CTN REF1, 7

CHEEVER, George Barrell (1807-1890) • CSmH L1 • CtW L2 • CtY L172 C3 D4 • DLC D1 • InU D1 • MB L5 D23 • MH L8 C1 • MHi MS1 • MNF L1 • MWA 24CTN • NHi L1 • NhD D2 • NjMD L2 • NjMoHP L1 • OFH L1 • OMC L1 • PHC L1 • PHi L13 C2 • PSt L1 • RPB-JH L3 • TxU MS1 • ViU L4

CHEEVER, John (1912-   ) • DeU L5 • ICN L48 • MH MS1 L16 • MWalB 7CTN • MiU L3 C6 • NNAL L24 C57 D4 • NNC L22 • NNFF L1 • NSyU L2 • PBm L6 • TxU L2 PR • VtMiM L4

CHENEY, David MacGregor (fl.1924-1943) • CSmH MS7 L58

CHENEY, John Vance (1848-1922) • C MS2 L3 • CLSU L3 • CLU MS1 L1 • CSmH MS1 L9 C225 • CU L5 • CU-S L1 • DLC MS617 L230 C88 D13 • ICN MS3 L12 D1 • IGK L3 • InRE L1 • LNHT MS1 L13 • MH L6 • MHi L1 • MNF MS1 • MiU MS1 • NBu MS2 L2 REF65 • NCH L4 • NNAL L6 • NNC MS1 L26 • NNWML L20 • OMC MS1

Cheney, John Vance (cont.)
● PHi L8 D1 ● PSC L1 ● RPB-JH MS1 L1 ● UPB L1 ● ViU MS2 L3 D6
● VtHi M ● WvU MS1

CHESNUTT, Charles Waddell (1858-1932) ● CtY MS1 L12 ● DHU
MS1 L4 ● DLC L39 C14 ● InRE L1 ● LNHT L38 C1 ● MH L1 ● NN-Sc
L1 D1 ● NjP D1 ● OClWHi MS11 J1 L275 C388 D1 REF4 ● OFH L1
● PSt L3 ● T L14 ● TNF MS109 J12 L358 C1141 D1 M REF1, 7 ● UPB
L1

CHESTER, George Randolph (1869-1924) ● CLSU L1 ● IU-R C1 D1
● IaU L1 ● NN-B D1 ● NNU-F L1 M ● PHi L1

CHEVALIER, Elizabeth Pickett (1896-   ) ● CU L1 ● CtY L3 C4 ●
KyU L1 ● NNBa L1

CHIDESTER, Ann (1919-   ) ● CU L1 ● CtY L8 ● FU MS1 ● MnHi
L1 ● MnU L9 ● NjP L110 C127 D83

CHILD, Francis James (1825-1896) ● CSmH L10 C1 ● CtY L133 D1
● DFo L2 ● ICN L2 ● InU L2 ● KU-S C1 ● MB L6 C8 ● MH MS4 L374
C18 D1 MG8 M ● MHi L29 D1 ● MStoc L3 ● MdBJ L33 ● MeB L1 ●
MeWC L4 ● MiU L1 ● NIC L41 ● NNC L3 ● NPV L1 ● NRU L1 ● NcD
L3 ● NhD D1 ● NjMoHP L1 ● OC L2 ● PSt L5 ● PU L4 ● ViU L15 C2
● VtU L9

CHILD, Lydia Maria (Francis) (1802-1880) ● CCC L4 ● CSmH L44
C1 ● CtY MS4 L15 C9 D2 M ● DLC MS1 L43 ● ICHi L1 ● IEN
L1 ● IGK L1 ● IU-R D7 ● InU MS2 ● LU-Ar L2 ● MB MS3 L89
C36 D86 ● MCR MS8 L266 C6 D1 M REF7 ● MH MS2 L363 C9
● MHi MS2 L78 D2 ● MNS L1 ● MNS-S L9 ● MWA L59 C2 ●
MWHi L1 ● MWalB L1 ● MWelC L4 ● MdHi C1 ● MeB MS3 ●
MeWC L2 C1 ● MiMtpT L4 ● MiU-C L20 ● MoSHi MS1 ● NBu L6
REF65 ● NHi MS1 L13 C3 REF66 ● NIC MS24 L368 C20 D4 ●
NN-B MS1 ● NNBa MS1 L2 ● NNC MS8 L32 M ● NNPM L5 C1
● NNU-F MS1 ● NPV L1 ● NSyU L13 ● NhD L9 ● NjGbS L2 ●
NjMoHP L5 ● NjP MS2 L10 C15 M ● PCarlD C1 ● PHC L3 ● PHi
L5 C2 ● PPT L1 ● PSC L1 ● PSC-Hi MS1 L7 C1 ● PU L2 ● RNR
MS2 ● RPB-JH MS1 L9 ● TxU MS1 L3 ● ViU MS6 L20

CHILD, Richard Washburn (1881-1935) ● CSmH L1 ● CU L10 REF8
● CtY MS2 L2 C1 D1 ● DLC L1 ● IaU L1 ● InU L2 ● MH L3 C3 ● MeWC
L1 ● NNC L2 ● NNU-F L1 ● NRU L1 ● OkU C1 ● PPC L1 ● RNR L1

• RPB-JH L1 C1

CHILDRESS, Alice (1920-   ) • NNFF L2 C1 D1

CHILDS, Marquis William (1903-   ) • CtY L3 • DeWI MS1 • IU-Ar R • IaU MS12 L8 C260 PR R M • InNd L22 • MBU L9 • MH L5 C2 • MiU-H L1 • MnHi L3 • NNC L2 • NNFF MS6 L17 C2 D21 • NcA L1 • PU L2 • VtU L4 C2 • WHi L10 C10 31CTN R REF1, 4, 7

CHIVERS, Thomas Holley (1809-1858) • CSmH MS21 L14 • GU MS1 L1 • InU L1 • MB L13 • MH L1 • MdBE L1 • NHi L1 • NcD MS269 L39 • RPB-JH MS3 L3 D10 • ViU MS2 L1

CHOPIN, Kate (O'Flaherty) (1851-1904) • DLC L4 • ICN L2 REF1 • LU-Ar D1 M • MH L1 • MWA L1 • MoSHi 2CTN REF2, REF62 • ViU MS1 L1 • WvU L1

CHURCH, Benjamin (1734-1776) • CSmH D1 • DLC L4 C2 • M-Ar D3 • MB D5 • MH MS2 L1 D1 • MHi L3 D10 • MWA L1 • MiU-C L1 C2 • NHi L3 • NNC L1 • PHi L3 D2 • PPRF L1 • RHi D2 • RPB-JH MS1

CHURCHILL, Winston (1871-1947) • CLSU L16 C2 • CSmH L3 • CSt L1 • CU L5 • CU-S L1 • CtY L22 C16 • DGU L1 • DLC L13 • ICN L5 REF1 • IGK L1 • IU-R L3 D1 • Ia-HA L2 C1 • IaU L1 • InU L19 • LNHT L2 • MB L1 • MH L28 C2 • MHi L7 • MWH MS1 • MeB L5 C1 • MeLB L1 • MoFuWC L9 MG6 M • MoSHi MS1 L11 • MoSW L3 D1 • NN-B D1 • NNAL L7 • NNC L55 D1 • NNU-F L9 • NcD L1 • Nh L2 • NhD MS22 L3 C7 55FT PR M REF2, 4, 7 • NhHi L50 C15 • NjMoHP L1 • NjP L13 C11 D19 • OCl L1 • ODaU L1 • OKentU L2 • OkU C1 • P L1 • PHC L1 • PHi L3 • PPT L2 • PSt L3 • RPB-JH L2 • ScCleU L1 • TxU L1 • ViU MS1 L56 • WvU L2

CHUTE, Marchette Gaylord (1909-   ) • ArU L1 • CSmH L23 • CoU L1 • ICN L3 • IaU MS3 • MBU L2 • MnU L3 C1 • MnU-Ar L5 C1 D2 • MnU-K L4 C2 • NN-B L3 • NNAL MS3 L31 C59 D1 • NNC L21 • NSyU L4 C1 • OCl L1 • RPB-JH L2 • TxFTC L1 • TxU L2

CIARDI, John (1916-   ) • CLSU L1 R • CLU L1 • CSdS L1 • CSmH L1 • CSt MG1 • CoU L2 • CtY L11 C4 • DLC 10CTN • FU L2 • ICN L8 • IEN L1 • IaU L2 • InGrD-Ar L6 R • InU MS3 L10 C3 D3 PR • KU-S L1 • KyLoB-M L2 • MAJ L1 • MBU L125 • MH L5 • MMeT MS1 L7 • MU-Ar L1 R • MeWC L1 • MiDW 8CTN • MiDW-Mi L2 • MiU L11 C19 D4 M • MiU-H L12 C2 • MiU-Ho MS1 • MnU-K L1

63

Ciardi, John (cont.)
● MoSW L18 ● NN-B L4 D1 ● NNAL MS20 L24 C22 D3 ● NNC L17
● NNFF L4 C4 D2 ● NSyU 2CTN REF1 ● NbU L1 REF2 ● NhD MS7
L4 ● OrU L7 ● PPiI L4 C4 R ● RPB-JH MS7 L75 ● TxU MS6 L9 C9
● ViSwC L2 ● ViU MS2 L1 ● VtMiM L32 C23 ● VtU L1 ● WaU MS9
L43 C30 ● WyU-Ar L4

CLAGETT, John (1916-   ) ● KyBgW MS1

CLAIRMONT, Robert (1902-   ) ● RPB-JH MS1 L6

CLAP, Roger (1609-1691) ● M-Ar D58 ● MB MS1 D1 ● MHi D12 ●
WHi D1

CLAPP, Frederick Mortimer (1879-1969) ● CSf L9 ● CU MS1 L12 D1
● CtY 6FT REF7 ● ICN L1 ● MA L84 ● MH L10 C12 ● NNC L2 ●
RPB-JH L2 ● TxU MS7 L4

CLAPP, Henry (1814-1875) ● CU-S L1 ● MB D13 ● MH L2 ● NNC
L3 ● NNPM L1

CLARK, Billy C. (1931-   ) ● KyU MS2 L16 C10 D7 PR ● NbU L1
REF2

CLARK, Charles Heber (1841-1915) ● CLU L1 ● CSmH L1 ● CU L1
● Ct L33 ● GEU L1 ● MH L1 C1 ● MWA L5 D1 ● MdBJ L1 ● UPB L1

CLARK, Dorothy (Park) (1899-   ) ● KyLo MS3 ● KyLoU MS3
● KyRE L1

CLARK, Ella Elizabeth (1896-   ) ● IU-Ar L1 ● WaPS 2FT REF1

CLARK, Lewis Gaylord (1808-1873) ● CSmH L3 ● CtHi L2 ● CtY L12
C2 ● DLC L1 ● DeGE C1 ● ICHi L1 ● IGK L2 ● IaU L3 ● KyU L1 M
● MB L6 C2 ● MH L37 C7 ● MHi L5 ● MdHi L1 ● MiU-C L1 ● N L5
● NHi L6 C2 REF66 ● NIC L1 ● NN-B MS1 ● NNC L2 ● NNPM L11
● NRU L17 C6 ● NSchU L1 ● NcD L1 ● NjP C1 ● OCHP L1 ● PHC
L3 D1 ● PHi L15 ● RNR L1 ● RPB-JH L2 ● ViU L3 ● VtHi D1

CLARK, Walter Van Tilburg (1909-1971) ● COMC L2 ● CSt 1CTN ●
CU L2 PR ● CoU L5 ● CtW MS1 L1 ● CtY L3 C2 ● DLC MS1 ● IU-Ar
L6 M ● MBU L3 ● MiU L8 C12 ● NNFF L2 C1 D2 ● NvU MS1 L1 R
● ViU MS1 L25 C1 ● VtU L4 M ● WaU L1

CLARK, Willis Gaylord (1808-1841) ● CSmH MS1 L1 ● CtHi L1 C1
● CtY L1 ● IGK L1 ● IaU L1 ● KyU C1 ● MB L2 C1 ● MH L11 C4 ●
MHi L1 ● N MS1 ● NNC L17 ● NNPM L1 ● NRU L20 ● NcD L1 ●
PCarlD L1 ● PHC L4 ● PSC-Hi L1 ● RPB-JH L2 ● ViU L1

CLARKE, James Freeman (1810-1888) • ArU L4 • CLU L1 • CSmH MS1 L36 C2 D1 • CU L1 • CtHC C1 • CtY L2 M • DGU L1 • DLC L4 • ICHi L1 • KyLoF L1 • KyU C1 • MAJ L1 • MB MS2 L34 C7 D7 • MBU L7 • MCR L8 C1 M • MChB L1 • MH REF1 • MHi MS1 L45 • MNBedf L2 • MWelC L1 D1 • MdBJ L3 • MeB MS1 L3 • MeWC MS1 C1 • MiMtpT L3 • MiU-C L2 • MoS L1 • NBu MS1 REF65 • NHemH L1 • NIC L1 • NNC L6 • NNPM L2 • NNWML L3 • NSyU L2 • NcD L1 • NhHi L6 • NjMD L2 • NjP L3 • OClWHi L1 • OFH MS1 L18 • OKentU L1 • OYesA L1 • PHC L3 • PHi L7 D1 • PPAmP L13 D1 • PSC-Hi L1 • PU L1 • RNR MS3 L3 • RPB-JH MS2 L7 D1 • UPB L1 • ViU MS4 L5

CLARKE, John (1609-1676) • Ct D1 • MHi D7 • PHi L1 • RHi L1 D1 • RPB-JH L1 • ViWC D1

CLARKE, McDonald (1798-1842) • CtY MG4 • ICHi D1 • PHi D1 • RPB-JH MS2 L3 • TxU MS1

CLASON, Isaac Starr (1789-1834) • PHi L1

CLAY, Cassius Marcellus (1810-1903) • CLU L5 • CSmH L24 D2 • CStbS L3 • CtY L10 D1 • DLC L41 C2 D4 • FU L1 • ICN L2 • ICarbS L1 • IHi L3 • IU-HS L1 • InU L1 D1 REF3 • KyBB L20 C12 D5 M • KyBgW L1 • KyRE MS4 L1 • KyU L13 C2 D36 M • MB L1 D13 • MH MS1 L11 C3 • MHi L8 • MNF L1 • MWA L3 • MdBJ L1 • MdHi L6 • MnHi L2 • MoSHi L1 • N L11 • NHi L4 D1 • NIC L8 • NNC L6 C2 • NNPM L2 • NNSII L1 • NRU L28 • NSchU L1 • NSyU L16 D1 • NhD D1 • NhHi L1 • OCHP C1 • OClWHi L2 C1 • OMC L1 • PHi L12 • PPT L2 • PSC-Hi L3 C2 • RPB-JH L7 D3 • WHi L10 R

CLEAVER, Eldridge (1935-   ) • NIC R

CLEGHORN, Sarah Norcliffe (1876-1959) • CU MS2 L10 • CtNIC MS1 • CtW L1 • CtY L5 • DeU L1 • InU L2 • MCR MS22 L1 • MH MS1 L9 C2 PR • MnU-SW L30 C30 D5 • NHemH L1 • PSC-Hi MS23 L18 C40 • ViU MS1 L6 D4 • VtHi D1 M • VtMiM MS9 L5 • VtU 23CTN REF7

CLEMENS, Olivia (Langdon) (1845-1904) • CSmH L5 D2 • CtHSD L42 • CtY L9 • LNHT L7 • LU-Ar L17 • MB L1 D1 • MH L17 • MiEM L1 • MoSHi L1 • NN-B MS1 L34 C5 D1 M • NNC D3 • NjP L1 • NjR L1 • OKentU L1

CLEMENS, Samuel Langhorne (1835-1910) • ArU L1 • AzTeS MG1

65

Clemens, Samuel Langhorne (cont.)

● CCC MS2 L7 ● CCamarSJ MS14 L23 C3 ● CG1F C1 ● CL MS1 ● CLSU L5 ● CLU L10 D4 MG1 ● COMC MS1 L2 ● CSmH MS8 L142 C7 D10 REF2 ● CSt 4CTN ● CU REF7, 8 ● CoU M ● Ct D2 ● CtH L1 ● CtHC L2 ● CtHMTM MS13 L266 C10 MG20 R M REF1, 4, 5 ● CtHSD MS1 L12 D3 M ● CtHT-W L5 C2 D1 ● CtHi L7 C1 D3 ● CtLHi D1 ● CtY MS46 L288 C17 D46 MG15 PR M ● DFo MS1 L12 D4 ● DGU MS1 D1 ● DLC MS4 L179 C15 D18 M ● GAHi M ● GEU MS1 L5 ● ICN L5 D4 MG1 REF1 ● IEN MS1 L3 ● IGK L2 ● IU-R MS1 L14 D2 M ● IaDmE L1 D1 ● IaHi L2 ● IaU L3 ● In D4 ● InLP L2 ● InNd L1 ● InU MS40 L25 C10 D25 MG1 M ● KLeS M ● KU-S MS1 ● KyLoU L8 ● LNHT L20 C2 D1 M ● LU-Ar L3 D30 ● MA MS2 L1 ● MAnP MS1 D1 ● MB L33 D2 ● MChB L2 ● MH MS4 L367 C16 D3 M ● MHi L1 ● MWA MS1 L13 M ● MWC L1 ● MWiW-C L1 ● MdBE L6 D1 ● MdBJ MS1 ● MdHi L1 ● MeWC L5 ● MiEM L1 ● MiU L2 ● MiU-H L2 ● MnHi MS1 L2 M ● MnM L1 ● MnNC-Ar D2 M ● MoCgS MS1 L6 C1 ● MoFlM MS4 L5 D4 PR R M ● MoHM L18 C1 D60 R M ● MoSHi L5 M ● MoSW MS6 L26 ● MtHi L1 ● N L1 ● NBu MS1 L4 REF65 ● NBuHi L11 M ● NCH L2 ● NElmC MS2 L9 ● NElmHi L2 M ● NGH L1 ● NHemH L2 ● NHi L4 ● NIC MS1 L12 C1 ● NN-B MS80 L560 C17 D25 PR M ● NNAL MS2 L6 D2 ● NNC MS3 L120 C5 D11 M ● NNMM M ● NNPM MS5 L18 D1 ● NNU-F MS2 L7 M ● NNWH L5 C1 ● NPV L5 ● NRU L4 D1 ● NcD MS1 L3 M ● NcU L1 ● NcWsW L4 C1 M ● NjMoHP L2 ● NjP MS2 L64 C1 D31 M ● OC L6 ● OCHP L1 ● OCU MS1 ● OClW D1 M ● OClWHi L3 ● OFH MS1 L4 ● OHi L1 ● OKentU L4 ● OMC L2 C1 ● OkU MS1 ● PBL L11 ● PCarlD L1 D1 M ● PHC D1 ● PHi L6 C9 D4 ● PLF L1 ● PMA L1 ● PP L1 ● PPL MS1 ● PPiU MS2 L2 ● PU MS1 L1 D1 ● RNR L1 ● RPB-JH MS1 L2 D26 M ● T D2 ● TxFTC REF87 ● TxGR C1 ● TxHU L2 M ● TxU MS11 L60 D13 MG3 1CTN M ● UPB L6 D1 ● ViU MS39 J1 L252 C11 D1 MG1 6.5FT ● VtMiM MS1 L15 C1 ● WHi MS3 L2 D100 ● WU MS7 L24 C5 D2 1CTN PR M REF1

CLIFFTON, William (1772-1799) ● CSmH MS1 ● PHi MS1 D1 ● PSt MS1 ● RPB-JH D1

COATES, Florence (Earle) (1850-1927) ● CL MS1 ● CLU L1 ● CSmH L1 ● CtY MS1 L16 M ● DLC L9 ● ICN L2 ● IU-R L1 ● MA L5 ● MB L9 ● MH MS1 L65 ● MWH L1 ● MWelC L2 ● NBu

L1 • NNBa MS1 • NNC L84 • NNWML L5 • NhHi L1 • PHi L2
D1 • PU L3 • RPB-JH MS1 • TxU L1 • UPB L1 • ViU MS1

COATES, Reynell (1802-1886) • MBCo L2 • NcD D1 • PHC L3 C3
D1 • PHi L4 C5 D1 • PPAmP L1 • PPL L2 • RHi L1 C1

COATSWORTH, Elizabeth Jane (1893-   ) • DeU MS2 L2 • InU L4
• MB L1 • MBU L1 • MH MS3 L174 • MWelC L6 • MeB 1CTN • MeU
MS183 C5 PR M • MeWC MS1 L5 • MnU-K MS56 L181 C160 PR •
NBu MS1 • NNC MS13 • NNU-F L1 • NPV MS1 L2 • NhD MS2 L1
D1 • NjP L1 C1 • RPB-JH L9 • TMM L3 • TxU MS2 L4 • VtU L1

COBB, Humphrey (1899-1944) • CU L1 • MH L1 • NjP L1 C1 D5

COBB, Irvin Shrewsbury (1876-1944) • CLSU L4 • CLU L7 • CNoS
L1 • CSmH L3 • CSt L1 • CU L10 • CU-S L1 • CtU L1 • CtY L2 • DLC
L6 C4 • DeU L1 • GU L1 • ICN L6 • IGK L2 • Ia-HA L3 • IaU L9
• InLP L1 C1 • InU L10 C1 REF3 • KyBgW MS6 L7 C2 D3 • KyLoF
L1 M • KyLoU MS1 • KyRE L41 C21 D3 • KyU L54 C7 D25 • MBCo
L1 • MH L8 • MWA L1 • MeWC L4 • MoSHi L1 • NBu L1 • NHi L1
• NIC L2 • NJQ L1 • NN-B MS2 L2 D1 • NNC L27 D1 • NNU-F L17
• NPV L1 • NRU L5 • NSyU L1 • NcD L3 M • NcU L1 • NhD MS1
L1 • NjP L5 C2 D1 • OHi L1 • OMC L1 • OkU L2 C2 • P L1 • PHi
L1 • PPC L1 • PPT L5 • PSt L2 • PU L1 • RPB-JH L2 D1 M • TxU
L2 • ViLRM L1 • ViU MS5 L30 • VtMiM L1 C1

COBB, Joseph Beckham (1819-1858) • MB L1 • MH L1 • PHi L9 •
ViU L1

COBB, Sylvanus (1823-1887) • CtY L1 • ICHi L2 • MeWC L3 • MiU-C
L2 • NHi D1 • NSyU 42CTN REF1 • PHi D1 • ViU L3

COBBETT, William (1763-1835) • CCC L1 • CLU L1 • CSmH MS1
L33 C1 D1 • CSt L1 • CtY L16 M • DLC C1 • IEN L1 • IU-R MS2
L104 D37 • IaDmE L1 • InNd MS1 • KU-S L2 • MB L12 D1 • MH MS2
L6 C1 • MHi L6 • MiU-C L1 D1 • N D1 • NGcA MS2 L36 M • NHemH
L1 • NHi L4 C1 D3 REF66 • NIC MS1 L82 C4 D40 M • NN-B L1 •
NNC L2 • NNPM MS1 L6 • NNS L1 • NNU-F L1 • NRU L1 • NbU
L1 • NcD L2 • NhD L1 • NjMoHP L2 • OMC D1 • OU L1 • PHC L10
D1 • PHi L44 D4 • PPAmP D3 • PPL D1 • PSC L1 • PSC-Hi L1 • PSt
MS1 L2 • PU D1 • RPB-JH D1 • TxU MS2 L1 D1

COBLENTZ, Stanton Arthur (1896-   ) • C L3 • CU L8 C3 • CtY
L4 • DLC C1 • ICN L4 • IU-R C1 • InU L2 REF3 • MBU 3FT • MH

Coblentz, Stanton Arthur (cont.)

L3 C1 • NN-B L1 • NSyU L4 • NbU L7 M REF2 • OkU L3 C3 • OrU
L5 • PU L3 • RPB-JH L2 • TxU MS3 L9

COE, Charles Francis (1890-1956) • FU MS1 • IU-R D1 • TxU L1

COFFIELD, Glen (1917-   ) • CLU L10 C11 • OrU L10

COFFIN, Charles Carleton (1823-1896) • CLU D4 • CSmH L1 • DLC
L1 • MH MS1 L5 • MWA L2 • MnHi L1 • NIC L1 • NNC L2 D10 •
NNPM MS1 L1 • NRU L1 • Nh L2 • ViU L4 • VtU L2

COFFIN, Robert Peter Tristram (1892-1955) • CLSU L2 • CtY MS1
L3 PR • DGU L4 • FU L1 • GEU L1 MG1 • Ia-HA C1 • InU L1 REF3
• MA L1 • MB L1 • MBU L2 • MH L5 C1 • MMeT L1 • MWC L2 •
MWelC MS1 L14 D12 • MdBJ L2 • MeB MS92 L90 C140 D2 M • MeU
L5 • MeWC MS3 L6 • MiU L10 C11 D2 • NNAL L3 MG10 • NNC L16
C2 • NNU-F L1 • NRU MS2 L1 • NSyU L1 • NjMF L14 MG8 • NjP
L8 C6 • OU L1 • PHC L3 D1 • PMA L1 C1 • PPT L1 M • PSt MS1
L1 • PU L3 • TxFTC L1 • TxU MS1 L3 C1 • ViLRM MS1 • ViRCU
L14 • VtMiM L1 • VtU L1

COGGESHALL, William Turner (1824-1867) • CSmH L1 • MB L1 •
MH L1 • NHi L2 • NRU L1 • NcD L1 • OCHP MS12 L4 • OMC L1

COHEN, Octavus Roy (1891-1959) • CtY L1 C1 • IU-R L1 • MH L4
• NNC L1 • OO L1 • OrU L35 C38 • PPT L2 • PSt L1 • RPB-JH L2
C1 • ViU L5

COLBRON, Grace Isabel (1869-1948) • CLSU L1

COLBY, Frank Moore (1865-1925) • CSt L1 • CtHC L2 C2 • ICarbS
L4 • MA L49 • MH L7 • MdBJ L2 • NNC L24 • NjP C4 • PU L8

COLDEN, Cadwallader (1688-1776) • CSmH MS2 L17 C2 D5 • CtHi
L2 C3 D1 • CtY L2 C4 • DLC MS1 L1 C4 • ICHi D1 • ICN L4 C1 •
M-Ar L3 D14 • MB L5 C2 D1 • MH MS1 L6 C1 • MHi L16 • MiU-C
L70 C46 D12 • N D8 • NHi REF7 • NIC L1 D1 • NNC L1 D2 • NNMus
L1 • NNPM D1 • NNS L1 • NcD L1 • NjMoHP L2 C1 • PHC L1 •
PHi L10 C24 D5 • PPAmP L9 C11 D17 • PPC L1 • PPL D1 • PPRF
MS1 J1 • VtHi D1

COLEMAN, Elliott (1906-   ) • DLC L4 C2 • ICarbS L1 C1 • InU
MS1 L20 C9 • MH MS1 L57 C17 • MdBJ MS9 L8 C3 • MoSW MS2 L51
• NbU L2 C1 REF2 • TxU L3

COLEMAN, Roy V. (1885-1971) • CtY L9 • MnU-Ar L2 C2 • NjP

68

L4950 C5407 D54 • PSt L1

COLMAN, Benjamin (1673-1747) • CSmH D2 • CtHi C1 • CtY L1 C2 D1 • ICHi L2 • MB MS1 L2 C2 D13 • MBCo L1 • MBNEH L2 • MBU L2 C1 • MH MS3 J1 L2 C1 • MHi MS10 J3 L132 D9 • MiU-C L1 • N L4 • NHi L1 C1 • NNC L1 • NjMoHP L1 • NjP C1 • PHi L6 • WHi L1

COLTER, Cyrus (1910-   ) • MBU L5

COLTON, George Hooker (1818-1847) • CtY L5 • MB L2 • MH L3 • MdBE L6 • NHi L1 • NRU L1 • NcD L1 • PHi MS2 L1

COLTON, Walter (1797-1851) • CSmH L1 C1 D5 • CSt D4 • CU L3 D1 • CtY MS1 L1 D1 • InU L2 • MB L2 • MHi L2 • NIC MS1 • PHi L3 • VtHi D1

COLUM, Mary Maguire (1890-1957) • CLSU L1 • CtY L11 C4 • IU-Ar L3 • InU L1 • KU-S L1 • MH L7 • MiU L11 C22 M • NBiSU REF64 • NN-B MS15 L26 C156 D1 • NNAL L2 C3 D2 • NNWML L1 • PSt L5 • PU L20

COLUM, Padraic (1881-1972) • ArU L1 • CLSU L2 • CLU L1 • CtW L1 • CtY MS6 L26 C5 PR • DGU L1 • DLC L1 • ICL L2 • ICN MS1 L2 • ICarbS MS4 J2 L12 C1 • IDeKN MS2 L71 C2 • IEN L1 • IU-R C2 • IaU MS1 L8 • InNd L1 • InU L6 D2 • KU-S MS5 L3 • KyU MS1 • MA L4 • MBU L1 • MChB L1 • MH MS2 L33 M • MNS L4 • MWH L1 • MWalK MS1 REF2 • MdBJ MS1 • MeWC MS3 L10 • MiU L4 C5 D1 • MoSW MS1 L1 D3 • NBiSU REF64 • NIC MS2 L10 • NN-B MS67 J1 L192 C679 D3 M • NNAL MS1 L4 C12 D1 • NNC MS2 L30 • NNU-F L3 • NNWH MS1 • NNWML L1 • NPV L1 • NSyU L8 • NcWsW MS1 • NjP MS2 L168 C309 D51 • OCU L1 • OCX L2 • OkU C1 • PSt MS2 L1 • PU MS1 L18 • RPB-JH MS1 L2 • TxU MS12 L31 C5 D4 PR • TxWB-B MS1 • ViU L2 C1 R • ViW L1 • VtMiM MS1 L2 PR • WaU L4 C1

COMFORT, Will Levington (1878-1932) • CLSM MS1 PR • CLSU L1 • CLU 5CTN • CSmH L2 • CtY L1 • DLC L1 • ICN L8 • InU L3 • MH L1 • MiU L1 • NNWML L8 • NRU L1 • NjP L2 • PU L2 • WMUW MS2

CONE, Helen Gray (1859-1934) • CLU MS5 L9 • CSmH L2 • CU L1 • DLC MS2 L1 • DTr MS2 • IGK MS2 L1 • InU L4 • MA L22 • MB L1 • MChB L1 • MH MS1 L7 • MNS L1 • MWA L2 • MWH L2 • NBu

69

Cone, Helen Gray (cont.)

MS2 REF65 ● NCH L2 ● NNBa MS1 ● NNC L7 ● NNHuC MS36 L1 C6 M ● NNWML L1 ● NjP C2 ● PU L1 ● RPB-JH L1 ● TxU MS2 L1 ● UPB L1 ● ViU MS4 L5

CONKLING, Grace Walcott Hazard (1878-1958) ● CLSU L1 ● CSmH L2 ● CtW L1 ● CtY L1 ● DLC L1 ● DeU MS2 L2 ● ICN L1 ● ICarbS L1 ● IU-R L1 ● InU L1 ● MA L2 ● MAJ L1 ● MCR L2 C7 ● MH MS1 L88 C42 ● MNS MS1 ● MWelC L2 D1 ● MeWC L2 ● MoSHi C1 ● NNC L4 ● NNWML L1 ● NhD L2 ● OCU L1 ● PSt L4 C5 ● RPB-JH L1 ● ScU L1 C5 ● TxU L4 C1 ● ViU MS2 L6 C4

CONNELLY, Marcus Cook (1890-   ) ● CLSU L1 ● CLU R ● CU L1 ● CoU L2 ● CtW L1 C2 ● CtY L16 ● ICN L9 ● MBU MS1 L1 ● MH L3 ● MiU L4 ● N L1 ● NCH L2 ● NIC L4 ● NN-B MS1 L1 ● NNAL MS3 L23 C66 D1 ● NNC L6 ● NNU-F L2 ● NNWH L2 C1 ● OrU L1 ● PU L1 ● TxU L4 ● ViU L2 ● WHi R

CONNOLLY, James Brendan (1868-1957) ● CLSU L1 ● CtY MS7 L2 ● DGU L9 ● DLC MS1 L2 ● ICL L1 ● IaU L1 ● MA L2 ● MChB MS1 ● MWC L1 ● MWH MS1 L3 D8 M ● MeWC MS316 L55 C1941 D1 M ● NNAL MS2 L14 C15 D1 ● NNC L6 ● NjP MS2 L269 C274 D100 ● TxU L2

CONRAD, Robert Taylor (1810-1858) ● CSmH L1 ● ICHi MS1 ● MB MS1 L4 ● MH L2 ● NNPM C1 ● PCarlD L1 ● PHC L4 D1 ● PHi MS1 L10 C2 D2 ● PPL D1 ● PU MS1 L3 ● ViU L2

CONROY, John Wesley (1899-   ) ● CtY L3 C1 ● ICN L2 ● ICarbS L3 C1 ● IEN MS2 L13 ● IU-R L2 ● InU L6 ● MBU L1 ● MH L1 ● MH L1 ● MiU L14 C3 ● MnU L23 C15 ● MnU-K L2 ● MoSW L3 R ● NRU L1 ● NSyU MS3 L20 ● OkU L1 C1 ● OrU L2 ● RPB-JH L1 ● TxU C1 ● VtU L2

CONVERSE, Florence (1871-1939) ● CSmH L1 ● CtHi L1 ● InU L1 ● MB MS1 L1 ● MWH L1 ● MWelC L4 ● MeWC L2 ● NBiSU L1 ● NN-B L1 ● NcD L1 ● NjP C1 ● OrU L3 ● UPB L1 ● ViU MS1 ● VtU L1

CONWAY, Moncure Daniel (1832-1907) ● AzTeS L1 ● CLU C2 ● CSmH MS1 L51 C24 D1 ● CU L3 ● CtY MS1 L10 C12 ● DFo MS8 L5 C33 M ● DLC MS1 L25 ● FU C1 ● GEU L3 C3 ● ICHi L1 ● ICarbS L25 C55 ● IDeKN L1 ● IGK C2 ● IU-R L9 C1 D4 ● InU C1 ● KyBgW L2 ● LNHT L1 ● LU-Ar L8 MG5 ● MB L5 D13 ● MH L78 C3 ● MHi L6

• MWA MS1 L7 • MeB L2 • MeWC L2 • MiU L2 C46 D1 REF1 • MiU-C
L2 C6 • MoSHi L1 • MoSU L1 • N L1 • NBu L2 REF65 • NHi L1 C3
REF66 • NIC L32 C1 • NN-B L42 C27 • NNAL L8 • NNC MS280 L691
C6 D59 M • NNPM L7 C1 • NPV L2 • NRU L4 C3 • NSchU L1 C1
• NcD L15 • NhD D1 • NjMoHP MS1 L1 • NjP L2 C7 • OCHP MS3
L11 • OCl L1 • OHi L1 • OKentU L1 • OOxM L1 • OYesA L1 • PCarlD
MS9 L113 C38 D12 M • PHC L2 • PHi L14 C17 • PPAmP L3 • PSC-Hi
C2 • PSt L2 C1 • RPB-JH L2 D1 • TxU L7 C1 • TxWB-B MS1 • ViHi
MS3 L9 C1 D1 • ViU L19 C2 • VtMiM MS1 C1

COOK, George Cram (1873-1924) • CtNlC L1 D3 • CtY MS1 L2 • DeU
L3 • ICN MS2 L25 • IaU L5 • InU L2 • NN-B MS425 J1 L200 C97 D1
MG2 M • NNC L2 • NhD D1 • ViU MS1 L1 • VtU L1

COOKE, John Esten (1830-1886) • CSmH MS22 L22 D3 • CtHi L1
• CtY L4 C1 • DLC MS19 L22 C52 3CTN • FU MS1 • ICHi L3 • InU
L1 D1 • MB L17 • MChB L1 • MH L3 D1 • MdBE L4 • MdBJ L1 •
MeB L2 • MiU L1 • NHi C1 • NIC L4 • NN-B MS1 L3 • NNC L5 D6
• NNPM L6 • NcD MS8 J6 L45 D2 M • NcU L6 • PHC L1 D1 • PHi
MS1 L10 • ScU MS1 L1 • TxU MS1 L1 C9 • UPB L1 • Vi MS1 • ViHi
MS2 L42 C5 D1 M • ViU MS39 J5 L56 C21 M • ViW L3 C2

COOKE, Philip Pendleton (1816-1850) • CLU MS1 • CtY L2 • MB L10
• MH C1 • MdBE L7 • NcD MS1 L33 • PHi L1 D1 • ViHi L1 D1 •
ViU L1

COOKE, Rose (Terry) (1827-1892) • CSmH MS1 L19 • Ct MS1 •
CtHT-W L2 • CtHi MS5 L16 C27 • CtY MS1 L17 • DLC L21 •
DTr MS1 • ICHi MS1 • InU L1 • MA L2 • MB MS2 L2 • MBAt
L1 • MChB L1 • MH L15 • MHi L2 • MPB MS3 • MWA L4 •
MdBJ L2 • MeB MS2 L4 • MeWC L1 • MiMtpT L1 • NBu MS1
L4 • NIC L1 • NNBa L2 • NNPM L1 • NPV L1 • OClWHi L1 •
OFH MS1 • OKentU L1 • PHC L1 • PHi L4 D1 • PSC-Hi L1 •
PSt MS1 L1 • RNR L2 • RPB-JH MS1 L2 • TxU L2 • ViU MS6
L12 • VtU L1

COOLBRITH, Ina Donna (1842-1928) • C L17 • CHi 5CTN • CLSM
MS3 L31 C30 M • CLSU L5 C1 • CLU L7 • CLU-C MS2 L4 • CO MS2
L19 C8 D4 • COMC MS7 L85 C1 • CSf MS3 L2 M • CSmH REF1 •
CSt MS3 L13 D3 M • CU 16CTN REF1, 8 • CtY L1 C1 • DLC MS2
L2 • MB L1 • MH L5 • MMeT C2 • MWA L2 • MeWC L1 • MoU L3

Coolbrith, Ina Donna (cont.)
● NBu MS1 L1 REF65 ● NN-B L1 ● NNC MS1 L42 ● NNWML L30
● NhD L1 ● NjP C3 ● PHi L4 D1 ● PSC L1 ● ULA L1 ● ViU MS1

COOLIDGE, Dane (1873-1940) ● COMC MS99 L372 ● CSmH L2 ●
CSt L2 ● CU 20CTN REF8 ● MH L1

COOPER, Courtney Ryley (1886-1940) ● NNC L2 ● PPC L1 ● ViU L1

COOPER, James Fenimore (1789-1851) ● CCC L1 ● CCamarSJ MS1
L6 ● CLU L1 ● CSmH MS5 L11 C1 D7 ● CSt C1 ● Ct C1 ● CtHi MS2
● CtY MS44 J9 L387 C1213 D50 MG2 PR M ● DDO L1 ● DFo D1 ●
DLC MS2 L65 C3 D13 M ● DeGE C1 ● DeU L1 ● GHi L1 ● ICN L1
● IGK L4 ● IU-R L1 D102 ● IaDmE L1 ● IaMc L1 ● InU L1 C1 D5 ●
MA MS1 ● MB L5 D2 ● MBCo D1 ● MH MS4 L8 C1 D5 ● MHi L5 D6
● MS L1 ● MWA L1 D1 ● MdBE L1 ● MdHi L4 ● MiMtpT L1 ● MoSHi
D1 ● MoSW MS1 L1 ● N L3 C2 D46 ● NAlI L1 ● NBu MS1 REF65 ●
NBuHi MS1 L1 D1 M ● NCH L5 ● NCooHi MS4 L16 D12 M ● NFQC-H
1CTN ● NGH L1 ● NHi MS8 L38 C3 D16 REF4, REF66 ● NIC L11 D1
● NN-B MS13 L20 C1 D3 ● NNC MS1 L8 C5 D4 ● NNPM MS2 L3 C1
D2 ● NNPf L2 D2 REF2 ● NNS L1 ● NNU-F MS3 L2 D1 ● NcD L1
● NcU L4 ● NcWsW MS1 ● NhD L3 D2 ● NjGbS MS1 ● NjMoHP L4
● NjP MS1 L4 D2 ● OMC L2 ● PBL MS3 L14 D2 ● PGC D1 ● PHC
MS2 L3 D1 ● PHi MS2 L19 C1 D6 ● PP L1 ● PSt L1 D1 ● PU MS1 ●
RNR L1 ● RPB-JH D1 ● T D1 ● TxU MS2 L2 D2 ● UPB MS1 L2 ● ViU
MS16 L129 C5 M ● WHi L1

COOPER, Myles (1735-1785) ● CtHi C4 ● CtY L2 ● DLC L5 C3 ● MHi
D1 ● NNC MS5 L10 C7 D6 ● NhD D2 ● PHi L6 D1

COOPER, Susan Fenimore (1813-1894) ● CSmH L1 ● CtHi L1 ● CtY
MS6 L45 C30 D1 ● DLC L1 D1 ● ICHi J1 ● IGK L1 ● IU-R L1 D2 ●
IaU L1 ● MB L2 ● MH MS1 L7 C1 ● MWA L1 ● NCooHi L8 D1 ● NHi
L1 ● NNBa L2 ● NNU-F L1 ● NRU L1 ● NhD L1 ● NjP L1 ● PHC L1
● PHi L3 ● TxU MS1 ● ViU L26

CORBETT, Elizabeth (1887-   ) ● CLSU MS21 L37 C5 ● InU MS1
● MBU 2FT REF1 ● OrU MS287 C50 M ● PU L1 ● TxU L2 ● WM MS13
L275 C350 D275 16CTN ● WU MS3

COREY, Lewis (1894-1953) ● CU MS1 ● CtY L1 ● NNC MS50 C3000
REF4, 7 ● PU L3

COREY, Paul (1903-   ) ● CtY L2 C3 ● IaU MS33 L90 C150 34CTN

72

● NSyU L13 ● WHi L2 C2

CORLE, Edwin (1906-1956) ● CCFB L3 C3 D1 ● CLSM L2 ● CLU 2.5FT ● CU L7 C3 ● CtY L2 C1 ● MH L8 ● NbU L1 REF2 ● OkU L3 C3 ● TxU MS2 L68 C6

CORMAN, Sidney (1924-   ) ● CU-S MS1 L2 ● CtU L335 ● CtY D1 ● DeU L2 ● IEN L29 C1 ● InU MS7 L365 C450 D2 ● KyLoB-M L8 ● MH L3 ● MoSW L32 C5 ● NNU-F MS11 L1287 ● NSbSU PR ● OKentU 15CTN ● PPT L1 ● RPB-JH MS16 L3 D1 MG1 ● TxU MS6500 L180 C200 D75

CORNING, Howard McKinley (1896-   ) ● InU L2 ● MH L12 ● NbU L3 REF2 ● OU L1 ● TxU L11

CORNWELL, Dorothea (1919-   ) ● KyLoU MS1

CORROTHERS, James David (1869-1919) ● MH L1 ● NN-Sc C2

CORSO, Gregory (1930-   ) ● CU-S MS2 L2 ● CtU L2 ● DeU MS1 ● ICarbS L3 M ● IEN MS5 L10 PR ● InU MS40 J1 L8 C1 D1 M ● KU-S MS198 L7 MG1 ● MH L1 ● MoSW L4 ● NBuU MS39 R ● NN-B MS6 L12 D3 ● NNC MS434 L40 C2 REF5, 7 ● OKentU MS1 ● RPB-JH MS1 L4 C1 D2 ● TxU MS750 L22 C100 D17 ● ViU MS3

CORSON, Hiram (1828-1911) ● CSmH L2 ● CU L1 ● CtY L2 ● DFo MS1 L55 ● DeU L2 ● MB L4 D1 ● MH L3 ● MHi L1 ● MdBJ L9 ● MeB L3 ● MiU L1 D1 ● NIC 7CTN ● NNC L1 ● NPV L1 ● NjR L3 ● PSt L1 ● PU L4 ● WHi L3

CORWIN, Norman (1910-   ) ● CU MS1 L1 ● CtY L1 ● DLC MS1 ● IEN L1 ● IU-R L17 ● InU L1 C1 D! ● MB L1 ● MH L3 ● NSyU 1CTN REF1 ● NjP C12 ● PSt L1 ● TxU L1 ● WHi L1 C1

COSTAIN, Thomas Bertram (1885-1965) ● CLU L7 ● CSmH L2 ● CSt L1 ● CU L3 ● CU-S MS1 ● IEN L6 ● IU-R L7 ● InU L8 ● MB L2 ● MBU L2 ● MH L27 C7 ● MeB L1 ● MeWC L328 ● MnHi L1 ● MoSHi L5 ● NCH L1 ● NN-B L5 ● NNC L35 ● NRU L3 C1 ● NSyU L3 C2 ● OkU L1 C2 ● PU MS1 ● RPB-JH L3 ● TxU MS163 L115 C2261 D555 MG1 3CTN PR ● WaU L2

COTSAKIS, Roxane (fl.1952) ● FU MS2 ● GA MS1 ● GU MS1

COTTER, Joseph Seamon, Sr. (1861-1949) ● DHU L2 ● KyBgW L1 ● KyRE L9 ● MH L3

COTTER, Joseph Seamon, Jr. (1895-1919) ● OkU MS1

COTTON, John (1584-1652) ● CtY MS1 D12 MG1 ● DFo D1 ● M-Ar

Cotton, John (cont.)

D2 ● MB MS2 L11 C15 D3 REF52 ● MH MS1 D1 MG1 ● MHi MS2 J1 ● MeB MS1 ● NHi D1 REF66 ● Nc-Ar D1 ● RHi C1 ● RPB-JH MS1

COURNOS, John (1881-1966) ● CtY L5 C11 ● DeU L7 ● ICN L12 ● IU-R L2 C10 ● MH MS2 L3 C312 ● MeWC C1 ● NBuU MS1 L1 ● NN-B L1 ● NNC C1 ● NNU-F L1 ● PU L29 ● TxU L32 C8 D2 ● WMUW MS1 L1

COUSINS, Norman (1912-   ) ● ArU L1 ● CLU L2 C1 ● CSt 1CTN ● CU L2 ● CtW L1 ● CtY L10 C23 ● ICN L3 ● IEN L1 ● IU-R L5 ● InGrD-Ar R ● InU L10 C4 D1 ● KyBgW L2 ● KyLoB-M L2 ● KyU L2 ● MAJ L1 ● MBU L20 ● MH MS2 L6 C2 ● MU-Ar MS1 ● MWalK L6 C6 REF2 ● MeWC L3 ● MiU L5 C14 ● MiU-H L9 C3 ● MnHi L4 ● MnU-Ar R ● MnU-SW L5 C5 D2 ● NNC L56 ● NNFF MS2 L46 C37 D29 ● NRU C1 ● NSyU L3 C3 ● NcD L1 ● NjN L2 ● OkU L39 C64 ● PSC-Hi L3 ● PSt L1 ● PU L20 ● TMM L1 ● TxU L4 C3 PR ● VtMiM L3 C5 ● VtU L1 ● WHi L20 C20

COWLEY, Malcolm (1898-   ) ● CLU L4 C2 ● CSt L1 REF2 ● CU MS1 L20 D1 ● CU-A L9 ● CoU L1 ● CtW L2 D3 ● CtY L29 C41 D2 ● DLC L4 ● DeU L3 ● ICN 105CTN ● ICarbS L4 C3 ● IEN L1 ● IU-Ar L10 C1 ● IU-R L2 ● IaU L1 ● InU L10 C1 D1 ● MA L21 ● MB D1 ● MBU L2 ● MH MS1 L24 C12 ● MdU L2 ● MeB MS1 L1 ● MeWC MS1 L5 ● MiU L12 C20 D1 M ● MiU-H L3 C1 ● MnU L2 C3 ● MnU-Ar R ● MoSW MS1 L7 C3 D1 PR ● NBuU MS1 L23 ● NIC L9 C1 ● NN-B L2 ● NNAL .5FT ● NNC MS1 L102 ● NNFF L1 ● NNU-F MS1 ● NNWML L1 ● NPV L1 ● NSbSU MS1 L1 ● NSsS L1 ● NSyU L103 ● NcD L1 ● NjP MS1 L25 C22 PR ● OU L5 C6 ● OkU L2 C4 ● PU L102 ● RPB-JH MS1 L173 C23 D2 ● TNJ L2 ● TxU MS1 L12 C1 D1 ● ViHo L1 ● ViU MS1 L8 C2 ● VtMiM L8 C7 ● WGr L7 ● WMUW MS8 L5 ● WaU L10 C7 ● WyU-Ar L6

COX, Henry Hamilton (1750-1821) ● PHi MS1

COX, Palmer (1840-1924) ● C MS5 L29 ● ICHi MS1 ● InU L2 D11 ● MH MS22 ● MNF MS1 L1 ● MNS MS1 L2 ● NBu L1 ● NRMW M REF5 ● NjP L1 M ● PHi L2 ● PP L1 ● PU L1 ● ViU MS3 L10 C2 M ● WHi D10

COXE, Arthur Cleveland (1818-1896) ● CSmH L2 ● CU L1 ● CtHT-W L1 ● CtHi L3 C1 ● CtY L1 ● DFo L1 ● DLC L14 C2 ● MB L3 C2 D1

• MH L21 • MHi L11 • MdBJ L1 • MeB L3 • MiU-C L3 • MnHi L5 • N L1 • NBu L1 D4 • NGH MS10 L3 C67 M • NHi L10 REF66 • NIC L8 • NNC L6 D2 • NNPM MS2 L29 D3 • NPV L1 • NjPT L5 • PHC L12 • PHi L12 D1 • PPL L1 • TxU MS1 L3 • VtHi D1 • WHi L1

COXE, Louis Osborne (1918-   ) • InU L4 C7 D2 • MH MS1 L1 • MeB MS8 • NNFF L1 C1 D2 • NjP 3CTN • NjR L1 • VtMiM MS12 L116 C9 D1

COZZENS, Frederick Swartwout (1818-1869) • CSmH L2 C1 • CtY MS1 L3 C3 M • ICHi MS1 C1 • MB L3 D1 • MH L8 C3 • MNBedf L1 • MS L1 • MiU-C L1 • N L8 • NHi L13 C1 REF66 • NNC MS1 L2 D2 • NSchU L5 • NcD L1 • NjMoHP L2 • OCHP MS1 L2 • OMC C1 • PHC L1 • PHi L4 • RPB-JH L2 C1 • ScU C2 • TxU MS2 L1 • ViU MS1 L17

COZZENS, James Gould (1903-   ) • CSt 1CTN • CtY L2 • FU L1 • InU L1 • MBU L2 • MH L14 C2 PR M • MiU L1 C2 • NIC L1 • NNAL L8 C4 D3 • NNC L2 • NRU L3 • NSyU L8 • NjP 13CTN • TxU L13 PR • ViU MS1 L2 C1

CRABB, Alfred Leland (1884-   ) • KyBgW 2FT • KyRE MS1 L3 • KyU MS5 • T MS4 • TMM L6 • TU MS3

CRAFTS, William (1787-1826) • NHi L2 • NRU C1 • PHi L1 D1 • ScC D1 • ScU MS1 L1

CRAM, Ralph Adams (1863-1942) • CU L17 • CtY MS1 L7 C1 • DLC L42 C6 • ICN L9 REF1 • MB L4 • MH L13 C1 • MWA L1 • MWC L4 • MWH L37 D1 • MiU-H L1 C1 • MoSHi L1 C1 • NHi L19 D1 M REF66 • NNAL L26 D3 • NNC L1 • NNPM D1 • NcU L1 • NhHi L1 • NjP L22 C25 • PU L2 • RPAB L5 • TxU L1 D1 • UPB L1 • ViU L1

CRANCH, Christopher Pearse (1813-1892) • CCC MS2 L2 • CLSU L1 • CSmH L2 • CSt C1 • CU-S L1 • CtY L6 • DLC MS2 L5 • ICHi L1 • IaU L2 • MB MS10 L10 C13 • MBAt L1 • MH MS34 L27 • MHi MS9 J2 L4 • MWA MS2 L1 • MdBJ L1 • MeB MS2 L1 • MeWC MS1 • MiU L1 • MoSW L1 • NAlI D2 • NBu MS5 L1 REF65 • NCH L8 • NHi MS6 REF66 • NN-B L2 • NNC L1 • NNSII J1 • NRU L1 • NSchU L1 • NjP C7 • OCHP MS1 • OFH L1 • PHC L1 D2 • PHi L4 C1 D3 • RNR MS1 • RPB-JH MS2 L1 D2 • TxU L4 • UPB L1 • ViU MS6 L19 • VtMiM MS1

CRANE, Cora Ethel Eaton (Howarth) (1865-1910) • CLSU L2 • CtY

Crane, Cora Ethel Eaton (cont.)

L22 • NN-B L12 D1 • NNC MS36 L21 C340 D56 M REF7 •
NNU-F L1 • RPB-JH L1 D1 • ViU MS5 L13 C1

CRANE, Frances Kirkwood (1928-   ) • CtY L2 C2 • KyU MS15
• TxFTC L1 • TxU L1

CRANE, Harold Hart (1899-1932) • CSt 1CTN • CU-A MS1 L3 M •
CtW D2 • CtY MS10 L123 • DGU MS1 • DLC L1 • DeU L2 D1 • ICN
L6 C19 • ICarbS MS7 L51 C4 D7 M • InU L2 D7 • MH MS1 L1 • MdU
MS2 L1 D1 • NBuU MS1 L3 • NCH L1 • NNC REF4, 7, REF71 • NSbSU
L1 • NjP MS1 • OKentU MS4 L9 • OU MS21 L152 • PSt L10 • PU MS15
L58 • RPB-JH MS2 L3 • TxU MS14 L10 D3 • ViU MS3 L1 • WMM-Ar
MS1 L2 M • WMUW MS5 L6 • WyU-Ar L5

CRANE, Nathalia (1913-   ) • CtY L6 • DeU L7 • ICN MS1 L1 •
InU L4 • MBU L1 • MeWC L1 • NNC MS6 L29 C1 D1 • NjP L4 C4
• PHC L1 • ViU MS2 L4

CRANE, Stephen (1871-1900) • CCamarSJ L1 D1 • CLSU L5 • CLU
MS1 • CSmH MS1 L1 • CtY L2 C1 D3 M • DLC L1 D1 • IGK MS1
L1 • IU-Ar D1 • IU-R D9 • IaMc L1 • InNd MS1 • InU MS2 L8 D35
M • KU-S L1 • MB L1 • MH MS1 L7 D1 • MiU L1 • MoSHi D1 • NN-B
MS11 L26 C1 D12 • NNC MS154 L9 C74 D28 PR M REF4, 7 • NNU-F
L1 • NSyU 7CTN REF1 • NhD L18 D90 • NjMD D9 • NjP D3 • OU
D48 M • PBL L26 • PBm MS1 • PHi L2 • RPB-JH D7 • TxGR L1 •
TxU D1 • UPB L1 • ViU 2FT

CRANE, William Carey (1816-1885) • NNC C1 • OFH L1 • TxWB
16FT REF1

CRAPSEY, Adelaide (1878-1914) • InU D1 • NRU L60 C1 D4 MG1
M REF1, REF73 • WGr D8

CRAWFORD, Francis Marion (1854-1909) • CLU L8 D2 • CSmH MS3
L32 • CSt D1 • CtHi L1 • CtY MS4 L11 C7 D2 • DFo L17 • DGU L1
• DLC MS1 L16 M • ICL L4 M • ICN L1 REF1 • IEN L1 • IGK L1
• IU-R L1 ·D1 • IaU L2 • InNd-Ar L6 C23 • InU L1 • KyU L1 • MB
L5 • MH MS5 L227 D4 M • MHi L1 • MdBJ L1 • NBu MS1 L1 REF65
• NIC L3 • NN-B L1 D1 • NNAL L7 • NNC L9 • NNPM MS1 L4 •
NNU-F MS2 L18 M • NNWML L1 • NPV L1 • NRU L1 • NcD L1 •
NjP MS4 L10 C2 • PBm L1 • PCarlD L11 D3 • PHi L4 • PSC L1 • PU
MS4 • RPB-JH D4 • TxHR MS1 • TxU L2 • UPB MS1 L1 • ViU MS5

L16 PR M

CRAWFORD, Phyllis (1899-   ) • NNC L1 • ViLRM MS2 L1 D1

CREEKMORE, Hubert (1907-1966) • CLU L2 • CU-A L2 • CtY L2 C4 • ICN L1 • IU-Ar L5 • MA L1 • MBU 10FT REF1 • MH L8 C1 • MoSW L14 PR • Ms-Ar MS274 J1 D2 M • MsU M • NBuU MS12 L7 • NNC L3 D2 • NNFF MS1 • NSyU L1 • NbU L1 REF2 • PU L3 • RPB-JH L1 • WyU-Ar L1

CREELEY, Robert (1926-   ) • CLSU R • CLU MS2 L5 • CStbS MS1 L1 • CU-S MS1 L53 C1 • CtU MS137 L914 C11 PR R • CtY L38 • DTr L1 • DeU L17 • ICN L1 • ICarbS L1 M • IDeKN L1 • IEN MS3 L19 PR • IU-Ar L2 • InU MS210 L390 C15 D8 • KU-S L8 • MH L5 C6 • MdU L3 PR • MoSW MS108 J3 L159 C345 PR R M • NBrockU-EC R • NBuU MS4 L18 R • NNC MS1 L17 • NNFF D1 • NNU-F L7 • NSbSU MS3 L174 PR • OAU MS3 • OKentU MS1 L3 • OU MS1 • PPiI L2 C3 • PSt L2 • RPB-JH MS7 L13 D1 • TxU L103

CRÈVECOEUR, Michel Guillaume St. Jean de (1735-1813) • CtHi L16 C1 D1 • CtY L4 C2 • ICHi L1 • MB L3 • MHi L11 • MdHi MS1 • N L2 • NHi L5 C3 D2 • PPAmP L14 C4 D11 • PPL L1 • PSC-Hi D1 • RPJCB J1

CROCKETT, David (1786-1836) • A-Ar D1 • CSmH L1 • CtY L3 • ICHi L2 • ICN C1 • InU L2 D6 • MB L1 • MH L1 • MdBJ D1 • MoSM L1 • NBuHi L1 • NHemH L1 • NHi L2 C1 D1 • NNC L1 • NNPM L1 • NNPf L1 REF2 • NRU L1 • Nc-Ar L1 • NcGrE L1 • NcU L1 • OClWHi M • OMC L1 • PHC L3 D1 • PHi L5 • PPRF L2 • T L3 D16 • ViU L1 • WHi L3 C3 D2

CROLY, Herbert David (1869-1930) • CSmH L12 • CU L16 • CtY L3 • DLC L3 C5 • IU-Ar L1 • IU-R L12 • InU L2 C2 • MH MS2 L19 C22 D1 M • MH-BA 1CTN • NIC L14 C5 • NNAL L5 • NNC L37 • NjP L1 C2 • PU L19 • VtU L1

CROSBY, Caresse (1892-1970) • CLU L1 • CU-A L2 • CtY L5 C1 • ICN L2 • ICarbS L15 12FT REF1, 7 • MBU L1 • NBuU MS2 L9 • NNC L16 C1 • RPB-JH MS1 L4 C4 M • TxU L17 C1

CROSBY, Harry (1898-1929) • CLU MS1 • CtY L4 • DeU L3 • ICarbS L2 C3 D2 9FT REF1, 7 • IaDmE C3 • MH C3 • NBuU MS5 • NNC L2 • RPB-JH D8 M • TxU C6 1CTN • ViU D1

CROSWELL, William (1804-1851) • CtHi L1 • MB MS1 • NcD L3

Croswell, William (cont.)

• PHi L4 C1

CROTHERS, Rachel (1878-1958) • CLSU L3 • CtY L14 • ICN L1 •
INS MS2 L1 M • IU-Ar MS1 L3 C1 • InU L3 • MBU L1 • MH L2 C1
• MStoc L1 M • MWC L13 MG1 • MiU L2 C4 • NN-B D1 • NNAL
L14 C25 D3 • NNC L5 • NNMus L3 • PCarlD L1 • PMA L4 D1 C1
• PU MS3 L8 • TxU L2 • ViU L4

CROTHERS, Samuel McChord (1857-1927) • CU L1 • CtY L7 C14
• ICN L2 • IU-Ar L3 C3 • IU-R D1 • InU L1 • KyBgW L1 • MB MS1
L1 • MCR L1 • MH L10 • MHi L1 • MWA L1 • MWelC L1 • MnHi
L7 C3 D1 M • NIC L2 • NNAL MS1 L6 • NNC L4 • OCl L1 • RPB-JH
L4 • TxU L1 • UPB L1 • ViU L2 • VtU L3 • WHi L1

CROUSE, Russel (1893-1966) • CStbS L2 C1 • CtY L3 • MBU L2 •
MH L14 • NIC L11 C8 • NN-B D1 • NNC L22 • OU L1 • P L1 • PU
L1 • TxU L5 C4 • ViU L1 • WHi 13CTN REF1, 7

CROWELL, Grace (Noll) (1877-1969) • IaHi L1 • IaU MS4 • MH
MS2 L3 C1 • MnHi M • NBuU MS1 • RPB-JH L3 D1 • TxFTC
L2 • TxU L3

CROY, Homer (1883-1965) • ArU L1 • CO L2 • CSmH L2 • CU L4
• GHi L2 • ICarbS L1 • IU-Ar L1 • IaU L3 • MH L5 • MeWC L1 •
MoSHi L10 C3 • MoU 28CTN M REF2, 7 • NBu MS1 L3 • NIC L3 •
NNC L10 • NNWH MS1 • NSyU L2 • NbU L1 REF2 • OkU L1 C2 •
OrU MS1 L2 • P L1 • PPT L9 • PSt L8 • PU L76 • SdSiFA REF2 •
TxU L4 • ViU L1

CRUMMELL, Alexander (1819-1898) • MB D2 • MH D1 • NIC L1
• NN-Sc MS405 L28 C229 • NNC MS3 L27 • PHi C6 D1 • RHi L1 •
TxAuE L81 C1 D30 • VtHi L1

CULLEN, Countée (1903-1946) • CLSU L1 • CLU L8 • CSmH L1 •
CtNlC L1 • CtY MS55 L150 D10 • DHU MS1 L3 • DeU L6 • GAU L15
C31 • GEU L3 • IU-R D1 • InU L1 • KLeS L1 • MBU MS1 L13 • MH
L6 • MNS L1 • MWelC L7 • MiU-H L3 C1 • NBuU MS2 L2 • NGenoU
MS1 • NN-B MS1 • NN-Sc MS4 L4 D1 REF1 • NNC L87 • NNU-F
L1 • NSyU L2 • NcU L3 • RPB-JH L2 • TNF MS37 L4 C50 • TxU MS1
L20 • ViU MS1 L1 • VtMiM L4 C1

CUMMINGS, Edward Estlin (1894-1962) • CLU MS2 L15 PR • CU-A
L1 • CU-S L1 • CoU L1 • CtU L1 • CtY MS1 L25 C13 D8 PR • DLC

C1 • ICN MS2 L11 D1 • IU-Ar MS5 L10 D1 M • IaU L1 • InU MS2 L14 C5 D14 • KU-S MS1 • MA L3 • MB L1 • MBU MS1 • MCR L1 • MH MS1 L10 C176 D5 PR REF1, 3 • MU-Ar R • MWelC L4 • MdBJ L2 • MiDW-Mi L3 • MiU L1 • NBuU MS1 L5 • NIC L3 • NN-B MS11 L9 C2 D4 M • NNAL L10 C12 D2 • NNC MS1 L8 REF5 • NNFF L3 C6 D1 • NNPM MS1 L28 D50 • NNU-F L2 D1 • NjP L3 C3 • NjR L3 • OClWHi L1 • PSt L1 • PU L5 • TxU MS184 L219 C104 D132 MG2 PR M • ViLxW MS1 L9 • ViU MS14 L63 C1 D3 PR M • VtMiM L1 C1 • WMUW MS1 • WaU L10 • WyU-Ar L8

CUMMINS, Maria Susanna (1827-1866) • MH L1 • NNBa L1 • PHi L1 • TxU MS1 • ViU L8 C6

CUNEY, Waring (1906-   ) • DHU L2

CUNNINGHAM, James Vincent (1911-   ) • CU-S MS1 • DeU L3 • ICU .5FT REF1 • InU MS4 L10 C8 D4 PR • MA MS1 L2 • MH MS2 C1 • MiU L5 C6 • MoSW L2 • NSbSU MS1 L7 PR • WGr L1 • WaU L1

CUPPY, William Jacob (1884-1949) • CtY L2 M • MH L1 • NIC C15 • NNC L3 • PSt L2 • PU L19 • WaU L1

CURRAN, Mary Doyle (1917-   ) • IaU MS1 PR

CURRY, Otway (1804-1855) • OC MS15 L106 C18

CURTIN, Jeremiah (1840-1906) • CSmH C1 • CtHT-W L3 • InNd L1 • MB D1 • MChB L1 • MH MS1 L10 • RPB-JH D1 • UPB L1 • WHi MS1 L1 C7 D2 REF4 • WMCHi L5

CURTIS, George Ticknor (1812-1894) • CSmH L169 C3 D2 • CU L4 • CtY L6 C1 • DLC L40 C2 • IU-R L1 • InU L10 C2 • KyU L1 • MB L3 C1 • MH MS1 • MHi L14 • MdBJ L3 • MeB L1 • MiU-C L1 • N L1 • NHi L1 C2 • NIC L2 • NNC L3 D7 • NNPM L21 C1 • NRU L3 • NSyU L1 C1 • NcD L2 • NhD D4 • NjP C2 • OFH L1 • OKentU L1 • PCarlD C1 • PHC L1 • PHi L13 C4 • PP L1 • PSt L1 • RNR L1 • RPB-JH L3 • TxU L7 C3 • ViU L2

CURTIS, George William (1824-1892) • CCamarSJ MS1 • CLU L9 C1 • CSmH MS2 L93 D2 • CSt L4 • CU-S MS1 • CoCC L2 • Ct L1 • CtHT-W L11 • CtHi L7 • CtW L1 • CtY L75 C4 • DFo L15 • DLC MS3 L141 C4 PR • ICHi L6 • ICL L1 • ICN L3 • IEN L3 • IGK L6 • IU-HS D10 • IU-R L3 D11 • IaDmE L1 C1 • IaU L2 • In L15 • InFwL L1 • InNd L1 • InU L15 • KyBB L1 • KyU L7 C1 • LNHT L5 • MA L1 •

79

Curtis, George William (cont.)

MAJ L3 ● MB L37 C110 D2 ● MBAt L1 ● MBU L5 ● MChB L1 ● MCo MS1 L14 ● MH MS5 J3 L513 C166 D1 M ● MHi L71 ● MNBedf L1 ● MNF L2 ● MS L5 ● MStoc L1 ● MWA L21 ● MWelC L4 D1 ● MWiW-C L1 ● MdBJ MS1 L22 ● MdHi L1 C1 ● MeB L10 ● MeWC L8 ● MiMtpT L2 ● MiU-H L1 ● MnHi L4 ● MnM MS1 L4 ● MoSM L3 ● N L4 ● NAlI L1 ● NAurW L1 ● NBu MS1 L8 REF65 ● NCaS L1 ● NHC L1 ● NHi REF66 ● NIC L110 C5 D1 ● NN-B L55 D5 M ● NNC L127 C7 D16 ● NNPM MS15 L5 C6 ● NNSII MS27 L123 C144 PR M REF72 ● NNU-F MS1 L17 D1 M ● NNebgWM L1 ● NPV L23 ● NRU L21 C4 ● NSchU L9 ● NbU L1 ● NcD L9 ● NjMoHP L3 ● NjP L15 D1 ● OCHP L3 ● ODaU L1 ● OFH MS1 L83 C154 ● OHi C2 ● OMC L1 ● PCarlD L24 ● PHC L5 ● PHi L39 C1 D1 ● PMA L1 ● PSC L2 ● PSC-Hi L4 C1 ● PSt L3 C1 ● PU L34 ● RHi L1 D1 ● RNR L1 ● RPAB L2 D1 ● RPB-JH MS12 J1 L132 C5 D44 M ● TxGR L2 ● TxU MS1 L14 C2 ● UPB L1 ● ViU MS3 L110 C5 ● VtMiM L6 C3 ● WHi L1

CURWOOD, James Oliver (1878-1927) ● CtY L1 ● ICarbS L5 C4 ● Ia-HA L1 C1 ● MiU-H L1 M ● NN-B L4 ● NNC L5 ● OKentU L1

CUSHING, Frank Hamilton (1857-1900) ● CLSM 4CTN ● CSmH L15 ● CU L29 ● ICarbS L1 C3 ● MA L2 ● MB L1 ● MH L1 ● MHi L2 ● N L5 ● NRU L1

CUSTIS, George Washington Parke (1781-1857) ● CSmH MS1 L6 ● CtHi L1 ● CtY L1 ● DGU MS1 L3 ● DLC L10 C2 ● DeGE L1 ● ICHi MS1 L3 D2 ● KyU L1 ● MAnP L1 ● MB L3 D4 ● MBAt L1 ● MH L2 D2 ● MHi L2 ● MdHi MS2 ● NHi L7 C1 D8 REF66 ● NIC L8 ● NNC L2 ● NNPM L1 D3 ● NRU L1 ● NcD L2 ● NjMoHP L10 ● OClWHi D1 ● PHC L3 ● PHi L15 D4 ● PU MS1 L1 ● RPB-JH L1 D1 ● ViHi L17 C14 D90 M ● ViMtvL L95

CUTHRELL, Faith (Baldwin) (1893-   ) ● CLSU C1 ● CtY L50 C50 ● IEN L1 ● IGK MS1 L36 ● IU-Ar MS1 L1 D1 ● MBU 4FT REF1 ● MH L3 ● MWelC L1 ● NIC L1 ● NN-B L1 ● NNC L2 ● NNU-F M ● NNWML L2 ● NjP L1 ● OU L1 ● OrU L14 C12 ● P L1 ● PCarlD L2 ● PSt L23 ● RPB-JH L1 ● TxU MS1 ● ViU MS1 ● ViW L1

DABNEY, Richard (1787-1825) ● NjP L1 ● PHi L1

DAHLBERG, Edward (1900-   ) ● CLU C13 ● CtU MS2 L38 ● CtY

MS1 L254 C35 D4 • DeU MS4 L33 • ICN L13 • ICarbS L7 • IU-Ar MS1
D1 • IU-R D20 • InU L6 D5 • MBU L29 • MH MS5 L5 PR • MnU-Ar
L2 • MoSW L138 D12 PR • NNAL L5 C3 D1 • NNFF L2 C1 D2 •
OKentU L2 • PU L75 • TxU MS190 L41 C1518 D26 PR • WyU-Ar L7

DALY, James Jeremiah (1872-1953) • CtY L45 D1 • DGU L3 • DLC
L5 C1 • ICL MS3 • IU-Ar L1 • MWH L9 C12 • NBuU MS3 L2 • OCX
L37 • PSt MS2 L66 • TxU L9 • WGr D2 • WHi D1

DALY, John Augustin (1838-1899) • CLU MS1 • CSmH MS1 L4 D1
• CSt L1 • CU-A L2 M • CtW L2 • CtY MS1 L14 C4 • DFo L209 33CTN
M • DLC L32 • ICHi L2 • ICL L4 D2 • IU-R MS1 • IaU L3 • InNd
L2 • InU L3 D1 M • LU-Ar L3 • MA MS211 L1 D1 • MB L4 C1 • MCR
L1 • MH MS1 L7 C17 D1 • MHi L1 • MWA L2 • MiU-C L1 • NHi
L7 • NIC L6 C7 • NN-B L1 • NNC L97 M • NNMus L8 • NNPM L1
• NNWH L9 C1 • NRU L25 • NcD L1 • NcU L1 • NjP L7 C1 • OFH
L1 • PCarlD L1 • PHC L2 • PU L8 • RPB-JH D2 • TxU L9 • ViFGM
MS1 • ViU L15 • WaPS L1

DALY, Thomas Augustine (1871-1948) • CLSU L1 • CLU L1 • CtY
L1 • DGU L1 • DLC L5 C2 • DeU L1 • IGK L1 • InNd L4 • InNd-Ar
L3 • InU L1 C2 • LU-Ar L2 • MAnP L1 • MB L1 • MH L1 • MNS
L1 • MWC L9 • MWH L8 • MWelC L1 • MoSW L10 C1 • NNMus MS3
L6 • NNWML L1 • NhD L3 D1 • PMA L1 • PP L11 • PSt L1 • PU
MS3 L1 • PV J1 L9 • TxU L98 C15 • ViU MS1

DAMON, Samuel Foster (1893-1971) • ArU L17 • CtY L5 C4 • DeU
L2 • ICN L35 • ICarbS L27 C1 • MA L1 • MH MS1 L52 C20 • MdBJ
L6 • NBuU MS1 L4 • NCH L1 • NRU L1 • NSyU L34 • NhD L1 • NjP
L4 C4 D1 • PU L18 • RPB-JH MS23 J7 L13 C39 D88 PR M REF2, 7
• TxU L3 • WMUW MS1 L1

DANA, Richard Henry (1787-1879) • CCamarSJ L3 • CLU L2 • CSmH
MS1 L7 C1 D2 • CU-S L1 • CtHi L3 • CtY L20 C1 • DLC L6 C5 D1
• ICHi L1 • IEN L1 • IaMc L1 • KLeS M • MA D1 • MB L18 C3 D1
• MBSpnea REF2 • MH MS3 L24 C6 D1 • MHi MS1 J1 L1156 D6 •
MWelC L1 • MeB L2 • MiU-C L1 • NBu MS1 L1 REF65 • NHi L41
D2 REF66 • NN-B L5 D7 • NNPM MS2 L8 • NRU L2 • NhD L31 D2
• NjMoHP L4 C1 • NjP L1 • OClWHi L2 • PBL L1 • PHC L1 • PHi
L8 • PP L1 • PPT L1 C1 • RPB-JH L6 D1 • TxU MS1 L1 • ViU L19
C2 • VtMiM MS1 D1 • VtU L2

DANA, Richard Henry (1815-1882) ● CCC L4 ● CCamarSJ L3 ● CL L1 ● CLU L2 ● CSmH L19 ● CSt L1 ● CU L3 ● CtHi L2 ● CtY L35 D1 ● DFo MS1 ● DLC L20 ● DTr J1 ● ICHi L6 ● IEN C1 ● IU-R L1 ● IaDmE L1 ● IaMc L1 ● InFwL L3 ● InU D2 ● MA L1 ● MB MS1 L25 D5 ● MBSpnea REF2 ● MH MS2 L135 C6 D3 ● MHi J1 L441 D4 ● MPlPS REF56 ● MWA L7 ● MWiW L3 ● MdBJ L2 ● MdHi L3 ● MeB L3 ● MeWC L1 ● MiMtpT L1 ● MnHi L3 ● NGH L1 ● NHi REF66 ● NIC L2 ● NN-B L7 ● NNC L10 C1 ● NNPM L2 D1 ● NNU-F MS1 L9 ● NRGE L1 D1 ● NRU L10 C4 ● NSchU L2 ● NcD L7 ● NhD L10 D2 ● NjMoHP L2 ● NjN L1 ● NjP L5 ● OCHP L3 ● OFH L8 C2 ● OMC L1 ● PHC L3 ● PHi L15 ● PLF L1 ● PP L2 C1 ● PSC L1 ● RP L1 ● RPB-JH L7 D2 ● TxU MS2 L6 D1 ● ViU MS2 L91 ● VtMiM L15 C1 ● VtU L7

DANDRIDGE, Danske (Bedinger) (1858-1914) ● CSmH L1 ● DLC L2 ● MB L2 ● MWA L1 ● NBu L1 ● NIC L2 ● NNC L5 ● NcD J24 L61 M ● NjN L1 ● RPB-JH L1 ● ViU MS3 L2 ● WvU MS4

DANIELS, Jonathan Worth (1902-   ) ● A-Ar L3 ● CtY L1 C1 ● GEU 12CTN ● GHi L2 ● ICN L2 ● IEN L1 ● InGrD-Ar L6 ● KyU L6 ● MBU L2 ● MH L3 C1 ● MiU-H L3 C3 ● MnU-SW L25 C25 ● MsU MS1 ● NHpR L1 ● NN-B L1 ● NNC L1 ● Nc-Ar L18 D4 ● NcD L44 ● NcGrE L21 ● NcU 72FT REF2, 7 ● NcWsW MS1 ● NjP L1 ● OkU L3 C1 ● PU L9 ● TxU L3 C1 ● ViLRM L1

DANIELS, Lucy (c.1934-   ) ● NcU MS1

DARGAN, Olive (Tilford) (1869-1968) ● CSmH L3 ● CU L1 ● CtY L2 ● DLC L2 ● ICN L1 ● IGK L1 ● KyBgW L4 M ● KyRE L1 ● KyU MS1 L100 C4 M ●   MA L26 C1 ●   MH MS6 L66 C1 PR ● MWA L1 ● MnHi L2 ● NBuU MS2 L5 ● NNC L3 ● NSyU L12 ● NcA MS1 J1 L4 M ● NcGrE L1 ● NcU MS1 ● NjP L109 C87 D26 PR ● OKentU MS1 ● PU L2 ● TxU L4 ● ViU MS1 L4 ● ViW L1 ● VtMiM L1

DARROW, Clarence Seward (1857-1938) ● CLSU L2 ● CLU L31 C16 ● CSmH L3 D7 ● CSt L5 REF2 ● CU L24 D1 M ● CtW L3 D1 ● CtY L16 C8 ● DLC L2 C1 D1 14CTN REF1 ● GEU L4 ● ICHi L1 ● ICN L20 D3 ● ICU 1FT REF1 ● ICarbS MS1 L5 C1 ● IEN L1 ● IHi L2 ● IU-Ar L1 ● IU-HS C2 D2 ● IU-R L3 C1 D3 ● IaU L8 ● InTD L3 ● InTI L2 D3 ● InU L20 D3 ● KyBB L1 ● MB L1 ● MH L8 C2 ● MeWC L1

• MiU L4 D1 • MiU-H L11 C6 • MnHi L2 • MoU L1 • NHpR L1 • NIC MS1 L2 • NNC L43 • NRU L1 • NjP L5 C10 D21 • OT L33 C13 • OkU L1 C2 • PPC L1 • PSt L1 • PU L14 • TxU L1 C2 • UPB L1 • ViU L1 D1 • WHi L50 C50 D1

D'ARUSMONT, Frances (Wright) (1795-1852) • CLU L1 • CSmH L2 • CtY L2 • DLC D6 M • In MS1 • InNhW L8 D4 M • InU L9 C1 D6 • MB L3 C2 D1 • MH MS1 L1 • MHi MS1 L2 •NHi L2 C1 D3 • NIC L1 • NNC L1 • NNPM L1 • NPV L1 • OC L2 D1 • OCHP L25 C43 D2 • PHC L1 • PHi L20 C1 • ViU L1 • VtHi D1

DAUGHERTY, James Henry (1889-1965) • KEmT MS1 • MB L1 • MnU-K MS3 L38 C15 • OrU MS6 C237 PR • PAt MS1 REF5 • PU L1

DAVENPORT, John (1597-1670) • CtHi L1 • CtY MS6 L5 • DLC L1 • MHi L1 • MWA MS8 • NjMoHP L1 • PHi L1 D1

DAVIDMAN, Joy (1915-   ) • ArU L3 • CtY L5 • ICN L1 • NBuU MS9 L2

DAVIDSON, Donald (1893-1968) • ArU L39 C1 • CSmH L1 • CtW L2 • CtY L64 • DLC L14 • DeU MS1 L1 C1 • GEU L2 C1 • GU MS1 • InU L5 • KyBgW L3 C1 • KyU L12 • MH L5 • MeB MS1 L1 • MnU-SW L5 C5 • MoSW MS2 L33 C7 • NcD L3 • ScU L1 • T MS1 L46 D1 • TMM L8 • TNJ MS323 L169 C4000 M REF1, 7, REF86 • TxU MS3 L12 • ViLxW L10 • ViU MS3 L28 C3

DAVIDSON, James Wood (1829-1905) • CSmH L20 • GEU MS4 L4 • InU L60 • MdBE L1 • MdBJ L1 • NIC L4 • NNC D2 • NcD MS1 L24 • RPB-JH L4 C9 • WvU L1

DAVIDSON, Lucretia Maria (1808-1825) • COMC MS1 L1 • NNPM MS1 D1 • NPlaU MS10 • PHi MS1 • RPB-JH D1 • ViU MS2 L1

DAVIDSON, Margaret Miller (1823-1838) • NNPM MS1 • NPlaU L1 • NjGbS L1 • PHi L2 D2 • TxU D1 • ViU MS2 L1

DAVIES, Mary Carolyn (1888-   ) • CLU L2 • CU MS31 L5 D1 M • MH MS2 L18 • OKentU L1 C1 • OrU MS50 L50 C50 PR M • RPB-JH L1 • ViU MS1 L1

DAVIESS, Maria Thompson (1872-1924) • IU-R D1 • KyRE D2 • NN-B D1 • T MS2 D2

DAVIS, Charles Augustus (1795-1867) • CLU L3 • CtY L2 C1 • DLC L1 • DeGE L2 • ICHi L1 • IU-R L1 • KyLoF L12 • KyU L1 • MB L13 • MH MS1 C1 • MHi MS2 L7 • MdBE L130 • MdHi MS1 L1 D2 • N

Davis, Charles Augustus (cont.)
L7 • NHi L9 D1 REF66 • NN-B MS1 • NNC L2 • NRU L78 C6 • NcD L2 • NhHi L1 • OCHP C1 • OClWHi L1 • PHC L1 • PHi J1 L20 • PPL L1 • ScCleU L24 • ScU L1 • ViU L5

DAVIS, Charles Belmont (1866-1926) • CLSU C1 • CU L1 • DFo L2 • ICN L9 REF1 • MH L1 • NNC L9 C1 • NcD L2 D1 • NjP L41 C66 • PU L2 • ViU L14 C214

DAVIS, Clyde Brion (1894-1962) • ArU L2 • CU L4 • CoU L1 • MH L8 C5 • MnHi L1 • NBu L1 • OrU L1 • PU L1 • TxU L1 • VtU L9

DAVIS, Daniel Webster (1862-1913) • NN-Sc L2 D3 • NNC L1

DAVIS, Frank Marshall (1905-   ) • NBuU MS28 L4 • NNC L1

DAVIS, Harold Lenoir (1896-1960) • CLU MS7 • CSmH L1 • CU L2 • CoU L14 • CtY L3 C2 • IaU L1 • MH L1 • NBuU MS1 L2 • OkU L1 C1 • OrU L93 • TxU MS233 J22 L846 C552 D307 PR

DAVIS, John (1774-1854) • CLU L1 • CtY MS1 L3 C1 D1 • DLC L16 C1 D2 • MHi L43 • MdBE L2 • MdHi MS1 • MnHi L1 • NNC L5 C1 • NhD L1 D11 • NjP L1 • PU L1 • RHi L1 D1 • RPB-JH MS1 L4 D1 • VtHi C2 D1

DAVIS, Mary Evelyn (Moore) (1852-1909) • DLC M • LNHT L50 • MH L1 • NNC L2 D3

DAVIS, Ossie (1917-   ) • MBU L3

DAVIS, Owen (1874-1956) • CSmH L1 • CU L1 • CtY MS1 L7 C1 • ICL L2 M • ICN L2 • IaU L3 • InU MS1 L1 REF3 • MH L1 • MWC L2 • MeWC L4 C1 • NN-B D1 • NNC L2 • NjP MS1 L4 C6 D7 • OKentU L1

DAVIS, Rebecca (Harding) (1831-1910) • CSmH MS4 L8 • CtHi L1 • CtY L3 • DFo L1 • DLC L5 • IaU L1 • MA L1 • MB L1 D3 • MH L10 • MdBE L1 • MdBJ L1 • NBu MS1 L2 REF65 • NN-B L1 • NNBa MS1 L21 • NNC L2 D2 • NNPM L2 • NcD L1 • NjP L17 C21 • PHC L1 • PHi L1 • UPB L2 • ViU MS7 J1 L211 C3

DAVIS, Richard Harding (1864-1916) • CCamarSJ C1 • CLU L1 • CSmH MS1 L10 • CU L3 M • CtY L22 C1 • DFo L5 • DLC L51 C14 • ICN L11 REF1 • IGK L5 • IU-R L1 • InLP L3 • InU MS2 L1 C1 D1 • MA L2 • MAJ L2 • MH MS1 L34 • MHi L2 D1 • MWA L5 • MWH L1 • MdBJ L2 D1 • MeWC L1 • MiEM MS1 L2 • MiU L1 • MnHi L1 • MoSFi L1 • N L1 • NBu L1 • NHemH L1 • NHi L4 • NIC MS1 L30

C3 • NN-B MS1 L1 D1 • NNC L67 C22 D15 • NNMus L3 • NNPM L2 • NNU-F L13 • NNWML L2 • NRU L1 • NcD L1 • NcU L1 • NjMoHP L1 • NjP L367 C234 D777 PR • OClW L1 • ODaU L1 • OFH L1 • PBL L200 D11 • PCarlD MS1 L2 • PHi L6 C1 • PPAmP L1 • PSC L1 • PSt L4 • RPB-JH L3 • TxU L2 • ViU 5FT REF109 • WHi L1 • WaPS D1 • WvU L1

DAVIS, William Heath (1822-1909) • C L100 C100 • CLSM L9 C80 • CLU 1FT • CSmH MS2 L5 C1 D21 • CU MS1 L6 D20 • CtY C3 • MHi L8

DAVIS, William Stearns (1877-1930) • IU-R D3 • MH L1 • MnU-Ar MS3 L19 C15 D5 M • PPT L1 • RPB-JH L7

DAVISON, Edward Lewis (1898-   ) • CoU L5 • CtW L1 • CtY MS1 L1 • ICN L9 D1 • IU-R L11 • InNd C1 • MA L1 • MH L5 • MiU L1 • NjP L2 C3 • OkU L1 C1 • TxU L10 • ViU L1

DAWES, Rufus (1803-1859) • CtY MS2 • IEN L1 • MB L4 • MH MS1 L2 • NBu L1 • NHi L1 • NNPM L1 • NcD L1 • OFH C1 • OMC MS1 L1 • PHC L1 • PHi L4 • PP L1 • ViU L3 D1

DAY, Clarence Shepard (1874-1935) • CU L1 • CtY MS6 L913 C13 D1 M • IU-Ar C1 • InU L4 C2 • MBU L2 • MH L4 C1 • NIC L3 • NNC L6 • NRyHi D1 • NjP L2 C4 • PBm L1 • PU L1 • ViU MS1 L62 C2

DE BOW, James Dunwoody Brownson (1820-1867) • CSmH L4 • CtY L1 C1 • ICHi D1 • InU L10 • LNHT L1 • LU-Ar L13 C5 D8 • MB L1 • MHi L3 • NNC L2 • NcD MS1 J2 L174 D15 • NcU L5 • NhHi L1 • PHC L1 • PHi L3 D1 • ScCleU L4 • ViU L1

DEBS, Eugene Victor (1855-1926) • CLSU L10 D82 • CLU L2 C2 • CSmH L2 • CU MS1 L3 D1 M • CtY MS1 • DLC L1 • ICHi D1 • ICN L1 REF1 • ICU MS1 .5FT REF1 • IGK L2 • IU-HS L3 C2 D6 • IU-R L1 • IaHi L1 • IaU L3 • In L30 C43 D42 • InGrD-Ar L30 • InHi L49 C6 D15 • InTD MS1 L26 C10 D6 • InTI 3.5FT • InTVHi M • InU MS2 L285 C7 D16 M • KPT MG1 • MB L1 • MH MS1 L5 C1 D24 • MHi L1 • MiU MS1 L41 D27 • MnHi L2 • NIC R M • NNC L1 D1 • NNWML L4 • NNYI L11 • NSyU L1 • NcD L3 M • OClWHi D1 • PSt L1 • PU L3 • TxU L5 • WHi L100 C50 D4 • WaPS D1

DE CASSERES, Benjamin (1873-1945) • CLU L1 • COMC L1 • CSmH L10 • CU L7 • CtY MS13 L53 C6 REF22 • DLC L2 • ICarbS L3 • IU-R

De Casseres, Benjamin (cont.)

L5 • InU L9 C3 • MH L3 • MeWC L3 C1 • MoU L4 • NB C473 REF63 • NHi L2 REF66 • NIC L3 C1 • NN-B L2 • NNC L3 • NNU-F L5 C1 • NNWML MS1 L6 • NhD MS1 L3 C34 • OkU L1 • OrU L1 • PU L11 • TxU L14 1CTN • ULA L1 • ViU L1 C27

DEERING, Nathaniel (1791-1881) • MeB D1

DE FOREST, John William (1826-1906) • CSmH L1 • CtY MS19 L67 C34 D25 • DGU MS1 L1 • ICHi MS1 D1 • MH L26 C1 • MWA L1 • MdBJ L1 D1 • NNC L6 D6 • NRU L1 • NjP L2 C4 • OFH L1 • PHi L4 D1 • UPB L1 • ViU MS1 L5

DE JONG, David Cornel (1905-1967) • CtY L11 C7 • DeU MS1 L18 • IEN L1 • IU-Ar MS6 L10 • InU MS1 L10 C4 • MnU L8 C15 • MoSW L7 • NBuU L1 • NSyU L5 • NbU L2 C1 REF2 • NjR L1 • NvU MS4 L2 C2 • OkU L1 C1 • RPB-JH MS16 L117 M

DELAND, Margaret Ware (Campbell) (1857-1945) • CCamarSJ L2 • CL MS1 • CLSU L19 • CSmH MS2 L124 • CU L2 • CtHC L2 • CtHT-W L1 • CtY MS3 L24 • DLC L22 • ICL L2 • ICN L8 • IGK MS1 • IU-R L2 D2 • InGrD-Ar L1 • InLP L2 • InU L5 D2 REF3 • KyBB MS1 • KyBgW L1 • KyU L1 C1 • MA L6 • MB L38 • MBU MS1 L7 M • MCR L65 C3 • MH MS3 L68 C7 • MHi L5 • MWA L4 D1 PR • MWC L3 • MWelC L2 • MdBJ L1 • MeB L4 • MeWC MS11 L148 C3 PR • MiU MS1 • MiU-H L3 C1 • MoSW L8 • NBu L2 • NIC L2 C2 • NN-B L1 D1 • NNAL MS1 L21 • NNBa MS2 L17 • NNC L14 • NNMus L2 • NNPM L1 • NNU-F MS1 L11 • NNWML L1 • NRU L3 • NSsS L1 • NcD L1 • NhD MS1 L1 • NhHi L1 • NjMoHP L6 • NjP L1 C6 • OKentU L7 • OkU L1 C2 • PHC L1 • PHarH MS1 PR • PHi L3 D1 • PMA L5 • PP L5 • PPT L2 • PSC L1 • PSt L5 • PU MS1 L9 • RNR L2 • RPB-JH L5 • TxU L2 1CTN • UPB L1 • ViSwC L1 • ViU MS13 L100 M • VtU L8 • WHi L1 • WaPS L1

DELANY, Martin Robinson (1812-1885) • CSmH L1 • CtY L1 • DHU L2 • DLC L1 • NN-Sc D3

DE LEON, Thomas Cooper (1839-1914) • A-Ar L10 • CSmH L2 • NNC L2 • NcD L3 • ScU 1CTN

DELL, Floyd (1887-1969) • CLSU L2 • CSmH L6 • CU L1 • CoU L12 • CtY MS5 L87 C12 • DeU MS1 L47 C1 • ICL MS1 M • ICN MS220

L78 C350 D3 • ICarbS MS1 L4 • IGK MS1 L1 • IU-Ar L3 D1 • IU-R L9 C4 D2 • IaU L2 • InU MS9 L200 C10 D4 REF3 • KU-S L2 • KyBgW L3 C4 M • MBU L1 • MH L6 C2 • MWalB MS1 • MiU L2 • NBuU MS3 L4 • NIC L1 C10 • NN-B MS2 L2 D2 M • NNC L8 • NNU-F L5 • NSyU L2 C2 • NcD L1 • NhD L5 C2 • OCl MS1 • OClWHi L1 • OOxM L1 • OkU C1 • PSt L2 • PU L32 • RPB-JH L2 • TxU MS1 L1 PR • ViU L1 • ViW L1 • WMUW MS1

DELMAR, Viña (Croter) (1905-   ) • IU-R L1 • InU L4 • MBU L1 • NNC L7

DEMBY, William (1922-   ) • NBrockU-EC R • NNC MS1 L11

DE MILLE, Henry Churchill (1853-1893) • CSt MS1 • MH L1 • NNMus MS2 L2 • NNWH L3 • RPAB L2

DENISON, Mary Andrews (1826-1911) • MWA L8 • NNC D2 • PHi L3 • UPB L2 • ViU L2

DENNEY, Reuel (1913-   ) • ICN L3 • InU L3 C1 D3 • MoSW MS2 L16 • NBuU MS6 L4 • NhD MS1 • RPB-JH L3

DENNIE, Joseph (1768-1812) • MH MS26 L54 C104 D12 • MHi L24 D1 • NhHi C9 D1 • OMC L1 • PHi L4 C3 D7 • PPAmP L1 • PU MS3 L2 • RPB-JH L1 D1 • TxU MG1 • VtHi D1

DERBY, George Horatio (1823-1861) • COMC MS1 L4 • CSmH L4 D11 • CU L5 D3 M • CtY MS5 • InU L1 D2 • MB L1 • N L1 • NWM MS1 L1 • NjMoHP L1 • TxU L1 • ViU L1

DERBY, James Cephas (1818-1892) • CSmH L4 • CStbS C1 • CtY C1 • GEU L2 • ICHi C1 • InU C1 • KyLoF L4 • LNHT L11 C1 • MH C1 • MdBJ L1 • N L1 • NHi C3 • NIC C1 • NNC L36 C1 • NRU L123 C17 • NSchU L13 • NcD L1 • NjP L3 C2 • PHi L1 • RPB-JH L1 D1

DERLETH, August William (1909-1971) • CLO MS1 • CLSU L17 C4 • CU L6 • CtY L12 • DeU MS2 L32 • ICN MS2 L10 • ICarbS L3 • IDeKN L1 • IEN MS3 L138 C51 M • IU-Ar MS1 L2 • IaU L11 • InNd MS25 L4 • InU MS2 L5 D1 PR REF3 • KPT L1 • KU-S L2 C1 • MAJ L4 • MBU L8 • MH L3 • MWC C1 • MnU-K L1 C2 • NBuU MS70 L4 • NNU-F L186 • NbU L24 M REF2 • NjP MS1 L307 C246 D49 • NvU MS2 L2 • OKentU MS12 L5 • PSt L48 • PU L7 • RPB-JH MS4 L113 C20 PR M • TxU MS3 L20 C8 • TxWB L17 C15 D2 • ViLxW MS3 L5 • WGr MS17 L113 C83 D6 • WHi L100 C100 132CTN PR R M REF1, 2, 5, 7 • WLacU MS10 L3 C4 MG12 PR • WU MS1 • WaU L1

DERWOOD, Gene (1910-1954) ● DLC MS1 L29 C3 D4 ● IU-Ar D1 R ● InU MS95 L10 C45 D15 MG1 M ● MH MS76 ● MoSW C5 ● TxU C3

DEUTSCH, Babette (1895-   ) ● CLU MS1 L1 ● CU L3 ● CU-A L2 C2 ● CoU L3 ● CtY L12 C1 ● DLC L9 ● DeU D1 ● ICN L16 ● IEN L1 ● IGK MS1 L1 ● IU-Ar MS1 L5 M ● IU-R L7 ● InU L20 C15 D1 ● KU-S L1 ● MA L25 ● MBU L1 ● MCR L2 ● MH L7 ● MNS L5 ● MiU L8 C11 ● MiU-H L2 ● MnHi L1 ● MnU-SW MS1 L5 C5 ● MoS MS1 ● MoSW MS1 L31 C140 PR ● NBuU MS10 L25 R ● NN-B L1 ● NNAL MS12 L34 C60 D3 ● NNC MS1 L78 ● NNFF L4 ● NNU-F L1 ● NNWML L1 ● NbU L4 REF2 ● NhD MS3 L1 ● NjP L1 ● NjR L4 ● OAU MS2 ● OkU L1 ● PBm L1 ● PPiU L5 ● PSt MS1 L10 ● PU L17 ● RPB-JH L1 ● TMM L12 ● TxU MS1 L33 C2 1CTN ● ViU MS16 L1 ● ViW L1 ● WHi L4 C4 ● WMUW MS1 ● WaU L23 C9 ● WyU-Ar L2

DE VOTO, Bernard Augustine (1897-1955) ● CSt 51FT ● CoU L2 ● CtU L2 ● CtW MS1 L14 C12 ● CtY MS1 L11 D1 ● DLC L21 ● IU-Ar L1 C1 R ● IaU L4 ● InU MS1 L10 C9 ● LNHT L3 ● MBCo L1 ● MBU L3 ● MCR C1 ● MH MS1 L39 ● MHi L2 ● MQ MS1 ● MWelC L1 ● MeWC L1 ● MiU L9 C14 ● MiU-C L1 ● MnHi L5 ● MnU L4 C3 ● MnU-Ar L5 C7 ● MoCgS L1 ● MoSHi L15 C27 ● MoSW MS2 L6 ● MtHi MS1 L3 ● NBu L8 C7 ● NIC L2 ● NNAL L3 C4 ● NNC L15 ● NRU C1 ● NSyU L1 ● NbU L5 C6 ● NjP L1 C3 ● OkU L14 C27 ● PPC L1 ● PPiU L1 C3 ● PSt L1 ● PU L11 ● RPB-JH L1 ● TNJ L2 ● TxU MS1 L5 C5 ● UU L2 C15 ● ViU L2 ● WaU L9 C1

DE VRIES, Peter (1910-   ) ● ArU L3 ● CLU L9 ● CU L7 ● CtU L1 ● CtY L8 C2 ● DLC L23 D4 ● ICN L6 ● IaU L2 ● InU L9 C1 ● MB L1 ● MBU 1FT ● MH L1 C1 REF2 ● MU-Ar L3 C1 ● MeWC L1 ● MiU L5 C6 M ● MnU L10 C4 ● MoSW L1 ● NN-B L1 ● NNAL MS3 L4 C28 D10 ● NNC L2 ● NSyU L16 ● NbU L3 REF2 ● OU L18 C10 PR ● PBm L1 ● PSt L3 ● RPB-JH L12 C1 ● WaU L6 C1

DEWEY, John (1859-1952) ● CLU MS1 L4 PR ● CSmH L6 ● CSt L1 ● CU L8 C2 ● CU-S L1 ● CtY MS4 L41 C18 ● DLC L67 C2 1CTN ● FU L1 ● ICIU L1 ● ICL L1 D1 ● ICN L1 ● ICU L200 REF1 ● ICarbS MS3 L243 C1 D91 39FT PR R M REF1, 7 ● IGK D1 ● IU-Ar C2 D8 ● IU-HS L1 ● IaU L10 ● InU MS20 L700 C760 D20 ● KyBgW L2 ● MBU L5 ● MCR L1 ● MH L8 C3 D1 ● MMeT L14 ● MdBJ L11 C1 D1 ● MeU L2

88

• MeWC L2 • MiU MS1 • MiU-C L2 • MiU-H MS1 L139 C55 M • MnHi L70 C160 D5 M • MnU-Ar L1 C1 • MnU-SW L5 C4 D1 • MoFlM L2 D2 • NHi R M • NIC L2 • NNAL L1 • NNC MS14 L197 C2 D1 PR REF1, 4 • NNS L1 • NNYI MS1 L36 C21 • NPV L1 • NRU L1 • NcD L9 • NjR L1 • OO L2 • OU MS2 L18 C16 R • OkU L3 C1 • PBL L1 • PHC L1 • PLF L1 • PPAmP L20 C25 • PPT L1 • PSt L3 • PU MS1 L32 • ScU L12 • TxU L3 • ViU MS1 L23 C10 M • VtU L16 C14 D20 M • WHi L20 C20 • WyU-Ar L6

DICKEY, James (1923-   ) • CU L7 • DTr L1 • ICN L1 • IU-Ar MS1 L1 • InU L20 C15 D10 • MA L1 • MBU L2 • MiU L5 C7 • MoSW MS1754 L61 C880 D13 PR R M • NBrockU-EC R • NBuU MS1 L2 R • NN-B L2 • NNAL MS1 L5 C5 D8 • NNFF MS1 • NcWsW MS1 • NjR L2 • PPiI L5 C7 • RPB-JH L2 • TNJ L10 • TU L1 • TxHR L2 • TxU L3 C1 1CTN • WaU L4 C1 • WyU-Ar L7

DICKINSON, Emily (1830-1886) • CCC MS1 • CSmH L1 D2 • CtY MS4 L12 D3 • DDO L1 • DLC MS7 L1 • ICarbS D1 • InU L2 • MA MS874 L444 D50 REF4 • MAJ MS2 L14 M • MB MS48 L70 D22 • MH REF1 • MNF MS1 • MNS L2 • MU-Ar D1 • MWA MS4 • MWelC MS1 • MdBJ D1 • MeWC L2 C3 • MnM L3 • NN-B MS1 L3 • NNBa L1 • NNC D2 • NNPM MS3 L2 • NPV MS1 • NjP MS1 L2 D13 M • OU D12 • PBL MS1 • PPRF L35 M • RPB-JH D19 • TxU MS1 • ViRCU MS1 • ViU MS1 L8

DICKINSON, John (1732-1808) • CCamarSJ D1 • CSmH L2 C4 D2 MG1 • CtHi C1 • CtY L1 C5 D1 • DLC L24 C32 D6 • DeGE L2 C1 • DeU L1 C1 • ICHi L1 C3 • MB L3 C2 • MBU C2 • MH MS2 L13 C4 D5 • MHi L16 D5 • MWA L1 • MdHi L1 D1 • MiU-C L4 C3 D3 • N L1 C2 • NHi MS1 L9 C3 D1 REF66 • NNC L1 • NNPM L8 C1 D2 • NcD L3 • NhD L1 • NjMD L1 • NjMoHP L11 • NjP L7 D1 • OMC L2 • PCarlD L43 C17 D35 • PHi 20CTN • PP L5 • PPAmP L9 C5 D10 • PPC C1 • PPL MS10 J10 L65 C450 D300 24CTN • PPiU C3 • PSC-Hi L1 C2 • RHi L1 D1 • RPB-JH D1 • TxU MS1 • WHi L2

DICKINSON, Jonathan (1688-1747) • CtY D1 • MBU L1 D2 • MHi D2 • NNPM MG1 • NNStJ D2 • NjP MS1 L4 C2 D3 • PHi 4CTN

DICKSON, Harris (1868-1946) • CLSU L1 • IU-R D2 • Ia-HA L8 C6 • InU L1 C1 REF3 • LNHT L24 • MH L4 C1 • Ms-Ar MS84 L45 C630 PR • NNC L1 • NjP L2 • OkU L1 C3 • PPT L1 • TMM MS1

Dickson, Harris (cont.)
● UPB L1

DI DONATO, Pietro (1911-   ) ● MBU L5 ● NHemH MS1

DIERKES, Henry (1908-   ) ● ArU L1 ● NBuU MS3 L2 ● NbU L2 M REF2

DIGGES, Thomas Atwood (1742-1821) ● CSmH D1 ● CtHi C1 ● CtY L1 ● MHi L8

DILLON, George (1906-   ) ● ArU L10 ● CLSU L1 ● CLU L11 ● CU L2 ● CoU L3 ● CtY L17 C10 ● ICN L28 ● IEN L2 ● IaU L1 ● InU L10 C4 D5 ● MA L7 ● MBU L9 ● MH L6 ● MeWC L1 ● MiU L8 C10 ● MoSW L3 D1 ● NN-B L1 ● NNC L1 ● NRU L2 ● NSyU 3CTN REF1 ● NcA L1 ● NjP L3 C2 ● PSt L80 ● RPB-JH L6 ● TxU L7 ● ViLRM MS1 L5 ● ViRCU L1 ● ViU L11 ● VtU L1 M

DINSMOOR, Robert (1757-1836) ● CtHi MS1 ● CtY L1 ● MB MS2 D1

DI PRIMA, Diane (1933-   ) ● CtU MS2 J2 L28 ● DeU MS1 L31 C15 ● InU MS205 J1 L135 C110 D2 PR M ● KU-S MS1 L1 C1 R ● KyLoU MS136 L44 M ● NNC MS2 L20 C7 ● NNU-F MS2 L44 ● NSbSU MS1 ● NSyU 5CTN REF1 ● NcU MS22 L60 C1 ● OAU L9 ● OKentU L3 ● RPB-JH MS3 ● TxU MS20

DIXON, Thomas (1864-1946) ● CSmH L3 D1 ● CU L1 ● CtW L2 ● CtY MS1 ● DLC MS2 L1 ● GEU MS1 L12 D13 ● ICL L1 ● IU-R D1 ● InU L1 ● MH L8 C1 ● MdBJ L2 ● NIC L1 ● NN-B L2 ● NNC L1 ● NNU-F L1 ● NcA L1 MG1 ● NcD MS2 L24 D1 ● NcWsW MS2 ● NjP L3 C1 ● OkU L1 C1 ● PPT L1 ● TxU L2 ● ViU MS1 L2

DOANE, George Washington (1799-1859) ● CSmH L3 C1 ● CStbS L1 ● CU L2 ● CtHi L2 ● CtY L3 ● ICHi L2 ● MB MS4 L5 D1 ● MH L11 ● MHi L5 ● MiU L1 ● MiU-C L1 ● N MS2 L1 D3 ● NHi L7 ● NIC C1 ● NN-B MS5 ● NNC L1 ● NNPM MS1 L28 D1 ● NRU L2 ● NcD L3 ● NjMD L1 ● NjMoHP L1 ● NjP L41 ● PHC L5 ● PHi MS1 L42 C1 D7 ● PPL L1 ● PPRF L4 ● PPT L1 ● RNR L5 ● RPB-JH MS1 ● ViU L1 ● WHi L1

DOBIE, Charles Caldwell (1881-1943) ● C L2 ● CSf MS1 L2 ● CSmH L1 ● CSt L1 ● CU 26CTN REF1 ● CtY L2 ● IaU L1 ● InU L1 D2 ● LNHT L1 ● MH L1 ● NN-B L1 ● NjP L2 C1 ● PSt L2 ● PU L3

DOBIE, James Frank (1888-1964) ● ArU L1 ● CLSM L3 D1 MG2 ●

CLU R ● CSmH L12 ● CSt L1 C1 REF2 ● CoU L1 ● CtY L2 ● FU MS1 ● ICN L1 ● IEN L1 ● IU-R L13 ● IaU L1 ● KU-RH L1 ● KyU L2 ● LU-Ar L2 C1 ● MBU L1 ● MH MS1 L1 ● NNC L8 ● NcA L1 ● NcWsW MS1 L12 ● NhD MS1 ● NjP L21 C28 ● OkU MS1 L61 C64 D1 M ● OrU L2 ● PU L2 ● RPB-JH D1 ● TxCM MS6 L2 C1 MG125 PR ● TxFTC L2 ● TxGeoS MS20 L270 C15 PR M ● TxHR 1CTN ● TxLT L12 C4 1CTN R ● TxSaU L11 C6 D38 MG68 R M ● TxU MS100 L1000 C10000 D400 ● TxWB L29 C5 ● ViSwC L4

DODD, Lee Wilson (1879-1933) ● CU L3 ● CtY MS68 L13 C56 ● DLC MS3 ● InU L1 ● MH MS1 L4 ● NSyU L1 ● PU L1 ● RPB-JH MS1 L1 ● TxU L3 ● ViU MS1 L3

DODD, Mary Ann Hanner (1813-?) ● CtHT-W MS1 ● CtHi MS1 ● MB L1 ● NjN L1

DODGE, Henry Nehemiah (1843-1937) ● CtY L1 ● DLC C2 ● MH L1 ● NNC MS1 ● PSt L1

DODGE, Mary Abigail (1833-1896) ● CSmH L2 D1 ● CSt L1 ● CU-S L1 ● CtHi L1 ● CtY L6 C1 ● DFo MS1 ● DLC MS1 L2 2CTN ● DeU L1 ● LU-Ar L1 ● MB L8 D2 ● MBAt L1 ● MBU L1 ● MCR L7 ● MH L35 C1 ● MHi L1 ● MSaE MS2 L86 C175 ● MdBJ L6 ● MeB L1 ● MeWC C1 ● MiMtpT L33 ● MnHi L1 ● MnM L1 ● NBu MS1 L3 REF65 ● NHi MS1 L3 ● NN-B L8 ● NNBa MS1 L6 ● NNC L4 D4 ● NPV L1 ● Nh L1 ● NhD D1 ● NjMoHP L3 ● NjN L1 ● OClWHi L1 ● PSC-Hi C1 ● RPB-JH L3 D2 ● TxU L2 ● UPB L1 ● ViU MS2 L43 C1 ● WHi L1

DODGE, Mary Elizabeth (Mapes) (1831-1905) ● CCamarSJ MS1 ● CHi L1 ● CLU L1 ● CSmH MS1 L74 C4 ● CU L5 ● CtHSD C1 ● CtHT-W L35 ● CtW L2 ● CtY MS1 L5 ● DLC L17 ● IGK L2 ● IU-R L1 ● IaU L14 ● InU C4 ● LNHT L4 ● MA L2 C6 ● MB L10 ● MCR L2 ● MH MS1 L21 ● MNS L1 ● MWA L1 ● MdBJ L2 ● MeWC L2 C3 ● MiMtpT L1 ● MiU L1 ● MnM L1 ● MoSW MS1 L5 ● NBu MS1 L3 REF65 ● NHi MS2 L2 C11 REF66 ● NIC L3 ● NNBa MS1 L2 ● NNC MS2 L1 ● NNPM L1 ● NRU L1 ● NSchU L2 ● NcD L4 ● NhD C1 ● NjMoHP L4 ● NjP 12CTN ● PHi L4 D2 ● PSt L1 ● PU MS1 L1 ● RPB-JH L3 C2 D2 ● TxU MS1 L3 C1 ● UPB L1 ● ViU MS7 L21 C2

DODGE, Richard Irving (1827-1895) ● CtY L29 C1 ● ICN 1CTN REF40 ● MH L1 ● MdBE L2 ● N L3 ● NmSM MS1 ● VtHi D1

DODSON, Owen (1914-   ) • CtY MS10 L14 C63 D1 M • DHU 6CTN • GAU MS5 L10 C11 • KLeS L1 • NBuU L2 • NNFF L6 C4 D3 • NSyU L9 • TNF R

DOLE, Charles Fletcher (1845-1927) • CU L3 • CU-S L1 • InU L3 • KyBB L11 • MBU L2 • MCR L6 • MH L13 C5 • MHi L6 • MeB L1 • NIC L1 • NNC L2 • RPB-JH L1

DOLE, Nathan Haskell (1852-1935) • CLU L8 • CSmH MS4 L9 • CU L1 • CtHT-W L5 • CtY L7 C1 • DLC L2 • ICN MS1 L2 • IGK MS1 L1 • IU-R D2 • IaU L1 • InU L2 • LNHT L1 • MA L3 C1 • MB MS1 L3 C5 • MH MS1 L50 C27 • MNS L3 • MWA L2 • MWH MS1 L1 C1 • MdBJ L9 • MeWC L1 • MoLiWJ L1 • MoSW MS4 L2 • NBu L1 • NBuU L2 • NIC L1 • NNC MS1 L22 • NNU-F D2 • NNWML L3 • NhHi L3 • NjP L9 C17 • PPT L1 • PSt L5 • PU L1 • RPB-JH MS1 L6 • TxU L4 • UPB L2 • ViU MS2 L1 • VtU L1 • WHi MS1

DOLSON, Hildegarde (1908-   ) • PHarH MS3 • PMA MS5 L1 • TxU L1

DONLEAVY, James Patrick (1926-   ) • NNC L12 D2 • NjR L1

DONN-BYRNE, Brian Oswald (1889-1928) • CLSU L1 • CSt MS1 L1 D1 • CtY L3 M • DLC MS10 • ICL L2 C1 M • InU L4 D20 • MB 1FT REF1 • MH MS4 REF1 • NN-B D1 • NNC L1 • NNPM D1 • NNU-F L1 • NdU L1 • NjN L1 • NjP L5 C2 D20 • RPB-JH MS1 • TxU PR • ViU MS2 L2

DONNELLY, Ignatius (1831-1901) • CLU L3 • CSmH L1 • CtY L7 • DFo L15 D3 MG3 • DLC L25 C1 D3 • ICHi L2 • InFwL L2 • InU L1 C1 • KPT MG1 • MH L7 • MWH L1 • MdBJ L2 • MeB L1 • MnHi L45 REF4, REF60 • MnU-Ar L1 • NIC L2 • NNC L3 D3 • NNPM L2 • NNU-F L2 • NRU L1 • NjP L1 • PHC L1 • PHi L1 • PMA L1 • ViU L3

DORN, Edward (1929-   ) • CLSU R • CLU L4 • CU-S L2 • CtU MS12 L368 C279 1CTN R REF2, 3, 7 • DeU L3 D1 • IEN MS2 L4 PR • InU MS2 L7 C3 • KU-S MS42 L12 • MoSW L4 C3 D5 • NNC L3 C2 • OU MS1 • TxU MS3 L4

DORR, Julia Caroline (Ripley) (1825-1913) • CL MS1 • CLU L7 • CSmH MS1 L17 • CU-S L5 • CtHi MS3 L4 • CtY MS1 L3 • DFo L1 • DLC MS1 L7 • FU L1 • ICHi MS1 • ICN L1 • IGK MS2 L3 • LNHT L6 • MA L2 • MB L1 C1 • MCR L1 • MH MS2 L32 •

MNF MS1 L1 • MWA L2 • MWelC L2 • MdBJ L2 • MiU MS1 L2 • NBu MS1 L1 REF65 • NHi MS1 L1 • NNBa MS2 L1 • NNC L38 • NNU-F MS1 L2 • NRU L1 • NcD L14 • NjMoHP L2 • NjP MS5 L114 C80 D35 • PHC L1 • PHi L3 C1 • PSC-Hi MS1 • RPB-JH L1 • ViU MS6 L6 • VtHi MS1 L2 D1 • VtMiM 6CTN • VtU MS2 L9 • WHi D10

DORSEY, Anna Hanson (McKenney) (1815-1896) • DTr MS1 • InNd-Ar L234 D93 • MH L2

DORSEY, Sarah Anne Ellis (1829-1879) • NSchU L3 • NcD L1

DOS PASSOS, John Roderigo (1896-1970) • CSt 1CTN REF2 • CStbS L2 • CU L4 • CtW L1 • CtY MS1 L9 C1 D1 2CTN • DGU L11 • DLC L5 PR • DeU L1 • FU R • ICN L15 • ICarbS MS3 L30 C2 • IU-Ar L2 D1 R M • IU-R L2 D1 • IaU L1 C1 • InU L35 C2 • LNHT L1 D2 • MA L5 • MBU MS1 L27 • MH MS1 L76 C3 • MU-Ar D1 R • MWC L1 • MdBJ L5 • MdU MS5 L4 • MeU L1 • MiU L3 C2 • MnHi L1 • NBuU L18 • NHC L3 • NIC MS3 L10 C5 D3 PR • NN-B L1 • NNAL MS4 L42 C23 D3 • NNC MS1 L50 D2 • NNFF L1 • NNU-F MS2 L4 • NPV L2 • NRU L1 • NSbSU L1 • NSyU L57 C1 • NjP MS2 L21 C6 D4 • NjR L9 • NvU PR • OkTU L7 • OkU L1 • OrU L10 M • P L1 • PPC L1 • PPT L3 C2 • PSt L2 C2 • PU L39 • RPB-JH L1 • TxU MS6 L11 C3 D5 PR • ViU 60FT REF7 • VtMiM L1 C2 • WyU-Ar L31

DOUGLAS, Lloyd Cassel (1877-1951) • CLSU L2 • CtY MS2 L4 • GAHi L1 • GEU L2 • ICarbS L4 C3 M • IU-Ar MS1 L27 C25 D4 • MB L1 • MBU L4 C1 • MH L2 C1 • MeWC L4 • MiU MS2 L1 • MiU-H 6FT M REF7 • NNC MS32 L160 • NNU-F L1 • NSyU L1 • NcGrE L1 • NjP L7 C8 D2 • ODaU L1 • OMC L1 • OrU L4 • PGC MS1 • TxU L3 • ViU MS1 L1 • VtU D3

DOUGLASS, Frederick (1817-1895) • CSmH L11 D3 • CtHi L1 • CtY MS1 L30 M • DLC MS2 L14 C3 D4 • GAU L15 M • ICN L2 • IEN L2 D1 • IGK L1 • IHi MS1 L1 • IU-HS L1 • InFwL L1 • InU L2 D1 • KyBB L1 • LNHT M • MB L39 C1 D270 • MCR L1 • MH L8 • MHi L3 • MWA L5 • MeB L1 • MiU-H L1 M • MnHi L1 • MoSHi L1 • N L1 • NAurW L1 • NBu L2 REF65 • NBuHi L1 • NHi L8 C1 • NIC L2 • NN-Sc MS1 L11 D3 REF1 • NNC MS1 L20 D1 • NNPM L6 • NPV L1 • NR L4 D1 • NRHi L4 M • NRM L3 • NRU L42 REF1 • NSyU L100 D1 • NcD L1 M • NhHi L8 D1 • NjP L3 C1 • NjR L8 • OCHP

Douglass, Frederick (cont.)

L2 • OFH MS1 L16 C1 D3 • OMC L1 • PSC-Hi L2 • RPB-JH L1 D1 • T D1 • ViU L2 • VtHi D1

DOUGLASS, William (c.1691-1752) • MHi D4 • NHi L1 • RPJCB MS1

DOWDEY, Clifford (1904-   ) • ICN L1 • InU D1 • KyBgW L1 • MH L8 C1 • ViRU MS1 • ViSwC MS9 L1 C2

DRAKE, Joseph Rodman (1795-1820) • CSmH MS15 • CU MS1 • CtY MS1 • IU-R D1 • NHi MS3 REF66 • NN-B MS1 D2 • NNPM MS1 • PHi L2 • RPB-JH D2 • VtMiM MS1

DRAKE, Leah Bodine (1904-1964) • KyU 31CTN REF1 • MA L2 • NBuU MS2 L3 • NbU L1 REF2 • RPB-JH L2 • UPB MS1 L1

DRAPER, John William (1811-1882) • CSmH L4 • CtY L9 • InU L1 • MB L3 • MH L1 • MHi L3 D1 • N C1 • NHi L4 D1 REF66 • NIC L2 • NNC L2 D21 • NNPM L1 • NcD L1 • OFH L2 • PHi L7 • PPAmP L1 D4 • PPC L1 • RHi L1 • ViU L2

DREISER, Theodore (1871-1945) • CCC L1 • CCamarSJ L4 • CL MS2 L18 C2 M • CLSU L2 • COMC MS1 L1 • CSf L1 • CSfU L1 • CSmH REF2 • CSt L15 C13 D1 • CStbS D2 • CU MS2 L26 C8 D5 M • CtNlC L1 • CtY MS3 L79 C28 D2 M • DGU L1 • DLC L14 C1 • DeU L2 D1 • ICN L57 • ICarbS L4 C5 • IEN L2 • IGK L1 • IU-Ar L2 C1 • IU-R L40 C59 D6 • IaU L2 • In L9 D2 • InGrD-Ar L12 C1 • InLP L3 C3 • InNhW L2 • InTD L2 • InTVHi M • InU MS35 J1 L190 C55 D20 M • KyBB L1 • KyU L9 M • LNL L1 • MA L2 • MB L15 • MCR L6 • MH L19 C2 D1 • MH-BA L1 • MNS-S MS1 • MWC L22 D21 • MdBJ L2 • MdU MS6 L24 D1 • MeWC L1 • MiU L2 C1 D1 • MnHi L1 • MnU-Ar L1 C1 • NB L5 • NBu L1 • NHi L1 • NIC MS129 L2251 C293 D68 PR M • NN-B MS1 L3 C1 D2 • NNAL MS1 L3 C15 D1 • NNC MS6 L89 D5 • NNPM L7 • NNU-F L40 C4 D3 • NNWML L7 • NNYI L1 • NPV L2 • NRU MS4 L22 • NcD L1 M • NcU L1 • NhD L30 • NjP MS2 L13 C13 D1 • NjWP L1 • OKentU L9 • OU L1 • OkU C1 D1 • OrU L1 M • PBm L1 • PGC L2 • PHC L2 • PHi L1 • PPT L52 C12 • PSt MS1 L4 • PU 481CTN PR R M REF1 • RPB-JH L3 • TxHR L1 • TxU MS6 L114 C9 D22 • ULA L4 • ViU MS77 L207 C7 D12 M • WHi L2 C2 • WyU-Ar L22

DRESBACH, Glenn Ward (1889-1968) • ArU MS1130 C411 D146

94

MG9 PR R M REF1 • CLSU L1 • ICN D1 • IGK L2 • InNd L13 C3 • MH MS2 L9 • NBuU MS7 L2 • PPT L31 • PU L2 • ViU MS2 D3 • ViW L1

DRURY, Allen (1918-   ) • CSt-H REF1, 2, 7 • CtY L1 C1 • MBU L1 • MH L2 • MWalK L1 REF2 • NNU-F L1 • P L1 • PSt MS1 • VtMiM L5 C2

DRURY, Clifford Merrill (1897-   ) • CU MS1 • WaPS 2FT REF1 • WaWW MS1

DU BOIS, Constance Goddard (fl.1890) • CLSM L34 D1 M • CU L2 • ICN L1 REF1 • PU L1

DUBOIS, William Edward Burghardt (1868-1963) • CSmH L1 • CU L1 • CtY MS15 L169 C71 • DGU L1 • DHU MS1 • DLC L6 C9 • FU MS1 • GAU MS7 L10 C8 • ICN L8 C15 D36 • IaU L1 • KLeS L1 • KPT L1 • LNHT L1 • LNU L5 • MB L3 • MH L8 C1 • MHi L1 D1 • MNtcA L1 • MU 65FT REF3 • MU-Ar 65FT REF3, 4, 7 • MdBJ L18 C3 • MiU-H L4 C3 • MnHi L5 • MnU-SW L2 D3 • NN-Sc MS1 L16 C1 D11 REF1 • NNAL L7 C25 • NNC MS2 L9 • NPV L1 • NSbSU L2 • NSyU L18 • NcD L7 • NjP L1 C1 • OFH L8 C1 • PCarlD D4 • PPT C1 • PU L4 • RPB-JH L2 • TNF MS82 L13 C5 D1 REF4 • TxGR L1 • TxU 1CTN • VtU L1 C2 • WHi L5 D10 R

DUCHÉ, Jacob (1737-1798) • CSmH L1 C1 • CtHi L1 • CtY D1 • DLC L5 C2 • ICHi D1 • MB D2 • MH D1 • MiU-C D1 • NhD L1 D1 • NjMoHP L1 • NjP L1 • OClWHi D1 • PHC L2 • PHi L18 C3 D5 • PPAmP L4 • PPL L2 D3 • PU MS1 L1 • TxAuE L33

DUGAN, Alan (1923-   ) • DeU D1 • IU-Ar L3 • InU L10 C10 D9 • MoSW L6 C6 • NBuU R • TxU MS1

DUGANNE, Augustine Joseph Hickey (1823-1884) • CLSU MS1 L1 • CSmH MS3 L2 C1 • CtHi L1 • CtY MS1 • ICHi L1 • ICN L2 • MB MS1 • MHi L1 • N L4 • NRU L3 C1 • NcD L1 • NjMoHP L2 • OCHP MS1 • PHC L1 • PHi L6 D2 • RPAB L4 • RPB-JH L1 • ViU MS1 L2

DUGUE, Charles Oscar (1821-1872) • PHi D1

DUNBAR, Paul Laurence (1872-1906) • CCamarSJ MS1 • CtY MS3 • DHU MS10 • DLC MS29 L6 D2 • GAU MS4 L2 • ICN L1 • In D1 • InRE L8 • KyBB L1 • MH L6 • MWelC MS2 • NN-B MS1 • NN-Sc MS3 L81 C1 • NNC MS1 L10 • NNU-F L1 • NcD L1 M • OHi MS96 L83 C177 D800 REF4, REF83 • PHC L1 • PHi L4 • PSC L1 • PSt L2

Dunbar, Paul Laurence (cont.)

• RPB-JH L1 D1 • TxU MS1 L1 • ViU MS1 L5 • WHi MS1

DUNCAN, Actea Carolyn (1913-   ) • IaU MS2 L1

DUNCAN, Robert (1919-   ) • CLSU R • CLU L4 R • CStbS L2
• CU 1CTN • CU-S L10 • CtU MS30 L112 PR R • DeU L3 • IEN MS1
L1 • IU-Ar L6 • InU MS2 J1 L10 C10 D1 • KU-S MS1 L1 • MeWC MS1
• MoSW MS14 L52 C126 D12 PR R • NBuU MS1 L5 R • NSbSU L2
MG1 PR • NSyU L4 • NbU L1 • NjR L4 • OKentU MS3 • OU MS3
• RPB-JH D3 • RU L1 • TxU MS6 L16 • WaU L5

DUNCAN, Thomas William (1905-   ) • IaU MS3 L8 C1 16CTN •
MBU 38FT REF1 • MH L1 • RPB-JH MS1 L14

DUNIWAY, Abigail Scott (1834-1915) • CSmH L2 D1 • CtY L1 • KyU
L10 • MCR L1 • OrHi J11 L14 D1

DUNLAP, William (1766-1839) • CSmH MS1 • CtHi L1 • CtY MS1
J6 L18 C1 D2 • KyU C1 • MB L3 • MH L3 C1 D1 • MHi L3 • MWA
L1 • N D2 • NHi L15 C4 D4 5CTN M REF66 • NIC L1 • NNC L3 C4
• NjMoHP L1 • PHC L4 • PHi L9 C15 • PPRF D1 • RPB-JH MS1 •
ViU L4 D1

DUNNE, Finley Peter (1867-1936) • CCamarSJ MS1 L1 • CtY L2 •
DLC L22 C194 • ICHi L26 • ICN L2 • IU-R C3 D3 • InLP L8 C1 •
InRE L1 • InU MS1 D3 • MH L3 • MWA L1 • MeWC L1 • NN-B L37
• NNAL L4 • NNC L5 D53 • NNPM L1 D1 • NNU-F MS1 L1 • NRU
L1 • NcD L2 • NjP L5 C34 D135 • OkU C1 • PHi L1 • PMA L1 • RNR
L1 • RPB-JH D2 • UPB L1 • ViU MS6 L4

DU PONCEAU, Peter Stephen (1760-1844) • CLU MS1 C1 • CSmH
L9 C7 • CtW L1 • CtY L1 C2 D2 • DGU MS1 • DLC L45 C27 • DeGE
L5 C1 • DeU L2 • ICN L2 • InU L3 C5 D2 • MB L4 C7 • MH L7 C3
• MHi L42 • MWA L3 C1 • MdBJ D1 • MdHi L10 D3 • MoSHi D1
• MoSW L1 • N C1 D2 • NHi MS1 L78 C7 REF66 • NIC L61 C1 D1
• NNC L3 C6 • NNPM L10 C3 D1 • NhD L2 D1 • NjMoHP L4 •
OClWHi C1 • PHi 12CTN • PPAmP MS7 L350 C250 D150 • PPC C13
• PU L2 D1 • RPB-JH L1 • ScU L1 C2 • TxU L1 • WHi L2

DUPUY, Eliza Ann (1814-1881) • DLC 6CTN • NNPM L1 • NcD L53
• OCHP L1 • PHi L1 D1

DUYCKINCK, Evert Augustus (1816-1878) • CSmH MS2 L6 • CSt
L1 • CtY J1 L19 • DGU L1 • DLC L22 C1 • FU L1 • IGK L1 • IU-R

L1 • InU C1 • MB L4 C3 • MH L29 C5 • MHi L7 • MS L1 • MdBJ L7 • MeB L1 • MiU-C L1 • N L1 • NBu L1 • NHi MS2 L12 D1 M REF66 • NIC L1 • NN-B C1 • NNC L35 D1 • NNPM L3 C1 • NSchU L8 • NcD L5 • NjMoHP L1 • NjP L1 C1 • PHC L1 • PHi L17 • RNR L2 • RPB-JH C2 D1 • ViU L12 C3

DUYCKINCK, George Long (1823-1863) • CSmH L1 • MB L1 • MHi L1 • N L2 • NNC L1 • NRGE L2 • PHC L1 • PHi L2 • RPB-JH C1

DWIGHT, John Sullivan (1813-1893) • CSmH C1 • CtY C17 • IU-HS C5 • MB MS3 L13 C347 D4 • MChB C1 • MH L12 C124 • MHi L4 • MeWC C4 • NHi C2 • NNC L1 C4 • NRU C1 • NcD C1 • PHi C2 • VtMiM L5 C8

DWIGHT, Sereno Edwards (1786-1850) • CtHC L4 • CtY L24 C2 • DeGE L1 • MB L2 C1 D1 • MHi L1 • NHi L2 M • NNC L3 C1 • NjP MS1 • PHi L6

DWIGHT, Theodore (1764-1846) • CCC L1 • CSmH L29 • Ct L2 • CtHC L1 • CtHSD L2 D1 • CtHT-W L1 • CtHi MS36 L42 C25 • CtY L100 C6 • ICHi L1 • MA L3 • MB L2 • MHi L4 • MNF L2 • MWA L1 • NHi L15 D1 REF66 • NNC L1 C1 D4 • NNPM L3 C1 • NhD D2 • NhHi L1 • NjMoHP L1 • PHC L4 • PHi L18 C1 • RPAB L3 • RPB-JH L3 • RPJCB L1 • ScU C2 • ViU L1

DWIGHT, Theodore William (1822-1892) • CSmH L2 C2 • CtLHi L1 • CtY L17 C2 • DLC L3 • ICN L1 • LNHT L8 • MA L1 • MH L1 • MHi L1 • MdBJ L4 • N L1 C1 • NNC L41 C1 D4 • NRU L2 • NcD L2 • NhD L1 • NjMD L1 • NjP C2 • OFH D1 • PBL L1 • PHC L1 • PHi L3 • PPL L7

DWIGHT, Timothy (1752-1817) • CSmH L1 • Ct MS2 D1 • CtHSD L2 • CtHi L21 C12 D2 • CtLHi L3 C2 D3 • CtY MS22 J18 L46 C13 D10 M • DLC L2 C4 • ICHi L1 • MA L1 C7 D1 • MB L4 • MBC MS1 • MH L2 • MHi L3 D1 • MWA L1 • N MS1 • NHi L4 • NIC L1 • NNC L1 C3 D9 • NNPM L1 • NcD D1 • NhD D12 • NhHi L1 • NjMD L1 • NjMoHP L4 • NjP MS1 • OMC L2 D1 • PHC L2 D2 • PHi L13 C3 D1 • PPL L2 • RNR L1 • RPB-JH C2 • ViU L1

DWIGHT, Timothy (1828-1916) • CLU L1 • Ct L1 • CtHC L4 • CtHT-W L1 • CtLHi L1 D1 • CtY MS6 L249 C22 D9 • ICHi J1 • ICN L7 REF1 • IaGG MS2 • InU L2 • MAnP L1 • MB L1 • MBU L4 • MH L3 • MHi L1 • MWA L18 • MdBJ L38 C8 D2 • MeB L2 • MiU-H L1

97

Dwight, Timothy (cont.)

• NHi L2 C1 • NIC L19 • NNC L3 • NNPM L3 • NRU L1 • NcD L3 D1 • NhD D1 • NjMD L1 • NjMoHP L4 • NjP L3 • OFH L2 C1 • PHi L5 • RPB-JH L2 • ViU L3 • VtHi D1 M

DYE, Eva (Emery) (1855-1947) • C L1 • CLSU L1 • CSmH L4 • CU L2 • CtY L1 • ICN L1 • MoSU L1 • OrHi MS10 L40 C320 D50 M • OrU L9 • WHi 1CTN

EAMES, Wilberforce (1855-1937) • CSmH L1 • CU L5 • CtHC L1 • CtHT-W L1 • CtHi L1 • CtY L10 • ICN L8 • IU-HS L1 • IaU L1 • InU L1 • LNHT L16 • MB L1 • MH L22 • MHi L19 • MWA L5 D1 PR • MWiW-C L1 • MdBJ L8 D4 • MiU-C L33 D1 • N L1 • NHi MS1 2CTN 3FT REF66 • NIC L2 • NJQ L1 • NNC L3 • NNMM L1 • NSchU L9 • NcU L1 • NhD L1 • NjMoHP L3 • NjP L3 C1 • OFH L1 • OU L20 C20 • PHi L1 • PPRF L1 • PSt L6 • PU L1 • RPAB L12 • RPB-JH L1 • VtU L3

EARLS, Michael (1873-1937) • ICL L3 • InNd MS1 • MWH MS8 L7 C391 MG10 M

EASTLAKE, William (1917-   ) • IU-Ar L3 • KU-S MS1 • MBU L1 • NNC L7 • NNFF MS1 L2 C4 D3 • PU L1 • RPB-JH L2 • TxLT MS1

EASTMAN, Annis Ford (1852-1910) • InU L5 C5 D3

EASTMAN, Max Forrester (1883-1969) • CLSU L2 • CLU L2 C1 • CStbS L1 • CU L13 • CU-A L1 • CoU L2 • CtHMTM L3 • CtY L77 C20 • DLC L10 • DeU L11 • ICN L49 • IEN MS1 L3 • IU-R L2 MG1 • InGrD-Ar L2 • InLP L1 C1 • InTI L1 • InU MS160 L1158 C3500 D50 PR • KyU L1 • MA L1 • MBU L3 • MH L31 C11 • MWelC L1 • MeWC L13 C2 • MiU L17 C16 D10 • MiU-H L1 • MnHi L1 • MnU L2 • MnU-SW L1 C2 D6 • NBuU MS2 L7 • NIC C5 • NN-B MS4 L20 C1 • NNC L158 C1 D1 • NNU-F L1 • NNWML L2 • NPV L2 • NRU L6 • NSyU L8 C1 D1 R • NcD L1 • NcGrE L1 • NhD MS2 L2 D1 • NjP L144 C169 D53 • NjR L1 • PGC L1 • PMA C1 • PSC L1 • PU L28 • RPB-JH L2 • TxU L11 C1 • ViRCU L2 • ViU L3 • VtMiM L2 C1 • VtU L3 • WHi L2 C2 • WyU-Ar L9

EATON, Charles Edward (1916-   ) • ArU L1 • CU-S L1 • ICN L45 • IU-Ar MS1 L1 • InU L6 • KyU MS79 L128 D2 M • MA L3 • MBU MS11 • MH L8 C8 • MoSW L21 • NBuU MS2 L3 • NIC L1 • NNFF

D1 • NSyU MS1 L7 C1 • NbU L8 REF2 • NcU MS1 • NjR L2 • PU L4 • RPB-JH L7 • TxU L2

EATON, Evelyn Sybil Mary (1902-   ) • CSmH L1 • CtY C1 • MBU 8FT REF1 • NNFF D1 • TxU L1 • ViSwC MS1

EATON, Walter Prichard (1878-1957) • CLSU MS1 L14 • CSmH L4 • CtNlC L3 • CtW L1 • CtY MS110 L6 C1 MG2 • IGK MS1 L2 • IU-R C1 • IaU L2 • InU L8 C1 D1 • KyU L2 • MA L7 C3 • MAnP MS2 • MB L2 • MBAt L1 • MBU L1 C1 • MH MS2 L9 C1 • MMal MS1 L3 • MNS L1 • MStoc MS2 1CTN • MU L1 • MeWC L1 C1 • MiU L14 C20 M • NIC L2 • NN-B L2 • NNAL L31 C40 D5 • NNC L30 • NcD MS3 • NjN L3 • OCl L1 • OkU L1 C1 • P L1 • PPT L1 • PSC L1 • PSt L1 • PU L8 • RPB-JH L2 C1 • ViU 6FT • VtU L3

EBERHART, Richard (1904-   ) • CLU MS2 L1 • CU MS1 L6 • CtU L2 • CtY MS2 L29 C3 D1 PR • DLC MS2 L31 • ICN MS1 L12 • IEN MS1 • IU-Ar MS3 L32 M • InGrD-Ar L1 • InU L25 C10 D10 • MA L5 • MB MS1 • MBU MS15 L10 C2 REF1 • MH MS22 L12 C1 PR M • MMeT L4 • MNS MS2 L1 • MNoW MS1 L1 • MU-Ar R • MdBJ L4 • MeWC L1 • MiU L4 C6 • MoSW MS2 L113 C6 • NBrockU-EC R • NBuU MS34 L39 • NCH MS21 L17 • NN-B MS4 • NNAL MS1 L53 C36 D12 • NNC MS3 L18 • NNFF L10 C9 D2 • NNU-F MS1 L7 • NSsS L7 MG1 M • NSyU L7 • NbU L3 REF2 • NcWsW L2 • NhD 45FT PR M REF2, 7 • NjR L3 • PPiI L5 C10 R • PSC MS2 R • PSt L4 • RPB-JH MS3 L19 • RU MS4 L7 • TxU MS14 L30 C11 D3 • VtMiM L4 • WaU MS1 L21 C4 • WyU-Ar L97

EDDY, George Sherwood (1871-1963) • CU L5 • CtHC L2 C6 • InU L20 D1 • KyBB L7 C8 • MBU L5 • MH L1 C1 • MiU-H L17 • MnHi L7 C9 • NPV L1 • NcD L9 • OkU L1 • PPT L1 • TxHR L1

EDDY, Mary (Baker) (1821-1910) • CSmH L153 D9 REF2 • CU L5 • CtHSD C1 • DLC L3 D1 • GAHi L1 D1 • MB MS1 • MH D13 M • MHi L1 • NcD L2 • Nh L1 D1 • NhD L1 • OMC L1 • RPB-JH D2 • ScU L2 • ViU L1

EDMAN, Irwin (1896-1954) • CSt L3 • CU L2 • ICN L24 • IEN L1 • IU-Ar L3 C1 D1 R • InU L2 • MA L1 • MBU L1 • MCR L1 • NNC MS1 L67 C1200 REF7 • OU L2 C1 • PBm L1 • PCarlD L1 • PU L14 • TxU L2 • VtMiM C1

EDMONDS, Walter Dumaux (1903-   ) • CSmH L2 • CSt 1CTN •

Edmonds, Walter Dumaux (cont.)

CtY L2 • MBU L2 • MH L9 C1 • MeWC L1 • MiU L5 C6 • MnU-K L4 C1 • NIC L2 • NNC L1 • NSchU MS1 • NSyU L1 • NcA L1 • ODaU L1 • PCarlD L1 • PHi L1 • PPC L1 • TxU L17 C1 • ViBlbV L1 • ViU L8 C13 • VtU L1 • WHi L2 C2

EDWARDS, Annie (?-1896) • CLU L3 • IU-R L252 C1 D47

EDWARDS, Harry Stilwell (1855-1938) • CSmH MS1 L2 • GEU L8 C1 • GU MS1 • IU-R L1 • InU L1 • MH L3 • NNAL L17 C25 D2 • NNC L33 • NPV L5 • NcD L10 • OkU L1 C1 • PPT L1 • PSt L1 • TxU L10 • UPB L1 • ViU MS1 L4

EDWARDS, Jonathan (1703-1758) • Ct D1 M • CtHC MS1 L5 C1 D3 • CtHi L4 • CtY MS1250 L20 C12 D8 M REF7 • DLC L1 • M-Ar L3 D15 • MA MS1 • MAJ L1 • MB MS1 L2 D1 • MBC L2 • MH L4 D1 • MHi L7 D9 • MNF MS1 L2 D3 • MNtcA MS57 J1 L134 C13 M • MStoc L1 M • MWA L1 • NHi L1 • NNPM L1 D1 • NRU MS1 • NhD L2 C2 D4 • NjMD L1 • OMC L1 • PHC L1 • PHi L4 • RHi L6 • RNR L1 • RPB-JH MS1

EGAN, Maurice Francis (1852-1924) • CtY L6 • DFo L4 • DGU MS1 • DLC L2 • DTr L1 • ICL L1 • InNd MS3 L10 C11 • InNd-Ar L293 C2 D268 M • KyBgW L1 • LNHT L3 • MCR L1 • MChB L1 • MH MS1 L4 D1 • MWH L20 • MdBJ L2 • MiU L1 • NBu L2 • NHi L5 • NN-B L1 • NNAL MS3 L17 C30 • NNC MS1 L53 D2 • NNU-F MS1 L3 • NRU L7 C2 • NcD L2 • OCX L9 • PSt L2 • PU L5 • RPB-JH MS1 L1 • TxGR L2 • ViU MS5 L3 • WHi MS1

EGGLESTON, Edward (1837-1902) • CCamarSJ L1 • CSmH MS2 L29 • CU-S L1 • CtHT-W L7 • CtHi L3 • CtY MS2 L9 • DLC L4 • ICL L1 • ICarbS L1 • IEN L2 • IU-Ar L1 • IaGG MS1 • IaU L1 • In L8 C57 D6 • InHi L8 M • InU MS1 L7 C1 D2 REF4 • MA L1 • MB D1 • MChB L1 • MH MS1 L11 C40 • MHi L4 • MS L1 • MWA L3 • MdBJ L11 • MeB L3 • MeWC L3 • MiU-C L1 D2 • MnHi L6 • N MS6 L6 D3 • NBu MS1 L1 REF65 • NHi L1 REF66 • NIC L1059 C1642 M • NN-B MS4 L1 • NNAL L3 • NNC L59 • NNPM MS1 • NNU-F L4 • NSchU L13 • NcD L2 D1 • NcU L1 • OCHP MS1 • OFH MS1 • OU L1 • PHC L1 • PHi L8 C2 • PSC L1 • PU L1 • RPB-JH L1 • ViHi D1 • ViU MS1 L55 • WHi L2 • WaPS MS1 L1

EGGLESTON, George Cary (1839-1911) • CSmH L8 • CtY L12 • DFo

L1 • DLC L7 • In L5 • InU L5 • LNHT L2 • MH L7 • MWA L1 • MdBJ L1 • MeB L2 • MeWC L3 • MnU-Ar C22 • NHi L4 C1 REF66 • NIC L15 • NNC L35 D2 • NNU-F L1 • NNWML L1 • NPV L1 • NRU L1 • NcD L13 • NhD L1 • NjP L1 C1 • OCHP MS1 • OHi L1 • PCarlD L1 • PHi L2 • PSt MS1 • RPB-JH D1 • TxGR L3 D1 • TxU MS1 • ViU MS2 L22 D4 • VtMiM L1 • VtU L1 • WaPS L1

ELDRIDGE, Paul (1888-   ) • CLSU L7 • ICN L1 • KPT L4 C1 MG2 • MH L1 • NBuU MS2 L3 • NNU-F L3 • PU L3 • ViU L1 • ViW L1

ELIOT, John (1604-1690) • CtY D1 • DLC L1 • M-Ar L2 C1 D37 • MB MS1 L3 D1 • MBCo MS1 • MBU L2 • MH L1 D2 • MHi MS1 L9 D2 • NHi D2 REF66 • NNPM D2 • NhD MS1 • NjMoHP L1 • PHi J1 L1 D2 • PPAmP L11 C1 D2 • RHi L1 • RPJCB D1

ELIOT, Thomas Stearns (1888-1965) • ArU L38 • CLU L40 C2 • CLU-C D1 • CSmH L1 • CSt MS1 L16 C9 • CStbS L3 C1 • CU L3 • CtNlC L1 • CtU L1 • CtW L1 • CtY MS1 L41 C27 D2 • DLC L1 • DTr L7 D4 MG1 M • ICN L16 D9 • ICarbS MS1 L61 C15 D5 • IDeKN L1 • IEN L203 • IU-Ar C1 D1 R • IU-R L1 D1 • IaU MS1 L30 • InU MS1 L35 C20 D30 • KU-S L5 D2 • MA L1 • MB L1 • MBU L6 • MH MS39 L545 C309 D45 REF1 • MHi L3 • MWelC L21 D20 • MWiW-C L3 • MdU MS15 L227 D1 • MeWC L5 • MiMtpT L18 C21 • MiU L3 C1 • MnHi L15 D5 • MnU-Ar D5 • MoSHi L4 M • MoSU L2 • MoSW MS6 L5 D1 MG1 M • NBuU L21 • NHC L8 • NIC MS3 L137 C84 D7 PR • NN-B MS7 L199 C1 D1 M • NNAL L3 C6 • NNC MS2 L22 D1 • NNFF D1 • NNPM MS1 L22 • NNU-F L6 • NPV L12 • NRU L1 • NSyU L5 C1 • NcWsW L1 • NjP MS7 L86 C8 D1 MG1 PR M • NjR L4 • OAU L3 • OU L3 • PBm L1 • PHC L1 • PPT L3 • PPiU L2 • PSt L8 C1 • PU L4 • RPB-JH L2 C1 • TMM L1 • TxU MS39 L984 C187 D217 MG4 1CTN PR REF97 • TxWB-B L6 C7 • UPB L1 • ViU MS7 L42 C2 M • VtU L1 M • WGr L1 • WHi L1 • WMUW L5 • WaU L2 C4 • WyU-Ar L3

ELLET, Elizabeth Fries (Lummis) (1818-1877) • A-Ar L1 • CSmH L4 • CU L1 • CtHT-W L2 C3 • CtHi L5 • CtW L1 • CtY L5 • DeGE C1 • IU-R D2 • KyLoF L2 • KyU L1 • MB L10 C3 D1 • MCR L1 M • MH MS2 L6 • MHi L1 • MiU-C MS1 • MnHi L2 • NHi L5 C1 • NIC L5 • NN-B D1 • NNBa MS1 L3 • NNC MS1

Ellet, Elizabeth Fries (cont.)

L3 • NNPM L3 C1 • NPV MS1 L1 • NhHi MS1 L1 • NjMoHP L3 • PHC L2 • PHi L11 D2 • PPL L1 • RPAB L13 • RPB-JH L2 • ScU L1 • ViU L2 • WHi L4

ELLIOTT, George Paul (1918-   ) • ICN L1 • IU-Ar MS3 L24 PR M • MBU L7 • MiU L9 C13 • MoSW MS206 L25 C83 PR R • NNFF L10 C10 D12 • NSyU L1 • NbU L1 REF2 • NjConC L3 • PSt MS1 • RPB-JH L35

ELLIOTT, Robert Brown (1842-1884) • CSmH L2

ELLIOTT, Sarah Barnwell (1848-1928) • CtY L1 • ICN L3 • KyU L1 • MH L23 • NNC L6 D1 • NcD L2 • NcU L39 • NjP L3 C37 D3 • T D2 • ViU L1

ELLIS, Edward S. (1840-1916) • C L1 • CU L1 • CtY C1 • IU-R L1 • InNd L1 • MH L1 • MHi L4 • NNC L1 • NNPM L1 • UPB L1 • ViU L2

ELLISON, Ralph Waldo (1914-   ) • IU-Ar L1 • MBU L4 • NN-Sc MS2 D50 PR • NNAL MS1 L2 C28 D7 • NNC MS2 L3 PR • NNFF D1 • NSyU L1 C1 • NjConC L1 • NjR L1 • PU L1 • RU L1 • TxU MS2 L1

ELLISTON, George (1883-1946) • OCHP MS1 C1 1CTN M • OCU C1 • OU L2 • TxU MS1

EMBURY, Emma Catherine (Manley) (1806-1863) • CtHT-W MS1 • CtHi L3 • CtY L1 • MB MS1 L3 • MH D1 • NHi L1 • NIC L1 • NNBa L3 • NjMoHP L1 • OCHP L1 • PHC L1 • PHi L11 • UPB L1 • ViU L3

EMERSON, Ralph Waldo (1803-1882) • CCamarSJ MS1 L3 • CLU L2 C1 • COMC L3 • CSmH MS12 L66 C3 D8 • CSt MS1 L1 D1 • CU L6 • CoCC D1 • CoFS L1 • CtHi L3 • CtLHi L1 • CtNlC L1 • CtY MS6 L43 C7 D7 M • DFo L23 C8 D2 M • DGU L1 • DLC MS5 J1 L65 C11 D26 • DeGE L2 • ICHi L2 • ICarbS MS2 L1 MG4 • IEN L1 • IGK L2 • IU-Ar D1 • IU-HS D1 • IU-R MS1 L2 C1 D4 M • IaAS D2 REF1 • IaDmE L2 • IaMc L1 • IaU L2 • In D1 • InGrD-Ar L1 • InNd-Ar L1 D5 • InU MS7 L4 C3 D2 • MA MS1 L2 • MAJ L4 • MB MS2 L25 C5 D28 • MBNEH L1 • MBU L4 • MCR MS4 L2 C36 D12 • MCo MS2 L28 C3 D5 M REF4 • MH MS95 J7 L1054 C20 D31 M REF1, 6 • MHi MS2 L139 D24 • MMal L1 • MNBedf L3 • MNF L2 • MNS L1 • MPIPS

REF56 • MWelC L4 C8 • MWiW-C L2 • MdBJ L7 D2 • MdHi L3 • MeB L1 PR • MeWC L4 C2 • MiMtpT L3 • MiU L1 D2 • MiU-C L1 C1 • MiU-H L2 • MnM L7 M • MnU C1 • MoSHi L1 • MoSM L4 • N D1 • NBu MS2 L1 REF65 • NCanHi L1 • NHi L9 D1 M REF66 • NIC MS1 L8 • NN-B MS37 L119 C9 D7 M • NNC MS3 L127 REF4 • NNPM MS15 L18 D3 • NNU-F L7 • NPV L2 • NRU MS1 L1 • NcD MS2 L13 M • NcU MS1 L1 • NcWsW MS1 • Nh L1 • NhD L3 C1 D6 • NhHi L6 • NjMoHP L5 • NjP MS2 L10 D2 M • OC L1 • OCHP L5 • OFH MS1 L1 • OKentU L1 • OMC L23 D6 • OO L3 • OOxM L1 • PBL MS1 L5 C1 • PBm L1 • PCarlD L1 D4 • PGC L1 • PHC L3 • PHi L16 C2 D1 • PP L1 • PPAmP D2 • PSC-Hi L5 • PSt L2 • PU L3 • RHi L1 • RNR MS2 L2 • RPA L2 • RPB-JH MS2 J1 L5 C1 D10 • TxFTC REF87 • TxGR L1 • TxU MS11 L6 C1 D2 • UPB L3 • ViU MS32 L144 C1 D1 M • VtHi D2 • VtMiM MS4 L27 C9 D3 • VtU L1 M • WHi L1 • WMUW L1

EMERSON, Richard Wirtz (1924-   ) • ArU L1 • CtU L10 • InU L20 • MH L1 • NBuU MS1 L22 • NSyU L9

EMMETT, Daniel Decatur (1815-1904) • CtY MS1 • InU MS1 L2 • NIC MS1 • ViU MS2

ENDORE, S. Guy (1901-   ) • CLU 16FT • CU D1 • IU-R D1 • MH L1 • NNC MS2 • PU L1 • TxU L1

ENGELHARDT, Charles Anthony (1851-1934) • C L16 • CCC L4 • CLSM L2 D3 • CSmH L3 C1 • CU L2

ENGLE, Paul (1908-   ) • COMC L1 • CSt MS2 L15 • CU L3 • CU-A L5 • CoU L2 • CtY L5 • ICN L10 • IGK L3 D1 • IU-Ar L22 C4 R M • IaU MS5 L35 C94 D2 M • InU L30 C15 D2 • LU-Ar MS3 L1 • MA L2 • MAJ L2 • MBU L1 • MH L20 C9 • MWelC L2 • MiU L4 C3 D4 • MnU MS1 L4 C1 • MnU-Ar R • MnU-Rb MG1 • MoSW L6 • NBrockU-EC R • NBuU MS9 L27 • NNC MS2 L63 C2 M • NNFF MS1 L124 C90 D79 M • NSyU L5 • NjR L1 • OkU L1 C2 • PHi D1 • PPiU L37 C27 • PU L7 • RPB-JH L1 • SdSiFA REF2 • TxU MS3 L60 C4 • ViU L2 • VtMiM L1 • VtU L1 • WHi L2 C2 • WaU L3

ENGLISH, Thomas Dunn (1819-1902) • CCamarSJ MS1 • CLU L1 • CSmH MS1 L3 • CSt L1 • CtY L4 • DLC L4 • IaU MS1 • InU MS1 • MH L2 • MdBJ L1 D1 • MeB L1 • MeWC L1 • N L1 • NBu L1 • NHi L1 D1 • NN-B MS1 • NNC L1 D2 • NNPM MS1 • NcD L1 • NcU

English, Thomas Dunn (cont.)

MS1 L3 • OMC MS1 L1 • PHC L3 • PHi MS2 L4 • PP L1 • PU MS1
• RNR L1 • RPB-JH MS1 L1 C1 • ViU MS4 L11 C1 M

EQUIANO, Olaudah (1745-1797) • DHU MS1

ERSKINE, John (1879-1951) • CCamarSJ L1 • CLSU L2 • CLU L5
• CU L2 • CtNlC L1 • CtY L26 C3 • DeU L2 C1 • ICN L2 MG1 • IEN
L1 • IGK L11 • IU-Ar L11 C11 • IU-R D3 • IaU L1 • InU L9 • LNHT
L5 • MA L7 • MB L1 • MH MS2 L19 C3 • MNS L2 • MWA MS1 •
MWelC L2 • MeWC L2 • MiU L4 C6 • MiU-H L1 • NBu L3 • NBuU
MS1 L1 • NN-B D1 • NNAL L35 C60 D1 • NNC MS9 L266 C1 REF7
• NNJu 11FT • NNU-F MS1 L3 • NNWML L1 • NRU L1 • NSyU L1
C1 • NcD L17 M • NjP L9 C15 D17 • OFH L1 • OO L1 • OkU L2 •
PMA L1 C1 • PPC L1 • PPT L2 • PPiU L14 C13 • PSt L1 • PU L15
• RPB-JH L2 • SdSiFA L1 REF2 • TxU MS1 L10 C5 D1 • ViHo L2 •
ViLRM L1 • ViU MS2 L12 • VtU L1 C1 • WvU L1

ESHLEMAN, Clayton (1935-   ) • CLSU R • CU-S MS610 L100
C101 D9 PR M • CtU MS2 L15 • DeU L15 • InU MS85 L215 C4 D6
• NNC L3 • NNFF L1 C1 • NNU-F 47CTN • NSbSU PR • RU L5

EVANS, Donald (1884-1921) • CU L6 • CtY MS2 J1 L136 D3 M • MA
L1 • MH MS19 L41 C3

EVANS, Nathaniel (1742-1767) • PU MS1

EVERETT, Alexander Hill (1790-1847) • CLU L2 • CSmH L2 • CtHi
L10 • CtW L2 • CtY L8 • DLC L1 C32 • GHi L4 • ICHi L1 • InNd-Ar
L3 • MB L5 C1 D6 • MBCo L1 • MH MS1 L43 C15 • MHi 1FT • MWA
L4 D1 • MdBE L2 • MdHi MS1 L1 D1 • MiU-C L1 • NHi L16 C8 REF66
• NIC L8 D1 • NN-B L1 • NNC L15 • NNPM L3 • NNS L1 • NhD
L14 D3 • NhHi L2 • NjMoHP L1 • PHC L4 • PHi L15 D1 • PPAmP
L7 D2 • RPB-JH L6 C1 D1 • ScCleU L8 • ScU L1 C1 • TxU C1

EVERETT, Edward (1794-1865) • CLU L46 • CRedl L1 • CSmH MS4
L145 C2 D14 • CSt L1 M • CU L1 • CU-S L1 D1 • CtHC L1 • CtHT-W
M • CtHi L16 • CtW L3 • CtY MS11 L64 C5 • DFo L4 • DGU L1 •
DLC MS1 L132 C46 D3 • DeGE L4 • GEU L2 C2 • GHi L3 • ICHi L10
C1 • ICN L3 • IGK L3 • IU-HS L1 • IU-R L2 • IaDmE L1 • InFwL
L8 • InNd-Ar L2 D3 • InU L43 C1 D1 • KU-S L2 • KyBB L1 • KyLo
L1 • KyU L1 • LNHT L2 • LU-Ar D1 • MA L2 • MAJ L2 • MAnP
L9 • MB MS8 L161 C10 D21 • MBAt MS1 D1 • MBCo L3 C3 D4 •

104

MBSpnea REF2 ● MBU L5 C1 D1 ● MH MS12 L615 C23 D7 PR ● MHi
15FT REF4, REF55 ● MNF L1 ● MNS L1 ● MNS-S L14 C267 ● MS L2
● MStoc L1 ● MWA L35 C3 D12 ● MWelC L4 ● MWiW L5 ● MWiW-C
L1 ● MdBE L37 ● MdBJ L11 D1 ● MdHi L12 D2 ● MeB L2 ● MeWC
L1 ● MiMtpT L2 ● MiU-C L11 D1 ● MiU-H L2 ● MnHi L5 M ● MnU-Rb
L1 ● MoSHi L3 ● MoSU L1 ● MoSW L1 ● N MS1 L7 C1 ● NAlI L1 ●
NAurW L1 ● NBu L1 ● NBuHi L2 ● NCH L4 ● NCanHi L1 ● NHi L4
REF66 ● NIC L15 M ● NN-B L6 ● NNC MS1 L28 C4 D1 ● NNPM L52
D5 ● NNS L4 ● NNU-F L1 ● NPV L11 ● NRGE L1 ● NRU L57 C10
● NRom L2 ● Nc-Ar L1 D2 ● NcD L21 D1 M ● NcU L24 C1 M ● Nh
L2 C1 ● NhD L14 D24 ● NhExP L30 ● NhHi L29 C21 D20 ● NjMoHP
L9 C1 ● NjP MS1 L9 C2 ● OCHP L6 ● OCl D1 ● OFH L1 ● OMC L1
● OOxM L1 ● OrHi 3CTN ● PBm L1 ● PCarlD L1 D1 ● PHC L11 ● PHi
MS6 J2 L95 C6 D7 ● PP L1 ● PPAmP L18 C6 D1 ● PPL L4 ● PPRF
L11 ● PPT L2 ● PPiU L1 ● PSC L1 ● PSt L3 ● PU L7 ● RHi L3 ● RNR
L5 ● RP L1 ● RPAB L5 ● RPB-JH L25 C1 D4 ● ScU L2 C2 ● T L2 D3
● TxGR L1 D1 ● TxU MS1 L1 C3 D8 ● UPB L2 ● ViU MS2 L25 ● ViW
L1 ● VtHi MS1 L2 C1 D3 ● VtU L1 ● WHi L7 C2 D3 ● WMUW L5

EVERSON, William (1912-   ) ● CLU MS2 R ● CSf L1 ● CSfU L5
● CSt L4 ● CU MS2 L11 C5 D2 PR M ● CU-A MS5 L48 C3 R M ● CtU
MS5 L37 PR R ● CtW MS1 ● CtY L5 C4 ● IEN L1 ● InNd L2 ● InU
L10 C7 PR REF3 ● KyLoB-M L6 ● MoSW MS4 L9 D19 PR R ●
NBrockU-EC R ● NBuU L3 ● NN-B D1 ● NSbSU L6 PR ● NvU L1 C1
PR ● PPT L3 C1 ● RPB-JH L5 D1 ● WaU L2

FAIRBANK, Janet (Ayer) (1878-1951) ● CtY L1 C2 ● ICN L11 ●
IGK L1 ● PPT L6

FAIRFIELD, Sumner Lincoln (1803-1844) ● CtY L1 ● MB L1 C1 D1
● NHi L4 C1 ● NIC L3 D1 ● NNC L2 ● PHC L3 ● PHi L12 C3 ● RPB-JH
L1 C1 D2

FALCONER, Thomas (1805-1882) ● CLSM MS1 L1 D11 ● CtY MS1
J1 L1 C1 M ● MH L1

FALKNER, William Cuthbert (1825-1889) ● MsU M ● T D2
FANTE, John (1911-   ) ● CU L7 ● CoU L2 ● CtY L4 C8
FARMER, John (1789-1838) ● CSmH L1 C1 ● CtY L1 ● MB L3 C133
● MH L3 ● MHi MS2 L36 ● MWA L33 ● Nh L38 C1 D1 ● NhD MS2
J5 D2 ● NhHi 25CTN 4FT ● NjMoHP L1 ● RPB-JH L1 ● WHi L1

FARRELL, James Thomas (1904-   ) • CLU L3 C2 • CSt L5 C2
REF2 • CtY L30 C15 • DeU MS15 L8 C4 • FU L6 • ICIU L8 C3 • ICN
MS4 L12 • ICU .5FT REF1 • ICarbS MS2 L62 C12 R • IEN L1 • IU-Ar
L12 C3 M • IU-R L3 • IaU MS1 L1 • InNd L2 • InU L20 C2 D1 • KPT
L1 • KyU MS14 L21 C4 M • MBU MS57 L14 M REF1 • MCR L3 •
MH L15 C3 • MWalK L4 C4 REF2 • MiU L5 • MnHi L3 • NIC L26
C22 M • NN-B L1 • NNAL MS5 L43 C26 D7 • NNC MS30 L94 • NNFF
L7 C6 D3 M • NNU-F L1 • NNYI L8 C4 • NSyU MS1 L18 D1 • NcA
L2 • NcD L37 • NjP L14 C22 D2 • NjR L6 • NvU PR • OU L4 C1 •
OrU L4 M • PPT L75 C80 • PSt L4 • PU 696CTN M REF1 • RPB-JH
MS16 L1 • TxU MS7 L8 C4 3CTN • ViSwC L1 • ViU MS6 L28 C7 •
WyU-Ar L3

FAST, Howard (1914-   ) • CU L1 • CtY L2 • InU L2 • MBU L7
• MH L6 • MiU L3 C4 • NN-Sc 1CTN • NNC L99 • NNYI L1 • OkU
L2 C1 • OrU MS1 L2 • PU MS37 L1 PR REF1 • RPB-JH L1 • TxU
MS1 L8

FAULKNER, John Wesley Thompson, III (1901-1963) • FU L1 • MBU
L3 • Ms-Ar L5 C7

FAULKNER, William (1897-1962) • CLU L1 • CSt 1CTN • CtY MS7
L23 C6 D2 PR REF • DLC L8 • FU L1 • ICN L4 D58 • IEN L2 • IU-Ar
D1 • InU L2 • KyLoU L1 • KyU D2 M • LNHT MS29 L5 D1 PR R
• MA L1 • MBU L3 • MH L6 D2 • MMeT L1 • MU-Ar D1 R • MdBE
MS1 • MdU MS3 L2 D1 PR R M • MeWC L1 • MiU C5 • MnU L3 C2
• MsU L2 R M • NIC L1 • NN-B MS16 D1 • NNAL MS1 L6 C15 D1
• NNC L21 • NNU-F MS1 L2 • NSyU L3 • NWM L2 R M • NjP MS18
L7 C35 D16 • OClWHi D2 • OU L2 C1 • OrU MS1 M • TNJ L1 • TxU
MS258 L7 C9 D80 4CTN PR REF93, 95 • ViLxW L2 • ViU 15FT REF2,
7, REF106, 110, 111 • ViW M • WHi MS2 L1 REF2

FAUST, Frederick Schiller (1892-1944) • CU 3CTN • IU-R D3 • MH
L1

FAWCETT, Edgar (1847-1904) • CLSU L7 • CLU L4 • CSmH MS1
L13 • CU L1 • CU-S L1 • CtHi L1 • CtY MS3 L16 • DFo MS2 L45 •
DLC MS1 L113 • DTr MS1 • FU L1 • ICHi MS3 L1 • ICN L2 • IaU
L1 • InU L9 • LNHT L2 • MB L2 • MCR L1 • MChB L2 • MH MS3
L15 • MWA L1 • MiMtpT L2 • MiU MS1 L3 • MnHi L1 • NBu MS3
L2 REF65 • NIC L4 • NN-B MS1 L2 M • NNAL L2 • NNC L13 •

NNU-F L10 • NNWH L2 • NRU L1 • NcD MS1 L51 • NhHi L1 •
NjMoHP L2 • NjP L1 C3 • OU L1 • PHC L2 • PHi L6 • PSt L1 •
RPB-JH MS4 L12 D1 • TxU L7 C1 • UPB MS1 L2 • ViU MS15 L77 M

FAY, Theodore Sedgwick (1807-1898) • CSmH L4 • CtY L2 D1 • GEU
L1 C1 • IU-R D9 • MB L4 C1 • MChB L2 • MH L13 • MHi L36 • MdBE
L1 • MiU L3 • N L6 • NHi L2 • NNC L4 D1 • NNPM L22 • NNU-F
L4 • NRU L5 C1 • NSchU L1 • NcD L1 • OCHP MS1 • OClWHi L1
• PHC L2 • PHi L11 C3 D2 • PP L1 • PSt L1 • PU L1 • RPB-JH L2
• ScC C1 • ScCleU L1 • TxU L1 • ViU MS1 L2 • VtMiM MG1

FEARING, Kenneth (1902-1961) • CU L1 • CtY L1 • FU L2 • InU
L1 • MWelC MS1 • NBuU MS1 L10 • NNC L44 • NjP L2 D2 • OrU
L2 • PU L1 • RPB-JH D2 • WGr D3 • WyU-Ar L5

FEE, John Gregg (1816-1901) • KyBB MS27 J2 L49 C138 D99 MG9
M • KyRE L2 • LNHT L2 • PPT C2

FENOLLOSA, Ernest Francisco (1853-1908) • CtY L1 • IEN L1 • MH
MS106 J1 L17 C6 • N L1 • NNC MS8 L1 • NjP L1 • PHi L1

FENOLLOSA, Mary (McNeill) (1866-1954) • CSmH L1 • CU L1 •
KyBgW L1 • MH MS3 • NNWML L3 • PHi L1 • ViU MS2

FERBER, Edna (1887-1968) • CCamarSJ L1 • CLSU L1 • CLU L1
• CSmH L7 • CU L2 • CtNbP MS1 • CtY MS2 L43 D1 • DLC L11 •
DeU L6 • ICHi L1 • ICIU L1 • ICN L9 • IGK L2 • Ia-HA L1 C1 •
IaHi L2 • IaU L13 • InU MS1 L20 C5 D1 • LNHT L1 • MA L1 • MBU
L3 • MH L46 • MH-BA L8 • MMeT L1 • MWC L5 • MWelC L1 • MiU
L1 C2 • MiU-H L1 • NCH L1 • NIC L2 • NN-B MS1 D1 • NNAL L11
C11 D2 • NNC L124 D2 • NNU-F MS4 L9 • NNYI L1 • NRU L2 •
NcA L1 • NhD L1 • NjP L2 C2 D1 • OCl L1 • OU L2 • OkU C2 • PMA
L4 C1 • PPT L2 • PSt L3 C1 • PU L8 • TxU L8 PR • ViLRM L1 • ViU
MS1 L7 C7 • VtU L1 • WHi 24CTN R M REF1, 7 • WMM-Ar MS1 L1

FERGUSON, Elizabeth (Graeme) (1739-1801) • CtY C1 • DLC L1
C4 • ICHi D1 • InU C1 • MB L2 C1 • NHi L2 • NjMoHP L1 •
NjP MS1 C1 • PHC L1 • PPL MS25 L30 C6 D5 • PPRF C1 • PU
MS1

FERGUSSON, Erna (1888-1964) • CLU MS1 L1 • CSmH L2 • CU L1
• MH L7 C7 • NmA MS1 J1 • NmU MS1 24FT • OkU L2 C1 D1 • TxU
MS1 L51

FERGUSSON, Harvey (1890-1971) • CU 3CTN • ICN L3 • IU-R L1

Fergusson, Harvey (cont.)

• MH L2 C1 • NNC L1

FERLINGHETTI, Lawrence (1919-   ) • CLU MS11 R • CStbS L8
• CU MS3 L7 C2 D1 • CU-S L16 • CtU L10 • CtY MS1 L18 C2 M •
DeU L15 C2 D1 • FU MS1 L2 R • ICarbS L1 C1 • IEN L11 PR • IaU
L3 • InU L10 D3 • KU-S L13 • KyLoB-M L10 • MBU L1 • MH MS3
L7 C1 • MoSW MS1 L8 C8 R • NBrockU-EC R • NBuU MS2 L1 R •
NN-B L1 • NNC MS11 L127 C1 PR M REF7 • NNFF D2 • NNU-F
MS2 L51 • NjR L1 • NmU REF1 • PP L1 • PPT L1 • PPiL L1 C5 R
• PSt L2 • RPB-JH MS11 L11 D3 • TxU L17 C2

FERNALD, Chester Bailey (1869-1938) • CLU L1 • CSmH L5 • CU
L1 • ICN L1 REF1 • IU-R L19 C2 • NNAL L9 • NRU D1 • TxU L4

FERRIL, Thomas Hornsby (1896-   ) • CoD MS1 • CoU L5 • CtY
MS2 L10 C10 PR • ICN L2 • InU L4 C1 • KyLoB-M L2 • MA L3 •
MH L4 C1 • MMeT L4 • NBuU MS1 L4 • NbU L2 REF2 • NjN L1
• OkU L1 • TxU L147 C20

FERRINI, Vincent (1913-   ) • CLU L1 • CU L1 • CtU L115 C251
3CTN R REF2, 3, 7 • CtY L7 C1 • NBuU MS5 L25 • RPB-JH L1 • TxU
MS2 L29

FESSENDEN, Thomas (1739-1813) • MWA MS34 D1

FESSENDEN, Thomas Green (1771-1837) • CU L1 • CtHi L1 • CtY
C1 • ICHi L1 • MB L4 • MHi L4 D1 • MWA L3 • NNPM L1 • NhD
MS36 D5 • NhHi MS1 L1 • OMC C1 • PHC L1 • PHi L2 • PPT D1
• RPB-JH L1 • ViU L1 • VtHi L1 • VtU L1

FICKE, Arthur Davison (1883-1945) • CLSU L8 • CLU MS2 • COMC
L4 C1 • CSmH MS5 L14 C1 • CSt MS1 • CU L1 • CoU MS13 L36 C1
M • CtY MS148 J4 L1033 C1000 MG20 PR M REF7 • DDO L4 • DLC
MS1 L8 D1 • ICN MS4 L231 C17 • IEN L2 • IaU MS14 L5 • InNd L7
C8 • InU L35 C3 • KU-S L3 • MA L1 • MH MS5 L16 C24 • MWelC
L1 • MiU MS41 L11 C117 D15 MG3 PR M • NBuU MS7 L5 • NIC L4
C15 • NN-B L9 M • NNBa L1 • NNC L4 • NPV L1 • NSbSU L4 • NSyU
L1 • NcU L4 C1 • NhD MS2 • NjP L30 C23 D2 • PPT L1 • PSt L2
• PU L29 • RPB-JH MS1 L11 C6 D1 • TxU MS1 L6 • ViU L8 • VtMiM
L2 • WMUW MS1 L1

FIEDLER, Leslie A. (1917-   ) • CU D1 • DLC L1 • ICN L1 • IU-Ar
L1 • MBU L1 • MtHi R • NBP R • NBuHi D3 • NN-B L1 • NNFF

108

L4 • NbU L4 C1 REF2 • NjR MS1 L29 • PSt MS1 L1 • TxU MS1 • WaU L1

FIELD, Eugene (1850-1895) • CCC MS1 L4 • CCamarSJ MS7 L9 • CLSU MS1 L2 C1 • CLU C1 • CLU-C MS1 L6 • COMC L1 • CSmH MS80 J2 L57 C1 D2 REF2 • CSt L1 • CU MS1 • CU-S MS2 • CoD MS82 L124 D15 M • CtY MS24 L11 C50 • DLC MS10 L6 D2 • ICHi MS4 L2 D2 • ICIU L3 C20 • ICN MS35 L60 D5 REF1 • ICarbS L1 • IEN MS2 L1 • IGK MS7 L23 C1 REF5 • IU-R L1 D1 • IaMc L1 • IaU MS1 L1 • InCW L1 • InU MS10 L20 C3 D10 REF5 • KyLoU MS1 • KyU MS2 • LNHT L6 • LU-Ar L3 D1 • MA L2 • MAJ MS29 L45 C4 D1 M REF1 • MAnP MS1 • MB MS1 L4 C1 D1 • MH MS53 L52 C10 • MHi L4 • MNF MS1 • MWA MS1 L4 D7 M • MWelC L1 • MWiW L1 • MWiW-C MS1 • MdBE L3 D1 • MiU MS1 • MnHi MS3 L1 • MoCgS MS2 • MoS PR • MoSFi MS12 L3 C3 D4 MG1 PR M • MoSHi MS1 L56 C1 D14 PR M • MoSW MS43 J1 L17 C11 D5 PR M • NB MS1 • NBu MS1 REF65 • NHi L1 D1 • NN-B MS9 J1 L14 D2 • NNAL L1 • NNC MS2 L2 • NNPM MS1 • NNPf MS1 L1 REF2 • NNU-F MS7 L4 • NRU L1 • NcD L1 • NcU L1 • NhD D2 • NjP L33 C2 D836 • OHi L1 • OMC L2 • PBm L2 • PHC L1 • PHi L3 D1 • PPCCH MS3 • PPRF L1 • PU L1 • RNR MS1 • RPB-JH MS9 L12 C8 D3 MG1 • TxU MS156 L122 C356 D65 MG4 M • UPB L4 • ViU MS12 L13 • WAL L1 • WHi L2 • WvU D1

FIELD, Joseph M. (1810-1856) • CSt MS1 • MB C8 D2 • MoSHi L35 D3 M • NIC L1 • PHi L3

FIELD, Mary Katherine Keemle (1838-1896) • CLU L2 • CSmH L9 C1 D2 • CU L10 • CU-S L1 • CtY L5 C2 • DFo MS1 L29 M • DLC L5 • ICN L1 • IaDmE L1 • InU L10 M • KU-S L1 • LNHT L1 • MB MS25 L23 C13 D6 M • MCR MS1 L3 M • MH MS1 L33 • MHi L2 • MS L1 • MiU L1 • NBu L2 REF65 • NHi L5 REF66 • NIC L3 • NN-B MS1 L1 M • NNBa L3 • NNC L113 C1 • NNU-F MS1 L22 • NRU L2 • NSchU L4 • NcD L1 • NhHi L1 • NjMoHP L5 • NjP MS1 • OCHP MS1 L1 • OFH L6 C1 • RPB-JH L9 D1 • ViU L10

FIELD, Rachel Lyman (1894-1942) • CSmH L14 • CSt L1 • CU L1 • CtY MS7 L251 • ICIU L1 • IGK L2 • LNHT MS4 L50 M • MBU L1 • MCR MS1 L6 • MH L1 • MStoc MS4 L7 D1 • MeWC L4 C4 • MiU L1 C2 • NBuU L1 • NNBa L2 • NcA L8 MG4 • NjP L41 C59 D63 •

109

Field, Rachel Lyman (cont.)
OCl L2 • PSt L1 • ViU MS6 L5

FIELD, Roswell Martin (1851-1919) • CSmH MS2 L1 • ICN L14 •
IU-Ar L1 • IU-R L1 • InU L2 • LU-Ar L3 • MAJ L41 D8 M REF1 •
MB L1 C2 • MH L14 • MWA L3 D6 • MnHi L1 • MoSHi L17 C1 •
MoSW MS1 L5 • NN-B L36 • NNC L3 • NhD L1 • PPT L1 • PSt L1
• RPB-JH L4 D1 • TxU L14 • UPB L2

FIELD, Sara Bard (1882-1974) • C L2 • CHi MS1 L25 M • CLSU MS1
L4 • COMC MS1 L89 • CSf MS2 L1 • CSmH REF7 • CSt L1 • CU MS1
L275 C1 M • CtY MS10 L100 • ICN L2 • InU L9 D1 • MA MS1 L7
• MH L1 • MiU MS1 L20 C1 • NNC L46 D1 • NjP D2 • PU L2 • RPB-JH
L5 D1 • TxU L2

FIELDS, Annie (Adams) (1834-1915) • CLSU L1 • CLU L2 C1 •
CSmH REF1, 7 • CU L1 • CU-S L1 • CtHC L3 • CtHT-W L40 •
CtY L10 C1 • DLC L8 • ICN L1 • IU-Ar L27 • LNHT L17 C5 •
LU-Ar L5 D2 • MB MS1 L21 C135 D1 M • MBAt MS1 L2 •
MBSpnea REF2 • MCR L6 C1 • MH MS22 L388 C520 D30 • MHi
MS1 L10 • MNS L3 • MWA L7 • MWH L2 • MWelC L3 • MeWC
MS1 L1 C33 • MiMtpT L4 • MiU L1 • MnM L2 • MoSW L1 •
NBu MS2 REF65 • NIC L1 • NN-B MS1 L1 • NNBa MS2 L1 •
NNC MS1 L21 D4 • NNPM L11 C1 • NNU-F L4 • NSchU L2 •
NcD L16 • NhD L2 C3 D2 • NjMoHP L1 • NjP L2 C23 • OOxM
L5 • PBm L4 • PPT L1 • PSC-Hi L1 • PSt L1 • PU L1 • RNR L1
• RPB-JH MS1 L4 D1 • TxU MS2 L1 C1 • UPB L1 • ViU MS7
L43 C1

FIELDS, James Thomas (1817-1881) • CCC MS2 • CCamarSJ L1 •
CLSU L1 • CLU L3 • CSmH REF1, 7 • CSt MS2 D1 • CStbS L1 C1
• CoCC L1 • CtHC L1 • CtHSD C3 • CtHT-W C1 • CtHi L1 • CtY MS5
L36 C32 M • DFo C2 • DLC L3 2CTN • ICHi L1 C33 • ICN L3 • IU-Ar
L11 C1 • IU-R L1 D1 • IaU L10 C5 • InU L1 C7 D1 • KU-S L1 C1 •
KyU L1 • MA C1 • MB MS5 L71 C169 • MH MS8 L407 C429 D34 MG1
M • MHi J1 L25 • MNS L2 • MWA MS2 L15 D2 • MWelC L5 C1 D2
• MdBJ L3 C1 • MeB L6 • MeWC L3 C11 • MiU C1 • MiU-C L2 • MoSW
L2 • NBu MS2 L3 REF65 • NCaS C6 • NHi L1 C1 • NIC L9 C2 • NN-B
MS1 L73 • NNC MS1 L34 C5 • NNPM MS1 L7 C1 D1 • NNU-F MS1
L11 • NNebgWM L1 • NPV L2 • NRGE L1 • NRU L2 C1 • NSchU

L4 • NcD L3 • Nh L1 • NhD L5 C6 D6 • NhHi L2 • NjMoHP L3 •
NjP L1 • OCHP MS2 L1 • OFH L4 • OOxM L5 • PHC L4 • PHi L73
C6 D2 • PP C1 • PPRF L5 • PPT L1 • PSC L18 • PSC-Hi L2 C10 •
PU L2 • RNR MS1 • RPB-JH MS4 L21 C3 D5 • ScU C4 • TxU MS1
C4 • UPB L1 • ViU MS7 L48 C28 M • VtMiM MS1 L17 C4 • WaU C1

FILSON, John (1747-1788) • CSmH MS1 • DLC L3 C2 • KyLoF D3
• KyU L5 D1 • PHi L1 • PPRF D1 • WHi MS3

FINCH, Francis Miles (1827-1907) • CtY MS4 L8 • MoSW MS1 • N
L2 • NHi L1 • NIC 17CTN • NIHi MS1 C1 • NNC L1 • NRU L1 •
NjP C1 • PHi L1 D1 • PP L1 • ViU MS2 L2

FINGER, Charles Joseph (1871-1941) • ArU L14 C1 • CLSU L5 •
CSmH L1 • CU L5 • CtY MS1 • IU-R L1 • InNd L3 • InU L9 • KPT
MG2 • LNHT L2 • MA L1 • MH L8 C6 • NhD MS1 L1 • OkU L2 C2
• OrU L4 M • PPT L1 • TxFTC L1 • TxU L2 • ViU MS1

FINKEL, Donald (1929-   ) • IU-Ar MS1 L8 PR • InU L7 C5 D1
• MoSW MS308 J5 L32 C184 PR R • NbU L2 REF2 • NjR L1 • TxU
L2 C1

FINN, Francis James (1859-1928) • DGU L1 • ICL M • OCX MS95
J19 L3 C129 D37

FINN, Henry James (1785-1840) • MB L1 D2 • MoSHi L17 C5 • NAlI
L3 • NNC L1 • NjP L1 M • PHi L2

FISHBACK, Margaret (1904-   ) • MH L1 • NBuU MS4 L5

FISHER, Alfred Young (1902-   ) • CLU 1.5FT • CU D1 • ICN L1
• IU-Ar L2 • MNS 9FT • NBuU L1 • NjP L1

FISHER, Dorothy Frances (Canfield) (1879-1958) • CLSU L5 • CLU
L1 • CSmH L2 • CSt L23 M REF2 • CU L4 • CtY MS13 L24 C6
• DLC L6 • DeU L1 • FU MS1 • ICHi D1 • ICL L1 • ICN L8 •
IGK L2 • IU-Ar D1 • IaU L5 • InGrD-Ar L1 • InU L7 C2 •
MBNEH L1 C1 • MBU L26 • MH L35 C24 • MH-BA L8 M •
MWiW L13 • MeWC L7 C1 • MiU L3 C3 D1 • MiU-H L28 C2 •
MnM L1 • MnU-K L2 • MnU-SW MS4 L50 C50 • NBu MS1 •
NHpR L1 • NNAL MS2 L20 C35 D1 • NNBa MS1 • NNC MS68
L1607 C408 D58 PR M • NNU-F L6 • NPV L6 • NRU L1 • NbU
M • NcA L1 • NcD L7 • NcU L1 • NjP L3 C2 • OU L19 • OkU
L3 C2 • OrU L1 • P L2 • PMA L5 C1 • PPT L8 • PSC-Hi D1 •
PSt L8 • PU L6 • RPB-JH L2 C11 • TxFTC L1 • TxU L11 •

111

Fisher, Dorothy Frances (cont.)

ViLRM L1 D1 • ViU L16 • VtHi L18 C1 D7 MG1 M • VtMiM L26 C16 • VtU 41CTN REF7, REF116

FISHER, George Park (1827-1909) • CU D1 • CtHC L1 • CtW L1 • CtY MS2 L87 C17 D4 MG1 • DLC C1 • FU L1 • ICN L4 • LNHT L1 • MB L5 C2 D2 • MBU L1 • MH L17 • MHi L5 • MWA L5 • MWiW L3 • MdBJ L14 • MeB L7 • N C1 • NIC L13 • NNC L2 • NPV L1 • NRU L2 • NcD L3 • NjMD L4 • NjMoHP L1 • NjP L49 D2 • PU L8 • RPB-JH L3 D3 • TxU L1 • UPB L1

FISHER, Mahlon Leonard (1874-1947) • CSmH L1 • InNd L46 C1 • MH L29 • NBuU MS13 L7 • ViU L1

FISHER, Rudolph (1897-1934) • CtY L1 • DHU D1 • IU-R L1

FISHER, Sidney George (1809-1871) • MB L1 • MH MS1 L22 • NIC L1 • PHi J1 L53 C65 D1

FISHER, Vardis (1895-1968) • C L2 • CL L2 • CU L1 • CtY MS35 L743 C132 PR • ICN L3 • IU-Ar L3 M • IdU L24 C12 • InU L4 • MBU L5 • MH L3 • MtHi L3 C2 D1 • NBuU L1 • NNC L7 • NNU-F MS1 • NSyU L1 • UU MS1 • WaPS 1FT REF1

FISKE, John (1842-1901) • CLSU L1 • CLU 2.5FT • CSmH REF1 • CU L2 • CtHi L2 • CtY MS1 L12 C2 • DFo L1 • DLC L217 • ICHi L2 • ICN L3 • IGK L1 C1 • InU L1 • LNHT L1 • LU-Ar L3 D1 • MB L11 C1 D2 • MBU L1 • MCR L2 • MH MS3 L58 • MHi L5 • MWA L15 • MWelC L1 • MdBJ L5 • MeWC MS1 L34 • MiMtpT L1 • MiU-C L3 • MnHi L11 C1 • MnM L1 • MoSHi L6 D1 PR • MoSW L37 D6 • NBu MS1 L1 REF65 • NHi L2 REF66 • NIC L6 • NN-B L2 • NNC L11 D8 • NNPM MS8 L2 • NNU-F MS1 L3 • NRU L1 • NSchU L4 • NcD L1 • NjMD L2 • NjMoHP L3 • NjP L96 C2 • OCl L1 D1 • OHi C1 • OMC L2 • PCarlD C1 • PHi L7 • PPL D1 • PSC L1 • PSt L1 • RPB-JH L1 D1 • TxU L2 C1 • UPB L1 • ViHi L2 • ViU L27 M • ViW L5 • WvU L2

FITCH, William Clyde (1865-1909) • CLU MS1 • CSt D5 • CU-A L1 • CtY MS1 L5 C2 M • DFo L16 • DLC MS1 L9 • ICL L9 M • ICN MS1 L7 REF1 • InLP L1 • InTI MS15 • MA MS19 L51 C5 D7 M • MB L2 • MH L38 • MWA L7 • MeLB MS4 • MeWC MS1 • MiU L1 • NIC L2 • NN-B MS12 L1 D1 • NNC MS2 L24 • NNMus MS1 L7 • NNPM MS1 L1 • NNU-F L1 • NNWH C3 MG2 • NRU L3 • OCl L11 • OKentU

L1 • PHi L4 • PSC L1 • PU MS21 L6 • ViU L16

FITTS, Dudley (1903-1968) • CtY MS10 L116 C48 PR • DeU MS1 L10 • ICN L1 • IEN L11 • IU-Ar MS5 L7 M • InU C1 • MA MS2 L17 • MAnP MS1 • MH MS4 L10 C5 PR • MMeT C1 • MU-Ar C1 • MoSW L22 • NBuU MS3 L3 • NNAL L13 C11 D1 • NNC L2 • NNFF L2 D1 • NSyU L3 • NjR L4 • RPB-JH L13 • TxU L3 • VtMiM C1 • VtU L1 • WyU-Ar L3

FITZELL, Lincoln (1903-   ) • COMC MS9 L1 • CU 2CTN REF8 • CtY L23 C7 • ICN L1 • IU-Ar MS1 L1 • NBuU MS3 L6 • NbU L2 REF2 • NjP L1 • RPB-JH MS1 L5 • TxU MS4 L4 • WGr MS8

FITZGERALD, Francis Scott Key (1896-1940) • CLU L2 • CSmH L9 D3 • CU L4 • CtY MS1 L17 C4 D1 • DeU D1 • FU L1 • ICL MS1 M • ICN L3 • ICarbS D10 • IaU D1 • InU MS1 L6 D39 • MBU L1 • MH MS1 L13 D15 • NBiSU L1 • NIC L2 • NN-B L1 D1 • NNC MS3 L14 • NSyU L3 • NjP 68CTN REF1 • OClWHi L1 • OU L2 • PGC L1 M • PPiU L1 • PU L7 • TxU L3 • ViBlbV L1 • ViU MS4 L20 C4 M

FITZGERALD, Robert (1910-   ) • CtW L2 • CtY MS1 C2 • DeU L1 M • ICN L28 • ICarbS L1 • InU L15 C3 D2 • MA L1 • MoSW L1 • NBuU MS3 L4 • NN-B L4 • NNAL L6 C5 D1 • NNFF L8 C10 D2 • RPB-JH MS2 L10 • TxU MS5 L9 D1 MG1

FITZGERALD, Zelda (Sayre) (1900-1948) • CtY L20 C5 • LNHT L2 • NjP 15CTN REF1

FLACCUS, Kimball (1911-1972) • CStbS MS3 L4 • CtW MG1 • CtY MS1 L10 • ICN L3 • InU L4 • MH L5 • MeWC L1 • NBuU MS18 L10 • NIC L1 • NNC L1 • NNFF L1 C1 • NSyU L6 • NhD MS3 L1 C4 D5 • NjP L162 C221 D44 • PSt L1 • PU L16 • RPB-JH L5 • TxU MS1 L1

FLANNER, Hildegarde (1899-   ) • C L2 • CLSU L1 • COMC MS7 L28 • CSfU L1 • CSmH L2 • CU L8 • CtW L1 • CtY L5 C2 • MA L2 • MH MS3 L8 • NBuU MS4 L4 • NN-B L1 • NPV L2 • NvU L1 • TxU MS16 L76 C4

FLANNER, Janet (1892-   ) • CSmH MS1 • CtY L17 • DLC 10CTN REF1 • ICarbS L2 • MA L5 • MBU D1 • MH L24 • NN-B MS1 • NNAL MS5 L6 C12 D2 • NNC L29 • NNU-F L3 • OU L5 C2

FLASH, Henry Lynden (1835-1914) • A-Ar MS1 L7 • CSmH L1 • GEU L2 • NNC MS2 L1 D1 • NcD L21

FLAVIN, Martin Archer (1883-1967) • CU MS1 L6 • CtY MS1 L30

113

Flavin, Martin Archer (cont.)

C2 • InU L2 • MiU L12 C6 • NNC L1 • NRU L2 • NcGrE L6 • PPT L1 • PU L3

FLETCHER, Inglis (Clark) (1888-1969) • C L1 • CU L21 • MBU L10 • NcA MS1 L1 • NcGrE MS26 J9 L200 8FT PR M REF7 • NcU MS9 L3 C2

FLETCHER, John Gould (1886-1950) • ArU MS1747 L1128 C3293 D623 MG2 PR R M REF1, 7 • CLU L32 C2 • CLU-C C1 • COMC MS1 L2 • CSmH MS2 L55 • CSt L2 M • CU MS1 L2 • CoU L2 C2 • CtY MS55 L58 C54 • DGU MS1 L1 • DLC MS13 L2 • DeU MS1 L24 • ICN L12 D7 • ICarbS L3 • IEN L2 • IU-Ar L2 • IU-R C8 • InU L10 C25 D5 • MAnP D1 • MH MS2 L168 C65 • MiU L5 C7 • MoSW L16 • NNAL L5 D1 • NNC L53 • NRU L2 • NcD L1 • NhD L1 • NjP L17 C8 • OU L1 • OkU L32 C30 D2 M • PPT L3 C3 • PU MS3 L59 • TMM MS3 C2 • TNJ MS1 L67 • TxFTC L1 C1 • TxU MS4 L243 C1 D1 • TxWB-B MS1 • ViLRM L1 • ViU MS4 L18 C2 D1 • VtMiM L4 • WGr MS1 L1 • WMUW MS2

FLINT, Timothy (1780-1840) • CtHi L1 • MAnP D1 • MB L8 D18 • MH L1 • MHi L1 • MoHi D1 • MoSHi L4 • NHi L4 REF66 • NNPM L1 • PHi L8

FLOWER, Benjamin Orange (1858-1918) • CLSU L10 • CSmH L2 • DLC D150 • ICHi L1 • ICarbS L79 C1 • InU L1 • KyRE L1 • LNHT L1 • MH L4 • NNC L4 • NNWML L32 • NcU L1 • RPB-JH C1

FOERSTER, Norman (1887-1972) • CSmH L3 • CSt MS46 L207 C779 M • ICN L2 • IEN L1 • IU-Ar L2 • IaU L64 C65 1CTN • MH L15 C9 • NN-B D1 • NbU L1 C11 REF2 • NcU MS2 • NjP L2 • OkU L1 • PSt L6 • PU L8 • RPB-JH L1 C2 • WU-Ar L19 C13

FOLGER, Peter (1617-1690) • MHi L1 • PHi L1 • PPAmP L1 D2

FOLLEN, Charles Theodore Christian (1796-1840) • CSmH L3 • CU L1 • CtY L1 • DLC L1 • MB L14 D22 • MH L10 • MHi L4 D1 • NIC C1 • NNC L2 • NNPM L2 • PHi L1 D1 • PPAmP D1

FOLLEN, Eliza Lee (Cabot) (1787-1860) • CStbS L1 • DLC L1 • MB L38 C1 D52 • MCR L7 • MH L8 • MHi L3 • NHi L1 • NN-B L5 • NNBa MS1 • NNC L6 • NRU L1 • ViU MS1 L1

FOOTE, Mary (Hallock) (1847-1938) • CLU L1 • CSmH MS3 L53 • CSt L540 C35 • CU L2 • CU-S L1 • CoU L1 • CtY MS2 L8 •

LNHT L5 C2 • MA L1 • MB L1 • MH MS1 L18 • MdHi M • MnHi L1 • NBu MS1 REF65 • NN-B L6 • NNC L3 • NcD L1 • NjP L3 • OClWHi L1 • PHi L2 • UPB L1 • ViU MS2 L3 • WHi D10

FOOTE, Shelby (1916-   ) • MA L1 • MsU M • NNC L1 C1 • NNFF MS1 L4 C4 D3 • TMM R

FORBES, Esther (1891-1967) • AzTeS L1 • CSmH L1 • MB L3 • MBU L2 • MH L11 C8 • MS L2 • MWA L1 3CTN • MWC MS1 2CTN • MeWC L1 • MiU L8 C13 • MnU-K L1

FORCE, Peter (1790-1868) • CLU L13 C3 • CSmH L16 C13 D15 • CStbS D1 • CtY L2 C1 • DGU L2 • DLC L9 C36 D3 REF4 • GHi L2 • ICHi L1 • InU L2 • MB L1 • MBU C33 • MH C89 • MHi L22 • MWA L1 D1 • MdHi L1 D1 M • MiU-C L61 C257 • MoSHi C1 • NBLiHi L2 • NCH L1 • NHi L3 C4 D1 • NNC L2 C6 • NNPM L1 • NRU L1 • NcD L1 • NcU L5 C16 D1 M REF1 • NhHi L1 • OFH L4 • OMC L1 C1 • PHC L1 • PHi L6 D1 • PPAmP L2 D1 • RHi D1 • RNR M • RPB-JH C1 • RPJCB L22 C15 • ScU L1 • T D1 • ViHi D1 • ViU MS1 L3 • VtHi L1 C1 • VtU L14 C1 D7 • WHi D1

FORD, Charles Henri (1910-   ) • CLU MS1 L37 • CU L10 • CtY MS1 L12 C6 • DeU MS2 L50 C6 • ICarbS L6 C3 • IU-Ar L1 • MH L31 C2 • MeWC L1 • MoSW MS3 L27 C2 • MsU L1 C1 M • NBuU MS4 L8 • NNC L1 • NSyU L6 • NjP L21 • PSt MS1 L14 • TxU MS101 L41 C1 23CTN • WGr L3

FORD, Paul Leicester (1865-1902) • CSmH L2 D4 • CtHi MS1 L2 • CtY MS200 L50 C500 • DFo L8 • DLC L6 • FU L1 • ICN L8 • IGK L1 • IaU L1 • LNHT L2 • MB L2 • MBU C1 • MH L12 • MHi L4 • MWA L8 • MdBJ L1 • MiU-C L1 • NHi MS1 L1 • NIC L5 • NN-B MS1 L1 D1 • NNAL L3 • NNC L18 D1 • NNPM C2 • NNU-F L3 • NSchU L23 • NcD L1 • NhD L1 • NjMoHP L1 • NjP L11 C7 D1 PR • OFH L1 • PBL L1 • PCarlD L1 • PHi J1 L10 • PPAmP MS1 • PSt L9 • PU L1 • RPB-JH D1 • TxU L2 • UPB L1 • ViU MS3 L19 D1 • ViW L1

FORD, Worthington Chauncey (1858-1941) • A-Ar L7 C1 • CSmH L23 D20 • CU L1 • CtY L13 C3 • DFo L1 • DLC L21 17CTN • DeGE L1 • ICN L2 • IU-Ar L1 • IU-HS L5 C3 • IU-R L1 • InU L9 C1 • LNHT L8 • MA L1 C1 • MB L4 C46 • MH L217 C14 • MH-BA L9 • MHi MS1 • MWA L46 C1 • MdBJ L9 C1 • MeWC C1 • MiU-C L9 C4 • MiU-H

Ford, Worthington Chauncey (cont.)

L11 • MoSHi L23 C10 • NHi MS2 REF66 • NIC L1 • NNAL L9 D4 • NNC L324 • NNPM C3 • NNU-F L2 • NPV L2 • NRU C1 • NSchU L48 • NcD L11 • NcU L2 • NjMoHP L4 • NjP L1 C1 • OU L15 C15 • PCarlD L5 • PHC L2 • PHi L15 • PSC L1 • PSt L1 C1 • PU L9 • RPAB L2 • RPB-JH L18 C5 D3 • RPJCB 6CTN • ViFreM L1 • ViHi L3 C1 • ViU L2 C2 • ViW L15

FORREST, Edwin (1806-1872) • CSmH L5 • CtHi L1 • CtW L2 • CtY L2 • DFo L23 C2 D2 M • ICL L3 • InU L3 M • MB L6 D1 • MH J1 L3 M • MHi L5 D1 • NNC L9 C1 D1 • NNPM L1 • NNU-F L1 • NNWH L10 M • NRU L2 • NbU L1 • NjMD L1 • OCHP L3 • OCl L1 • OClWHi L1 • OMC L1 • PU L7 • UU MS1 • ViU L1

FORTUNE, Timothy Thomas (1856-1928) • DHU L1 M • DLC L17 C147 • LNHT L8 • MH L1 • NN-Sc L4 C2 D7 • NNC L1 • NcD L3

FOSTER, George G. (1810-1850) • MB L5 D1 • NHi D1 • NRU L5 C1 • P L1 • PHi L1 • PPRF C1 • ViU L3

FOSTER, Stephen Collins (1826-1864) • CSmH MS1 L2 • DLC D2 • ICN D12 • KyU D70 M • MB L1 • MnHi M • OCHP D1 • PHi L2 • PPiU MS300 L25 M • RPB-JH MS1 L1

FOX, John (1862-1919) • CU L3 • CtY MS1 L3 • ICL L2 • ICN L3 REF1 • InRE L1 • InU L12 • KyBB L6 • KyLoF MS1 L9 • KyRE D1 • KyU MS70 L83 PR M REF1 • MB L3 • MH L10 • MdHi M • NN-B L1 D1 • NNAL L2 D1 • NNC L2 D10 • NNU-F L12 • NRU L1 • NcD L61 • NcWsW MS1 • NjP L250 C209 D377 • OCHP MS1 • OKentU L2 • PBL D1 • PCarlD L1 D1 • PU L1 • TxU MS1 • ViLRM L1 • ViU MS1 L89

FOXCROFT, Thomas (1697-1769) • CtHi L1 C14 • CtNlC MS1 • CtY L2 C6 • MBC 7FT • MBU C1 • MH L3 C15 • MHi L1 D1 • NNC L1 • NjP 1CTN • PU L1 D1

FRANCIS, Convers (1795-1863) • CSmH L1 • CtHi L1 • CtY L1 • ICHi L1 • MB L5 C110 D3 • MCR C2 • MH MS1 L22 C1 D1 • MHi MS1 L11 D2 • NIC C7 • NNPM L1 • NjP M • PHi L3 • PPAmP L1

FRANCIS, Robert (1901-   ) • CtW MS1 L2 • ICN MS1 • InU D3 • MAJ L1 M • MBU L2 • MMeT L3 • MU-Ar MS95 L31 C155 D16 PR R M REF1 • MoSW L1 • NBuU MS6 L4 • NcD L1 • NjR L1 • ViBlbV L1

FRANK, Pat (1907-1964) ● CU L1 ● FU MS6 L5

FRANK, Waldo David (1889-1967) ● CSt L2 C1 ● CU MS1 L5 ● CU-A L15 ● CoU L3 ● CtU L1 ● CtY MS8 L263 C33 D3 M ● DDO MS2 L2 ● DLC L1 D1 ● DeU L97 C18 ● ICN L73 ● ICarbS L3 ● IEN L1 ● InU L2 ● MBU L1 ● MH L11 C7 ● MiU-H L1 ● MoSW L1 ● NBuU L2 ● NHi L1 ● NIC C5 ● NN-B D1 ● NNAL L2 C8 ● NNC MS2 L69 C8 ● NhD MS1 L2 ● NjP L236 C173 D57 ● NjR L1 ● OClWHi L3 ● OkU L5 ● PPC L1 ● PPT L1 ● PSt L26 ● PU 96CTN PR M REF1 ● TNF L40 C13 ● TxU MS1 C1 1CTN ● ViU MS5 L1 ● ViW L1 ● WyU-Ar L2

FRANKENBERG, Lloyd (1907-   ) ● CU-A L1 ● CtY MS2 L22 C13 ● ICN L4 ● IU-Ar MS1 L3 ● MH MS6 L183 C43 ● MoSW L3 ● NBuU MS3 L6 ● NN-B MS1 L1 ● NNFF MS2 L6 C3 D1 ● NjR L3 ● WaU L4 C1

FRANKLIN, Benjamin (1706-1790) ● CCamarSJ L1 D1 ● CSmH MS2 L22 C13 D17 ● CSt L1 ● CU L2 ● CtHi L7 C17 D3 ● CtY MS20 L318 C138 D200 ● DFo L2 D1 M ● DLC L46 C69 D25 M REF4, REF25 ● DeGE L6 C4 D1 ● ICHi L2 C5 ● ICN L1 D1 ● IGK L1 D1 ● IU-R D1 ● InU L5 C1 D14 ● M-Ar C7 D34 ● MA L2 C2 ● MB MS1 L15 C5 D11 ● MBAt L1 ● MBNEH L1 ● MBU L1 D5 ● MH MS3 L38 C39 D25 M ● MHi MS6 J2 L57 C6 D44 ● MWA L7 ● MWalA L1 D1 ● MWiW L1 ● MWiW-C L1 ● MdBJ L2 D1 ● MdHi L2 D15 ● MeB L2 ● MiU-C L54 C25 D3 ● MnHi L1 M ● MnNC-Ar M ● MoSHi D1 ● MoSM L1 ● MoSW L1 ● N MS1 L2 D4 ● NAII L1 ● NBu L1 REF65 ● NBuHi L5 ● NCanHi L1 ● NHi REF66 ● NHpR L1 ● NIC MS9 L3 C3 D4 ● NN-B MS2 L6 M ● NNC MS5 L43 C54 D12 ● NNF L2 ● NNMM L1 ● NNPM MS5 L52 C1 D7 ● NNS L3 ● NRU L1 ● NSchU L1 ● NSsS L1 D1 ● Nc-Ar D1 ● NcD L2 D1 C1 ● NhD L5 D1 ● NhHi L1 C1 D1 ● NjMoHP L6 C4 ● NjP 19CTN REF1 ● OClWHi L3 C2 ● OHi L1 D1 ● OMC L1 C1 ● OkTG L1 D2 ● PBL L1 ● PHC L11 D11 ● PHi 15CTN ● PP L1 C1 ● PPAmP 66FT ● PPL MS5 L3 C1 D5 ● PPRF L8 D7 ● PPT L1 D1 ● PPiHi L1 D2 ● PPiU L1 D1 ● PSC-Hi D1 ● PU L30 D9 M REF ● RHi L2 ● RNR MS1 ● RPB-JH C3 ● RPJCB L3 D1 ● T D1 ● TxU C2 D5 ● ViHo L1 ● ViU L1 C1 D1 ● WHi L1 D1

FREDERIC, Harold (1856-1898) ● CCamarSJ L2 ● CLSU L2 ● CU L2 ● CtY M ● DFo J1 L10 D6 ● DLC MS43 J3 L22 C8 D11 3CTN PR M REF1 ● DeU C2 ● ICN L2 D1 MG1 REF1 ● IU-R D3 ● IaU L2 ● InU

117

Frederic, Harold (cont.)

L3 • MA L2 • MH L5 • MHi L1 • N L1 • NIC L8 • NN-B L2 • NNAL
L1 • NNC MS1 L5 D2 • NjMoHP L1 • NjP MS1 L55 C26 D32 • PHi
L1 • ViU L10 D3

FREEMAN, Douglas Southall (1886-1953) • CStbS L1 • CtW L1 • CtY
L10 • DLC J27 207CTN PR M REF26 • IU-R L5 • InU L15 C7 • KyBgW
L2 C1 • KyU L36 C17 D28 M • MH L7 C1 • MdBJ L456 C357 D9 •
MeWC L18 C2 • MiU MS1 L3 C2 • MiU-C L2 • MnU-K C1 • NNAL
1CTN • NNC L12 • NcA L1 • NcD L48 • NcU L54 • NjP MS3 L39
C1073 D497 PR • OkU L2 C1 • PCarlD L3 • PU L9 • TxHR L1 • Vi
L150 • ViFreM MS1 • ViHi MS7 L95 C40 D22 M • ViSwC L2 • ViW
L10 • WHi R

FREEMAN, Joseph (1897-1965) • CU MS1 L2 • CtY L10 C1 • DeU
L1 • ICN MS1 L312 C177 D2 • ICarbS L1 C1 • IU-R L1 • InU L10 •
NNC MS1 L3 • NNFF L4 C5 D1 • NSbSU L2 • NSyU L28 • PU L5
• TxU MS1 • VtHi M

FREEMAN, Mary Eleanor (Wilkins) (1852-1930) • CLSU MS1 L12
C1 • CSmH MS1 L10 • CU L2 • CtY L20 C4 • DLC L1 • DTr L1
• ICL L3 • ICN L5 REF1 • IEN L1 • IGK L1 • IaU L1 • KU-S
L3 • MB L4 D2 • MCR L1 • MChB L1 • MH MS1 L19 • MHi L1
• MWA L2 • MdBJ MS1 • MeWC MS1 L2 • NHi MS1 • NIC L1 •
NNAL MS1 L16 • NNBa MS2 L3 • NNC MS1 L92 C1 D32 •
NNPM MS1 L13 • NNU-F L7 • NcD L1 • NjMoHP L5 • NjP
MS3 L15 C1 D1 • OCl L1 • OOxM L1 • PHi MS1 L2 D1 • PP L1
• PSC MS1 L2 • PSt L3 C8 D6 • PU L1 • RPB-JH MS1 • TxU L3
• ViU MS8 L98 M • VtHi D1 • VtU L1 • WvU L1

FRÉMONT, Jessie (Benton) (1824-1902) • CLU L4 C1 • CLU-C L1
• CSmH MS1 L41 C1 D7 • CSt L11 • CStoC L1 • CU MS10 L170
C14 D8 M REF1 • CtHT-W L2 • CtHi L2 • CtY L3 • DLC MS1
L77 C5 D12 M • ICHi L2 • ICN L1 REF40 • IGK L1 • InNd-Ar
L1 • KyRE L2 • MB L2 • MH L18 • MHi L7 • MdBJ L3 •
MiMtpT L4 • MnHi L2 • MoSHi MS1 L3 D1 • MoSW L1 • NBu
MS1 L1 REF65 • NHC L1 • NHi L7 REF66 • NIC L2 • NNBa L1
• NNC L10 D1 • NNPM L4 D1 • NPV L1 • NSyU L5 C4 • NcU
L1 • NhHi L1 • NjMoHP L1 • NjP L108 • NjR L1 • OClWHi L1
• OFH L9 C3 • OrHi L1 • PHC L1 • PHi L8 • RPB-JH L4 D1

FRÉMONT, John Charles (1813-1890) • AzTP REF12 • CCC L3 • CCamarSJ L3 • CLSM J5 L10 C10 D6 M • CLU L10 C9 • CSmH L38 C12 D10 • CSt D1 • CU MS3 L77 C31 D23 M REF1 • CtHi L3 • CtY L10 C5 D8 • DLC L199 C47 D146 • DeGE L2 • ICHi L5 C3 • ICL L1 • ICarbS C1 • IGK L4 • IU-R L1 D1 • In D19 • InFwL L2 • InNd-Ar L2 D9 M • InU D4 • LU-Ar L2 D3 M • MB L3 D19 • MH L6 C1 D1 • MHi L11 • MWA L1 • MWalA D3 • MWiW-C L1 • MeB C1 • MnHi L8 D1 • MoHi L1 • MoSHi L19 C7 D3 M • N MS1 D1 • NBu L1 • NHi L19 C8 D5 4CTN REF66 • NIC L1 • NNC MS1 L6 • NNPM L8 C2 D1 • NRU L6 • NSchU C1 • NSyU L2 D1 • NWM L1 • NcD L3 D1 • NhD D7 • NjMoHP L3 • NjP L6 • OClWHi L1 D1 • OFH L9 C2 M • OMC L1 • OOxM L1 • PBL L1 • PHC L6 • PHi L15 C1 D4 • PPAmP C1 • PPL D1 • PU L1 • RNR L1 • RPB-JH L6 C11 D12 • VtHi D5

FRENCH, Alice (1850-1934) • CLSU L5 • CSmH L8 • CoU L1 • CtY MS1 L1 • DLC L1 • ICN MS58 J14 L10 D22 REF1 • IGK L1 REF5 • IU-R L1 • IaDa MS2 • IaHi L1 C5 • IaU MS1 L6 • In L1 • LU-Ar L1 • MA L2 • MB L2 • MCR MS1 • MH L27 • MWA L1 D1 • MeWC L1 • MnHi L2 • NN-B M • NNBa L1 M • NNPM L2 • NNU-F L1 • NjMoHP L2 • NjP L43 C68 • PCarlD L1 • PHi L3 • PMA L3 • PPT L11 • PSt L1 • TxU L17 • UPB L4 • ViU MS5 L16

FRENCH, Lucy Virginia (Smith) (1825-1881) • T MS1 J1 D1

FRENCH, Nora May (1881-1907) • CSmH MS9 L11 C10 • CU MS5 M

FRENEAU, Philip Morin (1752-1832) • CLU MS1 • CtHi D1 • DLC L18 C4 D1 • InU MS1 • MHi L1 • MWiW-C D1 • NHi D3 REF66 • NNC L2 D1 • NjP MS1 L3 D131 • NjR MS6 L2 C1 MG12 • OMC D1 • PHC L1 • PHi L2 C1 D1 • PSt D2 MG1 • ViU J1 L1

FREUND, Philip (1909-   ) • CtY L5 C3 • TxU L1

FRIEDMAN, Bruce Jay (1930-   ) • TxU MS1

FRINGS, Ketti (fl.1942) • CU-S MS1 • MBU L2 • WHi 15FT REF1, 7

FROST, Frances Mary (1905-1959) • CSmH MS1 • CU-S MS4 L6 C159 • CtY MS2 L12 C5 10CTN REF7 • IU-Ar MS1 • MH L2 • MMeT L2 C3 • MNS L1 • MWC L2 • MiU L7 C12 • NBuU MS1 L4 • NjP L1 • TxU L1 • ViSwC L2 • VtHi M • VtU L7 M

FROST, Robert Lee (1874-1963) ● ArU L5 ● C L2 ● CCC L1 ●
CCamarSJ L2 D1 ● CLSU L4 ● CLU C3 ● CSf L1 D2 R M ● CSmH MS38
L36 ● CSt 1CTN REF2 ● CStbS L1 ● CU MS2 L21 ● CtHT-W MS12 L15
D5 MG28 PR R M REF18 ● CtNlC L2 ● CtW L17 ● CtY MS28 L44 C1
D11 PR M ● DLC MS31 L14 C1 D4 M ● DTr L1 ● FU L1 R M ● GDS
MS15 L5 R M REF38 ● ICN MS1 L5 D1 ● IEN L7 ● IU-Ar D4 R M
● IU-R L3 D1 ● IaU MS1 L10 ● InU MS15 L8 D25 M ● KyBB L1 ● MA
L1 MG100 4CTN R M ● MAJ MS60 L42 R M REF1 ● MAm M ● MB
MS1 L15 D7 ● MBU REF7 ● MChB MS1 ● MH MS15 L58 C47 D6 M
● MMeT MS4 L3 PR M ● MNS L2 ● MU-Ar R ● MWH MS1 ● MWelC
L8 ● MdBJ MS9 L3 ● MdU L1 PR R M ● MeB MS1 L3 ● MeLB L1 ●
MeU L2 ● MeWC L1 ● MiU MS2 L24 C8 D10 M ● MiU-H L10 C22 ●
MnU-Ar L6 M ● NBuU MS2 L3 ● NHC L1 ● NHemH L3 D6 ● NHi L1
● NIC MS2 L3 D1 ● NN-B MS1 L2 C2 D11 ● NNAL MS3 L12 C40 D7
● NNC MS8 L23 C5 D5 PR M ● NNFF D3 ● NNPM MS1 ● NNU-F
L2 ● NNWML MS2 L1 ● NPV L3 ● NSyU MS1 L29 C4 ● NcA L1 ● NcD
MS4 ● NhD MG500 12FT PR M REF7 ● NhPlS MS25 L21 C2 D79 M
REF1 ● NhU MS2 L5 ● NjP 19CTN ● NjT L1 ● OCU L1 ● PBm MS3
L3 D1 ● PCarlD MS2 L2 ● PMA MS1 ● PP L2 ● PPT L2 ● PPiU MS1
L17 C18 ● PSt L12 C1 R ● PU L5 ● RPB-JH MS2 L6 C2 D11 ● SdSiFA
L1 C1 REF2 ● TxU MS6 L65 C4 D14 ● TxWB-B MS1 L3 C4 D1 MG3
● UPB L1 ● ViHo MS1 L1 MG7 M ● ViU MS70 L238 C10 D3 PR M
REF104 ● VtHi M ● VtMiM MS4 L27 C20 D1 R M ● VtU L7 C1 M REF6
● WHi L3 C3 ● WMM-Ar MS2

FROTHINGHAM, Octavius Brooks (1822-1895) ● CSmH L9 ● CtHT-
W L1 ● CtY L1 C1 ● DLC L22 ● ICHi L1 ● MB L13 D4 ● MBNEH D1
● MH MS2 L42 C2 ● MHi L39 D1 ● MWA MS1 L3 ● MeB L11 ● N L8
● NBu L2 REF65 ● NHi MS3 L1 REF66 ● NIC L3 C1 ● NNC L15 ●
NNPM L1 ● NNU-F L1 ● NPV L1 ● NRU L1 ● NSyU L4 D1 ● NjP L52
● PHi L4 ● PPAmP L3 ● TxU L2 ● UPB L2 ● ViU MS1 L1 C1

FUCHS, Daniel (1909-   ) ● CtY L2 C2 ● DeU L1 ● MBU 2FT REF1
● OU MS2 L3 ● PU L1

FULLER, Henry Blake (1857-1929) ● CLSU MS3 L305 C15 ● CSmH
MS1 L61 ● CtY L26 ● ICHi L17 D4 ● ICN MS305 J7 L142 C340 ● ICarbS
L41 C5 ● IGK L1 ● IU-Ar L4 C1 D1 ● IU-R C1 ● InU MS1 L4 C1 D4
● MA L1 ● MB MS1 L1 ● NIC L1 C1 ● NN-B MS3 L278 D4 M ● NNAL

L6 ● NNC L5 D2 ● NhD L1 ● NjP MS1 L44 C33 D3 M ● OOxM L1
● PU MS6 L30 ● TxU L1 ● ULA L2 ● UPB L1 ● ViU MS1 J1 L5

FULLER, Hoyt W. (1927-   ) ● DHU L1 ● IU-Ar R ● KyLoB-M L4

FURMAN, Lucy S. (1869-1958) ● CSmH L8 ● DLC L5 ● In L10 ●
InNhW L6 MG2 M ● InU L15 C20 ● KyBB L5 C2 ● KyBgW L23 D1
● KyRE L1 ● KyU L1 ● MA L1 ● MH L1 ● NNU-F L1 ● OCl L1

FURNESS, Horace Howard (1833-1912) ● CLU L1 ● CSmH L35 ●
CoCC L3 ● CtY L27 ● DFo MS1 L390 C7 M ● DLC L8 D4 ● InNd L1
● KU-S L2 ● LNHT L1 ● MA L9 ● MB MS1 L9 ● MBU L1 ● MH L163
● MHi L6 ● MWA L2 ● MdBE L1 ● MdBJ L24 C2 ● MeB L3 ● MiU
L2 ● NHi L21 ● NIC L76 C11 M ● NNC L38 ● NNPM L3 ● NNU-F
L10 ● NNWH L21 C1 ● NPV L40 ● NRGE L2 ● NRU L2 ● NbU L1
● NcD L4 ● NhD L1 ● NjP L9 C5 ● PBm L2 D1 ● PCarlD L1 ● PHC
L8 ● PPL MS5 L41 C35 D20 M ● PSC L1 ● PSC-Hi L3 ● PSt L3 ● PU
MS2 L106 ● RPB-JH L3 ● TxU L17 ● UPB L1 ● ViU L4 ● VtMiM L1

GÁG, Wanda (1893-1946) ● CtY L2 ● MH L33 ● MnHi MS1 L8 C9
D3 M REF5 ● MnU-K MS3 L2 C2 PR ● PSt L1 ● PU 2CTN

GAINES, Ernest J. (1933-   ) ● ICN L3 ● NBrockU-EC R

GALE, Zona (1874-1938) ● CCamarSJ L1 ● CLSU MS1 L32 ● CLU
L4 ● CSmH L10 ● CU MS1 L3 ● CtY MS2 L118 C47 ● DLC MS1 L6
● ICHi L5 C1 ● ICL L3 ● ICN L4 ● ICarbS L3 ● IEN L1 ● IGK MS1
L4 ● IaU L1 ● InGrD-Ar L1 ● InHi L1 ● InU MS1 L20 C4 D10 M REF3
● KyU L1 ● MCR L17 C3 ● MChB MS1 ● MH L20 C7 ● MNS L19 ●
MWC L7 ● MWH MS1 ● MWelC L2 D1 ● MeWC L1 ● MiU L10 C11
D4 ● MnHi L8 C5 ● NBu MS1 L13 C1 D1 ● NN-B MS1 D1 ● NNBa L3
● NNC MS1 L100 ● NNU-F MS1 L8 ● NNWML L33 ● NPV L15 ● NjP
L19 C20 D3 ● OCl MS2 ● OClWHi L1 ● PMA L1 ● PPT L32 ● PSC L1
● PSC-Hi L7 ● PSt L3 ● PU L3 ● RPB-JH L1 ● TxU MS2 L15 C2 ● ViU
MS1 L27 ● WAL L1 ● WGr MS1 L1 D5 ● WHi MS1 L200 C200 32CTN
M REF1, 7

GALLAGHER, William Davis (1808-1894) ● CCC L1 ● CSmH L3 ●
CtY MS1 ● FU L1 ● ICHi MS1 ● KyLoF MS2 L1 C2 ● MB L3 C1 D1
● MdBJ L1 ● MoSW L1 ● NNC L1 ● NNPM L2 ● NRU L1 C2 ● OC
MS1 L2 ● OCHP MS4 L9 ● OHi MS5 L78 D2 ● OMC L5 ● PHC L2 ●
PHi L10 C2 D1 ● PP L1 ● PPL L1 ● RPB-JH MS1 ● ViU MS1 L1

GALLICO, Paul William (1897-1976) ● CtY L1 ● InU L2 C1 ● MBU

Gallico, Paul William (cont.)

L3 • MH C1 • MeWC L1 • MoSHi L1 • NIC L2 • NNC MS750 L1034 C5000 M REF7 • OrU L15 C17 • PHi L2 • RPB-JH MS1

GALLIZIER, Nathan (1866-1927) • OCU MS3

GALLOWAY, Joseph (1731-1803) • CCamarSJ L1 • CSmH REF1 • CU C2 • CtY L2 C3 D4 • DLC C2 • DeGE D1 • ICHi L1 • IU-HS L1 D6 • MH L2 • MiU-C L2 C18 D7 • NHi L1 C1 D3 REF66 • NNPM D1 • Nc-Ar C1 D1 • NjMoHP L2 • OMC D1 • OkTG L1 • PHC L7 D3 • PHi L20 C11 D24 • PP C1 • PPAmP L41 C14 D29 • PPL L1 D6 • PU L1 • RNR L1 • WHi D2

GANNETT, William Channing (1840-1923) • CLU L2 • MB L2 • MH MS5 L279 C840 D1 • MHi L4 • MNF MS1 • MWA L1 • MdHi L1 • MnHi L8 C1 • NBu L1 • NIC L29 • NRCR 20FT M • NRU 75CTN REF1, 7 • NjP L1 • ViU MS1

GARD, Sanford Wayne (1899-   ) • CU L2 • IEN L7 • MH L4 • OkU MS2 L175 C171 D4 • PU L4 • TxLT PR

GARDNER, Erle Stanley (1889-1970) • CLO MS4 • CLU MS1 • CU L2 • CtY L3 • DLC L1 • IGK L1 • MBU L2 • MMal MS1 • MiU-H L1 C1 • NNC L5 • NNFF L4 C4 • PCarlD L1 • PPT L3 • RPB-JH L2 C2 • TxU MS1422 J3 L3717 C7062 D2154 MG32 PR M • ViU L2

GARDNER, Isabella (1915-   ) • DLC C1 • IU-Ar L1 • MA L2 • MBU L2 • MChB L1 • MH MS1 • MnU-Ar R • MoSW MS65 J3 L359 C1400 D20 PR R • NBuU MS3 L2 R • NHi L16 • NNC L2 • NSchU L1 REF74 • NjR L2 • PPiI L5 C3 R • TxU L55 C1 • WaU L16 C4 PR

GARLAND, Hamlin (1860-1940) • AzU L27 • C L24 • CCamarSJ L1 • CLSM L4 C3 M • CLSU MS785 J109 L1662 C8510 D1110 MG23 REF7, REF14 • CLU MS10 L9 C1 • CSmH REF1 • CSt L1 • CStbS L1 • CU L23 C2 M • CU-A L1 • CoCC L2 • CtHT-W L11 • CtY MS4 L91 C23 PR • DFo L2 • DLC L97 C71 • DeU L1 • GEU L3 • ICHi L1 C2 D1 • ICL L1 M • ICN MS1 L44 REF1 • IEN L10 • IGK MS8 L235 C2 D6 • IU-Ar MS1 L36 C5 D1 • IU-R L15 C4 D3 • Ia-HA L10 C3 • IaHi L1 • IaU MS4 L52 • In L1 D1 • InGrD L3 • InI L1 • InLP L13 • InU MS2 L65 C8 D8 M • KLeS L1 M • KU-S L14 C1 • KyU L2 • LNHT L18 C1 • LU-Ar L1 • MA L1 • MB L9 • MBU L1 • MChB MS2 • MH MS2 L72 C52 • MHi L1 • MNS L2 • MWC L6 • MWH MS1 L2 • MeB L1 • MeWC L14 C8 M • MiU L3 • MiU-H L1 • MnHi L5 C3 • MoCgS L1

122

• MoHM L1 • MoHi L1 • NBuU L1 • NHi L2 • NIC L2 C1 • NN-B MS1 L12 D1 M • NNAL MS9 L100 C100 D3 • NNC L236 C1 M • NNMus L1 • NNPM L2 • NNU-F L12 • NNWH L9 C1 • NNWML L37 • NPV MS1 • NRU L4 C8 • NcD L7 • NhD MS2 L2 • NjP L17 C11 • OCl L1 • OFH L1 • OOxM L15 • OU L17 D2 • OkU L1 C3 • OrU L7 • PBm L1 • PCarlD MS1 L2 • PHC L1 • PHi L5 • PMA L4 D1 • PPT L2 C2 • PSC L1 • PSt L59 C10 D7 • PU L50 • RPB-JH MS2 L14 D1 • TNJ L2 • TxGR L1 • TxU MS1 L16 D3 PR • UPB MS1 L3 • ViU MS4 L145 C83 • VtU L2 • WGr D8 • WHi L20 C10 D4 M • WLacU L8 D10 M • WM L1 • WMUW L7 • WvU L2

GARNET, Henry Highland (1815-1882) • DHU MS1 M • MHi L1 • NHi L2 • NN-Sc D2 • NRU L5 • NSyU L16 • PHi L1

GARRIGUE, Jean (1914-1973) • CtY MS5 L300 C1 M • IU-Ar L1 • IaU L1 • InU L5 C4 D6 • MA L1 • MNS MS33 • MoSW L14 C1 • NBuU L1 • NN-B L3 D1 • NNFF L1 • NSsS 100CTN REF7 • TxU L10

GARRISON, William Lloyd (1805-1879) • AzU L1 • CCC L1 • CLU C1 • CSmH L10 C1 D3 • CU L2 • CU-S L2 C1 • CtHMTM L1 • CtY L5 C2 • DLC MS15 L54 C6 D15 M • DeGE L2 • GAU L3 M • IC MS1 • ICHi L5 C1 • ICN L1 • IGK L1 • IJI C1 • IU-R MS1 • IaU L1 • In D1 • InU MS1 L2 C1 D2 M • KWiU MS197 L74 C8 D277 M • KyBB L3 • LU-Ar C5 • MA L1 • MB MS20 J1 L766 C2775 D477 M • MBAt L2 • MBCo L1 • MBNEH L1 • MCR L18 C6 • MH MS1 L68 C183 REF2 • MHi L88 D1 • MNS-S L82 • MS L1 • MWA L15 D2 • MWHi L2 • MWalB MS22 D83 • MWelC L1 • MeB MS1 L2 PR • MiMtpT L2 • MiU-C L5 • MiU-H L3 • MoLiWJ MS1 • N C2 • NCanHi L1 • NHi MS1 L22 C1 D1 1CTN REF66 • NIC L14 C2 • NN-Sc MS4 L5 D4 REF1 • NNC L126 C1 • NNPM MS2 L3 • NNU-F MS2 • NNWML L3 • NPV L2 • NRU L4 C3 D2 • NSyU L4 D1 • NcD L3 M • Nh L1 • NhExP L1 • NhHi L2 • NjGbS C5 • NjMoHP L2 • NjP L8 • OFH L5 M • OHi L2 • OMC L1 • OU L1 • PCarlD L1 C1 • PHC L6 • PHi L7 D2 • PPT L2 C3 • PSC L1 • PSC-Hi L15 C5 D2 • PU L2 M • RHi L1 D1 • RNR M • RP L1 • RPB-JH L5 C1 D12 • ScU C1 • TxU L1 • ViU MS1 C1 • VtHi L8 C1 D3 • VtMiM MS1 L1 • WHi L1 D2

GARVEY, Marcus Aurelius (1887-1940) • DHU MS1 • NN-Sc MS1 L1 C2 D2 • NNC L2 • NcD L16 • NcU L1 C1 D2

GATES, Lewis Edwards (1860-1924) • MH L74 • NcD L1

123

GAYARRÉ, Charles Étienne Arthur (1805-1895) • CSmH L1 • CtY
L2 • DGU L1 • DLC L1 • ICHi D1 • IaHi L1 • KyU L1 • LNHT MS3
J3 L45 C1 D8 MG2 M • LU-Ar MS40 J11 L79 C457 D600 • MB L2 •
MH L1 • MHi L11 • MdBJ L2 • MeB L1 • MiU-C L1 • MoSHi L1 •
MoSU L1 • N L2 • NHi L2 • NNC L2 • NNPM L1 • NcD MS2 L118
• NcU L2 • NhHi L2 • NjP C3 • OCl L1 • OFH L5 • PHC L1 • PHi
L9 D1 • ScC C1 • TMM L8 • TxU MS1 • UPB L1

GAYEN, Charles William (1915-   ) • NNC D4 • TxU MS100 L50
C100

GELBER, Jack (1932-   ) • CU-A MS2 D2 • NNFF L1 C1 D1 • TxU
MS1 L19 C20 D8

GELLHORN, Martha (1908-   ) • CU L1 D1 • CtY L2 • IGK L1
• IU-R L1 D3 • MH L15 • MoSHi L1 • NHpR L1 • NNBa L1 • NNC
L5 • NjP MS1 L3 C2 • OrU L23 • TxU L2

GEORGE, Henry (1839-1897) • C L1 • CLSU L11 • CLU L3 • CSmH
L2 • CU L7 • CtY L9 C1 D1 • DGU L2 • DLC MS2 L120 C8 D3 • ICN
L5 • IGK L1 • In L1 D1 • InNd-Ar D2 M • InU D1 • KyU L1 • MB
L1 D1 • MCR L1 • MH L6 • MHi L1 • MNS-S L50 • MWA L1 • MWelC
L1 • MeB L1 • MiEM L2 • MiU L2 D3 • MiU-C L1 • MnHi L2 • MoSHi
L1 • NHi MS1 • NN-B L6 • NNC L19 • NNPM L2 • NcD L3 • NcU
L1 • NcWsW L1 • NjP L1 C1 D5 • OCHP L1 • OCl L1 • OFH L1 •
OMC L1 • PHi L2 • PSt MS1 • PU L1 • TxU MS1 • UPB L5 • ViU
L4 • VtHi D1 • WHi L4

GEROULD, Katharine (Fullerton) (1879-1944) • CLSU L2 • CSt
L1 • CU L11 • CtY L75 • DLC L1 • MH L2 C2 • MiU L4 C5 •
NNC L1 • NjP L145 C174 D118 • PBm L1 • PSt L3 C1

GERSTÄCKER, Friedrich Wilhelm Christian (1816-1872) • CtY L1 •
MdBJ L145 • NNPM L1 • NPV L1 • PHi L1

GESSLER, Clifford (1893-   ) • CLU MS1 • CSt 1CTN • CoU MS1
L5 • IGK MS1 L1 • IaU C41 • InU L1 • MH L7 • NBuU MS11 L4 •
NbU M REF2 • WGr D3

GIBSON, Walker (1914-   ) • MA MS1 L3 • MBU L1 • NBuU MS1
L4 • RPB-JH MS1 L16

GIBSON, William (1914-   ) • CLSU R • MBU L1 • MStoc MS3 •
NBuU MS3 L4 • NIC L1 • NNC L348 • NNFF L1 C1 D1 • NbU L1
REF2

GIDLOW, Elsa (1898-   ) ● COMC L9 ● CSf MS1 ● NBuU MS2 L1 ● TxU MS5 L9

GILDER, Jeanette Leonard (1849-1916) ● CLU L1 ● CSmH L10 C1 D2 ● CU L1 ● CtY L1 C7 ● DFo L12 C1 ● DLC L7 C1 ● FU L2 ● ICN L9 REF1 ● IGK L2 D1 ● IU-R D2 ● Ia-HA L2 ● InLP L1 ● InRE L1 ● InU L3 C1 ● LNHT MS1 L10 ● MA L14 ● MB L2 ● MCR L1 1CTN ● MH L19 ● MHi L1 ● MWA L1 ● MdBJ L4 D1 ● MeB L2 ● MeWC L9 ● NIC L1 C1 ● NN-B C5 D1 ● NNC L86 C1 ● NNU-F L1 ● NNWML L3 ● NSchU L5 ● NcD L3 ● NhD L3 D1 ● NjP C2 ● OKentU L1 ● PCarlD L1 ● PSt L1 ● PU L4 ● RPB-JH L3 C1 D2 ● TxGR L1 ● TxU L1 C1 D1 ● UPB L2 ● VtMiM C2

GILDER, Richard Watson (1844-1909) ● AzTeS L1 ● CLSU L10 ● CLU-C C1 ● CSmH MS3 L343 C279 D5 ● CSt L2 ● CU L16 C7 ● CtHC L1 ● CtHT-W L36 C1 ● CtY MS29 L25 C45 ● DFo L13 ● DLC MS13 J8 L429 C263 D3 ● DeU L5 C1 ● GEU L10 ● ICHi MS1 ● ICL L1 ● ICN L7 REF1 ● ICarbS L1 ● IGK L1 ● IHi MS1 ● IU-R L3 C2 D4 ● Ia-HA L1 ● IaU L1 ● InNd L1 ● InU MS1 L25 C15 M ● KyU L2 C1 ● LNHT L184 C8 ● LU-Ar L4 ● MA L21 C6 ● MB MS2 L10 C1 ● MBU C1 ● MCR L10 ● MH MS5 L374 C147 ● MHi L20 ● MNF MS3 ● MNS MS2 L5 ● MStoc MS1 ● MWA L14 ● MWC L1 ● MWH L12 ● MWalB C1 ● MWelC L8 ● MdBJ L58 C2 ● MeB L10 ● MeWC MS1 L12 C6 ● MiEM L1 ● MiMtpT L1 ● MoSW L1 ● NBu MS2 L1 REF65 ● NCH L2 ● NCaS C1 ● NHi L20 C4 M REF66 ● NIC L8 C1 ● NN-B MS1 C19 ● NNAL MS1 L13 C4 ● NNC MS1 L299 C7 M ● NNPM MS2 L3 ● NNSII L1 ● NNU-F L3 ● NNWH MS2 L4 C1 ● NNWML L19 ● NPV L3 ● NRU L3 C7 ● NSchU L9 C10 ● NcD MS1 L29 ● NcU L5 ● NhD L1 ● NhHi L5 ● NjP MS51 L313 C15 M ● OFH L1 ● OHi L2 ● OKentU L1 ● OMC L1 C2 ● PBL C1 ● PCarlD L1 ● PHC L1 ● PHi L16 C5 D3 ● PSC L1 ● PSC-Hi C1 ● PSt MS3 L3 ● PU L10 ● RPAB L3 ● RPB-JH MS3 L122 C45 D38 ● TxU L3 C1 ● UPB L1 ● ViLRM L1 ● ViU MS13 L42 C29 PR ● VtMiM L10 C1 MG1

GILES, Henry (1809-1882) ● CSmH L39 ● CtY L1 ● DFo L11 ● DLC L1 ● MB L4 ● MH L3 ● MHi L4 ● MNF L1 ● MWA L1 D1 ● MdHi L1 ● NHi C9 REF66 ● NIC L2 ● NSchU L2 ● OCHP L1 ● PU L1 ● ViU L8

GILES, Janice (Holt) (1905-   ) ● KyBgW MS3 L29 C3 PR

Giles, Janice (cont.)

REF1 • KyLo MS1 • KyU MS25 L194 C305 D66 PR M • MnU-K L1 C1

GILLETTE, William Hooker (1855-1937) • CLSU L11 • CSmH L5 • Ct L44 C1 D1 M • CtHMTM L5 • CtHSD MS167 L384 C11 D1 MG1 M REF7 • CtHT-W L1 • CtHi L95 C3 • CtY L18 • DFo L3 • DLC L4 • FU L1 • ICL L9 M • ICN L6 • IGK L1 • InLP L2 • InU L1 M • MB L2 • MBU L1 • MCR L27 C2 • MH L24 • NB L1 • NBu L1 • NIC M • NN-B MS5 L19 C2 D2 • NNAL MS1 L100 C100 • NNC L59 • NNMus L13 • NNPM L15 • NNU-F L1 • NNWH L5 • NcD L1 • NjP L1 • PHi L5 • PU MS2 L10 • TxU L2 • UPB L1 • ViU L2

GILMAN, Caroline (Howard) (1794-1888) • CU L1 • Ct MS1 • CtHi L1 • CtY L1 C1 • GHi L1 • ICHi C1 • MB L5 • MCR MS1 • MH MS3 L6 • MHi L3 • MWA L1 • MdBJ L1 • NHi L2 • NIC L2 • NN-B C2 • NNBa L1 • NNU-F L1 • NcD MS1 • NhHi MS1 • PHi L7 D1 • ScU L20 • ViU L2

GILMAN, Charlotte (Perkins) Stetson (1860-1935) • CLU L1 • CSmH L5 • CU L22 • CtHSD MS2 L1 • CtY L1 • ICN L2 • IU-R L1 D5 • InU L6 • MCR L3 D1 32CTN REF4, 7 • MH MS1 L15 • MdBJ D1 • MeWC L1 • NN-B D2 • NNBa L2 • NNC L3 D3 • NNWML L3 • NPV L6 • NRU L11 C3 • NhD D4 • NjMoHP L1 • RPB-JH L32 D1 • TxU MS4 L7 • ViU L1 • VtMiM L1 • VtU L1

GILMAN, Daniel Coit (1831-1908) • A-Ar L25 C3 D1 • CHi 2CTN • CLSU L13 • CLU L19 • CSmH L30 C5 • CU L33 C27 • Ct MS1 C32 • CtHT-W L13 • CtHi L1 C22 • CtY MS10 L151 C49 D2 PR M • DLC L2 • ICN L3 • ICarbS L2 • KyU L1 • LNHT L13 • LU-Ar L3 • MB L8 • MBU L7 • MH MS3 L81 C2 • MHi L13 • MWA L3 • MWiW L1 • MdBJ MS195 J28 L1297 C11435 • MdHi MS1 L29 D1 M • MeB L1 • MiU-H L27 • N L1 • NHi REF66 • NIC L159 C9 • NNC L41 D1 • NNPM L1 • NPV L2 • NRU L22 C3 • NSchU L5 • NcD L18 • NhD D1 • NjMoHP L12 • NjP MS1 L1 C19 • NjR L11 • OCl L1 • OFH L141 C85 • PCarlD L3 C1 • PU L1 • RNR L1 • RPB-JH L4 D1 • TxGR L3 • TxU L2 • ViU L4 • WHi L2

GILMER, Francis Walker (1790-1826) • CLU-C C6 D1 • CtY L1 • DLC L2 C16 • DeGE L15 C11 • KyU L117 • MHi D3 • MdHi C2 • MoSHi L49 • NcD L1 • Vi L57

126

GILMORE, James Roberts (1822-1903) • A-Ar L2 • CCC L1 • CLU L10 • CSmH L3 • CtY L5 C1 • DFo L1 • DLC L1 • ICN L3 • InU MS1 • MB L1 • MBU L1 • MH L12 C2 • MHi L1 • MdBJ L15 C985 • MeB L2 • NHi L1 • NIC L6 M • NNC L34 D1 • NRU L2 • NSchU L2 • NcD L1 • NjP C3 • OKentU L1 • PU L2 • RPB-JH L3

GILROY, Frank D. (1926-   ) • MBU L1 • NhD MS3 L1

GINSBERG, Allen (1926-   ) • CLSU R • CLU MS1 L20 C10 R • CU L9 C3 D2 • CU-S MS1 L5 • CtU MS9 L32 PR R • CtY MS9 L17 M • DeU L1 C1 D1 • ICarbS L1 M • IEN MS5 C7 PR • IaU L1 • InU MS4 L20 C5 D10 • KU-S MS3 L28 C6 D2 R • MBU L5 • MH L3 C1 • MeWC L5 • MoSW L4 C6 R • NBrockU-EC R • NBuU MS5 L7 R • NN-B MS1 L3 • NNC MS341 L580 C472 D14 PR M REF5, 7 • NNU-F MS25 L57 • NSbSU L1 • NjP L1 • NjR L3 • OAU L1 • OKentU MS1 L1 • OU MS5 • OrU L1 • PPT R • PSt PR • RPB-JH MS10 L14 C1 D3 • TxU MS5 L256 C13 5CTN • ViU L11

GINSBERG, Louis (1896-   ) • CU L2 C2 D1 • FU L1 • IU-Ar MS1 L4 M • InNd L1 • InU L3 C2 • MH MS1 L9 • NBuU MS4 L3 • NNC MS4 L312 C112 • NNU-F L5 • NSyU L1 • NjP L1 C1 • RPB-JH L1 • TxU MS1 D1

GLASGOW, Ellen Anderson Gholson (1874-1945) • ArU L4 • CLSU L4 • CSt L3 REF2 • CtHi L1 • CtY L97 D1 • DFo L1 • DLC L11 • FU L21 • GEU L1 • ICN L2 REF1 • IGK L2 • IU-Ar L7 C3 D1 • IaU L1 • InU L1 • KyU L5 • MA L1 • MH L24 C1 • MHi L1 • MNS L53 • MWC L2 • MdBG L6 • MeB L1 • MeWC L4 • MiU L4 C4 • MnHi L1 • NIC L1 • NN-B L14 • NNAL MS3 L35 C50 D3 • NNBa MS1 L2 • NNC L38 D2 • NNHuC L1 • NNU-F L3 • NNWML L2 • NPV L1 • NcD L10 • NcU L10 M • NjMoHP L1 • NjP L118 C48 D36 • OClWHi L2 • OU C2 • OkU L1 C3 • PPT L1 • PPiU L2 • PSt L1 • PU L75 • TNJ L29 • TxU MS1 L18 C1 • UPB L2 • ViHi L9 D4 M • ViRCU L22 • ViU 10FT REF7 • ViW L1 • VtU L2

GLASPELL, Susan (1882-1948) • CU-S PR • CtNlC D2 • CtY L18 PR • DeU L1 • ICN L7 • IU-R L1 D1 • IaU L6 • InU L3 • KPT L1 • MH L2 • MiU L6 C8 • NN-B MS65 J2 L122 C380 D22 MG2 M • NNWML L1 • NhD D1 • PPT L1 • PU L1 • TxU L1 • UPB L1 • ViU MS4 J1 L10 C2

GLICK, Carl (1890-1971) • CU L1 • CoU L9 • IaU 38CTN PR M •

127

Glick, Carl (cont.)
PU L1 ● ViW L2

GODEY, Louis Antoine (1804-1878) ● CtHi L1 ● CtY D1 ● DeGE L12 ● ICN L1 ● InU L3 C1 ● MB L6 C3 ● MH C2 ● MHi L2 ● MiU-C D1 ● N L2 ● NHi L2 C10 REF66 ● NNC L5 C1 ● NNU-F L1 ● NcD L8 ● PHC D1 ● PHi L6 C1 D3 ● PP L1 ● PPL D2 ● PSC L1 ● PU L2 ● TxU C1 ● UPB L1 ● ViU L7 C1

GODFREY, Thomas (1736-1763) ● MB L1 ● RPB-JH D1 ● VtHi M

GODKIN, Edwin Lawrence (1831-1902) ● CSmH L2 ● CtHi L1 ● CtY L44 C2 ● DFo L2 ● DLC L6 D1 ● MB C1 D6 ● MH MS6 L278 C8 D2 ● MHi L19 ● MStoc L4 ● MWA L1 ● MdBJ L52 C1 ● MeB L1 ● MeWC L1 C1 ● MnHi L1 ● MoSW L2 ● NBu L1 ● NHi L27 REF66 ● NIC L13 ● NN-B L1 ● NNAL L1 ● NNC L32 ● NNPM L1 ● NNU-F L1 ● NPV L1 ● NRU L1 ● NSchU L9 ● NcD L1 ● NjMoHP L1 ● NjP L14 C3 ● OFH L2 M ● PHi L2 ● PSC-Hi L7 ● PU L15 ● RPB-JH L1 D4 ● ViU MS1 L1 ● VtU L8

GODWIN, Parke (1816-1904) ● CSmH L38 ● CtY MS1 L10 C1 ● DLC L9 C2 ● ICN L1 ● ICarbS L2 C2 ● IU-R L2 ● InU L1 D1 ● KyBB L2 ● MA L1 ● MAJ L4 ● MB L14 D1 ● MHi L13 ● MdBJ L2 ● MdHi C1 D1 ● MeB L1 ● MeWC L1 ● MiU L2 ● MiU-C L1 ● MiU-H L1 ● MoSW L1 ● N L14 ● NBu L1 REF65 ● NIC L2 ● NNAL L2 ● NNC L16 D2 ● NNPM L6 C2 ● NNU-F L1 ● NNWH L2 ● NPV L3 ● NRU L3 ● NSchU L44 ● NcD L1 ● NhD D1 ● NjP 9CTN ● OClWHi L1 ● PHC L2 ● PHi L8 C2 D1 ● PPT L1 ● PSC-Hi L1 ● RPB-JH L4 D2 ● ScCleU L2 ● TxGR L1 ● TxU L1 ● ViU L3 D1 ● VtMiM L1

GOLD, Herbert (1924-   ) ● CLSU R ● CU-A L1 R ● ICN L4 ● IU-Ar MS1 L7 PR ● MBU L7 ● MoSW L2 C1 R ● NN-B L1 D1 ● NNC MS4 L1146 D1 PR REF7 ● NNFF MS1 L11 C14 D8 ● NbU L1 REF2 ● NjR L17 ● OAU MS2 PR ● PU L1 ● TxU MS1 L3 ● ViU MS3

GOLDEN, Harry (1902-   ) ● CL L2 ● IGK L1 ● IU-R L8 ● KPT L1 ● MBU L49 ● MWalB L1 ● NNC L7 ● NNU-F MS1 ● NNWH L3 C1 ● NcD L1 ● NcGrE L5 ● NcU L1 ● OMC L1 ● PSt L2 ● PU L2 ● TxU MS1 L1 ● WHi L1

GOLDMAN, Emma (1869-1940) ● CtY L10 ● ICIU L450 C50 ● ICN L1 ● ICarbS MS1 L8 ● IEN L27 M ● IU-R L7 ● In L1 D1 ● InTI L6 C2 D6 ● InU L18 D1 ● MA L11 ● MBU REF1 ● MH MS3 L97 D1 ● MNS-S

L30 C3 • MiU-H L2 • NN-B D1 • NNC L11 • NNU-F L363 C606 D10 • NNYI L6 • OCl L3 • PPT L1 • WHi C1 • WMUW L1

GOODELL, William (1792-1867) • CL L1 • Ct L1 • CtHC L1 • CtY L2 C8 • DLC L1 • KyBB MS23 J1 L61 C26 D8 • NHi L20 REF66 • NNC L5 C1 • NSyU L25 • NcD L1 • NhD L2 C6 D3 • PU L1 • VtU L6

GOODMAN, Joseph T. (1838-1917) • C L3 • CU L5 • CtY C1 • DFo L1

GOODMAN, Mae Winkler (1911-   ) • CSmH L3 • NBuU MS3 L1 • NbU L1 REF2

GOODMAN, Paul (1911-1972) • CLSU R • CLU MS1 L12 • CSdS C1 • CtU L1 • CtY L4 C3 D1 • DeU L1 • MBU L1 • MH MS1 • MeWC MS1 L1 • NNFF MS1 L1 C1 D5 • NjR L1 • RPB-JH L2 • TxU MS10 L1 1CTN • WHi L5 C2

GOODRICH, Arthur (1878-1941) • CLSU L1 • CSmH L7 • CU L3 C2 • CtW L1 • CtY L6 • IU-R L2 • MH L3 • NNAL L19 C25 D4 • NNC MS1 L3 • NNWH MS1 • TxU L1 C1 • ViU L2 C1

GOODRICH, Samuel Griswold (1793-1860) • CSmH L5 • Ct L1 • CtHi L9 C1 • CtY L17 D1 • IGK L1 • IU-R D1 • IaMc L1 • InU L1 • MB L23 D2 • MHi L7 • MS L1 • MeB L1 C1 • NN-B D1 • NNC L1 C2 D3 • NNPM L9 • NNS L1 • NNU-F L2 • NcD L1 • NhExP L2 • NjMoHP L1 • NjP L1 • OFH L5 • OMC L1 • PHC L2 • PHi L8 • PU L1 • ViU L12 C2

GOOKIN, Daniel (1612-1687) • ICN L1 C1 D1 • M-Ar D107 • MB L2 D6 • MH L2 D2 • MHi MS1 L2 D2 • PHi L4 D6

GORDON, Caroline (1895-   ) • ArU L3 • CtY L27 C20 • DLC L1 • ICN L48 • IU-Ar L1 • IU-R L2 • KyBgW L15 • MH L10 • MiU L4 C6 • MoSW L2 D1 PR • NNC L8 • NNFF D1 • NSyU L7 • NjConC L2 • NjP 24CTN • NjR L1 • TxHR L3 • TxU L5 • ViLxW L4

GORTON, Samuel (1592-1677) • CSmH D1 • CtY MS1 L1 • M-Ar L1 D12 • MH MS1 • MHi L1 • RHi MS1 L1 D8 • RPB-JH D6 • RPJCB D1

GOULD, Hannah Flagg (1789-1865) • CCamarSJ MS1 • CSmH MS1 • CtHT-W L1 • CtHi MS1 L3 • CtY MS3 • ICHi MS4 L1 • MB MS5 L8 • MBSpnea REF2 • MH L2 C1 • MHi L1 • MNBedf L1 • MS L1 • MWA L1 • MeB MS1 • MiU-C L1 • NHi MS2 L3 • NNBa MS4 L1 • NNPM MS1 • OCHP MS1 • OClWHi C1 • OMC MS1 • PHC L2 •

Gould, Hannah Flagg (cont.)

PHi L11 D2 • PP MS1 • RPB-JH MS1 L2 • TxU MS1 • ViU MS11 L9

GOULD, John (1908-   ) • MMeT L1 • MeB MS2 PR M • MeWC MS2 L9 C5 PR • VtU L1

GOULDING, Francis Robert (1810-1881) • GEU L3 C50 • GU L8 • MB L1 • NcD L7 • ScU L2

GRADY, Henry Woodfin (1850-1889) • COMC MS1 • DLC L1 • GEU 5CTN • GHi L1 • InU L1 • MHi L1 • MWA L1 • NcD L6

GRAHAM, George Rex (1813-1894) • CtY L4 C2 • DeGE C1 • MB L3 C20 • MH L27 C9 • MdHi D1 • MeWC L1 • MiU D1 • N L8 C1 • NHi L1 C3 • NIC L10 • NNC C4 • PHi L1 C10 D1 • PP L1 • PU L1 • RPB-JH C3 • TxU L3

GRAHAM, Margaret Collier (1850-1910) • C L1 • CLU 1.5FT • MH L1

GRANICH, Irwin (1893-1967) • CU MS1 D1 • DeU L12 • ICN L4 • ICarbS L3 C1 • IU-R L2 • InU L65 D5 • NIC C2 • NNC L3 • NNU-F MS1 L4 • PU L22

GRANT, Robert (1852-1940) • CLSU L11 • CSmH L3 • CU L2 • CU-S L2 • CtY MS1 L49 C33 M • DLC L11 • FU L1 • ICL L1 • ICN L10 REF1 • IU-Ar L7 C2 • IaU L1 • LNHT L1 • MB MS3 L26 C2 D1 • MBU L1 • MH MS28 L152 C34 REF1 • MH-BA 1CTN • MHi L4 • MWA MS1 L15 • MWelC L3 • MdBJ L1 • MeWC L2 • NBu L2 • NNAL MS1 L100 C100 • NNC L10 • NNU-F MS1 L2 • NNWML L2 • NhD L3 • NjP L425 C285 D72 • OOxM L1 • OkU L1 C1 • PCarlD L3 • PHi L2 • PU MS1 L18 • RPB-JH L1 • TxU L4 • UPB L1 • ViU MS3 L14

GRATZ, Rebecca (1781-1869) • CtY L445 C45 • DLC L48 • KyU L1 • MB L2 • MWalA L635 • NHi L21 REF66 • NcU L195 • PHi L3 C2

GRAU, Shirley Ann (1929-   ) • PSt MS1

GRAVES, John Temple (1892-1961) • A-Ar L2 D1 • ABH L2 • CSdS L1 • CU L1 • ICN L1 • NN-B L1 • NNC L1 • NcD L1 • ViLRM L2

GRAYSON, William John (1788-1863) • NcD L3 • NcU L2 • ScU MS20 J1 L3

GREELEY, Horace (1811-1872) • A-Ar L1 • CCC L5 • CCamarSJ L2 • CLSU L1 • CLU L1 C1 • CSmH MS2 L66 C4 D20 • CSt L2 • CU L3 • CU-A MS1 L2 • Ct L1 • CtHSD L3 C1 • CtHT-W MS1 L3 • CtHi L20 D1 • CtLHi L2 C1 D8 M • CtW L3 • CtY MS1 L34

C5 D5 • DFo L1 M • DGU L1 • DLC C79 D43 8CTN M • DeGE L2
• GEU L1 C1 • ICHi L20 C5 D2 • ICL L1 • ICN L6 REF40 • ICarbS
L1 D2 • IGK L15 C1 D1 • IHi MS1 L3 D2 • IU-R L2 • IaDmE L2 •
IaHi L1 • IaU L2 • In L6 D16 • InFwL L1 • InHi L4 D2 • InNd-Ar
L2 D10 • InU L4 C5 D2 • KyBB L1 • KyU C1 • LNHT D1 • MA MS1
L3 • MAnP L1 • MB L34 C7 D16 • MBCo D1 • MCR L12 • MH L14
C1 • MHi L23 D1 • MNF L2 • MNS L8 • MNS-S L3 • MS L1 • MWA
MS6 L9 • MWelC L1 • MdBE L2 • MdBJ L4 • MdHi MS1 L2 C2 D3
M • MeB L1 • MeU L49 • MiMtpT L5 M • MiU L4 • MiU-C L5 • MiU-H
L1 • MnHi L20 C1 M • MnU L1 • MoSHi L6 M • MoSM L4 • MoSW
L3 • N MS2 L35 D1 • NAll L1 • NBu MS3 L2 C2 REF65 • NBuHi L4
• NCaS L1 • NCanHi L1 • NHi REF66 • NIC L65 C2 M • NN-B L3
C6 • NNC MS2 L51 C2 D1 M • NNMM L3 • NNMus L2 • NNPM MS3
L20 C42 D2 • NPV L1 • NRU L138 C15 D1 REF1 • NSchU L1 C2 •
NSyU L21 • NWM L1 • NcD L15 M • NcU L10 • Nh L3 C1 M • NhD
L2 • NhHi L29 C2 • NjMoHP L6 • NjN L1 • NjP L4 • NjWdHi L1
• OCHP L5 • OCl L1 • OClWHi L4 D2 • OFH L8 M • OHi L11 • OMC
L4 • OO L1 • OOxM L2 • OU L2 • PCarlD L2 C2 • PGC L1 • PHC
L6 D1 • PHi L30 C5 D10 • PMA L1 • PP L1 • PPAmP L6 C4 • PPRF
L1 • PPT L1 • PPiCI L1 • PSC L1 • PSC-Hi L2 C1 • PSt L9 C1 D4 •
PU L3 • RHi L1 • RNR L2 C2 • RPAB L1 • RPB-JH L28 C2 D30 •
ScU C1 • T L1 D2 • TxGR L2 • TxU MS1 L5 • UPB L1 C1 • ViU L7
• ViW L1 • VtHi L1 C1 D2 M • WHi MS1 L60 C30

GREEN, Anne (1899-   ) • CSt 2CTN • CtY L3 C1 • GHi L4 • ICL
L1 • NNC L1

GREEN, Joseph (1706-1780) • MB L1 D6 • MHi MS2 L5 D1 • MWA
L1 • NNC D1 • Nc-Ar L1 • NcU D1 • PHi L3 D3

GREEN, Paul (1894-   ) • CLU L1 • CSmH L1 • CSt L8 • CU L4
• CtY L317 C5 D26 • FU MS1 • GHi L1 • ICN L9 • IaU L1 • KyBB
MS1 L3 C2 M • MBU MS1 L4 • MH L2 • MiU L9 C13 • NNAL L2
C4 D3 • NNC L11 • NNFF D2 • Nc-Ar L12 • NcGrE L6 • NcGU MS15
J1 M • NcU 46FT REF7 • OrU MS11 • P L1 • PPT L1 C2 • PU L3 •
RPB-JH L1 • TMM L1 • TxU L5 • ViU L5 C5

GREENE, George Washington (1811-1883) • CtY L4 C3 • DLC L1 •
KU-S C1 • MB L1 C1 D3 • MH MS7 L588 C637 • MHa L1 • MHi L12
• MeWC C1 • MiU L1 • MiU-C L7 C2 • N L6 C1 • NAll L1 • NHi MS1

131

Greene, George Washington (cont.)

• NIC L2 • NN-B L1 • NNC L1 • NNPM L1 • NRU L1 • OFH L4 •
PHi MS1 L4 D1 • PPAmP L1 • RHi L1 • RPB-JH MS2 L19 C1 D2 •
ViU L1 • VtMiM C2 • WaU C1

GREENE, Sarah Pratt (McLean) (1856-1935) • CtHi L1 • CtY L2 •
DLC L1 • MB MS1 • MH L1 • MeB L3 • NN-B MS1 • NNC L9
D6 • PSC-Hi L1 • PSt L1 • TxU C1 • UPB L1 • ViU MS1 L2

GREENOUGH, Horatio (1805-1852) • CtY L33 D1 • DLC L10 D1
• DeGE L2 • MB L13 C2 D1 • MH L17 C2 • MHi L32 D5 • MWelC
L1 • MeB L1 • MiU-C L1 • N L1 C1 • NHi L2 D5 • NNAL L1 • NcD
L1 • NjMoHP L1 • PHC L3 • PHi L7 D1 • RPB-JH L1 C1 D1 • ViRVal
D1 • ViU L1

GREENSLET, Ferris (1875-1959) • CLSU L1 • CSmH L6 • CSt L1
• CU L6 • CU-S L2 • CoU L1 • CtY L35 C1 • DLC L2 • ICarbS L1
• IU-R L81 C4 • InU L30 C6 • LNHT L3 C3 • MA L29 • MB L10 •
MH L441 C132 PR • MNS L1 • MWH L21 • MeWC L93 C60 • MnHi
L1 • NIC L5 • NNC MS1 L64 • NRU L4 C2 • NSchU L1 • NcD L7
• NhHi L2 • NjP L2 C3 • OCl L1 • OkU L43 C35 • PBm L11 • PCarlD
L1 • PSt L1 • PU L10 • RPB-JH L13 • TNJ L50 • TxU L1 C2 • VtMiM
L2 C1 • WM L8

GREGOR, Arthur (1923-   ) • IU-Ar MS6 L14 R M • InU L15 C5
D3 • KU-S MS1 • MA L3 • MBU L3 • MnU-K L1 • MoSW L3 • NBuU
MS11 L4 • NN-B L1 • NNFF L2 C1 • PU L1 • RPB-JH L1

GREGORY, Horace (1898-   ) • ArU L10 • CU L1 • CtY L95 C22
D4 PR M • DLC L1 • DeU L8 C2 • ICN L137 • IU-Ar MS1 L21 C4
D3 M • InU L4 C1 D3 • KU-S MS1 • MA L1 • MBU L1 • MH L12
C3 • MiU L8 C22 D1 • MoSW L9 • NBuU MS2 L4 • NN-B D1 • NNAL
L6 C11 D6 • NNC L6 • NNFF L2 • NSyU L10 • NbU L1 REF2 • NjR
L6 • OkU L4 • PU L15 • RPB-JH L58 • TxU L11 C1 • ViU MS2 L2
C1 • VtMiM L3 C4 • WGr MS2 L6 • WaU L3 C5 • WyU-Ar L6

GREY, Zane (1872-1939) • AzU MS3 • CL L1 • CLSU L5 • CtY MS1
L2 • DLC MS21 • ICN 4CTN • MH L1 • MeWC L1 • NNC L1 M •
NNPM L1 • NNU-F MS1 L6 • NNWML L10 • NcD L1 • OrU MS5
• P L1 • TxU MS2 C22 D7 • UPB MS13 • ViU MS2 L3

GRIERSON, Francis (1848-1927) • CLU L1 • CSmH MS1 L32 D1 •
CtY L1 • ICN L46 • IHi L5 C19 • IU-Ar M • KyBgW L8 • MH L1 •

MNS L4 • MoSHi D1 • NNWML L15 • NRGE L2 • NRU D1 • PU L7

GRIFFIN, Edward Dorr (1770-1837) • Ct L1 C1 • CtHC MS1 L5 • CtHi L1 • CtY MS2 L3 • MB L2 C3 • MWA MS1 • MWiW MS2 L20 C1 • MoSW L1 • NHi C5 • NNC MS1 L1 C1 • NjP L1 C1 • OHi L1 • PHi L59 C40 D2

GRIFFIN, John Howard (1915-   ) • ICN L1 • IU-Ar L10 • InGrD-Ar R • InU L2 • NBuU MS10 L4 • NbU L1 REF2 • NjR L9 • TxU L1 C2 • TxWB L21 C12 D3

GRIFFITH, Leon Odell (1921-   ) • FTaSU MS1 PR • FU L1

GRIMKÉ, Angelina Weld (1880-1958) • DHU 13CTN • MHi L1 • MNS-S L2 • MWA L3 • PHi L1

GRIMKÉ, Archibald H. (1849-1930) • CLU L1 • DHU 45CTN • LNHT L1 • MH L1 C1 • MHi L1 D3

GRINNELL, George Bird (1849-1938) • CLSM 10FT • CLSU L9 • CSdS L1 • CSmH L2 • CU L11 • CoU L2 • CtY MS1 L32 C28 D2 • Ia-HA C1 • KU-S L1 • MiU-H C3 • MnHi L1 • MtHi L3 • NNC L3 • NRU L2 C1 • NjP C14 • NjR L1 • OkU L12 C4

GRISWOLD, Rufus Wilmot (1815-1857) • CSmH L44 C5 • CtHi L1 • CtY L28 C8 • ICHi C1 • ICN C1 • IGK C1 • IU-R D2 • IaU L2 C2 • InU L5 C1 • MB 2FT REF51 • MH MS1 L22 C17 • MHi L8 • MdBE L7 • MdHi D1 • MiU C2 • NHi L9 C1 D1 REF66 • NIC L4 • NN-B L7 • NNC L6 C9 D3 • NNPM L3 C1 • NNU-F L1 • NPV L1 • NRU L3 • NhHi L1 • NjGbS C1 • PHC L2 • PHi L28 C210 D4 • PP C2 D1 • PPL L1 • PPRF L1 • PU L1 • RPB-JH L3 C5 D6 • ScCleU L1 • TxU L3 C6 • ViU L9 C54 • VtHi D1 • VtMiM L1 • VtU L2

GRUND, Francis Joseph (1805-1863) • CSmH L3 • CtY L5 C1 • IU-R D5 • MB L3 • NHi L1 C1 D1 • NRU L1 • PHi L16 C5

GUEST, Edgar Albert (1881-1959) • AzTeS L1 • CLSU L1 • CLU L1 • CSmH L4 • CU-S MS1 • CtY MS3 L5 • DLC L1 • ICIU L1 • ICN L1 • IaU L3 • InGrD L1 • InU MS1 L2 • MH L2 • MWalA L1 • MiMtpT MS1 L4 • MiU L5 • MiU-H MS17 L18 C42 PR M • MnHi M • NBuU MS2 L1 • NCH L1 • NNC L1 • NNWML L1 • OCl L3 • OkU L5 C2 M • P L2 • PCarlD L1 • PPC L1 • RPB-JH L1 • ViU MS1 L1 • WHi L1

GUINEY, Louise Imogen (1861-1920) • AzTeS L1 • CCamarSJ MS2

133

Guiney, Louise Imogen (cont.)

• CLI L33 D3 MG6 M • CLSU L5 • CSmH MS15 L181 • CU L9 • CtY MS2 L24 D2 • DGU L11 C2 • DLC MS50 L580 C17 D10 MG2 PR M • DTr MS3 • ICL L7 M • ICN MS9 L6 REF1 • IGK MS1 • IU-R L14 C2 D2 • InNd MS1 L94 D1 • InNd-Ar L45 D8 • InU C1 • MB MS1 L20 • MCR L2 • MChB L1 • MH MS11 L82 D1 M • MHi L1 • MWA L8 • MWH MS80 J4 L1259 C2083 D64 MG9 M • MWalB MS24 L1 • MWelC L16 • MeWC L8 C1 M • MiMtpT L1 • MiU L1 • MnM L1 • MnU-Ar L2 • MoSW MS1 L3 • NN-B MS3 L12 • NNBa MS1 L1 • NNC L29 D2 • NNU-F MS2 L7 • NPV J1 L50 • NRU L3 • NcD L2 • NhD C1 D5 • NjMoHP L4 • NjP MS1 L18 C46 D2 • OCX L1 • PHC MS1 • PHi L3 • RNR L1 • RPB-JH MS3 L3 D10 • TxU MS3 L12 • UPB MS1 L1 • ViU MS7 L56 C1

GUITERMAN, Arthur (1871-1943) • CLU L5 • CSmH L2 • DLC MS117 L8 1CTN • IEN L10 • IGK L1 • IaU L3 • InU L5 • MA L34 • MB L1 • MH MS1 L19 • MNS L5 • MWC L10 M • MeB L1 • MeWC MS1 L2 • MiU L6 C5 • NBuU MS3 L4 • NNC L16 • NNCoCi MS44 L10 C2 D293 • NNU-F MS409 • NNWML L5 • NRU C1 • NhD MS2 L2 • NjP L5 C3 • OU L1 • OkU MS1 • OrU L2 • P L1 • PPC L1 • PSt L6 • PU L1 • RPB-JH L3 • TxU L7 • ViU MS6 L12 • VtU L1 M

GUNTER, Archibald Clavering (1847-1907) • CCamarSJ L1 • CSmH L1 • IU-R C1 • InU L1 • MdBJ L1 • NNU-F L1 • NjMoHP L1 • PHi L2 • ViU L11

GUTHRIE, Alfred Bertram (1901-   ) • CU L1 • CtY L10 C1 • KyU 25CTN • MH L3 C2 • MiU L2 C4 • MtHi L22 C17 • NRU L1 • OkU L4 C5 • PU L1 • VtU L1

HABBERTON, John (1842-1921) • CCamarSJ L1 • CSmH L10 • CU-A L1 • CtY L3 • DFo L1 • DLC L1 • ICHi L1 • ICN L1 • IU-R L2 C2 D3 • InU L1 C1 • MCR L1 • MH L43 • MHi L1 • MNS L1 • MdBJ L1 • MeB L4 • NIC L1 • NN-B L1 C2 • NNC L31 D2 • NNU-F L7 • NcD L1 • OCHP L1 • PHi L4 • PU L1 • RPB-JH L1 • TxU L1 • ViU MS1 L7 D2

HACKETT, Francis (1883-1962) • CLSU L9 C1 • CLU L2 C1 • CSmH L2 • CU L3 • CtY MS1 L3 C2 • DeU L4 • ICN MS1 L4 • ICarbS MS2 L9 C14 • IU-Ar L3 • IU-R L2 C3 • MA L1 • MH C1 • MnU-SW L40 C40 • NN-B L9 • NNC L3 • NRU L2 • NcD L1 • NjN L1 • PU MS1

134

L100 D1 • RPB-JH D1 • TxU L12 C6 D2 • VtU L1 D3

HAGEDORN, Hermann (1882-1964) • CLSU MS1 L44 • CLU L2 • CSmH L17 • CStbS L4 C1 • CU L13 • CU-S L1 • CtW L1 • CtY MS1 L13 C185 12CTN REF7 • DFo L1 • DLC L3 35CTN REF1 • DTr L1 • ICN L5 • IEN L2 C1 • IGK L1 • IU-Ar L1 • IaU L3 • InU L6 • LNHT L1 • MBCo L6 • MBU L2 • MChB L2 • MH L80 C13 REF2 • MH-BA L49 • MNS L7 • MWC L1 • MWH MS1 • MWelC L11 D1 • MeB L2 • MeWC MS4 L81 C16 M • MiU L6 • NBuU MS2 L4 • NN-B L1 • NNC L38 • NNFF L2 C1 D3 • NNWML L3 • NRU L1 C6 • NSyU 1CTN REF1 • NcD L4 • NdU MS2 L2 • NhD L1 • OrU L1 • PSt L4 C13 • PU L44 • RPB-JH L2 • TxU L7 • ViU MS2 L4 • VtU L3 C3 D1

HAINES, William Wister (1908-   ) • IaU MS1 L4 • InU M • MiU L1 • PU MS66 PR REF1

HALDEMAN, Julius Emanuel (1889-1951) • A-Ar L1 • CLU L1 • CU L6 C3 • ICIU L1 • IU-R L10 C9 D2 • InTI C1 D1 • InU MS1 L90 C65 D1 • KPT MS56 L132 C196 D1 MG208 PR M • MiU L1 • NIC L2 • PPT L1 • PU L16 • RPB-JH L32 C6 D1

HALE, Edward Everett (1822-1909) • CCC L1 • CCamarSJ L1 • CFS L2 • CLU L12 • CLU-C L1 • CSmH MS1 L84 C1 PR • CSt L4 • CStbS L1 • CU L19 • CU-S L7 • CoCC L3 • CtHC L2 • CtHSD L3 C4 • CtHT-W L1 • CtHi L26 • CtW L1 • CtY MS2 L117 C2 D1 PR M • DFo MS1 L11 • DGU L1 • DLC L29 21CTN • ICHi L2 • ICN MS1 L5 REF40 • ICarbS L1 M • IEN L1 • IGK L11 C1 • IU-R L2 • IaGG MS2 • IaU L1 C1 • In L1 D1 • InFwL L4 • InGrD-Ar L3 • InU L12 C1 D1 • KHi MS2 L19 • KyBB L3 • KyLo L1 • LNHT L3 D1 • LU-Ar L1 • MA L3 • MB L74 C6 D2 • MBCo L2 • MBSpnea REF2 • MBU L15 • MCR L7 • MChB L1 • MH MS7 L372 C297 D1 • MHi L327 D3 • MMeT L2 • MNS L5 • MNS-S L15 4CTN • MPlPS REF56 • MWA MS1 L662 C1 • MWHi L2 • MWelC L4 • MdBJ L32 D1 • MdHi L1 C4 M • MeB L37 • MeWC L7 • MiMtpT L2 • MiU L2 • MiU-C L2 • MiU-H L15 • MnHi L16 • MnM L1 • MoSHi L3 • MoSW L3 • N 18.75FT • NAurW L1 • NBu MS1 L1 REF65 • NBuHi L1 • NCanHi L1 • NHi L11 REF66 • NIC L15 C1 • NN-B MS2 L4 • NNAL L11 C2 • NNC L1 C1 D1 • NNH L5 • NNPM MS4 L4 • NNU-F L36 • NPV L12 • NRU MS1 L92 D1 • NSchU L14 M • NcD L11 • Nh L4 • NhD L7 D3 • NhExP L4 • NhHi L13 C3 • NjMD L2 • NjMoHP L2 • NjP L94 C9 D8 • OCHP L4 • OCl

135

Hale, Edward Everett (cont.)

L6 • OClWHi L3 • OFH MS1 L35 D1 M • OHi L2 • OKentU L180 C13 • OO L1 • OOxM L1 • OYesA MS1 L34 • PBm L1 • PHC L10 • PHi MS1 L14 D1 • PMA L2 • PPAmP L8 D1 • PPT L5 • PSC L1 • PSt L2 • PU L24 • RHi L1 • RNR L3 • RPB-JH MS1 L38 C3 D6 • TxGR L2 D1 • TxU MS1 L11 C1 • UPB MS1 L2 • ViU MS7 L131 C1 D1 M • ViW L3 • VtHi D1 • VtU L19 • WHi L16 C15 • WaPS L1

HALE, Edward Everett (1863-1932) • CLSU L3 • CSt L4 • DeU L3 • InGrD-Ar L2 • MAJ L1 • MBAt L1 • MH L68 • MdBJ L1 • MeLB L1 • MoSW L3 • N M • NIC L1 • NNC D1 • NNWH L8 C1 • NRU L1 • NSyU L1 C1 • OC L1 • OClW L1 • PCarlD L1 • PSt L2

HALE, Nancy (1908-   ) • CtY L2 • ICN L5 • InU L1 • KyU MS1 PR • MBU L3 • MH L3 C3 • MNS-S REF7 • PBm L13 • ViU 7.5FT • VtMiM L5 C3

HALE, Sarah Josepha (Buell) (1788-1879) • CLU C1 • CSmH L5 C37 • CtHi L1 • CtNIC L1 • CtY L4 C1 • DFo MS1 L3 • DLC L4 • DeGE L3 • FU L1 • ICHi MS2 L3 • IaU L1 • InU L1 D1 • MB L6 C1 D2 • MBU L1 • MCR L11 C1 • MH L17 C12 PR • MS L1 • MnHi L1 • NBu MS1 L2 REF65 • NIC L8 C1 • NNBa L5 • NNC L4 D3 • NNPM L37 • NNU-F L6 • NPV L32 C19 • NRU L7 C1 • NSchU L1 • NcD L2 • NhD D3 • NhHi L1 C5 • NjMD L1 • NjMoHP L2 • NjP L1 C1 • OCHP L1 • OClWHi L1 • OFH L8 M • PHC L3 • PHi L23 C2 • PP L1 • PPL MS1 L8 • PPRF L1 • PPT L1 • RPB-JH MS1 L5 • ScU L1 • TxU L1 • UPB L1

HALIBURTON, Thomas Chandler (1796-1865) • CLU L1 • CSmH L2 • CtY MS1 L1 • IU-R L4 D37 • MH L79 D2 • NBu L1 REF65 • NNC L1 • NNU-F L5 • NcD L1 • PHi L3 • PP L2

HALL, Donald (1928-   ) • CLU L43 • CU L2 • CtU L8 • DLC L5 1CTN • ICN L12 • InU L9 C5 D10 • MA L4 • MBU L1 • MH MS16 L32 C82 • MiU L51 • MoSW L51 C6 • NBrockU-EC R • NNC L3 • NNFF L6 C2 D2 • NNU-F MS1 L14 • NSbSU L4 PR • NbU L2 REF2 • NcD L1 • NjR L19 • NvU MS1 L13 C1 • PU L2 • RPB-JH L1 • RU L1 • TxU 1CTN • WaU L3 C2

HALL, James (1793-1868) • CtY L1 • DLC L1 D1 • DeGE L1 • FU L1 • ICHi L1 • InU L1 • MB L1 D2 • MHi L3 • MdBE L1 • MdHi MS1 • MoHi L1 • NHi L1 D1 • NNC L1 • Nc-Ar L1 • NcD L1 • NjMoHP

L1 • OCHP J1 L14 C3 • OMC L3 • PHC L4 • PHi L22 C4 D3 • ViU MS3 L4 • WHi L3

HALL, James Norman (1887-1951) • CU L2 • CtY MS1 L2 • ICN L1 • IaGG MS60 J26 L265 C384 M • IaU MS17 L11 M • InU L5 D1 • MBU L8 • MH MS2 L2 • MeWC MS1 L3 • NBuU MS4 L1 • NN-B L1 • NNC L2 PR • NNU-F L2 • NcD L1 • NhExP L3 • PU MS1 L12 • TxU L3 • VtU L1

HALL, Leland (1883-   ) • MMaI L1 • NNC L1 • VtU L1

HALL, Oakley Maxwell (1920-   ) • CU 5CTN • CtY C1 • ICN L2 • IU-Ar MS1 C1 • IaU MS1 L1 C16 • NNFF L1

HALLECK, Fitz-Greene (1790-1867) • CLU L1 • CSmH MS10 L11 C2 MG1 • CtHT-W L1 • CtHi MS2 L8 • CtW L1 • CtY MS8 L16 C5 M • DFo C2 • DLC MS1 L1 • ICHi L2 • ICL L1 • ICN L2 • IEN L1 • IGK L1 • IaDmE L1 • IaU L10 • InU L1 C1 D1 • MAnP D1 • MB MS1 L3 C15 D3 • MH MS2 L13 C3 • MHi L2 • MWiW-C MS2 L1 • MdBE L1 • MdBJ L1 • MdHi D3 • MeWC L1 • MoSW L1 C1 • N C1 D1 • NFQC-H 1CTN • NHi MS1 L12 C4 REF66 • NIC L1 • NN-B MS3 L7 • NNC MS2 L8 D1 • NNMus L2 • NNPM MS2 L4 D1 • NNS L3 • NNU-F L3 • NRU MS1 • NSchU L1 • NjMoHP L6 C6 • NjP L3 • OFH L1 M • OMC MS1 L1 • PHC L2 • PHi MS1 L15 C4 D2 • PP L2 • PSC L1 • PSt L1 • RNR L3 • RPB-JH L6 C1 D1 • TxU MS14 M • UPB L1 • ViU MS16 L29 C3 • VtMiM L2 C1 D1 • WHi L5 C5

HALPER, Albert (1904-   ) • CU L1 • CtY L3 D1 • DeU MS3 L24 C4 • IU-Ar L1 • MH L3 • MiU L1 C2 • NbU L1 REF2 • TxU MS2 L1

HALPINE, Charles Graham (1829-1868) • CSmH REF1 • CU L2 • CtHi L1 • CtY L8 • DFo L1 • DLC L32 C3 3CTN • DeGE L12 C2 • ICHi C1 • IGK L1 • MB L1 • MH L6 • MHi L1 • MeB L1 • MeWC L1 • N L6 • NHi MS1 L4 • NIC L1 • NNC MS2 L11 C1 D2 • NNPM L4 • NRU L27 • NSchU L2 • NcD L1 • NjMoHP L1 • OMC D1 • PHi L5 • PMA L13 • RNR M • RPB-JH L7 C1 D9 • ViU MS2 L6

HAMILTON, Alexander (1757-1804) • CCC D1 • CCamarSJ L2 D1 • CLU L2 • CLU-C L1 • CSmH L18 D8 • CSt L3 M • CoCC L2 • Ct MS1 • CtHi L225 C300 D8 REF1 • CtLHi D2 • CtMyMHi L1 C1 • CtY MS1 L30 C7 D6 • DLC MS10 L695 C479 D96 M REF1, 4 • DeGE C3 D1 • DeU L1 • GHi L1 C1 • ICHi L10 C3 D2 • ICN D1 • IEN L2 • IGK D1 • IU-HS D1 • IU-R D1 • InU MS1 L4 C1 D4 • KLeS M • KyU

137

Hamilton, Alexander (cont.)

L2 REF4 • MA L1 • MAnP L1 • MB L8 C1 D2 • MBCo L1 • MBU L1 • MH MS1 L58 C3 D2 • MHi MS5 L89 D17 • MWA L3 D7 • MWalA MS1 D1 • MWiW-C MS1 L1 • MdBJ MS1 • MdHi J1 L3 C2 D10 M • MiU C1 • MiU-C L7 C10 • MnHi L1 • MoSHi L1 • MoSM L1 • MoSW L4 D1 • N L24 D19 • NAlI L1 • NBLiHi L3 • NBu L1 D2 REF65 • NCH L1 • NCanHi L1 • NFQC-H 2CTN • NHi REF66 • NIC MS2 L6 C1 D2 • NN-B L2 • NNC MS12 L206 C26 D25 • NNLI J1 • NNMus L4 • NNPM L10 D2 • NNS L8 • NNebgWM L2 C2 • NPV L1 • NRU MS1 L1 D1 • NRom L1 • NSchU L1 • NcD L36 D1 • NcU L5 • NhD L1 D5 • NhExP L1 D1 • NhHi L6 C1 D1 • NjMoHP L77 C11 • NjN L1 • NjP MS1 L52 C1 D7 • OCHP D2 • OClWHi L2 • OFH L2 • OHi C1 D1 REF6 • OMC L3 D1 • PCarlD L1 C1 D2 • PHC L11 D2 • PHi MS1 L68 C9 D24 • PP L5 D1 • PPAmP L2 D2 • PPL L1 D6 • PPRF L1 D6 • PPiU L1 C1 • PU L1 • RHi L2 C15 D6 • RPB-JH L2 D5 • RPJCB L1 C1 • ScC L1 • ScHi L1 • ScU L1 • T D1 • TxU L3 • Vi L14 • ViU L9 C2 • VtHi L1 D2 • WHi L1 REF4

HAMILTON, Edith (1867-1963) • ICL L1 • MBU L1 • MiU L1 • NNAL MS1 L3 C4 • NNC L112 • NjP MS3 C6 M • PBm L3 • PU L1 • TxU L6

HAMMETT, Samuel Adams (1816-1865) • NRU L1 • PU L1

HAMMETT, Samuel Dashiell (1894-1961) • CLO MS1 L1 • CU MS1 • InU L1 • MH D1 • NIC L1 • NN-B D1 • NNC L3 D1 • PU L3 • TxU MS1 L46 2CTN PR

HAMMON, Jupiter (1711-1800) • CtY MS1

HANDY, William Christopher (1873-1958) • CtY MS10 L101 D20 M • DHU L1 C1 • GAU MS1 L49 C23 • ICarbS L5 • LNU L1 • MB D1 • MoSHi L1 • NN-Sc 1CTN • NNC L7 • NNMus L1 • P L1

HANSBERRY, Lorraine (1930-1965) • InU L1 • NNC L1 • NSyU D1 R

HARBEN, William Nathaniel (1858-1919) • CLSU L2 • CSmH MS1 L2 • GEU L4 • ICN L2 REF1 • IaU L1 • MB L1 • MH MS1 L4 D1 • NNC L6 D1 • NNPM L3 • NNWML L3 • NcD L2 • TxU L2 • UPB L1

HARDWICK, Elizabeth (1916-   ) • CtY L2 • KyU MS1 L2 • MH L1 REF2 • MiU L5 C6 • NN-B L1 • NjR L4 D1 • TNF MS1

L13 C7 M

HARDY, Arthur Sherburne (1847-1930) • CLSU MS1 • CSmH L1 •
CtY MS1 L2 • DLC L9 • IGK MS1 • InU L2 • MA L1 • MB L1 C1
• MH L41 • MWA L13 • MdBJ L2 • MoSHi C1 • NBu L1 • NNAL L4
C4 • NNC L14 • NhD L2 D6 • NhHi L12 • NjP L32 C22 D2 • PHi L5
• PSt L8 • PU L1 • RPB-JH D4 • TxU L1 • UPB L1 • ViU MS3 L5

HARLAND, Henry (1861-1905) • CLSU L1 • CLU L3 • CU-S L1 •
CtY MS1 L3 • DFo L1 • DLC L22 • ICL L10 • MB L14 • MH L13 •
NN-B L21 • NNC L53 • NNU-F L3 • NRU L1 • NjP C1 • PHi L1 •
PP L2 • PSt L2 • TxU L11 • UPB L1 • ViU MS1 L1

HARPER, Fletcher (1806-1877) • CtW L1 • CtY L1 C1 • DLC D1 •
GEU L3 C5 • IGK C1 • MA L1 • MB C1 • MH C2 • MeB L1 • NNC
L5 D1 REF7 • NNPM D3 • PHi L2 C1 • PU L1 • TxU C3

HARPER, Frances Ellen Watkins (1824-1911) • LNHT L1 • NN-Sc
MS1 D1 REF1

HARPER, James (1795-1869) • ICHi D1 • MB C1 • N L1 • NHi
REF66 • NNC L1 D1 REF7 • NNPM L2 • NRU L6 C1 • NhD D1 •
NjMD L1 • PHi L8 D1 • R L1

HARPER, Joseph Henry (1850-1938) • DFo L4 • FU C1 • InU L1 C22
• MH L7 C2 • NNC REF7 • NNMM L1 • NNPM L1 • NjP L1 C1 •
RPB-JH L1 C1

HARPER, Joseph Wesley (1801-1870) • CU L1 • CtY L1 • LU-Ar L2
• MB L2 • MH L21 C6 • NHi L1 C1 • NNC REF7 • NNPM D1 • NRU
L1 • NcD L4 • PHi L5 • ViU L2

HARRIS, Benjamin (1673-1716) • ICHi D1

HARRIS, Corra May (White) (1869-1935) • CtY L1 • GAHi MS1
L4 D2 M • GAOC MS1 L2 • GEU MS2 L108 C4 D1 M • GU
30CTN M • IU-R D1 • MH MS1 L28 • NNU-F L3 • NcU L3 •
OkU L1 C1 • PU L2 • T MS1 • TU L1 • ViU L4

HARRIS, Frank (1855-1931) • CLU L9 • CLU-C MS1 L71 C47 D69
• CSmH L1 C1 • CSt L1 • CU L1 • CtH L1 • CtY L6 C2 • DFo MS2
L1 C1 • DLC L7 • DeU L8 • ICL L1 • ICarbS L12 • IEN L3 • INS L6
• IU-R L18 C9 D4 • InU MS1 L72 C23 D7 • KPT L1 MG4 • KU-RH
L12 • KU-S MG1 • MB L1 • MBU C1 • MH MS1 L17 C3 • MiU L2
• MoSHi L1 • NIC MS1 L12 C6 • NN-B MS1 L25 C3 • NNC L8 • NNPM
C1 • NNPf MS2 REF2 • NPV L8 • NRU MS1 • NSchU L1 • NcD L2

139

Harris, Frank (cont.)

● NhD L39 ● NjP L1 C1 ● OKentU C9 ● OkU L1 C1 ● PSt L6 ● PU L9 ● TxU MS35 L595 C713 D126 MG4 PR M ● ViU MS2 L51 ● VtU L6 C1

HARRIS, George Washington (1814-1869) ● ICIU L1 ● NNC L4

HARRIS, Joel Chandler (1848-1908) ● CCC L1 ● CCamarSJ L1 D1 MG1 ● CL MS1 ● CLSU L2 ● CLU-C L1 ● CSmH MS5 L2 ● CSt L2 ● CtY MS4 L18 ● DLC L5 ● DeU L1 ● GA MS1 ● GAH M ● GAHi L3 C1 M ● GEU 12CTN ● GU MS1 L1 ● ICN L1 ● IU-R C1 D4 ● IaU L1 ● InNd-Ar D1 ● InU L20 C5 D4 ● KyLoU L1 ● LNHT L3 ● MB L2 ● MCR L1 ● MH L9 ● MWA MS1 L1 ● MdBE L2 ● MdBJ D1 ● NBu MS1 L1 REF65 ● NHi L1 ● NIC L1 ● NN-B MS5 L6 M ● NNAL MS3 L8 C2 ● NNC MS1 L13 PR ● NNU-F L2 ● NRU L2 ● NcD L21 M ● NjP L64 C37 D5 ● OMC L1 ● PCarlD L1 D2 ● PHC L1 ● PHi L1 ● ScU L1 ● TxU MS6 L2 PR ● UPB L2 ● ViHi L1 M ● ViU MS6 L55

HARRIS, Mark (1922-   ) ● CU L1 ● CU-A L1 ● InU C2 ● MBU L196 ● NNC L2 ● NNFF MS1 L13 C18 D3 ● NSyU L28 ● NjR L2 ● PU L2 ● TxU MS1

HARRIS, Thaddeus Mason (1768-1842) ● GHi L6 ● MB L6 ● MBAt MS1 ● MH MS2 ● MHi MS3 J1 L7 D2 ● MWA MS7 L29 C6 D4 ● MdBJ L1 ● MiU-C L1 ● NNC L2 ● NcD L1 ● OMC L12 C9 ● PHi L5 ● PPAmP L3

HARRIS, William Torrey (1835-1909) ● A-Ar L4 ● CLSU J2 L8 C838 ● CLU L1 ● CSmH L1 ● CU L2 ● CtY L18 C10 D1 ● DLC MS11 49CTN REF1 ● FU L1 ● ICN L1 ● ICarbS L4 C10 ● IGK L1 ● IU-Ar L25 C27 ● InU L1 D1 ● MB L2 ● MCo J1 L1 C281 D1 M ● MH L19 C929 D1 ● MHi L2 ● MNS-S L10 ● MS L1 ● MWiW C1 ● MdBJ L141 C5 ● MoS L1 ● MoSHi J2 L53 C30 D5 M ● NBu MS1 REF65 ● NN-B L1 ● NNC L8 ● NRU L2 C1 ● NcD L8 ● NhD D1 ● NjMD L1 ● OFH L2 ● OkU L1 C1 M ● PHi L1 ● PU L5 ● RPB-JH L16 D1 ● ViU L1 C1

HARRISON, Constance (Cary) (1843-1920) ● CSmH MS1 L7 ● CtY L2 ● DFo L3 ● DLC MS8 L3 ● FU L1 ● ICN L3 C3 REF1 ● IU-R L1 ● LNHT L2 ● MCR L7 ● MH L1 ● MHi L1 ● MWA L1 ● MeB L1 ● NNC L24 D5 ● NNU-F L2 ● NRU L1 ● NSchU L1 ● NcD L5 ● NhD D1 ● NjMoHP L2 ● OKentU L1 ● PHi L4 ● RPB-JH C1 ● UPB L1 ● ViHi MS2 L8 C3 D1 M ● ViU L18 C7

HARRISON, Henry Sydnor (1880-1930) ● CLSU L4 ● CSmH L2 ● CU L2 ● CtY L4 ● ICL L1 ● IGK MS1 ● IU-Ar L1 ● InNd L1 ● InU L2 ● MH L7 C1 ● NN-B L1 ● NNAL L6 C1 D2 ● NNU-F L1 ● NRU L1 ● NcD MS1 L2 C6 ● PU L1 ● ViHi L1 D1 ● ViU L6

HART, Joseph C. (1798-1855) ● CtMyMHi MS2 ● NNC L1 ● PHi L1 ● ScCleU L1

HART, Moss (1904-1961) ● CU L1 ● CoU L1 ● CtY L3 ● DLC L1 ● ICarbS L1 C6 ● InU L2 M ● MBU L11 ● MH L30 ● NCH L1 ● NNC L8 ● NNFF L1 ● NNWH MS1 ● NSyU L1 D1 R ● NcU L2 C3 ● TxU L4 ● WHi L4 C4 D17 50CTN R M REF1, 5, 7

HART, William Surrey (1872-1946) ● C L8 ● CSmH L4 ● CU L5 ● DLC L73 C3 ● MnHi L1 ● NcU L1 ● OCl L1 ● OrU L1 ● WHi L2

HARTE, Francis Bret (1836-1902) ● CCC L2 ● CCamarSJ MS8 L4 D2 ● CHi 1CTN ● CLSU L1 ● CLU 1FT ● CLU-C L1 ● CO L2 ● COMC MS2 L1 ● CSf MS2 L18 D2 M ● CSmH MS102 L41 D12 ● CSt L3 D1 ● CU MS10 J1 L97 C1 D1 PR M REF1 ● CtW L6 ● CtY MS15 L104 C2 D1 ● DFo L1 D1 ● DLC MS2 J3 L24 D5 M ● DeU L1 C1 ● FU L1 ● ICN L5 REF1, REF40 ● IGK MS1 L3 ● IaDmE L1 ● IaMc L1 ● IaU L2 ● InGrD MS1 ● InU L1 D2 ● KyLoU L1 ● KyU L1 ● MA D1 ● MB L7 D2 ● MBAt MS1 ● MH L1 ● MHi L5 D1 ● MWA L1 ● MeWC L1 ● MiU C1 D1 ● MnHi L1 ● MnM L1 ● NBu MS2 REF65 ● NHi REF66 ● NIC L7 ● NN-B MS10 J1 L39 C2 D1 ● NNAL L1 ● NNC MS1 L8 ● NNPM MS15 L4 ● NNPf MS2 L1 REF2 ● NNU-F L22 ● NNWH L9 ● NRU L2 ● NSchU L1 ● NcD L1 ● NcU L1 ● NcWsW MS1 ● NhD L2 C1 ● NjMoHP L3 ● NjP MS3 L5 C1 D19 ● OClWHi L1 ● OFH L2 ● OKentU L2 ● OMC L1 ● PCarlD D1 ● PHC L1 ● PHi L3 ● PPT L1 ● PU L1 ● RNR MS1 ● RPB-JH L34 C1 D34 PR ● TxU MS9 L29 C2 D3 ● UPB L3 ● ViU 5FT REF102 ● WHi L1

HARTLEY, Marsden (1877-1943) ● CSmH MS1 ● CtW L8 D17 ● CtY MS200 L650 C100 REF7 ● ICN L1 ● LNHT M ● MH L7 ● NNC L1 ● OKentU MS6 L10

HARTMANN, Carl Sadakichi (1869-1944) ● CSmatHi M ● CU-Riv MS2 L22 M ● ICarbS L1 C1 ● IU-R D2 ● InU L2 ● MA L1 ● MeWC L1 ● NNC L28 ● NNU-F MS4 L11 ● NNWML L4 ● NjP L3 ● OrU MS34 C162 M ● PU L3 ● TxU L8

HARTSOCK, Ernest (1903-1930) ● GAHi L13 D2 M ● GEU 8CTN

Hartsock, Ernest (cont.)
● MH L14 ● NN-B L1

HARWELL, Meade (fl.1946) ● IU-Ar L6 C1 ● NBuU MS10 L6 ●
RPB-JH MS1 L1

HASWELL, Anthony (1756-1816) ● DLC L2 C2 ● MWA MS5 L12 ●
NjMoHP L1 ● VtHi L2 C1 D3 ● VtU D20

HATCHER, Harlan Henthorne (1898-   ) ● DeU L3 ● IU-Ar R ●
KyRE L3 ● KyU MS5 L1 C2 D1 ● MiU L13 C15 D3 M ● MiU-H 70FT
● MnU-Ar L3 ● NNFF MS2 L50 C119 D28 ● PU L9 ● TxU L2

HAVEN, Emily (Bradley) (1827-1863) ● MB L1 ● NNBa MS1 ●
NjMD L1 ● PHC L4 ● RPB-JH MS3 L1 ● VtHi D1

HAWKES, Clarence (1869-1954) ● CSmH L1 M ● IU-R D1 ● LNHT
L4 ● MAJ L4 ● MB MS2 ● MNF MS45 C179 D5 M ● NNC L1 ● ViU
L1

HAWKES, John Clendennin Burne, Jr. (1925-   ) ● CtY L24 C11 ●
IU-Ar L2 D5 PR M ● MBU L10 ● MH MS4 C37 PR ● MiU L2 C6 ●
NNFF MS1 L11 C8 D5 ● NjR L1 ● RPB-JH L1 C1 ● TxU L1 C2

HAWLEY, Gideon (1727-1807) ● CtHC MS1 L17 C20 ● CtY L9 C2
● ICN L2 ● MA L1 ● MBC J4 1FT REF4 ● MBU MS1 L2 D2 ● MHi
J4 L114 D2 ● NNC L5 ● NhD L8 C1 D5 ● NjMoHP L3

HAWTHORNE, Julian (1846-1934) ● CCamarSJ MS3 ● CLSU L2 C1
● CLU MS1 L8 ● CSmH MS5 L14 C7 ● CSt L2 M ● CU 9CTN REF1
● CtHC L1 ● CtY MS10 J1 L18 C1 REF19 ● DFo L1 ● DLC L75 ● ICHi
MS1 D1 ● ICL L1 ● ICN MS1 L5 REF1 ● ICarbS L1 C1 ● IGK L1 ●
IU-R L8 D8 ● InNd L1 ● InU MS1 L3 D2 ● KPT MG1 ● LNHT L1 ●
MA L1 ● MB L10 C1 ● MChB L1 C2 ● MH MS7 L49 C2 D2 PR ● MHi
L2 ● MSaE MS1 L11 ● MWA L3 ● MdBJ L3 ● MeB MS1 ● MeWC L2
● MiU C1 ● MnHi L2 ● MoSW C5 ● NBu MS1 L2 REF65 ● NCaS MS1
L10 C3 ● NHi L7 1CTN REF66 ● NIC L2 C1 ● NN-B MS30 J1 L59 C113
D6 M ● NNC L10 D1 ● NNPM MS3 J1 L3 D2 ● NNU-F MS1 L14 ●
NSchU L1 ● NcD L5 ● NhD L1 ● NjMoHP L2 ● NjP L5 C4 D1 ● OCHP
L1 ● OCl L2 ● OClWHi L1 ● OU D2 ● OkU C1 D1 ● PHC L2 ● PHi
L7 ● PU L2 ● RNR L3 ● RPB-JH L1 D4 ● TxGR L2 ● TxHR L1 ● TxU
MS1 L15 C1 MG1 PR ● UPB L2 ● ViLRM L1 ● ViU MS10 L53 C3 ●
VtMiM L2

HAWTHORNE, Nathaniel (1804-1864) ● C-S L1 ● CCamarSJ L2 D1

• CLU-C L1 • CSmH MS16 J1 L233 C12 D39 • CSt MS1 L1 D1 M • CU MS1 J1 L3 C2 D4 M • CtY L9 D2 • DFo L28 C24 • DLC L7 C1 D8 • ICHi L1 • IGK L1 D1 • IU-R L1 D2 • IaDmE L1 • IaMc D1 • InU MS1 L1 D4 • MB L8 D14 • MCR D1 • MChB L2 D1 • MCo MS1 L2 D1 REF4 • MH MS5 L63 C11 D12 M • MHi MS1 L11 D26 • MPB D1 • MSaE MS1 D1 M REF1, 2 • MWH L1 • MWelC L1 • MdBJ L2 • MdHi L1 D1 • MeB MS3 L86 C3 D5 MG1 M • MeU D1 • MeWC L2 • MoCgS C1 • MoSHi D1 • NBu L2 REF65 • NCaS MS1 J4 L37 C3 • NHi L1 REF66 • NIC L4 • NN-B MS18 J3 L124 C147 D22 M • NNC MS1 L4 D6 • NNPM MS16 J8 L23 D2 • NNPf L2 REF2 • NNU-F MS1 • NRU L1 • NSsS L1 • NhD L1 D1 • NhHi L8 C2 D1 • NjP L3 • OCl D1 • OMC L1 • OU MS1 D5 • PCarlD D3 • PHC L4 • PHi L11 D5 • PP L1 D1 • PPL L1 • PPRF MS1 • PSC-Hi D1 • RHi L1 • RPB-JH D4 • TxU MS1 L1 D13 MG1 • UPB D1 • ViU MS6 L79 C3 D2 M • VtMiM L10 D1

HAWTHORNE, Sophia Amelia (Peabody) (1809-1871) • CSmH L2 C5 D2 • CU MS1 J2 L3 C10 D4 • DFo L3 C4 • DLC L1 • MB L219 D1 • MCR L1 • MH L17 C1 • MHi L2 • MNS-S L26 C5 • MeB L8 • NCaS J3 L3 C4 D1 • NN-B MS35 J22 L934 C407 D12 M • NNPM J1 L16 D3 • NcD L1 • NhHi L21 • OU L5 • PHi L1 • TxU L2 • VtHi L2 • WaPS D1

HAWTHORNE, Una (1844-1877) • MB L15 • MH L4 • MeB L1 • NCaS L6 C3 • NHi REF66 • NIC C1 • NN-B MS4 J3 L157 C161 • NNPM C13 • PCarlD D1 • TxU L3 • ViU L1

HAY, Henry Hanby (1849-1941) • NjP L1 • PSC-Hi L1 • PU L3 • RPB-JH MS1 L2

HAY, John Milton (1838-1905) • A-Ar L4 D1 • CCamarSJ L1 • CLSU L1 • CLU L1 C1 • CLU-C L1 • CSmH MS1 L69 C2 • CSt L43 C5 M • CU L6 • Ct L1 • CtHi L1 • CtY MS2 L62 C7 • DLC MS18 J11 L1264 C1797 D15 112CTN PR M REF1, 4 • ICHi L9 C1 • ICL L1 • ICN L7 • ICarbS L1 • IGK L14 • IHi MS30 L18 C17 • In L1 D1 • InFwL L45 • InHi L3 • KyU L1 • MA L1 • MB L6 D3 • MH MS4 L18 C18 D4 • MHi L6 • MWA L4 • MWalA L7 • MWiW-C L1 • MdBJ MS1 L8 C1 • MdHi D1 • MeB L1 • MeWC L1 • MiMtpT L1 • MiU-C L1 • MiU-H L13 • MnHi L2 • MnU-Rb L2 C5 D1 • MoSW MS1 L3 D2 • N L2 C1 • NBu L8 C1 REF65 • NBuHi L7 M • NIC L58 C14 • NN-B MS2 L6

143

Hay, John Milton (cont.)

• NNAL L16 • NNC MS2 L64 D3 • NNPM L2 C1 • NNU-F L1 • NPV L1 • NRU L71 C38 • NSchU L38 C1 REF74 • NSyU L1 C1 • Nc-Ar L3 C1 D1 • NcD L12 D1 • NcU L5 • NhD L2 D2 • NhHi L16 • NjMD L1 • NjMoHP L3 • NjP L14 C9 M • OCHP L1 • OCl L2 D1 • OClWHi L20 D2 • OFH L46 M • OHi L3 • OMC L3 • OO L1 • PBL L1 • PHC L4 • PHi L13 D1 • PMA L2 • PPRF L1 • PU L2 • RNR MS1 • RP L1 • RPB-JH 90CTN PR M REF1, 4, 7 • TxGR L1 • TxU MS1 C2 D1 • UPB L1 • ViU MS3 L35 C1 • VtMiM C1 • VtU L1 • WaPS D1

HAYDEN, Robert E. (1913-   ) • DHU L6 • DLC L1 • InU D1 • MiU MS1 • NBrockU-EC R • TNF R

HAYNE, Paul Hamilton (1830-1886) • CCC MS1 L5 • CLU L1 • CSmH MS1 L3 C13 • CSt L1 • CtY MS2 L15 C9 • DLC MS6 L38 C1 D1 • GEU L2 MG1 • GHi L1 • GU MS1 L56 • ICHi MS4 L2 • IGK MS1 L2 • IU-R L4 D1 • IaU L1 • InU L2 C1 • LNHT D3 • LU-Ar L1 • MAnP L1 • MB MS1 L15 • MH MS6 L63 • MHi L8 • MdBJ L50 • MeB MS2 L8 • MeWC L2 • MiMtpT L24 • MiU L2 C1 • NBu MS2 REF65 • NCH L3 • NHi L1 • NIC MS1 L70 C10 D1 • NN-B MS3 L6 • NNC L86 D4 • NNPM L1 • NPV L1 • Nc-Ar L2 C1 D1 • NcD MS183 J9 L635 MG275 M • NcU L12 C1 • NcWsW MS1 • NhD D1 • NjMoHP L1 • NjP L4 D4 M • OAkU L1 • OClWHi L1 • OFH L1 • OMC L1 • PHC L1 • PHi MS1 L9 D2 • PSC L1 • PSC-Hi L2 C4 • PU L2 • RPB-JH L7 D2 • ScC L3 • ScCC MS1 L8 • ScU 1CTN • TxU L40 C2 D14 • ViU MS18 L90 C9 • VtMiM MS1 L20 D1

HAYNES, Lemuel B. (1753-1833) • NN-Sc MS2 • NNC D6 • NjMD L1 • PHi L1

HAZARD, Caroline (1856-1945) • CLU L1 • CSmH REF3 • CU L1 • CtY L50 • MB MS2 L5 • MH L89 C8 • MWA L1 • MdBJ L5 • MeB L9 • MiU C5 • NBu L1 • NBuU MS2 L4 • NNC L3 • NPV L2 • NjP C1 • RPB-JH L14 • RPRC L40 C464 D1 M REF3 • RU MS150 L100 C50 M • TxGR L1

HAZARD, Rowland Gibson (1801-1888) • CtY MS1 L4 • MH L3 C1 • MH-BA 1FT • MHi L2 • MdBJ L11 • NNC L16 • NPV C1 • NcD L2 • RHi L2 C520 • RP L1 • RPB-JH L4 D3 • RU L1 C4 D1 M • ScU L1 C3

HEARN, Lafcadio (1850-1904) • CCamarSJ L1 • CSmH MS2 L40 •

CtY MS1 L13 • DLC MS1 L25 C3 • ICN L1 D2 • IU-R D2 • IaU L3 • InU L1 • LNHT MS1 L36 C2 D13 M • LU-Ar L5 D37 • MB MS1 L1 • MH MS15 L205 C3 D3 M • NIC L7 • NN-B MS18 L75 D2 • NNC MS4 L62 D11 REF4 • NNPM MS7 L52 C33 D1 • NNU-F L3 • NRU L1 • NSchU L2 • NcD L1 • OC L4 MG1 • OMC L1 • PBL MG1 • PHi L1 • RPB-JH L1 • TxU MS13 L38 D5 PR • UPB L1 • ViU 10FT • ViW L8

HEARST, James (1900-   ) • IaU MS1 L9 M • InNd L17 C12 • InU L10 C2 • MH L1 • NBuU MS4 L8 • NbU L5 REF2 • RPB-JH MS10

HEARST, William Randolph (1863-1951) • A-Ar L2 C1 • CLU L1 C1 • CSmH L3 D4 • CSt L9 C1 D1 • CU L1347 C1516 M • CtY L1 D1 • DLC L17 C12 D1 • GEU L7 C5 • ICHi L1 • ICN L2 • IGK L1 • IU-R C1 • InU L2 C2 D4 • MH L1 M • MH-BA 1CTN • MHi L3 • MdHi D1 • MnHi L1 • NB D2 • NHi L6 REF66 • NIC L2 C3 • NNC L3 • NNWML L3 • NRU L2 • NcD L1 D2 • NhHi L3 • OU L1 • OrU L2 M • RPB-JH L3 • ViU L2

HECHT, Anthony (1923-   ) • InU L2 C3 D3 • KU-S L1 • MiU L1 C2 • MoSW L4 R • NBrockU-EC R • NBuU MS3 L2 R • NNAL MS1 L9 C6 D4 • NNFF MS1 L2 C6 D4 • NbU L1 REF2 • TxU L2 • VtMiM C3

HECHT, Ben (1893-1964) • CLU C1 • CU-S MS1 • CtY L1 C4 D2 • DLC MS2 • ICHi R • ICN MS1 L2 • IU-R L2 • InU L1 • MBU L2 • MH L3 • MiEM L1 • NIC L3 C1 • NN-B MS1 D1 • NNC MS1 L16 • NNU-F MS1 • NSyU D1 R • NjP L5 C9 D30 • OkU C1 • OrU L1 • PU L18 • TxU MS4 L2 C1 PR • ViU L2 • WMUW MS4 L3

HECKER, Isaac Thomas (1819-1888) • CLU L1 • CSmH L2 • DLC C1 • ICN L1 • InNd-Ar L140 D132 • MH L6 • MdBJ MS1 • NcD L1 • PHi L1

HECKEWELDER, John Gottlieb Ernestus (1743-1823) • DLC L4 C1 • ICN L7 C1 • MHi J2 L6 • NHi D1 • NjMD L1 • OClWHi MS4 L1 D2 • OMC L16 C3 D1 • PHi L12 C22 D1 6CTN • WHi C2

HEDGE, Frederic Henry (1805-1890) • CLSU L15 • CSmH L4 • CtY L2 M • DLC L2 • MAnP D1 • MB L7 C2 D2 • MCR MS3 L27 C76 D1 • MH L22 C18 • MHi MS1 L39 • MWA L4 • MeB MS1 L3 • MnHi L1 • NHi L1 • NIC L1 • NNC L1 • NNPM L2 • NjMD L3 • NjMoHP L1 • PHi L9 • PU L1 • RPB-JH L2 • WHi L1

HELLER, Joseph (1923-) • IU-Ar R • MWalB D7 MG4 14CTN PR • NNC L1 • NSyU MS1 • PSt L8 C4 D15 REF2

HELLMAN, George Sidney (1878-1958) • CSmH MS1 • CtY MS1 C1 PR • DLC L5 • InU L1 • MH L7 • NHi MS1 C3 REF66 • NN-B L1 • NNC MS1 L41 REF1 • NNPM L3 C5 • PSt L2 • PU L3 • TxU L1

HELLMAN, Lillian (1905-) • CU L1 • CtY L9 • DLC MS1 • ICL D4 M • ICN L3 • ICarbS L1 C3 • InU L2 D1 • MB L2 • MBU MS1 L10 D1 • MH MS1 L1 • MdBJ L1 • MiU L6 C6 D1 • MnHi L1 • MoSW L3 • NN-B MS1 D1 • NNAL MS3 L20 C41 D3 • NNC MS2 L56 • NNFF L2 C1 • NNYI L2 C1 • NcA L1 • OTU MS1 • OkU L1 D1 • PU L10 • TxU MS247 L22 C40 D5 MG1 1CTN PR REF99 • WaU L10 C7

HELPER, Hinton Rowan (1829-1909) • CFS L9 • CSmH L3 • CtY L6 • DLC L2 • FU L1 • In D1 • InU L2 • LNHT D1 • MB L7 D7 • MH L1 • MHi L3 • MdBJ L3 • MnHi L1 • N L7 • NAurW L2 • NNC L3 C1 • NNPM L1 • NNU-F L1 • NRU L9 C1 • NSchU L1 • NSyU L5 • Nc-Ar L1 C4 • NcD L60 • NcU L9 C1 M • NjP C1 • OClWHi L2 • OFH L3 • PHi L4 C1 D1 • PU L2

HEMINGWAY, Ernest (1899-1961) • CRpS L4 • CSt PR • CU L8 • CtY MS3 L48 D4 • DLC MS1 L25 D6 M • DeU L1 D1 • FKw MS3 J1 L2 PR M REF • FKwH M • FKwHi L1 C3 D1 PR M • FU L1 • GEU L4 C2 D2 • ICN L6 D2 • ICarbS MS4 L20 C13 D2 PR • IGK MS1 L22 C1 D13 • IOa L2 D1 REF42 • IU-Ar C1 M • IU-R D4 • IaDmE L1 • InU MS10 L8 C3 D20 • MA L4 • MBU L5 • MH MS5 L93 • MU-Ar D1 • MWalK 25FT REF1, 2, 3, 7, REF57 • MdU MS3 L42 D1 PR R M • MeWC L31 C3 • MiU C2 • NBuU L1 • NCH L1 • NHpR L1 • NIC L2 • NN-B L9 D1 • NNC L30 C19 D1 PR • NSyU L1 • NcU L2 C1 • NhD MS2 L1 C1 PR • NjP 7CTN • OU L2 PR • OrU L1 • PPC L1 • PSt L1 • PU L4 • RPB-JH MS1 L2 • TxU MS83 L73 C6 D46 MG4 10CTN PR M • UPB L1 • ViU MS1 L35 C3 D1 • WHi L3 C3 • WMUW MS5 L6

HENDERSON, Alice Corbin (1881-1949) • ArU L5 • CLSM L1 C1 • CSmH L8 • CtY L78 • ICN L12 • InU M • MH L8 C3 • NPV L1 • VtMiM L1

HENDERSON, Archibald (1877-1963) • AzTeS L1 • CLU L1 • CSmH L21 D4 • CtY L41 C11 • IGK C1 • IU-Ar L5 • IU-R L2 C1 D3 • InGrD-Ar L1 • InU L12 C7 D2 • KyBgW L4 • KyRE MS1 L14 • MA

L2 • MH L5 C13 • MWC L1 • MnHi L7 C10 • MoSHi L5 • NIC L4 C1 M • NN-B L7 • NNC L30 • NNWML L18 • NPV L1 D1 • NcA L1 • NcD L49 • NcU 13FT REF7 • NjP L9 C9 D1 • OkU L1 C1 • PSC-Hi L1 • PSt L75 D2 • PU L16 • RPB-JH L1 • TxU MS4 L11 C8 MG1 PR • ViHo L1 • ViU MS7 L19 C2

HENRY, Marguerite (1902-   ) • FU MS1 • MnU-K MS16 L25 C8 PR • OkT MS1

HERBERT, Henry William (1807-1858) • CSmH L2 • CtY MS8 L49 D6 M • DLC L1 • IU-R D6 • IaU L1 • InU D1 • MB L32 D1 • MH L2 • NHi L18 REF66 • NNC L4 D1 • NNPM L2 • NNS L1 • NhHi L1 • NjP L3 • PBL L1 • PHC L2 • PHi L14 • PP L1 • ViU L10

HERBST, Josephine (1897-1969) • CLU L1 • CtY L500 C2000 REF7 • DeU MS1 L6 • ICN L3 • IEN L2 • IU-Ar L3 M • IaU MS1 L11 • MBU L4 • NIC MS1 • NNC L10 • NjR L5 • PU L24 • TxU L51

HERFORD, Oliver (1863-1935) • CCamarSJ MG2 • CLSU MS2 • CSmH MS1 • CU L1 • CtY MS6 L4 C2 PR • DLC L4 • FU C1 • InU L7 C1 D3 M REF5 • MA L1 • MCR L3 • MH MS3 L15 C3 • MWC L2 • MWalB MS1 • NN-B MS3 L3 M • NNAL MS4 L5 C6 D3 • NNC MS2 L9 • NNMus MS1 L2 • NNU-F MS1 L3 • NPV D1 MG1 • NhD MS2 C1 • NjP L15 C31 D41 • OYesA D1 • PSC L1 • RPB-JH MS1 L8 • TxU MS1 L1 • ViU MS7 L4 • WHi L1

HERGESHEIMER, Joseph (1880-1954) • ArU L2 • CCamarSJ D1 • CLSU L1 • CU L6 • CtH L2 • CtY MS4 L138 C7 M • DLC L1 • ICL L1 • ICN L1 • ICarbS L1 • IU-Ar L1 • IaU L5 • InU L3 D4 • KU-S C1 • KyRE D1 • KyU L1 • MB L3 • MeWC L1 • MiU L1 C1 • NIC L5 • NN-B MS3 L2 D1 • NNAL L3 C3 D1 • NNC L2 • NNU-F L5 • NPV L3 D2 • NRU L1 • NhD L3 • NjP MS2 L7 C3 D3 • OClWHi L2 • OkU C1 • OrU 1CTN • PHC L2 • PHarH MS1 L1 • PHi L3 C42 • PP L1 • PSC L1 • PSt L1 • PU MS1 L17 • RPB-JH L3 C3 • TxU MS331 L1158 C1372 D43 MG1 M REF98 • ViBlbV L4 • ViRCU MS1 • ViU L24 C22 M • WHi L2 C2

HERLIHY, James Leo (1927-   ) • FKwHi MS1 M • MBU 5FT REF1 • PSt MS1

HERNDON, William Henry (1818-1891) • CSmH MS4 L80 C11 D5 • CtY D1 • DLC MS1 L43 C13 11CTN REF1 • ICHi L12 C6 D1 • IHi MS1 L21 D94 • IaU L1 • InU L2 C1 REF4 • KyU L2 D1 • MB L7 D3

147

Herndon, William Henry (cont.)
● MBU L1 D1 ● MH L6 C1 ● MHi L32 ● NIC L1 ● NNC L1 ● NNPM L1 ● NRU L10 ● NhD D2 ● NjP L1 D35 ● OMC L1 ● PPRF L2 ● RPB-JH L4 D8

HERNE, James A. (1839-1901) ● CLSU MS1 L30 C5 D46 ● DFo L2 ● DLC L1 ● ICL L3 D1 M ● IGK L1 ● InU L5 ● MB L1 ● MCR L3 ● MH L9 ● MeU MS5 ● MeWC L1 ● NFQC D3 M ● NHi L1 ● NIC L2 ● NNAL L1 C1 ● NNC L2 ● PHi L2 ● PU MS14 L100 M

HERRICK, Robert (1868-1938) ● CLSU L11 ● CSmH L3 ● CU L2 ● CtY L12 ● DLC L2 ● ICHi L1 ● ICN MS1 L10 REF1 ● ICU 12FT REF1, 7, REF41 ● IU-R MS1 L1 D7 ● LNHT L1 ● MB L2 ● MChB MS1 ● MH L21 C5 ● MWH MS1 ● NIC L1 ● NN-B D1 ● NNAL MS1 L5 C5 ● NNC L6 ● NNU-F L1 ● NcD L1 ● NhD L1 ● NjP L58 C46 D7 ● OClWHi L1 ● OOxM L1 ● PHi L4 ● PMA L1 ● PSt L2 ● PU L5 ● TxGR L1 D2 ● TxU L2 ● UPB L1 ● WMUW L9

HERSEY, John Richard (1914-   ) ● CLU MS1 ● CU L4 ● CtY MS27 L2 PR ● DLC L12 ● ICN L5 ● IaU L1 ● LNHT L2 ● MBU L7 ● MH L3 C1 ● MeWC L4 C6 ● MiU L2 C5 ● MnU-K L1 ● NNAL L31 C34 D1 ● NNC MS2 L92 PR ● NNU-F L1 ● NcA L1 ● OU L2 ● OkU L1 ● P L1 ● PCarlD L1 ● TxU L7 C2 PR ● ViU L3 ● VtMiM L2 C2 ● WyU-Ar L3

HERVEY, Harry (1701-1748) ● C L1 ● LNHT L1

HETH, Edward Harris (1909-   ) ● CtY L2 ● DeU L1 ● MnHi L1 ● WHi MS1 R

HEWINS, Caroline Marie (1846-1926) ● CtH L20 C20 ● CtHi L4 C41

HEWITT, John Hill (1801-1890) ● CSmH MS2 ● GEU 8CTN ● MH D1 ● MdHi M ● NNC L1 ● NPV L1 ● TxU MS1

HEYWARD, Du Bose (1885-1940) ● CLU C1 ● CSmH L1 ● CSt L1 ● CtY MS1 L16 D1 ● DLC L1 ● GEU L1 ● GHi L1 ● ICN L1 ● ICarbS L3 ● IEN L1 ● IGK L1 ● InGrD-Ar L1 ● InU L2 ● MH L18 C6 ● MWH L1 C1 ● MeWC L2 ● MiU-H L1 ● NBuU L3 ● NCH L1 ● NN-B MS1 L3 D1 ● NNAL MS1 L7 C4 D2 ● NNC L2 ● NNWML L2 ● NcD L8 ● NcU L8 ● PPiU L103 C24 ● PSt L1 C1 ● PU L2 ● RPB-JH L6 ● ScC MS2 L1 D1 ● ScHi MS65 L165 C380 D7 PR M REF7 ● ScU L40 ● TxU MS1 L5 C1 ● ViU L6 C1 ● WMM-Ar MS1 L2 M

HICKS, Granville (1901-   ) ● CSt L1 REF2 ● CU L1 D1 ● CtY L7

• ICN L100 • IEN L4 • IU-Ar R • IaU L1 • InU MS1 L7 C1 • MBU L17 • MH MS1 L18 C5 D1 • MNS L280 • MeWC L15 • MiU L5 C7 • MiU-H L2 • MnU-K L1 • MoSW L1 • NB MS1 • NBrockU-EC R • NNC L16 • NNFF L2 • NPV L4 • NSbSU L1 • NSyU 36CTN REF1 • NhD L1 • NjR L1 • PSt L1 • PU L11 • RPB-JH L1 • TxU L6 • WHi L2 C2

HIGGINSON, Mary Potter (Thatcher) (1844-1941) • MB MS1 • MH MS1 L18 C21 M • MNF MS1 • MiU-H L1 • NNC L2 • ViU MS2

HIGGINSON, Thomas Wentworth (1823-1911) • CLSU L2 C9 MG1 • CLU L2 C1 • CSmH MS5 L92 C39 D9 • CSt M • CU L1 • CU-S L4 C1 • CoCC L1 • CtHSD L23 C19 D3 • CtHT-W L28 • CtHi L1 • CtW L1 • CtY MS8 L83 C15 • DDO L1 • DLC MS2 L49 C5 • DeGE C1 • ICHi L1 • ICN L7 REF1 • ICarbS L1 • IEN L1 • IGK L1 • IU-Ar L1 • IaU L1 • InGrD-Ar L1 • InNd L1 • InU L8 C1 • KU-S L1 C1 • KyBB L1 • LNHT L2 • MA L19 • MAJ L1 • MB MS17 L133 C390 D5 • MBAt L3 C1 • MBCo L1 • MCR L13 C4 • MChB L2 • MCo L2 C1 • MH MS31 J50 L1337 C1027 D71 MG3 PR M REF1, 2 • MHi J1 L95 D2 • MMeT L2 • MNBedf L1 • MNF MS1 L3 • MPIPS REF56 • MWA MS2 L102 C2 • MWH L5 • MWHi L1 • MWelC L5 C2 • MWiW-C L1 • MdBJ L14 D1 • MdHi L4 • MeB MS4 L16 PR • MeWC L9 C1 • MiEM L1 • MiMtpT L3 • MiU MS1 L3 C1 • MnHi L4 • MnM L4 MG1 • MnU-Ar L3 • MoSW L2 • NBu MS1 L7 REF65 • NCH L1 • NCanHi L1 • NHi L2 REF66 • NIC MS3 L34 C1 M • NN-B MS1 L6 C4 • NNAL MS12 L22 C5 • NNC MS4 L166 D3 • NNMus L1 • NNPM MS1 L4 C2 • NNU-F MS3 L25 • NNWML L2 • NPV MS3 L9 C4 • NRU L16 C1 • NSyU L7 • NcD L63 C2 • NhD L2 D3 • NhHi L3 • NjMD L2 • NjMoHP L1 • NjP L10 C7 • OCHP L2 • OClWHi L3 • OFH MS1 L14 M • OKentU L2 • OMC L1 • OO L1 • OOxM L1 • OU L1 • PBm L1 • PCarlD L1 C1 • PHC L5 • PHi MS2 L12 • PP L1 • PPRF D1 • PSC L1 • PSC-Hi L2 C1 • PSt L11 • PU L1 • RHi MS1 • RNR L4 M • RPB-JH L12 C5 D5 • ScU L1 • TxGR L1 D1 • TxU L23 C1 • UPB L5 • ViU MS12 L173 C43 D1 PR • VtMiM L21 D1 • WHi L2 • WaU C1 • WvU L3

HILDRETH, Richard (1807-1865) • MB MS1 L8 D31 • MCo L6 • MH MS1 L12 C1 • MHi L6 • MWA L1 • NHi L2 • NNC L6 D4 • NNPM L4 D1 • NhD L1 • PHi L4 • ViU L1 • VtHi D1 • VtU L1

HILL, George Handel (1809-1849) • DFo M • MB L1 • NAlI L5 • NHi

149

Hill, George Handel (cont.)

L1 • NIC L1 • NNC D1 • PHi L1

HILL, Grace Livingston (1865-1947) • CSmH L2 • IU-R L1 • NNU-F L1 • PHarH MS1 • TxU L1

HILLHOUSE, James Abraham (1789-1841) • CtHT-W L1 • CtHi L1 D1 • CtLHi L1 • CtY MS50 L107 C878 D50 REF7 • DLC L5 C2 • IaU L1 • MB L3 • MH L8 • MHi L2 • MdHi D1 • N L3 • NHi D1 • NNS L2 • NhD L7 C1 D1 • PHC L1 • PHi L3 D1 • PPRF L1

HILLYER, Robert Silliman (1895-1961) • ArU L2 C2 • CSt L3 REF2 • CtW L1 • CtY MS3 L19 C14 PR • DLC L5 • DeU MS2 L2 • ICN L9 • ICarbS L2 • IEN L1 • InU L9 D3 • MA L1 D1 • MAJ L2 • MBU L1 • MH MS21 L73 C5 REF2 • MMeT L10 • MNS L1 • MU-Ar R • MWC L1 • MWelC L20 D1 • MdBJ L1 • MeWC L4 • MiDW-Mi L1 • MiU L7 C12 • MoSW L11 • MoU L1 • NBiSU L1 • NBuU MS7 L6 • NIC L1 • NN-B L1 • NNAL L15 C22 D2 • NNC L71 • NRU L8 • NSyU 29CTN REF1, REF77 • NcA L1 • NhD MS2 L1 D2 • NjP MS2 • OCU L1 • OU L1 • PBm L1 • PPT MS1 L9 C2 M • PSt L10 C3 • PU MS1 L13 • RPB-JH MS1 L66 C1 • TxFTC L1 • TxU L23 C95 1CTN • ViU MS2 L13 • VtU L1 M • WaU C5

HIMES, Chester B. (1909-   ) • CtY MS6 L133 C2 D15 M • DHU L12 • MBU L1 • OU L10

HINKLEY, Laura L. (1875-1949) • IaU MS2 L5 C1 • NN-B L1

HIRST, Henry Beck (1817-1874) • CSmH C1 D1 • ICHi MS1 • MB L1 D1 • MH L12 C1 D1 • NHi MS1 C1 • NIC L4 • NN-B MS1 • NNPM C1 • NRU L3 • NcD L1 • PHC L1 • PHi L4 • ViU MS1 L2

HITCHCOCK, Enos (1745-1803) • CSmH L1 • CtMyMHi L18 • CtY C1 • DLC D1 • ICHi C1 • MB L2 C1 • MH D1 • MHi L2 • NHi L2 D1 • NjMoHP L1 • OMC L2 • PHi L5 C1 • RHi L100 C100 D1 2FT • RPB-JH L2 C1 D2

HOBART, Alice Tisdale (Nourse) (1882-1967) • CSmH L1 • CU L9 • IGK L1 • NNC MS4 PR • NNU-F L1 • OrU MS16 L100 C550 PR M • VtU L2

HOBSON, Laura Z. (1900-   ) • MH L1 • NNC L4 • PU L3 • TxU L2

HOFFMAN, Charles Fenno (1806-1884) • CtY MS1 L4 • IGK L1 • IU-R D10 • KU-S M • MB MS1 L43 C1 • MH MS2 L3 • MiMtpT L1

• MiU L1 • MnHi L1 • NHi MS1 L7 REF66 • NIC L3 • NNC L3 • NRU
L4 C3 • NhHi MS1 • OMC L1 • PHC MS1 L2 • PHi L13 C1 D4 • PP
L1 • PSt L2 • PU L4 • RNR M • RPB-JH L2 • ViU MS3 L8

HOFFMAN, Daniel (1923-   ) • CU L2 • IU-Ar MS1 L2 • InU L8
C5 D6 • KU-S L3 • MA L4 • MMeT L1 • MoSW L14 C1 • NBrockU-EC
R • NBuU L1 • NNFF L1 D1 • NjR L7 • PPiI MS1 L10 C12 • PSC
R • PU PR • RPB-JH L2

HOLBROOK, Stewart Hall (1893-1964) • CSt L1 REF2 • CU L6 • CtY
L1 • IaU L4 • MBU L3 • MH MS3 L67 C18 • MeWC L1 • MiU-H MS2
L4 C13 M • MnU-Ar L1 C2 • MnU-K L1 C1 • NIC L3 • OrHi MS4 C81
PR M • OrU L1 • PCarlD L1 • PU L3 • TxU L1 • VtU L1 C1 • WGr
L1 • WaU MS236 J42 L2951 C5033 D25 PR M

HOLLAND, Josiah Gilbert (1819-1881) • CLU L2 • CSdS L1 • CSmH
MS5 L10 D2 • CU L1 • CtHT-W L1 • CtHi L2 • CtY MS6 L18 C4 D1
• DLC MS1 L38 C2 • ICHi L3 • IGK L1 • IaU L1 • InU L5 C2 • KyBB
L1 • MAJ L1 • MB L4 • MH L28 C93 • MHi L4 • MNBedf L2 • MS
MS1 L3 • MWA MS1 L10 • MWiW L1 • MdBE L1 • MdBJ L2 • MeB
MS1 L7 PR • MeWC L9 • MiMtpT L1 • MiU L1 • N D1 • NBu L1 •
NHi L3 • NIC MS1 L10 • NN-B L1 C1 • NNC L16 • NNPM L16 •
NNU-F L2 • NPV L5 • NRU L1 • NSchU L5 • NcD L7 • NhD L1 D1
• OCHP MS1 L1 • OFH MS1 • OKentU L1 • OMC L1 • PBL L1 • PBm
L2 • PCarlD L1 • PHC MS1 L1 • PHi L7 • PSC L1 • RPB-JH MS1 L4
C1 D6 • TxGR L1 • TxU MS2 L6 • ViU L28 • VtMiM L8 C1

HOLLANDER, John (1929-   ) • InU L6 C5 D3 • MdU PR • MoSW
L13 C3 • NBrockU-EC R • NNC MS1 • NNFF MS1 L1 C1 • PSC R

HOLLEY, Marietta (1836-1926) • CSmH L1 • CU-S L1 • IU-R J1 •
MCR L2 M • MH L2 • MNS C3 • MdBJ L1 • MnHi L1 • NCaS MS2
• NGenoU L1 • NNBa L1 • NNC L1 • NNWML L1 • PHi L1 D1

HOLLEY, Mary (Austin) (1784-1846) • CtY L2 C1 • KyU J1 L151
C1 D2 • MHi L2 • TxGR L2 D2

HOLLIDAY, Robert Cortes (1880-1947) • CSmH L1 • CtY L12 C1 •
IU-Ar L1 • IaU L4 • InU L1 C1 • LNHT L1 • MA L9 • MH L23 C17
• MeWC L2 • NHi L1 • NRU L1 • NhD L42 D2 • NjP L2 • OCX L22
D2 • OkU C1 • PU L3 • TxU L70 C3

HOLLISTER, Gideon Hiram (1817-1881) • Ct L1 • CtHi L2 • CtLHi
MS6 L104 C28 D45 PR • CtY L4 • MHi L1 • NNC D1 • NRU L1 C1

Hollister, Gideon Hiram (cont.)
● PHi L1

HOLLS, Frederick W. (1857-1903) ● CtY L2 ● InU L1 ● MB L37 ● MH MS1 L97 C211 M ● NNC MS2 L5 C30 REF7 ● NRU L67 C36 ● OFH L1 ● PSC-Hi L1 ● RPB-JH C1

HOLMES, John (1904-1962) ● ABH L1 ● ArU L18 ● DLC L14 ● ICN L1 ● IEN L4 ● IU-Ar L2 C1 ● InU L3 C4 D4 ● MA MS1 L8 ● MAJ L2 ● MBU L10 ● MH MS2 L33 C2 ● MMeT MS552 J3 L1160 C467 D153 M REF1 ● MU-Ar R ● MdBJ MS1 L4 ● MiU MS1 ● MoSW L8 ● NBuU MS11 L65 ● NIC C1 ● NNC MS1 L71 ● NNWML L15 ● NNYI L2 ● NSyU L68 C53 ● NjP L1 C1 ● PU L5 ● RPB-JH MS10 L77 C1 ● TMM L4 ● TxU MS2 L16 C20 ● WaU MS9 L205 C2

HOLMES, Marjorie (1910-   ) ● IaU MS40 L472 C603 PR

HOLMES, Mary Jane (Hawes) (1825-1907) ● CU-S MS1 ● CtY MS1 L2 ● KyLoF L1 ● KyRE D1 ● MH MS1 ● MWA L1 D7 M ● NBu L1 ● NIC L2 ● NN-B C6 ● NNBa L1 ● NNSII L1 ● NNU-F L3 ● NRU L1 ● NhD L1 ● NjMoHP L5 ● NjP MS1 ● PHC L1 ● PHi L3 ● ViU L7

HOLMES, Oliver Wendell (1809-1894) ● CCC L4 ● CCamarSJ MS4 L4 ● CL L1 ● CLSU L11 ● CLU MS1 L10 ● CLU-C L2 ● CSmH MS39 L191 C1 D3 ● CSt L7 ● CU MS1 L7 ● CU-S L1 ● CoU L1 ● CtHi L6 ● CtW L3 ● CtY MS10 L92 C3 ● DGU MS1 L3 ● DLC MS103 L120 C25 D3 M ● DeGE L1 ● GEU L2 ● GHi L1 ● GU L3 ● ICHi MS1 L4 ● ICN L7 ● IEN L1 ● IGK L2 D1 ● IU-R MS4 L5 D2 ● IaU L7 ● InNd-Ar L1 D3 ● InU MS3 L7 D1 ● KU-S L4 C1 ● KyLoF L5 ● KyU L2 M ● LNHT L5 C1 ● MA L2 ● MAnP MS4 L16 D1 MG1 M ● MB MS10 L71 C3 D10 ● MBAt MS2 L4 ● MBCo MS12 L77 C8 D3 ● MBSpnea REF2 ● MBU L11 D1 ● MCR L7 C1 ● MCo MS1 L4 ● MDedHi MS1 ● MH MS380 L759 C572 D54 MG1 PR M REF1, 2 ● MH-BA L2 ● MHi MS9 L214 D7 ● MMeT L1 ● MNF L5 ● MNS L1 ● MNS-S L9 ● MPB MS2 C1 D1 M REF1 ● MS L2 ● MWA MS2 L30 ● MWH L2 ● MWelC L7 D2 ● MWiW-C MS1 L1 ● MdBE L6 ● MdBJ MS2 L18 C2 ● MeB MS2 L15 PR ● MeU L1 ● MeWC L14 ● MiEM L1 ● MiMtpT L11 ● MiU L5 D3 ● MiU-C MS1 L1 ● MiU-H L5 ● MnHi MS1 L8 M ● MnM L7 M ● MnU L1 ● MnU-Rb L1 ● MoCgS L1 ● MoSM L4 ● MoSW MS3 L1 ● NAurW L1 ● NBu MS1 L3 REF65 ● NBuHi L1 ● NCH L1 ● NCanHi L1 ● NHi

L14 1CTN ● NHpR L1 ● NIC L36 C1 ● NN-B MS21 L127 C3 D1 M ●
NNC MS2 L34 ● NNPM MS23 L29 C3 D1 ● NNPf L5 REF2 ● NNS MS1
● NNU-F MS6 L65 ● NNWH L2 ● NPV MS1 L8 ● NRU MS3 L14 ●
NSchU L6 ● NbU L1 ● NcD MS1 L82 M ● NcD-MC L56 M ● NcU MS1
L4 ● NcWsW MS1 ● Nh L2 ● NhD MS2 L10 C3 D9 ● NhHi MS1 L9
● NjMoHP L6 ● NjP L7 ● OCHP L4 ● OCl MS1 ● OClW L1 ● OClWHi
L1 ● OHi L2 ● OKentU L24 ● OMC MS1 L1 ● OO L2 ● OOxM L1 ●
OU L1 D4 ● OYesA L1 ● PBL L4 D1 ● PCarlD L1 ● PHC L7 C2 ● PHi
L26 C4 D15 ● PMA L1 ● PP L7 ● PPAmP L2 C1 ● PPC MS1 L2 ● PPL
L2 ● PPRF L2 D1 ● PSC L1 ● PSC-Hi L3 C2 D1 ● PSt L4 ● PU L9 ●
RHi L1 ● RNR MS2 L2 ● RP L1 ● RPAB L2 ● RPB-JH L1 D3 ● ScCleU
L2 ● ScU L1 ● TxFTC REF87 ● TxGR L1 ● TxU MS4 L20 C1 D1 ● UPB
MS1 L1 D1 ● ViHi L5 D1 ● ViU MS39 L413 C2 D3 PR M REF113 ●
VtMiM MS1 L59 ● VtU L1 ● WHi L4 C3

HOLMES, Oliver Wendell (1841-1935) ● CSmH L5 ● CU L1 ● CoCC
L3 ● CtHT-W L1 ● CtY L37 C3 D1 M ● DGU L1 ● DLC MS23 J1 L163
C492 D7 M ● ICarbS L2 D1 ● IU-R L1 ● InU L5 C1 ● MB L3 D2 ● MBCo
L2 D3 ● MBU L7 ● MCR L3 C1 ● MChB L3 ● MH MS2 L64 C34 D4
M REF2 ● MH-BA L7 ● MH-L MS22 J11 L3411 C6011 D288 MG40 R
M REF1, 2, 7 ● MHi L10 ● MWA L9 ● MdBJ L5 D1 ● MdHi L5 D3 ●
MeB L2 ● MiU-H L8 C1 ● MoSW L7 ● N L2 ● NHi L9 ● NIC L10 C4
● NNC L8 ● NNMus L1 ● NNU-F L1 ● NRU L5 ● NcD L1 ● NcU L5
● NhHi L3 ● NjMoHP L1 ● NjP L12 C9 D1 ● OCHP L1 ● OFH MS3
L12 M ● PCarlD L1 ● PP L21 ● PPT L1 ● RPB-JH MS1 L15 D2 PR ●
TxU L3 ● ViSwC L1 ● ViU L4 ● WHi L2 C2 D1 ● WaPS L1 ● WvU L1

HOLT, Felix (1898-1954) ● KyU MS10 L38 C1 D2 M

HOLT, Henry (1840-1926) ● CLSU L1 C1 ● CLU L4 ● CSmH L53 C1
● CtHT-W L16 ● CtY L331 C1 ● ICN L6 D10 ● IU-Ar L13 C11 ● IU-R
L47 C4 D9 ● IaU L1 ● LNHT L8 ● MA L37 ● MB L1 C2 ● MH L50
C6 ● MdBJ L47 C16 ● MeWC C3 ● MiU-H L1 ● NBuU L1 ● NHi REF66
● NIC L18 ● NNC MS1 L124 C1 D1 ● NRU L9 C1 ● NSchU L2 ● NcD
L1 ● NjP 420CTN REF1 ● OCX L2 ● PCarlD C3 ● PMA L2 ● PSt L2
● PU L4 ● RPB-JH L4 C2 D1 ● ViU L3 ● VtU L1

HONEYWOOD, St. John (1763-1798) ● CtY MS1 L8 D2 ● MB L2 ●
NjMoHP L1 ● PHi L3

HOOKER, Thomas (1586-1647) ● Ct MS1 D1 M ● CtHC D1 ● CtHi

153

Hooker, Thomas (cont.)
MS1 L1 • CtY MS1 L1 • M-Ar D3 • PHi D1

HOOPER, Johnson Jones (1815-1863) • A-Ar L4 • GHi L1 • ICHi D1 • NcD L1

HOOPER, Lucy Hamilton (Jones) (1835-1893) • CCC L1 • MH L3 • NBu L1 • NcD L1 • PHi L5 C1 D1

HOPE, James Barron (1829-1887) • CSmH L6 • CtY L1 • ICarbS L1 • MH L1 • NBu L1 • Nc-Ar L4 C1 • NcD L9 • NjMoHP L1 • ViHi MS1 L15 C1 D1 M • ViRVal MS1 • ViW MS50 L81 C87 M REF1

HOPKINS, Lemuel (1750-1801) • CtHi MS1 L23 C1 D1 • CtLHi L1 D1 • MB D1 • MH L1 • NNC L1 • OClWHi L1 • PHC L1 • PHi L1 D1 • PPL L1

HOPKINS, Mark (1802-1887) • CLU L1 • CSmH L2 • CU L2 • CoCC L2 • CtHC L13 C2 D2 • CtHT-W L1 • CtHi L1 • CtLHi L1 D1 • CtW L1 • CtY L17 • DLC L1 • MA L1 • MAJ L1 • MB L5 C1 D1 • MBC L4 • MH MS1 L11 • MHi L112 • MNF L2 • MPB MS2 L1 • MWA L2 • MWiW MS15 L600 C200 • MWiW-C L1 • MeB L2 • MeU MS20 • MoSW L3 • NBuHi L1 • NHi L5 • NIC MS1 L3 • NNC L3 • NPV L1 • NRU L2 • NcD L3 • NhD L6 D6 • NhHi L2 • NjMD L1 • NjMoHP L2 • NjP L23 • OClWHi L1 D1 • OMC L1 • UPB L1 • VtHi MS1 D7 • WHi L3

HOPKINS, Samuel (1721-1803) • CSmH J1 L1 • CtHC L19 D1 • CtHi L2 C3 • CtY MS3 L8 C6 D2 • DLC L1 • DeU L1 • MB MS1 L5 C2 • MBC MS1 L3 • MHi L8 D1 • MWA L4 • MWiW J1 L2 • MoSHi L3 D1 • NHi MS1 L8 • NIC L1 • NNC MS2 • NcD L3 D3 • NjMD L2 • NjP MS1 • RHi L4 C16 D8 • RNR L1 • RPB-JH L2 • VtHi L1 • WHi L2

HOPKINSON, Francis (1737-1791) • CCamarSJ L1 D1 • CSmH MS97 L3 C1 D4 • CSt L1 D3 • CtHi L2 • CtY L2 D1 • DLC L36 C31 D5 • DeU L1 • ICHi D1 • InU L1 D1 • MA L2 D1 • MB L1 D2 • MH MS1 L4 D2 • MHi MS1 L9 D1 • MWA L1 D2 • MdBJ L1 D2 • MdHi L2 D2 • MiU-C L1 D3 • MnHi D1 • MoSU C1 • N L2 • NHi D1 REF66 • NIC D1 • NNC L4 C1 D1 • NNPM L3 D1 • NNS L1 • NjMoHP L6 C1 • NjP L3 • NjWdHi C1 • OClWHi L1 • OMC L1 • PCarlD C1 D2 • PHC L4 D4 • PHi MS7 L71 C35 D64 • PP L4 • PPAmP J2 L23 C3 D55 • PPL MS2 D7 • PPRF L2 D1 • PU L3 D1 • RPB-JH D2 • ViU

MS1 L1 • WHi L1 D1

HOPKINSON, Joseph (1770-1842) • CSmH L5 • CtHi L12 C3 • CtY L58 D1 • DLC L1 • DeU L1 • ICN D1 • IaMc L1 • InU L2 C15 • MB L8 • MH L4 • MHi L8 • MdHi MS1 L1 • MiU D1 • MiU-C MS1 • MoSW L1 • NHi L4 C2 D1 • NNC L1 D1 MG1 • NPV L1 • NhD MS1 L8 C1 D20 • NhHi L2 • NjMoHP L3 • NjP C1 • OMC L1 • PGC L1 • PHC L4 D7 • PPAmP L9 C3 D3 • PPL MS12 L126 C961 D33 M • PU L2 • TxU L2 • ViU L7 • WHi D1

HOPPER, James Marie (1876-1956) • CLU L1 • COMC MS2 L1 • CSf MS1 L2 • CSmH L15 • CU 4CTN REF1 • IU-R L1 C1 • NN-B D1 • NNC L2

HOPWOOD, Avery (1884-1928) • CSt L1 • CU L2 • CtY L56 D16 M • MiU MS1 J1 L73 D5 M • MiU-C L1 • MiU-H L1 • NNMus MS1 • OCl L71 • PPT L1

HORAN, Robert (1922-   ) • CU L1 • CtY L3 C1 • IU-Ar MS1 L6 PR • NBuU MS3 L1

HORGAN, Paul (1903-   ) • ArU L2 • CSmH L3 • CtW MS1 L9 • CtY MS46 L12 C2 D2 PR REF7 • ICN L1 • IU-Ar MS1 D3 • MBU L1 • MH L1 • MnHi L1 • MoSU MS1 • NNAL L13 C19 D3 • NNC MS5 L42 • NNFF MS1 L3 C4 D9 • NRU MS9 L14 M • NjP MS1 L8 C8 • NmLcU L8 C7 • NmU MS7 J1 3FT • OkU L26 C50 D1 M • PPT L9 C7 • PSt L2 • TxU L24 C1

HORTON, George Moses (1797-1883) • NNC MS2 • NcU MS2 L3 D4

HOSACK, David (1769-1835) • CtY L3 C1 • DLC L3 C5 • IU-HS MG1 • InU L1 C1 D1 • KU-M MS1 • MBCo MS1 L4 D3 • MH L4 C1 D1 • MHi L6 • MWA L1 • MdHi L18 D6 • NHi L20 C11 D17 REF66 • NNC MS2 L25 C14 D16 • NNPM L5 • NcD L2 • NjMoHP L3 • NjP L2 • PPAmP L16 C1 D8 • PPC L10 C3 • PU D1 • RNR L1 • WHi L1

HOSMER, William Howe Cuyler (1814-1877) • IaU MS1 • MB MS1 L4 • MH L2 • MiU-H L1 • MoSHi MS1 • NBuHi L1 C1 M • NHi MS1 L1 REF66 • NNC L1 • NRU L1 • NjMoHP L1 • OCHP MS1 • OClWHi MS1 • PHC L1 • PHi L17 C1 D5 • ViU L4

HOUGH, Emerson (1857-1923) • CCamarSJ MS1 L2 • CLSU L4 • CLU L1 • CSmH L2 • CU L1 • DLC MS11 • ICN L11 • IGK MS1 L15 C2 • Ia-HA MS6 J1 L200 C200 D1 MG1 PR M • IaU L93 M REF1 • InLP L1 • InNd L1 • InRE L1 • InU MS3 L2 D1 REF3 • MPB L1 •

155

Hough, Emerson (cont.)

MiU-H L32 C10 • MoHi L1 • NN-B L2 D1 • NNC L2 • NjP L1 • OrU L13 C9 • PHi L2 C1 • PPT L2 • TxU L2 • ViU L29 C9

HOUSTON, Noel (1909-1958) • NcU MS49 • OkU L6 C8 M • PU L1

HOVEY, Richard (1864-1900) • CCamarSJ MG1 • CSmH MS2 L2 • CSt MS3 L26 C27 • CU L1 • CtY MS1 L2 C2 D1 • DLC L2 • ICN L3 REF1 • ICarbS L1 • InU L4 • KU-S D1 • MA L1 • MB MS1 • MH MS12 L3 C1 M • MeWC L1 • N L2 • NBuU L1 • NNC MS1 L5 • NNPM MS1 L1 D2 • NhD MS15 L36 D156 5FT PR M • NjP L3 C7 • PHi L3 • RPB-JH L2 D3 • UPB L1 • ViU MS1 L6 C1

HOWARD, Bronson (1842-1908) • CLSU L1 • CU-S L1 • CtY L3 • DFo L46 • DLC MS2 L3 • ICL L5 • IU-R L2 • IaU L1 • InLP L2 • InU L1 • LNHT L1 • MB L1 • MH L6 • MWA L1 • MiU L3 • N L2 • NHi L1 REF66 • NIC L2 • NNAL L15 • NNC MS2 L100 D1 REF4 • NNMus MS1 • NNU-F L1 • NNWH MS1 L3 • NRU L2 • PHi L8 • RPB-JH D2 • ViU MS1 L1

HOWARD, Joseph Kinsey (1906-1951) • CSt L1 REF2 • CtY L1 C1 • MnU-SW MS2 L6 C6 • MtHi 6FT • MtU MS5 PR M • OkU L2 C3

HOWARD, Sidney Coe (1891-1939) • C L3 • CLU MS2 • CSmH L5 • CU L1 • CtY MS2 L152 C13 D17 • ICL L1 M • ICN L2 • ICarbS L6 C5 • InU L6 C1 D1 • MH MS2 L2 • MiU L1 • NIC L1 • NN-B D1 • NNAL L21 C40 D9 • NNC L6 • NjP L47 C96 D72 • OCl L1 • PPC L1 • PPiU L34 C2 • PSt L1 • PU L2 • TxU L11 C2 D1

HOWE, Edgar Watson (1854-1937) • CLSU L5 C2 • CSmH L1 • CtY L2 • DLC L6 C1 D1 • ICN L6 • IaU L1 • InLP L8 C7 • InU L3 • KU-RH L1 • MH MS106 J3 L31 C860 D90 M REF1, 2 • MWA L1 • NBu L1 • NHi L1 • NIC L1 • NN-B L1 • NNC L6 D5 • NjP L7 C1 D4 • ODaU L1 • OkU L1 • PHi L13 C13 • PU L3 • TxU MS1 L4 • ViU MS1 L10

HOWE, Irving (1920-   ) • ICN L12 • LNHT L2 C1 • MBU L2 • MWalB MS1 • MiU L2 C4 • NNFF MS3 L10 C8 D5 • NNYI L7 C5 • NSyU L10 • NjR L35 • PU L8 • VtMiM L3 C4 • WaU L2

HOWE, Julia (Ward) (1819-1910) • CCC L1 C1 • CCamarSJ MS1 • CLU L2 • CSmH MS3 L85 C2 D11 • CSt L1 • CU L6 • CtH L1 • CtHSD L1 C1 • CtY MS3 L45 M • DLC MS97 J2 L60 C17 10CTN M • ICHi MS1 L1 • ICN D2 REF1 • IGK MS1 L1 • IU-Ar L4 • IaMc L1 • IaU L2 • In L1 • InGrD-Ar MS1 • InU MS3

156

L5 C1 M • KLeS L2 • KU-S D1 • KyBB L4 • LNHT L6 • LU-Ar L10 D1 • MA MS1 L1 • MAJ L5 • MB MS7 L28 D12 • MBAt REF3 • MBSpnea REF2 • MBU L7 • MCR MS28 L128 C23 D13 M REF7 • MH L1564 C748 M REF1, 2 • MHi MS4 L32 D1 • MNS MS1 L1 • MNS-S L65 • MWA L10 • MWelC L3 D3 • MdBJ L4 D1 • MdHi MS1 • MeB L2 • MeWC MS3 L7 • MiU MS2 L1 • MiU-C L1 • MiU-H L4 • MnHi L4 M • MnU-Rb L2 • MoLiWJ L1 • N L1 • NBu L1 • NHi L4 D4 REF66 • NIC L1 • NN-B MS2 L23 C2 D2 • NNAL MS4 L9 C4 D3 • NNBa MS1 L6 • NNC L9 • NNMus L1 • NNPM MS1 L3 • NNU-F L6 • NNWH L23 C1 • NPV L3 • NRU L3 • NSchU L1 REF74 • NSyU L5 • NcD L4 • NcU L1 • NhD L2 D1 • NjMD L1 • NjMoHP L5 • NjP L2 • OCHP L7 M • OCl L2 • OClWHi L1 • OFH L16 C1 • OMC MS1 L1 • OO MS1 L1 • OOxM L1 • PBm L2 • PCarlD L1 • PGC MS1 M • PHC L4 • PHi L10 C1 D1 • PP L1 • PSC L1 • PSC-Hi L1 • PSt MS1 L1 • PU L2 • RNR L5 M • RPB-JH MS2 L25 C5 D11 • TxU MS4 L4 • ViU MS7 L89 C1 D1 • VtU L1 • WHi L4 D2 • WvU L2

HOWE, Mark Antony DeWolfe (1864-1960) • CLSU L6 C1 • CSmH L24 • CU-S L1 • CtY MS2 L166 C1 • DLC L20 C2 • GEU L4 • ICN L4 • IGK L3 • IU-Ar L28 C8 • KyU L3 • LNHT L4 • MB MS1 L15 D2 • MBAt MS1 L2 C1 • MBU L6 • MH MS40 J1 L2508 C6868 D66 M REF1 • MH-BA L20 • MHi MS1 • MWA L9 • MWH L5 • MeWC L14 C1 • N D1 • NBuU MS1 L2 • NIC L3 • NNAL 1CTN • NNC MS2 L96 • NcD L2 • NhD D1 • NjP L23 C37 D1 • OCl L1 • PU L147 • RPB-JH MS2 L8 C1 • TxAuE MS464 J1 L15 C77 D20 M • TxU L8 • UPB L1 • ViU L2 • WHi L1

HOWE, Samuel Gridley (1801-1876) • CLU L2 • CSmH L39 C15 D8 • CtHC C1 • CtHi L6 C1 • CtY MS2 L59 C10 • DLC L3 C11 D2 • DeGE C1 • ICN L1 • KU-S L6 • MB L17 C1 D6 • MBCo L81 C5 D2 • MCR L1 M • MH MS19 L1205 C573 D9 M REF1, 2 • MHi L112 D2 • MWA L1 • MdHi L3 D1 • MeB C1 • MeWC L3 • NHi L21 C10 D1 REF66 • NIC L4 • NNC L2 • NNPM L4 D3 • NRU L2 • NSyU L6 • NcD L5 • NhHi L2 C1 • NjP L1 • OCHP L1 • OClWHi L1 • OFH L8 • OYesA L28 • PPT L4 C1 • PU L3 • RNR L1 • ScU L1 C1 • ViU L1 • WHi L1

HOWELLS, William Dean (1837-1920) ● AzTeS L2 ● CCamarSJ L2 ● CLSU MS4 L171 C5 ● CLU L6 ● CLU-C L1 ● CSdS L1 ● CSmH MS3 L275 C2 D4 ● CSt L1 ● CU L15 ● CU-S L2 ● CoCC L3 ● CoU L1 ● CtHMTM L6 ● CtHSD MS1 L1 ● CtHT-W L120 ● CtHi L6 ● CtW L6 ● CtY MS11 L152 C2 D1 PR ● DFo MS1 L24 C1 ● DGU L1 ● DLC MS1 L427 C48 D6 M ● GEU L3 C1 ● ICHi L1 ● ICN MS1 L14 D2 ● ICarbS L9 ● IEN L4 ● IGK L2 ● IU-R L5 D1 ● IaMc L1 ● In L4 D2 ● InHi C1 ● InLP L7 ● InU L35 C4 D5 ● KU-S L4 C1 ● KyBB L2 ● KyBgW L3 ● KyLoF L7 ● KyU L44 ● LNHT L24 ● LU-Ar L2 ● MA MS1 L11 C1 ● MB MS1 L43 C2 D2 ● MBAt L1 ● MBSpnea REF2 ● MCR MS1 L38 ● MChB MS1 L5 ● MH MS91 J32 L4166 C3333 D5 PR M REF1, 2 ● MHi L10 ● MNF MS1 ● MNS L1 ● MNS-S L54 ● MStoc MS1 L3 ● MWA L211 ● MWH MS1 L3 ● MWelC L6 ● MdBE L1 ● MdBJ MS1 L9 C1 D1 ● MdHi L1 ● MeB L15 C3 ● MeWC MS1 L155 C15 M ● MiEM L2 ● MiMtpT L6 ● MiU L4 ● MiU-C L3 ● MiU-H L3 ● MnHi L24 ● MnM L1 ● MnS L1 ● MnSM L1 ● MnU-Rb L1 ● MnU-SW L1 D4 ● MoLiWJ L1 ● MoSHi L3 D1 ● NBu MS1 L2 REF65 ● NCanHi L1 ● NHemH L7 ● NHi L16 REF66 ● NIC MS1 L79 C4 ● NN-B MS6 L74 C110 M ● NNAL MS6 L112 C75 ● NNC MS9 L313 C1 D27 MG1 M ● NNPM MS2 L13 ● NNU-F MS1 L44 ● NNWH L2 ● NNWML L4 ● NPV L5 ● NRGE L2 ● NRU L78 ● NSchU L4 REF74 ● NcD L12 ● NcU L2 ● NhD L2 D3 ● NhPlS L1 ● NjMoHP L1 ● NjP MS8 L113 C22 D6 ● OAU L1 ● OBgU MS1 L1 ● OCHP MS2 L4 ● OCl L2 ● OClWHi MS1 L3 C1 ● OFH MS12 L231 C103 M ● OHi L5 ● OKentU L2 ● OMC L1 ● OOxM MS4 L116 ● OU L3 ● PBL L3 ● PCarlD L8 ● PGC L1 ● PHC L5 ● PHi L11 D1 ● PLF L1 ● PMA L2 ● PP L2 ● PPT L1 ● PSC L2 ● PSC-Hi L1 C1 ● PSt MS2 L7 C2 D1 ● PU L43 ● RNR MS2 ● RP L1 ● RPB-JH MS2 L134 C2 D53 PR ● TxGR L1 ● TxU MS2 L16 C1 D1 ● UPB L12 ● ViFGM MS1 ● ViU MS13 L298 C2 D1 PR REF108 ● VtMiM L10 ● VtU L2 ● WHi L1 ● WvU L1

HOWES, Barbara (1914-   ) ● CLU L3 ● CtW MS2 L1 ● CtY MS1 L4 C1 M ● IEN L1 ● IU-Ar L3 ● MA L40 ● MH MS1 ● MMeT L1 ● MoSW L31 C1 R M ● NBuU MS2 L13 R ● NjR L1 ● TMM L2 ● TxU L2

HOYT, Charles Hale (1860-1900) ● DFo L1 ● ICL L3 ● InU L1 ● NhHi L3

HOYT, Ralph (1806-1878) • CtY L1 • IU-R L1 • MH L2 • NNC MS1 L1 • PHi L2

HUBBARD, Elbert (1856-1915) • CCC L1 • CLSU L21 D15 • CLU L15 • CSdS L2 • CSmH MS1 L5 • CSt L1 • CU L10 • CU-Riv MS1 • CtW L1 • CtY L9 C1 • DFo L2 • DGU L1 • DLC L18 C10 • FU L1 • ICHi L1 • ICN L4 D4 REF1 • ICarbS L10 C10 • IEN L11 • IGK L1 • IU-R C3 • IaDmE MS1 • InGrD-Ar L2 • InLP L1 • InNhW L2 • InU MS1 J1 L15 D3 • KU-S M • KyBB L1 • KyRE L1 • KyU M • LNHT L2 • MB L3 • MH L9 C1 • MHi L1 • MNBedf L1 • MS L1 • MWA L6 • MeB MS4 • MeWC L3 • MiU L9 C4 D4 • MiU-H L2 • MnM L1 • MnU-Ar L5 C1 D3 • MoCgS MS1 • MoSHi L1 • MoSW L1 • NBu 6CTN • NBuHi L1 M • NCH L3 • NEAuH 8FT • NHi MS1 L3 C1 M • NIC MS1 L5 C1 • NNC L17 • NNU-F MS1 L5 • NNWML L5 • NPV MS1 • NRU L3 • NSbSU L1 • NcD L1 • NhD L9 • NjP MS6 L2 • OCl L3 • OMC L1 • PBm L1 • PCarlD L1 • PHC L1 • PHi L3 D1 • PPT MS5 L1 • PU L3 • RPAB L7 • RPB-JH L2 • TxGR L1 • TxU L8 9CTN • TxWB-B MS1 • ULA L4 • UPB L1 • ViU L18 C3 D1 • VtU L2

HUBBARD, Frank McKinney (1868-1930) • In D3 • InGrD-Ar L2 • InHi L9 D1 • InI L1 M • InIB L4 D54 M • InLP L11 C7 M • InNhW M • InU MS1 L17 D1 M REF5

HUBBARD, William (1621-1704) • Ct D1 • M-Ar D18 • MB L1 C1 • MHi MS2 L2 • PHi L2 C1 • RPB-JH L1

HUGHES, Dorothy (1910-   ) • InU D1 • MBU L2 • NBuU MS8 L1 • NbU L4 C1 REF2 • PU L1

HUGHES, Hatcher (1881-1945) • InU L1 • NNC L1 • NcD L1 • NjP L1 • ViU L1

HUGHES, Langston (1902-1967) • ArU L1 • CL L2 • CSt MS1 • CU MS7 L226 D3 M • CoU L4 • CtY MS500 L500 C2000 D50 REF7 • DHU L105 M • DLC MS28 L1 • DTr L1 • DeU L1 • GAU MS83 L26 • IC MS1 • ICarbS L13 C4 • IEN L5 MG1 PR • IU-Ar L1 D3 R M • IU-R L2 • IaU MS6 L1 • InU MS7 L9 • KLeS L1 • KU-RH MS1 • KyLoU MS1 • KyU MS1 • LNU L7 • MA MS1 L4 • MBU MS10 L19 REF1 • MH L5 • MnU-Rb MG2 • NBuU MS5 L11 • NIC L1 • NN-B MS2 L3 D1 • NN-Sc 9CTN • NNAL MS1 L3 C5 • NNC MS1 L14 D1 • NNFF MS1 L2 D1 • NNU-F MS1 • NPV L1 • NRU MS1 L1 • NSbSU L1 • NSyU MS8 L10 • NcGrE L4 • NjP L2 C3 • OClWHi L2 D1 • OMC L1

Hughes, Langston (cont.)

● OkU L1 C2 ● OrU L20 ● PSt L4 ● RPB-JH MS1 ● TNF MS123 L18 C87 ● TxU MS2 L15 D1 ● ViU MS2 L1 C1 ● WHi 2CTN REF1, 7

HUGHES, Rupert (1872-1956) ● A-Ar L1 ● CCC 7CTN ● CL MS1 L2 ● CLSU MS1 L6 C1 ● CLU L8 ● CSdS L1 ● CSmH L3 ● CSt L5 ● CU L11 C1 ● CU-S L4 ● CtW L1 ● CtY MS1 L28 ● DLC L4 ● FU L2 ● IU-R L6 C2 MG1 ● IaU MS2 L35 ● InGrD-Ar L2 ● InU L31 C2 D1 ● KPT MG1 ● LNHT L4 ● MBU L3 ● MChB L1 ● MH MS1 L17 C3 ● MWalB MS1 ● MeWC L1 ● MiU-H L1 ● MoSHi L1 ● NHi L2 ● NN-B L4 D1 ● NNC L28 ● NNU-F L4 ● NPV L1 ● NbU L6 ● NjP MS2 L79 C78 D31 ● OCl L4 ● OClW MS2 D1 ● OkU L1 ● OrU L52 C42 ● PHi L1 C1 ● PPT L1 ● PSt L2 C1 ● PU L21 ● ViU L12 ● ViW L1 ● VtU L1 ● WvU L1

HULL, William (1918-   ) ● CtY L8 ● IU-Ar MS2 L1 ● NBuU MS13 L6

HULT, Gottfried (1869-1947) ● NdU MS3 ● TxU MS2 L2

HUMPHREY, William (1924-   ) ● IU-Ar L4 ● NNC MS2 L26 ● NNFF L1 C1 D1 ● VtHi D1

HUMPHREYS, David (1752-1818) ● CSmH L6 C2 D2 ● Ct L2 ● CtHi L154 C10 D3 ● CtY MS1 L32 C2 D2 ● DLC MS1 L312 C131 D8 ● ICHi L1 D1 ● InU L2 ● MB L5 C1 D1 ● MH L14 C1 ● MHi L52 D3 ● MdHi D1 ● MiU-C MS1 L3 ● N L2 ● NHi MS4 L15 C6 D3 REF66 ● NIC C1 ● NNC L5 C2 ● NNPM C1 ● NNebgWM L1 ● NcD L7 ● NcU L1 ● NhD L3 ● NjMoHP L16 ● OMC L1 C1 ● PHC L6 ● PHi L23 D3 ● PPAmP L4 C1 D4 ● PPRF MS1 L1 ● RHi L1 C1 ● RPB-JH L7 ● TxU L1 ● ViU L1 ● WHi L3

HUMPHRIES, Rolfe (1894-1969) ● ArU L1 ● CSmH MS4 L5 ● CSt MG3 ● CU L1 D1 ● CoU MS1 L2 ● CtY L5 C4 ● DLC C27 D1 REF1 ● ICN L18 ● ICarbS D1 ● InU MS5 L15 D1 ● MA C1 10FT ● MH MS1 L8 C2 ● MMeT C110 ● MU-Ar L4 C3 ● MoSW L7 PR ● NN-B D1 ● NNAL MS9 C10 D1 ● NNC L9 ● NSyU L11 ● NjP C1 ● OU MS1 C37 D1 ● OkU L2 ● PBm L1 ● PSt MS3 L3 C1 D4 ● TxU MS1 L12 C1 ● WaU MS9 L96 C30

HUNEKER, James Gibbons (1857-1921) ● AzTeS L2 M ● CCamarSJ L2 ● CLSU L1 ● CSmH MS1 L2 C1 ● CSt MS15 ● CU C1 ● CtU L1 ● CtW L1 ● CtY MS21 L31 C15 ● DLC L1 ● ICL L1 ● ICN L1 ● IEN L1

160

• IU-R L1 • KyBgW L4 • MA L11 • MB L1 C1 • MChB L1 • MH C1 • MNS L1 • MeWC C1 • NHemH L1 • NHi L1 • NIC L4 C2 • NN-B L6 • NNAL L14 • NNC L11 • NNMus L3 • NNU-F MS1 • NNWML L2 • NhD 12FT PR M • NjP L302 C156 D485 PR • OOxM L2 • PHC L2 • PU MS1 L21 • TxU MS1 L3 D1 PR • UPB MS1 • ViU MS4 L139

HUNGERFORD, Edward (1829-1911) • CtY L5 • IU-R D1 • MnU-K L1 • NNC L1 • NjP C1 • TxU L2

HUNT, Mabel Leigh (1892-   ) • In L2 • InGrD L1 • InGrD-Ar MS2 L4 C4 • MnU-K MS4 L79 C68 • PCarlD L1

HUNTER, Kermit (1910-   ) • ICN L1 • NcU MS19

HUNTINGTON, Jedediah Vincent (1815-1862) • CSmH L11 C11 D1 • CtHT-W L1 • DGU L1 • ICHi L1 C2 D1 • ICN L1 • InNd-Ar MS1 L5 C2 D8 • MnU-Rb C1 • MoSHi L1 • PHi L2

HURST, Fannie (1889-1968) • CCamarSJ L1 • CLSU L1 • CLU L4 • CSmH L22 D6 • CU MS1 L11 • CtY MS1 L164 C2 M • DLC L17 • ICL L1 • ICN L1 • IU-R L1 • InLP L1 • InU L5 C2 D1 REF3 • MBU L15 • MCR L11 M • MH L6 C2 • MNS-S MS1 • MPB MS1 • MWC L4 • MWalB 36CTN • MeWC L1 C2 • MiU L2 C6 D1 • MiU-C L1 • MnHi L3 • MnU-SW L1 C1 • MoS MS1 • MoSHi L1 • MoSW MS1 J8 L2 C46 R M • NIC C2 • NN-B MS2 L42 D1 • NNC L107 D2 • NNHuC L1 • NNMus MS1 L8 • NNU-F L3 • NNWML L1 • NPV L1 • NRU L5 • NcA L1 • NcD L3 • NhD MS1 L1 • NjP L2 • OKentU L1 • OOxM L2 • OU L1 • OkU L1 • OrU L3 C3 • P L2 • PCarlD L3 • PHi L2 C1 • PMA L2 C1 • PPC L1 • PPT L4 C4 • PPi M • PSt L2 C1 • PU L14 • RPB-JH MS1 • TxU MS1 L9 320CTN • ViLRM L1 • ViU L3 • WHi L2 C2

HURSTON, Zora Neale (1903-1960) • CtY MS13 L111 D8 M • FU MS11 L81 C20 M REF1, 7 • MBU L2 • MH L1 • NN-Sc L1 REF1 • PPAmP L15 C16 • PU L2 • TNF L11 C7 M • TxU C1

HUTCHINSON, Thomas (1711-1780) • CSmH L24 C6 D6 • CtHi L5 • CtY L4 • DLC L1 • ICHi D4 • ICN MS1 • M-Ar MS10 L10 C13 D384 • MB L3 C2 D24 • MBAt L1 • MBCo MS1 • MBU L2 D1 • MH MS3 L3 C1 D3 • MHi MS2 L128 D25 • MWiW-C MS2 D2 MG4 • MiU-C MS2 J1 L80 C49 D6 • MoSHi D1 • MoSW L1 • NHi MS1 C1 REF66 • NNC L1 • NNS D1 • NcD L3 • NhD MS1 L2 D2 • NjMoHP MS1 L5 C2 • NjP D1 • OMC D2 • PHC L1 D1 • PHi L10 C1 D5 • PPAmP

Hutchinson, Thomas (cont.)

L2 D11 • PU L1 • R L14 • RHi L1 • RPB-JH MS1 L1 D1 • VtHi D1

HUTTON, Laurence (1843-1904) • CLSU L1 • CSdS L1 • CSmH L4 C1 • CU-S L1 • CtW L1 • CtY MS1 L37 • DFo L30 C10 M • ICN L3 REF1 • IGK L1 • IU-R D2 • IaU L1 • InU L1 • LNHT L1 • MB L8 C1 D1 • MChB L2 • MH L15 C17 • MWA L6 • N L1 • NHi REF66 • NIC L6 • NNAL L2 D1 • NNC MS5 L66 C21 M • NNPM MS1 L10 • NNWH L11 C7 • NNWML L1 • NRU L1 C3 • NbU L3 C9 • NcD L7 • NjP 37CTN REF1 • PCarlD L4 • PHi L3 D2 • PSC L1 • RNR L1 • RPB-JH L1 D1 • UPB L1 C5 • ViU MS1 L12 • WaPS L1

IAMS, Jack (1910-   ) • NjP MS8 PR M

IGNATOFF, David (1886-1954) • ArU L1 • IU-R L1 • NNU-F MS1 L7 • NNYI MS3 L36 C8

IGNATOW, David (1914-   ) • CU-A L20 C2 PR • CU-S L2 • CtU L3 • CtW J82 • CtY MS1 L10 C4 • InU L6 C3 • KyLoB-M L2 • MBU L1 • MoSW MS5 L28 C5 • NBrockU-EC R • NBuU MS34 L31 R • OKentU C22 • PPT R • RPB-JH L6 D1 • TxU C19 D1

IMBER, Naphtali Herz (1856-1909) • NNYI MS1

INGALLS, Jeremy (1911-   ) • CtY MS15 L91 C37 D3 • IU-Ar L6 D1 • MMeT MS1 L4 • MoSW L2 • NBuU MS10 L5 • NSyU L4 • OkU L1 C1

INGE, William (1913-1973) • CLSU R • CtY MS4 L15 C15 M • IEN MS1 • KIJ MS5 L1 M • KU-RH MS2 • MBU L1 • MiU L1 C1 • MoSW L5 C1 • NNC L31 • NNFF C1 D1 • NSyU L1 • PU L1 • TMM L1 • TxU MS1 L4 D2

INGERSOLL, Charles Jared (1782-1862) • CLU L4 • CSmH L3 D2 • CtY L7 • DLC L100 C28 D2 • DeGE L10 C1 • ICHi L1 • InU L2 • KyLoF L1 • KyU L1 C17 REF4 • MB L3 D2 • MH L3 • MHi L8 • MWA L1 • MdBJ L1 • MdHi L2 D3 • MeWC C1 • MiU-C L4 • MnU-Rb L1 • N L1 • NHi L23 C10 D13 REF66 • NNC L4 C2 • NNPM L5 • NNU-F L1 • NRU C1 • NcD L3 • NcU L9 • NhD D1 • NhHi L2 • NjMoHP L1 • NjP MS1 C27 • PCarlD L5 C13 • PHC L6 D1 • PHi J3 L157 C18 D2 • PPAmP L6 • PPL L9 C1 D6 • RPB-JH L1 • ScCleU L8 • TxU L2 • ViU L3 D1 • WHi L1

INGERSOLL, Robert Green (1833-1899) • CCC L1 • CLU L2 • CSdS L2 • CSmH L6 C1 D2 • CU L1 • CU-A L1 • CtY L3 C1 • DFo L2 C1

• DGU 1FT • DLC MS10 J3 L5 D1 88CTN REF1 • ICHi L2 C1 D1 •
ICarbS MS1 L16 C4 D4 1FT PR M • IEN L1 • IGK L2 • IU-R L1 D1
• IaU L58 • In L13 D5 • InGrD-Ar L1 • InTI D5 • InU MS1 L2 • KU-S
L1 • MH L17 C2 • MHi L1 • MWA L1 • MWH L2 • MeB L2 • MeWC
C1 • MnU-Rb MG1 • MoSHi L1 • MoSW L2 • N L2 • NHi L1 • NIC
L49 M • NNC L5 D1 • NNMus L7 • NNPM L1 • NNWH L2 • NRU
L1 • NjMoHP L1 • NjP L1 D1 • OCHP L2 • OFH MS3 L11 C1 M •
OHi L4 C2 • OMC L1 • PHi L3 • PP L1 • PSC-Hi L1 • PU L4 • RPB-JH
L3 • TxU L1 C1 • ViU MS3 L22 D2 • WHi L2 C1 • WM L3

INGRAHAM, Joseph Holt (1809-1860) • CSmH L1 • CtY L2 • IU-R
D4 • MB L6 • MBU L1 • MH L2 • MHi L1 D1 • MsU M • NHi MS1
L1 • NNC L3 D7 • NNPM L7 • PHC L1 • PHi L1 • ViU L3 M

INGRAHAM, Prentiss (1843-1904) • LNHT L2 • MsU D1 M

INMAN, Arthur Crew (1895-   ) • MH MS1 L5 • NBuU MS42 L3
• PU L2 • RPB-JH 22CTN PR M REF1, 7

INMAN, John (1805-1850) • MB L1 • NHi MS1 • NRU L1 C1 • PHi
L3

IRVING, John Treat (1812-1906) • CtY MS1 L2 • IU-R D5 • MdBJ
L1 • N L1 • NHi L2 D1 REF66 • NIC L1 • NNC MS4 L67 C1 D1 REF7

IRVING, Peter (1772-1838) • CtY J4 L2 • KyU C1 • MB D1 • MH
L2 • MHi D1 • MiU-C L2 • NHi L2 REF66 • NNC L30 • NjP L1 C1
• PHi L3 • RPB-JH L5 D2 • TxU J1 L1

IRVING, Pierre Munro (1803-1876) • CSmH L27 • CtY L3 C3 D1 •
DLC L1 • IU-R D13 • MB L1 • MH L8 • MdBE L3 • NN-B MS8 L1
• NNC MS2 • NNS L1 • NRU L1 • PHi L5

IRVING, Washington (1783-1859) • C-S M • CCC L2 • CCamarSJ MS2
L1 • CLU L3 • CLU-C L1 MG1 • CSmH MS15 L41 C3 D5 • CSt L2
D1 • CtHi L3 • CtW L1 • CtY MS34 J5 L321 C29 D6 M • DDO MS1
L3 C2 • DFo MS2 D1 • DGU MS1 • DLC MS8 L34 C4 D3 M • DeGE
L1 D1 • DeU MS1 L1 • GHi L2 • ICL M • ICN MS2 L1 • IGK MS1
L2 • IU-R MS1 L7 C1 D13 • IaDmE L2 • IaMc L1 • IaU L3 C1 • InNd
MS1 L1 • InU MS2 L2 • KU-S C1 • MAnP MS2 • MB MS1 L7 D3 •
MBU L2 • MH MS7 L89 C3 D6 • MHi MS3 L43 D7 • MWA L3 D2
• MWelC MS1 L2 D1 • MdBE L29 • MdBJ MS1 L1 • MdHi L5 C1 D3
• MeB L1 • MiU D3 • MiU-C L3 • MnHi L1 • MoSHi L1 • MoSW MS2
J1 L3 • N L6 D2 • NAurW L2 • NBLiHi L6 • NBu MS1 L2 REF65 •

163

Irving, Washington (cont.)

NBuHi L1 • NCH L2 • NCanHi MS1 L1 • NCooHi MS1 L1 • NHi MS1 L17 C6 D10 M REF66 • NIC L9 • NN-B MS52 J3 L105 C14 D24 M REF69 • NNC MS9 L87 C4 D1 M REF4, 5 • NNF MS1 J2 D1 • NNH MS1 J1 L31 • NNMus MS3 • NNPM MS3 L12 D2 • NNPf MS2 L6 D1 REF2 • NNS L3 • NNU-F MS2 L6 • NNebgWM L1 • NPV L1 • NRU L15 • NTaI MS20 J2 L250 C3 D37 MG2 M • Nc-Ar L2 C1 • NcD MS1 L4 • NhD L8 D1 • NhHi L2 D1 • NjMoHP L3 • NjP MS2 L12 D1 M • OAU L1 • OCHP L2 • OClWHi L3 • OMC L1 • PBL L20 • PEL L1 • PHC MS1 L5 D1 • PHi L33 C4 D9 • PLF L2 • PP L3 • PPAmP L2 D2 • PPL D1 • PPRF L1 • PPT MS1 L1 • PU L4 • RNR MS1 L1 C1 • RPA D1 • RPAB C2 • RPB-JH MS1 L5 C4 • ScU L2 • T D1 • TU L2 • TxFTC REF87 • TxGR L1 • TxU MS6 L3 C1 D1 1CTN • UPB L3 • ViLRM L1 • ViRVal L1 • ViU MS99 L257 C26 D5 PR M • VtHi D1 • VtMiM MS1 L1 D1

IRVING, William (1766-1821) • CSmH L2 • CtY C2 • ICHi L1 • NHi L3 C2 REF66 • NN-B L3 • NNC L2 • NNPM L3 • NNWML L2 • PHi L3 • RPB-JH C1 • WHi L1

IRWIN, Wallace (1876-1959) • CSmH L3 C2 • CSt L5 • CU MS566 L45 C526 D30 M REF1 • CoU L4 • CtW L1 • DLC L2 • InU L2 • MH MS1 L3 • MMeT L10 • MeWC L1 • NNC L1 • NNU-F MS1 L1 • NSyU L35 C1 • NjP L3 C2 • PHi L1 • PU MS1 L23 • RPB-JH L2 • TxU L4 • ViU L4

IRWIN, William Henry (1873-1948) • CLSU L4 C1 • CSf MS1 • CSmH L7 • CSt MS1 L2 M • CSt-H MS50 C29 MG2 M REF1 • CU L19 C4 D1 • CtY MS3 J1 L1000 C40 • DLC L3 C2 • InU L6 • MB L2 • MH L5 • MeWC L1 • MiU L1 • NIC L1 • NNC L35 • NNMus L1 • NcD L1 • NjP L2 C3 • OrU L5 • PHi L1 C1 • PPT L1 C1 • PSC C4 D2 • TxU L2 • ViU L3 C1

ISHERWOOD, Christopher (1904-   ) • CLSU R • CLU MS1 L2 • CStbS L2 • CU L1 • CtY L1 • MBU MS1 L3 D1 • MH MS1 • MeWC L1 • NN-B MS3 L2 D4 M • NNAL L4 C5 D6 • NNC L50 • NjR L1 • PU L2 • RPB-JH L3 • TMM L2 • TxU MS2 L49 C16 D5 • WyU-Ar L6

JACKSON, Charles Reginald (1903-   ) • CU L2 REF8 • CtY L3 • MBU L1 • NhD MS1 L2 C1 • NjR L5 • OU L3 C1 • PU L3 • TxU L2

JACKSON, Helen Maria (Fiske) Hunt (1830-1885) ● CCamarSJ MS1 L2 ● CHi L1 ● CLU MS1 ● CSf L4 ● CSmH MS24 L150 D10 ● CU L2 ● CoCC D1 ● CtHT-W L73 C12 ● CtY L21 ● DLC L12 ● DTr MS1 ● ICHi L1 ● IGK MS2 D1 ● InNd-Ar D1 ● InU MS2 L1 D1 ● MA L3 ● MAJ MS10 L23 D21 M REF1 ● MB L13 C1 D1 ● MH MS3 L80 ● MHi L3 ● MNF L1 ● MWA L2 ● MWelC L2 ● MdBJ L3 D1 ● MeB L11 ● MeWC L3 ● MnHi L4 ● NBu MS2 REF65 ● NBuHi L1 ● NN-B MS3 L2 ● NNBa MS1 L2 ● NNC MS3 L18 D1 ● NNPM D1 ● NNU-F L4 ● NRU MS1 L1 ● NhHi L5 ● NjMoHP L2 ● NjP L19 C1 ● OFH MS2 L2 M ● OMC L1 ● OU D1 ● PHC L4 ● PHi L3 ● RPB-JH L1 D2 ● UPB MS3 ● ViU MS8 L24

JACKSON, Henry Rootes (1820-1898) ● CLU L1 C2 M ● CSmH L1 C1 D15 ● CStbS D2 ● CtY MS1 L4 ● GEU L2 D1 ● GHi L1 C25 ● MH L1 C1 ● NNC L1 ● NcD L18 M ● NcU L10 C10 D10 ● PHC L1 ● PHi L11

JACKSON, Shirley (1919-1965) ● CU L3 C1 ● CtY L1 D1 ● DLC MS413 J7 L45 C4466 D209 3CTN PR M ● MBU L1 ● MoSW L1 ● NNFF L1 ● NNU-F L1 ● NSyU L1 C1 ● VtMiM L2 C4

JACOBS, Joseph (1854-1916) ● CtY L1 ● ICarbS L5 C6 ● IU-R D6 ● MH L1 ● NN-B L1 ● NNC L12 ● PU L2 ● TxU L1

JAMES, Alice (1848-1892) ● CtY L15 C10 ● MCR L25 C2 ● MH L120 C76 REF1 ● MeWC L17 ● MiMtpT L2 ● NNPM L2

JAMES, Edwin (1797-1861) ● CSmH L1 ● CU J1 ● CtY L5 ● MB L1 ● NHi MS2 REF66 ● NNC MS1 L2 REF4 ● PHi L6 C1 ● PPAmP L2 ● PPC L2 ● RPB-JH L1

JAMES, George Wharton (1858-1923) ● AzTP REF12 ● C L20 ● CCC L1 ● CLSM 4CTN ● CLSU L1 ● CLU MS1 L6 ● CO L8 ● CSdS L1 ● CSf L1 ● CSmH REF1 ● CU MS1 L75 C2 ● DLC L1 ● ICN L1 ● MH L1 ● NIC L1 ● NNC L2 ● NNWML L30 ● NcD L1 ● NhD L4 ● TxGR L1

JAMES, Henry (1811-1882) ● CLSU L4 ● CSmH L4 ● DLC L7 ● IGK L2 ● IU-R L1 ● MB L2 ● MH MS79 L105 C176 D4 PR M REF1, 2 ● MHi L14 ● MU-Ar D1 ● MeWC L8 C1 ● NHi D1 ● NIC L1 ● NN-B L1 C1 ● NNPM L3 ● NNSII L1 ● NRU L1 C1 ● NSchU L10 REF74 ● NcD L5 ● NhD L1 ● NjMoHP L1 ● NjP L2 M ● PHC L1 ● PHi L1 ● PU L1 ● RPB-JH L1 ● ViU L3

JAMES, Henry (1843-1916) ● CCC L3 C4 ● CCamarSJ MS1 L4 ● CL
L1 ● CLSM L1 C1 ● CLSU L10 ● CLU-C L5 ● CRedl L1 ● CSahS L3 C3
M ● CSfU L1 ● CSmH MS2 L140 ● CtHT-W L1 ● CtY MS6 L807 C110
D10 PR M ● DDO MS2 L1 ● DFo L1 C1 D2 ● DLC L235 D2 ●
DeU L3 ● GEU L1 ● ICN MS1 L6 C1 D3 REF1 ● ICarbS PR ● IU-Ar
D7 ● IU-R L8 C16 D19 ● IaDmE L1 ● InGrD L1 ● InU L3 D3 M ● KU-S
L9 D1 ● KyU L1 ● LNHT L10 ● MA L6 D14 ● MB L3 D2 ● MCR L1
D1 ● MH MS57 J16 L4310 C572 D4 M REF1 ● MHi L9 ● MMeT L1
● MNS L2 M ● MWA L2 D1 ● MWC L1 ● MWalB L13 ● MWiW-C L1
● MdBJ L5 ● MeWC L159 C3 M ● MiU L1 ● MnHi L1 ● MoSW L2 ●
N D1 ● NBu MS1 REF65 ● NHC L5 ● NHi MS1 L17 REF66 ● NIC L5
C1 M ● NN-B MS4 L85 C3 D19 M ● NNAL L14 C12 D2 ● NNC L79
D22 ● NNPM MS1 L75 D1 ● NNU-F L18 ● NNWH L1 ● NPV L9 ● NRU
L9 D1 ● NSchU L1 ● NcD L46 M ● NhD L97 D1 ● NhPlS L1 ● NjP
L177 C74 D541 M ● NmU L1 ● OCl L1 ● OFH L2 ● PBm L1 ● PCarlD
L1 ● PHi L2 ● PMA L2 D1 ● PPT L1 ● PSt L29 D2 ● RNR L3 ● RPB-JH
L28 D50 ● TNJ L1 ● TxGR L1 ● TxU MS3 L682 C3 D5 ● UPB MS1 L2
● ViLRM L3 ● ViU MS10 L566 C2 D41 PR REF7 ● WaPS L1

JAMES, Marquis (1891-1955) ● CSdS L1 ● DLC 42CTN REF1 ● DeGE
D1 ● GEU L1 ● InU L2 D2 ● MH L11 C3 ● MnHi MS1 ● NNAL MS1
L6 C20 D2 ● NjP L1 ● OkE MS2 J1 MG13 M ● OkU L3 C2 ● PU L5
● T MS1 D1

JAMES, Will (1892-1942) ● CU L5 ● MWC L3 ● NNC L3 ● NbU L1
● NjP MS4 L535 C561 D910 PR ● NvU MS1 M ● OkU C1 ● PU D1 ●
TxU L1 ● ViU L1

JAMES, William (1842-1910) ● CCamarSJ L1 ● CLSU L44 ● CLU L2
C2 ● CSmH L4 D1 ● CSt L165 C18 ● CU L27 ● CoCC L4 ● CtHC L4
● CtHT-W L1 ● CtY L138 C40 ● DLC L64 C1 ● ICN L1 ● ICarbS L17
C8 ● IU-R L11 D1 ● InGrD L1 ● KU-S L1 ● KyBgW L4 C2 ● LNHT
L1 ● MA 1CTN ● MB L80 C2 ● MBCo L1 ● MBSpnea REF2 ● MBU
L1 ● MCR L36 D3 ● MH MS145 L4394 C4050 D3 PR M REF1, 2 ●
MH-BA L12 ● MHi L10 D1 ● MWA D1 ● MWelC D1 ● MWiW L20 ●
MdBJ L35 C1 D1 ● MdHi L2 ● MeB L1 ● MeWC L57 C2 ● MiEM L2
● MiU-C L6 ● MnHi L1 ● MnU L1 ● MoFlM L2 ● MoSHi L1 ● NIC L24
● NN-B L5 D1 ● NNAL L3 D1 ● NNC L64 D4 REF4 ● NNPM L12 ●
NNWML L3 ● NRU L3 ● NSyU L3 ● NcD L9 ● NhHi L4 ● NjP L6 C10

D1 • OCHP L1 • OCl L1 • OO L3 • OOxM L4 • OU L1 • PHi L4 • PMA L1 • PSC-Hi L5 • PU L2 • R L1 • RP L1 • ViU L5 C1 • WHi L2

JAMISON, Cecilia Viets (Dakin) (1844-1909) • FU L1 • LNHT L3 M • MH L2 • MHi L2

JAMISON, David Flavel (1810-1864) • GEU C9 • NcD L17 D2 • PHi L5 • ScU C1

JANNEY, Samuel McPherson (1801-1880) • MB L1 • MHi L3 • MWA L1 • NIC L1 • NNC L2 • PHi L2 D1 • PSC-Hi MS40 J2 L340 C487 D2

JANSON, Kristofer N. (1841-1917) • MH L1 • MnHi L3 • MoSHi L1 • PU L2 • WHi MS1

JANVIER, Catharine Ann (Drinker) (1841-1923) • CLSU L1 • CtY L5 • DLC L14 • ICarbS L1 • MH L9 C1 • MeWC L1 • NN-B L5 • NNC MS1 L51 • TxU L1

JANVIER, Margaret Thomson (1844-1913) • CLSU L1 • CSmH MS1 • DLC L19 • MH L2 • NNC L7 • NcD MS1 • TxU MS1

JANVIER, Thomas Allibone (1849-1913) • AzU L5 C15 • CCamarSJ L1 • CLSU L2 • CSmH MS1 L1 • CU L2 • CtY L12 • DLC L7 • MH MS184 L54 C29 D9 PR M REF1 • MeWC C1 • NBu MS1 REF65 • NHi L1 REF66 • NN-B L2 • NNC MS1 L50 • NNU-F L1 • NSchU L1 • NjP L22 C18 D4 • PHi L3 • PSt L1 • RPB-JH L1 D1 • TxU MS2 L2 • ViU MS2 L33

JARRELL, Randall (1914-1965) • CtY L35 C30 • ICN L6 • IEN L5 • IU-Ar L8 R M • InU MS3 L8 C5 D9 PR • MA L4 • MH MS1 L5 • MWelC MS1 L5 • MdBJ MS1 L3 • MiDW-Mi L3 • MiU L18 C21 • MoSW L2 D1 • NBu MS1 • NBuU MS1 L1 R • NIC L1 • NN-B MS270 L28 C316 D52 MG7 PR M • NNAL L1 C1 D1 • NNC L22 D1 MG1 • NNFF D1 • NNU-F L1 • NbU L2 REF2 • NcGU MS126 C43 D1 MG4 PR R M REF1, 4 • NhD D1 • NjP L1 C1 • NjR L17 • TNJ MS1 L1 • TxU MS4 L3 C3 • ViLxW L2 • ViSwC L1 • WaU L2 • WyU-Ar L3

JARVES, James Jackson (1820-1888) • CtY J3 L3 C62 1CTN • DeGE L5 • MB L2 • MBAt 1CTN • MH L2 • N L1 • NHi L2 • NNC L3 D5 • NNPM L18 • OCHP L1 • OFH L1 • RPB-JH D1

JEFFERS, Robinson (1887-1962) • C L2 • CCamarSJ D1 • CCarmJ M • CHi M • CL L1 • CLO MS39 L75 D10 PR M REF13 • CLU L1 • COMC MS3 L2 C19 • CSf L1 • CSfU MS1 L5 • CSmH MS1 L23 C1

167

Jeffers, Robinson (cont.)

D2 • CSt MS4 L22 D4 M • CStbS L2 D8 M • CU MS4 L46 C1 M • CtY
MS32 L11 D5 PR M REF22 • DLC MS4 L2 M • DeU L2 • FU MS1
• GEU L1 • IU-R D1 • InU L7 D3 • KU-S L1 • KyBgW L1 • MBU
L1 • MH MS3 L8 D1 • MdU L7 • MiU L4 • MoLiWJ MS1 • MoSW
L4 • NB MS2 L28 REF63 • NBuU MS4 L4 • NN-B MS4 L7 D71 PR
M • NNAL L3 C24 D3 • NNC MS1 L47 D1 M • NNU-F L12 • NcU
MS2 L1 REF80 • NjP MS2 L1 C1 • NvU L1 C2 • OOxM L2 • OU L1
• PPT L1 • PPiU L1 • PU L6 • TxHU M • TxU MS298 L337 C1674
D195 MG1 6CTN PR M • ViU MS7 L11 C1 REF114 • WyU-Ar L4

JEFFERS, Una (Call) (1885-1950) • ArU L2 • CHi L1 • CLO L228
• CLSU L1 • CLU-C L1 • COMC L202 • CSf L1 • CSmH L22 •
CSt L16 • CStbS L4 C2 M • CU 2CTN REF8, REF15 • CtW L1 •
CtY MS1 L166 C1 M REF20 • IU-R L1 • InU L2 • MA L1 •
MBU L1 • MH L3 • MiU L1 • NB L7 REF63 • NBuU L10 • NN-
B L56 • NNC L107 • NjP L9 C5 • PU L5 • TxU MS2 L15 C1

JEFFERSON, Joseph (1829-1905) • CLU L1 • CSmH L4 • CU MS1
L1 • CU-A L2 M • CtW L3 • CtY L3 • DDO L1 • DFo MS1 L33 D4
• DGU L1 • DLC L5 M • ICHi MS1 L4 D3 • ICL L3 D1 M • ICN L1
• ICarbS L1 • IU-R C1 • InU L6 M • LNHT L4 • LU-Ar L10 D8 M
• MA L1 • MAnP L1 • MB L8 C1 • MH MS36 L26 • MHi L2 D1 • MNS
L1 • MWA L5 • MWiW-C L1 • MdBJ L1 • MeWC L1 • MnHi L4 •
MoSHi L3 C1 • MoSU L1 • N L1 • NBu L2 REF65 • NHi L4 • NIC
L9 • NNAL L11 D2 • NNC MS1 L16 D1 • NNMus L4 • NNPM L4
• NNWH L40 C2 MG3 • NPV L1 • NRU L3 • NbU L3 • NcD L1 •
NcU L3 • NcWsW L2 • NhD L2 D1 • NjP L2 C2 • OCHP MS1 L1 •
OClWHi L2 • OMC L1 • PBm L2 • PCarlD D1 • PGC L1 • PHi L5 •
PU L17 D1 • RPB-JH D1 • TxU MS1 L1 • UPB L3 • ViU L13 D1 •
WaPS L3 D1

JEFFERSON, Thomas (1743-1826) • A-Ar L1 • CCC D1 • CCamarSJ
L2 • CLSM D1 • CLU L1 D1 • CLU-C L10 C1 D1 • CSmH REF1 •
CSt L6 D1 M • CU L2 D2 • CoCC L2 • CoD L1 • Ct L5 C1 D2 • CtHC
L1 • CtHT-W D1 • CtHi L11 C8 D3 • CtLHi D4 • CtY MS3 L180 C30
D16 MG1 • DDO L1 • DFo L1 • DGU L3 • DLC MS6 L995 C1093 D138
MG1 M REF1, 4 • DeGE L46 C61 • GAHi L1 • GHi L1 • ICHi J1 L7
C1 D23 • ICN L3 C1 D1 • IEN L1 • IGK L2 • IHi L1 D2 • IU-HS L1

D3 • InGrD D1 • InHi MS1 L6 D3 • InU L11 C14 D17 • KyBB D1 • KyLoF L1 • KyU L3 D8 • LNHT L4 • LU-Ar L3 C6 D10 • MA L3 D1 • MB L31 C8 D13 • MBCo L15 C1 D2 • MBU L2 D1 • MH MS3 L45 C14 D14 • MHi 13FT • MMeT L1 • MS L1 • MWA L17 C10 D5 • MWalA M • MWelC D2 • MWiW L1 • MWiW-C L4 C1 • MdBJ L5 C1 • MdHi L37 C26 D40 M • MeB L3 • MiU-C L12 C63 D11 • MnHi L7 M • MoHi L1 • MoSHi 2FT • MoSM L1 • MoSW L6 • N L6 D4 • NAlI L2 • NBu L1 REF65 • NBuHi L14 D1 M • NCanHi L1 D1 • NHi REF66 • NHpR L7 • NIC L16 C1 D1 • NN-B L1 • NNC L47 C50 D7 • NNMus L23 • NNPM MS1 L224 C65 D16 • NNPf L2 REF2 • NNS L4 D4 • NPV L1 D1 • NWM L1 • Nc-Ar L7 C1 D1 • NcD L24 D9 • Nh C1 • NhD L23 C3 D28 • NhHi L5 D1 • NjMoHP L105 C11 • NjP MS5 L177 C2 D32 M • OCHP L4 • OClWHi L5 D4 • OFH L1 • OHi C1 REF6 • OMC L2 C4 D1 • OT L1 • OkTG L1 • PBL L1 • PBm L2 • PCarlD L1 D1 • PHC L18 C8 D18 • PHi MS5 J4 L297 C385 D111 1CTN • PMA L2 • PP L9 C4 D1 • PPAmP L211 C141 D490 • PPC L3 • PPL L5 D4 MG4 • PPRF J4 L22 C2 D6 • PPT L2 C3 D1 • PPiU L2 D1 • PSC-Hi C1 D1 • PSt L1 • PU L4 • R L44 • RHi L3 C2 D2 • RNR MS2 L4 • RPAB L11 C13 • RPB-JH L19 C18 D17 • RPJCB L2 C7 D1 • ScHi L1 C60 • ScU L5 C15 • TxU L73 C1 D1 • Vi L600 C1000 MG1 • ViHi J5 L106 C27 D156 M • ViLRM L1 • ViU J5 L1500 C1000 D200 MG5 14FT REF4, 5, 6, 7, REF115 • ViW L416 C344 • ViWC L1 D2 • VtHi D6 M • WHi L4 D1 • WaPS D1

JEFFREY, Rosa (Vertner) (1828-1894) • FU L1 • KyLoF L1 C79 D34 • KyU MS1 L3 C96 D7 M • NBu L1 • NRU L1 • PHC L1 • PHi D1 • ViU MS1

JENKS, Tudor Storrs (1857-1922) • CSmH L2 • CtY L1 • ICN L1 REF1 • IGK REF5 • KU-S L1 • KyU L1 • MA L2 • MHi L5 • MWA L1 • NBu L1 • NHi MS1 L1 • NNC L9 C1 M • NhD L2 • NjP C2 • UPB L1

JENNINGS, John Edward (1906-   ) • CLU 3.5FT • CtY MS1 • NhD MS1 L1

JEROME, Judson (1927-   ) • CU L1 • IU-Ar L2 • MBU 19FT REF1 • NNFF L6 C3 D1 • NbU L3 C2 REF2 • NjR L3 • OkU L1 C1 • RPB-JH L1

JEWELL, James William (1889-   ) • KyLo MS38 • RPB-JH MS850

Jewell, James William (cont.)
L2 PR

JEWETT, Sarah Orne (1849-1909) ● CLSU L3 ● CLU L2 ● CSmH MS3
L7 C1 ● CtHi L1 ● CtY MS1 L14 D1 ● DFo L45 ● DLC MS1 L30 C1
● DTr L1 ● GEU L1 ● ICHi L1 ● ICL L3 ● ICN L6 ● IGK M ● IaMc
L1 ● InU L2 ● KyU L1 ● LNHT L3 ● MA MS1 L2 ● MB MS7 L35 C10
D6 ● MBSpnea REF2 ● MCR MS1 L6 ● MChB L2 ● MH MS740 J9 L769
C997 D11 REF1 ● MHi L5 ● MWA L8 ● MWH L8 ● MWelC L1 ● MdBJ
L1 ● MeB MS2 L24 ● MeWC MS8 L197 C91 D1 M ● MiMtpT L3 ● MiU
MS1 L1 ● MnM L1 ● MoSW L3 ● NBu MS1 L1 REF65 ● NCanHi L1
● NHemH L1 ● NN-B MS2 L1 D1 ● NNBa MS2 L4 ● NNC L68 C49
D1 M ● NNPM MS1 L3 ● NNU-F L1 ● NNWH L3 ● NcD L5 ● NhD
MS1 L7 D2 ● NjMoHP L3 ● NjP L8 C16 ● OCHP MS1 L3 ● OClWHi
L1 ● OFH MS3 L24 ● PHC L1 ● PHi L5 ● PMA L1 ● PSC-Hi L2 ● PSt
L1 D1 ● RP L1 ● RPB-JH L1 D1 ● TxU MS1 L5 ● ViU MS6 L108 C5
● VtU L1 ● WHi MS1 ● WaBe L1

JOANS, Ted (1928-   ) ● CtY L27 C3 ● DHU L1 ● IEN L1

JOHNSON, Burges (1877-1963) ● CLSU MS1 L5 ● CSmH L3 ● CU L1
● CoU L1 ● CtW L3 ● CtY L1 ● ICN L1 ● IU-R L8 ● IaU L6 ● InU L2
● MA L2 ● MH L1 ● MdBJ L1 ● MeWC L1 ● MiU L3 C7 ● NBuU MS1
L2 ● NHi C1 ● NN-B L1 ● NNC L1 ● NPV 6FT ● NRU L1 C1 ● NhD
L1 ● OrU L5 ● PMA L2 C2 ● PPiU L16 C11 ● TxU L14 C11 ● ViU L4
● VtMiM L1

JOHNSON, Clifton (1865-1940) ● CLSU L9 ● ICN L1 REF1 ● InU L1
● KyBB L4 ● LNHT L3 ● MH L4 ● MWA L1 ● NBu L1 ● NcD L1 ●
UPB L1 ● ViU L1

JOHNSON, Edward (1599-1672) ● CtY L1 D1 ● M-Ar D67 ● MB D3
● MHi L2 ● NNC L4 ● NNU-F L1 ● PHi L1 ● RNR D1

JOHNSON, Fenton (1886-1958) ● InU D1 ● MH MS1 L4

JOHNSON, Georgia Douglas (1886-1966) ● CtY L3 C1 ● DHU L1 ●
GAU MS1 L48 ● IU-R L2 ● MH MS5 L5 ● NSyU L18 ● PU L1 ● RPB-JH
L2 ● ViFGM MS4

JOHNSON, Gerald White (1890-   ) ● A-Ar L1 ● DLC L2 ● MA L4
● MH L13 C4 ● MdBJ L2 ● NcA L1 ● NcD L11 ● NcU MS2 L27 C19
D1 ● NjP L18 C1 D2 ● PU L1 ● ViU MS16 L2 C1

JOHNSON, Helen (Kendrick) (1844-1917) ● CSmH L1 ● MH L1 ●

NNC L1 • OFH L1 • UPB L1

JOHNSON, Henry (1855-1918) • CSmH L1 • CtY L2 • IU-Ar L1 • MH L8 C7 • MeB MS1 L14 • NIC L1 C1 • NcD L1 • OFH MS1 L2 • ViU MS1

JOHNSON, James Weldon (1871-1938) • CSmH L2 • CU L1 C1 • CtY MS500 L500 C1000 M REF7 • DHU L39 D1 M • DeU L3 • GAU MS11 L24 • InU L1 • KPT L1 C1 MG1 • KyBB L1 • MCR L4 C1 • MH MS2 L76 D2 • MNS L1 • MU-Ar L1 C1 • MeWC L1 • NN-Sc C1 REF1 • NNC L7 • NSbSU L1 • NcD L5 • NcU L3 • RPB-JH L1 • TNF MS2 L63 C45 REF1 • ViLRM L1 • VtU L1

JOHNSON, Joseph (1776-1862) • CSmH L2 • DLC L1 • MBCo L1 D1 • MHi L5 • MdHi L1 • NNC L1 • NRU L1 • NcD L2 D2

JOHNSON, Josephine Winslow (1910-   ) • CtY MS1 L1 PR • DeU L3 • IGK MS1 • MH L3 • MiU L1 C1 • MoSW MS88 L20 C600 M • NBuU MS1 L1 • NRU L1 • NbU L1 REF2 • NhD MS1 • NjP L7 C7 • TxU L4 • VtU L4

JOHNSON, Oliver (1809-1889) • CSmH L2 C1 • CU-S L1 • CtY L31 • DLC MS1 L35 • DeGE L3 • FU L3 • KyU C1 • MB L365 C106 D81 • MCR L2 • MH L37 C1 • MHi L8 • MS L1 • MWA MS1 L6 • MdBJ L2 • MeB L7 PR • MiMtpT L2 • MiU L1 • MiU-C L10 • NHi D1 REF66 • NIC L67 C4 • NNC L45 C1 D1 • NPV L2 • NRU L5 • NSyU L27 C1 • NhD L1 • NjMoHP L1 • NjP C1 • OFH L12 • OHi L1 • PHi L2 • PPT C2 • PSC-Hi L11 C6 D1 • R L1 • RPB-JH L4 C1 • VtHi L5 D2 • VtMiM L1

JOHNSON, Owen McMahon (1878-1952) • CSmH L1 • CtY MS1 L6 • ICL L1 • IU-R L1 • IaU L1 • MH L13 • NN-B D1 • NNAL L5 C16 D1 • NNC L11 • NjP L8 • RPB-JH D1 • TxU L1 • ViU L5

JOHNSON, Robert Underwood (1853-1937) • A-Ar L11 C2 • CLSU L32 C5 • CSmH MS1 L34 C265 • CU L195 C10 • CtHT-W L27 • CtY MS6 L159 C33 D1 • DDO L9 • DFo L11 • DLC MS1 L378 C246 D6 REF1 • DeU MS23 L10 C19 • FU C1 • GEU L39 • ICN L13 • ICarbS C1 • IGK L1 • IU-Ar L3 • IU-R L2 C39 D1 MG3 • IaU L3 • In MS2 L9 D1 • InHi L3 C26 • InLP L14 • InRE L5 • InU L70 C50 • KyBB D1 • KyBgW L2 C1 • KyU L17 C3 M • LNHT L263 C1 • LU-Ar L7 • MA L26 C1 • MB L7 C8 D2 • MBU C1 • MCR L2 • MH MS2 L164 C60 • MHi L3 • MNS L6 • MStoc MS1 M • MWA L7 • MWH L12 •

171

Johnson, Robert Underwood (cont.)

MWelC L3 D1 • MdBJ L39 C15 • MeB L1 • MeWC MS1 L10 C11 D1 • MoSHi L3 C1 • MoSU L3 • MoSW L1 C2 • NBu L1 • NBuU L3 • NCH L9 • NHi L9 REF66 • NIC L2 C52 • NN-B L1 • NNAL MS23 L200 C100 • NNC MS27 L797 C4 D2 REF7 • NNH L1 • NNPM MS2 L6 C19 • NNWML L51 • NRU L45 C38 • NcD MS1 L47 • NcU L3 • NhD L1 • NhHi L2 • NjMD L3 • NjP L17 C26 • OFH L9 C5 • OHi L17 C3 • OKentU L1 • PCarlD L1 • PHi L2 • PMA L3 C1 • PSC L1 • PSC-Hi L1 • PSt L4 • PU L12 • RNR L1 • RPAB L6 • RPB-JH L32 C19 MG5 • TxGR L1 • TxU L6 C2 41CTN • UPB L2 • ViU MS1 L60 C24 • VtMiM C1 • WaPS C2

JOHNSON, Samuel (1696-1772) • CtHC C1 • CtHi L1 C65 • CtY MS3 L35 C44 D1 • ICHi L1 • MB L3 D1 • MH L4 C3 • MHi L4 D1 • NHi C1 • NNC MS153 L337 C64 M REF4, 7 • NhD MS1 D1 • PHi L3 D1 • RPJCB L1 • TxAuE MS8 L4 C47 D5

JOHNSON, Samuel (1822-1882) • CtHC L2 C1 • CtY MS3 L5 • InU L1 D1 • MH MS1 L6 • MSaE 20CTN • MeB L1 • OFH L1 • PHi L2 • PSC-Hi C1

JOHNSON, Virginia Wales (1849-1916) • MH L1 • MWA L1 • NNC L3 D6 • NcD L2 • NjP C2 • PHi L2

JOHNSON, William Henry (1845-1907) • MB MS1 • MH L3 • NjMoHP L1 • UPB L1

JOHNSTON, Annie (Fellows) (1863-1931) • In D1 • InNhW MG1 M • InU L4 • KyBB MS1 L25 D1 M • KyBgW L2 • NNU-F L1 • OkU L1 C1 • PPT L3 • TxU L4 • ViU MS1 L7

JOHNSTON, Mary (1870-1936) • CCC L1 • CCamarSJ L3 • CSmH L5 • CtHi L1 • CtY L2 • DLC L2 • ICN L1 REF1 • IEN L1 • IGK MS1 L4 • InGrD-Ar L1 • KyU L1 • MH L8 • NN-B D1 • NNBa L1 • NNC L31 • NNMus L6 • NNU-F L1 • NcD L32 • NcU L1 • NhD L1 • OMC L1 • OkU C2 • PBm L1 • PPT L18 • PSC L1 • PSt L1 C1 • PU L3 • TxU L10 • ViHi MS2 D1 • ViLRM MS3 L3 • ViU MS46 J5 L105 C3500 D100 12FT REF7 • WvU L1

JOHNSTON, Richard Malcolm (1822-1898) • CSmH MS2 L5 • CtHT-W L28 • CtY L1 • DLC L350 • GEU L5 C11 • GHi L32 C136 • GU MS1 L9 • ICN L1 • InU MS1 L40 C1 • LNHT L2 • LU-Ar L1 • MH MS1 L6 • MdBE C57 D14 • MdBJ L13 D1 • MeWC L1 • MnHi L1 •

NNC L30 D4 • NNPM MS1 • NNU-F L25 • NcD L44 • NcWsW L2 • NhD MS1 • NjP L1 C3 • OClWHi L2 • PHi L4 D1 • UPB L1 • ViU L5

JOLAS, Eugene (1894-1952) • ArU L1 • CLU L12 • CU L1 • CtY L5 • DeU L10 • ICN L5 • ICarbS L91 C3 D5 • IU-Ar L2 • LNHT L1 • MH L3 C1 • NNC L6 • NSbSU L1 • NSsS MG1 • NjR L1

JONAS, Carl (1913-   ) • MBU L5 • MH L6 C5 • NNU-F L1 • NbO MS3 • TxU L1 C1

JONES, Amanda Theodosia (1835-1914) • CtY L2 • ICN L1 • MH L1 • NBuU MS1 • NNC L1 • NNWML L2

JONES, Hugh (1669-1760) • PHi L5

JONES, Idwal (1890-1964) • C L59 • CL L2 • CLU 2FT • CStbS MS3 C35 • CStoC L4 • CU 4CTN • CtY L1 C2 • OkU MS1 L4 C5 • TxU L1 C1

JONES, James (1921-   ) • CSt 1CTN • CtY 5CTN • ICarbS L1 • KU-S L1 • MBU L6 • MH L1 C1 • NNU-F MS2 L1 • NvU PR • ViU L1

JONES, James Athearn (1791-1854) • ICN MS1 • IU-R D1 • MB MS1 • PHi D1 • TxU 1CTN • ViU L1

JONES, John Beauchamp (1810-1866) • DLC L1 • GEU D1 • MB L1 • NRU L1 C1 • NcU MS1 L11 C13 D8 • PHi L2 D1

JONES, John Richter (1803-1863) • PHi L3 C1 D2

JONES, Joseph Seawell (1811?-1855) • MB C1 D1 • MH L1 • Nc-Ar L3 C1

JONES, Joseph Stevens (1811-1877) • DFo MS2 L1 C4 • MB MS2 L8 C78 D15 • MH MS2 • NIC C3 • PHi L1 • RPB-JH MS1

JONES, Madison (1925-   ) • AAP MS1 • MoSW L4 • NNFF MS1 C1 D1

JONES, Robert Edmond (1887-1954) • ABH L1 • C L1 • CSmH L16 • CtW D3 • CtY MS14 L222 C24 D2 M • ICN L1 • IU-R L1 • MBU L5 • MH MS186 L15 C6 • MiU L10 • NN-B L1 • NNAL L17 C28 D4 • NNC L8 M • NNMus L3 • NNU-F L1 • NNWH MS1 • NRU L3 • PU L6 • TxU L15 D2 • WHi D2

JONES, Rufus Matthew (1863-1948) • CU L1 • CtHC L26 C20 D1 • CtY MS1 PR • MBU L1 • MH L2 C1 • MNS L1 • MWiW L4 • MdBG MS1 • MeWC MS2 L14 • MnU-SW L4 C4 • NIC L5 C1 • NjMD L1

Jones, Rufus Matthew (cont.)

● OCU L1 ● PBm L1 ● PHC MS1 L6 C8 ● PPT L3 M ● PSC-Hi MS1 L10 D3 PR ● PU L6 ● ViU L1

JONES, Thomas Samuel, Jr. (1882-1932) ● CSmH L2 ● CtY MS1 L1 ● DLC L7 ● IGK L8 ● IaDmE MS1 L2 ● InNd-Ar L1 ● InU L1 ● KyLoU MS4 ● MA MS1 ● MH L150 C1 D1 PR ● MNS MS11 L45 ● MWH L7 C2 ● NBuU MS2 L4 ● NCH L2 ● NNC MS115 L390 D20 PR REF1, 7 ● NhD L5 ● NjR L8 ● PU L5 ● RPB-JH MS10 L2 D4

JONES, William Alfred (1817-1900) ● CSmH MS1 ● CtY C1 ● MB L2 ● MHi L3 ● N L1 C1 ● NHi L1 ● NNC L1 ● NSchU L7 ● PHi L5 ● RNR L1

JORDAN, Mildred (1901-   ) ● MBU MS2 REF1 ● PAt MS2

JORDAN, William George (1864-1928) ● CU L1 ● InU L1 ● LNHT L2 ● MoSHi L1 ● NBu L1 ● NNC L2 ● NcD L1 ● WaBe L1

JOSEPHSON, Matthew (1899-   ) ● ArU L1 ● CSt L1 ● CU L1 ● CU-A L1 ● CtY MS3 J1 L63 C150 D1 M ● ICN L37 ● MBU L1 ● MH L7 C5 ● NIC L1 ● NNAL L5 C7 ● NNC L4 ● NjP L2 C2 ● PU L5 ● RPB-JH L1 ● WMUW MS3 L4

JUDAH, Samuel Benjamin Helbert (1799-1876) ● CtY L1 C2 ● InU L1 ● MH C1 ● NHi REF66 ● NIC L1 ● NNC C1 ● RPB-JH MS1

JUDD, Sylvester (1813-1853) ● CtY MS1 L1 ● DLC C9 ● ICHi L1 ● IaU L1 ● MAJ L1 ● MB L2 ● MH L1 C1 M ● MHi L3 ● NHi L1 ● NNC L2 ● PHi L2 ● ViU L2

JUDSON, Edward Zane Carroll (1823-1886) ● CSmH L1 D1 ● DLC L1 ● IGK L1 ● MB L2 ● MH L2 ● NHi D1 ● NRU L2 ● PHC L1 ● PHi L2 ● RPB-JH C1 ● UPB L1

JUDSON, Emily (Chubbuck) (1817-1854) ● CSmH MS1 ● CtY MS1 ● MB L2 D1 ● MCR M ● MH MS1 ● MWelC L1 ● NNBa L1 ● NNC L1 ● NRAB L8 ● PHC L1 ● PHi L6 ● RPB-JH MS1 C1 ● ViU MS1 L1 ● WHi L2

JUSTICE, Donald (1925-   ) ● CtW MS1 L3 ● FU MS1 ● InU L3 C1 D4 ● MiU L5 C7 ● MoSW L1 C1 ● NBrockU-EC R ● NBuU MS4 L7 ● NNFF MS2 L6 C9 D6 ● NNU-F L2 ● NbL 1CTN ● PPiI L6 C4 R ● TxU MS2 ● WaU L2

KANE, Harnett Thomas (1910-   ) ● ArU L3 ● CU L3 ● CtW L1 ● GEU L2 ● GHi L6 ● GU L6 ● InNd L1 ● KyU L6 ● LN MS1 ● LNHT

174

MS2 L2 • LU-Ar MS1 L26 C28 • MBU L2 • MH L2 • MnHi L2 • Ms-Ar MS1 • NcD L2 • NcGrE L8 • OMC L2 • OkU L1 C2 • PU L1 • RPB-JH L1 • TMM L1 • TxFTC L1 • TxGR L4 C4 • TxU L1

KANTOR, MacKinlay (1904-   ) • CLSU L1 • CLU L1 • CStbS L1 • CU-S L1 • CtY L1 C2 D1 • DLC 8CTN • ICN L1 • IEN L1 • IU-R D1 • IaHi MS1 • IaU MS5 L22 PR M • IaWec MS1 L3 1CTN 6FT M • InGrD L1 • InNd L14 • InU L1 D2 • MBU L101 PR • MH L4 C1 • NBuU MS1 L2 • NNC L39 • NNU-F MS1 • NSyU L3 • NjP MS1 L1 • PCarlD L2 • PU L1 • TxU MS2 L3 • ViU L2 • ViW L1

KARIG, Walter (1898-1956) • CU L1 • MH L1 • TxU L1

KAUFMAN, George Simons (1889-1961) • CU L1 • CtY MS4 L29 C5 • DLC MS12 • DeU L1 • InU L7 • MBU L4 • MH L54 C4 • MeWC L4 • MiU L1 C1 • NBC C9 • NN-B D1 • NNAL L2 C9 • NNC L47 • NNMus MS1 • NPV L1 • NjP L1 • OU L1 • P L1 • PU L5 • RPB-JH L1 • TxU L3 C1 • ViU L4 • WHi 3FT REF1

KAZIN, Alfred (1915-   ) • CtY MS2 L11 C5 • ICN L13 • IU-Ar L2 M • InU L2 • KU-S L1 • MA L2 • MBU L3 • MH L1 C1 • MiU L15 C29 M • NIC C1 D1 • NNAL MS1 L7 C5 D1 • NNC L8 • NNFF L8 C16 D2 • NSsS L1 • NSyU MS1 L6 • NbU L1 REF2 • NjR L16 • OkU L1 C2 • PHC L1 • PU L10 • TxU L1 • VtMiM L7 C9 • WyU-Ar L4

KEDNEY, John Steinfort (1819-1911) • CU L1 • MB L2 • MnHi L21 • N C1 • NHi L27 REF66 • NNPM L1 • NjP L2

KEENAN, Henry Francis (1850-1928) • CtY L1 • IU-R L1 • MA L4 • MH L11 • MnU-Rb L1 • NNC L1 • NjP C1 • OHi C1 • RPB-JH D2

KEESE, John (1805-1856) • MB L5 C3 • MH C1 • NHi L1 • NNPM L1 • PHi L2 C2 • PSC-Hi L6

KEITH, George (1639?-1716) • MH MS1 • PHi L3 C1 D19 • PSC-Hi D7 • RPB-JH L1

KELLAND, Clarence Buddington (1881-1964) • CU L5 • CtY L2 • InLP C1 • MeWC L5 • NNC L6 • PCarlD L1 • PHi L2 C2 • PSt L1 • PU L1 • RPAB L1 • TxU L3 C2 • VtU L6 • WHi L5 C5

KELLER, Helen Adams (1880-1968) • A-Ar L2 • CCC L1 • CCFB L1 • CLU L2 • CPpR L1 • CSmH L7 • CSt L1 C1 • CU L6 D6 M • CtHT-W L6 D3 • CtNlC L2 • CtW L2 • CtY L3 • DLC MS3 L50 C91 D467 M • DeU L1 • FU L2 • ICN L5 • IU-R L1 • IaU MS1 L2 • In L1 • InNd

175

Keller, Helen Adams (cont.)

L1 • InU L7 D2 • KyU L1 • LNHT L1 M • MA L1 • MB L5 • MBCo L1 • MBU L2 • MCR MS2 L27 D8 M • MH L40 C1 D1 • MHi L4 • MNS L2 • MeWC L3 • MiMtpT L2 • MiU C1 D1 • MnHi L2 M • MoSHi L1 • NBuHi L1 • NHi L2 • NIC L6 M • NN-B D1 • NNAF 70FT • NNBa L2 • NNC L16 • NNU-F L2 • NNWML L1 • NPV L3 • NRU L2 • NSyU L1 • NbU MS1 L2 C2 M • NcD L1 • NjP L5 D2 • OCHP L4 • OCl L4 • OkU C1 • P L1 • PPT L1 MG1 M • PU L51 • RPB-JH L1 • TxGR L1 • TxU MS1 L1 C1 • TxWB-B L1 • ViLRM L1 • ViU L5 • VtMiM L1 • VtU L1 • WaPS M

KELLER, Martha (1902-   ) • InU L1 • NBuU MS7 L8

KELLOGG, Elijah (1813-1901) • CtHC L1 • DLC C1 • MWA L6 • MeB 15CTN • MeWC L1 • NhD D1

KELLY, George Edward (1887-   ) • CLU R • CSmH L1 • CtY L12 • InU L1 • NN-B D1 • WHi 1CTN

KELLY, James (1829-1907) • CSmH L2 • LU-Ar D1 • MH L1 • N C5 • NcD L1 • TxU L1 • VtHi M

KELLY, John (1913-   ) • CtY L4 C1 • NjP L2

KELLY, Myra (1876-1910) • InU L1 • UPB L1

KELSEY, Vera (?-1961) • MnU L1 C1 • MnU-K MS1 L2 • NdU MS4 L6 • RPB-JH D1 • SdSiFA REF2

KEMBLE, Frances Anne (1809-1893) • CLU L4 C1 • CSmH MS10 L11 • CU L1 • CU-A M • CtY L5 • DFo MS1 L122 C7 D4 M • DLC L36 C11 D1 • DeGE L1 D1 • GHi L3 • ICHi L1 • IGK L1 • IU-R MS1 L132 D27 MG1 • IaDmE L1 • InU L2 M • KU-S L1 • KyU C1 • MB MS1 L5 D5 • MH MS4 L161 C1 M • MHi L12 D8 • MPB L1 • MS L1 • MStoc L1 D2 • MeB L3 • MeWC L1 • MnHi L1 • MoSHi D1 • N L1 • NHi L2 • NIC L8 • NN-B MS2 L97 C2 D5 • NNC MS2 L47 D1 M • NNPM MS1 L4 • NNU-F L4 • NNWH L6 • NRU L2 • NcD L5 • NcU L3 D6 • NhD D1 • NjP L3 • OCHP L1 M • OFH L1 • PHC L1 • PHi L11 D1 5CTN • PU L31 • RHi L1 • RPB-JH D1 • TxU MS2 L2 • UPB L2 • ViU MS4 L7 • VtU L3 • WaPS L6

KEMP, Harry (1883-1960) • CLU L4 • CSmH L5 • CSt MS4 • CtY MS3 L23 C6 M • DLC L2 • ICN MS1 • ICarbS MS3 L1 • InU MS26 L335 D3 M • KU-RH L1 • MH L6 • NIC L1 • NN-B D1 • NNC L1 • NNWML L1 • NPV MS1 L1 • NjP L2 C2 • OCl MS2 • OkU C1 •

176

PU L4 • TxU MS1 • ViU L1

KEMP, Lysander (1920-   ) • CCFB L1 C2 • CU-S L6 • IU-Ar L2 • MoSW L15

KENDALL, George Wilkins (1809-1867) • CLSM 10FT • CSmH L1 D2 • MH L1 • MeB L1 • NHi L5 D1 REF66 • NIC L28 • ViU L1

KENDRICK, Baynard Hardwick (1894-   ) • FM MS2 • FU MS1 • MBU L2 • NjP L23 C36 D235

KENNAN, George (1845-1924) • CLSU L2 • CLU L2 • CSmH MS2 L1 D7 • CU L2 • CtW L3 • CtY L3 • DLC L3 C1 D2 82CTN REF1 • FU L1 • IU-R L1 • In L2 D1 • InNd L1 • InU L3 C5 • LNHT L1 • MCR L3 • MH L4 • MWalK L1 C1 REF2 • MeB L4 • MeWC L1 • MoSHi M • NBuHi MS1 L1 • NIC L4 • NN-B L1 • NNAL MS2 L19 C15 D1 • NNU-F L1 • NPV L2 • NRU L11 • NSsS L1 • NcD L1 • NcU L50 D1 • NhHi L1 • NjMD L1 • OCHP L1 • OClWHi L1 • OHi L5 C2 • PBm L1 • PHi L1 • PU L1 • TxGR L1 • TxU L3 C1 • UPB L1 • ViU L5 • VtU L4 • WHi L10 C10 • WM L1

KENNEDY, John Fitzgerald (1917-1963) • CSmH L1 • CSt MS1 L1 C1 D14 REF2 • CSt-H L2 C1 • CtHC C1 • CtY MS1 L6 D1 • DGU L5 • DLC L1 D1 • DeU M • ICN L1 • ICarbS L2 C1 • IEN L6 • IGK L2 • IU-Ar L2 C2 D1 • InFwL L1 • InGrD L1 • InU L1 D12 • KyBgW L10 C4 D5 • KyU L10 D2 • MA L1 • MAnP L8 • MB L5 • MBU L31 • MCR L3 • MH L11 REF2 • MHi L2 • MMeT L1 • MWalK 5078CTN REF1, 2, 7 • MWiW-C L1 • MeU L2 • MeWC L3 • MiU-H L32 C8 • MnHi L2 • NN-B MS1 • NNC L24 D4 M • NNFF L4 C3 D10 • NNPM L1 • NNU-F L1 • NPV L3 • Nc-Ar L3 D1 • NcGrE L6 • NjP D13 • OCHP L1 C1 • OClWHi L1 D1 • OFH L1 • OMC L1 • PHi D1 • PP L6 D1 MG1 • PPT L2 • PU L2 • RPB-JH L1 D1 • ScU MS1 L1 • TxHR R M • TxU L3 C2 • WHi L75 C75 R M

KENNEDY, John Pendleton (1795-1870) • CLU L24 C4 • CSmH L6 C2 • CSt L1 • CU L1 • CtHi L1 C1 • CtY L9 C2 D2 • DGU L1 • DLC L9 C17 • DeGE L3 • DeU J1 • ICHi L2 • IGK L1 • IU-R L3 D7 • IaU L2 C1 • InFwL L1 • InU L1 C1 • MB L23 C12 • MBCo L1 • MH L12 • MHi L83 • MdBE MS50 J33 L1672 C2539 D100 MG31 REF4, REF58 • MdBJ L2 D2 • MdHi L19 C13 D7 M REF1, 4 • MiU-C L1 • N L1 • NHi L12 REF66 • NIC L1 • NN-B MS2 L7 D1 • NNC L4 C173 REF4 • NNPM L2 • NNU-F L9 • NRU L22 C4 • NRom L1 • NcD L18 • NcU

177

Kennedy, John Pendleton (cont.)

L2 • NhD L1 • NjMoHP L5 • OOxM L2 • PBL D1 • PHC L5 • PHi L39 D1 • PP L3 • PPAmP L1 • PSt L1 • PU L30 D1 • RNR L1 • ScU L1 • TxU MS2 L1 C1 • UPB L1 • ViU MS2 L72 C3 D1

KENNEDY, William Sloane (1850-1929) • CLU-C C2 • CSmH L2 • CtY L8 C2 • DLC MS1 • FWpR MS1 • ICarbS L1 C1 • IU-Ar L2 • KU-S C1 • MB L5 C2 • MH L15 • MdBJ C1 • NN-B L3 C1 • NNC L16 • NNWML L1 • NRU C1 • NjP C1 • OCl L2 • PSt L1 • PU L5 • TxU MS1 L9 C8

KENNEDY, X. J. (1929-   ) • MBU L2 • MiU L10 C18 • MoSW L10 • NBuU MS2 L4 • NNU-F L11 • RPB-JH MS14 • RU L8

KENT, Rockwell (1882-1971) • AzTeS L1 • CLU L3 • CSt L1 • CU L1 D1 • CtU L1 • CtW L1 • CtY L15 C2 • DLC L20 • ICN L3 • ICarbS L2 D1 • IGK L8 D1 • IU-R C1 • IaU L4 • InU L7 D3 • MB L3 • MBU L2 • MH MS3 L4 D1 • MWC L2 • MeWC L2 • MnU-K L5 • NBu L1 • NNC MS17 L154 C9 PR REF1, 5, 7 • NNU-F L4 • NRU L1 • NSyU L73 C72 • NcWsW L12 • NjN L1 • NjP MS1 L8 C1 PR M • OkU L1 D2 • P L1 M • PPC L1 • PU L663 • RPB-JH L4 • TxU L13 C2 D1 1CTN • ViU MS1 L22 • VtU L1

KENYON, Theda (c.1900-   ) • CSmH L1 • IU-R D1 • MNS L4 • NBuU MS1 L2

KERFOOT, John Barrett (1865-1927) • CtY L35 C1 • IGK L1 • MH L1 • MnHi L10 • TxU L1 • VtU L1

KEROUAC, Jack (1922-1970) • CU-A L1 • CtU MS1 L2 • ICN MS2 L20 D6 • IEN MS1 L1 PR • InU MS4 L5 • KU-S MS16 C3 • MA L1 • NBuU MS1 • NNC MS41 L183 C46 D8 REF5, 7 • NNU-F MS1 L2 • NNopo MS1 R • PSt MS1 • RPB-JH L1 D1 • TxU MS5 J1 L1 PR • ViU L1

KERR, Sophie (1880-1965) • CtY L1 • InU L3 • MdChW MS8 M • NNC MS580 L8 C26 REF7 • PHi L1 C1 • PPT L1. • TxU L1 • VtU L1 C2

KERR, Walter (1913-   ) • MA L3 • MBU MS1 L6 • NNC L6 • NNFF L3 C4 D6 • NSsS L1 • OU L1 C1 • TxU L1 C5 • WHi 80CTN R M REF1, 5

KESEY, Ken Elton (1935-   ) • NNC L3 C1 • PSt L1

KESTER, Paul (1870-1933) • CLSU L1 • CSmH L4 • CtY L1 • DLC

L2 • IaU L1 • LNHT L9 • MH MS4 L7 • NNC L1 • NNU-F L2 • OFH L1 • PU L1

KESTER, Vaughan (1869-1911) • LNHT L1 • MH MS1 L2

KEY, Alexander (1904-   ) • FU MS1

KEY, Francis Scott (1779-1843) • CCC L1 • CCamarSJ L2 • CLU L1 • CSmH MS1 L1 C1 • CU L1 • CtHi L1 • CtY L3 C1 • DGU MS1 • DLC L10 4CTN • ICHi MS1 • IGK L1 • InU L2 D1 • KLeS C1 • LU-Ar L2 • MB L3 D1 • MBU L1 • MH MS1 L2 • MHi L1 • MdAS L12 C15 D10 M • MdBJ D4 • MdHi MS1 L19 D7 M • MiU D1 • MiU-C L3 • NHi L4 • NIC L1 • NN-B MS1 L1 • NNC L1 • NNPM L1 D1 • NNU-F L1 • NNebgWM L1 • NSyU L1 • NcD MS1 L7 • NcU L2 • NhD D1 • NjMoHP L4 • OCHP L5 • OHi C1 • OMC L1 • PCarlD L1 • PHC L3 • PHi MS2 L10 C1 D4 • PP MS1 L4 • PPL L1 C1 D4 • PU D1 • RPB-JH L1 • ScU C2 • TxU L1 • ViU MS5 L34 D1 • ViW L2 • WHi L2

KEYES, Frances Parkinson (Wheeler) (1885-1970) • CL L1 • CU-S L1 • CtY L2 • IEN L2 • InU L1 • KyU L2 • LNHT L3 • MB L1 • MH L5 • NNC L26 • NNH L4 • NNPf MS1 L1 M REF2 • NSyU L4 • NhD MS1 L1 • P L2 • PCarlD L1 • ViLRM MS1 • ViU 3FT

KGOSITSILE, W. Keorapetse (1938-   ) • TNF R

KILLENS, John Oliver (1916-   ) • DHU L1 • MBU 2FT REF1 • TNF R

KILMER, Joyce (1886-1918) • CCamarSJ L3 • CLSU L2 • CtY L2 • DGU L1 • DLC MS10 L10 C97 M • DTr L1 • ICL L1 C1 • ICN MS1 • InNd MS7 • InNd-Ar L19 D6 M • InU MS1 L5 D1 • KyBgW L1 • MChB MS1 • MH MS15 L9 C2 PR • MNS L2 • MWH MS3 D6 M • MnHi L1 • NBuU L5 • NN-B MS1 L1 C2 D2 • NNC L3 • NNU-F L1 • NNWML L9 • NhD MS1 • NjP D2 • OCX L1 C1 D2 • PCarlD L1 C1 • PHi L1 • PSt L1 • RPB-JH D2 • TxU MS1 D1 • ViU MS4 L15 D2 • VtU L4 • WMM-Ar MS1 L2

KIMBALL, Richard Burleigh (1816-1892) • CLU L1 • CSmH L1 • CtY L2 C1 • DLC L1 • IU-R L7 D7 • MB L5 • MH L3 • MHi L1 • MdBJ L7 • NHi L1 D1 • NIC L2 • NNC L1 • NRU L2 C1 • NhD L9 D5 • NjMoHP L9 • PHi L12 • ViU L20 • VtU L1

KING, Charles (1789-1867) • CSmH L8 C5 D2 • CtHi L5 C2 • CtY

179

King, Charles (cont.)

L6 C3 • DLC L1 C1 D1 • DeGE L2 • MB L5 • MH L2 C1 • MHi L12 • MoSW L1 • N L6 C1 • NHi REF66 • NIC L12 • NNC MS1 L44 C10 D3 • NNS L2 • NPV L1 • NRU L37 C2 • NcD D1 • NjMoHP L1 • PHC L3 • PHi L12 C3 D1 • TxU C2

KING, Charles (1844-1933) • AzTP REF12 • CL MS1 • CSmH L6 D1 • CtY L7 C1 • ICL L2 • ICN L2 • IGK MS1 L2 • IaU L1 • LU-Ar L5 D1 • MAnP L1 • MB L1 • MBU L4 • MH L10 • MHi L1 • MWH L1 • MeB L1 • NNC L9 C1 D6 • NNU-F L9 • NRU L3 C1 • OFH L13 C4 • OO L1 • OkU L1 C2 • PHi L4 • TxGR L4 • TxU L1 • UPB L2 • ViU L39 C1 D1 • WHi J40 L8 C8 D2 3CTN M REF1, 4 • WMCHi MS1 L2 D1

KING, Clarence (1842-1901) • CSmH REF1 • CtY MS3 L17 C1 • DLC L14 D4 • MA L1 D1 • MB L2 • MH L5 • MdBJ L11 • MdHi D1 • NIC L3 • NNC L1 • OFH L1 C3 • PHi L3 • PPAmP D3 • RPB-JH L110 C87 D114 • TxU L1 • ViU L3 C1

KING, Edward (1848-1896) • CtY L2 • LNHT L39 • LU-Ar L6 • MH L82 C1 • NHi L3 • NNC L25 • NPV MS1 • NSchU L5 • NcD L1 • NjP C7 • PU L1 • RPB-JH L3 D5

KING, Grace Elizabeth (1852-1932) • CSmH MS9 L1 • CtY L20 C5 • FU L1 • ICN L4 • IGK L1 • InU L1 • LN MS1 • LNHT MS1 L24 C20 D30 M • LU-Ar MS59 J116 L1632 C2846 D4175 M • MB L1 • MH L2 C2 • MiU-C L1 • MoSHi L1 • NN-B L2 D1 • NNBa L2 • NNC D1 • NNU-F L1 • NcD L60 • NcU REF4 • OkU L1 • PHi L1 • PPT L1 • PSC L1 • PSt L2 • TxU L6 • ViU L9 • WHi L1

KING, Martin Luther, Jr. (1929-1968) • ABH MS1 • CtW L1 D1 • DHU L2 • ICL L1 • ICarbS L1 • MBU 30FT REF1 • NNC MS1 L2 • NNFF D15 • NSyU C11 D1 • PU L1 • TNF L1 R • WHi L100 C100 R

KING, Thomas Starr (1824-1864) • CCC L1 • CL L2 • CLU L1 • CSmH MS1 L15 D6 • CU MS1 J1 L181 • CtHi L1 • CtY MS1 L14 • DLC L1 • ICHi L2 • KU-S D1 • MB MS402 L5 • MH L16 • MHi L55 • MNF L1 • MiMtpT L2 • MiU-C L1 • MiU-H L1 • NBu MS1 REF65 • NHemH L1 • NHi L7 C1 • NRU L4 • NhD D1 • NjMoHP L1 • NjP L2 • PBL L1 • PHC L1 • PHi L7 D1 • PU L1 • RPB-JH L2 • TxGR L1 • ViU L3

KINGSLEY, Sidney (1906-   ) • CtY L1 • DLC MS6 • ICarbS C2 • NNAL L1 C5 D9 • NNFF D1 • TxU L1

KINNELL, Galway (1927-   ) • InU L15 C5 D3 • KU-S MS1 L1 • MA MS1 L4 • MBU L1 • MiU L7 C10 • MoSW MS2 L41 C4 • NBrockU-EC R • NBuU MS4 L14 • NNFF L2 C1 • NSbSU MS5 L15 PR • NjP M • PPiI L8 C11 R • RPB-JH L4 • TxU MS1 L3 • VtMiM MS41 L6 • WyU-Ar L4

KINNEY, Coates (1826-1904) • CStbS L1 • LNHT L1 • MH L3 • NBu L1 • NHi L1 • OFH L5 M • OHi 6FT • OMC L1 • ViU MS1 L1 • WvU MS1

KINNEY, Elizabeth Clementine (Dodge) (1810-1889) • CSmH MS1 C1 • CtY MS5 L10 C10 • DFo C1 • MB L3 • MH L2 • NHi MS1 L2 • NIC L5 • NN-B MS1 L1 • NNBa L1 • NNC MS167 L479 D2 M REF4, 7 • NjP C1 • PHi L2 C1 D1 • TxU MS1 C1 • UPB L1 • ViU D1 • VtMiM MS1

KIP, Leonard (1826-1906) • CU MS1 • DLC L2 • MdBJ MS1 L1 • NAurW L1 • NBu L1 • NHi D2 REF66 • NNC L29 • NPV L1 • NjP L2 C2 D1

KIRCHOFF, Theodor (1828-1899) • LNHT L1 • PHi L1

KIRK, Ellen (Olney) (1842-1928) • CSmH MS1 L11 • DFo L1 • DLC L36 • FU L1 • ICN L1 REF1 • IGK L1 • MH L2 • NNBa L1 • NNU-F L1 • NjMoHP L1 • NjN MS1 • PSC-Hi L5 • PU L1 • ViU MS2 L2

KIRK, John Foster (1824-1904) • CSmH L12 • CtY L1 • DLC L3 • DeGE L6 C5 • InU L2 • MB L7 • MH L8 C1 • MeB L1 • NIC L7 • NNC L5 • PHC L1 • PHi L3 • PSt L1 • PU MS2 L5 • UPB L1

KIRKBRIDE, Ronald de Levington (1912-   ) • FU MS1 L1 • TxU L2

KIRKLAND, Caroline Matilda (Stansbury) (1801-1864) • CSmH L4 C1 • CtHT-W L1 • CtHi L1 • CtY L4 C1 • DLC L1 • ICN MS2 L12 • IaU L4 • MB L3 • MH L15 • MHi L2 • MdBJ L8 • MiU-C L3 • MiU-H L4 • NCH L2 • NHi L3 • NIC L48 • NN-B C1 • NNBa L1 • NNC L3 • NSyU L1 • NcD L1 • NhD D1 • NjMoHP L2 • OCHP MS1 • OOxM L1 • PHC L2 • PHi L10 • PSt L2 • PU L1 • TxU MS1 • ViU L7 • VtMiM L1

KIRKLAND, Joseph (1830-1894) • CLSU L25 • CSmH L1 • DLC L5

Kirkland, Joseph (cont.)

● FU L1 ● ICHi L2 ● ICN MS12 J2 L68 C3 D25 REF39 ● MH L1 ● MdBJ L4 ● NNC L3 ● NjP C8 ● TxGR L1 ● TxU L1 ● UPB L1 ● ViU L1

KIRKLAND, William (1800-1846) ● NNC C3

KLEIN, Charles (1867-1915) ● CSmH L1 ● CtY L2 ● ICL MS1 L4 M ● InLP L4 ● InU L3 ● MB L2 ● MStoc L2 ● NNC L1

KNAPP, Samuel Lorenzo (1783-1838) ● CSmH L1 ● MB L6 ● NNC L1 D1 ● NhD L2 D4 ● NhHi L1 ● NjMoHP L1 ● PHi L1 D1 ● RNR L1 ● ViU L2

KNEELAND, Abner (1774-1844) ● DLC L1 ● MH D4 ● NIC L1 C1 ● NhD L1 ● PHi L4 ● PPL L1 D4

KNIGHT, Edward Henry (1824-1883) ● CSmH L1 ● MB L1 ● MeWC L2 ● NRGE L1 ● NRU L1 ● OCHP J3 L1 C73 D4 M ● OFH L1

KNIGHT, Henry Cogswell (1788-1835) ● MB MS1

KNIGHT, Sarah Kemble (1666-1727) ● M-Ar D4 ● MB D1 ● MHi L2 D1

KNORTZ, Karl (1841-1918) ● CtY L4 C1 ● DFo C6 ● InU L1 ● LNHT L8 ● MB L1 C2 ● MH L15 C2 ● MHi L1 ● MdBJ L1 ● MeWC C1 ● NNC L6 ● NcD L5 ● NjMoHP L1 ● PU L2 ● RPB-JH L1

KNOWLES, John (1926-   ) ● MiU L1 C2 ● NNC MS1 L7 ● NNFF L1 ● NhExP MS1 ● PSt MS1 ● TxU MS1 PR

KOBBÉ, Gustav (1857-1918) ● CU L1 ● DFo C3 ● IU-R D6 ● KyU L1 ● NN-B C1 ● NNC L4 ● NjP C6 ● OCl L1

KOBRIN, Leon (1872-1946) ● NNC MS1 L1 ● NNYI 6FT

KOCH, Kenneth (1925-   ) ● IEN L1 ● InU MS2 L8 C5 ● MH C1 ● NBuU L4 ● NNFF MS1 D1 ● NNU-F MS11 L8 ● RPB-JH MS1 ● TxU MS3 L2

KÖRMENDI, Ferenc (1900-1972) ● TxU C2

KÖRNER, Gustav Philip (1809-1896) ● CSmH MS1 C1 ● ICHi L1 ● MH L1 ● NRU L1 C14

KOMROFF, Manuel (1890-1974) ● CSmH D1 ● CStbS L1 ● CU L14 ● CoU L1 ● CtY L28 C1 D1 ● DeU MS1 L7 ● ICN L6 ● ICarbS L15 ● INS MS1 L13 C4 ● IU-Ar MS1 ● KPT MG1 ● MH L4 C1 ● MiU L1 C1 ● NIC C1 ● NNC MS60 L22 C53 D1 PR REF7 ● NSyU L2 ● NcD L1 ● NhD MS1 ● PU L24 ● TxU L10 C3 ● ViU L1 C1

KOOP, Theodore Frederic (1907-   ) ● IaU MS1 L2

KOPIT, Arthur L. (1937-   ) • MH MS2 L1 PR • NNC MS1

KOSINSKI, Jerzy Nikodem (1933-   ) • MBU L1 • NNC L1 • OKentU L1

KRAUSE, Herbert (1905-   ) • CtY L4 C6 • MnHi M • MnU-Ar R • SdSiFA REF2

KREYMBORG, Alfred (1883-1966) • ArU L10 • CLSU L2 • CLU L12 • CU L6 • CU-A MS1 L1 • CoU L23 • CtW L1 • CtY MS3 L77 C38 • DLC L2 • DeU L28 • ICN L1 • ICarbS L39 C9 • IEN L5 • IU-Ar MS1 L3 D1 M • IU-R C4 • IaU L1 • InRE L8 • InU L8 • KyBgW L2 C1 D8 • LNHT L1 • MH MS5 L42 C16 • MNS L1 • MWelC L2 D1 • MiU L9 C11 • MnU-Ar L15 • MnU-Rb MG1 • MoSW L1 • NBuU MS3 L13 • NN-B L2 D1 • NNAL MS1 L9 C8 D1 • NNC L16 • NNWML L1 • NSbSU L1 • NSyU L3 • NbU L1 REF2 • NcD L2 • NcGrE L3 • NhD MS1 L6 • NjP L6 C5 • NjR L1 • PPT L1 • PPiU L2 C3 • PSt MS1 L2 • PU MS3 L78 D1 • RPB-JH L2 • TxU MS1 L37 C7 • ViU 1.5FT • VtMiM L2 C1

KROLL, Harry Harrison (1888-1967) • GEU L1 • Ms-Ar MS3 • MsU L1 • TMM MS473 L213 C578 D21 M • TU MS6

KRONENBERGER, Louis (1904-   ) • CU L6 • CtNlC L2 • CtY L1 • DLC L1 • ICN L27 • InU L1 • LNHT C1 • MH L2 • MWalB MS11 • MiU L2 C4 • NN-B L1 • NNAL MS1 L14 C36 D2 • NNC L1 • NNFF L1 C1 D1 • NSyU L4 C1 • NjR L2 • OrU L4 • PU L7 • TxU L17 C1 • WHi 4CTN REF1, 7 • WyU-Ar L1

KRUTCH, Joseph Wood (1893-1970) • AzU MS6 J1 • CLSU L1 • CSt L1 • CStbS L1 C1 • CU L1 • CtY L7 C1 • DLC MS378 J11 L75 C2041 D294 MG54 2CTN PR M REF1 • ICN L9 • IU-Ar L1 • IaU L2 • InU L2 • MBU L2 • MH L7 • MiU L7 C13 D1 • NIC L19 • NNAL MS2 L7 C18 D3 • NNC MS5 L156 • NcA L1 • OCl L1 • OkU MS2 L7 C6 M • PBm L1 • PPAmP L1 • PSt L1 • PU L24 • TU MS2 L1 • TxU L3 • ViU MS2 L1 C4 • WyU-Ar C1

KUBLY, Herbert (1915-   ) • ICN L8 • InU MS1 • NNFF MS1 C2 • PU L5 • WHi 4CTN REF1

KUHN, Rene Leilani (1923-   ) • MiU MS1 L4 C3 • MiU-Ho MS2 • NNBa L1 • ViLRM L5

KUNITZ, Stanley Jasspon (1905-   ) • CLU L1 • CU L1 • ICN L3 • ICarbS L1 • IEN L3 • InU MS3 L25 C8 D2 PR • MA L4 • MH L1

183

Kunitz, Stanley Jasspon (cont.)

• MMeT L5 • MeWC L2 • MoSW MS1 L21 C4 • NBrockU-EC R • NBuU L3 • NNAL L26 C27 D6 • NNC L3 • NNFF L9 C10 D1 • NNPM MS1 L1 • NjR L2 • OkU L1 • PPT L4 • PPiI C3 • PSC R • PU L2 • TxU MS2 L3 • WaU MS6 L57 C20

KUTAK, Rosemary (1908-   ) • KyLoU MS1

KVIST, Anton (1878-   ) • IEN L1

KYNE, Peter Bernard (1880-1957) • C L2 • CLSU L1 • CLU MS1 • CSf L1 • CSmH L2 • CSmatHi M • CU 4CTN • CtY L2 • IaU L2 • MH L3 • MeWC L1 • NjP L1 • OrU MS135 L1329 C2104 REF84 • PHi L1 • PSt L1 • PU L11 • TxU L2 • ULA L1

LAFARGE, Christopher (1897-1956) • CLU C3 • CStbS L1 • CU L3 C1 • CtY MS2 L1 PR • MH J3 L8 C5 • NBuU MS4 L2 • NHi 11CTN REF66 • NNAL MS1 L8 C25 • NNC L3 • NNH L2 • NjP L2 C2 • OkU L8 C3 • PMA L1 • PU L1 • RPB-JH L8

LA FARGE, John (1835-1910) • CSmH L52 D1 • CtHC D3 • CtY MS2 L69 C1 D7 15CTN • DFo C1 • DGU L10 • DLC L23 • ICL L1 • IU-R D1 • LNHT L1 • MA L29 D1 • MB L9 • MH L79 • MHi L1 • MdBJ L1 C1 • MeWC L1 C37 • MnHi L2 • MnU-Rb L1 • MoSHi L1 • MoSW L6 D1 • N L2 • NHi L12 16CTN REF2, REF66 • NIC L10 • NNAL L26 C17 • NNC L22 • NNMM L3 • NNPM L2 • NNU-F L1 • NcD L1 • NjMoHP L1 • NjP L5 C17 • PHi L3 • PU L3 • RNR L2 • RPB-JH L17 D27

LA FARGE, Oliver (1901-1963) • CStbS L73 • CU L3 • CoU L1 • CtY MS3 L3 • ICN L3 • LNHT MS4 J1 L4 C3 M • LU-Ar L1 D4 • MBU L4 • MH L10 C9 • MeWC L3 • MiU L3 C7 D1 • NHi 11CTN REF66 • NNAL L5 C8 D2 • NNC L3 • NNFF L4 C1 D3 • NNU-F L4 • NRU L1 • NhD MS1 L1 • NjP L28 C18 D2 • OkU MS2 L64 C58 D2 • PSt L3 • PU L1 • RNR L1 • RPB-JH L5 • TxU MS45 J10 L2077 C1975 D291 MG14 PR M • ViU L4 C3

LAFRENTZ, Ferdinand William (1859-1954) • MH MS1 • RPB-JH L1

LAING, Dilys (Bennett) (1906-1960) • IU-Ar L3 • InU MS1 L1 D5 • MeWC MS1 L1 • NBuU MS3 L2 • NhD MS1 C1 D27 6FT PR • RPB-JH MS10 L63

LAIRD, Charlton Grant (1901-   ) • CU L10 • CtHC L8 C1 • IaU MS1 L3

LAMAR, Mirabeau Buonaparte (1798-1859) • CtHT-W L1 • CtY D1 M • ICHi L1 • OMC M • PHC L2 • PHi L2 • TxGR L4 D12 • TxU MS45

LAMPSON, Robin (1900-   ) • C L26 • CL L2 • COMC MS11 L55 • CU MS3 L7 • DLC MS6 • IU-Ar L2 • NBuU MS1 L5 • OkU L1 • PU L1 • RPB-JH L2

LANCASTER, Bruce (1896-1963) • DGU L1 • MB L2 D1 • MBU L2 • MH L11 C8 • MWH MS1 L5 D9 M • MeWC L1 • OrU L3

LANDON, Melville de Lancey (1839-1910) • CLU L1 • CSmH C1 • CtY L6 • DFo L3 • DLC L1 • ICHi L1 • IGK L2 • MH L2 • MnHi L1 • NN-B MS1 L4 • NNC L8 • NRU L1 • NcD L1 • OFH L11 M • OO L1 • PHi L4 D1 • RPB-JH L1 • TxU L1 • UPB L1 • ViU MS2 L8

LANE, Rose (Wilder) (1887-1968) • CU L32 • ICN L2 • IaU L1 • InU L4 C1 • MiU-H L1 • MoManW MS7 L1 D6 M • NSyU MS1 L29 • OCl L1 • OrU L1 • PU L1

LANGER, Suzanne K. (1895-   ) • TxU L1

LANGSTON, John Mercer (1829-1897) • DHU M • NIC C1 • NRU L2 C1 • NcD L2 • NjP C3 • PHi C1 M • TNF L16 C80 D7 M

LANHAM, Edwin M. (1904-   ) • CU MS1

LANIER, Sidney (1842-1881) • A-Ar L4 • CSmH MS4 L7 • CU D1 • CtY L4 • DLC MS1 L4 • GAHi D1 • GEU L1 • GM MS2 L1 M • GU L1 • ICN L1 • KyU D1 • LNHT MS9 L28 C1 D4 M • MH MS2 L41 C4 • MdBE L4 D4 • MdBJ MS233 L1627 C1061 MG35 • MdHi MS1 D2 • MeWC L1 • NIC L28 C36 • NN-B L1 • NNC L1 • NNPM L1 • NNU-F MS1 • NRU MS1 • NcD MS2 L13 • NcU L3 D3 • NhD D1 • NjP MS1 L42 C18 D451 • OMC L1 • PHi L3 • PSC MS1 L1 D2 • PU L1 • RPB-JH L1 D2 • TxU MS1 L6 D3 MG1 • ViHi L10 D3 • ViU MS5 L10 D10 • WvU L3

LANMAN, Charles (1819-1895) • CLU MS25 L3 C2 • CSmH L12 • CtHi L1 • CtY L5 C2 MG1 • DLC MS1 L1 C246 D3 REF4 • DeGE L3 C1 • ICHi C1 • ICL L1 • ICN L2 • IU-R L1 D2 • InU L1 C1 • KyU C1 • MA C1 • MB L2 • MH L15 C5 • MHi L2 • MdBE L6 • MeB L2 • MeU L1 C23 • MiMtpT L2 C2 • MiU-C L4 • N L2 • NHi REF4, REF66 • NIC L2 • NN-B L2 C2 • NNC D2 • NNPM L3 C2 D1 • NRU L2 • NcD L10 • NcU C11 M • NhD C1 D1 • NhHi L2 • NjP C1 • OCHP L1 • OFH L6 C58 • OMC L1 • PHC L1 • PHi L10 C10 D1 • PPRF L1

Lanman, Charles (cont.)

• PU L3 • ViU L1 C1 • VtU L5 C14

LAPE, Fred (1900-   ) • IU-Ar MS1 L4 C1 • InU MS1 L1 • NBuU MS4 L3 • NbU L1 REF2 • PU L1

LARCOM, Lucy (1824-1893) • CSmH MS19 L40 C1 D2 • CSt L1 • CStbS L2 D1 • CU-S L4 • CoCC L1 • CtY MS1 L10 C2 • DLC MS2 L1 • DTr MS1 • ICHi L2 • ICN L1 REF1 • IaU L1 • InU C1 • MB L73 • MBSpnea REF2 • MCR L113 C5 M • MChB L1 • MH MS12 L238 C4 D1 • MHa L7 C1 • MHi 1FT REF1 • MNF MS2 L2 • MNS L4 • MNoW MS1 J7 L35 C2 M • MSaE MS2 L92 C187 3CTN • MWelC L2 • MdBJ L2 • MeB MS1 L4 PR • MeWC C1 • MiMtpT L5 • MiU L1 • MnM L1 MG1 • MoSW L2 • NCanHi L1 • NHi C4 • NIC L3 • NN-B MS10 L20 C3 D1 • NNBa MS4 L3 • NNC C2 • NNPM MS2 L3 • NNU-F MS1 L2 • NRU MS1 • NcD L3 • Nh L1 C1 • NhD L3 D2 • NjMoHP L5 • NjP L6 C2 • OCHP MS1 L1 • OClWHi L1 • OFH MS5 L33 C1 D1 • PHC L1 • PHi MS1 L5 • PMA MS1 • PSC MS1 • PSC-Hi MS1 L3 C10 • RNR MS1 • RPB-JH MS6 L3 C1 • TxU L2 • ViU MS17 L63 C6 D1 • VtMiM L3

LARDNER, John Abbott (1912-1960) • CtY C1 • MH C1 • MiU L3 C5 • NPV L1 • NcA L1 • OU L2 C3 • PU L1

LARDNER, Ringgold Wilmer (1885-1933) • CLU L3 • CtY L3 • DLC L1 • ICHi L1 • ICIU L1 • ICL L1 M • ICN MS15 L353 D6 • ICarbS D58 • InLP L1 • InU L4 REF3 • MH L5 • MiU-H MS4 • NBu L1 • NIC L3 C1 • NN-B MS1 D1 • NNC L1 • NNU-F L1 • NPV L2 • NRU L1 • NcD L2 • NjP MS2 L44 C155 D260 PR • OU L1 • OkU C1 • PPT L1 • PU L12 • TNJ L5 • TxU L2 • ViU L5

LARSSON, Raymond Edward Francis (1901-   ) • ArU L1 • CU L13 • CtY MS4 L50 • DLC MS226 L10 D132 • ICN MS18 L17 • InU MS15 L25 M REF5 • MH MS23 L79 C20 • NBuU MS299 L102 • NN-B L5 • NjP MS2 L1 C1 • RPB-JH L26 D1 • WGr MS36 L14 C85 D3 PR • WHi 2CTN

LATHROP, George Parsons (1851-1898) • CCC L1 • CLU L2 • CSdS L1 • CSmH L7 • CStbS D1 • CU L1 • CtHT-W L33 • CtHi L1 • CtNlC L1 • CtY MS2 L24 • DFo MS1 L5 C1 D1 • DGU L2 • DLC L12 • FU L1 • ICN L1 • IGK L1 • InNd-Ar MS1 L9 C1 D5 M • InU C1 • LNHT L3 • MA L3 • MB MS1 L5 C1 • MChB L11 • MH MS1 L66 C1 • MHi

186

L4 • MWA L5 • MWH MS2 L17 D1 • MdBJ L1 • MeB MS1 L4 • MeWC
L2 • MiU L2 • N L1 • NBu MS1 L2 REF65 • NCaS L1 • NHi MS2 C2
REF66 • NIC L15 • NN-B L3 • NNC MS2 L62 D3 • NNPM MS1 •
NNU-F L1 • NPV L1 • NSchU L2 • NcD L4 • NjP L37 C27 D4 • OFH
L1 • OKentU MS1 • PBL L1 • PHi L9 D2 • PSC-Hi L2 • PU L4 •
RPB-JH L14 C1 D1 • TxGR L1 • TxU L1 C19 D2 • UPB L1 • ViU MS3
L18 • VtMiM L4 D1

LATHROP, John (1740-1816) • CtY L1 C2 • MB MS1 L2 C1 D2 •
MBU L1 • MH L1 • MHi MS2 J2 L4 D2 • MWA L1 C1 • MiU-C MS1
L1 • NhD L1 D6 • NjMoHP L1 • PHi L21 • PPL L5 • RHi L1

LATHROP, John (1772-1820) • ICHi L1 • MB C1 • MWA L1 • NNC
L2 C1

LATHROP, Rose (Hawthorne) (1851-1926) • CLU L1 • CtY L3 •
DFo L2 • DGU L19 • DLC MS1 L4 • DTr L1 • InNd-Ar L6 D5
M • MA L4 D1 • MB L18 • MH L27 • MHi L1 • MNS-S L20 •
MWH MS2 L13 M • MWelC L2 • MeB L1 • MeWC L2 • NCaS
L3 C1 • NN-B MS2 J1 L122 C6 M • NNBa MS1 • NNC L10 •
NNU-F L1 • NjMoHP L1 • PHi L3 D1 • RPB-JH L1 • ViU MS3
• VtMiM L3 C1 D1

LATIMER, Margery (1899-1932) • DeU L18 • InU L1 • MH L7 • PU
L1 • TNF L436 C16 • TxU C1

LATIMER, Mary Elizabeth (Wormeley) (1822-1904) • CSmH L2 •
MH L3 • NNC D2 • NNPM C1 • NNU-F L1 • NhD MS2 L1 •
RPB-JH L1 • ViU L1

LATTIMORE, Richmond (1906-   ) • CtY L5 C6 • IU-Ar L20 C24
• InNd L1 • InU MS1 L6 C6 D1 • MA L2 • MBU L3 • MH L11 C1
• MoSW L9 R • NBuU MS21 L5 • NNAL L42 C59 D4 • NNC L3 •
NNFF L1 • NhD MS3 L1 D3 1CTN • PBm MS3 L2 • PPiI L1 • PSC
R • PU L2 • TxU MS1 L1

LAUFERTY, Lilian (1887-1958) • IaU L1

LAUGHLIN, Clara Elizabeth (1873-1941) • CtY L6 C8 • ICN L12 •
IU-R D7 • IaU L1 • In L1 • InLP L2 • InU L25 C35 • MB L6 • MH
L9 • MNS-S L2 C13 8CTN PR M • NNC L1 • NjP L22 C19 D4 • PPT
L2 • TxU L2

LAUGHLIN, James (1914-   ) • ArU L2 C2 • CLU MS2 L55 C9 •
CStbS L4 • CU L9 • CU-A L1 • CU-S L4 • CtU L31 • CtY MS2 L216

Laughlin, James (cont.)

C49 M • DLC L16 • DeU L6 • ICN L52 • ICarbS L17 C7 M • IEN L6 • IU-Ar MS1 L31 C9 M • InNd L2 • InU MS1 L35 C15 D1 • KyLoB-M L217 • MA L6 • MBU MS5 L90 C55 • MH MS4 L125 C107 • MeWC L1 • MoSW L50 C17 D6 • NBuU MS3 L29 • NIC L5 • NNC L20 • NNFF L138 C117 D120 • NNU-F L2 • NSbSU MS1 L35 PR • NbU L1 REF2 • NjR L2 • PU L51 • RPB-JH J35 D1 PR • RU L19 • TxU L50 C7 D2

LAURENTS, Arthur (1918-   ) • MBU MS5 L7 D2 • MWalB 12CTN • NNC L1 • OU L1 C1 • WHi L1 C1

LAVERY, Emmet (1902-   ) • CLMSM MS4 L2 MG1 M • CLU MS1 • CU MS1 • CtY L5 • DGU L13 • ICL L4 M • NNFF L1 D4 • NPV L1 • TxU D1 • WHi 8CTN REF1, 7

LAWRENCE, Jerome (1915-   ) • MH MS1 • MiU L3 C8 • OU MS2 L10 C13

LAWRENCE, Josephine (1900-   ) • CLSU L1 • CtY L1 • MBU 2FT REF1 • MH L1 • MeWC L1 • MiU L1 C2 • PU MS1

LAWSON, James (1799-1880) • MB L1 • NAlI L2 • NHi L2 • NIC L2 • NNC L6 D7 • NRU L3 • NjMoHP L10 • NjP C1 • PHC L2 • PHi L5 • PU L18 • ScU 8CTN • ViU MS1 C13

LAWSON, John Howard (1895-   ) • CSmH D1 • CU D1 • CtY L8 • ICarbS MG108 63FT REF1, 7 • InU L3 • MBU L2 • NcGrE L3 • TxU L1 • WHi D4

LAWSON, Robert (1892-1957) • CSmH C10 • MH L1 • MnU-K MS8 L50 • NN-B L1 • NNC L3 • PAt MS1 L1 REF5 • PP MS51 L1 C95 D1 M

LAZARUS, Emma (1849-1887) • CSmH MS1 L1 • CU MS1 • CtY L1 M • DFo MS1 • ICHi MS1 • MB L2 • MCR D2 • MH L38 • MWA MS1 • MWalA MS154 M • MnHi C1 • NBu MS1 REF65 • NNC L15 C108 • NjP C1 • PHi L2 • RPB-JH L2 D5 • ViU MS2 L1

LEA, Henry Charles (1825-1909) • A-Ar L1 • CL MS1 • CLU L1 • CStbS D1 • CU L2 • CtY L3 • DLC L5 C2 • InNd-Ar D1 • InU L1 • LNHT L3 • MH MS3 L63 • MNS L1 • MdBJ L2 D1 • NIC L2 C3 • NNAL L9 C3 D1 • NNC D2 • NNPM L1 • NNU-F L1 • NSchU L5 • NcD L2 • NjP L1 • OFH L6 M • PHC L6 • PHi MS2 L66 C3 D4 • PPAmP D1 • PPL L1 • PU 86CTN PR M • VtU L17

LEA, Isaac (1792-1886) • A-Ar L11 • CtY L24 • DLC MS5 L1 • DeGE

188

L7 C1 ● MB L1 ● MHi L9 ● MS L1 ● MWA L2 ● MdHi D1 ● MnHi L6 ● NHi L1 ● NNC L1 ● NPV L1 ● NRU L3 ● OMC L10 ● PHC L1 ● PHi MS1 L20 C8 D9 ● PPAmP MS2 L34 C8 D101 ● PU L18 ● ScCMu L12 ● ViU L1

LEA, Tom (1907-   ) ● CSmH L2 ● ICN L2 C1 ● MH L1 C1 ● NNC L1 ● TxE MS1 M ● TxU MS2 L1 D1 PR ● WHi MS1

LEACH, Henry Goddard (1880-1970) ● CLU L28 ● CSmH L1 ● CU L3 ● CtY L7 C1 ● ICN L7 ● IU-Ar MS1 L16 ● IU-R L10 ● InU L1 ● KU-S C1 ● MH L38 C92 ● MNS L1 ● MeWC L1 ● MiU L1 ● MoSW L1 ● NIC L1 C3 ● NNC L39 C12 ● NNFF L3 C3 D1 ● NRU L2 ● NbU L4 C1 ● NcD L5 ● OU L2 ● OkU L4 C2 ● PHi 12CTN ● PMA L3 C3 ● PSt L9 ● PU L4 ● RPB-JH L4 D1 ● TxU L3 ● WMUW C6

LEAVITT, Ezekiel (1878-1945) ● MA L1 ● MoSHi L1 ● NNYI 3FT ● NcD L9

LECHFORD, Thomas (1590?-1644) ● MB MS2 ● MWA MS1

LEE, Charles Carter (1798-1871) ● CSmH L1 C1 ● DLC MS2 C1 ● MH L7 C2 ● MdHi D1 ● NHi L2 C1 ● NcD L9 ● PU L1 ● RPB-JH L1 C1 D1 ● TxU L1 ● Vi MS20 L100 C100

LEE, Eliza (Buckminster) (1788-1864) ● CSmH L16 ● CU L1 ● CtY D1 ● MB L2 ● MH L14 ● NNBa L1 ● NhD D10 ● NhHi L1 C2 ● PHi L1 C1

LEE, Hannah Farnham (Sawyer) (1780-1865) ● CtY L2 ● MB L12 C1 ● MH L16 ● MHi L1 ● NNU-F L1 ● NcD L1 ● PHi L2 ● ViU L2

LEE, Harper (1926-   ) ● MBU L2 ● NNC MS1 L7 M

LEE, Robert Edwin (1918-   ) ● DLC L1 ● MH MS1 ● NbU L1 REF2 ● OU L4 C2 ● RNR L1 M

LE GALLIENNE, Eva (1899-   ) ● CSt MG1 ● CU-A L1 M ● CtW L1 ● CtY MS8 L2 ● DLC L2 ● ICL L2 M ● ICN L1 D2 ● InU L2 ● MBU MS1 L2 D1 ● MH L2 ● MNS-S L1 1CTN PR ● NN-B L2 C1 D1 ● NNC L2 ● NNFF D1 ● NNMus MS3 L1 ● NNU-F L2 ● NNWH L1 ● NRU L1 ● NjP L8 C2 ● P L3 ● PHC L2 ● RPB-JH D2 ● TxU L1 ● VtU L1

LE GALLIENNE, Richard (1866-1947) ● AzTeS L5 ● CCamarSJ L1 ● CLSU L2 ● CLU MS2 L5 ● CLU-C MS1 L9 C1 D1 ● CSfU MS37 L35 ● CSmH MS20 L4 ● CSt L2 ● CtY MS2 L20 C10 ● DDO L2 ● DGU L1 ● DLC MS1 L20 ● DeU L3 ● ICN MS1 L2 REF1 ● ICarbS L1 ● IEN

Le Gallienne, Richard (cont.)

MS1 L5 • IGK MS1 L8 • IU-R L10 C15 D28 • IaU MS9 L93 C3 • InU MS1 L20 D1 M • KyBgW L1 • KyU L8 • LNHT L1 • MBU L4 • MH MS4 L129 C8 D2 • MMeT L1 • MWalB C5 • MeB MS1 L1 • MiU L1 C1 • NB MS3 • NBu L1 • NHemH L1 • NHi L1 • NN-B MS1 L12 D1 • NNC MS3 L13 D2 • NNPM MS2 L3 • NNU-F MS127 L145 • NNWML L9 • NPV L1 • NRU MS1 L1 • NhD L5 D3 • NjP MS1 L44 M • OCX D1 • OrU L5 • PBL MS1 • PCarlD L1 C1 • PHC L1 • PHi L5 D1 • PMA L2 • PU MS1 L11 • RPB-JH MS2 L3 • TxGR D1 • TxU MS55 L145 C358 D6 MG3 PR M • UPB L2 • ViU MS1 L5 • VtU L1

LEGARÉ, Hugh Swinton (1797-1843) • CSmH L8 C1 • CtY C3 • DLC L4 • GHi L1 • ICHi L4 • InU D1 • MB L4 C1 D1 • MH L2 • MHi L2 • MdHi L6 D1 • MiU-C L5 • MnHi L1 • NHi L1 C3 • NIC L2 • NNC L4 D1 • NNPM L5 C1 • NNS L1 • NcD L8 • NcU L5 C1 • NhD D1 • NjMoHP L4 • OFH L12 • OMC L1 • PHC L3 • PHi L17 C1 D2 • PP L9 • PPAmP L1 • RPB-JH L1 • ScU 4CTN • ViU L4 C1 • WHi L1

LEGARÉ, James Mathewes (1823-1859) • MB L4 • MH L9 C1 • NHi L1 • NNC L1 • NNPM L2 • ScCleU L3 • ScU L1 • ViU L2

LEGGETT, William (1801-1839) • CSmH L1 • CtY L1 • DGU L1 • DLC L2 • MiU-C L1 • NHi L3 C1 • NIC L1 • NNC L3 D1 • PHi MS1 L4 • PU L5 • TxU C2

LEITCH, Mary Sinton (Lewis) (1876-1954) • CtY MS1 • IGK MS1 • InU L4 C1 D1 • KyU MS4 • MH L52 C2 PR • ViRCU MS310 L10 C35 • ViU MS1 L3 • ViW L1

LEIVICK, Halpern (1888-1962) • NNYI 22FT

LELAND, Charles Godfrey (1824-1903) • CCamarSJ MS1 L1 D1 • CLU L2 • CSmH MS1 L11 C3 • CtU L1 • CtY MS3 L40 C3 • DLC MS4 J1 L211 C7 • ICHi C1 • ICarbS L1 • IU-R L9 • IaU L1 • InU MS1 C1 • KyU L4 D1 M • LNHT L1 • MA L1 • MB L25 • MBAt L2 • MChB L2 • MH L28 C2 • MHi MS1 • MdBJ L5 C3 • MeWC L2 • NIC L2 • NN-B MS2 L22 C1 • NNC L3 • NNPM L7 • NNU-F L1 • NRU L1 C3 • NjP 1CTN • PHi 24CTN • PMA L2 • PPAmP L4 • PPL MS10 L1 D1 • PSt L2 C2 • PU MS2 L6 D1 • RPB-JH L2 D2 • TxU MS1 L6 C1 • ViU MS14 L61 C19 D4

L'ENGLE, Madeleine (1918-   ) • FU MS1 L2 C2 • IU-Ar L1 • MnU MS1 PR • MnU-K MS4 L6 C6 • NNSJD MS300 C1000 • NbU L1 REF2

LENNOX, Charlotte (Ramsay) (1720-1804) • CtY D1 • DFo MS1 L1 • MH L3 C43 D5 MG1 • NNPM L1

LENSKI, Lois (1893-1974) • ArStC MS4 PR R M REF11 • CtY L1 • FTaSU MS22 PR R M REF5 • INS MS12 L14 C227 D1000 6FT PR R M • MnU-K MS11 L81 C46 PR M • MnU-SW L5 C5 D5 • MoLiWJ MS4 L17 PR R M • NGenoU MS2 L1 PR M • NNU-F MS1 L1 • NSyU 17CTN REF1 • NcGU MS12 J1 L41 C39 PR REF5 • OS MS11 L47 C28 PR R M • OkU 30CTN REF3, 5, 7 • PSt L1 • TMM R

LEONARD, William Ellery (1876-1944) • ArU L2 • CLSU L23 C2 • CU L1 • CtU L1 • CtY L44 C3 M • DLC L1 • ICN L6 • ICarbS L72 C19 • IU-R D1 • InNd C1 • InU L60 D1 • MB L1 • MBU MS1 L1 • MH MS1 L24 C1 • MWalB L6 • MdBJ L1 • MiU L3 • NBuU L3 • NNAL MS7 L8 D4 • NNC L6 • NNWML L2 • NPV L4 • NRU L4 • NhD MS1 L2 • PBm L1 • PSC-Hi MS1 L1 • PSt L3 D1 • PU L5 • TxU L6 1CTN • ViSwC L4 • ViU MS2 L7 • VtMiM L4 C1 • WGr C5 D13 • WHi MS1 L1

LE PRADE, Ruth (fl.1940) • CLU MS3 L2 C1 • CO L1 • InTI L23 D7 • NNWML L28

LESLIE, Eliza (1787-1858) • CSmH L4 • CtHi L2 • CtY L2 • ICHi MS1 • MB L3 C1 • MH L2 • MdHi D1 • NHi L3 D1 • NNBa L1 • NNPM L2 D1 • NNStJ L1 • NcD L1 • NhHi L1 • NjMoHP L3 • OCHP L1 • PHC L3 • PHi L21 C3 D3 • PP L1 • PSt L1 • PU L1 • RPB-JH L1 • TxU MS1 • UPB L1 • ViU MS3 L3

LESLIE, Frank (1821-1880) • CCC L1 • CSmH L5 • CU L1 D1 • DFo L1 • DeGE L2 • ICHi L1 • LNHT L1 • MB D1 • MdHi D1 • NHi L1 • NNU-F L1 • NRU L1 • PHi L5 D1 • RPB-JH L1 • UPB L1 • ViU L2

LESTER, Charles Edwards (1815-1890) • CSmH L2 • CtY L1 C1 • ICHi C1 • ICN L1 • IU-R L2 D5 • KU-S C1 • MB L2 • MH L5 • MHi L5 • MiU-C D1 • N C2 • NHi L4 C3 • NIC L1 C1 • NNC L1 D1 • NNPM L1 C3 • NRU L4 • NSchU L3 • NcD MS1 • NjP C2 • OFH L1 M • PHC L2 • PHi L12 C1 • PPAmP C1 • PSC-Hi C1 • RPB-JH D1 • VtMiM L1

LESTER, Julius (1939-   ) • IU-Ar R

LEUBA, Walter (1902-   ) • CSf L4 • NBuU MS11 L5 • PPiI MS3 L3 C2 • TxU L5

LEVERTOV, Denise (1923-   ) ● CLSU R ● CLU L2 C1 ● CU-S L10 C3 ● CtU MS3 L39 PR ● CtY MS51 L30 C1 ● DeU L5 D1 ● IEN MS2 L6 ● IaU L1 ● InU MS1 L45 C20 D9 ● KU-S L23 ● KyLoB-M L1 ● MBU L1 ● MH MS1 L1 PR ● MiU L6 C9 D4 M ● MoSW MS4 L57 C3 PR ● NBrockU-EC R ● NBuU MS6 L7 R ● NNC L24 ● NNFF D2 ● NNU-F MS10 L82 ● NSbSU L10 PR M ● NjR L1 ● OKentU MS3 L10 ● PPT R ● PPiI L7 C11 R ● RPB-JH MS1 L17 D2 ● RU L6 ● TxU MS10 L92 PR ● WaU L5

LEVIN, Meyer (1905-   ) ● InU L3 ● MBU 10FT REF1 ● MH L7 C2 ● MWalB MS4 PR ● MnU-Rb MG1 ● NIC M ● NNC L1 ● NNU-F MS1 ● PU L6 ● TxU L1

LEWIS, Alfred Henry (1858-1914) ● CSmH L10 ● CtY L1 ● IU-R C1 ● N L1 ● NIC L1 ● NNU-F L2 ● PHi L1 ● TxGR L1 ● TxU L1 ● ViU MS1 L2 C1

LEWIS, Charles Bertrand (1842-1924) ● CU D1 ● MdBJ L1 ● NIC L1 ● NNC MS1 L1 ● NjMoHP L1

LEWIS, Janet (1899-   ) ● COMC L5 ● CSf MS1 ● CSt 15CTN ● CU L3 ● DeU L6 ● ICN L1 ● InU L1 ● KyLoU MS36 L56 ● MA MS2 L16 ● MeWC L3 ● NBuU MS4 L14 ● NNFF L1 C1 D2 ● OkU MS1 ● TxHR L2 ● TxU L2 ● WaU L1

LEWIS, Orlando Faulkland (1873-1922) ● MH L1 ● MdBJ L1 ● PCarlD L2

LEWIS, Sarah Anna (Robinson) (1824-1880) ● CSmH MS3 ● DLC L1 C1 D1 ● MH L19 ● MdBE L2 ● NNC L3 ● PHi L9 C2 ● ViU MS1 L2

LEWIS, Sinclair (1885-1951) ● CCamarSJ L2 ● CL L1 ● CLSU L12 C1 D10 MG1 ● CLU L2 ● CSmH L36 C1 D3 M REF2 ● CSt 1CTN ● CU L27 C4 M ● CtY MS300 J4 L228 C200 D26 MG7 4CTN PR R M ● DLC L5 D3 ● DeU L2 ● ICN L6 ● ICarbS L3 C5 ● IEN L1 ● IGK L2 ● IU-Ar L8 D1 ● IU-R L9 C3 D2 ● IaU L6 ● InTI L6 D1 ● InU MS2 L52 C2 D4 ● KPT L1 ● MB L1 ● MBU L4 ● MH L21 C15 D1 ● MNS L1 ● MU-Ar D1 ● MWA L2 ● MWC L2 ● MWalB MS1 ● MWiW-C L6 D2 M ● MeWC L1 C5 ● MiU L2 C7 D1 ● MiU-H L1 ● MnHi L3 D4 ● MnSM MS1 L79 C35 ● MnScL L18 D13 MG5 M ● MnU MS1 L3 ● MnU-Ar L3 ● MnU-Rb MG22 M ● NBiSU L1 ● NBu MS1 ● NIC MS1 L23 ● NN-B MS4 L20 D1 ● NNAL MS3 L32 C60 D10 ● NNC MS3 L150 D4 M ● NNPM L1

● NNU-F L26 ● NNYI L1 ● NPV L8 ● NRU L1 ● NSyU MS1 L5 REF75
● NcGrE L1 ● NhD MS1 L17 ● NjP L6 C8 D1 ● OClWHi L1 ● OU L4
● OkU C2 ● OrU L1 ● PGC L2 ● PHC L1 ● PPT L6 ● PSt L31 C2 D2
● PU L18 ● TxU MS56 L242 C48 D76 MG3 PR M ● ViFGM MS1 ● ViU
MS5 L57 C10 PR ● VtHi L2 D1 M ● VtU L6 ● WHi L3 C3 ● WaU L7
● WyU-Ar L5

LEWISOHN, Ludwig (1882-1955) ● CSmH L1 ● CtY L7 C1 ● IU-Ar
L1 C1 ● IU-R D1 ● InU MS3 L75 C50 D3 ● KPT MG1 ● MB L1 ● MBU
L1 ● MH L8 C3 ● MWalA L67 ● MWalB J9 5CTN PR M ● MnHi L2
● NIC C5 ● NNAL C1 ● NNC L37 ● NcD L1 ● OkU C1 ● PSt L1 D1
● PU L26 ● RPB-JH L4 ● ScU MS2 L7 ● TxU MS2 L15 C16 D5 ● ViU
MS1 C10 ● ViW L1 ● VtU MS1

LEY, Willy (1906-   ) ● CtY C1 ● MBU L29 ● NNC L1

LIBIN, Solomon (1872-1955) ● NNYI MS15 L2

LIEBERMAN, Elias (1883-1969) ● MH MS1 L13 ● NBuU MS5 L5 ●
NNCoCi MS4 L7 C3 D44 ● NNFF D2 ● PSt MS1 L4 ● RPB-JH L6 ●
ViLRM L1

LIEBERMAN, Laurence (1935-   ) ● ICN MS3 L31 D31 ● IU-Ar L1
● InU L17 C3 ● MBU MS10 L40 ● MoSW L3 C1

LINCOLN, Abraham (1809-1865) ● A-Ar D1 ● Ak D1 ● CCC L2 ●
CCamarSJ L6 D9 ● CLU L20 C19 D4 ● CRedl L3 M ● CSmH REF1 ●
CSt 1CTN ● CU L6 C3 D5 M ● CU-S L1 ● CoD D1 ● CoU D1 ● Ct MS1
● CtHC C1 D1 ● CtHi L10 C6 D1 ● CtLHi L2 D3 ● CtY MS5 L24 C18
D28 PR M ● DFo D1 ● DLC MS2 L255 C775 D362 MG1 M REF4,
REF27 ● DeGE L10 C4 ● I-Ar 3CTN ● IC D1 ● ICHi L80 C40 D560
● ICL L1 ● ICN C1 D2 ● ICarbS MS1 L2 C1 D2 ● IEN L3 D1 ● IGK
L2 D1 ● IGS L1 ● IGaDC D1 ● IHi L479 D829 ● IU-HS L2 C5 D3 M
● IU-L REF43 ● IaDmE L1 D2 ● IaHi L1 C2 D2 ● In L2 C5 D144 ● InFwL
L93 C251 D1000 M ● InGrD MS1 C1 D2 ● InHi L9 C4 D33 ● InNd D1
● InNd-Ar L1 D15 ● InU L45 C10 D180 M ● KLeS L1 D1 M ● KU-S
D1 ● KyBB L1 M ● KyLoF C1 D1 ● KyU L12 C1 D14 M REF4 ● LNHT
C1 D2 M ● LU-Ar C7 D40 ● MA L1 D1 ● MAJ L1 ● MB L3 C2 D3 ●
MBU L26 D59 ● MH MS18 L27 C18 D19 M ● MHi MS1 L19 D40 ● MNF
L1 C1 ● MNS D1 ● MWA D2 ● MWHi D2 ● MWalA M ● MWalB L2
● MWiW-C L4 D3 ● MdBE D1 ● MdBJ L2 D1 ● MdHi C12 D40 ● MeB
L3 C5 D2 ● MiU-C L1 D6 ● MnHi L11 C4 D10 M ● MnSM L2 D3 ●

Lincoln, Abraham (cont.)

MnU L1 • MoCgS L1 • MoHi L1 • MoSHi L18 C14 D16 M • MoSW
L10 D5 • N L1 C3 D11 • NAlI L1 • NAuS L15 • NBLiHi D12 • NBu
L2 C1 • NBuHi L2 D2 M • NHi REF66 • NHpR L1 • NIC MS8 C3 D5
M • NN-B MS1 L314 D1 • NNC L7 D8 • NNPM MS3 L13 C1 D23 •
NNPf L1 D2 REF2 • NNS L1 D1 • NNWH L1 • NNebgWM D2 • NOcaS
L1 • NPV L2 • NRU L14 C157 D3 • NWM L1 D1 • NbU D1 M • Nc-Ar
D2 • NcD L2 D2 M • NhD L3 C3 D33 • NjMoHP L4 C1 • NjP MS6
L80 C1 D112 MG1 M • OC L7 • OCHP MS1 L4 • OFH L2 C144 M •
OMC L3 C5 D1 • OO MS1 • OOxM MS1 L2 C1 • OkTG D1 • OrHi
L3 • PBL L2 • PCarlD L1 C3 D3 • PGC M • PHC L13 D1 • PHi MS5
J9 L34 C14 D100 1CTN • PMA L5 • PP L2 D35 • PPAmP D4 • PPL
MS1 D2 • PPRF MS8 L44 C2 D12 • PPT L1 C1 M • PSC-Hi L1 C1 D2
• PSt L1 • PU L1 D1 • RHi L2 D1 • RNR MS1 D3 • RPAB MS1 L5
C1 • RPB-JH 15CTN M REF7 • TxU L3 D14 • UPB MS2 L1 D1 M •
ViU D10 • VtHi L1 C3 D18 M • WHi L14 C6 D50 • WaPS 7FT REF1

LINCOLN, Joseph Crosby (1870-1944) • CLSU L7 • CSmH L2 • CU
L1 • CtY L4 • FU L1 • ICL L1 M • IaU L7 • InU L10 C3 D30 • MA
L1 • MB L3 • MH L1 • MWC L6 • NNC L38 • NRU C1 • NjHack L1
• NjP L9 • OkU C1 • PMA L1 • PPT L1 • PSt MS3 L5 C1 • PU L1
• TxU L1 • ViU MS3 L20 C5

LINCOLN, Victoria Endicott (1904-   ) • CtY L1 • MH L2 • NCH
MS6 L11 • NN-B D1 • OU L2 • RPB-JH L1

LINDERMAN, Frank Bird (1868-1938) • IEN L6 • MH L2 • MtHi
L22 • MtU MS2 L416 C987 D11 M • NhD MS1 • NjP L89 C76 D2 M
• OkU L7 C3 • PPT L2

LINDSAY, Howard (1889-1968) • CtY L7 • ICarbS C1 • MB L3 •
MBU L8 • MH L1 • NIC L10 • NN-B D1 • NNC L15 • NNFF L7 C7
D4 • NNWH L65 R M • P L1 • RPB-JH MS1 • ViU L2 • WHi 6FT
REF1, 7

LINDSAY, Nicholas Vachel (1879-1931) • ArU L2 • CLSU MS1 L27
C10 • CLU MS4 L4 C10 • CSmH MS3 L4 D3 • CSt MS4 L4 D1 REF2
• CU L7 • CtW MG2 • CtY MS36 L291 C11 D1 MG1 • DLC MS3 L7
• ICHi L6 • ICIU L2 • ICN MS2 L15 D7 • ICarbS L2 D1 • IEN MS2
L2 MG2 • IGK L3 • IHi MS9 L44 C5 • ISL 1CTN • ISVL 1CTN M
• IU-Ar L9 D4 M • IU-R MS1 L115 C1 D1 • IaU L2 • InGrD L2 • InNd

MS8 L2 • InRE L3 • InU MS10 L56 C20 D7 M REF5, REF47 • KU-S
L1 • KyBB L1 • KyBgW L1 D1 • KyU D3 • LNHT L1 • MA D1 • MB
L4 • MChB MS4 L1 • MH MS14 L81 C11 • MNS L18 • MWC MS4 L2
• MWH MS1 • MWalA L2 • MWelC L1 • MdBJ MS2 • MeWC L1 •
MiU MS2 L2 • MnU-Ar L2 • MoS L2 M • MoSW L1 • NCH L1 • NIC
L3 • NN-B MS6 L10 M • NNAL L1 C20 D1 • NNC L5 • NNPM MS1
L1 D1 • NNWML L2 • NPV L3 D1 • NRU MS1 • NSyU 3CTN REF1
• NhD MS4 L13 D4 • NjP MS4 L60 M • OHirC MS10 L17 C7 D8 MG10
R M • OrU MS4 L10 M • PBm L1 • PPT L1 C1 • PSC-Hi L4 • PSt L2
• PU MS1 L2 • RPB-JH MS1 L9 C3 D2 • TxFTC L3 M • TxU MS14
J75 L17 D16 MG8 • TxWB-B L13 C4 • ViU 30.5FT REF5, 7 • VtMiM
MS2 L15 • WHi MS1 L1 • WMM-Ar L5 • WMUW MS10 • WaPS L1
D200 REF1

LINDSEY, William (1858-1922) • DLC L1 • ICN L3 • IU-R D1 • MB
L2 D1 • MH L1 • NBu MS1 • NNC L2 • NcD L3 • NjP C1 • PHi L5

LINN, John Blair (1777-1804) • ICHi L1 • MB L1 • NHi L2 • PHC
L2 • PHi L13 C5 D3 • RNR L1 • RPB-JH MS1 C1 • ViU L1

LINTON, William James (1812-1897) • CLU L7 • CSmH L1 • CtY
MS79 J4 L39 C152 D4 PR M • DeGE L1 • ICN L1 • InU C4 REF5 •
MB L4 C1 • MBAt L1 • MH L153 • MiU L1 • NIC L1 • NN-B L131
• NNC L14 • NNPM L2 • NRU L1 • NjP L119 C8 M • OU L85 • PBL
L2 • RPAB MS1 L3 • RPB-JH MS10 L1 PR • TxU L2 C1 • UPB L2

LIPPARD, George (1822-1854) • CtY L1 • ICN L1 • MB L1 • MH
L3 • PHC L1 • PHi J1 L7 D5 • ViU L3

LIPPINCOTT, Sara Jane (Clarke) (1823-1904) • CLU L7 • CSmH
MS1 L82 C4 • CU L11 C1 • CtY MS1 L4 • DLC MS1 L12 • IGK
MS2 • IU-R L2 D3 • IaU L3 • InU L5 C1 • KyU D1 • MB MS1
L4 D1 • MBU L1 • MCR L2 • MH MS2 L23 • MHi L1 • MWA
L8 • MWelC MS1 • MeWC MS3 L1 • MiMtpT L6 • MiU-C L2 •
MoSW L1 • NBu MS1 L2 REF65 • NIC MS1 L24 C1 D1 • NNBa
MS1 L7 • NNC L3 • NNU-F MS1 L1 • NRU L1 C1 • NcD L2 •
NjMoHP L11 • OFH L3 • PCarlD C1 • PHC L3 • PHi L5 • PP C1
• PSC-Hi MS1 • PU L1 • RPB-JH L3 D1 • TxU MS2 • ViU MS6
L27 D1 • VtMiM MS1 L3

LIPPMANN, Walter (1889-1974) • CLU L3 C1 • CSmH L14 D1 • CSt
L1 • CSt-H L6 C5 M • CU L2 C1 D1 • CtW L1 • CtY MS2000 J10 L25000

Lippmann, Walter (cont.)

C25000 D100 PR M • DLC L13 C12 • DeGE L1 • DeU L17 • ICN L3 • IU-Ar L1 • IU-R L1 • IaU L2 • KyLoU L1 • KyU L3 • MA L50 • MB L1 • MBU L5 • MCR L2 • MH MS1 L34 C3 • MWalK C1 REF2 • MeWC L3 • MiMtpT L2 • MiU L2 C1 • MnHi L6 C4 • NIC L4 • NN-B L4 • NNAL MS1 L42 C47 D30 • NNC MS2 L155 • NNU-F L1 • NNYI L3 • NRU L7 • NcD L5 • NcU L4 C4 • NjP L5 C8 D1 • OU L1 • OkU C1 • P L2 • PU L15 • TxU MS1 L12 • ViU L6 • VtU L1 • WHi L12 C10 • WyU-Ar L1

LITCHFIELD, Grace Denio (1849-1944) • CSmH L2 • CU L2 • DLC J3 L2 • IGK MS2 • IU-R L1 • MH MS1 L1 • MWiW L1 • MdBJ L3 • MdHi C4 • NBu MS2 REF65 • NHi 1CTN • NNC L47 • NPV L1 • NRU L1 • NhHi L3 • PU L1 • RNR L2

LITSEY, Sarah (1903-   ) • IU-Ar L1 • KyLoU MS1 • KyU MS2 L2 • NbU L1 REF2 • OrU MS2

LITTELL, Eliakim (1797-1870) • CStbS L1 • CU L1 • CtY L1 C1 • DLC L1 C1 • IU-R L1 • MB L3 • MH L2 • MHi L7 • MiU-C L1 • NNC L1 C4 • NRU L3 C1 • NcD L3 • NcU L1 • OFH L1 • OMC L1 • PHi L14 • PPL L1 D3 • PSC L1 • TxU L1 • VtMiM L1

LITTELL, Philip (1868-1943) • CSmH L2 • CtY L2 C1 • IU-Ar L2 • InU L2 • MH L19 C24 • NN-B D1 • NNC L2 • OrU L200 • TxU L1 • ViU L1

LITTELL, Robert (1896-1963) • CU L2 • CtY L17 • ICN L3 • MH L2 • MiU L4 C7 • NIC L1 • NN-B L3 • NjP L3 C5 • OrU MS100 J3 L1000 C768 • PU L2 • TxU L7 C4

LLOYD, John Uri (1849-1936) • CLU L2 • CSmH L1 • InRE L1 • InU L7 M • KyBgW L3 • KyRE L9 • KyU L3 • OCHP MS1 L26 C1 M • OCU L1 • TxU L1 • UPB MS1 L3

LLOYD, Nelson McAllister (1873-1933) • CtY L2 C2 • PCarlD L2 • PSt MS6 L1 PR

LOCKE, Alain Le Roy (1886-1954) • CStbS L2 • CU L9 • CtY MS1 L25 • DHU 220CTN REF3 • GAU MS7 L19 • ICN L2 • IU-Ar MS1 L3 C3 • KyBB L3 • MH MS3 L1 C1 • NN-Sc L1 D8 PR • PU L2

LOCKE, David Ross (1833-1888) • CLSU L1 • CtHi MS1 L1 • CtY MS1 L2 • DLC L14 D2 • InU D1 • MH L1 D1 • MHi L1 • NHi L5 • NNC L2 • NNPM L2 • NNU-F L1 • OFH MS4 L19 C8 D2 M • OHi

196

L1 • OMC L1 • OU L1 • TxGR L2 • TxU L2 1CTN • ViU L3 D2 • WHi L1

LOCKE, Jane Ermina (Starkweather) (1805-1859) • CtHi L1 • MB MS1 L3 C1 • PHC L1 • PHi L1 C2 • TxU L1

LOCKRIDGE, Ross Franklin, Jr. (1914-1948) • IaU D1 • In L2 • InGrD L1 • InU MS4 M • MBU L3 • MH L1 • NNC L1

LOCKWOOD, Ralph Ingersoll (1798-1858?) • CtY L2 • NHi C1 • RPB-JH L1 C2

LODGE, George Cabot (1873-1909) • CtY L1 • MH L1 • MHi 1FT REF1 • MWA L1 • NNAL L3 • NNC L1 • NcD L1 • NjP L22 C8 • OMC L1

LODGE, Henry Cabot (1850-1924) • CLSU L8 • CLU L1 • CSmH L40 D5 • CSt L4 REF2 • CU L12 • CU-S L4 • CtHT-W L1 • CtY MS1 L29 C2 • DLC MS2 L221 C115 D3 • DeGE L1 • DeU L1 • ICN L3 • IU-HS L1 • In L3 D1 • InU L15 C4 D3 • KyBB L2 • LNHT L7 • MA L3 • MAnP L2 • MB MS1 L20 C1 • MBCo C1 • MBSpnea REF2 • MBU L10 • MChB L2 • MH L379 C40 D2 • MH-BA L200 • MHi L100 D2 • MNS L2 • MWA L54 • MWelC L4 • MdBJ L8 • MdHi L2 D1 • MeB L9 • MeWC L13 • MiU-C L3 • MnHi L12 • MnU-Rb L1 • MoSHi L5 D1 • MoSW L4 • NBu MS1 REF65 • NCH L2 • NHi L2 C1 • NIC L14 C9 • NNAL MS1 L61 C50 D1 • NNC L135 D3 • NNPM L3 • NNU-F MS1 L3 • NPV L3 • NRU L44 C15 • NcD L15 M • NcGrE L1 • NcU L11 • NhD D2 • NhHi L58 C3 D1 • NjP L118 C115 D147 PR • OClWHi L4 • OMC L1 • PCarlD L1 • PHi L19 D1 • PMA L2 C1 • PP L3 • PPAmP C1 • PSC-Hi C1 • PSt L2 • PU L8 • RPB-JH MS1 L37 C2 D19 • ScU L2 • TxFTC L1 • TxU L2 C2 D1 • UPB L3 • ViHi L4 C1 • ViU MS1 L6 • VtU L7 • WHi L1 C2 D1

LOGAN, Cornelius Ambrosius (1806-1853) • InU L1 • MoSHi L19 C2 D1 • N L1 • NHi L1 • OFH L2 • PHi L1 • RPB-JH L2 • UPB L1

LOGAN, James (1674-1751) • CSmH D2 • DeGE D1 • DeU L1 • ICHi L1 D1 • ICN L3 D1 • MB L1 D1 • MH D2 • MiU-C D1 • N L1 • NHi L15 D1 REF66 • NNPM D2 • NjMoHP L3 • PHC MS15 J2 L10 C1 D1 • PHi 20CTN • PPAmP L34 C6 D26 • PPL MS4 L3 D28 MG200 5CTN • PPRF D1 • PSC-Hi L1 C1 D1 • RHi C1

LOGAN, Olive (Logan) (1839-1909) • CLU L1 • CSmH L2 • DFo L25 C5 • DLC L1 • InU MS1 L1 C1 • MB L1 C1 • MH L3 • N

197

Logan, Olive (cont.)

L1 • NIC L1 M • NRU C1 • OCHP L1 • PHi L3 • TxU L6 • ViU L1

LOGUEN, Jermain W. (1814-1871) • DHU D1

LOMAX, John Avery (1872-1948) • C L1 • CLU L1 • CtY L1 • DeU L1 • InU L1 • MH L11 C5 • NBu L2 • NPV L1 • NjP L5 C7 • OkU L3 C4 • PSt L1 • TxGR L1 • TxU L1 • ViLRM L1

LONDON, Jack (1876-1916) • C L3 • CCC L2 • CCamarSJ L3 D2 • CGlenL L65 D1000 PR M • CL L2 • CLSM L2 C2 • CLSU MS33 L28 C23 D106 • CLU MS1 L7 • CO L5 MG14 • COMC MS1 L1 • CRpS L1 • CSf MS4 L4 D2 M • CSfU L1 D2 • CSmH REF1, 2, 7 • CSmatHi M • CSt MS11 L41 D5 • CU MS2 J1 L76 C1 M REF1 • CtY L12 C12 D2 M • DLC L2 • ICL L1 M • ICarbS L1 C1 • IEN D1 • IGK L6 D1 • IU-R L1 • IaMc L1 • IaU L1 C1 • InGrD-Ar L2 • InNd L2 C1 • InU MS1 L16 D5 M • KPT L7 C2 • KyBgW D1 • LNHT L1 • MB L2 D1 • MH L9 M • MMeT L1 • MWA L1 • MWalB L1 • NB L6 • NHi D1 • NN-B L9 D1 M • NNU-F L2 • NNWML L16 • NNYI L1 • NhD D1 • NjP L2 D2 • OCl L1 • OClWHi L1 • OMC MS1 L1 • OrU L2 • PBL L1 • PPT L1 D1 • PSt L1 D15 • PU L3 • TxU MS1 L3 D5 MG4 • ULA 50CTN REF1 • UPB L3 • ViU MS8 L132 C8 PR M • VtU L2 • WHi L1 D1 • WyU-Ar MS2

LONG, John Luther (1861-1927) • CLSU L1 • CSmH L65 D1 • CU L1 • CtY L1 D1 • IU-R L1 D3 • IaU L1 • LNHT L1 • MB L1 • NNAL L15 C2 • NNC L6 • NNMus MS1 • NNU-F L4 • PCarlD L1 • PHC L1 • PHi L2 • PU L6 • TxU L1 • ViU MS1 L10 C1

LONGFELLOW, Henry Wadsworth (1807-1882) • A-Ar L1 • CCC L2 • CCamarSJ MS5 L5 • CGlF L5 • CLU L8 • CSmH MS15 L203 C173 D30 • CSt L3 D1 • CStbS C1 D2 • CU L8 • CU-S MS2 L1 • CoCC L3 • CtHi L8 • CtNbP L5 • CtW MS1 L2 • CtY MS7 L50 D5 • DFo L2 C2 • DGU L1 • DLC MS7 L45 • DTr L1 • DeGE L1 • FU L1 • GEU L2 • GU L2 • ICHi L2 D2 • ICL M • ICN MS1 L2 • ICarbS L2 D1 M • IEN MS1 L1 • IGK L1 • IU-R MS1 L4 D2 • IaDmE L2 D1 • IaMc MS1 L1 • IaU MS1 L10 • InNd L3 • InNd-Ar D3 M • InNhW M • InU MS1 L9 C3 D4 • KU-S L1 • KyBB L3 • KyLoU MS1 • KyU L1 • LNHT L1 D1 • LU-Ar L1 • MA L2 • MAnP L1 • MB MS10 L87 C3 D21 • MBAt L2 D1 • MBCo L1 • MBSpnea REF2 • MBU L2 • MCLong MS1

198

D5 MG500 M REF3, 6 • MCR MS1 L5 • MChB L4 • MH MS310 L3913
C6507 D15 PR M REF1, 2 • MH-BA L1 • MHa L12 • MHi MS2 L160
D6 • MMeT L1 • MNS L1 • MS L1 • MStoc L3 • MWA L19 D1 • MWC
L1 • MWH L1 • MWelC MS4 L8 • MWiW L1 • MWiW-C MS1 L1 •
MdBE L3 • MdBJ L7 • MdHi MS1 L3 D2 • MeB MS14 J1 L61 C2 D4
MG3 M • MeLB L1 • MeU MS1 L5 MG1 M • MeWC L17 C1 M • MiEM
L2 • MiMtpT L2 • MiU L5 • MiU-C MS2 L1 • MiU-H L1 • MnHi MS4
L2 D1 • MnM L3 MG1 M • MnSM L1 • MoSHi L5 • MoSM L1 • MoSU
L1 • MoSW MS1 L4 • N L2 • NBLiHi L1 • NBu MS1 L4 D1 REF65
• NCanHi L1 • NHi MS1 L11 REF66 • NIC L20 C6 • NN-B MS24 J1
L145 C6 D6 M • NNC MS2 L12 • NNH L1 • NNPM MS13 L76 D5 •
NNPf L18 REF2 • NNS MS1 • NNU-F MS8 L33 • NNWH L2 • NPV
MS2 • NRU MS1 L6 C1 D1 • NSchU L1 • NcD MS1 L7 M • NcU L7
• Nh C1 • NhD L13 D9 • NhHi L6 • NjCaHi L1 • NjMD L1 • NjMoHP
L8 C2 • NjP L17 D1 M • NjR L3 • OCHP L9 • OCl MS1 • OClW L7
• OClWHi L4 • OFH MS1 L4 • OHi L3 • OKentU L3 • OMC MS1 C1
• OO MS1 • PBL L2 D2 • PBm L2 • PCarlD L2 • PGC C1 • PHC MS1
L5 D1 • PHi L37 C27 D8 • PLF L1 • PP MS1 L3 C1 • PPAmP L3 •
PPL L1 • PPT L1 • PPiCI L1 M • PPiHi L1 • PSC-Hi MS1 C2 D1 •
PSt L5 • PU L7 D1 • RHi L1 D1 • RNR MS1 L1 M • RPB-JH MS3
L26 D18 • ScU L3 • TxGR L1 • TxU MS7 L19 C1 D3 • UPB L3 • ViLRM
L2 • ViRVal MS2 L2 • ViU 3FT • VtMiM L12 D1 • VtU MS1 • WHi
L4 D2 • WaPS L2 • WaU MS2 L121 C2 D3 M • WvU D1

LONGFELLOW, Samuel (1819-1892) • CCamarSJ L1 • CLU L1 •
CSmH MS1 L14 • CtY L3 • DLC L25 • InU L1 • KyU C1 • MB L4
D3 • MH MS1 L56 C5 • MHi L5 • MNF MS1 L2 • MWA L1 • MeB
MS2 J6 • MeU L1 D1 • MeWC L3 • MiU MS1 • N L107 C47 • NBu
L1 • NHi MS1 • NIC L1 • NN-B L4 • NNC L4 • NNPM L2 • NNSII
L1 • NNU-F L5 • NRU D1 • NcD L1 • NhD L1 • NjP L2 • OClWHi
L1 • OFH MS1 L1 • OU L1 • PHi L7 D1 • PPAmP L4 D1 • PSC-Hi
L1 • RNR MS1 • RPA MS1 L1 • ViU MS1 L19 • VtMiM C1

LONGSTREET, Augustus Baldwin (1790-1870) • CtY L2 D1 • DLC
L1 • GEU L6 D1 • GHi L1 • GU L3 • InU L1 • MB L1 • MH L1 •
MsU L1 M • NcD L7 D1 • NcU L2 D1 • NjMoHP L1 • OHi L1 • PCarlD
L1 • PHi L1 • ScCleU L1 • ScU MS10 L2 C1

LONGSTREET, Stephen (1907-   ) • CLU MS6 L3 C2 PR • CU L2

Longstreet, Stephen (cont.)

• InU L1 • MBU 3FT REF1 • NNC L3 D2 • OrU MS3 PR M

LOOMIS, Charles Battell (1861-1911) • CL MS1 • CSmH L1 • CtY L2 • DLC L3 • ICarbS L1 • IU-R L4 C1 • IaU L3 • MH MS1 L1 • MWA L1 • MeB L1 • NcD L2 • NjP L1 C1 • PHi L1 • TxGR L1 • TxU L1 • UPB L1 • ViU L4

LOOS, Anita (1893-   ) • CLU L1 • CSmH L7 • CtY L9 • ICN L15 • IU-R L4 • IaU L1 • InU L2 D1 • MB L1 • MBU MS1 L1 D1 • MH L1 C9 • NN-B D1 • NNC L6 • NNU-F L2 • NRU L1 • NSyU D1 R • OCl L1 • OrU L1 • PU L2 • TxHR L1 • TxU MS1 L3

LOOSE, Katharine Riegel (1877-   ) • MH L1 • NjP C2

LORD, William Wilberforce (1819-1907) • CSmH L3 • CtW L1 • CtY L2 • MiU L1 • NNC MS11 L100 • PHC L1 • PHi L2 D1 • RPB-JH MS2 • TxU L1 • UPB L1

LORIMER, George Horace (1868-1937) • A-Ar L1 • CLSU L5 C3 • CSmH L3 • CU L12 • CtY L3 • DLC L4 • GEU L32 • ICN L1 • IGK L3 • IU-R L1 C1 • Ia-HA L132 C131 • InLP L8 C1 • InU L3 C4 • KyBgW L2 • MB L1 • MCR L3 C1 • MH L32 C2 • MWA L1 • MeWC L69 • NB L1 • NHi L1 • NNC L7 • NNMus L1 • NNWML L26 • NRU L22 C5 • NcD L2 • OkU L1 C1 • OrU L1 • PHC L1 • PHi MS2 L210 C331 D1 3FT • PP L1 • PPC L1 • PPT L1 • PSC L1 • PSt L2 • TxU C1 • UPB L1 • ViSwC L1 • ViU L6 C1

LORING, Emilie (Baker) (c.1890-1951) • CL L1 • MB L2 • MBU C2 • MH L2

LORING, Frederick Wadsworth (1848-1871) • NHi MS1

LOTHAR, Ernst (1890-1961) • ICarbS L2 C1 • MH L12 • NjP MS2 • TxU L3

LOTHROP, Harriet Mulford (Stone) (1844-1924) • CL L1 • CSmH L2 • CU-S L20 • MAJ L1 • MB MS2 L2 C111 D12 • MCR C26 • MCo MS1 L1 C12 M • MCoW REF3 • MH L3 • MWA L2 • NNC L1 • NNU-F MS1 • NjMoHP L1 • TxU L2 • UPB L1 • ViU L2

LOVE, Adelaide Warren (Peterson) (fl.1935) • ArU L1 • IGK MS1 • NBuU MS10 L5 • TxU L1

LOVE, Robertus (1867-1930) • IEN L1 • IU-R L2 • NNWML MS1 L1 • TxU L2

LOVECRAFT, Howard Phillips (1890-1937) • CU MS1 C3 • IDeKN

L3 • InU L5 D7 • MH L4 • MnU L17 REF4 • RPB-JH 38CTN PR M REF1, 4, 7 • WHi 3CTN REF2, 5

LOVETT, Robert Morss (1870-1956) • ArU L4 • CLSU L10 C1 • CLU L3 • CSmH L1 • CU C1 • CU-A L1 • CtY MS1 L40 • ICIU L4 • ICN L57 • IU-Ar L13 C2 • IU-R L1 • InGrD L1 • InNd L3 • InU L9 • MH L21 C15 • MH-BA 1CTN • MiU L4 C5 • MiU-H L2 • MnHi L8 C2 • MnU-Ar L5 C1 • NN-B L5 • NNAL L8 C15 D1 • NNC L7 • NSbSU L2 • NcD L3 • NjP L15 • OKentU L1 • OkU L2 • PPT L2 • PU L31 • WHi L5 C5

LOW, Samuel (1765-?) • NHi L1 • PHi L1 • RHi C1 D3

LOWELL, Amy (1874-1925) • ArU L44 C2 • CCamarSJ L4 • CLO L1 • CLSU L5 • CLU MS2 L11 • CSmH L30 • CU L3 • CtY MS1 L43 • DLC L5 M • DTr L1 • ICN L6 • ICarbS L8 • IEN L3 • IGK L3 • IU-R L14 • IaMc L1 • InU L2 D1 • MA MS1 L15 C1 • MB L10 • MBAt D1 • MBSpnea REF2 • MCR L1 • MChB L1 • MH MS39 L6109 C8311 D127 M REF1 • MNS L4 • MWA L2 • MWC L3 • MWH MS1 L1 • MWelC L5 D1 • MnU-Ar L2 • MoSW L1 • NBu L2 • NBuU L43 • NHC L2 • NN-B L24 C1 D1 • NNBa L1 • NNC MS2 L29 D1 • NNWML L3 • NPV L56 • NRU L1 • NSyU L4 • NcD L1 • NhD L4 D5 • NjP L22 C12 D1 • OU L7 • PBm L2 • PHC L4 • PHi L1 • PMA L2 • PPiU MS1 L29 C3 • PSt L2 • PU L14 • RNR L1 • RPB-JH L1 D1 • TxU L11 D1 • TxWB-B L1 C4 D1 • ViU MS1 L45 PR • ViW L2 • VtU L1 • WMM-Ar L8 D2 • WMUW MS6 • WvU L2

LOWELL, James Russell (1819-1891) • CCC L3 • CCamarSJ MS1 L6 • CLU MS1 L6 M • CLU-C L1 • CSmH MS12 L155 C3 MG2 • CSt MS1 • CU MS1 L7 • CoCC D1 • CtHi L4 • CtW L1 • CtY MS1 L69 C6 D3 • DFo MS1 • DLC MS5 L132 C7 D6 • FU C1 • GEU L1 • ICHi MS1 L4 C1 • ICIU L1 • ICN L2 MG1 • IGK L2 C1 • IU-R L3 D1 • IaDmE L1 C1 • IaMc L1 • IaU L3 • InFwL L1 • InU MS1 L3 C1 M • KyU L2 • MB MS5 L32 C2 D22 • MBAt L3 • MBCo L1 D1 • MBSpnea REF2 • MCR L1 C1 • MChB L5 D1 • MCo MS1 L1 • MH MS399 J29 L5619 C1221 D349 PR M REF1 • MHa C1 • MHi MS2 L81 D1 • MNF L1 • MWA L13 • MWelC MS1 L7 • MWiW MS1 L1 • MWiW-C L2 • MdBE L3 • MdBJ L4 D1 • MdHi D1 • MeB MS1 L4 • MeWC MS2 L46 C28 M • MiMtpT L6 • MiU L3 • MnHi L4 • MnM MS1 L7 M • MoSW L1 • N MS1 L16 D4 • NBu MS1 L1 REF65 • NHi L26 C1 D1 M • NHpR

201

Lowell, James Russell (cont.)

L1 • NIC MS2 L13 C129 • NN-B MS22 L253 C5 D82 M • NNC L17 C1 D2 • NNH L146 • NNPM MS12 L30 D3 • NNPf L6 D1 PR REF2 • NNU-F MS1 L27 • NNWH L1 • NPV L8 • NRU MS1 L18 • NSchU L16 C36 REF74 • NcD MS1 L36 M • NcU L3 D1 • NhD L3 D2 • NhExP MS1 L2 • NhHi L3 D1 • NjMD L1 • NjMoHP L4 • NjP L12 D2 • OCHP L2 PR • OClWHi L1 • OFH L8 • OHi C1 • OKentU L16 • OMC MS1 L1 • PBL L1 • PHC L7 • PHi L14 C3 D3 • PInU L1 • PMA L1 • PP L3 • PPRF L1 • PSC-Hi L2 C1 • PSt L5 • PU MS1 L21 • RNR MS1 L2 • RPB-JH MS5 L12 C2 D21 MG1 • TxFTC REF87 • TxU MS11 L135 D9 MG1 PR • UPB L1 • ViRVal L1 • ViU MS23 L183 C7 M • VtMiM MS4 L17 C6 D2 • VtU L2 • WHi L2 D1 • WaU C1 • WvU D1

LOWELL, Maria (White) (1821-1853) • CCamarSJ L1 • CSmH L1 • CtY MS1 • MB L2 D3 • MH MS5 L54 C37 D1 • NN-B L1 • NNC L1 • NNU-F MS1 L1 • RPB-JH MS1 L1 D1 • TxU L3 • ViU MS1 L1

LOWELL, Robert Traill Spence (1816-1891) • CSmH MS3 L12 D1 • CtY L11 • LNHT D1 • MH L13 C4 • MHi L2 • MdBJ L3 • MeB L4 • NNU-F L1 • NPV L1 • PHC L1 • PHi L6 • ViU L15

LOWELL, Robert Traill Spence (1917-   ) • ArU L4 • CU-A L1 • CU-S MS1 L3 C4 • CtU L2 • CtY L10 • DLC L10 • IDeKN MS2 • IU-Ar L1 C2 • InU MS30 L9 C10 D3 • KU-S D1 • MA L5 • MB L1 • MH L2 • MMeT L1 • MWelC L3 D1 • MiU L2 C3 D1 • MoSW MS1 L14 C1 D3 PR • NBuU MS7 L3 R • NN-B MS13 L16 D11 • NNAL L10 C23 D7 • NNC MS4 L10 • NNFF MS1 L9 C9 D13 • NRU L1 • NSbSU L2 • NbU L1 C1 REF2 • NjR L4 • OU L2 • PPiI C7 R • PSt L1 D1 • PU L1 • RU MS1 L9 PR • TNJ L2 • TxU MS2 L2 C1 • WaU L19 C1 • WyU-Ar L7

LOWENFELS, Walter (1897-   ) • CLU MS6 L225 C175 D2 • CStbS L3 • CU-S MS3 L11 D6 • CtU L5 • CtY MS3 L2 C1 M • DeU MS6 L206 C112 D1 • ICN L2 • ICarbS MS1 L9 C34 • IEN MS5 L61 C4 PR • InU MS1 L3 • KU-S C4 • MBU L23 • MeWC L2 C1 • MoSW L450 C365 • NBuU MS1 L19 R • NN-B MS1 • NNC MS9 L44 • NNU-F L31 • NSbSU L1 • NSsS L1 • PPT L1 • PU MS1 L3 • TxU L27 C1 D1 • ViU MS2 C2

LOWES, John Livingston (1867-1945) • CU L1 • CtY L12 C1 • DTr

L1 • IEN L2 • IU-Ar L1 • In D1 • MBU L1 • MH MS6 L63 C35 REF2
• MWelC L4 • MeWC L2 • MiU L1 C1 • NIC L5 • NNAL L26 C30
• NNC L3 • NNU-F L1 • NPV L1 • NRU L1 • PBm L1 • PPiU L11
C4 • RPB-JH L2 • TMM L1 • TxU L6

LOWRY, Robert James (1919-   ) • CLSU MS12 L26 C16 D3 PR
• CLU L1 • CtY L3 C1 • ICN L1 • IEN L2 • IU-Ar L2 • MBU 5FT
REF1 • NjR L1 • OKentU MS52 L5 PR M • PSt L3 • PU L4 • RPB-JH
L2 • TxU L1 C1

LOY, Mina (fl.1923) • CtY MS150 REF7 • IU-Ar L1 • RPB-JH
MS3

LUCAS, Daniel Bedinger (1836-1909) • CSmH L4 • NcD L18 • ViHi
L3 C1 D2 • ViU L3

LUCE, Clare (Boothe) (1903-   ) • CLSU R • CSt L1 • CtH L2 •
CtY MS1 L10 • DGU L1 • DLC 794CTN REF1 • IEN L13 • IU-R
L3 • InNd L1 • KyLoB-M L1 • MBU L3 • MCR L1 M • MH L7
C7 • MeWC MS2 L4 M • MiU-H L1 • NHpR L1 • NNC L38 D1
• NcD L2 • OkU D1 • PU L2 • TxU L2 C1 • ViLRM L1 • ViU L1
• WHi L3 C3

LUDLOW, Fitz Hugh (1836-1870) • CSmH L2 • MH MS1 L1 • MdBJ
L3 • NNC L2 D1 • NSchU L1 • OCHP L1 • PHi L3 • ViU L4

LUDLOW, Noah Miller (1795-1886) • DFo C2 • IU-R C1 • LU-Ar
L1 D1 • MoSHi J70 L15 C25 D8 M • MoSW L1 • NIC C1 • NRU L2
• PHi L1 • TxU L1

LUHAN, Mabel (Ganson) Dodge (1879-1962) • ArU L2 • COMC
L8 • CSmH L47 C2 M • CSt L1 • CU L12 REF15 • CtY MS91
L500 C1025 M REF7 • DLC L2 • InU L6 C2 D2 • MBU L3 •
MH L27 C1 • NBuU L1 • NNC L8 • NNU-F L4 • NRU L1 • PU
L7 • TxHR L1 • TxU MS1 L31

LUKENS, Henry Clay (1838-1900?) • DFo C1 • LNHT L1 • MH L4
• NNC L5 • NRU L2 • NcD L1 • OFH L8 M • RPB-JH L1

LUMMIS, Charles Fletcher (1859-1928) • AzU 4CTN REF3 • C L21
• CCC L1 • CHi 2CTN • CL MS3 L1 D5 • CLO 5CTN • CLSM 55FT
• CLSU L16 C5 • CLU MS2 J1 L19 C3 M • CRedl MG3 • CSmH REF1
• CSt L13 • CU L65 D1 M • CoCC L1 • FU L2 • ICN MS2 L52 REF1
• Ia-HA L5 • InU L2 • LNHT L12 D4 • MA L1 • MB L2 • MCR L3
• MH MS2 L13 • MiU L1 • NBu L1 • NNAL L3 C3 D1 • NNC L37

Lummis, Charles Fletcher (cont.)

D1 • NNH L3 • NNWML L9 • NcD L1 • NhD L4 • NjP L119 C27 D12 M • OCX L1 • UPB L1 • ViU L5

LUMPKIN, Grace (fl.1935) • CtY L1 • ICN L1 • OrU L5 • TxU MS1

LUNT, George (1803-1885) • CLU MS1 • CSmH L2 • IaU L1 • MB MS2 L8 C22 D2 • MH L40 C2 • MHi L43 • MWA L3 • MdBE L2 • NNU-F L1 • NcD MS1 • NhD C1 D1 • OFH L1 • PHC L1 • PHi L8 D2 • PP L2 C1 • PSt L1 • RPB-JH L4 • UPB L1 • ViU L1

LUTES, Della (Thompson) (1885-1942) • MH L1 • MeWC L4

LYNDE, Francis (1856-1930) • CSmH L2 M • ICN L1 REF1 • InRE L1 • MnHi D1 • NcD L1 • NjP L533 C397 D133 • T D1 • UPB L1 • ViU L3

LYTLE, Andrew Nelson (1902-   ) • CtY L18 C18 • FU MS5 • GEU L1 • ICHi D1 • ICN L3 • InU L3 • KyBgW D2 • KyLoB-M L10 • MH L1 • MiU L12 C18 • MnU L5 • MoSW L31 • NNFF L1 • NbU L1 REF2 • NcD L3 • T MS14 • TNJ MS37 J1 L174 C1822 PR M REF1, 2 • TxU L3 • ViLxW L9

LYTLE, William Haines (1826-1863) • NcU D2 • OCHP L64 C252 D1 2CTN M • PHi L3 D1

MAAS, Willard (1911-1971) • CtY L7 C5 • IU-Ar MS1 L10 • InU L5 C3 • MA L5 • MH L4 • MoSW L18 C3 • RPB-JH 3CTN PR REF1, 7 • TxU L2 C46 16CTN

MABIE, Hamilton Wright (1846-1916) • CLSU MS1 L7 C1 • CSmH MS1 L11 • CSt L1 • CU L4 • CtHC L1 • CtHT-W L31 • CtHi L1 • CtY L16 C1 • DFo MS1 • DLC MS2 L35 C78 • ICN MS2 L2 D1 REF1 • IGK L5 • IU-R L2 D1 • IaU L1 • InLP L2 • InNd L1 • InU L2 • KyBB L4 • KyRE L2 • KyU L1 • LNHT L21 • LU-Ar L50 C1 D3 • MA L37 C7 • MB C1 • MH MS1 L105 • MWA L4 • MWelC L6 • MWiW L8 • MdBJ L41 • MeB L5 • MeWC L1 C1 • MiU-C L1 C2 • NHi REF66 • NN-B L1 • NNAL L91 C16 • NNC L62 • NNPM L8 • NNWML L2 • NPV L1 • NSchU L1 • NcD L29 • NhD L1 • NhHi L1 • NjMoHP L3 • NjP C3 • OCl L2 • PCarlD L5 • PP C1 • PSC L1 • PSt L2 • RPB-JH L1 C1 • TxU MS2 L1 • ViU MS2 L14

McALMON, Robert Menzies (1896-1956) • CtY MS10 L109 C7 M • DeU MS3 L29 C5 • ICarbS MS42 L8 C1 • IEN L2 • MA L1 • MH L3

204

C1 • MU L1 • NIC L8 C1 • NNC L5 • NbU MS1 • NjP L3 C2 • TxU L5 • WMUW MS4 L13

MacARTHUR, Charles (1895-1956) • CtY L1 • MBU L1 • MH L21 C1 • MiU L3 C7 • NNC MS1 L1 • PU L2 • WHi 3CTN REF1, 7

McCABE, James Dabney (1842-1883) • MdBJ C1 • NRU L2 C1 • NcU L1 • ViHi L3 C2 D3

McCARTHY, John Russell (1889-   ) • ArU L5 • IU-Ar MS1 L2 • NPV L1

McCARTHY, Mary (1912-   ) • CLU L1 • ICN L2 • ICarbS L1 • MBU L1 • MH L2 • NHemH D1 • NNC L3 • NNFF MS1 L1 D3 • NNPM MS1 L1 • NPV L1 • NcD L1 • NjR L1 • PBm L9 • PU L1 • RPB-JH L2 • TxU MS1 L1 3CTN PR • VtMiM L2 C4

McCLURE, Samuel Sidney (1857-1949) • CLSU L5 C1 • CSmH L3 D1 • CtY L9 C3 • GEU L3 • ICN L7 • IU-R L1 • IaU L3 • InU MS30 J1 L365 C2760 D20 M • KPT MG1 • KyBgW L1 • LNHT L48 M • MB L13 C1 • MH MS2 L31 C1 • MNS-S L1 • MeWC L2 C2 • MiU L1 • MiU-H L2 • NN-B L2 • NNC L50 • NNWML L2 • NRU C2 • OKentU L1 • PMA L85 C26 • RPB-JH L4 C1 • ULA L4 • ViU L7 C324

McCLURG, Alexander Caldwell (1832-1901) • CSmH L1 • DLC L1 C1 • ICHi L7 • ICN L19 • MH L2 • MWA L2 • NNC L2 • NNPM L1 • NcD L2 • NjP L1 • OMC L1 • TxU L2

McCONNEL, John Ludlum (1826-1862) • PHi L2 • RPB-JH L2 • VtHi MS3

McCORD, David (1897-   ) • CCC L1 • CSmH L36 • CSt L1 • CtY L22 C5 • DLC L28 • InU L10 • MAJ L3 • MB MS3 L1 C124 D4 • MBU L1 • MH MS4 L134 C42 PR M • MMeT L5 • MeB L117 C185 • MeWC L12 M • MiU L12 C14 • NBuU MS23 L4 • NNC L1 • NSyU L20 • NjP L113 C138 D54 • PBm L1 • PU L41 • RPB-JH L5 • TxU MS1 L40 C8 • ViU L27 C25

McCORD, Louisa Susanna (Cheves) (1810-1879) • NIC L2 • PHi L1

McCORMICK, Anne (O'Hare) (1881-1954) • ICarbS L2 • NHpR L1 • NIC L1 • NNBa L2 • NNC MS1 L2 • PU L1 • ViLRM L1 • WHi 6FT REF1, 5, 7

McCORMICK, Jay William (1919-   ) • MiU MS2 L8 C16 D2 M • MiU-Ho MS4

McCOY, Horace (1897-1955) • CLU MS12 L2

McCULLERS, Carson (Smith) (1917-1967) • CtY L19 C13 D1 • DLC MS1 • GEU MS1 L3 C1 D4 M • GU MS2 • IaU MS1 • InU MS1 • MH D1 • MoSW L5 C2 • NN-B L2 • NNAL L2 C8 D1 • NNFF L2 C1 D3 • NcD L37 • PU L4 • TxU MS4 L1 D1 2CTN • ViLxW L1

McCUTCHEON, George Barr (1866-1928) • AzU MS1 • CCamarSJ L1 • CLSU L9 • CSmH L1 • CU L2 • CtY MS10 L7 PR M • DLC L1 • ICHi MS2 • ICIU C1 • ICN L18 • IEN L4 • IU-R C2 D12 • IaU L3 • In MS1 L2 • InGrD-Ar L1 • InHi L2 • InLP MS17 L8 C1 • InNhW L1 M • InU MS4 L6 D2 • LNHT L4 • MH L3 • MWiW-C MS2 • MeWC L1 • N L1 • NN-B MS21 L36 D1 • NNC L9 • NNMus L1 • NNU-F MS2 L3 • NcD L4 • NjP MS1 L6 • OO L1 • TxU 3CTN • ViU L10

MacDONALD, Jessica Nelson (North) (1894-   ) • CtY L1 C1 • ICN L2 • IU-R L1 • InU L4 C1 • MA L1 • MH L1 • NBuU MS2 L3 • PPT L1 • PSt L3 • RPB-JH L4 • TxU L1 • WGr D8

MacDONALD, William Colt (1891-   ) • CStaC MS1 • NcD L1

MacDOWELL, Katherine Sherwood (Bonner) (1849-1883) • MH L54 • Ms-Ar L1 D2 • MsU L1 M • NNC D2 • NcD L1

McFEE, William (1881-1966) • CCamarSJ L1 • CLU MS3 L87 • CU L1 • CtY MS131 J1 L2150 C251 D5 PR M • ICN L24 • IU-R L1 D2 • InU MS5 L6 D1 • KyBgW L6 • MA L1 • MB MS1 L9 • MH L5 • MMeT L28 • MeWC L10 • MiU L4 C3 • NIC MS3 L7 M • NN-B MS15 L8 C1 D1 • NNAL L11 C2 D2 • NNC MS3 L179 • NNU-F MS1 L6 • NcD L1 • NhD MS2 L1 • NjP MS1 L2 C1 • OC L3 • OkU C1 • P L1 • PPT MS1 L2 C1 • PPiU L1 • PSt L4 C6 • PU 1CTN • RPB-JH MS1 L1 • TxU MS20 L133 C18 D28 MG1 • ViU MS9 L27

McGINLEY, Phyllis (1905-   ) • CU L1 • CoU L2 • CtY MS2 L27 PR • DeU L1 • InU MS1 L1 • MA L6 • MH L2 C1 • MMeT L1 • MWC L6 • MeWC L1 • NBuU MS1 L4 • NNAL L13 C35 D3 • NNC L12 • NSyU 27CTN REF1 • PBm L7 • TxU L2 • ViU MS2 • VtU L2 • WaU L1

McGOVERN, John (1850-1917) • CU L7 • ICHi L1 • ICN L2 • InU L1 • PU L1

MacGOWAN, Kenneth (1888-1963) • CCFB L11 C19 D4 • CLU L2 R • CSt L1 • CtNlC L2 C1 D1 • CtY L39 C129 • IU-R L2 • InU L2 • MH MS1 L5 • MeWC L1 • MiU L3 • NN-B C1 • NNC L8 • NNFF

L5 C5 D5 • NSbSU L1 • NbU L1 • PU L13 • TxU L3

MacGRATH, Harold (1871-1932) • CLSU L1 • CSmH L1 • ICL L1 • ICN L1 REF1 • Ia-HA L3 • IaU L1 • NNU-F L2 • NjP L1 • ViU L1

McGREAL, Elizabeth (Yates) (1905-   ) • MBU 8FT PR R M REF1 • MMeT L2 • MnU-K MS1 L17 C6 PR • NBu MS1 • NNC L1 • VtU L10 C9

McGUFFEY, William Holmes (1800-1873) • CSmH L2 • CtHC L1 • KyU D1 • NIC L1 M • NcU L3 • OCHP MS1 L3 • OMC L1 C4 • OOxM MS1 L51 C116 D20 M • PHi L4 • ViW L1

McGUIRE, Frances (Lynch) (1869-1947) • IaU MS1

McHENRY, James (1785-1845) • Ct C7 • DLC L4 C5 • MB L2 • MH L3 • MdHi C1 • MnHi MS1 • NNC MS1 • NNU-F L1 • Nc-Ar L3 D1 • NcD L6 • NjMoHP L1 C1 • NjP MS1 L1 • PHC D1 • PHi L2 • PPAmP L1 C1 • PPC MS1

McINERNEY, Carl Raymond (1906-   ) • IaU MS1 L1

McINTOSH, Maria Jane (1803-1878) • CtY MS1 • InU L1 D1 • MB L1 • NIC L1 • NNBa L1 • PHC L2 • PHi L5 • RPB-JH L2 • ViU L2

MacINTYRE, Carlyle Ferren (1890-1967) • CLU MS250 L500 C200 D10 • CtY L22 C21 • ICN L1 • MA L3 • NBuU MS3 L5 • NN-B MS1 • RPB-JH L19 • TxU L2

McINTYRE, John Thomas (1871-1951) • CLO MS1 • CtHC L10 • IU-R C2 • MA L2 • NjP L30 C20 • PSt L1 • PU MS1 L4

McKAY, Claude (1890-1948) • CU L1 • CtY MS40 L124 C1029 D66 MG4 PR M REF7 • DLC L2 • GAU MS2 L9 • ICarbS L1 • IEN L1 • IU-R L5 D1 • InU L90 C8 D18 • MB L2 • MBU L2 • MH L10 • MiU L1 • NN-Sc MS7 J1 L32 C7 D12 REF1 • NNC MS1 • PU L3

MacKAYE, James Morrison Steele (1842-1894) • LU-Ar MS47 J143 L9 D21 • MH C1 • NhD 47FT PR M REF1 • PU MS2

MacKAYE, Percy Wallace (1875-1956) • CLSU L25 C1 D2 • CLU L2 • CSmH L3 • CSt L1 • CU L4 • CtY MS16 L75 • DLC L18 • ICL MS2 L1 • ICN L5 • IGK L1 • IU-Ar L6 • IU-R L2 C3 D2 • IaU L8 • InU L8 D1 • KyBgW L1 • MA L2 • MCR MS1 • MH MS4 L118 C17 M • MH-BA 1CTN • MNS L17 • MWA L1 • MWalB MS1 L12 • MeWC L8 C2 • MiU L4 • MnU-SW MS7 L30 C15 D12 PR • MoSHi MS5 • MoU L1 • NBuU MS2 L9 • NCH L1 • NN-B L1 D1 • NNAL MS8 L72 C75 D6 • NNC MS2 L30 • NNU-F L1 • NNWH L7 • NNWML L10 • NPV

MacKaye, Percy Wallace (cont.)

D1 ● NhD 23FT PR M REF1, 5, 7 ● NhU L1 ● NjP MS1 L26 C25 D3
● OCHP L2 M ● OOxM L3 ● PHC L3 ● PHi L3 ● PSt L3 ● PU L12 ●
RPB-JH L11 ● TxU MS1 L1 ● ViU MS5 L27 ● VtU L3

McKEE, Ruth Eleanor (1903-   ) ● CL L1 ● TMM L1 ● TxU L4 C2

MacKELLAR, Thomas (1812-1899) ● DLC L1 ● MB L3 ● MH MS1
● MiU MS1 ● NBu L1 ● NNC MS2 L3 ● PHC L1 ● PHi L2 ● PPT C2

MacKENZIE, Robert Shelton (1809-1880) ● CLU L1 C1 ● CSmH L12
C4 D2 ● CtHT-W L1 ● CtHi MS1 L3 ● CtU C1 ● CtY L3 C1 ● DFo C1
● ICHi L2 ● ICL L1 ● IGK L1 ● IU-R D2 ● IaDmE L1 ● IaU L1 ● InNd
L1 ● MB L4 C2 ● MH L23 C3 ● MHi L5 ● MWA L1 ● MdBJ L2 ● N
L3 ● NHi L2 C3 ● NIC C5 ● NN-B L1 C3 ● NNPM L1 ● NPV C3 ● NRU
L2 C1 ● NjMoHP L3 ● OCHP MS1 L1 ● PHC L2 ● PHi L25 C380 D4
● PPL D1 ● PSC L1 ● PU L1 ● ViU L1 ● VtMiM L2

McKINNEY, Robert (1910-   ) ● NBuU MS11 L5 ● OkU L1 C3 ●
RPB-JH L3 ● TxU L1 C2

MacLEISH, Archibald (1892-   ) ● CL L2 ● CLU L1 ● CSdS L1 ●
CSt 1CTN REF2 ● CStbS L1 ● CU L34 D1 ● CU-A L2 ● CtNlC L2 ●
CtY MS45 L117 C89 D4 MG1 PR R M ● DeU L7 ● GU MS1 L1 ● ICN
L19 ● ICarbS MS3 L14 C1 PR M ● IEN L1 ● IU-Ar MS1 L19 C9 D2
R M ● IU-R L51 ● IaU L14 ● InGrD-Ar L7 R ● InU MS4 L53 C11 D7
● KLeS L1 C1 ● KU-S L1 ● KyU L1 ● MA L10 ● MB L1 C1 ● MBNEH
L1 ● MBU L40 C2 ● MH MS11 L106 C15 D1 PR ● MH-BA L16 ● MMeT
L23 C4 ● MU MS1 L2 PR ● MU-Ar R ● MWC L1 ● MWelC MS3 L19
● MdBJ MS1 L10 C1 ● MdHi L3 ● MdU MS1 ● MeWC MS2 L15 ● MiU
L12 C20 D7 M ● MiU-H L4 C1 ● MnHi L5 ● MnU-Ar L12 C10 R ●
MnU-SW L5 C5 D6 ● MoSW L4 ● NBiSU L1 ● NBrockU-EC R ● NBu
L2 C1 ● NBuU L10 ● NHemH L1 ● NHpR L1 ● NIC L17 C16 C1 ● NN-B
L2 D1 ● NNAL .5FT ● NNC MS1 L151 ● NNFF L14 C24 D11 ● NNPM
MS1 ● NNU-F MS1 L2 ● NPV L4 ● NRU L1 ● NSsS L2 ● NSyU L17
C2 ● NcA L1 ● NcD L2 ● NhD MS4 L2 C1 D4 ● NjP MS12 L21 C1 PR
● OCl L3 ● OkU L2 C2 ● OrU L1 ● P L1 ● PBm L1 ● PHC L6 ● PHi
D1 ● PPAmP MS1 D1 ● PPiI MS5 L12 C13 R ● PPiU MS1 L7 C2 ● PSt
L15 R ● PU L50 ● RPB-JH L16 C1 D1 ● TxU MS3 L20 C5 D1 PR ●
ViRCU L9 C13 ● ViSwC L1 ● ViU MS15 L21 C3 ● VtHi L1 ● VtMiM
L13 C4 ● VtU L1 C1 ● WGr L3 ● WHi L10 C10 ● WaU L1 C1 ●

WyU-Ar L159

McLELLAN, Isaac (1806-1899) ● A-Ar L5 ● CSmH L1 ● MB MS2 L1 ● MH L8 ● MHi L9 ● MdHi D1 ● MeB C1 ● NBu L1 ● NN-B M ● PHC L1 ● PHi L4 D3 ● ViU MS1

MACLEOD, Norman (1906-   ) ● CtY MS1 D1 12FT REF7 ● DLC L13 ● DeU MS2 L56 ● IU-Ar MS1 L1 ● MA L1 ● MBU L1 ● MH L2 C1 ● NbU L1 REF2 ● NjP L1 C1 ● RPB-JH L3 ● TxU MS8 L4 ● WGr MS2 L3

McLEOD, Xavier Donald (1821-1865) ● IU-R L1 D1 ● PHi L1 D1

McMASTER, Guy Humphreys (1829-1887) ● MB L1 ● MdBJ L1 ● NRU L2

"McMEEKIN, Clark" (pseud.) ● KyRE L1 ● KyU MS3 M

McMEEKIN, Isabel (McLennan) (1895-1974) ● KyLo MS2 ● KyLoF L4 ● KyLoU MS3 ● KyRE L1 C1 ● KyU MS1 M

McMURTRY, Larry (1936-   ) ● ICN L2 ● OrU L5 ● PSt MS1 ● TxHU MS38 L26 C87 D7 PR M REF88 ● TxU MS5 L1

McNEILL, John Charles (1874-1907) ● IU-R L1 ● MChB D1 ● NcD L2 ● NcU MS1 L1

McNICHOLS, Charles Longstreth (1895-   ) ● CLU MS1 L1

MACNIE, John (1835-1909) ● MH MS1 L4 ● NdU D1

MacSPARRAN, James (1693-1757) ● MB MS1 ● NNC L4 C1 ● PHi D1 ● RHi L6 D2 ● RPB-JH D2

MACY, John Albert (1877-1932) ● CCFB MS1 L12 C2 M ● CLSU L1 ● CSmH L11 ● IU-Ar L1 ● InU L4 ● MA L7 ● MH MS2 L6 ● MeWC L2 C1 ● NIC L1 ● NN-B L34 D1 M ● PHC L3 ● PSt L1 ● PU L19 ● TxU L8

MADELEVA, Sister (1887-1964) ● CU L20 ● CU-S MS1 D6 MG12 ● DGU L6 ● ICL L1 ● KyLoB-M L3 ● MBU L1 ● MH L2 ● NBuU MS5 L4 ● VtU L1 ● WGr MS9

MADISON, James (1751-1836) ● A-Ar L1 ● CCC L2 D1 ● CCamarSJ L4 ● CLU L1 C1 ● CLU-C L1 ● COMC L2 ● CSt D3 ● CU L1 D1 ● CoCC L1 ● Ct L1 C1 M ● CtHC L1 ● CtHi L7 C5 ● CtLHi D2 ● CtY J1 L11 C10 D4 ● DLC MS5 L406 C718 D142 M REF4, REF28 ● DeGE L7 C16 ● DeU D1 ● ICHi L4 C6 D13 ● ICN L4 D2 ● IGK L1 C1 D1 ● IHi L1 D1 ● IaHi C1 ● IaU L1 ● InHi L9 D1 ● InU MS1 L21 C22 D12 ● KyBB D1 ● KyLoF L1 D1 ● KyU L4 C1 D5 REF4 ● LNHT C3 ● MA L1 C5

209

Madison, James (cont.)

D1 • MB L9 C2 D7 • MBCo L8 C1 D2 • MBSpnea REF2 • MBU L2
D2 • MH L23 C7 D12 • MHi L85 D2 • MWA L2 D2 • MWiW-C L2
D1 • MdBE L4 • MdBJ L2 C2 D1 • MdHi L13 C14 D16 • MeB L1 C1
D1 • MiMtpT L1 D1 • MiU-C L10 C5 D4 • MnHi L2 D2 • MnU-Rb
L1 • MoSHi L4 C2 D9 M • MoSM L1 • MoSW L2 • NAlI L2 • NBuHi
L2 • NCH L1 • NCanHi D1 • NHi REF66 • NHpR L1 • NIC L11 C1
D2 • NNC L10 C34 D4 • NNMus L5 • NNPM MS1 L23 D3 • NNS L1
• NNebgWM D1 • NPV D1 • NRU L1 C2 D1 • Nc-Ar L2 C1 D2 • NcD
L5 D6 • NcU L6 C2 D4 • NhD L6 D37 • NhHi L5 • NjMoHP L29 C17
• NjP 10CTN REF • OCHP L1 • OCl L1 • OClWHi L2 C2 D4 • OFH
L1 • OHi L1 • OMC L1 C4 • OkTG C1 D1 • PBL L1 • PCarlD L1 C1
D1 • PHC L22 C10 D11 • PHi MS1 L109 C129 D98 • PMA L1 • PP
L6 C3 D1 • PPAmP L3 C4 D18 • PPL L2 • PPRF L8 C3 D5 • PPT L4
D2 • PSC-Hi L2 • RHi L3 D2 • RPB-JH L8 C18 D21 • RPJCB L1 C1
• ScU L2 C11 • TxGR D2 • TxU L4 C4 D2 • Vi L30 C10 D10 • ViHi
L34 C10 D51 M • ViU L110 C50 D100 2FT • ViW L3 • VtMiM D1 •
VtU L2 • WHi L4 C1 D8 REF4

MAGRUDER, Julia (1854-1907) • CSmH L2 • DLC L2 • ICN L1 •
IU-R D2 • LU-Ar L1 • MH L1 • NBu L1 • NNC L1 D2 • NcD L25
• NjP L3 C10 • PHi L3 • TxU L1 • ViHi J1 • ViU L4 • VtMiM L1

MAHER, Richard Aumerle (1880-1959) • PV MS2 L1

MAILER, Norman (1923-   ) • CtY MS3 L5 • DLC L1 • IEN L1
• KPT MG1 • KU-S MS1 • MBU MS1 L4 D • MoSW L3 C2 • NHemH
D1 • NN-B L6 D7 • NNAL L8 C9 D3 • NNC L7 • NNFF D1 • NNU-F
L6 • NSyU L1 D1 R • NjP L1 • NjR L8 • PSt L2 • RPB-JH L1 • TxU
1CTN • ViU L1

MAILLY, William (1871-1912) • ICN L2 • InU L1

MAJOR, Charles (1856-1913) • CLSU L1 • DLC L1 • ICL L1 • ICN
L1 REF1 • In D2 • InLP MS23 L23 C1504 M • InNhW MG1 M • InRE
L2 • InU L4 D3 • NN-B L1 D1 • NNU-F L3 • NjP MS1 L3 C1 • PCarlD
L2 • PHi L1 • ViU L1

MALAMUD, Bernard (1914-   ) • CoU L3 • DLC 15CTN • DeU
D1 • InU L1 • MA L1 • MB D1 • MH MS1 L1 • MiU L1 C2 D1 • MoSW
L6 • NNAL MS1 L22 C35 D1 • NNC L2 • NNFF L14 C11 D10 • NSsS
L1 • NcD L1 • NjLi L1 • NjR L19 • PSt L1 • WaU L1

MALCOLM X (1925-1965) ● NNC L1 D1

MALONE, Walter (1866-1915) ● CSmH MS1 L1 ● CtY L2 ● ICN L5 ● LNHT L1 ● MH L7 ● MiU D1 ● NCH L3 ● NNC MS1 L4 ● NcD L3 ● NjP C1 ● T D3 ● TMM MS32 L39 C411 D30 M ● ViU MS1

MALTZ, Albert (1908-   ) ● CSt MS3 L1 PR ● CU MS3 ● CoU L1 ● CtY L12 C3 ● ICN L1 ● ICarbS L1 ● IU-Ar L1 ● MA L1 ● MBU 3FT REF1 ● MH MS1 ● NNC L4 ● NSbSU L1 ● NcGrE L10 ● PPT L1 ● WHi L3 C3 D10 15CTN REF1, 7

MANFRED, Frederick Feikema (1912-   ) ● CU L4 ● CtY L30 C3 ● ICN L7 ● IU-Ar L1 ● IaU L1 ● MBU L1 ● MnHi L25 C22 ● MnU MS79 J7 L4389 C6591 MG14 PR R M REF2 ● NbU L1 C1 REF2 ● NjR L1 ● PU L21 ● SdSiFA REF2 ● TxHR L5

MANGAN, Sherry (1904-   ) ● CtY MS1 L11 C4 ● DeU MS4 L52 ● ICN L3 ● MA MS1 L2 ● MH MS93 L3286 C4922 M ● NBuU MS4 L6 ● NjR L1 ● RPB-JH L3

MANN, Horace (1796-1859) ● CLU L2 ● CSmH L6 ● CSt L1 ● CtHC MS1 ● CtHT-W L1 ● CtHi L4 ● CtW L2 ● CtY MS1 L31 C4 1CTN ● DLC L37 C17 D4 ● ICHi L3 ● IaU L1 ● In L1 ● InFwL L1 ● KU-S L1 ● LU-Ar L2 ● MB MS1 L42 C2 D7 ● MBCo L1 ● MBNEH L1 ● MBU L2 ● MDedHi 9CTN ● MH MS1 J1 L58 C17 ● MHi MS5 J15 L142 D7 MG3 ● MS L1 ● MWA L4 ● MdBJ L1 D1 ● MeWC L1 ● MiMtpT L1 ● MiU-C L1 C1 ● MiU-H L2 C1 ● MnHi L3 ● NHi L2 ● NIC L4 ● NN-B L4 C1 ● NNC L3 ● NNPM L3 C1 ● NRU L5 ● NRom L1 ● NSyU L2 ● NcD L9 ● NhD D3 ● NjMD L1 ● NjMoHP L1 ● NjP L4 ● OCHP L4 ● OCl L1 ● OClWHi L1 ● OMC L1 ● OYesA MS11 J1 L97 C301 D12 ● PHC L5 ● PHi L10 ● PMA L1 ● PPAmP L1 ● RPB-JH MS1 L93 C43 D17 REF1 ● RPRC L1 ● TxU MS1 ● ViU MS5 L2 C25 ● VtHi D1 ● WHi L1 D1

MANN, Louis (1865-1931) ● ICL M ● NHi L1 ● OFH L1

MANN, Mary Tyler (Peabody) (1806-1887) ● CSmH L2 C1 D2 ● CtHi L1 ● CtY L3 ● DLC L7 C67 D1 ● InU C3 ● MB L8 C1 ● MCR L2 D1 ● MH L41 C15 ● MHi L187 ● MNS-S L20 ● NHi L1 ● NIC L4 ● NN-B L94 C39 D1 ● NNBa L1 ● NNC L1 ● NNPM L1 ● NRU L13 ● NcD L1 ● OClWHi L1 ● OU D1 ● OYesA L48 ● PHi L1 ● RPB-JH L2 C12 D1

MANNERS, John Hartley (1870-1928) ● CLSU L2 ● ICL L1 ● ICN

Manners, John Hartley (cont.)

L1 REF1 • InU L1 • MB L5 • NNMus L1 • NRU L1 • TxU L10

MANSFIELD, Edward Deering (1801-1880) • CLU L2 C1 • CSmH L1 • MeB L1 • NHi L1 • NNC D1 • NRU L3 • NjP L1 • OCHP L1 • OFH L9 C1 • OHi L20 C6 • PHi L1 • WM L9 C17 D7

MANSFIELD, Richard (1857-1907) • CCC L1 • CLSU L1 • CSmH L3 C1 • CSt L6 • CU L1 • CtNlC L39 M • CtW L1 • CtY L5 • DFo L193 C7 D15 MG1 M • DLC MS9 L3 C2 2CTN REF1 • ICHi L6 • ICL L5 D2 M • ICN L1 • IGK L1 • InU L3 M • MA L1 • MB L5 • MH MS2 L24 • MNS L1 • MStoc L1 M • MWA L23 • MiU L1 • MnHi L13 • NB L1 • NN-B MS1 L10 M • NNC L11 C1 • NNMus L23 • NNWH L11 C1 • NRU L3 • NjP L3 C1 • PHi L5 D1 • PU L3 • RPB-JH L5 • TxU L2

MAPOTHER, Edith (Rubel) (fl.1943) • KyLoU MS1

MARKHAM, Edwin (1852-1940) • A-Ar L1 • C MS2 L4 • CCC L2 MG2 • CCamarSJ MS2 L2 D1 • CHi 2CTN • CL MS2 • CLO MS1 • CLSM L4 C2 M • CLSU MS20 L42 D11 MG7 • CLU MS1 L9 • CLU-C L1 • CO L3 • COMC MS1 L77 C3 • CSf MS6 L25 D1 • CSmH MS6 L35 D2 PR • CSt MS5 L18 D2 • CStbS D1 • CU 1CTN REF8 • CtW L1 • CtY MS2 L9 • DLC MS55 L627 C23 D1 PR 31CTN • DeU L5 D2 • ICL MS1 • ICN MS2 L4 REF1 • ICarbS L3 C2 M • IEN L3 MG1 • IGK MS6 L21 C12 • IU-HS L1 • IU-R L1 D1 • IaU L2 • InGrD MS1 L2 • InNd L1 • InTI L5 D1 • InU MS11 L16 D3 • KyBB MS2 L7 • KyBgW L5 • MA L9 • MB L5 C1 D1 • MChB MS4 • MH MS2 L23 C2 • MHi L1 • MMeT MS1 L4 • MNS MS1 L18 • MWH MS1 • MWalA L1 D1 • MWelC L3 D3 • MeWC MS3 L6 PR • MiEM MS1 • MoSHi L1 • MoSW L1 D1 • N L1 • NB MS1 L8 • NBuU MS80 L6 • NCH L1 • NHi L2 • NHpR L1 • NIC L2 • NN-B MS200 L80 D1 PR • NNAL L18 C30 D6 • NNC MS5 L29 • NNMus MS1 • NNPM L1 • NNU-F MS2 L12 • NNWML MS1713 J1471 L549 C10000 D2000 MG327 PR R M REF5, 7 • NNYI L1 • NcD L3 • NcWsW MS1 • NhD MS3 D1 • NjMD L1 • NjP L10 C7 D2 • OCl MS2 • OFH L1 • OKentU L1 • OLitW MS17 • OMC L1 M • OU L1 • OrU L49 M • PHC L1 • PHi L5 D1 • PInU L1 • PP L2 • PPT L5 D2 • PSC L1 • PSC-Hi MS1 D1 • PSt L3 D6 PR • PU L11 • RPB-JH MS10 L6 C2 • TxU MS3 L8 C6 D4 MG5 PR M • TxWB-B MS1 L1 • UPB L1 • ViLRM L1 • ViU MS12 L46 C3 D4 •

ViW L2 • VtU L5 D2 • WHi MS1

MARKOE, Peter (1752-1792) • MdHi D1 • MiU-C D1 • RPB-JH L1

MARQUAND, John Phillips (1893-1960) • CU L3 D1 • CtY MS131 L2 PR • DLC L3 • ICN L2 • ICarbS L1 • MB L1 • MBU 2FT M REF1 • MH MS4 L511 C656 PR REF1, 2, 3 • MH-BA L8 • MWC L5 • MWalB L3 C2 • MeWC L2 • MiU L8 C16 D1 • MiU-H L1 • MnHi L2 C2 • NN-B L7 M • NNAL L5 C15 D1 • NNC MS2 L136 C115 • NRU L1 • NSyU L28 C3 • NcD L2 • NjP L38 C80 D64 • OCU L1 • OrU L11 • P L1 • PCarlD L1 • PSt L1 • PU L7 • TxU MS1 L11 C6 • ViU MS1 L4 C1 • VtMiM L1 • VtU L1

MARQUIS, Donald Robert Perry (1878-1937) • CLSU L3 • CLU L1 • CSmH L3 • CtY L10 C2 D1 • DLC L1 • GEU L1 C1 • ICarbS L10 • IGK L3 • IaU L1 • InU L8 C1 D7 • MH L6 D1 • MoSHi L1 • NBuU L1 • NCH L1 • NJQ C1 • NN-B MS5 L26 C1 D6 M • NNAL L8 C8 D2 • NNC MS146 L43 C36 REF1, 7 • NNU-F L4 • NNWH L30 C13 • NcD L5 • NjP L25 C24 D6 • OrU MS40 L210 C240 M • PHC L1 • PPT L1 • PSt L2 • RPB-JH L4 C4 • TxU MS5 L36 C3 • ViU MS16 L16 C3

MARSH, Caroline (Crane) (1816-1901) • CtY L1 • DLC L1 • MH L12 C1 • MoSHi D1 • NHi L1 • NIC L1 • NNC L1 • NSchU L1 REF74 • NhD L11 D5 • NjP L8 • PHi L2 C1 • TxU L1 • VtHi C1 • VtU MS15 J35 L125 C100 REF7

MARSH, James (1794-1842) • CtY L9 • DLC L1 • MBCo L2 • MHi L2 • NHi L2 • NhD L10 D5 • PHi L4 • PPL D1 • VtU 1FT

MARSHALL, Edison (1894-1967) • CU L2 • CtY L1 • DLC L1 • GEU L1 • MBU MS3 REF1 • MH L1 • OrU MS1 L16 • TxU L1 C1

MARTIN, Edward Sandford (1856-1939) • CLSU L3 • CSmH L3 • CU L1 • CtY MS3 L3 • DLC L1 • ICN L2 REF1 • IGK L1 • InU L9 C2 • LNHT L1 • LU-Ar L1 • MA L2 • MH MS50 L929 C627 PR M • MHi L1 • MWA L1 • MeB L1 • MeWC L3 • NBu L1 • NHi L1 • NNAL MS1 L18 C10 • NNC L11 • NRU L8 C3 • NSchU L1 • NcD L76 • NjP C81 • OCl L1 • PCarlD L3 D1 • PHi L2 D1 • PMA L9 D1 • PU L6 • RPB-JH L5 • TxGR L1

MARTIN, Georgia May (Madden) (1866-1946) • CU L2 • ICN L1 • InRE L1 • InU L6 • KyLoU MS1 • KyRE L1 • KyU L6 • MA L1 • MH L14 • PPT L2

213

MARTIN, Helen Reimensnyder (1868-1939) ● CL L1 ● InU L1 ● PHarH MS1

MARTIN, Victoria (Claflin) Woodhull (1838-1927) ● CSmH L1 ● ICarbS 2FT REF1, 4 ● MB D1 ● MCR L1 D1 ● NHi D1 ● NNC L1 ● NPV L4 ● OFH D1 ● PHi L1 ● VtHi D1

MARTYN, Benjamin (1699-1763) ● DFo D2 ● NHi D1 ● NcD L2 D2 ● NjMoHP MG1 ● PHi C1

MARTYN, Sarah Towne (Smith) (1805-1879) ● CtHC L1 ● PHi L1

MASON, Francis Van Wyck (1897-   ) ● CU L1 ● CtY L3 C4 ● IU-Ar R ● MBU 2FT REF1 ● MH MS13 L1 C1 ● MdBE MS4 ● MeWC L1 ● NSyU 3CTN REF1 ● NhD MS4 ● NjP MS1

MASSON, Thomas Lansing (1866-1934) ● CL MS1 ● CSmH C1 ● CtHi L14 ● CtY L3 ● DLC L2 ● IU-R L1 ● IaU L6 ● InLP L1 ● InU L7 ● MA L4 ● MB L1 ● MH L4 C1 ● NIC L1 M ● NN-B L1 ● NNC L2 ● PSC L1 ● TxU L5 ● ViU MS1 L1

MASTERS, Edgar Lee (1869-1950) ● ArU L10 ● AzTeS L1 ● CCC L2 ● CCamarSJ L1 ● CLSU MS1 L12 D10 ● CLU MS1 L1 ● COMC MS2 L2 PR ● CSf MS1 L1 ● CSmH MS37 L5 D1 ● CSt L2 ● CSt-H L16 C13 ● CU L9 ● CoU L3 ● CtY MS76 L192 PR ● DLC MS2 L5 ● ICHi MS1 ● ICN L272 D1 ● ICarbS L3 ● IEN MS1 L1 ● IGK L11 ● IHi MS39 L78 C2 M ● IPetM MS16 L45 C2 D2 M ● IU-R L1 ● IaDmE MS1 ● IaU MS2 L9 D1 ● InTD L1 ● InU MS5 L27 C3 D7 ● KyU L1 ● MA L1 ● MChB MS2 ● MH MS8 L87 C12 ● MWH MS1 ● MWelC L1 D1 ● MWiW-C MS96 L4 ● MeWC L1 ● MiU L7 C8 ● MnU-Ar MS1 L8 C1 ● MoCgS MS1 ● MoSHi L2 D1 ● MoSW L1 ● NB MS1 L8 ● NBiSU L2 ● NBuU MS1 L5 ● NIC L3 C5 ● NN-B MS9 L78 D1 ● NNAL L9 C18 D3 ● NNC MS35 L33 C2 PR ● NNU-F L61 ● NNWML L6 ● NRU L5 ● NhD MS3 L8 D1 ● NjP 3CTN ● OCl MS1 L1 ● OClWHi L1 ● OKentU MS1 L1 ● OU MS1 ● OrU L2 ● PHi L1 C1 ● PPT L1 ● PSt MS13 L53 C3 D33 ● PU MS34 L517 ● RNR MS1 ● RPB-JH MS14 L292 C4 M REF1, 5, 7 ● TNJ L4 ● TxU MS31 L53 C2 D5 MG1 75CTN PR M REF96 ● ViLRM L1 ● ViU MS3 L24 C1 ● VtMiM MS1 L2 C1 ● WHi MS1 L2 ● WMUW MS1

MATHER, Cotton (1663-1728) ● CSmH MS5 L18 D7 ● Ct L1 ● CtY MS1 L3 C2 D1 ● DLC MS1 D1 ● ICHi MS1 ● ICN MS1 ● IaMc MS1 ● M-Ar D15 ● MB MS11 L8 C18 D7 REF52 ● MBC MS2 J1 ● MBCo

D1 • MBNEH L2 • MBU MS1 C1 D4 • MH MS6 L4 D4 • MHi MS10 J5 L65 D4 MG4 • MWA 5CTN • MWiW L1 • MiU-C MS1 • NHi L2 D1 REF66 • NIC MS2 • NNPM MS2 L2 D2 • NRU MS1 • NhD L1 D1 • OMC L1 • PBL MS1 • PHC MS1 • PHi L5 C1 D10 • RPB-JH MS1 D2 • RPJCB MS2 • TU D1 • ViU MS4 J1 L15 • WHi L1

MATHER, Increase (1639-1723) • CSmH MS4 L5 C1 D2 • CtY MS2 L1 • ICN MS1 • M-Ar L3 D35 • MB MS11 L28 C259 D7 MG1 REF52 • MBNEH C1 • MBU C2 D4 • MH L1 • MHi MS9 J8 L13 D3 • MNtcA MG1 • MWA 3CTN • NHi C1 REF66 • NNPM L1 • NNU-F MS1 • NhD D2 • PHC D1 • PHi MS1 L1 D3 • RHi D1 • ViU MS8 D1

MATHER, Richard (1596-1669) • CSmH D2 • CtY MS1 • DeU J1 • ICHi J1 • MB MS1 L1 D2 • MHi MS2 MG1 • MWA 1CTN • NHi MS1 • NIC MS1 • NNPM D1 • PHi D3 • ViU MS5

MATHER, Samuel (1706-1785) • CSmH D2 • Ct L1 D3 M • CtNlC D1 • CtY MS1 L1 D2 • ICHi MS1 • M-Ar D8 • MB L1 C2 D1 • MBNEH C3 • MH L2 C3 • MHi MS2 L81 MG1 • MWA 3CTN • MiU-C L1 • NBuHi MG1 • NHi L2 • NIC D1 • NNPM MS1 • NNU-F L2 • NhD L1 C1 D3 • NjMoHP L1 • PHi MS1 L2 C1 • PPAmP C1 • PPC L1 • PPL D3 • RHi D1 • RPJCB MS1

MATHEWS, Albert (1820-1903) • MH L1 • N L1 • NNC L5 • NPV L1 • NSchU L2 • OCHP L1 • PHi L1

MATHEWS, Cornelius (1817-1889) • CLU L1 • CtHi L1 • CtY L3 C2 • DFo L4 M • DLC L1 • ICHi L1 • IU-R L2 • MB L9 • MH L12 C3 • MWA L1 • N L1 • NHi L1 C3 • NIC L3 • NNC L4 D1 • NNPM L2 C1 • NRU L2 • OCHP L1 • PHC L1 • PHi L18 C1 • PP L1 • TxU C1 • ViU MS1 L3

MATHEWS, John Joseph (1895-   ) • CStbS MS1 L5 C7 • OkU MS6 L101 C180 D4 M • TxU L1 C1

MATHEWS, William (1818-1909) • CU-S L4 • CtY C4 • DFo L1 • DLC L1 • ICarbS C1 • MB L4 • MH L3 • MWA L3 • MdBJ L3 • OFH MS1 • PHi C1 • TxGR L1

MATTHEWS, James Brander (1852-1929) • CCamarSJ MG1 • CLSU MS1 L56 C6 • CSmH MS3 L16 C2 • CSt L3 • CoU L5 • CtW L5 • CtY L177 C5 PR • DFo L101 • DTr L1 • GEU L1 • ICHi L1 • ICN L89 REF1 • IU-Ar L13 • IU-R MS1 L1 D4 • IaU L5 C1 • InGrD-Ar L1 • InU L10 C1 D3 • KU-S L1 • KyBgW L1 • KyLoU L2 • KyU L1 • LNHT

Matthews, James Brander (cont.)

L2 ● MA L8 ● MB MS1 L8 C2 ● MChB L2 ● MH L72 C6 M ● MWA L8 ● MWH MS1 ● MdBJ L9 ● MeB L4 ● MeWC L2 ● MiU L1 ● NBu MS1 L1 REF65 ● NHi REF66 ● NIC L2 ● NN-B MS2 L5 ● NNAL MS11 L250 C250 ● NNBa L1 ● NNC MS15 L316 C656 D21 M REF1, 4, 7 ● NNMus L3 ● NNPM L1 D1 ● NNU-F MS1 L40 ● NPV L6 ● NRU L4 ● NbU L1 ● NcD L6 ● NhD L2 ● NjP L265 C249 D21 ● OCHP L2 ● OCl L1 ● OFH L1 ● OOxM L4 ● PCarlD L3 ● PHi L3 ● PPT L2 ● PSt L5 D1 ● PU L15 ● RNR L1 ● RPAB L3 ● RPB-JH L9 C1 ● TxU MS1 L5 ● UPB L4 ● ViU MS1 L53 C1 D1 ● WHi L2 ● WaPS L1 ● WvU L2

MATTHEWS, James Newton (1852-1910) ● CLU-C C1 ● IU-Ar D1 M ● IU-R C3 ● InU MS13 L99 C89 D2

MATTHIESSEN, Francis Otto (1902-1950) ● CSt L1 D1 ● CU L1 ● CtU L13 C1 ● CtY 20CTN REF7 ● DLC L22 ● ICN L5 ● IU-Ar L3 M ● IaU L1 ● InU L2 ● MBU L1 ● MH MS23 L9 C3 ● MeWC L1 ● MiU L5 C7 D1 ● NIC L7 ● NNC L5 ● NNU-F L1 ● NRU L1 ● NjMoHP L3 ● NjR L3 ● PU L17 ● TxU L1

MATURIN, Edward (1812-1881) ● NNC L1 D1 ● PHC L1

MAURICE, Arthur Bartlett (1873-1946) ● CLSU L2 ● CSmH L8 ● CtY L1 ● ICN L2 ● IU-R D1 ● KyU L1 ● MA L15 ● MB L1 ● NN-B L1 ● NNC L2 ● NjP MS2 C259 ● PMA L1 C1 ● PU L1

MAXWELL, William (1908-   ) ● C L2 ● IU-Ar L7 C1 M ● IU-R L1 ● MBU L9 ● MH L20 ● MoSW L5 ● NIC C2 ● NN-B L1 ● NNAL .3FT ● NNC L19 ● NNFF L11 C16 D1 ● NSyU L11 ● OU C1 ● PBm L92 ● PMA L5 C5 ● PSt L2 C119 ● PU L1 ● TxU L7 C102 D3 MG1

MAY, Caroline (c.1820-?) ● CtHi L1 ● MB C1 ● MCR L1 ● MH L12 ● NBu L1 ● NNBa MS1 ● NcD L1 ● PHi L2 D2 ● RPB-JH D1 ● ViU L2

MAY, James Boyer (1904-   ) ● CLSU MS1 L24 ● IEN MS2 L12 PR ● IU-Ar MS1 L10 C3 ● IaU L2 ● InU MS1 ● NBuU MS7 L10 ● NNFF L1 ● NbU L2 C1 REF2 ● TxU L2 C2

MAYHEW, Experience (1673-1758) ● CSmH L1 ● ICN D1 ● M-Ar D14 ● MB D2 ● MBU L5 D1 ● MH L1 ● MHi MS6 L3 D2

MAYHEW, Jonathan (1720-1766) ● CSmH MS8 D1 ● CtHC C1 ● CtY C2 ● MBU 2FT ● MH M ● MHi L23 ● NNC L1 ● PHi L1 ● RPB-JH D2

MAYHEW, Thomas (c.1621-1657) ● OMC D3 M ● RHi D1

MAYNARD, Theodore (1890-1956) ● CLU L5 ● COMC MS1 ● DGU MS1 L15 ● ICL L1 ● IU-R L2 C3 ● InNd MS1 L1 ● MH L4 C4 ● NBiSU L1 ● NBuU MS5 L8 ● NHemH L1 ● NN-B L3 ● OCX L3 ● OkU L1 ● OrU L2 ● PU MS1 L258 ● TxU L3 C2 ● ViU MS5 L3

MAYO, Frank (1839-1896) ● CLSU L1 ● CLU L1 ● CU-A M ● DFo L8 ● ICL L2 M ● NNC L3 ● NNMus MS2 L1 D7 ● OCHP L1

MAYO, William Starbuck (1812-1895) ● FU L2 ● IU-R D2 ● NHi L1

MAYS, Benjamin Elijah (1895-   ) ● GEU MS1 L10 C2 D1 ● KyBB L5 C2 ● MBU L10 ● NNFF L38 C27 D5 ● TNF R

MEDARY, Marjorie (1890-   ) ● IaU MS7 L6 C2

MEEK, Alexander Beaufort (1814-1865) ● A-Ar MS36 J6 L7 C2 ● NNC L1 ● NcD MS10 J2 L1 D1 ● PHi L2 ● PPL D1

MEEKER, Arthur (1902-   ) ● CStbS L1 ● CtY L2 C3 ● ICHi C1 ● ICIU L6 ● ICN L16 ● MiU L3 C5 ● NNU-F L1

MEEKER, Nathan Cook (1817-1879) ● CU D1 ● CoHi MS1 ● ICHi L1 ● MH L1 ● NN-B L1 ● NNC L7

MEGRUE, Roi Cooper (1883-1927) ● CSmH L1 ● CU L2 ● CtY L1 ● LNHT L1 ● MA MS1 ● MH L1 ● NIC L1 ● NN-B MS1 ● NNC L1

MEIGS, Cornelia Lynde (1884-   ) ● IU-R D1 ● IaU MS1 L4 ● MH L1 ● PBm MS2 L3

MELLEN, Grenville (1799-1841) ● CSmH L2 ● CtHT-W L1 ● CtHi L3 ● CtY L2 ● MB MS1 L3 D1 ● MH L3 ● MHi MS1 L2 ● NHi L1 ● NhHi MS1 L1 ● NjMoHP L1 ● PHC L1 ● PHi L18 D1 ● PP L1 ● PSt L1 ● ViU MS1 L1 ● WHi L1

MELVILLE, Herman (1819-1891) ● CCamarSJ L3 ● CSt D1 ● CtHi L1 ● CtY L10 D4 MG2 ● DLC MS2 L1 D12 ● DeGE D2 ● ICN L2 ● ICarbS D1 ● IU-R L1 D12 ● InU L1 D5 ● MB L2 D1 ● MH MS48 J8 L29 C46 D1 M REF1 ● MHi L5 D38 ● MNBedf L1 D1 ● MPB MS1 J1 L14 C1 D1 ● MWA L1 D1 ● N D3 ● NHi L4 ● NIC L2 ● NN-B L4 D5 ● NNC MS1 D11 ● NNPM L7 D1 ● NPV L1 ● NRU L1 ● NjP D2 ● OCHP L1 ● OMC L1 ● PBL L1 ● PHi L4 ● PPRF L5 ● RNR L1 ● RPB-JH D1 ● TxU MS3 L1 D3 ● ViU MS2 L11 D2

MENCKEN, Henry Louis (1880-1956) ● A-Ar L57 ● ArU L14 ● CCamarSJ L2 C1 ● CLSU L34 D1 ● CLU L36 C1 ● COMC L6 ● CSdS L2 M ● CSf L1 ● CSmH L131 C2 ● CSt L9 ● CStbS L5 D2 ● CU L73

Mencken, Henry Louis (cont.)

C3 M • CoU L4 • CtH L7 • CtHC L2 D1 • CtY MS105 L1133 C9 D25
PR • DGU L65 • DLC J2 L360 C150 REF1 • FU L1 • GEU MS1 L82
C3 • GU L2 • ICN L47 D7 • ICarbS L44 D17 • IEN L15 C1 • IGK L1
• IU-Ar L3 D5 M • IU-R L26 C1 • Ia-HA L1 • IaU L30 • InLP L8 C3
• InNd L1 • InU L244 C1 D8 • KU-S MS5 L263 C3 MG1 • KyBgW L2
D1 • KyLoU MS7 L101 D4 R M • KyRE L2 • KyU L29 C1 D8 • LNHT
L8 M • LNL L49 • MA L3 • MB L3 • MBU L25 C1 D1 • MCR L6 •
MH MS2 L107 C31 D3 • MMeT L1 • MNS-S L80 • MWalB MS1 • MdBE
MS84 C339 D4 • MdBG L213 C455 D10 MG6 • MdBJ L39 C1 • MdHi
MS1 C1 • MiU L13 C6 • MiU-H L8 C1 • MnU L5 C4 • MnU-Ar L1
D3 • MnU-Rb L5 • MnU-SW L3 C3 • MoCgS L1 • MoSHi L1 • MoU
L1 • NB L138 • NBu L2 C1 • NHemH L1 • NIC MS2 L484 C550 D26
M • NN-B MS1 L26 • NNC MS1 L101 C2 D1 • NNPM L2 • NNU-F
L48 • NNWML L3 • NNYI L7 C1 • NPV L8 • NRU L20 • NbU L1
M REF2 • NcD L37 • NcU L57 C67 REF2 • NhD MS34 L424 11FT
PR M • NjP 15CTN REF1 • NjR L8 • OCX L1 • OMans L1 • OOxM
L1 • OU L5 • OkU L25 C21 D1 • OrU L4 • PBL L1 • PBm L3 • PCarlD
L13 • PGC L27 C1 M • PHC L3 • PPAmP L250 C250 • PPC L2 • PPT
L117 • PPiU L4 • PSt L77 C3 D10 • PU 10CTN R M REF1 • RPB-JH
L20 C7 • TMM L1 • TNJ L6 • TxFTC L1 • TxGR L1 • TxU MS5 L739
C68 D35 MG2 PR M • UPB L1 • ViSwC L4 • ViU MS5 L435 C40 M
• ViW L6 • VtMiM L5 • VtU L2 C1 • WHi L5 C5 • WaPS L1 • WaU
L42 • WyU-Ar L8

MENCKEN, Sara Haardt (1898-1935) • A-Ar MS2 • MBU L1 • MdBG
MS65 L200 C3 D7 • PU L1

MENKEN, Adah Isaacs (1835-1868) • CSmH MS1 L1 D1 • DFo L2
• DLC L1 • MB L1 D7 • NNMus MS1 L4 • PHi L1 • RPB-JH L3 • UPB
L1

MERIWETHER, Louise (fl.1970) • TNF R

MERRIAM, Eve (1916-   ) • CU-S L2 • CtY MS2 L6 C5 • DLC L1
• ICN L1 • IaU L1 • MBU MS1 L7 C40 • MnU MS3 PR • MnU-K MS9
L2 C10 PR • MoSW L1 • NBuU MS3 L3 • NSbSU L1 • NbU L1 REF2
• OrU L2 • RPB-JH MS3 L7

MERRICK, Elliott (1905-   ) • NcA MS1 • NhD D3 • NjP L216
C210 D88 • VtU L3

MERRILL, James Ingram (1926-   ) ● FU MS4 ● InU L2 C3 ● LU-Ar L2 C2 D2 ● MA MS1 L1 ● MH MS4 L6 ● MoSW MS372 J13 L19 C30 PR R M ● NBuU MS3 L6 ● NNAL L2 C2 ● NjR L2 ● PPiI L2 C4 R ● PSt MS1 ● RPB-JH MS3 L3 PR ● TxU MS2 L3

MERRILL, Stuart (1863-1915) ● ICarbS C1 ● MH L5 ● NN-B L1 ● NNC L1 D1 ● NhD MS1 ● NjP L64 ● RPB-JH MS1

MERTON, Thomas (1915-1968) ● IEN MS2 L2 ● IaU L1 ● InNd L5 ● InU D5 ● KLeS MS1 M ● KyLoB-M MS864 J104 L4015 C6039 D8 MG175 PR R M REF1 ● KyTrA MS92 J1 L4 C12 D10 MG155 PR R M REF49 ● KyU MS395 L330 C39 D461 REF1 ● MBU MS7 L13 ● MH MS9 L1 PR ● MoSW L7 C1 R ● NBuU MS72 L7 ● NN-B PR ● NNC MS188 L116 REF4 ● NNU-F MS5 L26 ● NStBU MS8 J4 L60 MG26 PR R M ● NSyU 4CTN REF1 ● RPB-JH MS1 ● TxU MS6 L11 C1 PR ● WMM-Ar MS5 L7 D1 M ● WyU-Ar L1

MERWIN, Samuel (1874-1936) ● CSmH L3 ● CU L1 ● CtY L1 ● DLC L2 ● ICN L13 REF1 ● IU-R L2 C6 D2 ● IaU L1 ● InU L4 ● NNC L1 ● NNWML L2 ● NcD L1 ● PPT L1 ● TxU L1 ● ViU MS1 L20 ● VtU L1

MERWIN, William Stanley (1927-   ) ● CLSU R ● CU-S MS1 L1 C1 ● CtW L3 ● DeU L4 C2 ● IU-Ar MS7 L4 C1 ● InU L10 C9 D6 ● KU-S L2 D1 ● MA L2 ● MoSW MS4 L15 C1 ● NBrockU-EC R ● NBuU MS23 L32 R ● NN-B L5 ● NNC L2 ● NNFF MS1 L19 C16 D17 ● NNU-F MS1 L1 ● NjR L10 ● PPiI L12 C7 R ● PSt L13 ● RU L1 ● TxU MS2 L12 C3 1CTN ● WaU L1

MICHENER, James Albert (1907-   ) ● CLSU R ● CtY L1 ● DLC MS65 156CTN REF1 ● ICarbS L1 ● IaU L1 ● MBU MS1 L2 ● MWC L2 ● MiU L1 C2 D1 ● MnU-Ar L6 C5 ● NNC L5 ● NNFF L2 C2 D10 ● NRU L1 ● NSyU D1 R ● P L8 ● PCarlD L1 ● PHC L2 ● PU L12 ● RPB-JH L1 ● TxU MS4 L3 1CTN ● VtMiM C1 ● WHi L1 R

MIFFLIN, Lloyd (1846-1921) ● CL MS1 ● CLSU L1 ● CtY 1CTN ● DLC MS1 L14 ● ICN L3 ● MB L1 ● MH MS1 L3 ● MWA L1 ● MWH L2 ● MdBJ MS2 L1 ● MoSW L1 ● NHi MS1 L9 REF66 ● NNC MS10 L9 ● NhD L1 ● NjP D1 ● PHarH MS4 C1 M ● PHi L1 ● PLF MS26 L109 C37 ● PSC-Hi L1 ● RPB-JH L4 D1 ● TxU L1 ● UPB L2 ● ViU L2

MIGHELS, Ella Sterling (Clark) Cummins (1853-1934) ● C L100 C100 ● CHi 14CTN ● CU MS19 L325 C7 M ● NNWML L32

MILBURN, George (1906-1966) • CU L17 • CtY L13 C15 • DeU L8 • KPT MG1 • MH L1 • OkU MS20 L37 C43 D5 PR M • PU L4 • RPB-JH L1

MILBURN, William Henry (1823-1903) • CU L3 • IJMac D250 • InU L1 C1 • KyU L1 • MB L2 C1 • MH L8 • NHi L1 C1 • NNC L2 • NcD L8 • NhD D1 • NjMD L2 • NjMoHP L1 • OCl L1 • PHi L7 D1 • RPB-JH L1 D1

MILES, Emma (Bell) (1879-1919) • T MS72 D1

MILES, George Henry (1824-1871) • InNd-Ar L29 D11 • PHi D1 • PU MS1

MILES, Josephine (1911-   ) • CLU L3 • CU 2CTN REF1 • CtW L3 • CtY L12 C10 • DLC L5 • FU MS3 • ICN L7 • IU-Ar L3 • InU L4 C2 D5 • MA L1 • MeWC L1 • MiU L10 C14 • MoSW MS39 L27 C46 PR M • NBuU MS147 L14 • NN-B L2 • NNC L5 • NNU-F MS1 • NbU L1 REF2 • RPB-JH MS2 L9 • TxU MS6 L1 • WaU L1 • WyU-Ar L5

MILLAY, Edna St. Vincent (1892-1950) • CHi D1 • CLU MS1 PR • COMC L2 • CU-S MS1 • CtHT-W L3 D10 MG7 PR M • CtY MS20 L108 C5 MG1 • DLC MS505 J9 L28 C2 PR M REF1 • ICN L2 • ICarbS L2 • IGK L1 • InU MS1 L9 D2 • MA MS1 L3 D2 • MH MS2 L33 MG1 PR • MNS L1 • MdBJ MS1 • MeWC MS1 L4 D1 • MiU-H C1 • MoLiWJ L1 • NBuU MS1 L2 • NN-B MS5 L118 C4 D1 M • NNAL L3 C30 D1 • NNBa MS4 L3 C3 PR M • NNC MS2 L2 MG1 • NNU-F L2 • NPV MS2 L44 M • NhD L1 D1 • NjP D6 • OOxM L2 • OkU L1 • OrU L1 • PBm MS1 L2 • PPT MS1 • PSt D2 • RPB-JH L1 • RU MG1 M • TxU MS1 • ViU MS17 L76 C3 M • VtMiM MS1 L4 C3 D1 • WMM-Ar MS6

MILLER, Arthur (1915-   ) • CU L7 • CtU L1 • DLC L2 • ICN L1 D1 • ICarbS L7 C6 • IU-Ar R • MBU L4 • MH L1 • MiU MS3 L14 C21 D2 M • MiU-H C1 • MiU-Ho MS2 • NNAL MS1 L4 C13 D4 • NNC L10 • NNFF L3 C2 D1 • NbU M REF2 • NjP L1 • PHC D1 • RPB-JH L1 • TxU MS110 L4 C1 D10 MG9 PR • ViU MS1 L1 • WHi L1 C1

MILLER, Caroline Pafford (1903-   ) • CtY L1 C1 • GEU MS1 L19 • GHi L1 • GM L4 • GU L27 • MH L2 • NRU L2 • TxU L1 • ViLRM L1

MILLER, Cincinnatus Hiner (1839-1913) • C MS2 L6 • CCC MS18 J1 L52 C2 MG1 REF1, 5 • CCamarSJ MS2 L18 • CHi 1CTN • CL MS2

• CLSU L16 • CLU MS2 L7 • CLU-C L1 • CO MS2 L43 C3 • COMC MS2 L13 C2 • CSdS M • CSf MS1 • CSmH REF1 • CSt MS2 L1 • CStbS D1 • CU MS26 L134 C26 D4 PR M REF1 • CU-A L2 D • CtY MS13 L53 D1 PR M • DFo L1 • DLC MS2 L4 D1 M • ICHi L1 • ICL M • ICN L1 REF1 • IGK L2 • IU-R L4 D3 • IaHi L5 D5 M • IaMc L1 • In MS1 L2 D3 • InNhW L1 • InU L8 C1 D1 • KU-S L1 • LNHT L1 • LU-Ar MS1 L2 • MB MS2 L6 D1 • MCR L1 • MChB L2 • MWA L3 • MeB L1 • MeWC L2 • MiU L1 • MnU-Rb L1 • MoCgS L1 • MoSW MS1 • MtHi C1 • NBu MS11 L4 REF65 • NBuU MS1 • NHi MS1 • NIC L3 • NN-B MS7 L13 D2 • NNPM MS1 D1 • NNU-F MS4 L10 • NNWML L13 • NRU L1 • NSbSU L1 • NSchU L4 • NcD L4 • NcWsW MS1 • NhD MS1 L2 D1 • NjP L2 C2 • OCHP MS1 L1 • OFH MS1 L1 M • OMC MS1 L1 • OrHi MS2 L7 • OrU L5 • PHC L1 • PHi L3 • PInU L1 • PU L1 • RPB-JH MS8 L15 D6 • TxU MS4 L3 D1 • UPB MS1 • ViU MS7 L98 C8 • WaPS D2

MILLER, Helen (Topping) (1884-1960) • IU-R D1 • KyU MS12 L3 C2 D5 PR M • NcA L1 • TU M • TxFTC L1

MILLER, Henry (1891-   ) • CCFB L8 C2 D1 • CLU 65FT • CSf MS1 • CSmH L42 • CSt L13 D20 M • CStbS L66 D17 • CU L14 M • CoU L3 PR • CtY MS9 L183 C54 D23 M • DLC L26 C23 D10 M • DeU C1 D1 • FU L1 • ICN L8 • ICarbS MS10 L1979 C522 D36 R M REF1, 7 • IEN MS3 L79 C17 PR • IU-Ar MS3 L15 C1 M • InU L92 C4 D24 M REF3 • KU-S MS8 L15 D1 M • KyLoB-M L5 • KyU L1 • LNL L1 • MBU MS1 L21 • MH MS9 • MeB L3 • MeWC L7 • MnU L333 C355 D1500 R M REF1 • MnU-Rb MG43 • NB MS1 L16 C3 • NBuU L2 • NHemH D1 • NIC L1 • NN-B MS3 L6 M • NNAL L10 C25 D1 • NNC MS4 L46 • NNU-F MS6 L15 • NRU L3 D1 • NhD MS1 • NjP L2 MG1 M • NjR L2 • OU L1 • PSt L8 • PU MS3 L49 D1 • RPB-JH L1 • TxU MS73 L531 C35 D32 MG4 1CTN PR • ViU MS27 L82 C3 • WyU-Ar L7

MILLER, Kelly (1863-1939) • DHU 4CTN • DLC C1 • MH L1 C3 • NN-Sc L3 D1 • NSbSU L1 • NcD L2 • NcU L1 C1

MILLER, Mary Britton (1883-   ) • MH L1 • PU L1 • ViLRM MS1

MILLER, Merle (1918-   ) • ICN L1 • IaU MS4 L12 C4 • InNd L1 • MBU 12FT REF1 • NNC L3 • NNFF C1 D2 • NbU L1 REF2 • PHC L1

MILLER, Nolan (1912-   ) • CU L1 • ICN L1 • IU-Ar L1 • MiU L3 C2 • MiU-Ho MS1 • NSyU L3

MILLER, Perry (1905-1963) • IU-Ar L1 • MH L1 C5 • MU-Ar R • NNFF D3 • RPB-JH MS1 • TxU L4 D1 • WaU L2

MILLET, Francis Davis (1846-1912) • CU L1 • CtY MS1 L3 • DLC L1 • ICN L6 REF1 • LNHT L4 • MA L1 • MB L6 C1 • MH L23 • MWalB L2 • MnHi L1 • MnU-Rb L1 • NHi L5 • NNAL L61 C3 D1 • NNC L17 D5 • NNMus L1 • NNPM L4 • NSchU L1 • NcD L2 • NjP L6 C7 D1 • OClWHi L1 • PHi L4 • RPAB L3 • RPB-JH L7 D1

MILLS, Clark (1913-   ) • CLU L2 • CtY MS1 • IU-Ar L1 • MMeT L1 • NBuU MS4 L3 • RPB-JH L1 • TxU MS1

MILLS, William Hathorn (1848-1923) • C L14 • CLSU MS10 MG8 • CU L3

MILTON, Abby Crawford (1886-   ) • LNHT L1 • T MS2 D1

MINNIGERODE, Meade (1887-1967) • CSmH L1 • CtY L5 MG25 • ICarbS L3 • IU-R D1 • InU L1 • MH L1 • NNU-F L2 • NjP MS1 PR • OMC L1 • PPT L1 • ViU L1

MINOR, Benjamin Blake (1818-1905) • CSmH L6 • DLC L2 C1 • MdHi L1 • NHi L2 • NcD L15 • PHi L1 • PPL L1 • ScCleU L2 • TxU L7 C2 • ViHi C1 D1 • ViU L6 D1 • ViW L14 C8

MITCHELL, Donald Grant (1822-1908) • CCamarSJ L2 • CLU L2 • CSmH L26 • Ct L2 • CtHT-W D1 • CtHi L9 • CtY MS39 L323 C217 D40 • DDO L1 • ICN L2 • ICarbS L1 • IGK L1 • IaU L1 • InU L3 D1 • KyU L2 • MA L3 • MB L3 D1 • MBU L6 • MChB L1 • MH MS1 L14 • MHi L11 • MNS L2 • MS L2 • MWA L2 • MWalB L1 • MdBJ MS1 L22 • MiMtpT L1 • MiU L2 • MnM L1 • MoSHi L1 • NBu L1 • NHi L1 • NIC L10 C8 • NN-B MS1 L26 M • NNAL MS2 L6 D3 • NNC L8 D1 • NNPM L3 • NNU-F L12 • NcD L5 • NcWsW L1 • NhD D2 • NjMoHP L1 • NjP L238 C19 D103 PR • OCHP MS1 L2 • OFH L1 • OKentU L2 • OU L1 • PHC L1 • PHi L6 • PSC L1 • PSt L3 • PU L1 • RPB-JH L3 • TxU MS1 L8 • UPB L1 • ViU MS3 L77 • VtMiM L2 • VtU L9

MITCHELL, John Ames (1845-1918) • CSmH L1 • CtY MS2 • DFo L3 • IU-R D1 • MH L2 C1 • NNC L4 • NjP L15 C7 D7 • PCarlD L2 • RPAB L1 • TxU D1 • ViU L2

MITCHELL, John Kearsley (1798-1858) • CSmH L1 • CtY L4 • MB

222

L2 D1 • MeWC C1 • NNC D1 • NNU-F L1 • NcD MS1 L3 D3 •
NcD-MC 17CTN • NhHi L1 • PHC L3 • PHi L10 D1 • PPAmP L3 D2
• PPC MS2 L5 C1 D1 M • PPL D5 • ViU MS1

MITCHELL, Langdon Elwyn (1862-1935) • CLSU L1 • CLU L1 •
CSmH L1 • CtY L6 • DLC L3 • ICL L1 • ICN L1 D1 REF1 • MA L7
• MH MS1 L36 C29 • NNAL L5 C4 D1 • NNC MS1 L8 D1 • PP L2
• PU L8 PR • RPB-JH D1 • ViU L2

MITCHELL, Margaret (1900-1949) • ABH M1 • CSdS L1 • CtY L8
• DLC L9 • GAHi MS3 L21 C2 D6 M • GEU L61 REF2 • GHi L2 •
GM L3 • ICN L1 • LNHT L3 • MBU L28 • MH L11 C2 • MWA D1
• MsU L1 • NHi L1 M • NNC L4 D1 • NNU-F L2 • NSsS L1 • NcD
L3 • NcU L2 • OClW L2 • PPiU L8 C5 • TxU MS2 L9 C1 • ViU L14

MITCHELL, Maria (1818-1889) • CSmH L6 • CStbS L1 • CtY L3 C2
• DFo L2 • DLC L1 • MA L1 • MCR L9 D1 M • MH L4 • MWA MS2
L1 D1 • MeB L2 • MiMtpT L1 • MnHi L1 • NBu MS1 • NNBa L1 •
NPV 2CTN • NhD L1 • NjP L1 • OClWHi L1 • PSC-Hi L3 • RPA L1
• RPB-JH L1 D2 • TxU L1 • ViU L1

MITCHELL, Silas Weir (1829-1914) • CCamarSJ L3 • CL MS1 • CLSU
C2 • CLU L2 • CSmH L19 • CtY MS1 L21 C7 M • DFo C2 • DLC L18
C34 D1 • DTr MS1 • ICHi L2 • ICN L2 • IGK MS1 • IaMc L1 • IaU
L1 C1 • InU L10 C2 D25 • KyU L4 • LNHT MS1 • LU-Ar L3 • MA
L24 C2 • MBAt L1 • MBCo L10 D2 • MCR L1 • MChB L1 • MH MS3
L141 C31 • MHi MS1 L10 • MWA L4 • MWelC L1 • MdBJ MS4 L46
D1 • MeWC L3 • MiU L2 • MnHi L1 M • MoSW L6 • NIC L3 M •
NN-B MS1 • NNAL MS4 L1 • NNC L21 D2 • NNMus L1 • NNPM
L12 C2 D1 • NNU-F L20 • NPV L2 • NRGE L1 • NcD L34 • NcD-MC
10CTN • NhD L2 C1 • NhHi L11 • NjMD L3 • NjP L2 C2 D4 • NjR
L3 • OKentU L1 • OMC L1 • PBm L2 • PCarlD L4 • PHC L6 • PHi
J1 L20 C7 D2 • PP L4 • PPAmP L3 C2 • PPC MS7 L72 C12 D2 M •
PPL MS2 L1 • PPT L1 • PSC L1 • PSC-Hi L6 • PSt L1 • PU MS17 L132
D1 PR • RNR L2 • RP L1 • RPB-JH L11 C6 D5 • ScU L1 • TxU L7
C1 • ViU MS8 L42 C13

MITCHELL, William (1798-1856) • ICHi C1 • NHi L3 • NIC L1 •
NNPM C1 • PHi L1 C1 • RPB-JH L13 • VtHi D1

MODJESKA, Helena (1840-1909) • CCC L2 • CLSM MS2 D11 MG2
• CLSU L1 • CLU L3 • CSmH L23 D1 • CU-A L2 M • CtW L2 • CtY

Modjeska, Helena (cont.)

L3 • DFo L6 C1 D1 • DLC L5 M • ICL L2 M • ICN L1 REF1 • IGK L1 • InU L2 D1 M • MCR L1 • MH L14 • MHi L1 • MoSW L1 • NIC L1 • NNC L2 • NNMus L11 • NRU L2 • NSchU L1 REF74 • NhD L1 D1 • OHi L1 • PHi L3 D2 • PU L1 • TxU L3 • UPB L1

MOELLER, Philip (1880-1958) • CtY MS2 L90 C20 • MStoc L1 • NNC MS1 • OKentU L1 • TxU L2 C40 • ViU L3 C1

MOÏSE, Penina (1797-1880) • NNC L1

MOMADAY, Navarre Scott (1934-   ) • MnU-Ar R • NNC L1 • NmLcU R • PSt MS1 L1

MONROE, Harriet (1860-1936) • ArU L21 C2 • CL MS1 • CLSU L5 • CLU L8 • COMC MS1 L2 • CSmH L21 • CSt L1 • CU L18 • CoU L32 • CtW L1 • CtY MS3 L36 C2 • DLC L11 M • DeU L6 • FU L1 • GEU L3 • ICHi MS3 L3 D1 • ICIU L2 • ICN MS2 L69 D5 • ICU 32.5FT REF1, 7 • ICarbS L19 C1 • IEN L52 C1 • IGK L2 • IU-Ar L4 • IU-R L12 C2 • Ia-HA L1 C1 • IaU L1 • InGrD L2 • InGrD-Ar L2 • InU L40 C3 D5 • KyBgW L2 C3 D2 • KyU L1 • LNHT L2 • MA L16 • MBU L2 • MH MS1 L286 C194 • MNS MS1 L2 • MWelC L2 • MdBJ MS1 • MeWC L1 • MiU L5 C5 • MiU-C L2 • MiU-H L3 • MoLiWJ L2 • MoSW L8 • NBuU L5 • NCH L2 • NIC L5 C1 • NN-B L6 • NNBa L16 • NNC MS12 L69 • NNU-F L1 • NNWML L7 • NRU L3 C1 • NcD L2 • NhD L1 • NjP L13 C7 • OCl L1 • OU L1 • OkU L18 C3 • PPT L5 • PPiU L26 C9 • PSt L6 • PU L2 • RPB-JH MS1 L26 M • TxFTC L1 • TxU MS2 L50 C12 D5 • ViU MS3 L24 • VtHi L1 • VtMiM L7 • WGr L2 D2 • WMUW L1 • WyU-Ar L9

MONTAGUE, Margaret (1878-1955) • IU-R D1 • KyU L1 • MH L4 • OrU L1

MONTGOMERY, Edmund (1835-1911) • CtY L12 • ICarbS L28 C22 • NIC L2 • NjP C1 • TxDaM 60FT REF3

MOODY, William Vaughn (1869-1910) • CLSU L8 • CSmH L264 • CtY MS1 L1 • DLC L2 • ICL L1 • ICN L5 • ICU 1.5FT REF1, 7 • IU-R D1 • MH MS6 L70 C10 • MHi L1 • MNS L2 • MWH L1 • MWelC L4 • NBuU MS2 L1 • NN-B L1 D1 • NNAL MS4 L4 C3 • NNU-F L1 • NcD L1 • NhD L1 • NjP 1CTN • PSt D1 • RPB-JH L4 • ViU L7

MOON, Bucklin (1911-   ) • CtY MS1 L6 • ICN L3 • MnU L12 C15 • TxU C1

MOORE, Annie Aubertine (Woodward) (1841-1929) • C L1 • CtY L1 • DLC D1 • MH L1

MOORE, Clement Clarke (1779-1863) • CCamarSJ L1 • CSmH MS2 L2 • CtY C1 • DLC L1 • DeGE L1 • IGK L1 • InU C1 D1 REF5 • MAJ D1 • NHi MS5 L8 C1 D2 REF66 • NNC MS1 L11 C39 D2 • NNMus MS21 L8 • NNPM L1 • NNS L1 • NcD L6 • OMC L1 • PHi L2 • PP D1 • RPB-JH MS1 D1 • TxU D1 • ViU L5 D1

MOORE, John Trotwood (1858-1929) • CSmH L1 • DLC L33 • IU-R C1 • Ia-HA L5 C2 • InU L2 • KyBgW L1 • KyU L1 • LNHT L3 • OkU L1 • PHi L1 C1 • T MS131 D9 • TxU 14CTN

MOORE, Julia A. (Davis) (1847-1920) • CU MS1 L1 • MH L2 • MiMtpT L1 • RPB-JH D1

MOORE, Marianne Craig (1887-1972) • ArU L10 • CCC L9 C1 D15 • CLU L11 • CSt L1 • CU L1 • CU-A L4 • CU-S L6 C1 D3 • CoU L2 • CtNlC L1 • CtU L1 • CtW L3 • CtY MS3 L329 C11 D2 PR M • DLC MS6 L2 • DeU L4 D2 • ICN L216 • IEN L8 • IU-Ar MS1 L15 C12 M • IaU L1 • InGrD-Ar L1 • InU MS15 L20 C7 D20 • KPT L3 • KyLoU MS3 • LNHT L2 • MA L58 • MBU L36 • MCR L23 • MH MS6 L63 C13 D2 M • MMeT L1 • MWelC L1 D1 • MdBJ L1 • MdU L5 D1 PR • MeB L14 • MeWC L1 • MiDW-Mi L2 • MiU MS2 L196 C25 D14 PR M • MiU-H L5 C1 • MnU-K L2 • MoSW MS3 L82 C5 • NB MS2 L1 MG1 • NBu L1 • NBuU MS4 L37 • NHemH L1 • NJQ L1 PR • NN-B MS2 L62 D1 • NNAL MS2 L60 C100 D3 • NNBa L1 • NNC MS2 L62 • NNFF L2 C1 D1 • NNHuC L1 • NNPM L54 • NNU-F L7 • NNWML L1 • NPV L59 • NRU L5 • NSsS MG1 • NSyU L8 • NcD L7 • NhD MS3 L3 C1 PR • NjP MS3 L15 M • NjR L5 • P L2 • PBm MS1 L99 • PCarlD MS9 L47 C2 D6 • PHC L1 • PPRF 300CTN • PPT L1 • PPiCI L3 • PSC R • PSt L22 MG1 • PU L14 • RPB-JH MS1 L8 • TxHR MS1 • TxU MS28 L194 C57 D68 MG2 PR • ViLxW L2 • ViSwC L2 • ViU MS5 L41 C4 • VtMiM L1 C2 • VtU L5 • WMUW L1 • WaU L17 C3 • WyU-Ar L9

MOORE, Merrill (1903-1957) • CtY L20 M • DLC J8 C613 555CTN REF1 • DeU MS1 L12 • GEU L2 D1 • IU-R L1 • InGrD-Ar L3 C2 • InU L15 REF5 • MA L1 • MBCo L1 C1 • MBU L4 • MH MS1 L6 C4 • MMeT L1 C1 • MeWC L1 • MoSW L1 • NBuU MS8 L45 • NNC MS1 L6 C1 D1 • NNU-F L1 • NSyU L2 • NbU L1 REF2 • NhD MS1 L4

225

Moore, Merrill (cont.)

D5 PR • NjP L2 • NjR L1 • NvU L1 • PU L4 • RPB-JH MS1 L22 C40 • TMM L1 • TNJ MS300 L150 C156 R M REF1, REF86 • TxFTC L2 • TxU MS1 L5 C2 • ViLRM L1 • ViLxW L9 • ViRCU L1 • ViU L21 C2 • WaU L4

MOORE, Ward (1903-   ) • CLU MS2 • CtY L4 C4 • PU L3

MORAN, Benjamin (1820-1886) • CLU L3 • CSmH L140 C3 • CtY L4 • DLC J43 L2 • DeGE C1 • InU L4 • MH L9 • MHi L1 • MdHi C1 • NHi L1 • NIC L6 • NNC L5 • NRU L36 C7 • NSchU L37 • PHC L1 • PHi J1 L55 C3 • TxU C1

MORE, Paul Elmer (1864-1937) • CLSU L4 • CLU L1 • CSmH L1 • CSt L26 C8 D1 M • CU L1 • CtHC L4 • CtY MS1 L4 C1 D2 • DLC L1 • ICN L1 D5 • ICarbS L1 • IU-Ar L158 D27 • InU L2 • MA L30 • MB L2 • MH L27 • MWH L1 • MdBJ L6 • MiU L1 C1 • MiU-H L6 • MnHi L1 • NHi REF66 • NIC L11 • NNAL MS2 L100 C130 D1 • NNC L32 • NNHuC L1 • NRU L6 C1 • NcD L18 • NjP 37CTN REF1 • OKentU L1 • PU L1 • TNJ L5

MORFORD, Henry (1823-1881) • CLU C1 • CSt L1 • DFo L3 • FU L1 • MH L21 • MdBJ L1 • MeB MS1 L3 • NHi C1 • NNC L7 • NRU L1 • NcD L2 • PHi L16 D2 • VtMiM L1

MORLEY, Christopher Darlington (1890-1957) • ArU L1 • CCC L1 • CCamarSJ MG1 • CLSU MS4 L4 D3 • CLU L4 C1 • COMC L8 • CSmH MS3 L2 • CSt L1 REF2 • CU L8 • CU-Riv MS1 • CtU L1 • CtW MS1 • CtY MS11 L36 C3 MG1 • DLC L7 • DeU L1 • FU MS1 • ICL L1 M • ICN L1 • ICarbS L9 D3 M • IEN L2 • IGK L2 • IU-Ar L8 D5 • IU-R L7 C6 • IaU L13 • In D1 • InU MS3 L15 C2 D5 • KU-S L2 • KyU L1 • MA L7 • MAJ L4 • MBU L14 • MH MS2 L29 C6 • MH-BA 1CTN • MMeT L6 • MNS-S MS2 • MWC L10 • MWH MS1 • MWalB L8 • MWelC MS3 L12 D2 • MdBE MS1 • MdBJ C1 • MdHi L2 • MeB L1 • MeWC L7 C1 • MiU L16 C18 • MiU-C L2 C1 • MnU-Ar L8 C9 • MnU-K L1 • MnU-Rb L1 • MoCgS L1 • NBuU MS2 L15 • NGcA L2 M • NHemH L1 • NHi L1 • NHpR L1 • NIC MS1 • NJQ L1 • NN-B MS2 L15 C4 • NNAL MS1 L11 C16 D3 • NNC MS25 L169 C55 D1 M • NNPM L2 D1 • NNU-F MS5 L27 • NNWH C1 • NPV MS1 L14 • NRU L1 • NRosl MS64 L238 C8 D28 PR R M • NcD L8 • NcU MS2 L5 • NhD MS2 L3 C2 D3 • NjP MS26 L29 C11 D3 PR M • OC MS12

226

• OCU L3 • OCl L1 • OClWHi L1 • OKentU L3 • OU L4 • OkU L3
C7 D1 • OrU L19 M • PBm MS1 L1 • PHC L17 C267 D3 • PHarH MS1
• PHi L2 • PP MS1 L12 • PPCCH MS13 D10 M • PPRF MS4 L2 • PPT
L6 • PPiCI MS1 L9 • PSC MS1 • PSC-Hi L1 • PSt L3 • PU MS1 L18
• PV L1 • RPB-JH MS1 L3 • TxU MS3488 J151 L7891 C19266 D1485
MG9 PR M REF91 • ViHo L2 • ViLRM L1 • ViU MS67 L53 C13 •
VtMiM L5 • VtU L3 C3 • WMM-Ar MS3 L1

MORLEY, Margaret Warner (1858-1923) • CtHSD MS18 L4 C2 D1
11CTN M • MCR MS1

MORRILL, Belle Chapman (1882-1972) • CtHC MS1 L36 C16 D28 •
NBuU MS6 • RPB-JH L1

MORRIS, George Pope (1802-1864) • CCamarSJ L1 • CLU L1 • CSmH
MS2 L9 C8 • CtHi L3 • CtY MS3 L11 C11 • DFo C4 • DLC MS48 L7
C12 D1 • FU L1 • ICHi MS1 • IGK L1 • IaU L10 C1 • KyBB D1 •
MB MS2 L11 C1 • MH L9 C2 • MHi L2 • MS L1 • MWelC L1 • MdBE
L1 • MdHi L1 • N MS5 L14 C97 D6 • NCH L1 • NHi MS2 L15 C5 D1
M REF66 • NIC L2 • NN-B MS2 L15 C4 • NNC L8 C8 • NNPM L6
D1 • NNU-F MS1 L3 • NRU L4 • NhHi L1 C1 • NjMoHP L1 • OFH
L1 • OMC C1 • PHC L2 • PHi J1 L22 C15 D1 • PP L1 C1 • PSC-Hi
L1 • PSt MS1 L5 C1 • PU L2 • RNR L1 • RPB-JH L5 • TxU MS1 L5
D2 • UPB L1 • ViU MS6 L15 • VtMiM C1

MORRIS, Gouverneur (1876-1953) • CLSU L2 • CSmH MS5 L23 D1
• CtY L2 C1 • DLC L2 D1 REF4 • IU-R C1 • MB MS1 L3 D1 • MdHi
D3 • MoSHi L1 • NB L1 • NHi REF66 • NIC L8 C2 • NNC L2 REF1
• NNS L2 • NcD L4 • NjP L23 C44 D177 • PSt L18 • RNR L1 • RPB-JH
L1 • TxGR L1 • TxU L1 • ViU L8

MORRIS, Hilda (1888-1947) • NMtv MS2 • NNFF L1 C1

MORRIS, Lloyd R. (1893-1954) • CSmH L2 • CtY L1 • DeU L1 • ICN
L2 • IU-Ar L1 • MH L4 C3 • MiU-H L2 • NBiSU L1 • NNC L6 • NjP
MS2 L1 PR • PU L1 • TxU L1

MORRIS, Thomas (fl.1741-1767) • ICN L1 REF40 • MH L1 C1 •
Nc-Ar C1 • PHi L2

MORRIS, Wright (1910-   ) • CStbS L3 • CU 6CTN REF1 • CtY
MS1 L15 C12 • DeU D1 • IEN L1 • IU-Ar L1 PR • MiU L4 C7 • NNAL
L2 C2 D5 • NNC L17 • NNFF D2 • NNU-F L1 • NbU 1CTN R M •
NcWsW PR • NjP 1CTN • RPB-JH L2 • TxU MS2 PR

MORROW, Elizabeth (Cutter) (1873-1955) • CtY L5 • MH L2 • MNS MS6 L2 • MNS-S REF2 • NNC L8 • NRU L1 • NjP L2 C1 • OCl L2 • TxU L6 C2

MORROW, Honoré (McCue) Willsie (1880-1940) • CLSU L2 C1 • CSmH L1 • CtY L2 C1 • MBU L1 • MH L2 • MNtcA MS1 L1 • MPB L1 • NNBa L1 • NNC L11 • ViU L1

MORROW, William Chambers (1853-1923) • C L11 • CLU L1 • CSmH L3 • CStbS L15 • CU L35 C12 D2 M • CtY L4 • IU-R C5 D3 • InU L25 M • NNWML L1 • NjP L1

MORSE, Jedidiah (1761-1826) • CSmH L1 • CStbS C1 • CtHC L4 • CtHT-W L1 • CtHi L36 C15 • CtLHi L1 D1 • CtY J3 L795 C1058 D6 • DLC L291 C201 D27 • DeGE L1 • ICHi L1 C3 • ICN C7 • InU C2 • KU-S C1 • KyLoF L1 • KyU C1 • MH L2 C8 D1 • MWA L10 • MiU-C L5 • MnU-Rb L1 • NHi REF4, REF66 • NIC C2 • NNC L18 C16 D2 • NNPM C2 • NRU L21 C1 REF1 • NcD L1 C1 • NcU L1 • Nh L2 C1 • NhHi L4 C1 • NjMD L2 • NjMoHP L9 C17 • NjP L5 C4 • PHC L1 D1 • PHi L63 C255 D16 • PPAmP C1 • PPL L1 • RHi L3 • RP L2 • RPB-JH L1 C1 D1 • ScU C3 • ViU L1 C5 • VtHi C1 • WHi L2

MORSE, Samuel Finley Breese (1791-1872) • CSmH L11 D4 • CSt L2 • CtY MS5 L271 C78 D5 • DLC MS128 J60 L4179 C2857 D890 MG7 M • DeGE L1 • GEU L18 C6 M • ICHi L1 D1 • IGK L3 • IU-R L2 D1 • KyU D1 • MAnP MS4 L1 C19 D1 • MB L8 • MBU L2 • MH L13 • MHi L32 • MWA L4 • MWH L2 • MWelC L1 • MdBJ L5 • MdHi D1 • MiU-C L2 • MiU-H L2 • MnHi L3 M • MoSHi L2 • MoSW L1 C1 • N L6 D5 • NCH L1 • NHi L55 C11 D8 M REF66 • NHpR L1 • NIC L8 M • NNC L4 C1 • NNE J1 • NNMM L1 • NNMus L2 • NNPM MS2 L4 D1 • NNS L5 • NNU-F L21 • NPV L3 C2 • NRU L20 C2 REF1 • NRom L1 • NcD L1 • NhD L1 C2 D1 • NjMoHP L2 C5 • NjN L1 • NjP MS1 L13 M • OCHP M • OClWHi D1 • OFH L1 M • OMC L1 • PBL L1 • PHC L3 • PHi L21 C7 D4 • PPRF L3 • RNR M • RPB-JH L1 • TxGR L2 • UPB L1 • VtHi D1 • WHi D2

MORTON, Charles (1627-1698) • CtY MS1 • M-Ar L1 D6 • MBU MS1 • MH MS3 D2 • MHi L1 • MWA MS1

MORTON, David (1886-1957) • CLU L1 • CtW L1 • CtY MS1 L13 C7 • ICN L2 • IEN L3 • InU L3 • KyBgW MS1002 J2 L28 C8 REF1 • KyLoU MS1 • KyRE MS2 L2 D2 • KyU L4 • MA MS14 L20 C7 D1

● MH L14 ● MNS L2 ● MU MS1 L3 ● MU-Ar MS1 L1 R ● MWelC L6
● MeWC L3 ● MoLiWJ L1 ● NBuU MS3 L12 ● NNC L12 ● NNU-F L2
● NNWML L5 ● NbU L1 REF2 ● NhD MS1 L1 D1 ● NjP L12 C13 D2
● PU L2 ● RPB-JH MS1 L5 ● TxU MS8 L7 C1 ● ViU MS7 L14 ● ViW
L1

MORTON, Nathaniel (1613-1685) ● CtY C1 D1 ● ICHi J1 D1 ● MB
D4 ● MBAt L1 ● MH D1 ● MHi MS1 L1 D2

MORTON, Sarah Wentworth (Apthorp) (1759-1846) ● CSmH MS101
● MB D1 ● NNC L3 C2 ● ViU D1

MORTON, Thomas (1575-1646) ● MiU-C MS1

MOSEL, Tad (1922-   ) ● TU L1

MOSHER, Thomas Bird (1852-1923) ● AzTeS L4 C1 M ● CSmH L149
● CSt L1 ● CtW L1 ● CtY L11 C1 ● DFo L1 C2 ● DLC L5 ● DeU L1
● FU L1 ● ICN L3 ● ICarbS L1 C1 ● IU-R L19 C25 ● InU C1 ● MA MS1
L3 ● MH MS1 L48 C1527 D1 M REF1 ● MNS L1 ● MWH L1 ● MeU
L1 ● MeWC L7 C9 ● MiU-C L1 ● MnU-Rb C1 ● NN-B L1 C86 ● NNC
MS1 L24 C117 D4 ● NNWML L3 ● NPV L1 ● NcD L1 ● NjP C1 ● PHC
L1 ● PSC L1 ● RPB-JH L13 C2 D42 ● TxU L2 C2 ● ViU L4 C1 ● VtMiM
L1 C1 ● VtU L1

MOSS, Howard (1922-   ) ● CU-S L11 ● DLC L1 ● FU MS3 ● IU-Ar
MS1 L2 ● InU MS1 L15 C4 ● MA L1 ● MBU L1 ● MH L27 C2 ● MMeT
L5 ● MU-Ar L10 ● MiU L4 C6 ● MiU-Ho MS1 ● MoSW L16 C4 ● NBuU
MS6 L5 ● NN-B L2 C1 ● NNAL L9 C13 D1 ● NNFF MS1 L2 C3 D1
● NbU C1 REF2 ● OU MS1 ● PBm L3 ● TxU MS1 L5 ● WaU L10 C106

MOSS, Stanley (1926-   ) ● CU-A L1 ● InU L10 C7 ● MA L1 ● MoSW
L7 ● NBuU MS4 L2 ● RPB-JH MS2 L1 ● WaU MS1 L2

MOTLEY, John Lothrop (1814-1877) ● CLU L5 ● CSmH L18 C7 D5
● CU L4 ● CtY MS1 L5 C1 ● DLC L2 ● ICN L1 ● IaDmE L1 ● InU L1
● MB L5 C1 D1 ● MBCo L1 ● MChB L1 ● MCo MS1 ● MH MS1 L144
C1 ● MHi L33 ● MS L1 ● MWA L2 D1 ● MdBE L3 ● MiU L1 ● NBu
L1 REF65 ● NCanHi L1 ● NHi L4 ● NIC L3 ● NN-B L5 C1 ● NNC MS1
L8 D16 ● NNPM L4 D8 ● NNU-F L3 ● NRU L30 C66 ● NSchU L7 ●
NcD L1 ● NhD L2 D1 ● NjMoHP L3 ● NjP L1 ● OClWHi L1 ● OFH
L1 ● OMC L1 ● OU L1 ● PBm L1 ● PHC L1 D1 ● PHi L6 ● PP L1 D1
● RNR L1 ● RPB-JH MS1 L2 D10 ● TxU MS1 L1 ● ViU MS1 L24

MOTLEY, Willard (1912-1965) ● CU L1 ● CtY L21 C4 M ● IDeKN

Motley, Willard (cont.)

REF6 • IEN L1 • NNU-F MS1 L2 • WU REF117

MOULTON, Ellen Louise (Chandler) (1835-1908) • CLSU L1 • CLU L2 C1 • CSmH MS11 L51 • CU-S L2 • CtHT-W MS3 L3 • CtY MS4 L5 • DFo L13 • DLC MS57 L11 C1501 D13 M • DTr MS1 • FU L4 • ICHi MS1 • ICN MS1 L25 REF1 • IGK MS1 • IU-R MS1 • InNd L1 • KU-S L2 • LNHT L1 • LU-Ar L1 • MA L2 • MB MS5 L41 C3 D1 • MCR MS2 L5 • MH MS4 L123 • MNF MS1 • MNS L7 • MWA MS1 L10 1CTN • MWH MS1 L10 C1 D4 • MWelC MS1 D1 • MeB L1 • MeWC L4 • MiMtpT L3 • MiU MS2 L5 • NBu MS2 L2 REF65 • NBuU L2 • NCH L1 • NNBa MS3 L5 • NNC D1 • NNMus L1 • NNPM MS2 L1 • NNU-F MS2 L9 • NNWML L6 • NRU L1 • NcD L9 • NhD MS1 • NhHi L5 • NjP C38 • NjR L2 • OClWHi L1 • OFH MS1 L8 • OU L6 • PCarlD MS1 L1 • PHi L8 • PPRF L1 • PPT MS1 L1 • PSC L2 • PSt L3 • RNR L1 • RPB-JH MS10 L34 C4 D1 • TxGR L1 • TxU L6 • UPB L2 • ViU MS20 L135 • WHi MS1 • WvU L4

MUIR, John (1838-1914) • CCamarSJ L1 • CLSM MS1 J1 L12 C2 D3 M • CLU L2 M • CO L1 • CSmH MS4 L114 C3 • CSt 1CTN • CStoC 39CTN • CU 3CTN REF8 • CU-S MS1 L2 • CtY L11 MG1 • DLC L4 C10 • ICN L3 D1 • IU-Ar M • InHi L1 D1 • InU L1 D2 • LNHT L1 • MH L10 • MH-G L7 C13 • MeB L1 • MeWC L1 • MiU D1 • NIC L2 • NNAL L37 C10 • NNC MS1 • NNPM L2 • NPV L1 • NjMoHP L6 • NjP C1 • OFH L1 • OrU L10 • PBL L1 • ScC L9 • TxU L1 • ViU L50 • WHi L35 D11

MULFORD, Prentice (1834-1891) • CStbS L1 • CU L1 • CtY L17 • DLC L1 • IU-R L5

MUMFORD, Lewis (1895-   ) • ArU L47 C49 • CCC L1 • CCFB L3 C2 • CLSU L1 • CLU L1 • CSdS L1 • CSmH L1 • CSt L7 C1 • CU L14 • CU-A L2 • CoU L1 • CtY MS3 L301 C107 D2 M • DLC L3 • DeU L2 • ICN L11 • ICarbS L1 • IEN L1 • IGK L2 • IU-Ar L2 D1 • IU-R L1 • InU MS1 L10 • KyLoB-M L4 • MBU L4 • MH L3 • MeWC L1 • MiU L2 C2 • MiU-H L11 C8 • MnU-SW L7 C9 • NBiSU L1 • NIC L1 • NNAL MS4 L30 C35 D4 • NNC L247 D1 M • NNCoCi D90 • NNFF L3 D1 • NNU-F MS1 • NPV L1 • NRU L2 • NSbSU L1 • NSsS L1 • NSyU L21 • NcA L1 • NhD MS4 L1 D2 • NjP L15 C12 D1 • OOxM

L1 • OkU L2 C3 • PHC L1 • PPT L1 • PSt L1 • PU 35CTN PR REF1 • TxU MS1 L20 • ViU MS2 L4 C2 • VtMiM L6 C5 • WyU-Ar L19

MUNFORD, Robert (1730-1784) • CSmH C1 • NHi L2 • PHi L1 • ViHi L1 D4

MUNFORD, William (1775-1825) • CSmH MS1 L1 C1 D1 • InU D2 • NcD MS3 J2 L28 D3 • OClWHi L1 • ViHi L42 C4 D2 • ViU L6

MUNROE, Kirk (1850-1930) • CL L1 • CLU L1 • CSmH L1 • CU L1 • CtHT-W L4 • CtY L1 • DLC J50 C1 23CTN REF1 • ICN L1 REF1 • InNd L1 • MB L2 D1 • MH MS2 L1 D2 • NNC L13 D29 • NNPM MS1 • NNU-F L1 • NjMoHP L1 • NjP L54 C17 D22 • PHi L2 • PSt L6 • ViU L3

MUNSEY, Frank A. (1854-1925) • CU L8 • ICN L5 • IU-R C1 • Ia-HA L1 • InU L4 C1 • LNHT L2 • MA L1 • MH L2 C3 • MWA L1 • MeB L1 • NHi L1 M REF66 • NNC L6 • NNWML L4 • NRU L6 • NcD L17 • OU L1 • TxU L1

MUNSON, Gorham Bert (1896-1969) • ArU L5 • CSt L19 C10 M • CU L1 • CU-A L14 C1 • CtU L1 • CtW 15FT R M REF3 • CtY L10 C6 • DeU L13 C1 • ICN L17 • KU-S C1 • MH L2 C1 • MoSW L8 • NN-B D1 • NNC L35 C2 • NSbSU L2 • OU C129 • PPT L1 • PSt L86 • PU L78 • RPB-JH L3 • TMM L9 C9 • TxU L2 • ViW L1 • VtMiM L1 • WMUW MS1 L6

MURAT, Napoleon Achille, Prince (1801-1847) • CSmH L2 C1 D1 • CSt MS2 L22 C34 D6 • CtY L1 • FTaSU D150 • IU-R L3 • MH L1 • MdHi L13 D1 • MiU-C L2 • NIC MS1 L3 • NcU L3 D1 • PHi L5 D1 • RNR L1

MURDOCH, Frank Hitchcock (1843-1872) • NNMus MS1

MURFREE, Mary Noailles (1850-1922) • CSmH MS1 L5 • CtY L1 • DTr MS1 • GEU 4CTN • ICHi L1 • ICN L1 REF1 • LU-Ar D1 • MB L1 • MCR MS1 L1 M • MH MS2 L19 • MHi L1 • MWA L1 • MWH L1 • MdBJ D1 • MeB L1 • MeWC L1 • MiU L1 • MoSHi L1 • NBu MS1 REF65 • NNBa L1 • NNC L1 D2 • NNU-F L1 • NcD L2 • NcU MS1 L3 C7 D2 • NhD L2 • NhHi L1 • NjMoHP L2 • NjP L3 • OOxM L1 • PHi L4 • PPT L4 • T MS3 D8 • TU M • ViU MS1 L18

MURPHY, Henry Cruse (1810-1882) • CLU L4 • CSmH L2 • CtHT-W L1 • CtY L1 • DGU L1 • DeGE L1 • ICHi L1 • MB L4 • MH MS1 L2 • MHi L15 • MeU L8 • MiU-C L2 • N L1 • NHemH L1 • NHi MS2

231

Murphy, Henry Cruse (cont.)

L5 C6 REF66 • NIC L1 • NNC L3 • NRU L1 • NcD L2 • NjMoHP L4 • PHi L5 D1

MURRAY, Chalmers Swinton (1884-1975) • ScC MS2

MURRAY, Janette (Stevenson) (1874-1967) • IaU MS2 L4

MURRAY, Judith (Sargent) (1751-1820) • MH L1 • MHi L8 • NNU-F L1 • PHi L1

MURRAY, William Henry Harrison (1840-1904) • CU-S L1 • CtHC L7 • CtY L2 • ICL L2 M • ICN L3 • MB L3 • MH L4 • MeB L1 • NHi L1 REF66 • NNC L3 • NhD D2 • OFH L1 • OMC L1 • ViU L1

MYERS, Gustavus (1872-1942) • MH L7 C6 • NIC C6 • NNC L2 • PU L25

MYERS, Peter Hamilton (1812-1878) • MB L1 • MdBJ L1 • NRU L11 C3 • PHC L1 • PHi L2

NABOKOV, Vladimir Vladimirovich (1899-   ) • CtY L1 • DLC 6FT • IU-Ar L1 • MBU L1 • MH MS2 • MoSW L1 D5 PR • NNC L4 • NjR L8 • NvU PR • RPB-JH D1 • TxU L1

NACK, James (1809-1879) • MH MS1 C1 • NHi MS1 • NRU L1 • PHi L2 D2 • RPB-JH MS1 L1 • ViU MS1

NADAL, Ehrman Syme (1843-1922) • CtY L2 • DLC L1 • IU-R D1 • LNHT L4 • MH L3 • MdBJ L2 • NIC L1 • NNC L6 • NjP C17 • PU L1 • RPB-JH L1

NANCRÉDE, Paul Joseph Guérard de (1760-1841) • DeGE L1 • MB L1 • MH L4 • MHi L1 • PPAmP L1 • PPC L1 C4 • PPL D4

NASH, Ogden (1902-1971) • CCC L1 • CLSU L1 • CLU MS1 L2 • CU L1 • CoU L2 • ICN L1 • ICarbS L1 • InU L3 D1 • MA L2 • MB L1 • MBU L2 • MH L11 • MS L2 • MWC MS5 L7 • MWelC L1 • MeWC L1 • MnU-K L2 • NBuU MS28 L7 • NIC L1 • NN-B D1 • NNAL C3 • NNC MS4 L35 • NNPM MS1 • NSbSU MS2 L2 • NcU D7 • OrU MS1 L2 • PBm L5 • PHC L2 • PPiL L3 C3 • PPiU L4 C3 • PU L1 • RPB-JH L3 • TxU MS9 L19 C1 8CTN • ViU MS4 L4 • VtU L1 • WyU-Ar L1

NATHAN, George Jean (1882-1958) • CSmH L5 • CSt L2 • CU L2 • CoU L2 • CtH L3 • CtY L37 • DLC L1 • ICN L17 • IU-R L1 D1 • IaU L8 • InU MS1 L7 D1 • KU-S L1 C1 • MBU L1 • MH L11 • NB L36 • NCH L2 • NIC MS469 L25 C2138 D1 MG1 PR M • NN-B L15 C1 • NNC L10 • NNU-F L2 • NPV L1 • NcA L1 • NhD L1 • NjP L1

● OCl L1 ● OkU L2 ● PPT L3 C3 ● PU L48 ● RPB-JH L1 ● TxU L4 1CTN
● ViU L2 ● ViW L6 ● WaU L4

NATHAN, Robert Gruntal (1894-   ) ● AzTeS MS1 ● CL L1 ● CLU
MS1 L5 ● CU L2 ● CoU L1 ● CtH MS1 ● CtY MS168 L600 C750 D1
PR M REF7 ● DLC L3 ● ICN L1 ● ICarbS L2 ● IEN L3 ● InU L16 D2
REF3 ● MBU L13 ● MH L10 C4 ● MWalA L9 ● MWelC L2 ● MeWC
MS1 L7 ● MiU L4 C7 ● NBuU MS1 L4 ● NNAL L33 C42 D1 ● NNC
MS2 L9 ● NNU-F MS1 L3 ● NSyU L7 ● NhD MS1 L1 D1 ● NhExP MS2
L120 ● NjP MS1 L9 C16 D1 ● OClWHi L3 ● ODaU L1 ● OkU C1 ● OrU
L30 ● PPT L5 C7 ● PPi M ● PSt MS1 ● PU L5 ● TxU MS5 L3 C1 ● ViU
MS3 L8

NEAL, John (1793-1876) ● CSmH L2 ● CU L1 ● CtHT-W L1 ● CtHi
L4 ● CtY MS1 L7 C2 D1 ● DLC L6 C1 ● ICHi C1 D1 ● ICL L1 ● InU
L1 C1 ● MB MS8 L11 D3 ● MH L86 REF2, 3 ● MHi L2 ● MdBE L2
● MdBJ L3 C1 ● MdHi L11 ● MeB L4 ● MeU L3 ● MeWC L2 ● MiU-C
L1 ● NHi MS1 L4 ● NN-B L1 ● NNC MS2 L5 ● NNPM L250 ● NNU-F
L2 ● NPV L3 ● NRU L5 ● NhHi L1 ● NjMoHP L2 ● OCHP L3 C1 ●
PHC L3 ● PHi L17 D3 ● PP L1 ● PSC-Hi MS1 C1 ● PSt L3 C1 ● RPB-JH
L3 D1 ● TxU MS1 C1 ● ViU MS2 L21 C2 D3

NEAL, Joseph Clay (1807-1847) ● CSmH C1 ● CtY L1 ● MB L2 ● MH
L1 ● NN-B L1 ● PHC L2 ● PHi L4 ● PP L1 ● PPL L1 D1 ● RPB-JH
D1 ● ViU L4

NEIHARDT, John Gneisenau (1881-1973) ● CLSU L1 ● COMC L3 ●
CSmH L51 ● CU L37 M ● CtY L1 ● DLC L2 D1 ● DeU L1 ● ICarbS
L2 M ● IEN L1 ● IGK MS2 L102 C1 D2 ● InU L10 C1 ● KyBgW L7
D2 ● MH L17 C3 ● MNS L4 ● MWelC L2 ● MiU L4 C6 ● MnU-SW L1
C1 ● MoCgS L1 ● MoSHi L6 C6 ● MoU 33CTN R M REF7 ● NB L1
● NBuU MS2 ● NN-B L3 ● NNAL L2 C5 D3 ● NNC L1 ● NNU-F L3
● NNWML L2 ● NPV L4 D3 ● NbL 1CTN ● NbU L4 C2 R M ● OkU
L7 C7 ● PSt MS1 L4 ● RPB-JH MS1 L1 M ● TxU MS1 L15 ● ViU MS2
L14 ● VtU L1

NELSON, Alice Dunbar (1875-1935) ● DHU C1 ● MH L1

NELSON, Henry Loomis (1846-1908) ● A-Ar L1 ● CLSU L1 ● DLC
L65 C14 ● ICN L3 ● InU L1 C2 ● LNHT L1 ● MB C1 ● MH L7 ● MHi
L19 ● MWA L1 ● MdBJ L6 ● NHi L1 ● NIC C1 ● NNAL L5 ● NNC
L10 D2 ● NSchU L3 ● NjP C3 ● RPB-JH L1

NEMEROV, Howard (1920-   ) • DLC L3 • IEN MS1 L1 PR • IU-Ar MS1 L5 M • InU MS3 L3 C2 D5 • KU-S MS1 L2 • MBU L1 • MH MS2 L6 • MiU L4 C9 D1 • MoSW MS206 L115 C743 PR R M • NBuU MS2 L6 R • NCH L1 • NN-B D1 • NNAL L33 C40 D4 • NNFF L4 C4 • NNU-F MS1 L6 • NSyU L31 • NjR MS2 L9 • PSt L5 • RPB-JH L3 • TxU MS2 L6 C5 D1 • ViW L4 • VtMiM C1 • WaU L2 C1

NERBER, John (1915?-1968) • ICN L3 • MH L1 • MiU-H MS1 • NBuU MS3 L13 • PU L10

NEWCOMB, Charles King (1820-1894) • MH L41 • RPB-JH MS3 J27 L3 C316 D9 M

NEWELL, Robert Henry (1836-1901) • DLC C1 • InU D2 • MH L1 • MdBJ L4 • NHi L1 • NNC L1 • NNU-F L1 • PHi L2 • RPB-JH L1 • ViU MS1

NEWMAN, Frances (1883-1928) • GAHi L1 • ICN L2 • IU-R C3 • InU D1 • MH MS1 • NNU-F L1 • ViU L8 • VtMiM C1

NEWTON, Alfred Edward (1863-1940) • CCamarSJ L1 • CL L1 • CLU L1 C1 • CLU-C L1 • COMC L25 • CSmH L3 • CSt L5 M • CU 2CTN • CU-S L1 D5 • CtHC L1 C2 • CtY MS1 L143 C1 • ICN L15 • ICarbS L9 C10 D3 M • IGK L2 • IU-R D2 • LNHT L1 • MB L2 C1 • MH L59 C43 M • MWalB L1 • MdHi L1 • MeWC L22 • MiU L3 • MnHi L2 • MoSHi L2 • NIC L1 C1 • NNC MS1 L40 • NNPf L2 REF2 • NNU-F L6 • NPV L2 • NRU C1 • NcWsW MS1 • NhD L2 • NjP MS1 L60 C3 M • OC L11 M • OCl L1 • ODaU L1 C1 • OKentU L4 • OU L1 • OkU C1 • PBm L1 • PCarlD L2 • PHC MS1 L11 • PHi L4 C1 • PP MS31 J4 L802 C94 D6 PR M • PPAmP L1 • PPRF MS1 L1 • PPT L2 C2 • PU L72 PR • RNR L1 • TxU L74 C16 2CTN • ViU MS1 L7 • VtU L1

NICHOLS, Anne (c.1895-1966) • CSmH L4 • NN-B D1 • NNMus MS2 L1

NICHOLS, Thomas Low (1815-1901) • IU-R L1 • NRU L1 • RPB-JH L1

NICHOLSON, Elizabeth Jane (Poitevent) Holbrook (1849-1896) • LU-Ar L1 • MB L1 • MH L2

NICHOLSON, Meredith (1866-1947) • CLSU L4 C1 • CLU L1 • CSmH L1 D1 • CU L3 • CtY MS15 L52 C35 • DLC MS1 L4 • ICL L1 • ICN L11 • IU-Ar L1 • In MS2 L64 C4 D9 • InCW MS4 L2 C2 • InGrD-Ar L2 • InHi MS1 J3 L182 C113 D3 • InI M • InLP L37 C9 M

234

• InNhW L3 M • InRE L14 • InU MS3 L136 C50 D9 REF3 • KyBgW L1 • LNHT L1 • MB L2 • MChB L1 • MH L14 • MWA MS10 L17 • MeWC L5 C1 • NIC L1 • NNAL L27 C15 D1 • NNC MS1 L13 • NNU-F MS1 L3 • NPV L5 • NcD L1 • NjP MS2 L198 C230 D40 • OHi L1 • OkU L1 • PPT MS1 L1 C1 • PSt L1 C2 • PU L2 • RPB-JH MS1 MG1 • TxGR L1 • ViU L12 • WM MS1 L2 • WvU L1

NIGGLI, Josephina (1910-   ) • CU L1 • NcU MS3 • NjP C1

NILES, Blair (Rice) (c.1890-1959) • CU L3 • ICN L1 • MBU L1 • MH L1 • NcD L3 • NjP L1 C1 • OrU L5 • PU L2 • TxU L3 • ViLRM MS1 • ViSwC L6

NIMS, John Frederick (1913-   ) • ArU L4 • DLC L2 • ICN L7 • IU-Ar MS2 L34 C3 D2 PR M • InU MS1 L20 C20 • MBU L5 • MH L40 C10 • MMeT L1 • MiU L6 C10 • MoSW L34 • NBuU MS3 L10 R • NN-B D1 • NNFF D2 • NbU L4 C2 REF2 • NjR L1 • RPB-JH L10 • RU L1 • TxU L3 C1 • VtMiM C1 • WaU L1 C4

NIN, Anaïs (1903-1977) • CLSU R • CLU L9 • CU L18 • CtY MS2 L54 C33 D3 • DLC L20 C11 D1 • DeU L8 C7 • ICN L1 • ICarbS L134 C245 D3 M • IEN MS128 L39 C11 D11 PR • IaU L1 • InU L175 C7 D5 M REF3 • KU-S MS2 L88 C5 D1 PR • MBU L15 • MH L3 • MeWC L4 • NNC L3 • NNFF L4 C2 D2 • NSsS MG2 • NhD MS1 L4 D1 • NjR L1 • OAU L2 • OU L18 C3 • OkU L3 C3 • PPT MS1 L1 R • PU L4 • TxHR L1 • TxU MS4 L25 C3 PR

NOAH, Mordecai Manuel (1785-1851) • CSmH L1 • CtY L2 C1 • ICHi L1 • MB L3 • MChB L1 • MH L5 • MHi L2 • MWalA L67 • MdHi L7 D1 • N L1 • NHi L10 C1 D3 M REF66 • NIC L1 • NNC L3 • NRU L7 C5 • NhD D5 • NhHi L1 • NjMoHP L3 • PHC L2 • PHi L17 • PU L1 • RPB-JH MS1 • ScCleU L2 • ViU L1 C1 D1

NOCK, Albert Jay (1873-1945) • ArU L2 • CU L5 C2 • CtY MS2 L178 C50 7CTN PR M • DLC MS18 J2 L438 MG1 5CTN PR REF1 • DeU L1 C1 • InU L4 C6 D1 • MH L25 C21 • NN-B L2 • NNC L6 • NNU-F L2 • NPV L2 • NjN L2 • NjP L8 C6 D1 • OkU L1 • PU L7 • RPB-JH L1 • TMM L35

NOEL, Mary (1911-   ) • NcD L1 D1

NOLAND, Charles Fenton Mercer (1810-1858) • NcD L12

NORDHOFF, Charles (1830-1901) • CCC L1 • CL L1 • CU L8 C2 • CU-S C1 • CtHT-W L2 • CtY L10 C3 • DFo L1 • DLC L79 C1 • ICHi

235

Nordhoff, Charles (cont.)

L1 • ICN L2 • IU-R L1 • InFwL L2 • InNd L1 • MH L27 C13 • MHi L220 • MdBJ L11 • MeB C1 • N L1 • NHi L3 • NIC MS1 • NNC L7 D25 • NNPM L7 C5 • NRU C2 • NSchU L4 • NSyU L11 C11 • NhExP MS1 • OCHP L4 • OFH L40 C7 M • OHi L1 • RPB-JH C1 D1 • TxU L2

NORDHOFF, Charles Bernard (1887-1947) • CSmH L6 C1 • DLC L32 C46 • InU L1 • MBU L1 • MH L1 C1 • NNC MS1 L4 D1 • ViU L3

NORRIS, Benjamin Franklin (1870-1902) • C MS1 • CCamarSJ L1 • CLSM L2 • CLSU MS2 L10 • CSt MS1 • CU 11CTN REF1, 7 • CtY MS1 L5 • ICN L5 REF1 • ICarbS MS1 • IEN MS1 • IU-Ar D1 • IU-R C6 D31 • MA MS1 • MB D1 • MWelC MS1 • NN-B D1 • NNC MS2 L2 • NNWML L1 • NjP L2 C1 • PU L1 • TxU L1 • ViU MS4 L18 C1 • WaPS D1

NORRIS, Charles Gilman (1881-1945) • C L6 • CLSU L4 C1 • CLU MS11 • CSf L2 • CSt MS4 • CU MS7 L124 C100 D2 M REF1, 7 • CtY MS1 L39 C3 D1 M • DGU L1 • DLC MS1 • InU L5 • MAJ L4 • MH L8 C2 • NIC C1 • NN-B L1 • NNC L64 • NNWML L2 • NPV MS1 L5 • NjP L1 • PMA L1 • PU L3 • TxU MS1 L12 D1 • ViU MS1 L1

NORRIS, Kathleen (Thompson) (1880-1966) • CLSU L1 D1 • CLU MS18 • CSmH L3 • CSt MS100 • CU 6CTN REF1, 7 • CtY MS1 L75 C3 M • DGU L17 • InU L7 • MH L55 C1 • MWH L5 M • MiU L1 C2 • NN-B L1 • NNC L17 • NNU-F MS1 L1 • NNWML L3 • OkU C1 • OrU L2 • P L1 • PCarlD L1 • PMA L4 C1 • PPT C1 D2 • TxU L6 • ViU L3 • VtU L2 C1

NORTH, Sterling (1906-   ) • CLU L2 C6 • CU L2 • CoU L1 • CtY C2 • ICN L6 • IGK L1 • InLP L1 C1 • MBU 8FT REF1 • MiU L8 C12 • MnU-K L1 C1 • MnU-SW L1 C1 D3 • NIC L1 C1 • NNC L1 • OkU L1 C2 • PU L8 • RPB-JH L2 • TxU L9 C5 • WGr MS1 D2 • WHi L2 C2

NORTON, Andrews (1786-1853) • CSmH MS1 L2 • CU L1 • InNd L1 • KU-S C1 • MB MS1 L20 C2 D2 • MH MS5 J1 L489 C64 D3 REF1 • MHi L13 • MWA L1 • MdBE C1 • MeB L3 • NHi L21 C37 D1 REF66 • NN-B C6 • NNC L2 • NNPM L6 • NNS L1 • Nh L2 • NhD L3 D1 • NjMD L2 • NjP C1 • PHC L2 • PHi L5 • PPAmP L1 • PSt L1 • PU L1 • TxU L2

NORTON, Charles Eliot (1827-1908) • CCC C1 • CLU L4 • CSdS L2 • CSmH L63 C1 • CU L35 • CU-S L1 • CoCC L1 • CtHT-W L17 • CtY L89 C9 • DFo MS1 L1 PR • DLC L53 C23 D1 2CTN • DeGE L1 • DeU L1 C1 • ICN L14 • IGK L1 • IaDmE L1 C1 • InNd L1 • InU L1 • LNHT L8 • MA L2 • MAJ L4 • MB MS1 L23 C36 • MBAt L1 • MBSpnea REF2 • MBU L1 C2 • MChB L1 • MH MS17 L1482 C9073 D10 MG2 REF1, 2 • MHi L82 D2 • MNS L3 • MNS-S L6 • MS L2 • MStoc L1 M • MWA L14 • MWelC L1 C3 MG2 • MWiW C2 • MdBJ L47 C1 • MeB L4 • MeWC L6 C1 • MiU L7 • MnHi L1 • MnU-Rb L1 • N L1 D1 • NBu L1 • NHemH L1 • NHi L12 M REF66 • NIC L15 • NN-B MS1 L54 C10 D4 • NNAL L34 C4 • NNC L18 C3 D4 • NNPM MS1 L8 MG1 • NNU-F L9 • NPV L7 • NRGE L3 • NRU L12 • NSchU L3 REF74 • NcD L4 • NhD L3 C1 D1 • NjMoHP L1 • NjP L13 C8 • OClW L1 • OFH L7 • OOxM L7 • OU L2 • PBm L1 • PCarlD C1 • PGC M • PHC L4 • PHi L11 • PSC L1 • PSt C1 • PU L29 • RNR L1 • RP L3 • RPB-JH L3 C2 D3 • TxU MS1 L19 C1 • ViU MS2 L41 • VtHi MS1 D1 • VtU L20 • WHi MS1

NORTON, Grace Fallow (1876-   ) • CtY L1 • DLC L1 • ICN L3 • MA L1 • MH MS1 L17 • MNS L7 • MWelC L3 • NBuU MS3 L3

NORTON, John (1606-1663) • CtY MS1 • M-Ar D15 • MB D1

NOTT, Henry Junius (1797-1837) • MdHi L1 D1 • PHi L3 • ScU MS23 L4

NOYES, John Humphrey (1811-1886) • CSmH L1 D1 • CSt D4 • InU L1 • MH L1 • MHi L1 • N L1 • NHi C40 M • NSyU MS1 L1 • NhD MS3 L1 D2 • OFH MS1 L6 • VtHi D2

NYE, Edgar Wilson (1850-1896) • CLU L11 • CSmH L3 • CU L1 D2 • CtY L1 • DLC L2 • ICHi L1 • ICN L4 REF1 • IU-R L1 D1 • IaDmE L1 • IaU L2 • InU L65 C35 D6 M • MA L1 • MH L1 • MWA L3 • MWH L3 M • MdBE L1 • MeWC L3 • MnHi L3 • MoSW L2 • NHi L1 • NN-B MS1 L2 C1 • NNC L2 • NNU-F L6 • NRU L1 • NcU MS1 • NhD MS1 L1 • OMC L1 • OrHi L1 • PHC L1 • PHi L4 • PInU L1 • TxGR L1 • UPB L2 • ViU MS6 L22 • WHi L2 D6 • WyU-Ar MS1 L126

OATES, Joyce Carol (1938-   ) • IU-Ar MS1 L2 • MBU L1 • MiU L7 C20 • MoSW L2 • NNC L1 • PPiI MS1 L6 C6 • TxHR L1 C1 • TxU PR

OBENCHAIN, Eliza Caroline Hall (Calvert) (1856-1935) ● IGK L1 ●
KyBgW MS28 L139 C1 D10 PR REF1 ● KyRE L6 ● KyU L21
C14 ● NjP L1 ● OkU L1

OBERHOLTZER, Ellis Paxson (1868-1936) ● CLSU L1 ● CSmH L2
● CtY L2 C1 ● ICN L1 ● InU L1 ● LNHT L1 ● MB L8 ● MH L1 ● MWH
L1 ● MiU-H L13 ● NNC L1 ● NjP L9 C2 ● PCarlD L8 ● PHi MS1 L2
C7 D3 ● PSt L1 ● PU L4

OBERHOLTZER, Sara Louisa (Vickers) (1841-1930) ● InNd L1 ●
MH L5 ● MiU L1 ● PHi D8 12CTN ● PSC-Hi L1

O'BRIEN, Edward Joseph Harrington (1890-1941) ● ArU L3 C1 ●
CLU L3 ● CSmH L3 ● CSt L2 ● CU L22 M ● CtY MS1 L6 C2 ●
DeU L14 ● ICN MS1 L8 ● IU-R C2 ● Ia-HA L1 C1 ● InNd L3 ●
KPT L2 C1 ● KU-S L59 ● LNHT L1 ● MA L5 ● MB L2 D2 ● MBU
L4 ● MH L95 C10 ● MNS L2 ● MWH MS27 L7 M ● MeWC L3 C1 ●
MiU L2 C2 ● MnU-Rb L3 ● NBuU L3 ● NN-B L5 C1 ● NNWML L1
● NPV L1 ● NbU L5 REF2 ● PPT L1 ● PU L4 ● RPB-JH L1 ● TxU
L14 C7 ● ViRCU L2 ● ViU L4 ● WMUW MS1

O'BRIEN, Fitz-James (1828-1862) ● CSmH L1 ● CtY MS1 L1 ● DFo
MS1 ● MH L8 ● MdBJ L1 ● NIC L2 ● NN-B MS5 L2 D1 PR ● NNPM
L2 ● NcD MS1 ● OCHP MS1 ● PHi L1 ● RPB-JH L1 ● ScC L4 D1 ●
ViU MS5 L3

O'BRIEN, Frederick (1869-1932) ● COMC MS1 L1 ● CSmH L2 ●
CU L6 ● ICN L23 ● InU L4 ● NN-B L1 ● NjP L1 ● PPT L1 ● PU
L1 ● ViU MS1

O'CONNOR, Edwin (1918-1968) ● CtY MS1 ● MB 2FT REF1 ● MeWC
L1 ● RPB-JH L1

O'CONNOR, Flannery (1925-1964) ● GAHi L1 ● GEU L7 ● GMiW
MS892 L156 C27 D7 MG93 PR R M REF2, 5, 7 ● LNHT L1 ● MoSW
L18 ● NN-B L1 ● NNC L3 ● NNFF L13 C7 D6 ● NcD REF2 ● NjConC
L1 ● NjR L1 ● TNJ L118 ● TxU 1CTN ● ViLxW L7

O'CONNOR, William Douglas (1832-1889) ● CCamarSJ L21 ● CLU-
C L2 ● CtY MS2 L7 ● DFo D11 ● DLC L1 ● ICarbS L2 M ● MB L1
● MBU L3 ● MChB L1 ● MH L2 C51 ● MHi L4 ● MdBJ L3 ● MeWC
L15 ● MnHi L2 ● NN-B MS6 L8 C223 D1 ● NNC L2 ● NNSII L1 ●
NjP L2 ● OCHP L1 ● PCarlD MS1 ● PHi L2 ● PU MS1 L3 ● RPB-
JH MS22 L16 C64 D23 M ● TxU MS1 L3 C1 D2 ● UPB C1 ● ViU L1

ODELL, Jonathan (1737-1818) ● CtY MS1 D1 ● DLC D1 ● InU MS1

• MH MS3 L1 • MiU-C L14 C9 • NjP MS2 L1 • PHi L4 • PP D1 • PPAmP MS1 C1 • ViU MS2

O'DELL, Scott (1903-   ) • CPom MS1 PR • MnU-K L1 • PP MS1

ODETS, Clifford (1906-1963) • CCFB L4 D1 M • CLU L3 • CU L1 • CtY MS1 L17 C12 • DLC L1 • ICN L1 • ICarbS L4 C4 • InU L2 • MBU MS1 L57 C6 D2 M • MH L3 M • MWalA L1 • MiU L4 C7 • NHpR L1 • NIC C7 • NN-B MS2 L40 D1 • NNC MS1 L23 D1 • NNU-F L6 • NSyU L3 C2 • NcA L1 • OkU L1 • PHC L1 • PSt L4 • PU L13 • TxU L19 • WyU-Ar L1

ODIORNE, Thomas (1769-1851) • MB D2

ODUM, Howard Washington (1884-1954) • A-Ar L1 • GEU MS6 L11 D1 • ICN L1 • InU L2 • MH C1 • MiU-H L17 C7 • MnU-SW L10 C10 D4 • NNC L1 • NcA L1 • NcD L11 • NcU 22FT REF7 • OkU L1 C1 • PU L2 • ViLxW L2

OGILVIE, Elisabeth May (1917-   ) • MBU L1

O'HARA, Frank (1926-1966) • CLU MS5 • CtU MS26 L36 C1 • DeU D1 • IEN MS1 L3 • IU-Ar L3 C1 • InU MS9 L6 C1 D1 • NBuU R • NNC L1 • NNFF MS1 D1 • NNU-F MS12 L1 • NjR L2 • RPB-JH D1 • TxU MS1

O'HARA, John Henry (1905-1970) • CU L2 • CoU L1 • CtY MS19 L7 C1 PR • DLC L1 • DeU L1 • ICN L1 • MBU L2 D50 • MH MS1 L5 C1 • MiU L1 C3 • NBu L1 C1 • NIC MS1 L5 C1 D1 • NNAL L4 C14 D2 • NNC MS1 L73 • NjP MS1 L20 C28 D1 PR • NjR MS68 • OU L2 • PBm L1 • PCarlD L2 • PSt MS83 L266 C25 D125 PR REF7 • PU L1 D1 • TxU MS2 L1

O'HIGGINS, Myron (1918-   ) • ICarbS L5 C3 M • PU L8

OLDS, Helen (Diehl) (1895-   ) • OS MS1

OLMSTED, Frederick Law (1822-1903) • CLU L7 • CSmH L10 • CtHi L1 • CtY L4 C3 D1 • DDO L1 • DLC MS219 L1346 C5023 D54 MG1 2CTN PR • DeGE L1 • ICN L2 • LNHT L2 • MB MS1 L1 D3 • MBCo D2 • MBSpnea REF2 • MCR L2 • MH L117 C1 • MHi MS1 L24 D1 • MS L1 • MeWC L1 • MnHi L35 C70 • N MS1 L5 D1 • NBLiHi L1 • NHi MS1 L29 C7 D6 15CTN REF4, REF66 • NIC L5 C1 • NNSII L1 • NRU L1 • NcD L1 • NjMoHP L1 • OCHP L1 • PHi MS1 L6 D2 • PU L1 • RPB-JH L1 C1

OLSEN, Tillie (1913-   ) • MBU L3 • NN-B MS1 L1 • NNFF L8 C10 D4 • NbU L1 REF2

239

OLSON, Charles (1910-1970) • CLU L12 • CU MS1 L4 C4 D2 • CU-S MS2 L8 D1 • CtU L338 MG450 224CTN PR R M REF2, 3, 7 • CtW L3 D1 M • CtY MS1 L16 • DeU L5 D1 • ICN L1 • ICarbS MS7 L34 C4 D2 • IEN MS1 L3 PR • InU MS10 L25 C9 D10 • KU-S MS8 L1 • MH L1 • MnU-SW L8 C8 D2 • MoSW MS1 L6 C2 PR • NBuU MS2 L10 R • NNC MS4 L33 M • NNU-F MS2 L4 • NSbSU MS1 L33 • OU MS1 • PSt L1 • PU L28 • RPB-JH D1 • RU L1 • TxU MS11 L165 C2

OLSON, Elder (1909-   ) • CoU MS4 L4 • DeU D1 • ICN MS9 L1 • InU L4 C2 D7 • MMeT L2 • MoSW L2 • NbU L1 REF2 • WGr MS1 L3

O'NEAL, Charles (1904-   ) • IaU MS13 L3

O'NEILL, Eugene Gladstone (1888-1953) • CCamarSJ L1 • CLU MS1 L4 • CSt MS1 L6 PR • CoU L1 • CtN1C L23 D3 • CtW L1 • CtY MS149 J3 L1300 C50 D30 MG2 PR M REF21 • DGW L1 • DLC L10 D1 • ICN L5 • ICarbS D1 PR • IEN L1 • InNd L5 D1 • InU L10 C1 D2 M • KyLoU L1 • MA MS1 L9 D1 PR • MB L1 D1 • MBU L9 D2 PR M • MH MS13 L120 C122 • MWH L1 D9 M • MdU L6 D1 PR • MeB L1 • MeWC L1 • MiU L1 C1 • MiU-H L1 • NIC MS3 L131 C2 D13 M REF68 • NN-B MS37 L97 D1 M • NNAL MS1 L6 C20 D6 • NNC MS1 L80 C100 D96 • NNMus MS15 L2 • NNU-F L14 • NNWH L11 • NPV L1 • NcU L4 • NhD 5FT PR M • NjP MS13 L21 D1 PR M REF82 • OKentU L1 • OrU L2 • PPT L1 • PU L26 D1 • TxGR L1 • TxU MS6 L31 D2 • ViU MS12 L73 C2 PR • WU L1 M

OPATOSHU, Joseph (1886-1955) • NNYI 10FT

OPPEN, George (1908-   ) • DeU L4 D1 • InU L7 C9 D3 • MH MS1 PR REF2 • NBuU R • NNC L2 • NNU-F MS1 L22 • NSbSU PR

OPPENHEIM, James (1882-1932) • CLSU L1 • CSmH L2 • CoU L2 • DLC L1 • DeU L1 • ICL L1 • ICN L2 • IU-R L1 C2 D2 • InNd L1 • InU MS1 L3 D1 • MH L36 C25 • MiU-H L141 C40 • NBuU L3 • NNC MS2 L2 • NNU-F MS1 L1 • NNWML L11 • OOxM L1 • PU MS1 L31 • RPB-JH L2 • ViU MS1 • VtU L2

O'REILLY, John Boyle (1844-1890) • CSmH MS1 L6 • CtY MS2 L17 C1 • DGU MS2 L3 • DLC MS2 L25 D1 • ICL MS1 L1 • ICarbS C1 • InNd-Ar L7 D42 • InU L4 C2 D2 • KU-S C1 • LNHT L1 • MB MS3 L22 C11 D1 • MChB MS1 L56 • MH MS1 L29 • MHi L3 • MWA

MS2 L8 D1 • MWH L25 D4 M • MWelC D1 • MdBJ L1 • MiU C1 • NBu MS1 L2 REF65 • NHi L4 • NN-B L2 • NNC L1 • NNU-F L4 • NNWH L1 • NcD L2 • NhD L1 D2 • NjP L2 D2 • OCHP L2 • PHC L1 • PHi L4 D1 • PSC L2 • PSt MS1 L2 • RPB-JH MS1 L2 • TxU MS1 • UPB L1 • ViU MS2 L9 • VtMiM L9 C1 • WHi L1

ORLOVITZ, Gil (1918-   ) • DLC MS2 • IEN L1 • IU-Ar MS13 • InU L20 D1 • MBU L2 • MoSW L9 • NBuU MS52 L9 • NNC L1 D2 • NNFF MS1 L8 C5 D3 • PSt MS1 • PU L4 • RPB-JH MS2

ORLOVSKY, Peter (1933-   ) • CLU R • CU L1 • CU-S L1 • CtU L2 • IEN MS1 PR • InU MS2 D1 • KU-S L2 D1 • NBuU L1 • NNC MS2 L30 C1 D12 REF5, 7 • NNU-F L3

OSBORN, Laughton (1809-1878) • CtY MG1 • DFo MG1 • IaU L1 • MB L13 • MH L2 • N C1 • NHi L1 • NNC L1 • NjP L1 • PHC L1 • PHi L2 • RPB-JH L1

OSGOOD, Frances Sargent (Locke) (1811-1850) • CSmH MS2 • ICHi L1 • MB MS22 L1 C16 D1 • MH MS50 L7 C131 D2 M • MWA MS3 L4 C1 D1 • NIC L3 • NN-B MS1 • NNBa L2 • NNPM MS1 L1 D1 • NcD MS1 L1 • NhHi MS1 • NjMoHP L1 • PHi L7 D3 • RPB-JH MS6 L4 D3 • TxU C1 • ViU MS25 L6 C3 • WaU C1

O'SHEEL, (Shields) Shaemas (1886-1954) • CSmH L1 • CtW MS1 L3 • CtY L4 C5 • DLC MS5 L7 M • DeGE L12 • ICN L1 • IaU L1 • InU MS2 L10 • MA L6 • MB L4 • MH L12 • MNS L5 • NBuU L3 • NCH L1 • NNC L2 • NNWML L26 • NhD L1 • PPT L1 • PU L4 • RPB-JH D1 • TxU L5 C2 • ViRCU L1 • ViU L3 C1

OSKISON, John Milton (1874-1947) • Ia-HA L9 C3 • InU L1 C1 • OkU MS5 L11 C9 D3 M

OSSOLI, Sarah Margaret (Fuller), Marchesa d' (1810-1850) • CSmH MS1 C1 • CSt L1 • CU L1 • CtY MS7 L6 C1 D1 • DLC L1 D1 • ICHi MS1 L2 • ICarbS L1 • IU-R L1 D4 • IaU L1 • InNd-Ar L1 • KU-S L1 • MB MS74 L153 C1 D100 REF • MBAt MS1 L1 D1 • MCR MS1 L4 • MH MS6 L145 C13 REF1, 2 • MHi L4 D2 • NBu L1 REF65 • NHi L1 D1 • NIC L1 • NN-B MS1 L5 C1 D3 • NNBa L1 • NNC MS1 L1 D1 • NNPM L2 D1 • NPV MS1 • NRU L1 • NjP L2 M • OMC L1 • PHC L1 • PHi L3 • PSt L1 D1 • RHi L1 • RPA L1 • RPB-JH L3 D6 • ScU D1 • TxU L4 • ViU MS3 L15

OSTENSO, Martha (1900-   ) • CtY D1 • IU-R L1 • MiU L4 C5 •

Ostenso, Martha (cont.)

NNWML L1 • PInU L1 • PSt L1 C1 • PU L1 • ViU L4

OTIS, James (1725-1783) • CSmH L1 D2 • CtHi L1 C1 • CtY D1 • DLC D2 • ICHi L1 D2 • InU D1 • M-Ar D79 • MB C2 D13 • MBNEH L1 • MBU L1 • MH L6 D4 • MHi L31 D3 • MiU-C L3 • NHi L2 D1 • NNC L18 REF1, 7 • NcU D1 • NhD L1 D2 • NjMoHP L23 C3 D1 • NjP D1 • OCl L1 • OMC D1 • PHC D1 • PHi L6 D8 • ViU D1

OVERTON, Gwendolen (1876-   ) • CLSU L1 • CU L1 • NNC L1

OWEN, Robert (1771-1858) • ICHi L2 • IU-HS REF1, 4 • In D5 • InU L15 D2 • KyU L3 C2 • MB L2 D3 • MH L2 • MHi D4 • MNS-S L1 • NNC L2 • NNPM L1 • NPV L1 • NRU L6 • NcD L2 • PHC L1 • ScU C1 • WHi MS1

OWEN, Robert Dale (1801-1877) • CLU L2 • CSmH MS1 L7 D1 • CU L28 • CtHi L1 • CtY L5 C1 • DLC L70 C15 D2 • ICHi C1 • IU-HS MS1 • In MS1 L17 C2 D34 • InHi MS2 L38 D3 M • InNd-Ar L1 D4 • InNhW J2 L45 C7 D62 MG1 M • InU MS1 L25 D4 • KyU L3 C4 • MA L1 • MB L10 • MH MS1 L19 • MHi L6 • MdBJ L1 • MdHi D1 • MiU-C L4 • MoSHi C1 D5 • NHi L3 REF66 • NIC L5 • NNC L15 • NNPM L2 • NPV L4 • NRU L7 • NSyU L3 • NcD L3 • NcU L2 • OCHP L1 • OClWHi L1 • OFH L1 • OHi L9 • OOxM L1 • OrHi L2 C3 • PHC L2 • PHi L16 C60 D5 • PPL L1 • PSC-Hi L1 D1 • PSt L2 • PU L1 • RPB-JH L2 • TxU L1 • ViU L1

PAGANO, Jo (1906-   ) • ICN L1 • NjP L26 C29 D14

PAGE, Curtis Hidden (1870-1946) • CtY L7 C1 • DLC 3CTN • DeU L1 • ICN L6 • IGK L4 • IU-Ar L1 • KyBgW C1 • MA L1 • MCR C17 • MH MS1 L12 C10 • MNS L4 • NNC MS3 L34 D1 • NNWML L3 • NRU L2 • NhD L5 C23 D7 • NhHi 2CTN • NjMoHP L1 • NjP L1 C1 • PSt L1 • RPB-JH L1 • TxU L2 13CTN • ViU C3 • VtU MS1 L1

PAGE, Elizabeth Merwin (1889-   ) • CU L3 • NNBa L1 • NPV L12

PAGE, Thomas Nelson (1853-1922) • A-Ar L3 • CCC L1 • CCamarSJ L1 • CLSU MS2 L14 C2 D1 • CLU L1 • CSmH MS3 L5 D1 • CU L2 • CtHT-W L24 • CtY MS1 L44 C3 D1 PR • DDO L1 • DFo L19 C1 • DLC L361 C77 D2 • GEU L4 • ICL L1 • ICN L3 REF1 • IGK L1 • IU-R D1 • IaU L1 • InU L6 • KyBB L1 • KyRE L1 • LNHT L1 • LU-Ar L1 • MA L2 • MB L1 • MH MS1 L27 • MdBE L10 • MdBJ MS1 L7 D1 • MeWC C1 • MiU MS1 • MnM L1 • NCaS C4 • NHemH L1

• NHi L3 • NN-B MS1 L2 • NNAL L25 C25 • NNC MS1 L30 D2 • NNPM MS2 L2 • NNU-F MS2 L11 M • NPV L1 • NRU MS1 L1 • NSchU L2 • NcD MS42 J2 L770 D1 • NcU L20 • NcWsW MS1 • NjP MS1 L574 C317 D352 PR • OClWHi L5 • OFH L1 • PCarlD L14 • PHi L8 • PP L2 • PSt L2 • PU L3 • RNR L2 • RPB-JH L7 • T MS8 D1 • TNJ L6 • TxGR D1 • TxU MS2 L7 • UPB L1 • ViHdsC MS1 • ViHi MS2 L61 C6 D8 • ViLRM L3 • ViLxW MS1 L1 C1 M • ViU MS9 L54 C2 37FT • ViW MS3 L96 C2 M REF1 • VtU L1 • WvU L1

PAGE, Walter Hines (1855-1918) • CLSU L4 • CLU C2 • CSmH L9 D2 • CStbS L1 • CU L26 • CtY L19 C4 D2 • DLC L400 C182 • DeU L5 D1 M • GEU L31 C1 • GHi L2 • ICHi L1 • ICN L19 REF1 • IGK L1 • IU-R L3 D1 • Ia-HA L7 • IaU L6 • In L3 • InU L22 C2 D4 • KyBB L5 • KyBgW L1 • LNHT L14 C1 • LU-Ar L2 • MA L2 • MB L2 • MCR L1 • MH MS6 L239 C4695 M REF1, 3 • MH-BA L24 • MHi L59 • MWA L4 • MWH L2 • MdBJ L31 D8 • MeB L4 • MeU L1 • MeWC L2 • MiU L1 • MiU-H L18 • MnHi L2 • MoSHi L8 C7 • NHi L8 C1 REF66 • NIC L18 • NN-Sc L3 REF1 • NNC L65 • NNWML L1 • NPV L3 • NRU L1 • NcD L93 • NcGrE L1 • NcU L10 D7 • NhHi L3 • NjP L3 • OFH L1 • OrU L1 • PPT L1 C1 • PSC L1 • PSC-Hi L1 • PU L19 • RPB-JH L1 • TNJ L77 • TxU L4 1CTN • UPB L1 • ViU L18

PAINE, Albert Bigelow (1861-1937) • CL L1 • CLSU L59 C3 • CLU L3 • CSmH REF1 • CSt L1 REF2 • CStbS L1 • CtHMTM L5 • CtHSD L1 • CtHi L1 • CtY MS1 L13 C15 • DLC L3 • IU-Ar L7 • IaU L5 • InU L10 C1 D1 • LNHT L4 • MA L1 • MAnP L1 • MB C1 • MChB MS2 • MH L22 C2 • MWH MS1 • MeWC L2 • MnHi L2 • MoHM L9 • NBu L1 • NIC L2 C2 • NN-B MS2 L1 • NNAL MS1 L25 C30 • NNC MS1 L49 D1 M • NNPM L2 • NNU-F L3 • NNWH L2 • NRU L1 • NSchU L2 • NhD L1 • NhHi L1 • NjMoHP L3 • NjP L6 C5 • OFH L2 • OkU L1 C1 • PHi L1 • PPT L7 • PSt L4 • RNR L1 • RPB-JH C1 • TxU D1 • UPB L1 • WHi L1

PAINE, Ralph Delahaye (1871-1925) • CU L1 • CoU L1 • IU-R L1 • Ia-HA L3 C1 • InU C1 • MA L4 • MB L1 • MH L2 • NNPM MS1 • NjP L169 C172 D9 • PSt L1 • ViU L2

PAINE, Robert Treat (1773-1811) • CCamarSJ D1 • CoCC L1 • CtHi D1 • CtY L1 • ICHi L1 D1 • MA L2 • MB D1 • MHi MS3 L7 • MWelC L1 • MdBJ L7 C1 • MdHi L1 • MiU-C C1 D1 • MnHi D1 • NHi C1

243

Paine, Robert Treat (cont.)

• NNC L2 • NNPM C1 • Nc-Ar L1 • NcD D1 • NjP D1 • OMC D1 • PHi L1 • PPAmP L2 D4 • PPRF L2 D2 • PU D1 • RHi L6 C4 • RNR L1 • RPB-JH D2 • ViU L1 D2 • WHi L1

PAINE, Thomas (1737-1809) • CSmH MS1 L4 C1 D6 • CSt L1 • Ct L1 C1 • CtHi L1 • CtY L2 D3 • DLC MS2 L78 C41 D2 • ICHi J1 • IU-R D3 • MB MS1 L2 D5 • MBSpnea REF2 • MBU L1 • MH L1 D2 • MHi MS1 L3 D3 • MiU-C MS2 L3 D1 • MoSW L1 • N D1 • NHi MS4 L21 C2 D6 REF66 • NHpR L1 • NIC L1 • NN-B MS2 L2 • NNC L13 D4 • NNPM MS1 L2 • NNPf D1 REF2 • NcD L1 • NcU L3 D2 • NhD L2 D2 • NhHi L2 • NjMoHP L4 • NjN L1 • NjP L6 • OMC L1 • PHC L1 D1 • PHi MS1 L21 D10 • PPAmP MS1 L90 C4 D63 • PPL D10 • PPRF L1 • RPB-JH L1 D2 • TxU L5 • VtHi L1 M

PALFREY, John Gorham (1796-1881) • CL L1 • CLU L2 • CSmH L6 C1 • CU L1 • CtHT-W L2 • CtHi L60 • CtY L15 • DLC L12 D2 • GHi L2 • ICHi L2 • InFwL L1 • KyU L2 • LNHT L2 • LU-Ar L65 C5 • MB MS1 L79 C4 D10 • MBCo L2 • MBSpnea REF2 • MH MS828 J37 L2054 C4948 D1 PR REF1 • MHi L204 D5 • MWA L114 C1 D1 • MdBJ L14 C1 • MdHi L2 D1 • MeB L2 • MeWC L1 • MiMtpT L1 • MiU-C L7 D1 • MoSU L1 • N L1 • NHi L7 • NN-B L2 • NNC L24 • NNPM L3 • NRU L7 C1 • NcD L1 D1 • NhD C1 D2 • NhExP MS1 L4 • NhHi L7 • NjMoHP L5 • OCHP L1 • OClWHi L1 • PBL L1 • PHC L2 • PHi L10 • PP L1 C2 • PPAmP L4 C1 • PSC-Hi L1 • PU L1 • RHi L1 • RPB-JH L6 • ViU L3 • WHi L2

PALFREY, Sara Hammond (1823-1914) • CSmH L10 • MB L1 C1 • MBAt L1 • MH MS6 L125 C61 PR • MWA L6 • MdBJ L3 • MeWC L1 • NIC L2 • NNBa L1

PALLEN, Condé Bénoist (1858-1929) • DGU L20 • MWH L13 M • NcD L2 • PHi L1

PALMER, Alice Elvira (Freeman) (1855-1902) • CSmH L3 • CtHC L5 • DLC L4 • IU-R L1 • KU-S L1 • LNHT L4 • MB L10 • MBU L1 • MCR L1 • MH L4 • MHi L1 • MeWC L1 • MiU-H L11 M • MoSW L1 • NIC M • NPV L7 C4 • NjP C1

PALMER, John Williamson (1825-1906) • CSmH MS1 L1 C1 • DLC L3 • ICHi MS1 • MB L1 • MH MS1 L39 C1 • NNC L41 • NcD L1 • NjP C1 • PHi L11 D1 • RPB-JH MS1 L1 • UPB MS1 • ViU L4 C37

PAPASHIVILY, George (1898-   ) • NcD L5 • PAt MS1 • PU L1

PAPASHIVILY, George (1898-   ) and Helen W. Papashivily (1906-
) • PPi MS1

PAPASHIVILY, Helen (Waite) (1906-   ) • MBU L2 • PGC L2 •
PPi L1 • PU L1

PAQUETTE, Donald J. (fl.1940) • CLU L12 C6 • CtY MS11 L25
C50 • DLC MS9 • NBuU MS39 L3 • TxU MS1 L43

PARKE, John (1754-1789) • CSmH L1 • CtY L1 • DLC L3 C5 • MHi
L3 • MiU-C D1 • PHi C3 D1

PARKER, Benjamin Strattan (1833-1911) • In 6CTN • InU MS1 L60
C9 D3 • NBu L1 • NNC L3

PARKER, Dorothy (Rothschild) (1893-1967) • CLSU R • CU L1 •
CtY MS1 L2 • ICN L3 • ICarbS L3 • InU D2 • MBU L2 D2 •
MH L22 • MiU L2 C5 • NBuU L1 • NN-B MS1 L1 • NNAL L4
C6 • NNC MS1 L4 • NNFF L2 C1 D5 • NNU-F MS1 • NjP L1
C4 • PHi L2 C2 • PPT L1 • PSt L1 • PU L1 • TxU MS1 L1 •
ViRCU L1 • ViU L1

PARKER, Jane (Marsh) (1836-1913) • DeU L1 • LNHT L2 • NjP
C2 • OFH L1 • PSC L1 • ViU L1

PARKER, Theodore (1810-1860) • CLU L2 • CSmH MS6 J1 L54 C30
D22 • CSt L1 • CtY L10 C1 D3 • DLC MS39 J1 L32 C70 D30 • ICHi
L1 C1 • IEN L1 • InFwL L1 • InNd-Ar L1 D4 • KU-S MS1 • KyBB
L1 • MB 2FT REF1 • MCR L4 C1 • MCo C30 D1 • MH MS1 L195 C35
D5 • MHi L66 MG1 • MWA MS4 L9 D1 • MWelC D1 • MdHi D1 •
MeWC MS1 L2 • MoSHi L1 • NBu MS1 REF65 • NHi L8 C1 • NIC
L6 • NN-B D1 • NNC MS3 L8 • NNPM L6 • NNU-F L1 • NRU L14
C23 • NSchU L2 • NSyU L3 • NcD L2 • Nh L1 • NhD MS1 L1 D1 •
NhHi L1 C1 • NjMD L3 • OCHP L1 • OMC L2 • OO L1 • PHC L2
• PHi L8 • PSC-Hi L4 C1 D1 • PSt L5 • PU L3 • RHi L1 • RPB-JH
MS3 L4 • TxU MS1 L4 C1 • ViU MS1 L5 C1 • VtMiM MS1 L3 C2 •
WHi L1

PARKMAN, Francis (1823-1893) • CLSU C1 • CLU L15 • CLU-C
L1 • CSmH L31 • CSt 2CTN • CU L3 • CtHi L7 • CtY L9 • DGU L1
• DLC L46 C1 • GU L2 • ICN L5 • IGK L1 • IU-R D3 • IaU L1 •
InNd-Ar L1 D1 • InU L1 • LU-Ar L3 D2 • MB L14 D1 • MBCo L3
• MChB L1 C1 • MH MS4 L101 C14 D2 MG1 • MHi MS10 J31 L180

Parkman, Francis (cont.)

D19 ● MNF L1 ● MWA L8 D2 ● MdBJ L2 ● MdHi L1 ● MeB L4 ● MeWC L7 ● MiU-C L3 C49 ● MoSHi L1 ● MoSU L7 D1 ● N L2 ● NBu MS1 L2 REF65 ● NBuHi L3 ● NHi L17 D1 REF66 ● NN-B L5 ● NNC L2 ● NNPM MS1 L2 ● NNU-F MS1 L3 ● NRU L9 ● NcD L5 ● NhD J1 L6 ● NjMoHP L4 ● NjP L2 C1 ● OCHP L1 ● OClWHi L5 ● OFH L2 C2 ● OMC L1 ● PBL L2 ● PHC L2 ● PHi L6 C1 ● PP L4 ● PPAmP L2 ● PPT L1 ● PPiCI L1 ● PSC-Hi L1 ● PSt L2 ● PU L2 ● RP L1 ● RPB-JH L4 D2 ● TxU L2 ● UPB L2 ● ViU MS3 L59 C1 ● VtHi M ● VtU L11 ● WHi L3 D1

PARKS, Gordon (1912-   ) ● PSt MS1

PARMENTER, Christine (Whiting) (1877-1953) ● MdBJ L1

PARRINGTON, Vernon Louis (1871-1929) ● CSt L2 ● NRU L1 ● NSbSU L1 ● OkU M ● PSt L1 ● PU L1 ● WaU L1

PARRISH, Anne (1888-1957) ● CU L1 ● CtY L27 M ● DLC L1 ● DeU L1 ● GHi L5 ● IEN L1 ● LNHT L3 D3 ● MH L108 C3 ● MnU-K L2 ● NIC L2 ● NN-B L1 ● OU L1 ● ViU L4

PARSONS, Alice (Beal) (1886-1962) ● InNd L4 ● MH L3 ● NSyU 18CTN REF1 ● TxU L1

PARSONS, Thomas William (1819-1892) ● CSmH L18 ● CtY MS1 L7 ● DTr MS1 ● MB MS13 L26 C2 D2 ● MChB L1 ● MH MS85 L39 C178 D8 ● MHi MS3 L14 ● MWA MS1 L1 ● MWH MS6 L23 ● MiU-C MS1 ● MnHi L1 ● NBu L1 ● NHi L1 ● NN-B MS1 L1 ● NNC MS1 L2 ● NNPM MS1 ● NNWH MS2 L2 ● NRU L1 ● NhD L1 D3 ● OFH L1 ● PHC L1 D1 ● PHi L3 D2 ● RPB-JH MS1 L3 D3 ● ViU MS3 L7

PARTON, James (1822-1891) ● CCC L1 ● CLU L1 ● CSmH L49 ● CU MS1 ● CU-S L1 ● CtY L31 C1 ● DGU L1 ● DLC L25 M ● ICHi L3 ● ICN L1 ● IaGG MS1 ● IaU L1 ● InGrD-Ar L1 ● InU L3 ● KyU C1 ● LNHT L1 ● MA L1 ● MB L18 ● MBSpnea REF2 ● MChB L1 ● MH MS43 L509 C538 D2 M REF1 ● MHi MS1 L5 ● MNBedf L1 ● MWA L1 ● MdBJ L2 ● MeB MS1 L1 ● MiMtpT L1 ● MnHi L1 ● MnU-Rb L1 ● NBu L1 REF65 ● NHi L6 ● NIC L2 ● NNC L2 D1 ● NNPM L5 ● NNU-F L3 ● NRU L4 C1 ● NjMoHP L3 ● OFH L2 C1 ● OMC L2 ● PCarlD L1 ● PHC L1 ● PHi L7 ● PPAmP L3 ● PSC L2 ● PSC-Hi L1 ● RPB-JH L1 ● TxU MS1 L1 ● ViU L18

PARTON, Sara Payson (Willis) (1811-1872) ● CSmH L1 ● ICHi L2

D1 • KU-S L1 • MCR L1 • MH L1 C1 • MNS-S L16 C16 4CTN
M • NBu L1 REF65 • NHi L1 • NIC L1 • NNBa L1 • NjMoHP
L2 • RPB-JH L1 • TxU D1 • ViU L1

PARTRIDGE, Edward Bellamy (1877-1960) • CU L1 • CtY MS3 L1
• IU-Ar L5 C1 PR • MH L5 • NNC L1 • ODaU L1 • P L1 • ViU L1

PASTORIUS, Francis Daniel (1651-1719) • ICHi J1 • ICN MS1 •
NjMoHP L1 • PCarlD D7 • PHC L1 • PHi L5 C4 D28 5CTN • PPL
D3 • PU MS2 • WHi D1

PATCHEN, Kenneth (1911-1972) • CCFB D2 • CLSU R • CLU MS1
L20 MG1 • CStbS D1 • CU L6 C3 D3 • CtY MS2 L43 C32 • DeU L3
• ICN L7 • ICarbS L2 • IEN MS3 L41 C4 D66 • IU-Ar MS1 L6 M •
InU L15 D8 • MA L1 • MH MS4 L33 C9 • NBuU MS15 L19 • NNAL
L10 • NNC L17 D1 • NNFF MS1 L1 C1 D5 • NbU L1 C1 REF2 • NjP
L5 C5 • NvU PR • PU L5 • RPB-JH L27 D11 • TxU MS19 L12 C2 1CTN
• WaU L1 C1 • WyU-Ar L9

PATTEN, William Gilbert (1866-1945) • CtY L5 • DLC MS1 C4 D2
• ICN L1 • MH L3 • NIC L1 • NNC L2 • PU L1 • TxU C1

PATTON, Frances Gray (1906-   ) • MBU L1 • NcD MS1 L3 • PBm
L24

PAUKER, John (1920-   ) • CLU L8 • CtY C1 M • InU L20 D1 •
MoSW L4 • NBuU MS17 L4

PAUL, Elliot Harold (1891-1958) • CLU MS2 PR • CStbS MS1 • CtY
L20 • ICN L1 • InU L1 • MB L2 • MdU L2 • NN-B MS18 L43 C9 D26
• NNC L88 • PSt L1 • PU L5 • RPB-JH L6

PAULDING, James Kirke (1778-1860) • CLU L1 C8 • CSmH MS2
L5 C4 D1 • CtHi C5 • CtMyMHi L1 • CtY MS2 L15 C10 D1 • DLC
L29 C6 D2 • DeGE L15 C7 D1 • GHi L2 • ICHi C4 • IGK L1 • IU-R
C1 D1 • IaDmE L1 • IaU MS1 L2 • KyU L1 • LNHT C1 D1 • MB L11
C11 D1 • MChB L1 • MH MS1 L18 C4 • MHi L8 • MSaE L1 • MdBE
L1 • MdHi L2 C2 • MiU L1 • MiU-C L4 • N L2 C3 • NBLiHi D2 •
NCH L1 • NHi L16 C10 D1 REF66 • NIC L1 C1 • NN-B MS3 L26 C1
• NNC MS1 L19 C1 D8 • NNPM L2 C1 • NNU-F L4 • NNebgWM C2
• NRU MS4 L9 • NbU L1 • NcD L4 • NcU L3 D1 • NhExP L1 •
NjMoHP L1 • NjP L1 C2 • OCHP L1 • OHi C1 • OOxM L1 • PBL L1
• PCarlD C2 D1 • PHC L9 • PHi L42 C17 • PP L1 C1 • PPAmP L3
D1 • PPL D2 • PSt L2 • PU MS1 L3 • RNR L2 • RPB-JH L2 • ScCleU

Paulding, James Kirke (cont.)

L4 • ScU C1 • TxU MS1 L1 MG1 • ViHi MS1 L2 C1 • ViU MS3 L31 C1 • WHi L2 D1 • WMUW L1

PAYNE, Daniel Alexander (1811-1893) • InU L1 • LNHT L2 • NIC L5 • NNC L1 • NRU L10 • NjMoHP L1 • OClWHi D2

PAYNE, John Howard (1791-1852) • CCC MS2 M • CSmH MS11 J1 L60 C7 D7 • CSt M • CtY MS5 L9 C1 • DLC MS1 L20 D10 • GU L1 • ICL L1 D1 • ICN 14CTN • ICarbS L2 M • IGK L1 • IaHi D1 • InU MS2 L3 C2 D1 • MB MS1 L4 C7 D1 • MH MS3 L35 C4 D3 • MHi L2 • MWA L2 • MWelC MS1 • MWiW-C MS1 • MdBJ D1 • MdHi L12 D1 • MiU-C L6 • MoSW C5 • NBu MS1 L2 D1 REF65 • NEh L7 • NHemH L2 • NHi MS1 L6 • NIC L2 C1 • NN-B MS5 J2 L20 C1 D2 • NNC MS79 L122 C2 D12 REF4, 7 • NNPM MS1 L2 C3 D2 • NNU-F L6 • NRU J1 L2 C3 • NSchU MS2 J1 L34 C5 D1 • NbU D1 • NcD L4 D1 • NhHi L1 • NjMoHP L3 • NjP L1 • OCHP L1 • OMC L1 • OkTG L12 • PCarlD L1 • PHC L7 • PHi L14 C9 D7 • PPL L1 • PPRF L1 C2 • PSt MS48 L1 C9 • RPAB L2 • RPB-JH MS1 L6 C1 D1 • TxU MS1 C1 • UPB MS1 L2 • ViU MS29 J3 L39 C14 D2

PAYNE, Pierre Stephen Robert (1911-   ) • CLU MS30 L43 C11 • CtU L23 • CtY L1 • NSbSU M • TxU MS1 L28 C14

PAYNE, William Morton (1858-1919) • A-Ar L1 • CLSU L4 C1 • DLC L1 • ICN MS200 J6 L5 C650 D25 • IGK L1 • MH MS1 L5 • NNAL L3 D1 • NNC MS3 L27 • TxU C5 • UPB L1

PEABODY, Andrew Preston (1811-1893) • CSmH L4 C2 D1 • CSt L1 • CtHC L3 • CtY L10 C5 • DFo C1 • DLC L3 • ICHi C1 • MB MS1 L12 C20 D5 • MBAt L1 • MBCo L18 C1 • MBU L2 • MH MS6 L83 C11 • MHi MS1 L27 • MWA MS1 L6 • MWiW L3 • MdBJ MS1 L5 C1 • MdHi L2 • MeB MS1 L5 • MeWC L2 C2 • MiMtpT L1 • MnHi L1 • N L1 • NHi L2 REF66 • NNC MS1 L1 • NNPM L1 • NNU-F L1 • NPV L1 C3 • NRU L1 • NcD L4 • Nh L9 C3 • NhD D11 • NhHi L5 • NjMD L1 • OCHP L2 • OFH L5 • PHi J1 L15 C71 • PPC L1 • PSC-Hi L1 • PU L29 • RNR L1 • RPB-JH L5 C2 • TxGR L1 • TxU L2

PEABODY, Elizabeth Palmer (1804-1894) • CSmH L2 D1 • CtY L11 C2 • DFo L3 C1 • DLC C5 • ICL L1 • ICarbS C1 • IaU L1 • InNd-Ar L10 D2 • MB L23 C1 D4 • MCR L29 D1 • MH MS1 L60 C7 • MHi MS1 J1 L50 MG1 • MNS-S L37 • MWA MS1 L11 • MeB L2 C1 • MnHi

248

L2 • MoSHi C26 • NCaS L2 • NIC L3 • NN-B L68 C375 • NNBa L15 • NNC L16 • NNPM C2 • NPV L7 • NRU L8 • NSyU L13 • NcD L1 • NjMoHP L2 • NjP L1 • OFH L3 • OOxM L1 • OU C5 • OYesA L5 • PHi L4 C5 • PSC-Hi C1 • RPB-JH L1 D1 • ViU L6 C4 D1 • VtHi L1 C1 D3

PEABODY, Josephine Preston (1874-1922) • CL MS1 • CLSU L1 • CLU L1 • COMC MS1 • CtY MS3 L13 D28 M • DLC L5 • FU L1 • ICL L2 • ICN L2 D1 • InU L2 • KyBgW L1 • MB MS3 L4 • MBU L1 • MCR MS41 L8 D2 M • MH MS345 L875 C13 D2 M REF1 • MNS MS1 L21 • MWA L2 • MWH MS1 L10 • MWelC MS2 L138 C14 D1 • MeWC MS1 L3 • MiU L2 • MoSW L2 • NN-B D1 • NNBa MS1 L1 • NNC L9 • NNPM MS4 L16 • NNU-F L1 • NhD MS1 • NjMoHP L2 • NjP MS2 L9 C7 • PSt L1 • RPB-JH L2 • UPB L1 • ViU MS2 L2

PEABODY, Oliver William Bourn (1799-1848) • CtY L8 C1 • MB L3 D1 • MH MS6 L3 D1 • MHi MS1 L2 D1 • NNC L1 • Nh L1 • NhD D1 • NhHi L10 • PHC L1 • PHi L3 • ViU L1

PEATTIE, Donald Culross (1898-1964) • CL L2 • CLSU L2 C1 • CSmH L1 • CStbS 62FT • CU L4 C1 • CtY MS1 L7 • DLC MS2 • ICN L1 • ICarbS L1 • IGK L1 • MH L5 C1 • MeWC L1 • MiEM L3 • MiU L4 C7 • MiU-H L1 • NIC L2 • NNAL L4 C8 • NNC L1 • NhD MS1 L2 • OkU L4 C3 • PCarlD L1 • PU L9 • TxU L3 • WHi L2 C1

PEATTIE, Elia (Wilkinson) (1862-1935) • CCC L1 • CLSU L7 • CStbS C105 D1 • CU L1 • DLC L3 • FU L1 • ICN L11 • IGK MS1 L1 • Ia-HA L1 • InRE L1 • MH L1 • NjP C1 • PPT L4 • PU L2 • UPB L1

PECK, Elisabeth (Sinclair) (1883-   ) • CtY L1 • KyBB M29 L7 C31 M

PECK, George Washington (1817-1859) • CtY L1 • MB MS1 • MHi L4 • MiU-C L3 • NcD L1

PECK, George Wilbur (1840-1916) • NSchU L6 • WHi J1 L9 D1

PECK, Harry Thurston (1856-1914) • InNd L1 • MA L1 • MH L1 C1 • MdBJ L1 • MeWC C1 • NCH L1 • NNAL L2 • NNC MS1 L37 C150 D2 M REF7 • NhD D1 • PHi L1 • TxGR L2 • TxU L2 • UPB L1

PENFIELD, Edward (1866-1925) • ICN L2 • IU-R D2 • NNC L1 • NNPM L3 • NjN L1 • OCHP L1 • PCarlD L1 • ViU L1

PENHALLOW, Samuel (1665-1726) • CSmH C5 D2 • CtY MS1 L3

Penhallow, Samuel (cont.)

D1 • DFo D1 • ICHi D1 • ICN MS1 • MB MS1 C1 D5 • MH D1 • MHi MS1 L35 D4 • MdBJ D1 • MnNC-Ar C1 • NHi L1 • NNU-F D1 • NhD D3 • PHC MS1 • PHi L3 D4 • RPJCB D1 • WHi D1

PENN, William (1644-1718) • CSmH L6 C2 D15 • CSt L1 • CU D1 • CtY D1 • DFo D1 • DeGE D1 • ICHi C1 D3 • ICN C1 D1 • IGK D1 • InU L1 D1 • LNHT L1 • MB L2 D4 • MBU C1 D1 • MH L1 • MHi L1 • MiU-C D2 • MnSM L5 • NCH D1 • NHi L1 C1 D4 • NN-B L1 • NNC D1 • NNF L2 C1 • NNMM D1 • NNPM L3 D6 • NhD D1 • NjMoHP L9 C1 • NjP L1 D3 • OMC D1 • P L1 • PCarlD D1 • PHC L9 D9 M • PHi 30FT • PP MS1 D4 M • PPAmP J10 L17 D43 • PPL D12 • PPRF L2 D1 • PPiCI D1 • PPiU L1 C6 D3 • PSC-Hi L1 D7 • PU L1 D1 • RPB-JH L1 D1 • VtHi D1 • WHi C1 D2

PENNELL, Elizabeth (Robins) (1855-1936) • CCamarSJ D1 • CSmH L22 • CtY L24 • DLC L2 C1 • IEN L1 • IU-R L2 C1 D6 • InU L1 • LNHT L2 • MCR L1 M • MH L9 C7 • MWH L1 • MdBJ L1 • MdHi L1 • N L1 • NHi L24 M REF66 • NN-B L2 • NNAL L37 C40 • NNC L11 D1 • NNPM L1 • NPV L9 • NhD L1 • NjP L15 C3 • OKentU L1 • PBm L5 • PCarlD L1 • PP L3 • PSC-Hi L6 • PSt L3 • PU L573 • RPB-JH L6 • TxHR L1 • TxU L3 • ViU MS1

PENNELL, Joseph (1857-1926) • CCamarSJ D1 • CLSU L1 • CLU L14 • CSmH L1 • CSt D1 • CU L1 • CtY MS1 L19 C1 M • DLC L8 162CTN REF1 • IU-R L5 C4 D3 • InU L2 • LNHT L15 • MA L2 • MB L1 • MH L21 C2 • MdBJ L3 C1 D1 • MnU L1 • NHi L30 REF66 • NN-B L1 • NNAL L56 C75 D1 • NNC MS6 L2 D1 REF5 • NNPM L1 • NPV L3 • NcD L1 • NhD L6 • NjP L24 C13 D22 • OCHP L1 • OrU L2 • PCarlD L1 • PHC L1 • PHi L5 D2 • PP L11 • PPRF MS2 L1 • PSC-Hi L2 • PSt L1 • PU L30 D1 • R L2 • RPB-JH L2 D4 • TxHR C1 • TxU J25 D15 22CTN • ViU L4

PERCIVAL, James Gates (1795-1856) • CSmH MS1 L1 • CU L2 • CtHi MS1 C1 D1 • CtY MS200 J10 L117 C275 D37 MG5 M • IaU L2 C1 • MB L3 C5 • MH MS4 L2 • MHi L1 • MdBJ MS4 • NBu MS3 L1 REF65 • NHi L2 C5 • NNC C3 • NNPM MS1 L2 • NNU-F MS3 M • NhD C1 D1 • NjMoHP L1 • OMC C1 • PHC L2 • PHi L9 C2 D3 • RPB-JH L1 C1 D1 M • TxU L2 D2 • ViU MS1 L5 • WGr D2 • WHi MS3 L3

PERCIVAL, Olive (1869-1945) ● CLU 6FT ● NNWML L1

PERCY, Walker (1917-   ) ● KyLoB-M L7 ● MH L1 C1 ● MoSW L1 ● NN-B L2 ● NNAL L2 C4 D11 ● NjR L2 ● PSt MS1 L1 ● TxU L15

PERCY, William Alexander (1885-1942) ● CtY MS2 L3 C1 ● ICN L1 ● MH MS3 L21 ● MeWC L1 ● MoSW L3 ● Ms-Ar L6 D3 ● MsU M ● NcD L1 ● PPT L2 ● PU L1 ● TNJ L12 ● TxU L3 ● ViU MS2 L1 ● ViW L1

PERELMAN, Sidney Joseph (1904-   ) ● DLC L1 ● ICN L1 ● MH L1 C1 ● MiU L1 C3 ● NN-B D1 ● NNAL L5 C18 ● NNC L57 C1 D1 ● NSchU MS6 ● OU L2 C2 ● PBm L1

PERKINS, Frederic Beecher (1828-1899) ● CU L28 ● CtHC L2 ● CtY L7 ● MB MS1 L5 C2 ● MCR L19 C4 M ● MH L7 C1 ● MHi L2 ● MWA L1 ● MdBJ L16 ● MeB L2 ● MiU-C L1 ● NNC L3 D1 ● NSchU L1 C1 ● OFH L3 ● PHi L2 ● PPL L3 ● PSC-Hi C1 ● ViU L1

PERKINS, James Handasyd (1810-1849) ● CSmH L1 ● CtY L2 ● MH MS10 L4 ● N L1 C1 ● NNC L1 ● OCHP L2 M ● OMC L1 ● PHi L1

PERKINS, Lucy (Fitch) (1865-1937) ● ICN L3 ● InNd L1 ● OCl L1 ● PP MS1 L5 ● PPT L6 ● ViU L1 C1

PERKINS, Maxwell Evarts (1884-1947) ● ArU L5 ● CSmH L3 ● CSt L1 REF2 ● CU L1 ● CtY L60 C2 ● DLC L1 ● ICN L8 ● IU-Ar L53 C12 ● In L2 C20 D1 ● InU L12 C5 ● LNHT L3 ● MBU L20 ● MH MS3 L183 C52 M ● MdU C1 ● MeWC L1 ● MiU L1 C2 ● MnHi L3 ● MnU L1 ● NBiSU L15 ● NN-B L5 ● NNC L86 ● NPV L5 ● NcD L2 ● NjP 132CTN ● OAU L41 ● OrU L10 ● PU L81 ● TxU L1 C1 D1 ● ViSwC L3

PERRY, Bliss (1860-1954) ● CLSU L8 ● CSmH L15 ● CSt L8 ● CU L4 ● CU-S L1 ● CtHC MS1 ● CtHT-W L1 ● CtY L39 C1 ● DLC L9 ● DeU L5 ● ICN L5 ● IGK L71 C1 ● IU-Ar L11 C4 ● IU-R L1 D2 ● InGrD L1 ● InGrD-Ar L2 ● InU L5 ● KyU L1 ● LNHT L7 ● MA L57 C2 ● MAnP L1 ● MB L8 ● MBCo L6 ● MBU L16 ● MCR C1 ● MH L64 C579 ● MH-BA L6 ● MHi L1 ● MNBedf L1 ● MNS L1 ● MU-Ar L1 C1 ● MWA L9 ● MWH L3 ● MWelC L6 D2 ● MWiW L22 ● MeB MS1 L3 ● MeWC L6 ● NCH L1 ● NHi L44 C1 D1 REF66 ● NN-B L4 C1 ● NNAL MS5 L126 C168 D4 ● NNC L40 ● NNU-F L5 ● NPV L2 ● NRU L5 ● NbU L7 ● NcD L24 ● NhD L2 ● NjP MS1 L75 C29 D1 ● OFH L1 ● OHi MS1 ● OkU L1 C1 ● P L1 ● PCarlD L2 ● PHC L3 ● PPT L1 ● PSt L7 D1 ●

Perry, Bliss (cont.)

PU L9 • RPB-JH MS1 L4 D1 • TxGR L1 • TxU MS1 L3 • ViSwC L1 • ViU MS2 L14 • VtU L1 • WM L6 • WvU L1

PERRY, George Sessions (1910-1956) • OkU L10 C11 • TxU 58CTN

PERRY, Thomas Sergeant (1845-1928) • CLSU L11 • CSmH L12 • CtY L24 • DLC L1 • MB L8 C26 • MBAt L1 • MH L388 C6 • MHi D1 • MWA L1 • MdBJ L6 • MeWC MS12 J2 L901 C654 M • NBu L1 • NNAL L3 • NNC L2 D1 • NjP L35 C5 • PSC L1 • PSC-Hi L1 • PSt D1 • PU L36 • ScU L1

PETERKIN, Julia (Mood) (1880-1961) • CSmH L8 D1 • CtW L2 • CtY L2 • DLC L1 • GEU L4 • IEN L1 • IU-R L16 • InGrD-Ar L1 • InU L280 C610 D25 REF3 • LNHT L10 C1 D2 • MH L1 • MiU L1 • MoSW L1 • NBuU L1 • NNBa L2 • NNC L6 • NNU-F L1 M • NcD L8 • NcU L1 • NjP L9 C5 • OClWHi L2 • OU L1 • PU L12 • ScCleU L70 • ScU L9 C1 • TxU L10 • ViU L6 C1

PETERS, Hugh (1598-1660) • CtY L1 • M-Ar C1 D5 • MB C1 • NNPM D1

PETERS, Samuel Andrew (1735-1826) • Ct MS1 L4 • CtHi MS2 L27 C29 D8 • CtY MS1 L8 C2 D2 • ICHi D1 • MB C1 • MiU-C L4 C1 • MnHi D1 • NhD C3 D3 • PHi L2 • PPAmP L1 D1 • TxAuE MS33 J4 L106 C665 D38 • VtHi C1 D1

PETERSON, Charles Jacobs (1819-1887) • DLC C1 • MB L2 • MH L19 C1 • NIC L1 • NNU-F L1 • PHi L3 D2 • RPB-JH L1

PETRY, Ann (Lane) (1911-   ) • CtY MS2 L17 • DHU L1 • MBU 7FT REF1 • NBu L1

PHELPS, Elizabeth (Stuart) (1815-1852) • CtY L1 C1 • DLC MS1 L3 • MWA L6 C1 • MWelC C1 • NNBa L1 • OClWHi L1 • PPRF C1

PHELPS, William Lyon (1865-1943) • ArU L2 • CLSU L52 C5 • CLU L2 C3 • CSmH L16 • CSt L2 • CU L5 • CtHC L10 • CtHMTM L1 • CtHi L1 • CtNlC L2 • CtW L2 • CtY MS49 L800 C540 D8 MG12 M • DLC L11 C1 REF1 • DeU L3 • ICL L1 • ICN L6 • ICarbS L1 • IGK L2 • IU-Ar L6 • IU-R C3 • IaU L2 • InGrD L3 • InGrD-Ar L4 • InRE L1 • InU L25 C2 D1 • KU-S L2 • KyBB L1 • KyBgW L3 • KyU L2 • LNHT L1 • MA L7 • MB L9 • MBU L9 • MChB L1 • MH MS1 L91 C24 • MNS L4 • MWA L1 • MWC L26 • MWH MS1 L64 D1 M • MdBJ

252

L9 D1 • MeWC L216 C1 M • MiU L3 C3 • MiU-H L16 C3 • MoHM MG1 • MoSU L2 • N L1 C1 • NCH L1 • NHi L1 • NHpR L1 • NIC L1 • NN-B L18 C2 • NNC L40 • NNFF D2 • NNU-F L1 • NNWH L1 • NNWML L4 • NPV L6 • NRU L8 • NcD L12 • NhD L2 D1 • NjP MS1 L551 C43 D259 PR • NjR L2 • OMC L1 • OkU L1 C2 • PBm L4 • PPT L1 • PPiU L7 C4 • PSt L4 C1 • PU L38 • RNR L2 • RPB-JH L6 D1 • TxU L16 C1 D1 • ViHo L1 • ViLRM L1 • ViSwC L1 • ViU L37 • VtU L9 • WHi L2 C1 • WM L8

PHILLIPS, David Graham (1867-1911) • CU L4 • DLC MS1 D1 1CTN • ICN L1 • IU-R D4 • InNd L1 • InU L7 D3 REF3 • NHC MS1 PR • NN-B D1 • NNC L3 • NNU-F L1 • NhD MS13 • NjP 11CTN • PCarlD L1 • PHi L39 C39 • PMA L1 • UPB L1 • ViU L5 C2 • VtHi L1 D1 • VtU L1

PHILLIPS, Wendell (1811-1884) • CCC L1 • CLSU L4 • CLU MS2 L4 C1 • CLU-C C1 • COMC MS1 • CSmH MS1 L31 D2 • CStbS L2 • CU L1 • CU-S L2 C3 • CtHC L1 • CtHi L1 • CtY L16 C1 • DLC MS1 L112 C3 D5 • GAU L14 M • ICHi L5 • ICL L1 • ICN L1 • ICarbS L1 D2 • IEN L1 • IGK L2 • IU-HS L1 • IaU L1 • In D4 • InFwL L1 • InU C1 D1 • MAnP D1 • MB MS15 L229 C75 D100 M • MBCo L1 • MBU L3 • MCR L17 • MChB L3 • MH MS6 L147 C2 D3 M • MHi L57 D4 • MNF L2 • MNS L1 • MNS-S L52 • MS L2 • MWA L38 • MWH L1 • MWHi L6 • MWelC L3 D2 • MdBJ L2 • MeB L3 • MiMtpT L2 • MiU L1 • MiU-C L5 • MiU-H L2 • MnHi L3 D10 M • N C1 D1 • NBu L3 REF65 • NHi MS1 L15 C1 D2 REF66 • NIC MS1 L32 C1 • NN-B L3 • NNC L204 C2 • NNPM L4 • NNU-F MS1 L1 • NPV L4 • NRU L9 D1 • NSyU L17 • NcD L1 • NhD L12 D3 • NhHi L7 D5 • NjMD L4 • NjMoHP L24 C1 • NjP MS1 C2 • OCHP L4 • OClWHi L1 • OFH L9 M • OMC L1 • OOxM L1 • PHC L6 • PHi L12 D3 • PPT MS1 L1 D3 • PSC-Hi MS1 L24 C1 D1 • PSt L3 • PU L4 • RNR M • RPB-JH L9 D3 M • TxU MS1 L1 • UPB L1 • ViU L7 C1 • VtMiM L21 • WHi L2 • WaPS D1

PIATT, John James (1835-1917) • CCamarSJ L1 • CLU L1 C1 • CSmH MS1 L2 C2 • CtY MS5 L28 C3 • DLC L12 • ICHi MS1 • ICN L2 REF1 • In L12 D1 • InRE L10 • InU MS1 L1 • KyU D8 • MA MS1 • MB L2 • MChB L1 • MH MS1 L37 • MeB L1 • MeWC MS1 L1 • MiU L1 D1 • MnHi L1 • MnU-Rb L1 • NBu MS1 REF65 • NHi L2 • NN-B MS5

Piatt, John James (cont.)

L8 C2 D1 M • NNC L120 • NNU-F L1 • NcD L18 • OCHP MS3 L10 M • OClWHi L1 • OFH L3 • OHi L47 • OOxM L1 • PHC L1 • PHi L6 D3 • PSC-Hi L1 • RPB-JH L12 C1 D7 • ViU MS5 L17 PR

PIATT, Sarah Morgan (Bryan) (1836-1919) • CSt MS1 • CtY MS4 L4 • In MS1 • MChB L1 • MH MS3 L1 • MNF MS1 L1 • MeWC L2 • NBu MS2 REF65 • NN-B MS2 L3 • NNBa MS6 L2 • NNC L1 • NjP C1 • OCHP MS2 L1 M • OCX L4 • OHi L10 • PHC L1 D1 • PHi L1 D2 • PSC-Hi MS1

PICKARD, Samuel Thomas (1828-1915) • CLSU C1 • CSmH MS2 L3 D2 • CSt MG1 • CU-S L1 • CtY L3 • InU D1 • MB MS1 L2 • MBU L1 • MH MS3 L8 C690 M • MHi L4 • MWA L2 • MeWC L2 • MiU-C L1 • NN-B L2 • NNC L13 • NcD L1 • NhD L2 D3 • OFH L1 • PSC-Hi L7 C21 • TxU MS1 • UPB L1 • VtMiM L4 C1

PICKERING, Henry (1781-1838) • CSmH L1 • CtY L10 • DLC L2 D6 • IU-R L1 • MB L1 • MH L1 • N L6 • NHi MS1 L1 • NNC L2 • PHC L1 • PHi L3 • RPB-JH L1 • ViU MS1

PIDGIN, Charles Felton (1844-1923) • CL MS1 • CSmH L2 • ICN L1 • Ia-HA L2 C1 • MoSHi L3 • NN-B L1 • NhD L1 • PMA L1 • PSC L1 • UPB L1 • WHi 1CTN

PIERCE, Edith Lovejoy (1904-   ) • InU L5 • MH L1 • NBuU MS204 L22

PIERPONT, John (1785-1866) • CLU L1 • CSmH L1 • CtHT-W MS1 • CtHi L2 • CtW L1 • CtY MS2 L23 C1 D1 M • DLC MS1 L2 C1 • ICHi L2 • IaU L2 • InU L1 • MB MS4 L26 C6 D35 • MBCo L1 D1 • MH MS2 L23 M • MHi MS2 L10 • MWA L5 • MWelC L1 • MWiW-C L1 • MdBJ L3 • MeWC L1 • N L1 • NBu L1 REF65 • NHi MS5 L9 REF66 • NIC L8 • NN-B L1 • NNC MS1 L5 • NNPM 10CTN • NNU-F MS3 L3 D1 M • NRU L1 • NSchU L1 • NSyU L25 • NjMoHP L3 • OCHP L8 • OYesA L1 • PHC L2 • PHi L4 D4 • PP L1 • PPAmP L1 • PU L2 • RHi L1 • RPAB L1 • RPB-JH MS2 L12 D1 • TxU MS2 L1 • ViU MS3 L7

PIKE, Albert (1809-1891) • ArU MS2 L4 D6 • CLU L1 • CSmH MS1 L12 C1 D1 • CU L1 • CtY MS1 L9 M • DLC L2 • ICHi D1 • ICN D1 • IU-R L1 • InU L1 • KyLoF L1 • KyU L3 C4 • LU-Ar L1 D3 • MB MS1 L2 • MChB L1 • MH L9 • MiU L1 • MiU-C L1 • MoHi L1 • MoSHi

L10 D2 M ● NHi L3 ● NIC L2 D1 ● NNC L3 D1 ● NNPM L1 ● NRU L1 ● NcD L38 D4 ● NcU L2 ● NjMoHP L1 ● NjP L1 ● OMC MS1 ● OkTG C5 D3 ● PHC L3 ● PHi L10 D2 ● PP L1 ● RNR M ● RPAB L1 D1 ● RPB-JH L3 ● ViU MS2

PIKE, Mary Hayden (Green) (1825-1908) ● MB L4 ● OFH L1 ● PSC-Hi L3 ● UPB L1

PILLIN, William (1910-   ) ● CLSU L1 R ● IEN L1 ● InU L2 ● NBuU MS2 L5 ● NbU L1 REF2 ● OkU L2 C2

PILLSBURY, Parker (1809-1898) ● CSmH L6 ● DLC C2 ● MB L134 C5 D88 ● MH L7 ● MHi L1 ● MWA L6 ● MWHi L3 ● MoSHi L1 ● NBu L1 REF65 ● NHi L5 ● NIC L3 C1 ● NNC L12 ● NNPM L1 ● NPV L1 ● NRU L4 ● NcD L1 ● Nh D1 ● NhD D1 ● NhHi L5 C1 ● NjGbS L1 ● NjMoHP L3 ● OCHP L4 ● OFH L3 ● PHC L3 ● PHi L2 ● PPAmP L2 ● PSC-Hi L3 ● RPB-JH L1 ● ViU L2

PINCHOT, Ann (1910-   ) ● CtY MS3 L13 ● ICN L1 ● MH L1

PINCKNEY, Josephine Lyons Scott (1895-1957) ● CtY L28 C1 ● GEU L1 ● ICN L3 ● MH L10 C4 ● NcD L1 ● PPiU L55 C13 ● PU L3 ● RPB-JH L1 ● TxU L1 C4 ● ViU MS4 L1 C1

PINKNEY, Edward Coote (1802-1828) ● CtY MS2 ● NNC MS1 ● PHi L1 ● ViU MS11 L5

PINSKI, David (1872-1959) ● MH L2 ● NNYI 8FT ● OKentU L1

PIPER, Edwin Ford (1871-1939) ● CoU L1 ● IEN L3 ● IGK L1 ● IaU MS16 L7 C2 M ● InNd L51 C27 ● MH L4 ● NBuU MS1 L1 ● NbU M ● TxU L1

PISE, Charles Constantine (1802-1866) ● DGU MS3 J2 L2 D5 ● InNd L2 ● InNd-Ar MS2 L9 D16 ● NHi L6 REF66 ● NRU L1 C2 ● PHi L4 C1

PLAGEMANN, Bentz (1913-   ) ● DLC L2 ● MBU 13FT REF1 ● NPV L1 ● PU L1

PLATH, Sylvia (1932-1963) ● IDeKN MS7 ● IU-Ar MS6 L2 PR M ● InU MS60 C1 D6 ● KU-S L10 ● MH MS2 L1 ● MdU PR ● MoSW L4 R ● TxU L9 C8 ● WaU MS1 L1

PLIMPTON, George (1927-   ) ● CLU MS1 ● ICN L3 ● MBU L8 C3 ● MH L7 ● NN-B MS1 ● PU L1

PLUMER, William (1789-1854) ● CSmH L3 ● DLC L27 C7 20CTN REF1 ● MH L5 ● MHi L2 ● NHi L75 REF66 ● NNS L1 ● NRU L2 ●

Plumer, William (cont.)

Nh MS24 J8 D16 MG4 9FT REF1 • NhD L6 C7 D14 • NhHi 2FT • NjP L14 M

PLUTZIK, Hyam (1911-1962) • CtW L1 • CtY L2 • ICN L2 • IU-Ar MS1 L5 C1 • InU L1 • KU-S L1 D1 • NBuU L4 • NNC MS1 L11 • NjP L1 C1 • PU L2

POE, Edgar Allan (1809-1849) • CCamarSJ L3 D1 • CLSU M • CLU-C L2 D2 • CSmH MS14 L24 C4 D14 MG1 • CtHi L2 • CtY MS1 L1 D5 M • DDO L3 • DFo D1 • DLC MS1 L4 D2 • GEU D2 • ICHi L4 • IU-R D7 • IaDmE L1 • In D2 • InU MS2 L20 D310 M • KU-S M • MB MS2 L34 C122 D25 • MH MS13 L16 D8 M • MHi MS1 L2 • MWiW-C MS1 • MdBE MS2 J1 L17 • MdBJ MS1 L1 D3 • MiU-C L1 • NBu L1 REF65 • NHi D6 • NHpR L1 • NIC MS1 L2 • NN-B MS7 L13 C3 D26 M • NNC MS3 L3 D2 M • NNPM MS13 L9 D6 • NNS L1 • NWM L1 MG1 • NcD L1 • NcU L1 • NjP L2 C1 PR • OClWHi D1 • OMC L1 • PHC L2 • PHi L8 C2 D17 MG1 1CTN • PP MS10 L11 D10 • PPL L1 • RPAB L1 • RPB-JH L2 C1 D334 • TxU MS31 L72 C11 D72 MG5 M REF94 • Vi MS7 L6 REF6 • ViRVal L29 D600 M • ViU 3.5FT REF4, 7, REF112 • WvU D1

POLLAK, Gustav (1849-1919) • MH L9 C3

POLLARD, Joseph Percival (1869-1911) • CSt L12 • ICN L2 • IU-R C3 • MH L3 • NN-B C135 • NNWML L18 • OU L1

POLLOCK, Channing (1880-1946) • ArU L15 • CSt L2 • CU L4 • CtY MS26 L116 • DLC MS3 L2 • ICN L1 • IaU L2 • InNd L5 • InU L3 • MH L6 C1 • MWalA L2 • MnHi L2 • NHC L6 • NN-B D1 • NNC MS2 L78 • NNMus MS35 L8 • NNU-F L1 M • NjP 5CTN • OCl L16 • OFH L3 • OkU L2 • OrU L11 C12 • P L1 • PCarlD L1 • PPC L1 • PPT L3 C1 D1 • PU L1 • TxU L1 • ViU MS1 L16

POLOCK, Moses (1817-1903) • MB D1 • MWalA D8 • OFH L1 • PPRF L5

POMEROY, Marcus Mills (1833-1896) • CtY L1 • DFo L2 • ICHi L1 • ICN L1 REF1 • IU-HS D1 • NHi M • NhD D1 • OCHP L1 • OHi L1 • PHi L3 • RPB-JH L2 • WHi L2 D1

POOL, Maria Louise (1841-1898) • DeU J1 • ICN L19 REF1 • IU-R D1 • InU L1 • MWH L1 • NNC L1 D13 • NNPM MS1 • UPB L1

POOLE, Ernest (1880-1950) • CLSU L7 C2 • CSmH L1 C1 • CU L1

• CtY L7 • DLC MS1 L7 • IEN L1 • IU-R L1 D1 • IaU L3 • InU MS1 L17 C2 D1 • MB L1 • MH MS1 L5 • MS L1 • MeWC L1 C1 • NBu L1 • NHi D1 • NN-B D1 • NNAL MS3 L13 C17 D4 • NNC L3 • NNU-F MS2 • NNWML L1 • NRU MS2 • NcD MS3 • NhD MS1 • NjP 1CTN • PPT L3 • PU L3 • TxU L1 • ViU L6 C2

POORE, Benjamin Perley (1820-1887) • CLU L2 C51 • CSmH L4 C16 • CSt L1 • CStbS C1 • CtHT-W MS1 • CtHi L1 C1 • CtY L1 C27 • DLC C2 D1 • DeGE L1 C2 • FU C2 • ICN L1 • IGK C2 • IaU L1 • InU L1 D1 • MB L3 C11 • MH MS1 L29 C15 • MWA MS1 L2 • MWiW-C L1 • MdHi C1 • MoSHi C1 • NHi L3 C7 • NIC L4 C3 • NN-B L1 • NNC L4 C3 • NNPM C4 • NNU-F L3 • NRU L1 C1 • NSchU L1 • NjMoHP L1 • NjP C3 • OClWHi C4 • OFH MS1 L3 C2 M • PSt L1 • RPB-JH L6 C15 D1 • ScU C6 • TxU C2 • VtMiM C1 • VtU L1 • WaPS L1

POPE, Edith (1905-1961) • FU 26CTN REF1, 7

PORTER, Charlotte Endymion (1859-1942) • DFo C1 • MA L2 • MB MS2 L4 • MH L6 C31 • MiU L3 • MnU-Ar L3 • NIC L7 • NNC L46 • NbU L4 • NjP C1 • PSt L2 • PU L5 • RPB-JH L1 • TxU L1

PORTER, Geneva Grace (Stratton) (1863-1924) • CtY L2 • In MS1 L4 • InGeL M • InLP L1 • InNhW MG1 • InRomS J2 M • InU L5 C1 REF3 • MBAt L1 • NB L1 • NN-B L4 • NNC L1 • NNU-F L1 • NcWsW MS1 • NjP L2 • PInU L1 • ViU L7 • WHi D5

PORTER, Katherine Anne (1890-   ) • CLU L1 • CU-A L4 • CtY MS2 L262 C82 D1 M • DGW L1 • DeU L1 • ICN L58 • IEN L12 • IU-Ar L22 C2 D2 R M • InU L1 D4 M • KU-S L3 C2 D5 • MA L3 • MBU L1 • MCR L4 • MdU MS2 L322 MG2 PR R M • MeWC L2 • MiU L8 C15 • MoSW L8 C2 D1 • NBuU L2 • NIC L5 M • NN-B L2 D1 • NNAL MS2 L24 C38 D22 • NNC MS1 L35 • NNFF L17 C14 D9 • NSyU L5 • NhD L2 • NjLi L1 • NjP L26 C9 D3 • NjR L10 • OkU L1 • OrU MS1 • PSC L1 • PSt MS1 L6 • PU L5 • TNJ L50 • TxU MS3 L8 D1 PR • ViBlbV L1 • ViLxW L4 • ViSwC L3 • ViU MS4 L19 PR • VtMiM L1 C4 • WaU MS3 L7 C4 • WyU-Ar L2

PORTER, Kenneth Wiggins (1905-   ) • InU L1 • MA L7 • MH L1 • MMeT L1 • MdBJ L2 • MnHi MS1 • NBuU MS86 L12 • OkU L7 C3 • TxU L1 • WGr MS1 L1 • WaU L11 C4

PORTER, William Sydney (1862-1910) • CCamarSJ L4 • CLSU L1 •

Porter, William Sydney (cont.)

COMC MS2 C2 • CSmH L9 D4 • CSt L1 D1 • CU L1 • CtY MS2 L1 • IGK REF5 • InU L2 • MB L1 • MH MS6 L42 C2 D2 M • MnHi L2 • NN-B C3 D1 • Nc-Ar C1 D1 • NcD L9 • NcU L3 • NjP 1CTN • OLitW L14 • OMC L1 • PHC L1 • TxU MS6 L12 D1 M • ViLRM D2 • ViU MS20 L15 C2 D7

PORTER, William Trotter (1809-1858) • CtY C1 • MB L1 • MH C1 • MoSHi L1 • NHi L7 • NhD D1 • PHi L3 • ViU L1

POST, Emily (1873-1960) • CSmH L1 • DLC MS31 • InU D2 • LNHT L1 • MH L3 • NNC L32 • OrU L2 • P L1 • RPB-JH L2 • TxU L1

POST, Melville Davisson (1871-1930) • IU-R L1 • MH L6 • NNC L1 • NNU-F L1

POSTL, Karl (1793-1864) • DLC MS1 • MB L1 • MdHi L2 • NIC L5 • ViU L1

POTTER, Paul Meredith (1853-1921) • CSmH L1 • CU-S L1 • CtY L2 • DFo L18 • NNC L1 • NNMus MS2 • NNPM MS1 L1 • NhD D1 • PHi L3

POUND, Arthur (1884-1966) • FU C1 • MH L1 C1 • MiU-H 7FT • N MS16 L1 C2 M • NNC L1 • PHC L1 • PU L1 • TxU L2 C1

POUND, Ezra Loomis (1885-1972) • ArU L13 • CLU 1.5FT • CSmH L2 C1 • CSt L23 MG1 REF2 • CSt-H L1 • CStbS L1 D1 • CU 4CTN REF1 • CU-Riv MS1 L6 MG5 R • CtU L18 C4 • CtW L1 • CtY MS40 L1197 C89 D9 50FT M REF7 • DLC MS24 L6 C1 D1 M • DTr L1 C1 D9 M • DeGE L1 • DeU MS1 L17 C1 • FU L2 • ICN MS1 L16 D10 • ICU MS113 L335 C40 D3 M REF1 • ICarbS MS1 L137 C3 D29 PR M • IEN MS2 L8 C2 • IU-Ar L2 • IU-R J6 L26 C8 D3 • IaDmE L1 • InNd L1 • InU MS2 L75 C30 D55 PR • KU-S L24 C1 PR • KyBgW D1 • MA L4 • MAJ L4 • MB L1 • MH MS23 L320 C22 D8 PR M • MNS-S L5 M • MWalK L5 REF2 • MiU L8 C6 D1 • MoSW MS3 L15 C1 • NB L1 • NBuU MS17 L208 • NCH MS13 L150 C28 D200 MG1 M • NHi L7 • NIC MS8 L250 C34 D12 M • NN-B MS4 L63 D25 M • NNAL MS1 L8 C25 • NNC MS5 L72 D3 • NNFF D1 • NNPM L2 • NNU-F L4 D3 • NPV L3 • NRGE L2 • NRU L1 • NSbSU L1 • NSyU 2CTN REF1 • NcU L1 D1 • NhD L3 C1 D5 • NjP L367 C50 D300 • NjR L4 • OTU 1CTN M REF2, 5 • OU L1 • OkU L2 • PHC L1 • PP L21 • PPT L3 C2 D1 • PSt L5 C1 D1 • PU MS3 L64 D2 • RPB-JH L31 D4 REF1 •

258

RU MS2 L4 C3 D2 MG2 M • TxHR L1 • TxHU MS1 C1 MG1 • TxU MS176 L1498 C82 D372 MG10 3CTN PR M • TxWB-B L2 C2 • UPB MS1 L1 • ViRCU L6 M • ViU MS3 L162 C9 D20 PR • VtMiM L5 • VtU L1 • WMUW MS5 L148 • WyU-Ar L13

POWELL, Dawn (1897-1965) • CtY L5 • ICN L32 • MB MS2 L4 • MH L2 • NcA L1 • NjR L1 • PPT L4 C5 • TxU L5 C1

POWELL, Thomas (1809-1887) • CtY L2 C1 PR • IU-R D4 • InU C1 • MB C1 • NHi REF66 • PHi L6 D2 • RNR MS1 • RPAB L5 • ViU C7

POWERS, Anne Schwartz (1913-   ) • WHi R

POWERS, James Farl (1917-   ) • ICN L3 • IU-Ar L46 C4 D3 PR R M • KyLoB-M L5 • MA L1 • MiU L14 C21 • MnU L1 C1 • NNAL L3 C2 D2 • NNFF L13 C12 D11 • NjR L8 • PBm L5 • PU L1 • TxU L8 C5

POYDRAS, Julien de Lalande (1746-1824) • DLC C1 • ICHi D1 • LNHT J1 D6 • LU-Ar C2 D18 • MdHi D1 • NHi MS1 L6 D2

PRATT, Theodore (1901-   ) • CL L1 • CU L2 • FM MS3 PR • FU MS1 • ICarbS L5 • ViFGM MS1

PRAY, Isaac Clark (1813-1869) • DFo L1 • MA C1 • MB L3 • PHC L4 • PHi L5 D1 • RPB-JH L1

PRENTICE, George Dennison (1802-1870) • CLU L1 • CSmH L1 C1 D1 • CU L1 • CtH L1 • CtHi MS1 L1 D1 • ICHi L2 • IU-R D1 • InU L4 • KyBgW L2 D1 • KyLo L1 • KyLoF L28 D1 • KyU L60 C1 D3 • MA L1 • MB L3 • MH L3 C1 M • MHi L2 • MWA L2 • MdBJ L1 • MdHi D1 • MoSW L1 C1 • NHi L3 • NN-B L1 • NNC L2 • NNPM L1 • NNU-F L1 • NRU L5 • NcD L2 • NjMoHP L1 • OCHP MS2 L1 • OHi C1 • PHC L2 • PHi L5 D1 • PSC-Hi L2 • RNR M • RPB-JH MS2 L6 D2 • TxGR L1 • ViU L3

PRENTISS, Elizabeth Payson (1818-1878) • IU-R D1 • MeB L1 • NjMD MS1 L2 • PHi L1

PRESBREY, Eugene Wiley (1853-1931) • InLP L1 • LNHT L2 • MB L1 • NNC L1

PRESCOTT, William Hickling (1796-1859) • CLU L3 • CSmH L32 D2 • CU L5 • CtHi L5 • CtY L12 • DLC L9 • GHi L3 • ICHi L1 • ICarbS L2 • IGK L1 • IU-R L3 D51 • IaDmE L2 • IaU L2 • InU L2 • KU-S L1 D1 • KyU L1 • MB MS3 L123 C9 D4 • MBCo D1 • MBU L2 • MH

259

Prescott, William Hickling (cont.)

MS12 L370 C10 D1 MG1 • MHi MS5 J11 L1485 C3 D16 • MWA L2
• MWelC L2 D1 • MdBE L7 • MdHi L1 D2 • MeB L3 • MeWC L2 C1
• MiU-C L12 • MnHi L2 • MoSU L1 • MoSW L1 • NHi L6 REF66 •
NIC L1 • NN-B L9 C4 • NNC D3 • NNH L85 • NNPM MS1 L2 • NNS
L15 • NNU-F L2 • NRU L2 • NhD L1 D5 • NhHi L1 C1 • NjMoHP
L3 • NjP MS1 • OClW MS2 C1 • OClWHi L1 • OFH L1 • OMC L1
• OU D4 • PBL L1 • PHC L3 • PHi L21 • PPAmP L8 D4 • PPL D1
• PPT L1 • PSC-Hi L1 • PSt L2 • RHi L3 • RNR L4 • RPAB L3 •
RPB-JH L4 D1 • ScU L1 C1 • T D5 • TxGR L1 D1 • TxU L1 • ViU
L66 C7 D6

PRESTON, Harriet Waters (1836-1911) • CSmH L11 • CtY L15 • DTr
MS3 • MB L1 • MH L99 C4 • MeB L1 • MoSW L1 • NBu MS1 L1 REF65
• NcD L14 • OFH L3 • TxU L39 • ViU MS4 L4

PRESTON, Margaret (Junkin) (1820-1897) • CLU L1 • CSdS L1 •
CSmH MS3 L7 D4 • CU-S L2 • CtY L1 • ICHi MS1 • IU-R MS1
• In C2 • MB L1 • MCR L3 • MH MS1 L6 • MWA L1 • MdBE
L1 • MeB MS1 L2 PR • NBu L1 • NHi MS1 L2 • NIC L9 • NN-B
L2 • NNBa MS2 L2 • NNC L1 • NNPM MS1 • NcD MS3 L80 •
NcU MS5 J1 L2 C108 M • NcWsW L1 • NjMoHP L1 • NjP L2 •
PHC MS1 • PHi L4 D2 • PSC-Hi L1 • RPB-JH MS1 L1 • TxU L2
• ViHi MS1 • ViRVal MS1 • ViU MS2 L9 • WvU MS1 L3

PRICE, Reynolds (1933-   ) • MH L1 • NNC L3 • TxU L1 C1

PRICE, William Thompson (1845-1920) • A-Ar L1 • IU-R C1 • KyU
D1 • MH MS2 L1 • NNWH C14 • OFH L1 • RPAB L2

PRIESTLEY, Joseph (1733-1804) • CU L1 • CoCC L1 • CtHi L1 • CtY
MS1 L12 D1 • DFo D1 • DLC MS1 L10 C16 D7 • DeGE D1 • IGK
L1 D1 • InU MS1 L1 • MB L6 D2 • MH L7 • MHi L19 • MWA L1
• MdHi D1 • NHi L3 C3 D1 REF66 • NIC L1 • NNPM L2 D1 • NcD
L1 • NhD L2 • NjMoHP L1 • PCarlD L13 D10 M • PHC L4 • PHi L28
D12 • PPAmP MS2 L149 C2 D43 • PPC L3 • PPL L18 D20 • PSt MS4
L8 D8 • PU L14 • RHi L1 • ScU L1 C1 • ViU L1 D1

PRIME, Benjamin Young (1733-1791) • NHi L1 • NjPT MS7 J1

PRIME, Samuel Irenaeus (1812-1885) • CLU L1 • CSmH L1 C10 • CU
L2 • CtHi L1 • CtW L1 • CtY L52 C3 D1 • DLC C6 D1 • ICHi L1 •
ICN L1 REF1 • MB L1 • MH L4 • MHi L2 • MWiW L7 • MoSW L1

● N L25 ● NAurW L1 ● NBu L1 REF65 ● NHi L3 ● NIC L1 ● NN-B C1 ● NNC L19 D6 ● NNU-F L2 ● NPV L1 ● NRU L1 ● NSchU L5 ● NcD L9 ● NhD L2 ● NjMoHP L4 ● NjPT D158 ● OFH L1 M ● PHC L1 ● PHi L76 C94 D2 ● PSt L1 ● RPB-JH C1 ● ViU L1

PRINCE, Thomas (1687-1758) ● CSmH D1 ● CtY L2 ● MB MS6 L4 C2 D2 REF52 ● MBU C1 ● MH MS1 L3 MG1 ● MHi MS1 J6 L13 D5 MG5 ● MWA MS3 ● NhD L1 D2 ● NjMD L1 ● NjMoHP L1 ● PHC D1 ● PHi L4 C14 D3

PROCTOR, Edna Dean (1829-1923) ● CLU L2 ● CSmH L3 ● CU L16 ● CtY MS1 L7 ● DLC L6 ● IGK MS2 L8 ● LNHT L2 ● MB MS1 L3 ● MH MS1 L23 ● MWA L7 ● MeB L1 ● MiMtpT L2 ● MnHi L2 ● NBu L2 ● NPV L1 ● NRU L1 ● Nh MS1 ● NhD L3 D1 ● NhHi MS5 L54 C300 ● NjMoHP L2 ● NjP C1 ● OFH L16 M ● PSC-Hi L1 ● PSt L4 ● RNR MS1 ● RPB-JH MS1 L1 ● UPB L1 ● ViU MS5 L8

PROKOSCH, Frederic (1908-   ) ● ArU L1 ● CLU MS2 L43 ● CU L3 ● CtY MS26 L29 C27 PR ● FU MS1 C1 ● ICN L6 ● ICarbS C2 ● IU-Ar R ● InU MS4 L3 ● MH MS16 L13 ● MeWC L1 ● NBuU MS5 L3 ● NN-B MS2 L37 D1 M ● NNC MS8 L6 M ● NNFF L1 ● NjP L3 C2 PR ● PU L1 ● RPB-JH L1 D1 ● TxU MS154 L45 C79 D9 MG4 PR ● WGr D2

PULSIFER, Harold Trowbridge (1886-1948) ● MH MS1 L64 C1 ● MNS L6 ● MeWC MS478 L83 C1032 D26 PR ● NBuU MS15 L2 ● NNC L2 ● NNWML L2 ● NRU C1 ● NcD L2 ● PU L1 ● TxU L3 C1

PURDY, James (1923-   ) ● CLSU L2 R ● CtY 10CTN REF7 ● ICN L2 ● MBU L1 ● MH MS1 L1 ● NIC L1 ● NN-B MS1 L41 D12 M ● NNC L8 ● NNFF MS1 L12 C12 D5 ● NbU L2 REF2 ● OAU MS1 L7 PR ● PSt MS1 ● RPB-JH L30 ● TxU MS50 L259 C3002 D100

PURVIS, Robert (1810-1898) ● CSmH D1 ● DHU MS1 L1 ● MH L1 M ● NIC L4 ● NNC L3 ● OFH L1 ● PHi L3 D7 ● PSC-Hi L1 C1

PUTNAM, George Haven (1844-1930) ● CLSU L1 ● CLU L2 ● CSmH L3 ● CSt-H L2 ● CStbS L1 ● CU L1 ● CtHC L2 C3 ● CtY L16 C3 ● DGU L1 ● DLC L140 C49 ● ICN L10 ● IU-Ar L24 C1 D6 ● IU-R L5 C3 D1 ● IaU L1 ● InU L15 C4 ● KyBB D1 ● MB L1 C1 ● MBU L1 ● MCR L1 C1 ● MH MS1 L59 C18 ● MdBJ L25 C5 ● MeWC L5 ● MiU-C L1 C9 ● MiU-H L12 C3 ● N L1 ● NBu L1 ● NHi MS2 L1 C1 REF66 ● NIC L126 ● NN-B L1 ● NNC MS1 L256 C8 D1 REF7 ● NNPM L1 C1 ● NPV L3 ● NRU L8 C5 ● NSchU L10 ● NcD L2 ● NjP L20 C6 ● OFH L1 ●

Putnam, George Haven (cont.)

OHi L2 C2 ● OMC L1 C1 ● PCarlD L1 ● PPT L2 ● PSt L2 D1 ● PU L21 ● RPAB L1 ● RPB-JH L2 C1 D1 ● ScU L3 ● UPB L3 ● ViSwC L1 ● ViU L1 C1 ● VtHi D1 ● WHi L3

PUTNAM, George Palmer (1887-1950) ● CLSU L1 C1 ● CSmH L6 C12 ● CSt 1CTN ● CU L1 ● CtY L3 ● DLC L2 ● ICN L19 ● ICarbS C2 ● InU L4 C1 ● MAJ L3 ● MH L3 ● MH-G L1 ● MWA L1 ● MdBJ L7 ● MiU-H L6 C5 ● NHpR L1 ● NIC L98 ● NN-B C2 ● NNC L37 C3 ● NNU-F L2 ● NPV L2 ● NRU L2 ● NcD L3 ● NjP L2 C1 ● OMC L8 ● OrU L2 C3 ● PU L8 ● TxU L1 ● ViU L18

PUTNAM, Howard Phelps (1894-1948) ● CtY MS50 L300 C500 REF7 ● InU L1 D1 ● MH L3 ● NNC L4 ● NjP MS4 L31 C37 D7

PUTNAM, Ruth (1856-1931) ● CU MS2 L3 ● DLC L1 C1 D3 ● IU-R D2 ● MH L4 C6 ● NNC L16 ● NPV L1 ● NRU L2

PUTNAM, Samuel (1892-1950) ● CLU L2 ● CU MS1 ● CtY D1 ● DeU L2 ● ICarbS L13 21FT ● MeWC L1 ● NjP 3CTN ● OkU L5 C4 D1 ● PU L6 ● R L1 ● TxU C10

PYLE, Ernest Taylor (1900-1945) ● CU L1 ● CtY MS1 ● FU MS1 ● In D3 ● InU MS68 L212 C40 D4 M ● NN-B D1 ● NmA MS1 L1 D2 ● NmU REF1 ● OrU L1 ● TxU L1

PYLE, Howard (1853-1911) ● CLSU L1 ● CLU L5 ● CSmH L1 ● DLC L3 ● DeGE L1 D1 ● DeU L4 R M ● InU L2 D4 ● KU-S L1 ● LNHT L3 ● MA L1 ● MH MS1 L36 C2 M ● MdBJ L6 ● MnHi L1 ● MoSHi L1 ● MoSW L1 D1 ● NBu L1 ● NHi L2 ● NIC C1 ● NNAL L11 ● NNC L21 ● NNPM L67 ● NNU-F L1 ● NNWML L5 ● NjP L124 C79 D59 ● OAU L1 ● OFH L1 ● OOxM L1 ● OrU L1 ● PCarlD L1 ● PHi L6 ● PP MS1 L50 C1 D3 M ● PSC-Hi L2 ● TxU 1CTN ● ViU L42 C1 ● VtU L1 ● WGr L19 C3 D7

PYNCHON, Thomas (1937-   ) ● NNC L3 ● NNFF MS1 ● TxU PR

QUICK, Dorothy (1900-1962) ● CtY L1 ● ICN L1 ● NBuU MS10 L2 ● NEh D1 M ● NbU L5 M REF2 ● OrU L8 ● PU L1 ● RPB-JH L1 ● TxU L6 C2

QUICK, John Herbert (1861-1925) ● CLSU L3 ● CtY L5 ● IGK L7 ● Ia-HA MS9 L2 ● IaHi L1 ● IaU L4 ● InU L6 REF3 ● MAJ L2 ● MnHi L1 ● NNC L1 ● NNWML L13 ● PHi L6 C6 ● PMA L1 C1 ● PPT L25 ● PSt L1 ● TxGR L1 ● ViU L3

QUINCY, Edmund (1808-1877) • AzU L1 • CtY L3 C3 • DLC C1 • MA L1 • MB L214 C122 D83 • MChB C1 • MH L62 C1 • MHi MS1 J1 L18 C176 D2 • MWA C1 • MWHi L1 • MiU-C L3 • MoSHi C1 • N L1 • NHi L2 C2 D1 REF66 • NIC L11 • NNC L179 • NRU L1 • NSyU L5 • NhHi L1 • NjMoHP L1 • PHC L1 • PHi L8 C3 • PPAmP L1 • PPT L3 C16 • PSt L3 • RPB-JH L2 C2 • TxU L2 • UPB L1 • ViU L1

RAFINESQUE, Constantine Samuel (1783-1840) • CtY L3 • DLC MS1 L1 C1 • DSI J11 • DeGE L2 • InNhW L1 M • KU-S 1FT • KyU MS3 D2 • MB L4 • MH L1 • MHi L4 D1 • MWA MS4 L5 • MdHi L1 • NNC L8 C3 • NcD L1 • OMC MS1 L1 • PBL MS1 • PHC L2 • PHi L12 D3 • PPAmP MS30 L33 C35 D25 • PPC L1 • PPL J1 • ViU L2 C2

RAGO, Henry Anthony (1915-1969) • CU-S L1 • CtU L8 • InU MS45 L2000 C4455 D6 PR M REF3, 7 • MA L3 • MH L3 • MMeT L3 • MiU L8 C10 • MnU L5 • MoSW L116 • NBuU L4 • NIC L6 • NNFF L12 C6 D17 M • NbU C1 REF2 • PPT L1 C1 • RPB-JH L6 • ViRCU L2 C2

RAHV, Philip (1908-1973) • CLU L7 • CtU L6 • CtY L11 C8 • DLC L2 • DeU L3 • ICN L21 • IU-Ar L1 C1 • MA L6 • MBU L1 • MH L3 C1 • MiU L11 C9 D1 M • MoSW L4 C2 • NNC L1 • NNFF L1 • NjR L300 • PU L3 • RPB-JH L2 • TxU C1 • WaU L2 C2

RAINE, James Watt (1869-1949) • CtY L2 • KyBB MS8 L14 M

RAINE, William MacLeod (1871-1954) • AzTP REF12 • CLSU L14 C1 • CU L1 • CtNbP MS1 • KU-RH L3 • KyBB L1 • NNC L1 • NNU-F L1 • OkU L1 C3 • OrU L76 C68 • P L1 • PU L1 • ULA L1 • UPB L1 C10 • ViU L29 C46

RAND, Ayn (1905-   ) • CtY L2 • DLC L1 • NNC L7 • NSyU D3 R

RANDALL, Dudley (1914-   ) • MiDW-Mi MS8 • TNF R

RANDALL, James Ryder (1839-1908) • CSdS MS1 • CSmH MS1 L2 • CSt MS1 • CtY L1 • DGU MS2 • DLC C1 • GEU L4 • GU L11 • ICHi MS1 • ICN L1 • InU MS1 L1 • LNHT L1 • LU-Ar L1 D1 • MBAt MS1 • MdBJ L6 • MdHi MS1 L22 D1 • MiU-C L1 • NHi L1 • NN-B MS2 • NNC L9 D2 • NNPM MS1 • NcD L59 • NcU MS10 J1 L126 M • OClWHi MS1 • OMC MS1 • PHC L1 D1 • PHi L4 D1 • RPB-JH MS1 L1 • TxU MS2 • UPB MS1 • ViU MS4 L13

RANSOM, John Crowe (1888-1974) • ArU L11 • CLU L11 • CU L9

Ransom, John Crowe (cont.)

● CtW L1 ● CtY MS2 L78 C52 PR ● DLC L13 C1 ● DeU L10 ● GEU L1 D1 ● ICN L25 ● ICarbS MS1 ● IEN L1 ● IU-Ar L9 M ● IaU L5 ● InU MS7 L15 C2 D2 ● KyU L1 ● MA L1 ● MB L1 ● MBU L7 ● MH L5 C1 ● MMeT L2 C1 ● MWelC L4 ● MdBJ L3 ● MiU L14 C19 M ● MnU L4 C2 ● MoSW MS2 L40 C6 D10 PR ● NBuU MS2 L24 ● NIC L6 ● NN-B L5 ● NNAL MS2 L6 C8 D5 ● NNC MS1 L64 D1 ● NNFF L5 C6 D2 ● NRU L2 ● NSyU L8 C1 ● NcA L1 ● NjP L5 C2 ● NjR L2 ● OClWHi L1 ● OU L3 C1 ● OkU L2 C2 ● PHC L13 ● PPiI L4 C6 R ● PU L1 ● RPB-JH L12 ● T MS1 L121 D1 ● TMM L1 ● TNJ MS12 L164 C13 M REF1, REF86 ● TU L3 ● TxU MS3 L37 C7 D7 ● ViLxW L22 ● WaU L4 C18 ● WyU-Ar L2

RAPHAELSON, Samson (1896-   ) ● CU L2 ● CtY L22 ● IEN L7 ● IU-Ar L28 C7 R M ● IU-R L1 ● NN-B L6 ● OrU L19 ● TxU L1

RASCOE, Arthur Burton (1892-1957) ● CSmH L2 ● CU L9 M ● CtY L23 C3 D3 M ● DLC L1 ● ICN L4 ● IEN L4 ● IU-Ar L9 ● IU-R C1 ● KPT L1 ● KyRE L2 ● MBU L3 ● MH L3 ● MiEM L3 ● MiU D1 ● MnHi L2 ● MnU-Ar L3 ● NIC L9 C6 ● NN-B L2 ● NNU-F L1 ● NhD MS1 ● NjP L6 C7 ● OkU L28 C54 D1 M ● OrU L2 ● PPT L7 ● PU 56CTN PR M REF1 ● TxU MS1 L12 C4 D1 ● ViSwC L2 ● ViU MS1 L177 C3 ● ViW L5

RAWLINGS, Marjorie (Kinnan) (1896-1953) ● ArU L1 ● CStbS L1 ● CtY L17 ● DeU L1 ● FM MS1 ● FU 19CTN M REF1, 7 ● GU MS57 L160 C42 ● InNd L1 ● KyU L10 ● MBU L1 ● MH L3 ● MiU L4 C9 ● NNAL L9 C8 D1 ● NNC L3 ● NRU L1 ● NhD MS1 ● NjP MS2 L342 C437 D200 ● TNJ L2 ● TxU L1 ● ViU MS1 L40 ● ViW L1 ● VtU L1

RAYMOND, George Lansing (1839-1929) ● CL MS1 ● CtY L1 ● MH L1 ● NN-B MS2 ● OFH L1 ● RPB-JH C1 ● UPB L2

RAYMOND, Henry Jarvis (1820-1869) ● CLU L1 C1 ● CSmH L5 C1 D3 ● Ct C1 ● CtY L7 C5 D1 ● DLC L15 C3 ● DeGE L1 ● ICHi D1 ● InU L3 ● KyU L1 ● MB L19 ● MBU L1 ● MH L12 ● MHi L8 ● MS L1 ● N L12 ● NHi L14 C1 D1 REF66 ● NIC L2 ● NN-B L6 ● NNC L7 D2 ● NNPM L6 ● NRU L92 C9 ● NSchU L4 ● NcD L2 ● NcU L1 C2 ● NhD L1 ● NjMoHP L5 ● NjP C1 ● OClWHi L2 ● PHC C1 ● PHi L25 C1 D1 ● PU L1 ● RNR L1 ● RPB-JH L11 C3 D4 ● TxGR L1 ● WHi L1

READ, Opie Pope (1852-1939) • CLU L2 • CSmH D1 • CSt L1 • CU L2 • ICHi L1 • ICIU L5 C1 • ICN L5 D1 • IEN L4 D1 • IGK L1 • IaU L142 C87 • InNd L1 • InRE L2 • InU L2 D3 • KLeS L3 • KPT MG1 • KyLoF L1 • MH L1 • MoSW L1 • NHi L1 • NNC L1 • NNU-F L1 • NhD L1 • PHi L1 • PPT L7 • PSt L1 • T D4 • TxGR L1 • TxU L1 • ViU L7 • WHi D1

READ, Thomas Buchanan (1822-1872) • CCC MS2 L1 • CCamarSJ L1 • CLSU MS1 • CLU L5 • CSmH L7 • CU L1 • CtHi L3 • CtY MS1 L7 • DLC L2 • ICHi MS4 • IaU L4 • InNd MS1 • InU L1 • LU-Ar L3 • MB L2 • MH MS4 L29 C1 • MHi L1 • MWelC L3 D1 • N L1 • NBu MS1 REF65 • NIC L27 • NN-B L1 • NNC MS1 L2 • NNPM MS2 • NNU-F MS1 D1 • NhD MS1 • NjMD L1 • NjMoHP L1 • OC L1 • OCHP MS1 L21 C16 • OOxM L1 • PHC L1 • PHi MS3 L23 C2 D4 • PPAmP L1 • PSt MS1 L9 • PU L1 • RPB-JH MS1 L1 • TxU MS1 L1 • ViU MS174 J2 L55 C1

REALF, Richard (1834-1878) • CSmH MS2 L3 D2 • DLC MS16 L1 D85 M • IC MS2 L9 • NRU MS5 L1 C1 • NjP D1 • OCHP MS2 • RPB-JH D1

REDMAN, Ben Ray (1896-1961) • CtY L5 D1 • MBU L2 C1 • MH L2 • MiU L1 C4 • NNC L5 • NPV L1 • TxU L56 • ViSwC L1 • ViW L1

REDPATH, James (1833-1891) • CLU L1 • CSmH L9 C3 D2 • CtY L2 C5 • DFo L5 • DLC L48 D1 • ICHi L1 • In D1 • LNHT L3 • LU-Ar L4 C6 • MA C1 • MB L8 C4 D10 • MBU L1 • MCR L1 • MH MS2 L17 C30 • MHi L11 • MWA L6 • MdBJ L8 • NHi L1 C34 D1 REF66 • NIC L2 C1 • NN-B C3 • NNC L9 • NNPM L1 • NRU L4 C2 • NcD L1 1CTN • NjMD L1 • OClWHi C1 • OFH L14 C1 M • OU C1 • PHC L1 • PHi L5 C1 • PMA L1 • PSC-Hi C1 • RPB-JH C1 • TxU C4 • ViU L6 C2 • VtMiM L1 C1

REECE, Byron Herbert (1917-   ) • GEU L1 D2 • NBuU MS1 L2 • NbU L7 REF2

REED, Earl Howell (1863-1931) • ICN L2 • IEN L1 • In L1

REED, John (1887-1920) • CtY MS8 L24 C1 • InU L10 D8 • MB L1 • MBCo L1 • MH L275 C25 D1 PR M REF2 • MoSHi D1 M • NNC L2 D1 • NSyU L42 C1 • NjP L14 C22 D21

REED, Myrtle (1874-1911) • ICN L1 • IGK L1 • IU-R D25 • MH L1

265

Reed, Myrtle (cont.)

● NNC L1 ● NjMoHP L11

REED, Sampson (1800-1880) ● MB L8 D1

REEDY, William Marion (1862-1920) ● CLSU L1 ● CSmH L107 REF2 ● CoU L12 ● CtY L1 C2 ● DLC L3 ● DeU L2 ● ICN L17 ● IGK L1 ● IU-R L18 ● IaU D1 ● InU L8 ● KPT L1 ● MH MS2 L27 C1 ● MiU L2 ● MnHi L1 ● MoSHi L88 C750 D2 M REF61 ● MoSW L37 C1 ● NB L2 ● NNC L8 ● NPV L1 ● NjP L2 C4 D2 ● PHC L1 ● PU L31 ● RPB-JH L2 ● TxU L4

REESE, Lizette Woodworth (1856-1935) ● AzTeS L1 ● CCamarSJ L1 ● CLU L1 ● CSmH MS1 L1 ● CtW L1 ● CtY MS3 L27 ● DLC L2 ● DeU L2 ● GEU L1 ● IaU L1 ● InU MS1 L6 ● KU-S L1 ● MA L26 ● MB L1 ● MH MS1 L63 C4 D1 ● MNS L7 ● MWA L1 ● MWH L5 ● MWelC L8 D1 ● MdBE MS2 L8 M ● MdBG MS3 ● MdBJ MS4 L30 ● MdBT MS1 ● MdHi MS1 L1 ● NBu L1 ● NBuU L3 ● NNC MS1 L93 ● NNHuC L1 ● NNWML L10 ● NRU L1 ● NSchU MS1 ● NSyU L5 ● NcD L20 ● NhD MS2 L4 D1 ● NjP L5 C5 ● PLF MS2 L5 ● PPT L1 ● PPiU L47 C5 ● PSt L2 ● PU L2 ● RPB-JH MS2 L11 ● TxU L5 ● Vi L12 M ● ViU MS1 L4 C1 4.5FT

REID, Thomas Mayne (1818-1883) ● CLU MS1 L1 ● DGU L1 ● DLC L27 ● IU-R MS1 L11 D9 ● InU L2 ● KU-S L1 ● KyU L1 ● MB L2 ● MH MS2 L14 ● MWelC L1 ● NNPM L2 ● NRU L1 ● NhD L3 ● NjMoHP L2 ● PHC L2 ● PHi L3 ● RPAB L2

REID, Whitelaw (1837-1912) ● A-Ar L1 C1 ● CLSU L1 ● CLU L24 C5 ● CSmH L38 ● CSt L25 ● CU L5 ● CtHT-W L38 ● CtHi L1 ● CtW L3 ● CtY L91 C10 D2 ● DFo L15 ● DGU L1 ● DLC L394 C325 D3 REF4, REF ● ICN L2 REF1 ● IEN L3 ● IHi L2 ● IU-Ar L2 ● IU-R C1 ● InU L30 C5 ● MA L2 ● MB L18 ● MH L94 C3 ● MWA L39 ● MdBJ L13 C2 ● MdHi L1 C1 ● MeB L4 ● MiU L1 ● MiU-H L2 ● MnHi L1 ● MnU-Rb L1 ● MoSHi L3 ● MoSW L7 ● N L6 ● NAlI L1 ● NBu L2 REF65 ● NHi L23 D4 REF66 ● NIC L62 C165 ● NN-B L1 ● NNC L197 ● NNPM L2 C1 ● NPV L2 ● NRU L39 C4 ● NSchU L60 ● NcD L12 ● NcGrE L1 ● NhD D1 ● NhHi L47 ● NjMoHP L1 ● NjP L2 C5 ● NjR L4 ● OCHP L5 ● OClWHi L1 ● OFH MS1 L41 C3 M ● OHi L156 C42 ● OMC L3 ● OOxM MS1 L21 C2 ● OU L2 ● PPT L1 ● PSC-Hi L1 ● RPB-JH L161 C20 D118 ● TxGR L38 C41 ● ViU L4 ● WHi L1

REILLY, Joseph J. (1881-1951) ● MWH MS100 L27 C79 D6 MG20 ● NN-B L2 ● PU L1

REMINGTON, Frederic (1861-1909) ● CCamarSJ L3 ● CLSM L2 ● CLSU L2 ● CLU L1 ● CSmH L4 C1 ● CU L1 ● CtY L11 ● DLC L4 ● ICN L1 ● Ia-HA L1 ● InU L2 ● MH MS4 L2 ● MHi L6 ● MNS L1 ● MnHi L1 ● MoSHi L81 ● NCaS L17 ● NHi L16 D38 REF4, REF66 ● NN-B L1 ● NNC L3 D9 ● NNPM D8 ● NNU-F L1 ● NjMoHP L1 ● TxU L52 D5 M ● ViU L18

REPPLIER, Agnes (1855-1950) ● CLSU L2 ● CSmH L4 ● CU L1 ● CtHi L1 ● CtY MS22 L68 C66 D1 PR ● DGU L2 ● DLC L2 ● DTr MS4 L1 ● ICHi MS1 ● ICN L7 ● IU-R L1 ● InNd L2 ● InNd-Ar D5 M ● InU L1 ● KyBgW L1 ● MA L13 C1 ● MB L5 ● MCR L2 ● MH MS1 L85 C2 ● MWA L1 ● MWH MS1 L4 ● MWelC L5 ● MeWC L1 ● MiU L2 C2 ● MoSHi L1 ● MoSW L10 ● NBu L1 ● NN-B MS1 C1 ● NNAL MS3 L50 C65 D6 ● NNBa L2 ● NNC L35 ● NNU-F L6 ● NNWML L1 ● NPV L2 ● NRU L1 ● NSyU L4 ● NjMoHP L7 ● NjP L40 C12 ● OCX L1 ● OCl L1 ● OFH L1 ● OOxM L1 ● OkU L1 C1 ● P L1 ● PHC L4 ● PHi L6 ● PInU L1 ● PP MS1 L27 C1 ● PPAmP L2 ● PPT L1 ● PSC L1 ● PSC-Hi L3 ● PSt L1 C1 ● PU MS6 L14 ● RP MS1 ● RPB-JH L1 ● TxGR L1 ● TxU MS1 L4 ● ViU MS7 L23 C5 ● WGr L1 ● WHi L2 D1 ● WM L3 ● WaPS L1

REQUIER, Augustus Julian (1825-1887) ● ICHi MS1 ● MB L1 ● NNC D1 ● NcD L1 ● PHi L3

REXROTH, Kenneth (1905-   ) ● ArU L4 ● CLO 1FT ● CLSU R ● CLU 31.5FT ● CU L4 C3 ● CU-A C1 ● CtU L3 ● CtY L5 ● DLC L3 C1 ● DeU MS4 L3 D1 ● ICN MS10 L21 MG1 ● ICarbS MS3 L6 ● IEN L2 ● IU-Ar L1 D2 ● InU MS2 L5 D4 ● KyLoB-M L2 ● MH MS3 L1 C1 PR ● MoSW MS1 L25 C1 PR R ● NBuU MS7 L23 ● NIC L1 ● NN-B L2 D1 ● NNAL MS1 L12 C15 D5 ● NNC MS2 L22 ● NNFF D1 ● NjP L1 ● NvU PR ● PU L6 ● RPB-JH L4 D1 ● RU MS122 L19 PR ● TxU MS1 L41 C13 ● ViU MS1 L3 ● WGr MS1 D1 ● WaU L8 C2 ● WyU-Ar L26

RHODES, Eugene Manlove (1869-1934) ● CLSM MS8 L46 C16 D15 M ● CLSU L5 C1 ● CLU L1 ● CSmH REF1 ● CSt 2CTN ● ICN MS1 L2 ● IGK MS5 L54 C1 ● InU L3 ● MCR L4 ● NjP L3 C1 ● NmLcU MS15 L55 C9 D1 PR M ● NmU L8 1CTN ● PSt L9 ● UPB MS1 L51 C7 D32

267

Rhodes, Eugene Manlove (cont.)
M • ViU D13

RICE, Alice Caldwell (Hegan) (1870-1942) • CLU L1 • COMC L3 • CU L2 • CtY L8 • DLC L1 • ICN L1 REF1 • InNd L1 • InNhW M • InRE L2 • InU L15 C6 D15 • KyBgW MS4 L25 C55 D118 M REF1 • KyLoF L4 • KyLoU MS2 • KyRE L1 • KyU J8 L2 • MH MS2 L12 • MNS L3 • MWA L2 • MWelC L2 • NN-B D1 • NNBa L1 • NNC L9 D1 • NNU-F L1 M • NcWsW L1 • NjP MS1 L4 C1 M • PHi L1 • PInU L1 • PMA L80 C12 • PPT L8 • TxU L6 • UPB MS1 • ViU MS1 L45 C9 • WaPS L2

RICE, Cale Young (1872-1943) • COMC L1 • CSmH L2 • CSt L1 • CU L1 • CtY L4 • DLC MS17 J4 L4 • IEN L1 • IU-Ar L1 • IU-R L1 • InNhW L1 M • InU L5 • KyBB L1 • KyBgW MS72 L71 C610 D29 M REF1 • KyLoF L3 • KyLoU MS6 • KyRE L1 • KyU MS17 L12 PR • MA L1 • MAJ L1 • MH MS1 L14 • MNS L5 • MWA MS1 L1 • MWelC L1 • MoSHi L2 • MoU L3 • NBuU MS4 L5 • NNC L1 • NNWML L5 • NjP L5 C3 • PMA L18 C2 • PPT L12 • PSt L1 D1 • PU L12 • ViU MS4 L4 • WaPS L1

RICE, Elmer L. (1892-1967) • CSmH L1 • CU L1 • CoU L1 • CtY MS1 L52 C1 • ICN L4 • ICarbS L12 C24 • IU-R L1 • IaU L3 • InU L30 D2 • MA L1 • MB C1 • MBU L2 • MCR L2 • MH L1 • MiU L12 C4 • MoSHi L1 • NIC L1 • NN-B D1 • NNAL L11 C16 D3 • NNC L17 • NNFF L1 • NNHuC L1 • NNPM L1 • NcGrE L2 • NjP L2 D1 • OkU L1 • P L1 • PSt L2 • PU L6 • TxU MS26 L22 C253 D1 • ViU L4 PR

RICE, Laban Lacy (1870-1973) • KyBgW 9.5FT • OkU L1 C1 • PU L1

RICH, Adrienne Cecile (1929-   ) • InU MS1 L15 D3 • KU-S L4 • MBU L1 • MH MS4 • MMeT L1 • MiU L1 C2 • NBrockU-EC R • NN-B L9 • NNFF L1 • PPiL L4 C6 • TxU C1

RICHARDS, Edward A. (1898-   ) • MnU-SW L5 C5 • NBuU MS5 L2

RICHARDS, Laura Elizabeth (Howe) (1850-1943) • CLU L2 • CSmH L17 • CU L1 • CtY L7 C4 • DLC L1 • DTr L1 • DeU L2 • ICN L1 D1 REF1 • IaU MS1 L2 • LNHT L3 • MB MS1 L6 • MBU L1 • MCR L3 • MH MS8 L283 C192 M • MNS L5 • MWA L4 • MWelC L1 • MdBJ L1 • MeB L47 • MeLB L1 • MeU L4 •

MeWC MS20 L98 C39 PR M • NBu L1 • NBuU MS1 • NN-B L1 • NNC MS1 L7 • NNU-F L1 • NSyU L4 • NhD L1 • NjGbS L1 • NjP L3 • OCl L1 • OOxM L1 • PHC L1 • PSt L1 • PU L9 • RPB-JH L2 C1 • TxU L1 • UPB L1 • ViU MS4 L45

RICHARDSON, Jack (1934-   ) • PU L1

RICHTER, Conrad Michael (1890-1968) • CLU MS1 L4 C3 • CSt L1 • CtY L1 C1 • ICN L3 • IGK L4 • MBU 1FT REF1 • MH L6 C1 • MiU L3 C6 • NNAL L4 C1 D3 • NNC L919 D3 REF7 • NPV L1 • NjP MS2 L1 PR M • NmU REF1 • OU L5 • OkU L3 C1 • PHarH L13 C9 • PSt MS3 L243 C79 D100 PR • TxU L2 • ViBlbV L19 • ViU MS1 L1

RICKABY, Franz Lee (1889-1925) • CLSU C9 • MH MS2 L4 C4 • WHi 1CTN REF1

RICKETSON, Daniel (1813-1898) • CSmH L1 • CtHC C1 • MB MS1 L3 D3 • MH L12 C46 • NIC MS1 • NNC L2 • NNPM C1 • NSchU L2 • PSC-Hi C1 • RPB-JH REF5 • VtMiM MS1 L2 C6

RIDDLE, Albert Gallatin (1816-1902) • CSmH L2 • DLC C1 • ICHi L2 • MB L1 • MdBJ MS1 • MeB L1 • NRU L2 • NhD D1 • OClWHi MS86 L6 C151 D23 • OFH L2 C1 • RPB-JH D1

RIDEOUT, Henry Milner (1877-1927) • CLU L1 • CSmH L1 • CU L3 • MH L1 • NjR L1

RIDGE, Lola (1883-1941) • CSmH L4 • CoU L4 • CtY MS1 L16 • ICN MS1 • IEN L2 • InU L2 • MA L1 • MH L2 C2 • MNS L2 • MeWC MS1 • NBuU L4 • NNBa L1 • NNC L5 • PU L5 • RPB-JH L1 • TxU L17 C1 • ViU L1 C3

RIDING, Laura (1901-   ) • CU L2 • CtY MS2 L56 C6 D10 • DLC L4 • ICarbS MS1 L12 C5 M • IEN MS7 L25 PR • MA L3 • MBU L1 • MdU L82 D1 • NBuU MS4 L52 • NIC MS21 L94 C2 D1 M • NN-B L59 D7 • NNC L41 • TNJ MS7 L46 REF86 • TxU MS1 L64 C5 D2 MG1 • ViU MS1 L2 C2

RIGGS, Lynn (1899-1954) • CSmH L1 • CtY L192 C1 • MH L1 D1 • NN-B MS1 • NcGrE L4 • NjP L1 • OkU MS17 L85 C20 D10 M • TxFTC L1 • TxU L7

RIIS, Jacob August (1849-1914) • CLSU L3 D1 • CLU L2 • CSmH L13 • CSt L1 • CU L5 • CU-S L1 • CtY L2 • DLC L10 C3 12CTN REF1 • DTr L1 • DeGE L1 • IEN L1 • LNHT L2 • MA L2 C1 • MBAt L2 • MH L51 • MHi L3 • MNS L1 • MdBJ D1 • MeB L4 • MeWC L1 •

Riis, Jacob August (cont.)

MiU L2 • MnU-Ar L2 • N L2 • NBu L2 • NHi MS2 L6 REF66 • NJQ
L1 • NN-B L1 • NNC MS1 L37 • NNCoCi 4FT • NPV L2 • NcD L2
• NcU L6 C2 • NhD L4 D1 • NjP L17 C9 D2 • PPT L3 • PSt L1 • TxGR
L2 • UPB L1 • ViU MS1 L9 • WHi C5

RILEY, James Whitcomb (1849-1916) • C-S L1 • CCC L2 • CCamarSJ
MS4 L4 D5 • CLO MS1 • CLSU MS1 L7 • CLU L1 • CLU-C MS1 C1
• CO L1 • CSmH MS13 L133 D2 • CSt L1 • CU L4 • CU-S L1 • CtW
L1 • CtY MS1 L21 • DGW L1 • DLC MS1 L42 D1 PR • GAHi D1 M
• GEU L30 • ICHi MS1 • ICL L1 • ICN L4 REF1 • IEN MS1 L6 D1
M • IGK L1 • IU-Ar D2 M • IU-R L2 C1 D1 • Ia-HA L1 • IaDmE L1
D1 • IaMc L1 • IaU L1 • In L21 D10 • InGrD-Ar L2 • InHi L6 C1 D15
• InI MS1 L2 M • InIR M • InLP M • InNd L1 C2 D2 • InNd-Ar L2
D1 • InNhW L1 MG1 M • InU MS1110 L1450 C2800 D70 M REF5, 7
• KyU L7 • LNHT L5 M • MB L4 D1 • MH MS1 L21 • MNF MS1 •
MNS L2 • MWA L1 • MWC L1 • MdBE L3 • MeB L1 • MnHi L2 •
MoS PR • MoSHi MS2 L5 • MoSW MS1 L23 M • NHi MS2 L2 • NIC
MS1 L2 • NN-B MS7 L39 C1 D2 M • NNAL MS3 L13 C50 • NNC MS1
L3 • NNPM MS19 L6 • NNU-F MS2 L1 • NNWML L1 • NcD MS1
L5 • NhD D3 • NjP L83 C34 D308 PR M • OCHP L1 • OHi L2 • OMC
L1 • PBL D1 • PGC L1 • PHi L1 • PInU L2 • PPCCH MS2 • PU MS1
• RPB-JH MS1 L5 D9 • ScU L1 • TxFTC REF87 • TxGR L1 • TxU
MS6 L7 • UPB MS2 L1 • ViU MS65 L71 C50 PR • WAL MS1 • WHi
D2

RINEHART, Mary (Roberts) (1876-1958) • CCamarSJ D1 • CL L1
• CLSU L1 • CSmH L3 • CU L4 • CtY L17 • DLC L5 • ICL L1 •
IGK L2 • IU-R C2 • IaU L1 • InLP L2 C1 • InU L10 C1 • MBU
L3 • MH L6 C1 • MNS-S L1 • MWC L1 • MiU L1 • NHi L1 •
NN-B MS1 D1 • NNC L7 • NNU-F M • NPV L2 • NbU L1 • NjP
L2 C1 D4 • OCl L1 • OkU C3 • OrU L1 • P M • PBm L1 •
PHarH MS1 • PHi L8 C8 • PMA L1 C1 • PPT C1 D1 • PPi M •
PPiU 6FT M • PSt L2 • PU L1 • TxU L10 • ViU L4

RIPLEY, George (1802-1880) • CLU L1 • CSmH L1 • CtY L39 C1
• DFo L1 • DLC L1 • ICL L1 • IGK L2 • IU-HS D1 • IU-R D1 • IaU
L1 • InNd-Ar L9 D11 • MB MS1 L29 C1 D12 • MCR L1 D1 • MH MS1
L35 C2 D1 M • MHi L59 D2 • MWA L2 • MdBJ MS1 L5 • MeB L4

• MeU L1 • N L1 • NHi REF66 • NIC L12 • NN-B L1 • NNC L4 •
NNPM L4 • NNU-F L1 • NRU L1 • NjMoHP L1 • NjP L1 • OFH L2
• OMC L1 • PHC L1 • PHi L12 • PPT L2 • RNR L1 • RPB-JH L1 D4
• ViU L10 C1 • VtMiM L2 C1 • WHi L1

RITCHIE, Anna Cora (Ogden) Mowatt (1819-1870) • CSmH MS1
L11 •DLC L8 •GEU L5 •ICHi MS1 •ICL L1 D1 •InU L1 M •
MB L6 D1 • MBU L1 • MH L8 • MHi L1 • N L1 • NIC MS1 •
NN-B L1 • NNC L4 • NNPM L1 • NRU L1 C1 • NSchU L3 •
OCHP L1 • PCarlD L1 • PHC L1 • PHi L5 D1 • RPB-JH L5 D1
• TxU L1 • ViHi L1 C1 • ViRVal D1 M • ViU MS2 L12 C2

RITTENHOUSE, Jessie Belle (1869-1948) • ArU L3 • CLSU L3 •
CSmH L5 • CU L2 C1 • CoU L3 • CtY MS1 C1 • DLC L2 • DeU L6
• FWpR L101 M REF1, 2 • ICN L41 • ICarbS L1 • IEN L8 • IGK MS1
L1 • InU L1 • KyBgW L10 • MA L1 • MH MS1 L55 C35 • MNS L2
• MWH L6 C4 • MWelC L1 • MiU L12 C9 • MoLiWJ L1 • MoU L3
• NBuU MS2 L7 • NCH L7 C197 • NN-B L1 C1 • NNC L119 • NNWML
L43 • NPV L1 • NhD L4 D1 • NjMoHP L1 • NjP L1 • OCX L1 D1
• OCl L1 • OU L3 • PPT L1 • PSt L6 C2 D2 • PU L1 • RPB-JH L1
• TxU L4 • UPB L1 • ViU MS17 L31 C2 • VtMiM L1 C1

RIVERS, Conrad Kent (1933-1968) • DHU L4

ROARK, Garland (1904-   ) • NjP L1 C1 • TxGR L1 C1

ROBBINS, Harold (1916-   ) • DGU L1 • MBU REF7

ROBERTS, Elizabeth Madox (1886-1941) • CtY MS1 L2 • DLC
15CTN • DeU L3 • ICN L6 • IaU L1 • InU L2 D1 • KyBB L3 • KyBgW
L7 • KyRE MS1 L1 • KyU MS5 L8 M • MH L3 • MiU L9 C9 • NNAL
L2 C2 • PPT L2 • TxU L1 • ViHo L1 • ViU MS4 L2 C1

ROBERTS, Kenneth Lewis (1885-1957) • CCC L1 • CSmH L1 • CStbS
L1 • CU-S L1 • CtW L1 C2 • CtY 9CTN • DGU L2 • DLC L1 39CTN
REF1 • FU MS1 • ICN L1 • IEN L25 C30 D6 M • IGK L1 • IaU L1
• InU L1 • MA L3 • MAnP MS1 • MB MS8 L3 • MBU L2 • MCM MS1
MG8 PR • MH L24 C13 • MHi L1 • MMal L1 • MS L2 • MStoc L1
• MeB MS1 PR • MeU MS1 L4 • MeWC MS10 L297 C179 PR M • MiU
L4 C7 • MiU-H L1 C2 • N L1 • NIC MS1 L11 C2 • NNAL L9 C10 D5
• NNC L21 • NNU-F L1 M • NPV L1 • NSyU L8 C2 • NhD MG1800
99FT PR M REF5, 7 • NhExP L40 • NjP L3 C2 D4 • ODaU L7 • OrU
L3 • PCarlD L2 • PHi L2 • PP MS2 C1 MG2 • PPT L1 • PPiU L3 C5

Roberts, Kenneth Lewis (cont.)

● PSC L1 ● PSt L2 ● PU L1 ● RPB-JH L2 ● TxU L11 C5 ● ViU L15 C1 ● VtMiM L3 ● VtU L3 ● WHi L4

ROBERTSON, Gladys Vondy (fl.1948) ● NBuU MS14 L1 ● NbU L1 REF2

ROBERTSON, Morgan (1861-1915) ● CCamarSJ L1 ● CLSU L1 ● ICN L1 REF1 ● IU-R C2 D2 ● NNC D1

ROBINS, Elizabeth (1862-1952) ● CLU L15 ● CtY L1 ● DFo L1 ● FU MS1 ● ICN L9 ● IU-R L8 C4 D1 ● LU-Ar L15 ● MAnP L1 ● MH L33 M ● NIC L4 ● NN-B MS1 L17 C276 D1 ● NNC L1 ● NNU-F L1 ● NPV L1 ● NRU L3 ● NcD L1 ● NjP L1 ● TxU L4 C226 D1 1CTN ● WHi L10 C10 ● WaPS 1FT REF1

ROBINSON, Edwin Arlington (1869-1935) ● ArU L12 ● AzTeS L1 ● CCamarSJ L2 ● CLSU L3 ● CLU L5 C7 ● CSmH L6 ● CSt L2 ● CtHT-W MS12 L76 D14 MG7 PR M ● CtW MS1 L1 D3 ● CtY MS27 L381 C43 D5 MG1 PR ● DLC MS25 L22 C9 D4 M REF23 ● DeU L26 ● ICL MS1 L1 ● ICN L5 ● ICarbS L4 M ● IEN L2 ● IGK MS1 L15 ● InU MS2 L35 D2 ● KyBgW L1 ● MA MS1 L1 D3 ● MAJ L1 ● MB L3 D1 ● MBU L21 ● MChB L1 ● MH MS19 L1266 C16 M REF2, 3 ● MHi L1 ● MNS L23 ● MWH MS1 ● MWelC L7 ● MWiW MS3 L24 ● MeB MS2 L9 ● MeU L2 ● MeWC MS38 L1055 C54 D9 M ● MiU-H L2 ● MnU-Ar L2 ● MoSW L2 ● NBuU L2 ● NCH L1 ● NHi L45 M REF4, REF66 ● NIC L1 ● NN-B MS1 L4 C2 REF70 ● NNAL MS2 L21 C44 D10 ● NNC MS2 L57 C2 D25 ● NNPM L1 ● NNU-F MS1 L1 ● NNWML L5 ● NRU L3 ● NcD L1 ● NcU L2 ● NcWsW L1 ● NhD MS1 L6 D3 ● NhU MS2 L18 D38 ● NjP 2CTN ● NmU 2CTN ● OKentU L3 ● OMC L1 ● OU L1 ● PInU L1 ● PPiU L5 ● PSt L1 ● PU L5 ● RPB-JH MS2 L13 C1 ● RU L1 MG3 ● TxU MS1 L20 C2 D14 ● UPB L1 ● ViSwC L3 ● ViU MS19 L284 C4 D2 PR ● VtMiM L20 ● WMM-Ar L2 ● WvU L1 ● WyU-Ar L4

ROBINSON, Harriet Jane Hanson (1825-1911) ● CSmH L1 ● MB L1 C4 D2 ● MCR MS54 J25 L323 C306 D1 REF7 ● MH L6 ● MHi L5 ● MWA L1 D1

ROBINSON, Rowland Evans (1833-1900) ● MH L12 ● NNU-F L1 ● NhD D1 ● RPB-JH L17 C1 ● TxU D2 ● ViU L3 ● VtHi L1 D5 M ● VtU L1 R

ROBINSON, Solon (1803-1880) ● CSmH MS1 ● In L4 D6 ● InU L10

272

D1 • LU-Ar L3 D1 • NNC L1 • NRU C1 • OFH L1 • PHi L1

ROBINSON, Thérèse Albertine Louise von Jakob (1797-1870) • CtY L5 C7 • MB L1 • MH MS3 • MdBJ L3 • NIC L2 • NcD L1 • PHi L2 • RPB-JH MS1

ROCHE, James Jeffrey (1847-1908) • CSmH L2 • CtY C1 • DLC L2 C1 • ICN L2 REF1 • InU L1 • MB L3 C1 • MCR L2 • MChB MS1 L1 C4 • MH L15 • MWH L10 D1 • MdBJ L1 • MeWC L2 • NBu L1 • NCH L1 • NNC L2 • NNWML L1 • NcD L4 • NjMoHP L1 • NjP C4 • RPB-JH L1 D1 • ViU MS2 L2

RODMAN, Selden (1909-   ) • CU L5 • CU-A L1 • CtY MS1 L30 C25 • DLC L73 C7 • ICN L5 • ICarbS MS2 L3 C1 D1 • InU L2 • MA L10 • MBU L1 • MH L21 C2 • MoSW L3 C1 • NBuU MS94 L8 • NIC L2 C2 • NN-B L1 D1 • NNC L3 C1 • NNFF L5 C4 D1 • NjP L4 C4 • NjR L1 • PU L12 • RPB-JH L19 • TxU L18 C6 D1 • VtMiM L7 C5 • WHi L5 C5 • WaU L12 C17 • WyU-Ar 12CTN

ROE, Edward Payson (1838-1888) • CLU L2 • CSmH MS1 L12 • CU-S L1 • CtY L2 • DLC L41 • ICHi L1 • MA L1 • MChB L1 • MH L1 • MWA L2 • MWiW L2 • MeB L4 • MnHi L1 • NHi MS1 L2 REF66 • NNC L4 D4 • NNPM MS1 L1 • NPV L3 • NSchU L7 • NcD L3 • NhD L1 • NjMoHP L1 • NjP C1 • OFH MS1 L2 • OKentU L1 • OMC L1 • PHC L2 • PHi L3 • ViU MS1 L26

RÖLVAAG, Ole Edvart (1876-1931) • CLSU L1 • ICIU L1 • IU-Ar L19 • IU-R L1 • IaU L1 • MnHi L11 C2 D1 • MnNHi 38CTN • ViU L1

ROETHKE, Theodore (1908-1963) • CU MS1 L14 D1 PR • CtY MS10 L22 C44 D1 M • DLC MS29 L34 • ICN L1 • IU-Ar L3 M • IU-R MS1 L1 • InGrD-Ar R • InU L15 C9 D25 • KU-S MS1 • MA MS4 L44 • MH L5 C1 • MMeT L1 • MiU L13 C21 D10 M • MoSW MS1 L23 PR • NBuU MS15 L1 • NN-B L5 D1 • NNAL MS2 L2 C8 D1 • NNFF L8 C7 D10 • NjP MS21 L2 C2 • NjR L4 • PBm L2 • PSt MS29 L60 PR R • PU L1 • RPB-JH L1 • TxU MS2 L2 • WGr MS9 D4 • WaU MS30278 J267 L1650 C25513 D557 MG243 PR R M REF7, REF119 • WyU-Ar L18

ROGERS, Robert (1731-1795) • CSmH J2 L9 D30 • DLC L1 D1 • ICN L1 D1 • InU D1 • M-Ar J3 D6 • MB D2 • MH D1 • MHi L1 D1 • MiU-C L48 C21 D14 • NHi L2 D2 REF66 • Nh L1 • NjMoHP L1 • PHC L2 • PHi L6 C1 D4 • PPAmP MS1 • R L3 • WHi D3

ROGERS, William Penn Adair (1879-1935) ● CLSU L1 C3 ● CPpR C25
MG25 M ● CSmH M ● CU-S D1 ● GEU C1 ● IEN L1 D1 ● IGK L2 ●
InU D3 M ● MBU L1 ● MH L1 ● MWA L2 ● MnHi L2 ● NNU-F L1
● OkClaW MS800 J2 C1000 D900 PR R M REF1, 2, 3, 4, 5, 7 ● OkS MS7
C1 ● OkU C1 M ● OrU L1 ● P M ● PHi D1 ● PPC L1 C2 ● WaPS D5

ROHLFS, Anna Katharine (Green) (1846-1935) ● CL MS1 ● CSmH
L4 M ● CtY MS2 L4 ● DFo L5 ● IU-R D17 ● InU L1 ● MChB L1
● MH L1 ● NBu MS4 REF65 ● NNBa L2 ● NNC L1 ● NNU-F
MS3 L6 ● NjP L1 ● ViU L10 C11

ROOSEVELT, Anna Eleanor (Roosevelt) (1884-1962) ● A-Ar L2 ●
ArU L1 ● CLSU L1 ● CSt L1 ● CStbS L7 ● CU L24 ● CoU L1 ●
CtMyMHi L1 ● CtNlC L2 ● CtW L4 ● CtY MS1 L125 C32 D6 ●
DGU L5 ● DLC MS1 L10 C2 ● DeGE L10 ● FU L2 ● GEU L14
C4 D3 ●ICIU L23 C15 ●ICN L3 ●ICarbS L2 ●IEN L4 C1 ●IGK
L3 ● IU-Ar L1 D2 ●IU-R L3 ●IaU L12 ●InGrD-Ar L1 ●InU L75
C10 D2 ● KyBB L8 ● KyU L4 ● LU-Ar L2 D1 ● MA L4 ● MB L5
D1 ●MBCo L4 C3 ●MBU MS1 L52 C1 ●MCR L46 C34 M ●MH
L71 C26 ● MNS-S L20 ● MNoW R ● MWalA L2 ● MWalB L38 ●
MWalK L35 C35 REF2 ● MdHi L11 ● MeU L2 ● MeWC L117 C2
● MiU-C L1 ● MiU-H L30 C5 ● MnHi L1 D4 ● MnU-SW L40 C40
D10 ● MoSHi L6 ● N L2 ● NA1I L25 ● NBLiHi L1 ● NHpR
1333FT REF67 ● NIC L18 C5 M ● NNBa L1 ● NNC MS1 L235
C44 ● NNFF L8 C5 D4 ● NNHuC L2 ● NNU-F L1 ● NNWML L1
● NPV L18 ● NRU L51 ● NWM L2 ● NcD L46 ● NcGrE L8 ● NjN
L3 ● NjP L10 C4 D5 ● NjR L53 C1 ● OCl L2 ● OClWHi L7 ●
OkU C1 ● OrHi L2 ● P L2 ● PBm MS1 L4 ● PCarlD L2 ● PP L1 ●
PPT R ● PSC-Hi L2 ● PSt L3 ● PU L10 ● RPB-JH L1 ● TU L1 R
● TxU L7 C2 D1 ● ViLRM L1 ● ViSwC L2 ● ViU L1 ● VtU L4 C2
● WHi L10 C1 R ● WaPS L1 ● WyU-Ar L19

ROOSEVELT, Franklin Delano (1882-1945) ● A-Ar L38 ● ABH L4 ●
Ak D1 ● CCamarSJ L1 D3 ● CHi L1 ● CLSU L3 ● CLU L4 C4 ● CSmH
L2 C1 D3 ● CSt L4 D2 M ● CSt-H 11CTN ● CU L82 C21 D2 ● CtH L1
● CtHi L22 C5 ● CtMyMHi L6 ● CtNlC L2 D1 ● CtW L6 ● CtY MS5
L104 C55 D4 ● DGU MS1 L29 ● DLC L241 C122 D14 M ● DeGE L11
● FU L1 ● GEU L18 C2 ● GHi L5 ● ICHi L4 D20 ● ICIU L13 ● ICN
L14 ● ICarbS L10 ● IEN L28 D3 M ● IGK L2 D2 ● IU-R L12 C3 ● IaHi

L6 • In C1 D9 • InGrD L1 • InGrD-Ar L2 • InNd L5 • InU L130 C20 D40 • KyBB L2 • KyBgW L3 • KyLoU L2 • KyU L40 D4 • LNHT D1 • LU-Ar L7 D3 • MA L1 • MB L6 D3 • MBCo L5 C4 D66 • MBU L8 • MCR L25 C4 D1 • MH L88 C1 D1 • MH-BA C3 1CTN • MHi L5 • MMeT L1 • MNS-S L3 • MWA L1 • MWalA L37 D10 • MWiW L1 • MWiW-C L2 • MdHi L1 • MeB L1 R • MeU L1 • MeWC L12 C1 M • MiMtpT L1 • MiU-C L3 C1 • MiU-H L89 C24 M • MnHi L20 C15 • MnU-Rb L13 C1 D3 M • MnU-SW L10 C10 D15 • MoHM L2 • MoSHi L10 C4 D4 M • MoU J25 L25 • MtHi L8 C10 • N L19 M • NAlI L19 • NBu L1 • NBuHi L1 D1 • NGH MS1 L2 • NHemH MG1 • NHi L29 D2 M REF66 • NHpR 5362FT REF67 • NIC MS1 L91 C42 D4 R M • NN-B C2 • NN-Sc C1 REF1 • NNAL L1 • NNC MS8 L204 C229 D412 M REF1, 4 • NNHuC L1 • NNMus L1 • NNPM L2 • NNWH L1 • NNWML L6 • NPV L33 D1 • NRU L62 C11 • Nc-Ar D1 • NcD L66 • NcGrE L5 • NhD L7 D13 • NhHi L2 • NjMoHP L2 • NjP MS6 L23 D4 M • NjR L22 C2 • OCHP L2 • OClWHi L2 • OFH L1 M • OMC L2 D1 • OkU C3 • OrU L1 • PBL L1 • PCarlD L14 • PHC L5 • PHi L6 D10 • PMA L5 C4 D5 • PP L5 • PPRF D1 • PPT L1 D1 R M • PSC-Hi L3 • PU L4 • RNR L1 • RPB-JH L2 D1 • ScU L1 • TU L1 • TxHR C1 • TxU L15 C1 1CTN • ViU L66 C41 D2 • VtHi L2 D1 • VtU L18 C12 D15 • WHi L300 C300 R • WaPS C1 D1

ROOSEVELT, Theodore (1858-1919) • A-Ar L41 • CCC L4 D1 • CCamarSJ L4 D4 • CL L1 • CLSM L15 C22 D45 M • CLSU MS3 L45 C12 • CLU L5 C7 • CPpR L1 • CSf L10 D1 • CSmH MS4 L64 C13 D24 PR • CSt L42 C1 D21 • CSt-H L1 • CStbS L20 D3 • CU L172 C2 M • CU-S L3 D1 • Ct L26 • CtH D1 • CtHC L1 • CtHT-W L1 • CtW L3 • CtY MS17 J1 L280 C35 D5 PR M • DGU L11 • DLC MS4 L3 C1257 D166 M REF4, REF29 • DeGE L2 C1 • DeU L2 • GEU L34 C3 • GHi L2 • ICHi J1 L10 C1 • ICN L24 REF1 • ICU 1FT REF1 • ICarbS MS1 L7 PR • IEN L25 C21 • IGK L4 • IHi L1 • IU-Ar L8 C16 D7 M • IU-HS L2 D1 • IU-R D13 • Ia-HA L15 C18 • IaHi L2 • IaU L9 • In L116 C10 D26 • InFwL L2 • InGrD-Ar L2 • InHi L14 • InLP L5 C1 • InNd L1 • InU L88 C25 D10 M • KU-S L1 • KyBB L3 • KyBgW L2 • KyLoF L14 C5 • KyLoU L1 • KyU L37 • LNHT L6 • LU-Ar MS1 L2 D17 • MA L3 • MAJ L2 • MAnP L1 • MB L58 C8 D3 • MBSpnea REF2 • MBU L17 • MCR L13 • MChB L3 • MH MS104 L2328 C194 D9 PR

Roosevelt, Theodore (cont.)

M • MH-BA L19 • MHi MS1 L135 • MNS-S L4 • MWA MS1 L23 •
MWH MS1 L4 M • MWalA L5 • MWelC L3 • MWiW L2 • MWiW-C
MS3 L2 D1 • MdBJ L21 C9 D5 • MdHi L13 C4 D8 M • MeB L67 •
MeWC L29 C1 • MiU L1 D2 • MiU-C MS12 L134 C34 D11 • MiU-H
L78 C1 • MnHi L32 C2 D1 M • MnU-Ar L3 C1 • MoCgS L1 • MoSHi
L12 C2 M • MoSW L6 • MoU L8 • N MS1 L23 C5 • NAurW L1 • NB
L1 • NBLiHi L1 • NBuHi L12 C4 D5 M • NCanHi L1 • NEmNHi L4
• NHC L1 • NHemH L28 • NHi MS3 L66 C2 D12 M REF66 • NHpR
L7 • NIC MS3 L156 C18 D6 M • NN-B L20 C2 D3 • NN-Sc L3 REF1
• NNAL MS4 L20 C35 • NNC MS6 L601 C7 D2 M REF7 • NNH L3
• NNPM MS2 L7 C2 D4 • NNU-F L4 • NNWH L1 • NNWML L3 •
NNebgWM D1 • NPV L5 • NRU L62 C44 • NSchU L7 • NWM L10
• Nc-Ar MS1 L2 • NcD MS5 L53 M • NcGrE L1 • NhD L6 D4 • NhHi
L34 C8 • NjMD MS1 • NjMoHP L46 • NjN L3 • NjP MS8 L176 D5
M • NjR L2 • OCHP L2 • OCl L1 • OClWHi L7 C2 D1 • OFH L14
C7 M • OHi L7 • OMC L1 • OO L1 • OkU L1 • OrHi D1 • OrU L12
• PBL L1 • PBm L4 • PCarlD L11 C1 D3 • PGC L1 • PHC L2 • PHi
L38 C1 D8 • PMA L41 C3 • PP MS1 L5 • PPRF MS2 L3 • PPT L5 •
PPiU L1 • PSC-Hi L17 C8 • PSt L10 D1 • PU L2 D1 • RNR L1 • RPAB
L2 • RPB-JH L54 C12 D42 • ScU L1 • T L41 D10 • TNJ L2 • TU L1
• TxGR L1 • TxHR L1 • TxU L11 C1 D2 1CTN • UPB L5 • ViHi MS1
L11 C3 D4 M • ViU MS4 L43 C3 D1 1FT • VtHi L5 D6 M • VtU L1
D1 • WHi L100 C100 D10 M • WaPS D1

RORTY, James Hancock (1890-   ) • COMC L6 • CSf L2 • CtY MS1
L3 • DeU L2 • ICN L8 • MH L5 • MMeT L6 • NBuU L2 • NIC C1
• OrU L1 • PU L19 • RPB-JH L1 • TxU L3 • VtU L1

ROSE, Aquila (1695-1723) • PHi D1

ROSEBORO, Viola (1858-1945) • CSmH L2 • ICN L1 • InU L30 C1
D2 • LNHT L14 • MA L8 1CTN • MB L1 • MCR L2 • MH L1 • NNC
L6 • NjP C14 • TMM L6

ROSENBAUM, Nathan (1897-   ) • ArU L1 C1 • MH L1 • NBuU
MS35 L5 • PU L1

ROSENFELD, Morris (1862-1923) • CtY L1 • MWalA L9 • NNC L1
• NNYI 8FT

ROSENFELD, Paul (1890-1946) • CoU L2 • CtY MS4 L299 C71 D2

276

M • DeU L3 • ICN L41 • ICarbS L2 • IEN L1 • IU-Ar L5 • MH L9 • NBuU L2 • NNC L18 • NjP L7 C6 • NjR L1 • PU L33

ROSTEN, Leo Calvin (1908-   ) • CtY L1 C6 • DLC L1 • MH L2 • MWalB MS42 12CTN PR M • NNC L1 D1 • NNFF L5 C1 • NSyU D1 R • OKentU MS1

ROSTEN, Norman (1914-   ) • IU-R L10 • InU L5 C1 • MBU MS1 L2 • MH L2 • MdBJ D1 • MiU MS4 • MoSW L1 • NBC 2CTN PR M • NBuU MS12 L4 • NNC L12 • NNFF MS1 L1 D3 • NSyU L3 C1 • PSt MS1 • RPB-JH MS1 L5 D1 • WHi L1 C1

ROTH, Philip (1933-   ) • DLC REF30 • ICN L1 • MBU L2 • MoSW L2 • NNAL L6 C8 D4 • NNC MS2 L89 • NNFF L11 C16 D12 • NSyU D1 R • NjN L1 • PSt MS1 • TxU MS2 PR

ROUQUETTE, Adrien Emmanuel (1813-1887) • LNHT L22 D1 M • LU-Ar MS115 L4 D1 M • MB MS1 L1 • MH L18 • ViU MS1 L1

ROUQUETTE, François Dominique (1810-1890) • LNHT MS12 J2 L1 D4 MG1 • LU-Ar L1 • MH L1 • NcD L2 • PHi L2

ROURKE, Constance Mayfield (1885-1941) • C L27 • COMC L8 • CSt L4 REF2 • CtY L3 C1 • InU L3 C1 D1 • KyLoU L1 • KyU L2 • MH L1 • NN-B L2 • NPV L4 C9 • OkU C1 • PSt L1 • PU L11 • TU L2 • ViSwC L1 • ViU L1

ROWSON, Susanna (Haswell) (c.1762-1824) • CtY D1 • ICHi MS1 • MB D1 • MHi L1 D1 • NHi D2 • NjMoHP L1 • PHi L1 D1 • ViU MS10 L9 C5 D48 • VtU L1

ROYALL, Anne (Newport) (1769-1854) • CSmH L1 • CtY L1 • DLC L9 1CTN • ICN L2 REF40 • MB L1 • NHi L1 M • NNBa L3 • NPV L2 • NcD L2 • NjMoHP L2 • PHi L12 D1 • ViLRM L1 • ViU L10

ROYCE, Josiah (1855-1916) • CHi L3 D12 • CLSU L11 • CLU MS5 C12 M • CSmH L17 C1 • CSt L1 • CSt-H L1 C1 • CU MS1 L46 C5 D1 M • CoCC L1 • CtY L18 C4 • DLC L20 C1 D1 • ICarbS L11 C1 • InU D1 • MB L35 C5 • MBCo D1 • MCR L23 C2 • MH MS3 L13 C1 • MWelC L1 • MdBJ MS6 L58 • MdHi L1 D1 • MnU MS1 L2 • NIC L7 C2 • NN-B L3 • NNAL L4 • NNC MS1 L21 • NNPM L6 • NNWML L1 • NPV L1 • NjP C6 • PBm L1 • PHi L1 • PSt L1 • RNR L1 • ViU MS1

RUARK, Robert C. (1915-1965) • CtY L1 • FWpR MS1 • MBU L2

277

Ruark, Robert C. (cont.)

● NNC MS1 L2 ● NSyU D1 R ● NWM L1 ● NcD MS1 ● NcU 20FT REF1, 2, 7 ● NjP MS1 ● PU L1 ● TxU MS1

RUKEYSER, Muriel (1913-   ) ● CU-S L1 ● CtU L1 ● CtY MS1 L62 C31 D4 PR M ● DeU L5 ● ICN L3 ● ICarbS MS1 L1 ● IU-Ar L3 ● IaU MS1 ● InU MS1 L20 C8 D3 ● MA L2 ● MBU MS5 L40 C50 ● MH MS1 L4 ● MeWC L1 ● MiU L5 C8 ● MoSW L2 C3 ● NBuU MS18 L7 ● NN-B L1 ● NNAL L14 C12 D5 ● NNBa MS1 L2 ● NNC L7 ● NNFF L4 D1 ● NPV L8 D1 ● NjP L1 ● PPiI L5 C6 R ● PU L4 ● RPB-JH L9 ● TxU L2 PR ● ViLRM L1 ● VtMiM L50 C9

RULE, Lucien V. (1871-   ) ● CLSU MS1 ● CtY L2 ● In D2 ● KyLo MS6 ● KyRE L10

RUNYON, Damon (1884-1946) ● CU L2 D1 ● CtY L1 ● IaU L1 ● InLP C1 ● MH L1 ● NHpR L1 ● NNC L3 ● NjP L1 ● PPT C21 ● PU L4 ● ViRCU L3 M ● ViU L1

RUSH, Benjamin (1745-1813) ● CCamarSJ D1 ● CSmH L5 C1 ● CSt D6 ● CU C1 ● CtHi L2 C1 ● CtY L10 C12 D1 ● DFo L1 ● DLC MS48 L63 C67 D1 ● DeU C1 ● ICHi L1 C1 D1 ● IGK L1 ● InU J1 L1 C4 ● MA L3 ● MB L9 C24 D2 ● MBCo MS2 L5 D9 ● MBU C2 D1 ● MH L8 C3 D1 ● MHi L45 ● MWA L2 ● MdBJ L2 ● MdHi L2 D4 ● MiU-C L6 C3 ● MnHi L1 ● N L1 D1 ● NHi L14 C1 D2 REF66 ● NIC L2 D1 ● NNC L5 C4 ● NNPM MS1 L6 C4 ● NNS L2 ● NNebgWM L1 ● NRom D1 ● NcD J3 L119 D2 ● NcD-MC 9CTN ● NcU L2 C1 D1 ● Nh C1 ● NhD L2 C1 D2 ● NjMoHP L6 ● NjP MS2 L45 C33 D16 ● OClWHi L2 ● OMC D1 ● PCarlD MS2 L13 C17 D22 ● PHC L9 D1 ● PHi MS3 J8 L116 C41 D71 1CTN ● PP L1 C1 D2 ● PPAmP J6 L48 C18 D40 ● PPC MS1 L14 M ● PPL J100 L100 C3000 D450 64CTN ● PPRF L1 ● PPT D1 ● PSC-Hi C1 D1 ● PSt D3 ● PU MS5 L12 D1 ● RPB-JH L2 C1 D1 ● RPJCB L1 ● ScU L4 C1 ● UPB D1 ● ViHi L6 D5 ● ViU L8 C6 D1 ● WHi L1 C1

RUSS, Wilma (fl.1952) ● FU MS1

RUSSELL, Addison Peale (1826-1912) ● InU L1 C1 ● MH L2 ● MdBJ L3 ● OCHP C1 ● OHi L4 C5 ● OU L14

RUSSELL, Irwin (1853-1879) ● CSmH MS2 ● GEU MS1 ● LNHT L1 ● Ms-Ar MS1 ● RPB-JH MS1 ● ViU D1

RUTLEDGE, Archibald Hamilton (1883-   ) ● FU L1 ● GU L3 ● IaU L1 ● MH L2 ● NcD L5 ● NcGrE L1 ● ScCleU L1 ● ScU 18CTN ● TxU

L2 C1 • ViLRM L3 • ViRCU L13 • ViU MS9 L3 • ViW L1

RYAN, Abram Joseph (1839-1886) • DGU MS3 • DLC L1 • ICHi MS1 • InNd MS2 L2 • InNd-Ar L2 D1 M • PHi MS2 • T L3 D5 • ViU MS2 L1

RYAN, Marah Ellis Martin (1860?-1934) • CL MS1 • CLU L1 • DLC L1 • IEN L1 • NBu L1

SALE, Elizabeth (fl.1944) • Wa MS2

SALINGER, Jerome David (1919-   ) • CtY L1 C3 • ICN L1 • MH D1 • MiU L2 C1 • PBm L1 • PSt L1 • TxU L1 C1 1CTN

SALTUS, Edgar Evertson (1855-1921) • CLSU MS2 • CLU MS1 • CSmH MS3 L3 • CStbS L1 • CtY MS95 L43 C5 • DLC L6 • ICHi MS2 • IGK L1 • MH MS2 L8 • MWalB L1 • NHi L1 • NIC MS1 • NN-B L1 • NNC L8 • NNPM L1 • NNU-F MS1 L6 • NPV L2 • NjP L9 C1 D1 M • PHi L25 C2 D1 • TxU L4 • ViU MS4 L17

SANBORN, Franklin Benjamin (1831-1917) • CLSU L1 • CLU C30 • CSmH L26 C4 PR • CSt L3 • CU L9 • CU-S L2 • CtHT-W L26 • CtY MS1 L71 C8 • DLC MS43 L29 C73 D1 M • GEU MS1 • ICN L5 • IGK C1 • IaAS L1 REF1 • IaU MS1 L1 • InU MS2 L10 C6 D1 • LNHT L23 • MB MS1 L60 C24 D5 • MBAt MS1 L2 • MBSpnea REF2 • MBU L1 • MCo MS3 L194 C38 D4 MG1 REF4 • MH MS9 L135 C28 M • MHi L61 • MNBedf L1 • MPlPS REF56 • MWA MS6 L10 • MWalB L1 • MWelC L3 • MdBJ L69 • MeB MS2 L4 • MeWC C1 • MiU MS1 L2 C2 D1 MG1 • MiU-C L1 • MiU-H L1 • MnU L1 • MoSW L16 C1 • N C8 • NBu MS1 L1 REF65 • NCaS C1 • NHi L1 C1 • NIC L22 • NN-B L2 C5 • NNC MS2 L49 • NNPM MS1 J1 C1 • NNU-F L1 • NPV L1 • NRU L2 C2 • NSchU L2 • NcD L1 • Nh L2 • NhHi MS3 L15 • NjMoHP L1 • NjP L1 C21 • NjR L2 • OFH L7 C6 • PCarlD MS3 L30 C7 • PHi L2 • PSC-Hi L1 C1 • PSt L1 C1 • RPB-JH MS1 L4 D1 • TxU L2 C1 • ViU MS58 L26 C5 • VtMiM MS3 L5 C9

SANBORN, Katherine Abbott (1839-1917) • CSmH L8 • CU-S L6 C1 • CtY L5 • DLC L33 • LNHT L1 • MB L20 • MH L6 • MWA L7 • NBu L1 • NNC L17 • Nh L1 • NhD MS2 L4 D6 • NhHi L2 • PP C1 • PSt L2 • ViU L8

SANDBURG, Carl August (1878-1967) • ArU L4 • CCamarSJ L1 D1 • CLSU L2 • CLU L3 • COMC MS1 • CRedl MS1 • CSmH L1 D2 • CSt L8 REF2 • CSt-H L2 C2 • CU L15 D1 • CoU MS1 L3 • CtY MS3

Sandburg, Carl August (cont.)

L75 D1 • DLC MS19 L55 M REF • DeU MS4 L49 • GEU MS1 L33 C16 D14 M • ICHi L37 C3 D1 • ICIU L2 C2 • ICN MS3 L30 D6 • ICU MS78 L49 C12 D26 M REF1 • IEN MS3 L28 C1 • IGK MS3 L26 • IGS L2 • IHi MS1 L2 • IU-Ar L2 D3 R M • IU-R MS1 J9 L1 C1 52.5FT PR R M • IaU L5 • InFwL L3 • InGrD-Ar L1 R • InNd L2 • InTD L2 • InTI L1 • InU MS4 L25 C2 D3 M • KyBB L4 C6 • MA L28 D1 • MBU L3 • MH MS6 L56 C35 PR M • MMeT L4 C2 • MWC L3 • MWalK L1 C1 REF2 • MWelC L6 • MdBJ MS4 • MeB L18 • MiU L3 D2 • MiU-H L4 • MnHi L4 • MnU L1 • MnU-Ar L14 C2 M • MnU-K L1 • MnU-Rb MG1 • MnU-SW L16 C16 • MoCgS L1 • MoU L1 • NBuU MS10 • NCH L1 C1 • NIC L11 • NN-B MS1 L2 D1 R • NNAL MS3 L4 C20 D2 • NNC L19 C2 D1 M • NNFF D2 • NNU-F MS1 L1 • NNWML L2 • NPV L3 • NRU MS13 L10 • NSsS MG1 • NSyU L5 • NcA D157 • NhD MS1 L3 D3 PR • NhU L1 • NjP L1 C4 • OCl L1 • OKentU L1 • OOxM L7 • OT L23 C11 • OU L3 C2 • OkU C4 • OrU L1 • PCarlD MS30 L72 C5 D15 M • PHC L2 • PInU L1 • PSt L2 C2 • PU L32 • RPB-JH MS3 L5 • TxU MS13 L36 C1 D12 PR M REF1 • ViBlbV L2 • ViRCU L4 • ViU MS10 L10 C5 D10 REF105 • VtU L2 • WHi L3 C3 R • WMUW L1 • WaPS L1 • WyU-Ar L2

SANDERSON, John (1783-1844) • DLC L2 C1 • PHC L1 • PHi L4 C2 • PPAmP D1 • PPL D3 • PU L2

SANDOZ, Mari Susette (1896-1966) • CoU L2 • CtY L8 C7 • FU L1 • MH L2 C1 • MnU-K C1 • NNBa L1 • NbHi MS9 L169 C125 D18 M • NbO L1 • NbU MS35 30CTN PR R M REF1, 2, 5, 7 • OkU L6 C7 • TxU L3

SANDS, Robert Charles (1799-1832) • NHi L42 C1 D1 M • PHi L1

SANTAYANA, George (1863-1952) • CLSU L4 • CLU L1 C3 • CSmH L5 • CSt MS1 L1 • CU MS1 L4 • CtY MS4 L36 C2 • DLC MS2 L38 C1 M • FU L2 C2 • ICL L1 • ICN MS2 L8 D3 REF1 • ICarbS MS1 L38 • IDeKN L3 • InU MS1 L10 C2 • KU-S L1 • KyBgW L1 • KyU MS1 • MA MS1 L3 • MB L9 • MCR L6 • MH MS16 L145 MG3 M • MWA L1 • MWelC L4 • MeB L1 • MiU-H L1 • MoSHi L1 • NB L3 • NBuU MS16 L1 • NIC L6 C2 • NN-B MS1 L1 D1 • NNAL L2 C2 • NNC MS277 L499 C109 MG6 PR REF4, 7 • NNPM MS1 • NNU-F L1 • NNYI L8 C2 • NcD MS2 L57 PR M • NhD L9 D1 • NjP MS3

L194 C239 D1145 PR • OrU L2 • PPT MS1 L40 C70 • PSt L3 • PU L3 • RNR L1 • RPB-JH L15 C7 • TxU MS109 L119 C103 D23 MG23 • ViU MS28 L64 PR • VtHi L1 • VtU L1

SARETT, Lew R. (1888-1954) • CLSU L2 • CSmH L2 • CoU L2 • CtW L1 • CtY L10 C20 • DeU L4 • FU MS6 M • GEU L1 • ICIU L11 C2 • ICN L7 • IEN MS50 J20 L28 C1130 D160 • IGK MS1 L6 • IU-Ar L35 C14 D2 M • IaU L162 C86 • InNd L1 • InU L6 • MH L24 C4 • MMeT L5 • MeWC L1 • MiU-H MS1 • MnHi L1 • MoU L3 • NBuU MS6 L1 • NGenoU MS1 • NNWML L1 • PPT L4 • PSt L1 • PU L1 • RPB-JH L1 • TxU L3 • TxWB-B MS1 • ViU MS1 L2 • WGr MS5 D1 • WHi L2 C2

SARGENT, Epes (1813-1880) • CLU L1 • CSmH MS1 L6 • CtY MS1 L7 • DLC L2 • ICHi L1 • IaU L3 • InU L1 • MA C1 • MB L12 C76 D1 • MCR L8 • MH MS1 L24 C2 • MHi L2 • MdBJ L1 • MdHi L1 • MeWC C1 • MiU L1 • MoSW L1 • N L1 • NHi L7 • NN-B MS1 C2 • NNC MS2 L5 C3 • NNPM L12 • NNS L16 • NNU-F L1 • NNWH L13 • NPV L1 • NRU L1 • NcD L3 D1 • NhHi L3 • NjMD L1 • NjP L1 • OCHP MS1 • PHC L1 • PHi L19 C4 D1 • PP L1 • PU MS1 L1 • RPB-JH L8 C2 • TxU MS1 • ViU MS4 L13 C1 • VtMiM L2

SARGENT, Lucius Manlius (1786-1867) • CSmH L2 • CtY L2 • MB L11 • MBU L1 • MH L5 C1 • MHi MS1 L17 • NBu L1 • NHi REF66 • PHi L19 • RPB-JH L2 • ViU L2

SARGENT, Winthrop (1825-1870) • CSmH L8 D2 • CtY L2 • ICN J1 • MB L8 D1 • MH L9 C5 • MHi L22 • MWiW-C L1 • MnU-Rb L1 • NHi L15 REF66 • NjMoHP L2 • PHi MS1 J2 L9 D2 7CTN

SAROYAN, William (1908-   ) • CLSU R • CLU L203 • COMC MS1 L13 • CSf MS1 L4 • CSt MS1 L9 D3 M • CU L12 C2 D1 M • CtY MS2 L42 C24 PR • ICN L3 • ICarbS L9 C9 • IU-Ar MS1 • IU-R L2 • InU L8 C4 • KyU L1 • MA L1 • MBU MS1 L5 C1 D1 • MH MS2 L7 • MiU L2 C2 D2 • MiU-H L1 • NIC MS18 L12 C2 • NN-B MS1 L1 PR • NNAL L26 C22 D5 • NNC L188 • NNFF L1 D2 • NNU-F L3 • NSbSU L1 C2 • NcA L1 • NhD MS1 L1 • NjP PR • NjR L1 • NvU PR • OCl L1 • OU L2 • PU L6 • TxU MS4 L8 C3 D12 MG1 PR • ViU MS1 L1 • WGr L1 • WyU-Ar L11

SARTAIN, John (1808-1897) • CSmH L5 • DLC L2 • ICarbS C2 • IaU L1 C12 • InFwL L1 • LU-Ar D46 • MA L1 • MB L5 C2 • MH L5

Sartain, John (cont.)

• MHi L1 • MdBJ D1 • MiU L1 • MoSHi C9 • N L1 • NHi L4 • NNPM L2 • NhD D1 • NhHi L2 • PHC L1 • PHi J3 L23 C35 D33 14CTN • PPL L1 D1 • PSC L1 • PSC-Hi L2 • PU L5 • RPB-JH M • VtMiM C2

SARTON, Eleanor May (1912-   ) • CCC MS4 L4 • CLU L2 • CU L1 • CoU L1 • CtY L2 C1 • ICN L2 • ICarbS MS3 L1 • InGrD-Ar L15 R • InU MS1 L3 C1 • LNHT L1 MG1 • MA L169 MS14 • MBU MS9 L8 REF1 • MH L1 • MMeT L2 • MdBJ MS1 L9 • MoCgS L1 • MoSW L3 • NBuU R • NN-B MS2 L14 C66 • NNC L131 • NNFF L1 • NSyU L25 • PBm MS1 L18 • RPB-JH L10 • TxU MS2 L9 C6 PR • VtMiM L7 C4 D1

SARTON, George (1884-1956) • CStbS L1 • CU L2 • CtHC MS4 L196 C233 D1 • CtW L4 C1 • CtY L2 • ICarbS L6 • IU-Ar L19 C23 • InU L1 • MB L13 • MH MS12 J89 L2342 C10558 PR REF1 • MiU-H L5 C2 • NNC L185 • NPV L3 • OkU L3 C4 • RPB-JH L8 D1

SASS, Herbert Ravenel (1884-1958) • NcD L37 • NcU L2 • ScU L1 C1

SAVAGE, John (1828-1888) • CLU MS1 • CSmH L2 • DFo L5 • DLC L1 • MB L2 • MH L2 • MiU L1 D1 • NHi L3 D2 REF66 • NNC L1 • NRU L1 C1 • NcD L1 • OCHP MS2 • PHi L25 • ViU L1

SAVAGE, Philip Henry (1868-1899) • CSmH L1 • MB L4 • MH L2 • RNR L1

SAVAGE, Richard Henry (1846-1903) • CLU L1 • CSmH MS1 • CSt L1 • CU L2 • CtY L10 M • DLC C4 • IGK MS1 • IaU MS1 • InNd-Ar MS4 L45 C1 D3 M • MH L2 • MiU-C L1 • PHi L4 • PSC-Hi MS1 • UPB L2 • ViU L2

SAWYER, Caroline Mehitable (Fisher) (1812-1894) • MB L1 • NhD L2 D1 • PHi L3

SAWYER, Lemuel (1777-1852) • DLC L1 • MHi L1 • NHi C1 • NRU L1 • PHi L1 • ScCleU L2

SAXE, John Godfrey (1816-1887) • AzU L60 • CSmH MS2 L18 • CtHC L1 • CtHT-W MS1 M • CtHi L1 • CtW L1 • CtY MS5 L32 • DLC MS2 L1 C2 • IGK MS1 L2 • IaMc L1 • KyU MS1 L2 • MB L5 • MH MS1 L13 M REF5 • MHi L4 • MNF L1 • MWelC L2 D1 • MdBE L1 • MeWC L4 • MiU L1 • MiU-H L1 • MnHi MS1 • N L3 C1 • NBu MS1 L1 REF65 • NHi L1 • NIC MS2 L9 • NN-B MS1 L1 • NNC L5 • NNPM L5 •

NNU-F MS3 L3 • NRU L3 C2 • Nh L1 • NhD L4 D2 • NjMD MS1 L1 • NjP MS1 L1 • OCHP MS1 • OClWHi L1 • OMC L1 • PHC L4 • PHi L9 • PPT L1 • PSC L1 • RNR MS1 L1 • RPB-JH MS3 L5 • TxGR D1 • TxU MS1 L2 • ViU MS8 L36 • VtHi MS10 L2 C1 D4 • VtMiM 3CTN • VtU MS7 L49 M • WHi L1

SAXON, Lyle (1891-1946) • CtY L1 • ICN L7 • IGK L1 • LNHT MS41 J3 L410 C1711 D47 M • LNaN 1CTN 1FT • LNU L16 • LU-Ar MS2 J1 L33 C16 D212 MG5 M • MiU-H L1 • OkU L3 C13 • TxU L1 C1

SCARBOROUGH, Dorothy (1878-1935) • CLSU L1 • CU L2 • CtY L1 • IU-Ar L1 • LNHT L1 • MH L11 C2 • PPT L1 • PU L2 • TxU L2 C1 • TxWB 20FT • TxWB-B L1 C3

SCARBROUGH, George (1915-   ) • IEN L1 • NBuU MS9 L2

SCHAUFFLER, Robert Haven (1879-1945) • CLU L1 • CU L2 • CoU L1 • CtY L2 • DLC L2 • IU-R C1 D1 • InU L2 • MA L10 • MBU MS1 L3 • MH MS1 L29 C2 • MNS L10 • MeWC L6 • N L1 • NBuU MS21 L2 • NNC L3 • NNWML 1FT • NjP C132 • TxU L5 C1 5CTN • ViU MS1 L6 • VtU L3 C4

SCHMITT, Gladys (1909-1972) • NNBa L1 • PPiCI MS3 L11 C2 MG3 PR • PPiI L1 C6 • RPB-JH L17

SCHNEIDER, Isidor (1896-   ) • AzTeS L1 • CU MS1 • DeU L3 M • ICN L5 • IU-Ar L2 • MH L4 • NBuU L1 • NN-B L1 D1 • NNC MS65 L4 C250 REF7 • NNU-F L1 • NSyU L13 • OkU L1 C1 • PSt MS1 L33 • PU L4 • RPB-JH L4 D2 • TxU L9 C6 PR • WMUW MS1 L2

SCHOOLCRAFT, Henry Rowe (1793-1864) • CSmH MS1 L24 C9 D7 • CU D1 • CtY MS2 L7 • DGU L5 • DLC J1 L41 C31 D12 91CTN REF4, REF31 • GHi L1 • ICHi L1 • ICN L3 • InNd-Ar D1 • InU L2 • LNHT L1 • MB L9 C1 D1 • MH MS2 L8 C2 • MHi J1 L7 • MeB L2 • MiMtpT L33 C12 D1 • MiU L1 • MiU-C L6 • MiU-H L4 M • MnHi L6 M • MoSHi L1 C4 M • N L1 C7 • NHi MS1 L15 D2 REF66 • NIC L1 • NIHi L4 • NN-B L1 • NNC MS1 L1 D2 • NNPM L2 D1 • NRU L14 C2 • NSyU L2 • NcU L1 • NjMoHP L4 • NjP L1 • OMC L1 D1 • PHi L17 D1 • PPAmP L3 D2 • PPL L1 • PPRF J2 • RPB-JH L3 • ScCMu L1 • ScCleU L1 • TxU L1 • ViU L1 • WHi D1

SCHORER, Mark (1908-   ) • CSmH MS1 • CSt MS1 • CU 13CTN REF8 • CoU L1 • CtY L15 C7 • DeU L13 • ICN L28 • ICarbS L4 C1

Schorer, Mark (cont.)

• IU-Ar L5 • IU-R L3 D1 • InU MS1 • MBU L2 • MH MS1 L4 • MeB MS1 • MiU L10 C18 D1 M • MnHi L1 • MnU L6 C6 • NIC L2 C2 • NN-B MS1 • NNAL L20 C18 D3 • NNC L4 • NNFF L4 C3 • NSyU L15 C1 • NbU L5 REF2 • NjR L7 • OU L3 C2 • PSt MG1 • PU MS2 L6 • TxHR L2 • TxU MS4 L11 C2 • WHi L1 C1 D1 • WaU L5 C1

SCHULBERG, Budd Wilson (1914-   ) • CLU L1 • CSt L1 • MBU MS1 L12 D1 • MeWC L1 • NNC MS1 L70 • NNFF D1 • NhD MS1 D2 • P L1 • TxU L1

SCHULTZ, James Willard (1859-1947) • CLSU L4 • Ia-HA L7 • MtHi MS1 L4 D1

SCHURZ, Carl (1829-1906) • CLU L5 • CRedl L1 • CSmH MS1 L26 C2 D5 • CStbS L1 • CU L4 • CU-S L1 • CtHi L1 D1 • CtW L1 • CtY L34 C2 • DLC J3 L255 C209 D32 208CTN REF4, REF32 • ICN MS1 L4 • IGK L2 C1 • InFwL L7 • KyBB L3 • KyBgW L1 • KyU L6 • MB L6 C2 • MBCo C1 D1 • MBU L1 • MCR L4 C11 • MH L148 C70 • MHi L16 • MWA L5 • MdBJ L9 • MeB L2 • MeU L1 • MiU-H L2 • MnHi L9 M • MnU-Rb L1 • MoSHi L10 D3 M • NHi L20 C1 M REF66 • NIC L16 C3 • NNC L293 C71 • NNPM MS1 L81 C3 • NNSII C2 • NPV L1 • NRU L21 D1 • NSchU L6 • NSyU L3 • NcD L3 • NhD D1 • NjMoHP L1 • NjP L3 • NjR L1 • OCHP L2 • OCl L4 • OClWHi L2 • OFH MS3 L205 C152 M • OMC L1 • PCarlD L2 • PMA L2 • PU L16 • RPB-JH L20 C1 D18 • T MS1 • TxU L1 • ViU MS1 L33 • VtU L2 • WHi L100 C50 D8 7CTN M REF1, 5, 7 • WMM-Ar L2

SCHUSTER, Richard (1927-   ) • InU L2 C2 • KyU MS1 L2 • TxU C1

SCHUYLER, George S. (1895-   ) • CtY L4 C115 M • DHU L4 • MH L1 • NIC L1 • NNFF L4 C2 D2 • NSchU L1

SCHWARTZ, Delmore (1913-1966) • CLU MS9 L3 MG117 • CtY MS1 L8 C9 22CTN REF7 • DLC L15 C2 D1 • ICN L5 • IEN L1 • IU-Ar L9 • InU L3 C1 D3 • MH MS3 L1 C1 • MdBJ L1 • MiU L4 C5 • MoSW L25 C4 • NBuU L2 • NN-B L5 • NNC L24 • NNFF D1 • NPV L2 • NRU L2 • NjR L7 • PU L2 • RPB-JH L5 • TxU L7 • VtU L1 • WyU-Ar L16

SCOLLARD, Clinton (1860-1932) • CLU L3 • CSmH MS3 L2 • CU L1 • CU-S L1 • CtY MS1 L32 C2 • DLC MS2 L2 • DTr MS1 • ICL MS1

L1 • ICN MS3 L56 REF1 • ICarbS MS1 L11 • IEN L2 • IGK MS3 L5
• InU MS2 L2 • KyBB L1 • KyBgW D4 • MA L8 • MB MS1 L1 • MChB
MS1 L2 • MH MS6 L48 C1 • MWA L4 • MWH MS1 L8 • MdBJ MS1
L1 • MeB MS1 L1 • MeWC MS3 • MnHi L1 M • NBu L1 • NBuU MS9
L2 • NCH MS28 L186 C1113 D1 M REF1 • NHi MS1 • NIC L1 • NN-B
L5 C1 • NNAL MS2 L9 C10 • NNC MS1 L91 C2 PR • NNPM MS1
• NNU-F MS1 • NNWML L2 • NRU L1 • NcD L5 • NhD L4 D1 •
NjMoHP L1 • NjP L11 C11 D6 M • OrU L2 • PHi L4 D2 • PPC L1
• PSC L3 • PSC-Hi L2 • PSt MS8 L2 • PU MS1 L1 • RPB-JH MS4 L7
C2 • TxGR L1 • TxU MS6 L1 C2 • ViU MS24 L34 • VtMiM MS1 L4

SCOTT, Evelyn D. (1893-   ) • CtY L22 C11 • DeU L2 • GEU L1
• ICN L33 • ICarbS L1 • IU-R L1 • InU L1 • MA L1 • MH L83 C6
• MiU C2 • NBuU MS2 L2 • NIC MS1 L7 C16 • NSsS L2 • NSyU L14
• OClWHi L2 • PU L80 • TxU MS12 • ViU L30

SCOTT, John Milton (1854-1928) • CLSU MS726 L61 C18 D5 • CSmH
L1 • MWA L1 • NNWML L10 • NhD L1 C1 • PU L4

SCOTT, Winfield Townley (1910-1968) • CSmH L2 • CtY L5 • ICL
L1 • ICN L17 • IU-Ar MS5 L1 • InU L3 C4 D5 • KU-S L1 M • MBU
MS1 L42 D8 • MH L2 C1 M • MMeT L2 • MoSW L34 • NBuU MS70
L4 • NNFF L2 • NPV L3 • NSyU L16 • NbU L1 REF2 • NjR L1 • PSC
L13 • PSC-Hi MS1 • PU L1 • RPB-JH 68CTN PR R M REF1, 7 • TxU
MS3 L4 • WyU-Ar L5

SCRIBNER, Charles (1821-1871) • CtY L65 • DLC L48 C44 • ICN
L1 REF1 • IU-R L20 • MB C1 • MH L5 • MHi L15 • MWA L62 • MdBJ
L31 • NHi REF66 • NIC L1 • NN-B L2 C1 • NNC L81 C33 • NSchU
L3 • NcD L1 • NjR L1 • OFH L1 C1 • PHi L8 D2 • PMA L2 • PPAmP
L1 • PSC L1 • ViU L4 • VtU L55 C50

SCRUGGS, Anderson M. (1897-1955) • GEU MS7 L7 • GU L2 • MH
L1 • ViLRM MS1

SCUDDER, Horace Elisha (1838-1902) • CLSU L1 • CSmH L11 C3
D1 • CU C12 • CtHT-W L58 • CtHi L1 • CtY L32 C19 • DLC L3 C1
• DeU L14 • GEU L11 C11 • IChi L1 • ICN L2 • IaU L1 • KU-S L38
• LNHT L7 • MA L2 • MAJ L1 • MB L4 C2 • MBAt C42 • MBSpnea
REF2 • MBU L2 • MCR L1 • MChB L1 • MH MS3 L245 C1967 MG1
M REF2 • MHi L3 • MWA L5 • MWelC L3 C1 • MdBJ L30 C1 D1 •
MdHi L2 • MeB L5 • MeWC C27 • MiU L7 D1 • MnHi L5 • MoSW

Scudder, Horace Elisha (cont.)

MS2 C47 • N L2 • NBu MS1 REF65 • NCH L5 • NHi REF66 • NIC L6 • NNAL L2 • NNC L62 • NNU-F L1 • NPV L4 • NRU L1 • NcD L3 • NjMoHP L1 • NjP L3 C2 • NjR L2 • OFH L17 • OKentU L2 • PHi L3 • PP L2 • PSC-Hi L2 C1 • PSt L1 • PU L7 • RPB-JH MS1 L1 • TxGR L2 • TxU C1 • ViU L26 C4 • VtMiM L4 C32 • VtU L2 • WHi L1

SEAGER, Allan (1906-1968) • CCamarSJ L1 • CLU L1 • CU 15CTN REF8 • CoU L1 • ICN L19 • IU-R L1 • MA L6 • MBU 1FT REF1 • MiU L20 C2 • MiU-H L1 • MoSW L7 • OkU L1 • TxU L4

SEAGRAVE, Sadie (Fuller) (1882-   ) • ICN L1 • IaHi 2FT • IaU MS5 L7 • TxU L1

SEDGWICK, Anne Douglas (1873-1935) • CLU L1 • CSmH L28 • CtY L17 • ICL L1 M • ICN L1 • IU-R L3 C7 D33 • MBU L17 • MH L11 C1 • NN-B L34 D1 • NNAL L2 C3 • NNU-F L17 • NPV L1 • NjMoHP L1 • NjP L6 C2 D6 • RPB-JH D1 • TxU L1 • ViU L24

SEDGWICK, Catharine Maria (1789-1867) • CLU L2 • CSmH MS1 L8 D1 • CtHT-W L1 • CtHi L2 • CtY L13 • DLC MS2 L1 • DeGE L1 • ICHi L1 • ICN L1 • IU-R D4 • IaDmE C1 • IaU MS1 • MB MS2 L7 D6 • MCR L1 M • MH L41 D1 • MHi 1FT REF1 • MPB L1 • MStoc L9 C2 M • MWiW L2 • MdBE L1 • MdHi L1 • MeWC L1 • NBu L1 REF65 • NHi L4 • NN-B L2 • NNBa L8 • NNC MS1 L22 C3 D7 • NNPM L10 • NNS L3 • NNU-F L4 • NSchU L6 • NcD L3 • NhD L1 • NhHi L1 • NjMoHP L5 • OCHP L1 • OOxM L3 • PHC L2 • PHi L12 D1 • PP L1 • PPAmP L3 • PSt L6 • PU L4 • RNR L1 • RPB-JH L1 • ScU L1 • TxU MS1 • UPB L1 • ViU L26 C1

SEDGWICK, Ellery (1872-1960) • ArU L1 • CLSU L3 • CSmH L5 D2 • CSt L2 • CU L7 • CtU L2 • CtW L1 • CtY L54 C28 • DLC L2 • GEU L1 • ICN L2 REF1 • ICarbS L4 C1 • IGK L52 • IU-Ar L53 C40 • IU-R L11 D1 • Ia-HA L13 C7 • IaU L6 • InLP L14 • InU L9 C2 • KPT L1 • KU-S L1 • KyBgW L1 • KyU L1 • LNHT L5 • MA L49 C1 • MAJ L2 • MB L19 C1 D1 • MBU L5 C1 • MCR L5 • MH L291 C56 • MH-BA 1CTN • MHi 1FT REF1 • MStoc MS1 L28 • MWA L5 • MWH L2 • MWelC L3 • MeWC L11 • MiU L2 C3 • MiU-H J1 L1 • MoSW L21 • NBu L2 • NHi L1 • NIC L1 • NNAL L2 C2 • NNC L129 • NPV L2 • NRU L5 • NSchU L1 • NcD L4 • NjP L7 C8 • OCl L3 • OU L1

C1 • PHC L1 • PMA L2 C2 • PP L5 • PSt L1 • PU L10 • RPB-JH L1 • TxU L7 • ULA L1 • ViU L13 • VtU L16 C1 • WM L8

SEDGWICK, Henry Dwight (1861-1957) • CLSU L11 C6 • CSmH L12 • CU L3 C2 • CtY MS1 L7 PR • ICN L1 • ICarbS L1 • InU L2 C1 M • KyBB L2 • LNHT L1 • MB L2 D1 • MH MS1 L195 C1 • MHi 12FT REF1 • MWA L1 • NHi REF66 • NNAL MS3 L66 C80 D4 • NNC L7 C1 • NcD L4 • NjP C1 • NjR L1 • PU L5 • ViU MS1 L2

SEDGWICK, Susan Ann Livingston (Ridley) (1789-1867) • MHi L171 • MStoc L1 • MWiW L3 • NNC MS2 L75 D1 • NSchU L2 • NjMoHP L2

SEDGWICK, Theodore (1746-1813) • CSmH L3 • CtHC L2 C1 • CtHi L5 C3 • CtY L6 C2 • DLC L2 D2 • ICN L3 • MH L3 C1 • MHi J5 L550 C100 D110 • MStoc L1 M • MWA MS2 L4 • MnU-Rb L1 • NHi L32 C1 REF66 • NIC L2 • NNC L28 C3 D1 • NNPM L1 • NjMoHP L7 C3 • TxU L1 • VtHi C1 • WHi L1

SEDGWICK, Theodore (1811-1859) • CSmH L5 • CtY L6 C1 • DFo C2 D1 • DLC L4 C2 • DeGE L60 C8 • MB L3 C1 • MH L2 C32 • MHi J3 L51 D6 • MStoc L43 D1 M • NHi REF66 • NNC L17 C3 D3 • NNPM L8 • NRU L2 • NSchU L9 • NjMoHP C4 • OMC C1 • PP L4 • UPB L1

SEEGER, Alan (1888-1916) • CtY MS1 • DLC MS54 L1 • ICarbS D1 • MH MS23 J4 L62 • MWH MS1 MG1 • NNH L1 • NNPM MS1 L1 D1 • NjP D243 • PPiU MS1 • TxU MS1

SEIFERT, Shirley (1889-1971) • GHi L91 • KyU MS2 • MoSHi MS14 L2 • MoSU MS1 • MoSW MS1 L3 • NcD L37

SEIFFERT, Marjorie (Allen) (1885-1970) • CoU MS23 L6 5CTN M • CtY MS1 L30 C2 • ICN MS7 L22 • InNd L3 • InU L1 • MA L3 • MH L7 • NBuU MS2 L8 • NhD MS1 L1 • NjP MS5 L56 C62 D11 • PU L1 • RPB-JH L2 • TxU L7

SEITZ, Don Carlos (1862-1935) • CSmH L1 • CtY L1 • DLC L1 C4 • IGK C1 • IaU L1 • InU L7 • MH L5 C3 • NHi L1 • NNC L3003 C3000 REF7 • NRU L3 • NcD L25 • NhD L2 • NjP 9CTN • OCl L1 • OFH L1 • OHi MS1 • PHC L3 • PP L1 • PPT L2 • RPAB L1 • RPB-JH L1 • ViU MS1 L2 • VtU L1

SERVICE, Robert William (1874-1958) • CLU L1 • CStbS L2 • ICL L1 M • MChB MS1 • MWH MS1 • NRGE L1 • TxU L1 • ViU

Service, Robert William (cont.)
MS20 L1

SETON, Ernest Thompson (1860-1946) • CCamarSJ L1 • CL MS1 •
CLSU L40 C1 • CLU L1 • CSmH MS5 L23 • CU L1 • Ct MS1 • CtY
MS1 L30 • DLC L3 • DeGE L1 • ICHi L1 • IEN L1 • IU-R L1 C3 D2
• InLP L1 • InU L15 C1 D3 • MBU C1 D2 • MH MS1 L4 • MeB MS1
L2 M • MeWC L2 • MiU L1 • MnHi L15 • MnS L1 • NCanHi L1 •
NHpR L1 • NN-B L18 • NNAL L14 C33 D4 • NNC L1 • NNU-F L7
• NNWML L2 • NPV L1 • NRU L6 C2 • NcD L2 • NhD MS1 L2 •
NjP MS2 L282 C221 D285 M • OCl L1 • OFH L1 • OkU L1 C1 D1 •
OrU L1 • P M • PHi L3 • PPT L2 C1 • PSt L5 • RPB-JH L1 • TxGR
D1 • TxU MS3 L38 C1 D1 • ViU MS1 L96 C1 PR • WHi L1

SEWALL, Jonathan (1728-1796) • CSmH L1 • MB D6 • MHi MS1 L73
D1 • MiU-C L2

SEWALL, Jonathan Mitchell (1748-1808) • CtY L1 • MB MS1 D1 •
MH L1 • MHi D1 • MWA MS1 • NHi L1 • NhD L2 D1 • PHi L1 D1
• RPB-JH MS1

SEWALL, Samuel (1652-1730) • CtHi L1 • CtY L6 D1 • DLC D1 •
IaU D1 • InU L1 • M-Ar D154 • MB J2 L8 C1 D19 MG1 • MBCo C1
• MBU L1 D2 • MHi MS7 J19 L15 C1 D57 MG18 • MWA L19 D1 •
NHi 1CTN REF66 • NIC C1 D2 • NNU-F D1 M • OMC D1 • PHi L3
D1 • RHi C3 D7

SEWARD, William Henry (1801-1872) • CLU L10 C13 • CSmH L86
C31 D29 • CSt L11 C17 D4 • CU L19 M • CoCC L1 • Ct C1 • CtHi
L6 C1 • CtLHi D3 • CtU L1 • CtW L2 • CtY MS1 L177 C27 D3 • DLC
MS1 L575 C927 D247 M • FU C1 • ICN L5 • ICarbS C1 • IGK L6 •
In L2 D5 • InU L4 C2 D3 M • KU-S D1 • KyU C1 D3 • MA L2 • MAJ
L1 • MB L10 C6 D2 • MBC L1 • MBCo C2 D1 • MBU L14 D1 • MH
L42 C8 D5 • MHi L109 • MS L1 • MWA L13 • MWiW-C L1 • MdBE
L12 • MdBJ L5 C1 • MdHi L4 C3 D8 • MeB L1 • MeU L2 • MiMtpT
L3 D1 • MiU C1 • MnHi L6 C3 D2 • MnU-Rb L1 • MoSHi L5 D1 •
MoSM L1 • MoSW L1 C1 • NAuS C1 D1 M • NAurW L32 C1 • NBu
L2 REF65 • NBuHi L5 C1 • NCanHi L1 • NHi MS1 L71 C23 D19 M
REF66 • NIC L30 C1 D3 • NNC L47 C19 D1 • NNPM L9 C2 D2 • NPV
L1 • NRU 150FT M REF1, 7 • NRom L1 • NSchU L7 • NSsS L7 • NSyU
L27 C1 • NcD L26 D6 • Nh C2 • NhD L1 C2 D10 • NhHi L8 C2 D13

• NjMoHP L9 C1 • NjP L10 D1 • OCHP L26 • OClWHi L6 D1 • OFH L8 C1 • OMC L2 • OOxM L1 • OU L1 • OkTG D1 • PHi L107 C82 D42 • PPC C1 • PPT L1 D1 • PSC-Hi L1 • PU L4 D1 • RPAB L1 • RPB-JH L28 C12 D33 • TxU L2 • UPB L1 • VtMiM C1 • VtU L6 • WHi L18 C5 D7

SEXTON, Anne (1928-1974) • IU-Ar MS2 L1 • InU L8 C8 D5 • MBU 25FT REF7 • MH MS5 L4 • MoSW L6 • NBrockU-EC R • NNFF MS1 L6 C11 D8 • PPiI L2 C4 R • PSt MS1 • VtU L1

SHAPIRO, Karl Jay (1913-   ) • CL L1 • CLU L13 • CU L2 • CU-A L6 • CoU L4 • CtY L16 • DLC MS244 L453 C1781 D78 MG3 M • FU MS2 • ICN L28 • ICarbS L1 • IU-Ar L6 C1 R M • IU-R L3 C2 • InU MS45 L40 D5 PR • KU-S MS1 L5 C1 • MA L15 • MBU L17 D1 • MH L16 C7 • MMeT L1 • MWelC L3 • MdBJ MS1 L9 • MiDW-Mi L2 • MiU L18 C24 • MoSW MS7 L116 C1 • NBuU MS7 L59 • NN-B L4 • NNAL L2 C11 D2 • NNC L5 • NNFF L14 C12 D4 • NRU L1 • NSyU L125 C3 • NbU 2CTN M REF2 • NcA L1 • NjR L5 • OAU MS1 • OCU MS1 L11 • OrU L16 • PBm MS1 L2 • PPT R • PSt L2 • PU L6 • RPB-JH L6 D1 • TxU L8 C1 • ViU MS1 L11 • ViW L4 • VtMiM L2 C2 • VtU L1 • WaU L15 C9 • WyU-Ar L101

SHARP, Dallas Lore (1870-1929) • KyBgW L1 • MB L4 • MBU 14FT • MH L2 • MWA L1 • PSt L2 D3 • RPB-JH MS1 L2

SHAW, Henry Wheeler (1818-1885) • CCamarSJ L1 • CSt L1 • CtY L1 • DLC L5 C1 • GHi L1 • IGK L2 • InU L1 C1 D1 • MH L1 • MnHi M • NBu MS1 REF65 • NNC L2 • NNU-F MS2 L2 • NRU L1 • NcD L1 • NjP MS1 • OCHP L1 • OMC L1 • PHC L1 • PHi L4 • PSt L1 • TxGR D1 • TxU L1 • ViU L7

SHAW, Irwin (1913-   ) • CtY L2 C3 • ICarbS C5 • MBU 7FT PR M REF1 • MH MS1 • NBC 1CTN • NN-B MS1 • NNAL L1 C3 • NNC MS3 L126 C1 • NNPM MS1 • NNU-F L1 • TxU MS1 L1 • VtMiM L2 C3

SHAW, John (1778-1809) • CSmH L2 D1 • NNC L2 • VtHi D1

SHEA, John Dawson Gilmary (1824-1892) • CLU L2 • CLU-C C1 • CSmH L13 D2 • CtY L1 • DGU MS1 L3 • DeGE L1 • ICN L2 • IGK C2 • InNd MS1 L1 D1 • InNd-Ar L144 C8 D98 M • MB C1 • MChB L1 • MH L1 • MHi L78 • MWA L1 1CTN • MeB L1 • MoSU L35 C1 D1 • N L3 • NHi L1 • NNC L4 • NjP C1 • OFH L4 • RPB-JH L2 •

Shea, John Dawson Gilmary (cont.)

RPJCB L11 C3 • TxU MS1

SHEEAN, James Vincent (1899-   ) • CtY MS1 L4 • ICN L1 • ICarbS L4 C1 • IaU L1 • InU L2 • MBU MS1 L1 • MH L19 C3 • NN-B MS76 L43 C15 D5 • NNAL L11 C18 D7 • NNC L24 • NcA L1 • NjP L1 C1 • OU L1 C1 • PHC L1 • PSt L2 • PU L1 • WaU L1

SHELDON, Charles Monroe (1857-1946) • CLU L1 • CSmH L5 • CU L1 • ICarbS L2 C1 • IGK L1 • KU-RH L2 • MA L1 • NN-B D1 • NcD L1 • OrU L1 • PHi L1 • PPT L16 • RPB-JH MS1 L202 C2 D2 M • TxU 1CTN

SHELDON, Edward Brewster (1886-1946) • CLSU L1 • CSmH L41 • CSt L7 • CtY L16 • ICL L1 D1 • MH MS35 L162 C41 D4 M • MStoc L3 • MiU L1 • NHi MS1 • NN-B MS5 • NNAL L5 C12 • NNC L1 • NNMus MS3 • NSchU L1 • NjP L2 C1 • PU MS2 L100 • TxU L4 • ViU L3

SHELLABARGER, Samuel (1888-1954) • CSt L1 • MH L2 • NRU L2 C3 • NcA L1 • NhD D1 • NjP 6CTN

SHELTON, Frederick William (1815-1881) • CtY L1 • ICHi C1 • KyU L1 • MB L1 • MdBJ L1 • NHi L18 REF66 • PHi L3 • ViU L1

SHEPARD, Thomas (1605-1649) • CtY MS1 J1 D1 • DLC L1 • M-Ar D2 • MBCo D1 • MBNEH J1 • MH MS4 • MHi L1 MG1 • NHi D1 REF66

SHEPARD, Thomas (1635-1677) • CtY MS1 • MBU MS88 C1 • MHi MS2 MG1 • MWA MS19

SHERMAN, Edith (Bishop) (1889-   ) • IaU MS1 L3

SHERMAN, Frank Dempster (1860-1916) • CLSU MS1 • CSmH MS4 L32 • CtY MS2 L6 C2 PR • ICN MS1 L3 REF1 • ICarbS C42 • IGK MS1 • MA L2 • MB C37 • MChB L2 • MH MS12 L87 • MHi L1 • MWA L2 • MWH MS1 L1 • MdBJ MS2 L1 • MoSW L1 • NBu MS1 REF65 • NCH L673 • NHi REF66 • NN-B MS1 C2 • NNAL MS1 L2 • NNC MS4 L23 • NNPM D1 • NNU-F MS2 L1 • NPV L3 • NjP MS1 L7 C6 • OCHP L1 • PHi MS3 L6 • RPB-JH MS1 L3 • TxU MS1 L6 C1 • UPB MS1 L1 • ViU MS6 L7 • VtMiM L1

SHERMAN, Richard (1906-   ) • IaU MS1 L2

SHERMAN, Stuart Pratt (1881-1926) • ArU L1 • CLSU L18 • CSmH L4 C1 • CtY MS1 L21 C2 • ICN L5 • IEN L10 • IGK L9 • IU-Ar MS80

J29 L1234 C3410 D10 MG1 M • IU-R L1 D1 • InU L4 D1 • KyBgW
L2 • MA L3 • MChB L1 • MH MS1 L11 • MWH L3 • NNAL MS1 L15
C30 D1 • NNC MS1 L39 D3 • NRU L2 • NhD L1 • NhU C4 • NjP
L59 C88 D43 • OrU L3 • PPT L2 • PSt L15 • PU L4 • TxU L1 • ViU
L8

SHERWOOD, Margaret Pollock (1864-1955) • MB L1 • MWelC MS1
• NPV L2 • NjP C6 • PCarlD L1 • PSt L1 • ViU MS1 L1

SHERWOOD, Robert Emmet (1896-1955) • CSmH L4 • CU L2 • CtY
MS4 L22 C20 M • DLC L6 • ICN L3 • ICarbS L1 C7 • IU-R L1 • InLP
C2 • MA L3 • MBU L7 • MH L15 C1 • MeWC L2 • MiU L2 C2 • MnU
MS1 L1 • MoSW L2 C2 • NIC L7 • NN-B C2 D1 • NNAL MS2 L19
C45 D1 • NNC L14 • NNWH L1 • NcA L1 • NcD L1 • NhD MS1 •
NjP L1 C5 • OClW L1 • OU L1 • OkU L1 C1 • PU L2 • TxU L47 C5
D2 • ViU L1 • VtU L2

SHILLABER, Benjamin Penhallow (1814-1890) • CLSU L1 • CLU
MS1 L2 • CSmH MS1 L65 • CSt L1 • CU MS1 • CU-S L2 • CtY L9
• DLC L10 • ICHi L1 • IGK MS1 L1 • IU-R L1 • KyLoU L1 • MB
MS1 L17 • MBAt L1 • MBU L1 • MH L85 C3 • MHi L2 • MWA L12
• MdBJ L2 • MeB MS1 L3 • MeWC L4 • NHi L2 • NIC D1 • NNC
MS1 L6 • NNPM MS2 • NNU-F L6 • Nh L14 C2 • NhD L2 D2 •
NjMoHP L1 • OCHP L1 • OClWHi MS1 • OMC L1 • PHC L1 • PSC
L1 • RPB-JH MS1 L3 C4 • TxU L1 • ViU MS5 L30

SHIPPEY, Henry Lee (1884-1969) • CCC L1 • CLSU L6 • CLU MS2
PR • CSmH L1 • CU L3 C1 • CU-S 4FT • IU-R L6 C1 • InU L1 • MH
L1 • TxU L19 C1

SHOEMAKER, Henry Wharton (1880-1958) • Ia-HA L11 C6 • MB
L147 • MH L1 • NNC L1 • PPT C2 • PSt 60CTN

SHULMAN, Irving (1913-   ) • CLSU MS64 PR R • OAU MS12 PR

SHUTE, Henry Augustus (1856-1943) • IaU L9 • MB L1 • MH L1 D1
• MeWC L1 • RPB-JH L1 C1 • ViU L4

SIGMUND, Jay G. (1885-1937) • ICN L1 • IEN L3 • IGK MS1 • IaHi
MS4 • IaU MS50 L10 C2 • InNd L1 • MH L3 • TxU L2

SIGOURNEY, Lydia Howard (Huntley) (1791-1865) • CCC MS2 L2
• CLU L14 • CSmH MS10 L18 C1 • CSt MS2 • CU L5 • Ct MS1
L17 M • CtH MS2 L7 • CtHC L3 C1 • CtHMTM L1 • CtHSD
MS9 L85 C2 M • CtHT-W MS5 L28 C26 D1 M • CtHi MS17

Sigourney, Lydia Howard (cont.)

L100 C400 D6 • CtLHi MS3 • CtNlC MS5 L23 M • CtW L4 • CtY MS34 L220 C8 D1 • DLC L1 • ICHi L1 • IGK L1 • IaU L3 C3 • InU D1 • KyLoF L1 • MA MS1 • MAJ L1 • MB MS9 L14 C7 • MBAt L1 • MBU L1 • MCR L23 M • MChB L1 • MH MS2 L13 C1 • MHi MS1 L7 • MNS MS1 • MWA L3 • MWelC L1 • MWiW-C L1 • MdBJ L5 • MdHi L1 • MeB MS1 L1 • MeWC L1 • MiMtpT L1 • MiU L1 • MiU-C L1 • MiU-H L1 • MnHi L5 • MnU L1 • MoSU L1 • NBu MS4 REF65 • NHi MS4 L36 C14 M REF66 • NIC L34 D1 • NN-B MS3 L20 C5 • NNBa MS3 L8 • NNC MS1 L72 D6 M REF4 • NNPM MS1 L8 C1 • NNU-F MS3 L28 • NPV L2 • NRU L1 • NcD MS2 L2 • NhD L3 C1 D1 • NjMoHP L3 • NjP L1 C1 • OC L1 • OCHP MS1 L1 • OClWHi L1 • OKentU L1 • OMC L1 • PHC MS1 L6 • PHi MS1 L37 C2 D12 • PP L1 • PPAmP L2 • PPL L1 • PPRF L2 • PSC L1 • PSC-Hi L2 • PSt L1 • PU MS2 • RNR L1 • RPB-JH MS4 L20 C1 • TxGR L1 • TxU MS3 L1 • ViRVal L1 • ViU MS21 L56 C2 • VtHi D1 • VtU L1

SIKES, Wirt (1836-1883) • DLC L4 • MWA L2 • MdBJ L1 • NNC L1

SILL, Edward Rowland (1841-1887) • COMC MS3 L2 • CSt L5 • CU MS32 L6 • CtW MS1 • CtY MS6 J2 L93 D3 • MH MS20 L59 • MWelC L3 • MWiW-C MS1 • MdBJ MS2 L27 D1 • NBu MS1 REF65 • NN-B MS1 L2 • NNWML L1 • NhD MS1 • RPB-JH MS1 L1 • TxU L1 • ViU MS3 L3

SIMMONS, James Wright (1800-c.1867) • CLSM MS8 L12 C6 M • PHi L1

SIMMS, William Gilmore (1806-1870) • A-Ar L26 • CCC L1 • CLU L1 C2 • CSmH L11 C1 • CtHT-W L1 • CtHi L1 • CtY MS2 L21 • DLC L27 • GHi L8 C1 • GU L3 • ICHi L2 • IGK L1 • IaMc L1 • LNHT L7 D2 • LU-Ar L2 D4 • MB L12 D2 • MBU L3 • MChB MS1 L7 • MH L3 • MdBE L9 • MdHi L20 • MeB L1 • MiU L1 • MnHi L1 • N MS1 L2 • NBu L1 REF65 • NHi L35 C5 M REF66 • NIC L1 C1 • NN-B L14 C1 • NNC MS1 L52 C204 D4 • NNPM L4 D1 • NcD MS1 L49 • NcU L71 C3 • NcWsW L1 • NhD L1 • NjP L4 M • OC L2 • OCHP L1 • OMC L1 • PBL L1 • PHC L4 • PHi L52 C6 • PP L1 • PPC C1 • PPL L1 • PU L1 • RNR L1 • RPB-JH L4 C1 • ScC L1 • ScCC L3 • ScCMu

L1 • ScCleU L5 • ScU 9CTN • TxU MS1 L2 • ViU MS3 L64 • ViW L34

SIMPSON, Louis (1923-   ) • CStbS MS3 L2 • CtW MS1 L4 • DLC
4CTN • ICN L1 • IDeKN MS2 L3 • KU-S MS5 L20 • MA L2 • MH
L2 C1 • MdU L2 C2 • MiU L4 C7 • MoSW MS1 L5 C1 • NBrockU-EC
R • NBuU MS11 L11 R • NNC L1 • NNFF L1 C1 D1 • NjR MS3 L4
• TxU L1 C2 • ViLRM L1 • ViU L3

SINCLAIR, Harold Augustus (1907-1966) • CtY L45 C17 • INS MS9
L2 D4 6CTN 3.5FT PR M

SINCLAIR, Upton Beall (1878-1968) • ArU L2 • CCC L18 • CCamarSJ
L1 • CL L10 • CLO L13 M REF1 • CLSU L20 • CLU L45 C6 • CO
L1 • CSdS L6 • CSf L3 • CSmH REF1 • CSt MS1 L265 C6 M • CU L148
C24 D2 M • CtY MS1 L55 C2 • DLC L54 C23 • DeU L8 • ICIU L6
• ICN L48 D13 • ICarbS L37 C17 • IDeKN MS1 • IEN L1 • IU-HS L2
C2 D1 • IU-R L23 C1 • IaU L16 • InGrD-Ar L4 • InTI MS1 L15 C2
D4 • InU MS15 L460 C7280 D15 M REF3, 7, REF46 • KPT MS1 L10
C6 MG8 • KyU L1 • MB L3 C2 • MBU L9 • MCR L4 • MH L116 C64
• MH-BA L1 • MNS L1 • MWelC L1 • MeB L1 • MeWC L3 • MiU
L5 C1 • MiU-H L6 C2 • MnHi L40 D2 • MnU-K L1 • MnU-SW MS3
L25 C25 D5 • MoSHi L3 • MoU J1 L6 • NB L3 • NHemH L1 • NIC
L6 C10 M • NN-B MS1 L103 C36 D34 M • NNAL L5 C9 • NNC MS2
L109 C12 • NNCoCi L5 D86 • NNU-F MS2 L19 M • NNWML L14 •
NNYI L3 • NRU L3 • NSyU L21 C1 • NcA L1 • NcD L54 • NcGrE
L1 • NhU L1 • NjP L20 C10 • OCl L1 • OMC L1 • OkU L5 C1 M •
OrU L2 • P L1 • PCarlD L1 • PHC L2 • PHi L4 D2 • PInU L1 • PMA
L1 • PPT L4 • PSt L7 • PU L97 • RPB-JH MS3 L26 C16 D1 • TMM
L1 • TU L4 • TxU MS5 L45 C1 1CTN • UPB L2 • ViU L73 C5 D3 •
ViW L2 • VtU L6 C1 • WHi L20 C30 • WyU-Ar L21

SINGER, Isaac Bashevis (1904-   ) • CLSU R • DLC L1 • MnU-K
L1 C4 • NBrockU-EC R • NNAL L7 C5 D5 • NNC MS3 L1 • NNYI
MS3 L11 • NjR L1

SINGER, Israel Joshua (1893-1944) • IU-R D1 • NNU-F MS56 L3 •
NNYI MS5 L11

SINGMASTER, Elsie (1879-1958) • CSmH L4 • CtY L4 • DGU L1
• InHi L3 C3 • InU L1 • MBU L2 • MH L2 • NIC L1 • NRU L1 • PGC
L1 • PHarH MS2 • PLF L10 • PMilS L2 • PSC-Hi L1 • PSt L5 C2 •
ViBlbV L1 • ViU L2

293

SJOLANDER, John Peter (1851-1939) • TxGR L5 • TxU L1

SKINNER, Cornelia Otis (1901-   ) • CCC L2 • CLU L3 • CU L3
• CtY L2 • ICL L1 D1 M • ICarbS L1 • InU L1 M • MB MS1 • MBU
L1 • MH MS1 L13 • MWC L15 • MeWC L1 • MiU L1 • NBuHi L1 •
NNWH L7 C1 • NjP L1 • P L1 • PBm L1 • PHi L1 • PPT C1

SKINNER, Richard Dana (1893-1941) • IU-R L1 • MWH L8 • RPB-
JH L1 • VtHi L3 D14

SLAUGHTER, Frank Gill (1908-   ) • FU MS4 • GHi L1 • MBU
6FT REF1 • MH C1

SLESINGER, Tess (1905-1945) • DeU MS1 L2 • InU L2 • MH L2 •
NNC L1

SMART, Charles Allen (1904-1967) • MH L12 C5 • NNFF L2 C2 •
OAU MS15 C175 MG2 PR M • VtU L6 C5

SMITH, Betty (Wehner) (1896-1972) • CSmH L1 • CStbS L1 • CtY
L140 C20 • MBU L1 • MH L1 • MiU MS6 L15 C18 D1 • MnU-
SW L1 C1 • NJQ PR • NbU L1 REF2 • NcU 10FT REF2, 7 • PU
L7 • TxU MS16 L2 C1 D4

SMITH, Chard Powers (1894-   ) • ArU L1 • CtY MS3 L2 3FT REF7
• ICN L1 • IU-R L1 • MH L9 • MeWC L2 • MoSW L5 C2 • NBuU
MS1 L2 • NNC L2 • NSsS L1 • NSyU L20 • PU L5 • RPB-JH L5 • VtHi
C1

SMITH, Charles Henry (1826-1903) • CSmH L4 • CU L10 • DLC L1
C10 • GHi L1 • ICHi D1 • LU-Ar L1 • MB D1 • NNC L2 • NcD L3
• PHi L6 • ViU L1

SMITH, Clark Ashton (1893-1961) • C L2 • CLU MS4 L11 • COMC
MS62 L72 • CSf MS7 • CSt MS4 • CU MS2 L16 • DLC D1 • IDeKN
C3 • NBuU MS3 L1 • NN-B MS85 L163 C211 D1 • NRU L1 • RPB-JH
MS171 L102 C20 • UPB MS2

SMITH, Elihu Hubbard (1771-1798) • CtHi L2 • CtY L19 M • MH
L2 • NHi L2 • PHi L4 • PPL L13 D2 • ViU L1

SMITH, Elizabeth Oakes (Prince) (1806-1893) • CSmH MS1 L3 •
CU L1 • CtHT-W L2 C4 • CtHi L1 • DLC L1 • ICHi L1 • InU L1
• KyU C1 • MB L5 C5 D1 • MCR L3 M • MH MS1 L6 C2 •
MHi MS1 • MeB L2 • NHi MS1 L1 C1 REF66 • NIC L1 C1 •
NNBa MS1 L1 • NRU L31 • NSyU L9 D1 • NcD MS1 L3 • NcU
L11 C2 M • NhHi MS1 L1 • NjMoHP L3 • PHC MS1 L2 • PHi

294

L32 D4 • PSt MS1 • RPB-JH MS3 L1 D4 • TxU C2 • UPB L1 •
ViU MS156 L31 C151 D3 5FT

SMITH, Francis Hopkinson (1838-1915) • CCamarSJ L2 • CLSU L4
C1 • CSmH MS1 L2 • CtY MS2 L38 C2 D1 • DFo L1 D1 • DLC L1
• ICHi C1 • ICN L4 REF1 • InU MS1 L3 C3 D1 • MA L1 • MB L1
• MBAt L1 • MBU L1 • MH L9 • MHi L1 • MNBedf L1 • MWA L4
• MWelC L1 • MdBJ L3 • MdHi L1 • MeWC L4 C5 • MnHi MS1 L1
• MoSW L2 • N L1 • NB D1 • NBu MS1 • NHi MS1 • NN-B MS2 L1
M • NNAL MS4 L13 C20 • NNC L7 • NNMM L1 • NNPM MS1 L12
C1 D3 • NNU-F MS1 L5 M • NRU L2 C2 • NSchU L4 • NcD L10 •
NjMD MS1 L15 • NjMoHP L2 • NjP MS1 L110 C132 D161 • OC MS1
L1 • OFH L3 • OKentU L1 • OOxM L1 • OU L1 • PCarlD L6 D1 •
PHi L3 • PSC L1 • PU MS2 L1 • RNR L3 • RPAB L10 • RPB-JH L2
C1 D1 • TxGR L1 • TxU MS4 L8 PR • UPB L1 • ViU MS32 L59 PR

SMITH, Gerrit (1797-1874) • CLU L2 • CSmH MS1 L32 C2 • CStbS
L2 • CtHSD L3 • CtHT-W L1 • CtNbP L1 • CtY L4 C7 • DLC L21
D2 • GAU MS4 • ICL L1 • ICN L1 • IGK L1 • InFwL L1 • InU L1
C1 • KyBB L14 C3 • MB MS1 L95 C4 D79 • MBC L2 • MH L17 • MHi
L14 D2 • MWA L11 • MWiW-C L1 • MdBE L8 • MdBJ L1 • MiU-H
L3 C2 • MoSW L1 • NAurW L1 • NBu L1 REF65 • NCH L41 C2 D2
• NHi REF66 • NIC L30 C1 D1 M • NNC L29 C2 • NNPM L7 C1 •
NPV L9 C1 • NRU L68 C7 • NRom L1 • NSchU L1 • NSyU 190CTN
REF1 • NcD L3 • NhExP L2 • NjMoHP L3 • NjP L6 • OC L4 • OCHP
L1 • OClWHi L1 • OFH L5 M • OHi L23 C31 • OMC L1 • PSC-Hi L11
D1 • RNR M • RPAB L1 • RPB-JH L2 D1 • ViU L5 • WHi L4

SMITH, Harry Allen (1907-1976) • CU L1 • ICN L2 • ICarbS 15FT
REF1, 7 • MBU L7 • MH L3 • NIC L1 D1 M • NcA L2 • OU L3 C3

SMITH, Henry Justin (1875-1936) • CtY C1 • ICN MS34 L50 • IU-R
L3 C6 D1 • PPT L6

SMITH, James McCune (1813-1865) • MH L1 • NNC L2 • NSyU L32

SMITH, John (1580-1631) • DLC L1 • MB D1 • R C9 • ViU MS1 D1

SMITH, John Cotton (1765-1845) • CSmH L3 • Ct L2 D16 • CtHC
L6 C29 • CtHi 16CTN • CtLHi L13 C5 • CtW L2 • CtY MS4 L183 C34
D3 • DLC L1 C4 • MH L1 • MnU-Rb L1 • NHi L32 D4 REF66 • R
L11 C6

SMITH, John Cotton (1826-1882) • CtHC L2 • MH L3 • MeB L1 •

Smith, John Cotton (cont.)

N L1 C5 ● NHi REF66 ● NN-B L1 ● NNC L16 ● NRU L4 C1 ● NjMoHP L1

SMITH, Lillian Eugenia (1897-1966) ● CSt L1 REF2 ● CU L1 ● CtY L31 C24 D3 ● FTaSU MS1 PR ● FU 26CTN REF1, 7 ● GEU L71 C16 D1 REF2 ● ICIU L12 C22 ● IU-R L2 ● Ia-HA L1 ● MBU L12 ● MCR L2 ● MH L3 ● MeWC L1 ● MiU-H L1 ● NNC L57 D1 ● NcD L1 ● NjR L1 ● RPB-JH L1 ● TxU L1 ● WHi L10 C10

SMITH, Lloyd Logan Pearsall (1865-1946) ● CLU MS1 L2 C10 ● CtY MS1 L11 M ● DLC L204 C46 ● KU-S L2 ● MA L1 ● MB L1 ● MH MS1 L20 MG1 ● NN-B MS5 L38 C10 ● NNC MS2 L7 ● NNPM L1 C4 ● NjP 2CTN ● ODaU L1 ● OKentU MS10 J13 L5 C19 D2 ● PBm L3 ● PCarlD L8 ● PHC L5 ● PPT L124 C100 ● TxSaT MS29 C91 D4 PR M ● TxU MS3 L10 D1

SMITH, Marion Courthouy (1853-1931) ● CtY L1 ● IGK MS1 ● IU-R C1 ● MH L18 C4 ● NNWML L2 ● PPT MS1 ● ViU MS1

SMITH, Paul Jordan (1885-   ) ● CCC MS2 C65 ● CLSU L9 C1 ● CLU 20FT ● CU L1 ● CtY L13 ● ICN L3 ● ICarbS L1 ● InU L35 D1 ● MWelC L1 ● NIC L1 ● NNC L1 ● OkU L1 C4 ● RPB-JH L2 ● TxU L3

SMITH, Richard Penn (1799-1854) ● CtW L1 ● DFo C1 ● ICHi L1 ● IGK C1 ● MB L1 ● NAlI L1 ● NIC C1 ● Nc-Ar L1 C1 ● NjP MS1 ● PHC L2 C1 ● PHi L9 C5 D5 5CTN ● PPL D2 ● PU 3CTN REF1 ● ViU C1

SMITH, Samuel Francis (1808-1895) ● CLO MS1 ● CLU MS1 ● CSmH REF1 ● CSt MS1 L2 D2 M ● CU L2 ● CoCC D1 ● CtHC C1 ● CtHi MS1 ● CtY MS34 L12 ● DLC MS12 L36 M ● GEU L1 ● ICHi MS1 ● ICN MS1 ● IEN M ● IGK MS1 ● IU-R MS1 D2 ● IaMc MS1 ● IaU MS1 ● InU MS1 L1 ● KU-S MS1 ● KyBB L1 ● MA MS1 ● MAnP D1 ● MB MS1 L4 ● MBU L1 ● MH MS5 L12 ● MHi MS1 ● MNF MS1 ● MNtcA MS50 M ● MStoc MS1 ● MWA L1 ● MWiW-C MS2 L1 ● MdBJ MS1 ● MdHi L1 ● MeWC MS2 L2 C1 ● MnHi L1 M ● MnM L22 ● MoLiWJ MS1 ● NBu MS2 REF65 ● NHi MS11 L55 REF66 ● NIC MS3 ● NN-B MS1 ● NNPM MS1 ● NNU-F MS3 L1 M ● NjMoHP L1 ● NjP MS4 L1 ● OFH MS3 L12 ● OMC MS1 ● PGC MS1 ● PHC MS1 ● PHi MS1 L3 ● RPB-JH MS2 L1 ● TxGR L1 ● TxU MS4 L21 ● ViU MS3 L5

296

SMITH, Sarah Hathaway (Bixby) (1871-1935) ● CLSU L1 ● CLU 1FT ● InU L2 ● MH L1 ● MWelC L1

SMITH, Seba (1792-1868) ● CtY L1 ● DLC L3 ● IGK L1 ● IU-R D2 ● MB L2 C2 ● MH L1 ● MeB MS2 L4 ● NcD L3 ● NcU MS1 ● PHC L2 ● PHi L5 D1 ● PP L1 ● PU D1 ● RPB-JH MS3 L1 ● ViU MS25 L25 C45 2FT ● WHi L3

SMITH, Solomon Franklin (1801-1869) ● CSt L1 ● DFo L3 C1 ● MB C1 ● NHi L1 ● NIC D1 L3 ● NNC D2 ● NNPM L1 ● PHi L5 D1 ● PP L1 ● PSt MS1

SMITH, Thorne (1893-1934) ● MH L1 ● PU MS10

SMITH, William (1727-1803) ● CSmH L2 ● CtHi L3 C2 ● CtY C2 D5 ● DLC L1 ● MB L2 D1 ● MdHi L1 ● NHi REF66 ● NNC L5 D3 ● NhD D1 ● NjMoHP L1 ● PHi MS7 J8 L52 C18 D69 5CTN ● PPAmP MS2 L8 C13 D14 ● PU MS4 L4 D5 ● R L9 ● RHi D2 ● RPJCB L2 C1 ● TxAuE MS2 L51 C152 D18 M ● VtHi D1

SMITH, William (1728-1793) ● CSmH L1 D1 MG5 ● CtHC L8 C2 ● CtHi L23 C20 ● CtY L4 C2 D3 ● DLC L21 C13 D5 ● ICHi L1 C1 ● MB L4 D4 ● MH L6 ● MHi L11 ● MiU-C L16 C6 D13 ● N L4 D1 ● NHi L3 ● NNC MS1 ● NhD L6 C6 D2 ● NjMoHP L2 C2 ● OMC D1 ● PHC L1 ● PHi L5 ● PSC-Hi L2 ● PU D1 ● R L3 ● ViU L1

SMITH, William Jay (1918-   ) ● CLU L1 ● CU L2 ● CtW L2 ● CtY L4 ● ICN L14 ● ICarbS MS1 L3 C1 M ● IU-Ar L7 ● InU L9 C6 D3 ● MA L16 ● MBU L5 ● MH MS3 L4 ● MMeT L2 ● MiU L5 C5 ● MnU-K L8 ● MoSW MS122 L61 C551 PR M ● NBuU MS7 L9 ● NN-B L1 D1 ● NNFF MS1 L10 C10 D8 ● NbU L2 C1 REF2 ● NjR L1 ● PPiI L2 C4 R ● RPB-JH L4 C1 ● TMM L4 ● TxU MS3 L9 C1 ● ViHo MS1 L1

SMITH, Winchell (1871-1933) ● CSmH L1 ● CtHi L2 ● CtW L1 ● ICL L1 ● IU-R C2 ● MH L2 ● NIC L1 ● NN-B D1 ● NNMus L1 ● TxU L1 C1

SNELLING, William Joseph (1804-1848) ● MB L1 D1 ● MH L1 ● MnHi D1 M ● N C1 ● PHi L1

SNIDER, Denton Jaques (1841-1925) ● CU L1 ● CtY L4 ● MdBJ D1 ● MiU MS1 L1 ● MoS MS1 ● MoSHi MS1 L9 C5 ● NNC L2

SNODGRASS, Joseph Evans (1813-1880) ● MB L4 D4 ● MH L3 ● NNC L2 ● NNPM C2 ● NPV MS1 ● NRU L3 C2 ● PSC-Hi L2 ● ViU C1

SNODGRASS, William DeWitt (1926-   ) ● CLSU R ● CoU L1 ●

Snodgrass, William Dewitt (cont.)

DLC L1 • IU-Ar C2 M • InU L1 C1 • KU-S MS1 L1 • MiU L1 C3 M • MoSW L9 • NBrockU-EC R • NBuU MS43 L18 R • NN-B C1 • NNAL L9 C6 D4 • NNFF MS1 L5 C4 D4 • NSbSU MS1 L16 PR • NjR L10 • PPiL L6 C8 R • PSt L1 • WaU MS5 L9

SNOW, Charles Wilbert (1884-   ) • CtU MS1 L24 • CtW MS3 L28 C1 M • IEN L3 • IU-Ar L1 C1 • IU-R L22 • InU L2 C1 • MA MS1 • MAJ L2 • MeWC MS9 L7 • OKentU L4 • ViU L1

SNOWDEN, William W. (fl.1843) • CtY L1 • PHi L1 • PU L2

SNYDER, Gary (1930-   ) • CLU L11 • CU-S MS1 L8 D3 • CtU MS1 L45 PR • DeU MS1 L20 C25 • IEN MS3 L5 PR • IU-Ar MS1 • InU MS15 L15 C4 D1 PR • KU-S MS4 L7 • KyLoB-M L1 • MBU L1 • MiU L4 C6 • MoSW L2 D1 R • NBrockU-EC R • NBuU MS40 L11 R • NN-B MS1 L5 D5 • NNC MS2 L82 • NSbSU L2 • OKentU MS18 L37 • TxU MS2

SOLOMON, Marvin (1923-   ) • InU C1 • MA L2 • NBuU MS26 L2

SONTAG, Susan (1933-   ) • ICarbS L1 • MnU C1 • NNFF D1 • PPT R • TxU MS2 L4 PR

SOUTHWORTH, Emma Dorothy Eliza (Nevitte) (1819-1899) • CtY L11 • DGU L1 • DLC L2 • IGK L1 • MB MS1 L1 • MCR MS1 L1 M • MH L5 • MdBE L1 • NNU-F L4 • NcD L252 • NjMoHP L3 • OFH L1 • PHC L2 • PHi L4 • PPL L1 • PPRF L1 • PSC-Hi MS1 L1 • PSt L1 • ViU L7 • WHi D1

SPARKS, Jared (1789-1866) • CLU L2 • CSmH L24 D7 • CSt D1 • CU-S L1 • CtHT-W L1 • CtHi L7 C1 • CtY L31 C1 D1 • DGU L1 • DLC L54 C16 D2 • IU-R L1 • IaDmE L1 • IaU L1 • KyU L2 • MA L1 • MB MS1 L70 C1 D2 • MBCo MS2 L1 C1 • MBSpnea REF2 • MBU L1 • MH MS17 L537 C75 D5 REF1 • MHi L152 D2 • MS L3 • MWA L11 D2 • MWiW L3 • MdBE L2 • MdHi L26 C1 D17 • MeB L2 • MiU-C L22 • MiU-H L1 • MoSU L2 • N L5 D1 • NBu L1 REF65 • NCH L1 • NHi L23 C2 D1 REF66 • NIC L14 C11 • NN-B MS2 L4 • NNC L8 C7 D1 • NNPM L14 D1 • NNS L3 • NNU-F L3 • NNebgWM L1 • NRU L1 • NSchU L1 • NWM L3 • NcD L3 • NhD L11 C4 D5 • NhHi L6 C3 D1 • NjMD L1 • NjMoHP L20 • NjP MS1 L3 • NjR L2 • OCHP L4 • OCl L1 • OClW L1 • OClWHi C2 • OMC L1 • OU L1 • PHi MS1

L55 C7 1CTN • PMA L1 • PP L1 • PPAmP L25 C10 D7 • PPT L1 •
PU L2 • RHi L2 • RNR L3 • RP L1 • RPB-JH MS1 L4 • TxGR L1 •
TxU MS1 L3 • UPB L2 • ViU L9 • ViW L10 C5 • VtHi C1 • VtU L12

SPELLMAN, A. B. (1935-   ) • CLU L3 • DeU D1 • InU MS4 L1

SPENCE, Hartzell (1908-   ) • IaU L21 C7 81CTN PR M

SPENCER, Elizabeth (1921-   ) • DLC L2 • ICN L2 • KyU MS26
C10 PR M • LNHT L1 • MsU MS1 PR M • NNFF L1 D1 • TxU L9
C1

SPENCER, Theodore (1902-1949) • CtY L11 • DLC L1 • ICN L23 •
ICarbS L1 D1 • IEN L2 • InU L2 • MA L4 • MH MS85 L55 C8 • MWelC
L2 D1 • MiU L1 • NBuU MS7 L2 • NCH MS2 L1 • NIC L9 • NNC
L8 • NSyU L6 • NjP MS2 L38 • PBm L1 • PU L3 • RPB-JH MS1 L1
• TxU L2 • ViU MS1 L1 • VtMiM L2 C2

SPERRY, Armstrong (1897-   ) • FKwHi M • MnU-K MS2 L47 C1
• NNC L1 • NhD MS2 L1

SPEYER, Leonora (von Stosch) (1872-1956) • CU L2 • CoU L2 •
CtY MS4 L41 C14 • DLC MS20 L5 • ICN L15 • IEN L4 • InU
L3 • KyBgW L1 • MB L2 • MH MS2 L55 C2 • MNS L5 • MWelC
L3 D1 • MdBJ MS1 • MeWC L3 • MoSW L2 • NBuU MS1 L21 •
NN-B L1 D1 • NNC L45 • NNMus L1 • NNWML L8 • NRU L1
• NSyU MS1 L11 • NjP L4 C2 • PSt L1 • PU L1 • TxU L1 •
ViRCU L1 • ViU MS20 L18

SPINGARN, Joel Elias (1875-1939) • CLSU L1 • CLU-C C1 • CoU
L1 • CtY L62 C42 M • DFo L1 • DLC L1 • IU-Ar L5 C6 • InU L7 •
MH L16 C8 • MNS L2 • MiU L5 • NN-Sc D1 • NNC L33 C1 • NNU-F
L1 • NNWML L1 • NcD L1 • OkU L1 • PSt L2 • PU L24

SPINGARN, Lawrence (1917-   ) • InU L4 • MeWC L5 • NBuU
MS29 L3 • NbU L4 REF2 • NjP L1 C1 • PU L3 • RPB-JH L1 • TxU
MS4 L5

SPOFFORD, Harriet Elizabeth (Prescott) (1835-1921) • CLU L1 •
CSmH L17 • CU-S MS1 L2 • CtHi L1 • CtY MS3 L23 C1 D1 •
DLC L9 • DTr MS1 • FU L1 • ICN L1 • IGK MS2 L3 • InU L9
• KU-S L1 • LNHT L1 • MA L1 • MB L31 C1 D2 • MBAt L1 •
MCR L2 • MChB L1 • MH MS1 L60 C1 • MHi MS2 L2 • MNF
MS1 L4 • MNS L14 • MSaE MS1 L125 • MWA MS5 L37 D1 •
MWH L3 • MdBJ L1 • MeB MS1 • MeWC MS1 L8 C2 • MiMtpT

Spofford, Harriet Elizabeth (cont.)

L2 • MiU L1 • MoLiWJ L2 • N L1 • NBu MS3 REF65 • NHi L1 • NIC L2 • NNBa MS2 L9 • NNC MS1 L8 D1 • NNPM MS3 L2 • NNU-F MS1 L1 • NNWML L2 • NRU L1 • NcD L1 • NhD D1 • NjMoHP L4 • NjP L52 C38 D2 • OC1WHi L1 • OFH L1 • OOxM L8 • PHC L1 • PHi MS3 L9 • PP L1 • PSt L3 • PU MS1 • RNR MS1 • RPB-JH MS2 L4 C1 • TxU MS1 L2 • UPB L2 • ViU MS19 L46 • WHi MS1

SPRAGUE, Charles (1791-1875) • CtY L2 • ICHi L1 • MB MS2 L7 • MH MS3 L18 • MHi MS1 L5 D1 • MdHi L1 • MiU MS1 • MiU-C MS2 • MoSW MS1 L1 • NHi L1 • NNC L2 • NNPM MS1 L1 • NNS L1 • NNU-F L1 • NhD MS1 L4 • NjMD L2 • PHC L1 • PHi L8 • PP L1 • RNR MS1 • RPB-JH L1 • TxU MS1 • ViU MS17 L4

SPRAGUE, William Buell (1795-1876) • CSmH L16 C1 • CU L8 • CtHC L12 C3 • CtHT-W L1 • CtHi L13 C11 • CtW L1 • CtY MS5 L113 C290 D1 • DLC L5 C7 • DeGE L4 • ICN L1 • InU C1 D2 • KU-S L1 • MA L2 • MB L32 C2 • MBC L2 • MBCo C1 • MH L78 C33 D4 • MHi L14 • MS L1 • MWA L9 • MWiW MS1 L5 • MdHi L2 • MeB L2 • MnU-Rb C1 • MoSW C9 • N L9 C3 • NAurW L1 • NHi L85 C9 REF66 • NN-B L1 • NNC L9 C1 • NNPM L3 • NNU-F L1 • NRU L24 C4 • NcD L13 • NhD L1 C1 D1 • NhHi L5 • NjMoHP L2 • NjP L8 C1 • OMC L1 • PHi L44 C8 • PSC-Hi C1 • PSt L2 • RPB-JH L1 • ViU L3 C3 • VtMiM L1

SQUIRES, James Radcliff (1917-   ) • DLC L1 • IU-Ar MS2 L4 C1 • MiU L74 • MoSW L7 • NBuU MS2 L1 • RPB-JH MS37

STACTON, David Derek (1925-1968) • CU MS3 L2 • NBuU MS1 L1 • NNC MS2 L65 • NbU L2 REF2 • NmU MS6 • TxU L1

STAFFORD, Jean (1915-   ) • CoU MS3 • ICN L3 • InU D1 • MBU L1 • MH L7 C3 • MiU L5 C7 • NN-B L2 • NNAL L13 C18 D10 • NNC MS1 L104 • PBm L51 • PSt L5 • VtMiM L4 C6

STAFFORD, William E. (1914-   ) • IaU L1 • InU MS1 L30 C25 D6 • KU-S L7 • MA L2 • MoSW MS7 L33 C1 PR R • NBrockU-EC R • NNC L3 • NSbSU MS2 L14 PR • NbU L3 REF2 • NvU MS11 L9 C1 • OrU MS1 L2 • PPiI MS3 L8 C7 R • TxU MS7 • WaU L2

STALLINGS, Laurence (1894-1968) • CtY L5 • ICarbS C3 • IU-R C1 • KyU MS1 • MH L2 C1 • NNC L18 • NcA L1 • NcU L11 C9 REF2

• NjP L1 C2 D1 • PPT MS1 • TxU L2 C1 • ViU L1 C2 PR

STALLMAN, Robert Wooster (1911-   ) • ArU L2 C3 • ICN L43 • IU-Ar L15 C1 • InU L1 C1 • MH L1 • MoSW L6 • NBuU MS3 L1 • NNFF L4 C1 • NbU L4 REF2 • NjP L2 C2 • NjR L1 • RPB-JH MS3 L46 • TxU MS4 L2 • ViU MS4 L36 C185 D1 • WaU L3 C1

STANARD, Mary Mann Page (Newton) (1865-1929) • ICN L1 • MB L23 • MH L2 • OCHP L3 C1 • ViLRM L1

STANSBURY, Joseph (1750-1809) • DLC MS10 D1 • MiU-C L13 C5 • NHi L3 D1 REF66 • NIC D1 • PHi D10 • PPL D1 • RPB-JH MS1

STANTON, Frank Lebby (1857-1927) • CSmH L2 • CU-S L1 • CtY MS1 • GAHi MS35 L1 C41 M • GEU 4CTN • ICN L1 • InU L16 C4 D1 • KyU MS1 L2 • NNC L2 • NcD MS1 L2 • TxU L3 C2 • ViU L20

STARKEY, Marion Lena (1901-   ) • MBU 3FT PR • MH MS1 L20 C22 • NcD L2 • RPB-JH L1

STARRETT, Charles Vincent Emerson (1886-1974) • CLO MS1 • CLSU MS1 L12 D10 • CLU L2 C4 • CSmH L304 • CSt L7 • CU L3 • CtY MS1 L22 C18 D2 PR M • DLC L25 • ICN L13 • ICarbS L4 C1 D1 • IEN L7 • IGK MS10 L99 C6 • IU-R C2 • IaU L50 • InNd L2 • InU MS10 L9 C305 D2 REF4 • LNHT L1 • MBU L4 • MH L8 • MeWC L1 • MnU-SW L3 C3 • MoSHi L1 • NN-B MS2 L4 C13 • NNC L9 C2 • NNU-F L2 • NcU L5 D1 • NhD MS2 L3 • OCl L1 • ODaU L2 • OkU C2 • PPT L3 • PSt L1 • PU MS2 L10 • RPB-JH L5 • TMM L1 • TxU L2 PR • ViU MS1 • ViW L3 • WaU L1

STEARNS, Harold Edmund (1891-1943) • CSt 1CTN • DeU L1 C1 • ICN L1 • MA L4 • MH L8 C5 • NNC L1 • NjP L21 C16 D159 • PU L4

STEDMAN, Edmund Clarence (1833-1908) • AzTeS L1 C2 • CCC C6 • CLSU L10 C3 • CLU-C C2 • CSmH MS28 L84 C82 D10 • CSt L4 • CU L4 • Ct MS1 L1 • CtHT-W L35 • CtHi L3 • CtY MS30 L313 C500 D2 • DFo MS1 L2 C23 • DLC MS4 L484 C11 D3 • DeU MS3 L24 C1 • FU C9 • GEU L2 • ICHi L1 C1 • ICN MS1 L23 D1 REF1 • ICarbS C1 • IGK L2 • IU-R MS1 C1 • IaU L1 C4 • InU MS2 L15 C8 D6 M • KLeS L1 • KyLoF L1 • KyU C1 • LNHT MS1 L15 • MA L9 • MB MS1 L32 C15 • MCR L3 C1 • MH MS4 L386 C32 • MHi L1 • MNF MS1 L1 • MNS L1 • MWA L43 • MWH L5 • MWelC L3 • MdBJ L30 C1 • MeB MS1 L12 PR • MeWC MS1 L9 C17 • MiMtpT L4 • MiU MS3

301

Stedman, Edmund Clarence (cont.)

L4 C44 • MnHi L1 • MnU-Rb L1 C2 • MoSW MS1 L1 • N L1 C2 • NBu
L4 • NCH L9 • NCaS C1 • NHi MS1 L7 C9 D2 REF66 • NIC L19 C1
D2 • NN-B L29 C26 D2 • NNAL MS7 L41 C29 • NNC MS4 L175 C10
D2 M REF4, 7 • NNPM MS1 L5 C3 D1 • NNU-F L9 • NNWH L13
C1 • NNWML L15 • NPV L8 C7 • NRU L3 C5 • NSchU L11 • NcD
L22 • NcU L1 • NhD L3 C5 D6 • NjMD L1 • NjMoHP L2 • NjP L13
C6 • OCHP MS1 L4 • OFH L2 • OKentU L2 • OMC L1 C1 • OU C1
• PBL C2 • PCarlD C1 • PHC L1 • PHi MS1 L9 C145 • PLF L1 • PPT
L1 C5 • PSC L3 • PSC-Hi L2 C4 • PSt MS22 L548 C44 D5 • PU L4 •
RNR MS1 L1 • RPB-JH MS3 L51 C21 D13 PR • TxGR L1 • TxU MS7
L26 C5 • ViU MS18 L73 C8 D1 • VtMiM MS1 L33 C25 D1 • VtU MS1
• WHi MS1 L2

STEELE, Max (1922-   ) • CU L1 • ICN L2 • NNFF D1 • NcU MS2
STEELE, Wilbur Daniel (1886-1970) • CSt MS17 L1 C39 D1 M • CU
L1 • CtY L4 • InU MS1 L3 D1 • MH L2 • NBu L1 • NN-B D1 • NNC
L32 • NjP L2 C3 D2 • PSt L1 C1

STEFFENS, Joseph Lincoln (1866-1936) • CLSU L4 C1 • CLU L2 •
CSmH L25 C1 • CSmatHi M • CSt L8 D1 • CU MS1 L152 C9 D6 M
• CtY L17 C6 • DLC MS1 L27 C33 • ICL L1 • ICN L1 • ICarbS L17
C9 • IU-R L2 C1 • InTI L3 C1 • InU MS1 L55 C1 D10 • MA L1 • MBU
L7 • MCR L5 C1 D2 • MH L36 C15 • MiU L2 • MnHi L3 • MnU-Ar
L23 C11 • MnU-SW L10 C10 • NNC MS154 L568 C13 D3 REF4, 7 •
NRU L1 • NhD D1 • NjP L3 C7 D2 • OCl L1 • OrU L1 M • PHC L1
• PMA L1 C1 • PSt L1 • PU L6 • TxU L1 C1 • ViU MS1 L1 • VtU L2
• WHi L10 C10

STEGNER, Wallace Earle (1909-   ) • CLU L2 • COMC L1 • CSt
MS20 L5 D1 PR M REF2 • CU MS1 L6 C7 • CoU L1 • ICN L49 • IaU
MS9 L8 PR • MBU L12 D1 • MH L2 • MiU L16 C11 D1 • MoSW L1
• NNAL L7 C3 D2 • NNC L1 • NNFF L7 C8 D3 • NbU L2 C1 REF2
• NcA L1 • OkU L1 C2 • PU L17 • RPB-JH L5 • SdSiFA REF2 • TxU
L1 C1 • UU MS1 L7 C14 • VtMiM L1 • WaU L2

STEIN, Gertrude (1874-1946) • CCC L20 PR M • CLU MS1 L17 M
• COMC L1 • CSt 1CTN • CU MS3 L73 MG1 M • CtNlC L1 • CtW
L1 • CtY MS1000 L1000 C10000 D25 MG10 REF7 • DGU L2 • DLC
D1 • DeU L8 • ICL L1 • ICN L37 • ICarbS L11 D1 • IEN L1 • IU-R

302

C11 • InU L1 D1 • LNHT L3 D3 • MA L4 • MBU L6 • MCR D5 •
MH MS1 L24 D1 • MNS L1 • MdU L90 • NBC L5 • NBuU L4 • NGcA
L1 • NIC L10 PR • NN-B L11 D4 • NNBa L5 • NNC MS4 L160 C1
D14 PR • NNMus L1 • NNPM L1 • NPV MS1 • NRU L3 • NcWsW
MS2 L1 C1 MG1 PR M • NhD L2 • NjP MS1 D3 • NjR L2 • OU L47
D1 • PU L2 • TxU MS2 L145 D12 M • UPB L1 • ViU L51 D15 • WHi
L1 D1 • WMUW MS5 L5

STEINBECK, John Ernst (1902-1968) • CLSU L1 • COMC L1 • CSal
L15 C5 R M • CSalJS 4CTN • CSjU MS3 L4 M • CSt L35 • CStbS L1
• CU 6CTN • CU-I R M • CoU L1 • CtY L3 D1 • DLC L2 C1 4CTN
REF1 • ICN L1 • ICarbS D1 • IEN L2 • InMuB L3 D1 PR • InU L3
• LNHT L1 D3 • LU-Ar D1 • MBU L5 • MH MS4 L48 C1 D1 M •
MU-Ar D1 R • MWalK L1 C1 REF2 • MdU MS1 PR • MiU C2 D1 •
MnU-SW L3 C3 D2 • NHpR L1 • NIC L3 C1 • NN-B MS1 L5 D1 •
NNAL MS1 L7 C13 D2 • NNC L8 D12 M REF4 • NNMus MS1 • NNPM
MS8 L7 • NNU-F MS1 • NjP L2 D1 • NmU PR • OkU C1 • PSt L1
• PU L10 • TxU MS35 L320 D10 PR • ViU MS2 L83 C1 REF4 • WyU-Ar
L13

STEPHAN, Ruth Walgreen (1910-   ) • CU-A L10 • CtY 13CTN
REF7 • ICN L2 • InU MS1 L15 C6 D2 • NBuU MS2 L11 • NSsS MG1
• PU MS2 L23 • TxU MS2 L2 PR

STEPHENS, Alexander Hamilton (1812-1883) • CLU L4 C2 • CSmH
L18 C5 D4 • CtHT-W L2 • CtHi L5 • CtY L8 C2 • DLC L6 C5 D3 REF1,
4 • GEU 17CTN • GU L49 D2 • ICL L1 • IGK L1 • InFwL L4 • InNd-Ar
D1 • InU L2 • KyU M • LNHT L1 • MB L3 • MH L7 • MHi L2 • MdBJ
L1 D1 • MdHi D4 • MnHi L1 • MoSW L1 • NHi L8 C2 D1 REF66 •
NNC L6 • NNPM L4 C3 D1 • NPV D1 • NRU L2 C1 • NcD L266 D5
• NjMoHP L4 • OCHP L2 • OMC L2 • PCarlD L1 • PHi 3CTN • RPAB
L4 • RPB-JH L7 • TxU L2 • ViU MS1 L4 • WHi L2

STEPHENS, Ann Sophia (Winterbotham) (1813-1886) • CSmH L7 •
CtHi L7 • DFo L2 • DLC MS1 L1 • DeGE L1 • ICN L2 • IGK
L1 • IU-R D3 • IaU L1 • MB L4 C1 • MH MS1 L4 • MeB MS1
L1 • NHi L4 M • NNBa MS1 L2 • NNC L2 • NNPM L6 • NRU
L2 • NcD L2 • OCHP MS1 • PHC L1 • PHi MS1 L19 • PP L1 •
PSt L1 • RPB-JH L1 • ViU MS2 L4

STEPHENS, Charles Asbury (1845-1931) • CSmH L5 • MB L1 • MWA

303

Stephens, Charles Asbury (cont.)

L1 • MeB 34CTN • NIC L1 • NhD L1 • RPB-JH L1

STEPHENS, Harriet Marion (Ward) (1823-1858) • CtY MS1 • PHi L1 D1

STERLING, George (1869-1926) • AzTeS L1 • C MS8 L14 • CCC MS3 L28 C5 D1 • CCamarSJ MS12 L6 • CCarm MS9 M • CHi 1CTN • CLO L1 • CLSM MS2 L3 C1 D1 • CLSU L4 • CLU MS16 L31 C6 M • CMont MS4 L1 M • CO MS1 L2 C3 • COMC MS79 L52 C18 • CSf MS80 L1 C2 D1 MG1 M • CSfU MS2 • CSmH REF1 • CSt MS37 L68 C51 D3 PR M • CStbS MS1 L2 C1 • CU 14CTN • CtW MS1 • CtY MS13 L2 C1 D1 • DLC MS97 L6 C42 D5 PR M • ICL L1 M • IGK MS13 L89 C2 • IU-R L4 C1 • IaU L1 • InNd L2 • InU MS10 L350 C6 D4 • KU-S MS1 L1 • KyBgW L7 • MB C1 • MBU D50 • MChB L1 • MH MS5 L15 • MWH MS1 L1 • MiEM L1 • MiU MS2 L2 • MoS MS2 • NB MS1 • NBuU MS24 L4 • NIC MS1 L4 M • NN-B MS189 L344 C323 D2 M • NNC L2 • NNU-F MS21 L1 • NNWML MS2 L18 • NPV L1 • NhD MS10 L2 • NjP L1 C6 • PBL C1 • PU L16 • RPB-JH MS2 L2 • TxU MS30 L15 • ViU MS270 L61 C1 • VtMiM MS4 L3

STETSON, Grace Ellery (Channing) (1862-1937) • CLU L2 • CSmH MS1 L3 • CU L2 • ICN L3 REF1 • MB L12 • MCR MS4 L1 C1 D1 • MH L5 • NNPM L19 • NRU L1 • NjR L4 • ViU MS2

STEVENS, Thomas Wood (1880-1942) • ArU L1 • AzU 70CTN REF1 • CLSU L2 • CSmH L3 • CtY L3 • ICN L16 • In MS1 • MiU L1 • MoSHi MS1 PR M • NBuU L1 • NNC L3

STEVENS, Wallace (1879-1955) • CLU L1 C2 • CSmH REF1, 7 • CSt L1 • Ct MS1 • CtHT-W L11 C14 • CtY MS6 L9 C2 PR • DLC MS4 L1 • ICN L3 • IEN L5 • IU-Ar MS3 L16 C1 M • InU L7 C1 • KU-S L2 • KyBgW D1 • MH MS8 L110 C8 • MU L2 C43 D1 MG21 M • MU-Ar R • MdU MS1 L13 MG1 • MiDW-Mi L2 • MiU L6 C8 • MoSW L1 D1 • NBuU MS3 L7 • NN-B L10 D2 • NNAL L2 C4 • NNC L4 • NNFF D2 • NSyU L14 • NhD L27 C9 D5 7CTN PR • NjR L4 • OKentU L1 • PSt L1 • PU L12 • RPB-JH L1 D6 PR • TxU L15 C3 D2 • ViLxW L3 • ViU L10 • VtMiM L9 C1 • VtU L1 • WaU L1

STEVENSON, Burton Egbert (1872-1962) • ArU L1 • CLSU L2 • CoU L1 • CtY L1 • DLC L2 24CTN REF1 • DeU L1 • ICN L13 • IU-Ar L2 • IaU L1 • InU L1 REF4 • MH L24 C8 • MnHi L1 • NCH L1 • NNAL

MS1 L1 • NNC L20 • NNU-F L1 • NNWML L5 • NhD MS1 • NjP L6 C5 • PU L3 • TxU L2 • ViU L1

STEWARD, Ann (Schiear) (1898-   ) • KyLoU MS1

STEWART, Charles D. (1868-   ) • CtY L1 M • FU L1 • ICN L2 • MnU-SW D1 • NNU-F MS1 L1 • PPT L3 • TxU L1 • WHi MS5 1CTN

STEWART, George Rippey (1895-   ) • C L7 • CCamarSJ D1 • CStbS L2 • CU 5CTN • CtY L6 C3 • IGK L1 • MH L3 C1 • NcD L1 • NjP MS2 L7 C1 • NvU L4 • OkU C1 • PU L11 • TxU D1 • WaU L2

STICKNEY, Joseph Trumbull (1874-1904) • MH MS1 D4 M

STILES, Ezra (1727-1795) • CSmH L1 • Ct L1 • CtHC MS1 L1 • CtHi MS1 L7 C4 • CtLHi L1 • CtNhHi MS3 C34 D1 1CTN • CtY MS101 J2 L113 C425 D20 MG2 M • DLC L8 C12 D4 • ICHi D1 • InU C1 • MB L5 D2 • MBC L1 • MBCo D1 • MBU L1 • MH L2 C4 D1 MG2 • MHi MS139 J1 L11 MG2 • MStoc L1 • MWA L5 • MdBJ D1 • MiU-C C1 D2 • N L2 D1 • NHi L8 REF66 • NN-B L1 • NNC L2 • NNPM L3 • Nc-Ar C1 • NcD L1 • NhD L3 D3 • NjMoHP L1 • NjP L1 • OClWHi D1 • PHC L1 • PHi L12 C15 D1 • PPAmP L9 C3 D2 • PPL MS1 • PPT L1 • RHi D3 • RNR L1 D3 • RPB-JH MS2 L3 D3 • RPJCB MS1 • ScU C1

STILL, James (1906-   ) • CtY L6 C1 M • IU-Ar MS1 L1 • KyBB L8 C5 • KyRE L1 • KyU MS3 L3 M • NBuU MS1 L4 • NbU L2 REF2 • NcU L2 • OrU L3 • RPB-JH L1 • TMM L1 C1 • TxU L1 • ViBlbV L30 D3

STOCKTON, Frank Richard (1834-1902) • CCamarSJ L1 • CLSU L2 • CLU L2 • CSmH MS8 L8 • CoCC D1 • CtY MS1 L10 • DLC L11 • ICIU L1 • ICL L1 • ICN L1 REF1 • IEN L1 • InI L1 • InU L7 D9 • LNHT L15 • MA L4 • MCR L1 • MH MS1 L16 C1 • MdBE L2 • MdBJ MS1 • MeWC L1 • MnHi L4 • MnM L1 • N L1 • NBu L2 REF65 • NHemH L1 • NHi L1 REF66 • NN-B MS5 L1 • NNAL L9 • NNC L16 D5 • NNPM L3 • NNU-F L6 M • NPV L3 • NRU MS1 L2 • NjP MS1 L246 C15 D217 PR • OClWHi L1 • OFH L1 • OKentU L1 • PCarlD L5 • PHi L2 • PSC-Hi D1 • PSt MS1 L1 D10 • PU L1 • RNR L1 • TxGR L2 • TxU L1 • UPB L3 • ViU MS5 L68 D4 REF103 • VtMiM MS1

STODDARD, Charles Augustus (1833-1920) • CSmH L1 • CtHC L3 • CtY L7 • KyLo L1 • MWiW L1 • NNC L3 • NcD L10 • NjP L9 • NjR L1

STODDARD, Charles Warren (1843-1909) ● AzTeS L1 ● C MS13 L32 ● CCC MS1 L4 ● CCamarSJ L15 ● CLSU L4 ● CLU MS1 L2 C1 ● CLU-C L1 ● CMont MS3 J1 M ● CO L9 ● COMC MS2 L3 ● CSf C2 ● CSmH MS9 L134 C406 ● CSt J4 L2 ● CU 5CTN REF8 ● CtY MS3 L12 C12 ● DLC L50 C1 ● HHB L6 ● HU MS1 J9 L4 C1 D100 MG6 M ● ICHi MS1 ● ICL L1 ● ICN L2 ● IGK L4 ● InHi L1 C1 ● InNd MS2 L2 C4 ● InNd-Ar 5CTN ● InU L25 C1 ● MB L4 ● MH MS1 L25 C11 ● MHi L3 ● MWA L9 ● MWH L16 C27 ● MdBJ L5 ● NBu MS1 L2 REF65 ● NCH L2 ● NIC L5 ● NN-B C4 D2 ● NNAL L9 C3 ● NNC L7 ● NNU-F L4 ● NNWML L8 ● NPV L1 ● NcD L7 C1 ● NcU L2 ● NhD L1 ● NjP MS1 L22 C6 D7 M ● OFH L2 C1 ● OU C1 ● PHi L1 ● PPT C2 ● PSt L1 ● PU MS1 ● RPB-JH MS1 L7 C1 D2 ● TxU C1 ● UPB L1 ● ViU MS1 L19 C3 ● VtU L12 ● WHi L2

STODDARD, Elizabeth Drew (Barstow) (1823-1902) ● CSmH MS1 L4 D1 ● CtHT-W L3 ● CtY L3 ● DLC L5 ● MB L39 D1 ● MH L28 ● MHi L3 ● MWA L11 ● MeWC L43 ● NN-B C1 ● NNC MS5 L267 C7 ● NNU-F MS1 ● NNWH L1 C5 ● NcD L1 ● NjMoHP L1 ● PHi MS2 L2 ● RPB-JH L2 ● TxU L1 ● UPB L1 ● ViU MS1 L3 ● VtMiM L31 PR

STODDARD, Richard Henry (1825-1903) ● AzU MS1 L25 ● CCC MS1 L2 ● CCamarSJ L1 ● CLSU L3 ● CSmH MS14 L51 C2 PR ● CtHT-W L2 ● CtY MS19 L29 C4 ● DFo L1 C1 ● DLC MS1 L16 ● DeU MS12 L2 ● ICHi D1 ● ICL L1 ● ICN L1 REF1 ● IGK MS6 L2 ● IU-R L1 ● IaU L1 ● InU L3 C3 ● MA MS1 ● MB MS9 L10 D1 ● MH MS4 L80 C4 ● MHi MS2 L4 ● MWA MS1 L112 D1 ● MWelC L1 D1 ● MWiW-C L1 ● MdBJ L2 ● MiMtpT L4 ● NBu MS1 L1 REF65 ● NHi MS3 REF66 ● NIC MS4 L108 C50 ● NN-B MS5 L1 C14 D1 ● NNC MS16 L126 C17 ● NNPM MS1 L4 ● NNU-F MS1 L1 ● NNWH L6 C14 ● NPV L1 ● NRU MS1 L1 ● NcD L1 ● NjMD L1 ● NjMoHP L1 ● NjP MS1 L30 C12 ● OCHP MS2 L2 ● OFH MS1 L1 ● OMC MS1 C2 ● PCarlD MS1 ● PHC L3 ● PHi MS9 L18 ● PPL L1 ● PSC L1 ● PSt MS1 L1 C10 ● PU MS2 L1 ● RNR L1 ● RPB-JH MS4 L8 C5 D6 ● TxGR L1 ● TxU MS3 L1 C2 ● ViU MS12 L26 C35 D1 ● VtMiM MS5 L16 C1 D2

STODDARD, Solomon (1643-1729) ● MB L1 D1 ● MHi MS1 L3 ● MNF MS4 L2 D2 ● MWA MS1 ● NHi D1 ● NhD L1 ● OMC MS1 ● PHi L2 D1

STONE, Grace (Zaring) (1896-   ) • CtY L65 • MBU J19 C20 M
REF1 • MeWC L1 • TxU L1

STONE, Irving (1903-   ) • C L4 • CCFB L2 C1 M • CLSU L19 C3
D10 • CLU 112.5FT • CO L1 • CSmH L7 • CSt L1 • CStbS MS1 L2
• CU L5 • CU-S L5 • CoU L1 • CtY C3 • DLC L1 • ICIU L1 • ICN
L2 • IGK L1 • IU-R L3 • InNd L1 • InU L50 D3 • KPT MG1 • MB
L3 • MBU L7 • MH L10 C13 • MiU-H L1 C1 • MnHi L1 • MnM L1
• NNC L37 • NcD L1 • OKentU L2 • PBm L2 • PSt L1 • PU L3 • TxU
L1 • ViU MS1 L2 C1

STONE, John Augustus (1800-1834) • NAlI L5 • PHi L1 • UU MS1

STONE, Lucy (1818-1893) • CLU L2 • CSmH L13 D1 • CU D1 •
CtMyMHi D1 • CtY L17 • ICN L3 • IaU L1 • LNHT L1 • MB L21 C4
D24 • MBU L3 • MCR L138 C90 D5 M REF7 • MH MS1 L24 C1 • MHi
L17 • MNS-S L39 • MWA L12 D1 • MWHi L1 • MeB L2 • MiMtpT
L1 • NBu L1 REF65 • NHi L8 REF66 • NNBa L1 • NNC L1 • NNSII
L3 • NSyU L7 • NcD L1 • NjMD L1 • OCHP L1 • OFH C1 • PHi L1
• PSC-Hi L3 • PSt L2 • RPB-JH L1

STONE, William Leete (1792-1844) • CSmH L2 C4 • CtHi L4 D1 •
CtW L1 • CtY L8 D3 • DLC L1 C1 • ICN L4 C1 • MB L10 C5 D2 •
MHi L8 • MdBJ C3 • MeWC L1 • N L5 C1 • NBuHi L1 • NHi L12 C16
REF66 • NNBa L1 • NNC L12 • NNPM C1 • NRU L27 C6 • NSchU
L2 • NhD L1 D2 • NjMoHP L1 • OFH L2 • PHi L25 C4 D5 • RPB-JH
L2 C2 D1 • TxU L1 • ViU MS1 L8 • VtHi D1

STONG, Philip Duffield (1899-1957) • CL L3 • ICN D1 • IaDmD
MS16 J1 L1127 C23 D12 MG11 • IaHi MS1 • IaU MS10 L51 PR M •
ViU MS1

STORM, Hans Otto (1895-1941) • CLU MS1 L1 • CU 5CTN • CtY
L3 • MA L1 • NmU MS12 J2 L8 1FT • PSt L3 • TxU L1 C1

STORY, Isaac (1774-1803) • CtHC L1 • DLC L1 C1 • MB D1 • MH
MS3 • MiU-C L3 • PHi L1 • PPAmP L1 • VtHi MS1

STORY, William Wetmore (1819-1895) • CL L1 • CLU L2 C2 • CSmH
L8 • CtHT-W L5 • CtY MS4 L7 C1 • DLC L3 C1 • ICarbS C2 • IGK
C2 • IaU L3 C1 • InU L1 • KyU C1 • MB L7 D1 • MH MS4 L128 C32
• MHi MS1 L16 • MNF MS1 L1 • MdBE L1 • MdBJ L8 • MeB L1 •
MiU MS1 • NBu MS1 REF65 • NCaS MS2 L1 • NHi L16 REF66 • NIC
L3 • NN-B L7 C8 D1 • NNC L8 C7 • NNPM MS2 L6 C32 • NNU-F

Story, William Wetmore (cont.)

L6 • NSchU L3 REF74 • NhD L1 D1 • NhHi L3 C1 • NjP L5 • OCHP
L1 • OFH L2 M • PHC L2 • PHi L3 • PP L1 • PSC-Hi C1 • RPB-JH
L3 D3 • TxU MS360 J7 L226 C665 D31 MG4 1CTN PR M • ViU MS4
L17 D1 • VtHi C1

STOUT, Rex Todhunter (1886-1975) • CSt 1CTN REF2 • CStbS L7
C5 • CU L9 • CtY L2 • GEU L2 • Ia-HA C1 • IaU L1 • InU L15 •
KyLoB-M L1 • MBU L43 • MCR L1 • MH L22 C17 • MeWC L3 •
MnU-SW L8 C8 • MoSW L1 • NBu L1 • NIC L1 • NNC L21 • NNU-F
L1 • NSyU L87 C2 • NcGrE L1 • PSt L1 • PU L5 • TxU L3 • ViU L1

STOWE, Calvin Ellis (1802-1886) • CL L1 • CSmH L8 D2 • CtHC MS1
L1 C1 • CtHSD MS10 L157 D1 M • CtHi L1 • CtY L17 C3 • ICMcC
L23 D4 REF1, 4 • MB L8 C1 D13 • MBC L2 • MH L4 • MHi L2 • MeB
MS1 L9 • MoSW L1 • NHi L1 C2 • NIC L1 • NN-B L3 C2 • NcD L1
• NhD L3 D3 • NjMoHP L1 • OCHP MS1 L1 • OFH MS1 M • OOxM
L2 • RPB-JH MS1 L1 • ViU L1

STOWE, Harriet Elizabeth (Beecher) (1811-1896) • C-S L1 •
CCamarSJ L4 D1 • CLU L5 • CLU-C L3 • COMC L1 • CSmH
MS19 L179 D14 • CSt MS1 • CStoPM M • CU L5 • CoCC L1 D1
• Ct MS1 L2 C1 D21 M • CtHMTM L5 • CtHSD MS31 L167 C15
D9 M • CtHT-W L7 • CtHi L3 • CtLHi L1 D3 • CtY MS6 L133
C39 D1 • DFo L3 • DGU L1 • DLC L31 • DeGE L1 • ICHi L2
C8 • IEN L1 • IGK L1 • IJI L2 C1 • IU-R L3 D5 • IaDmE L1 •
IaMc MS1 • IaU L1 • InFwL L1 • InU L3 C1 • KLeS L1 • KU-S
D1 • KyBB L1 • KyU M • MA L1 • MAnP L1 D1 • MB MS2
L14 D60 • MBU L1 • MCR MS30 L492 C92 D2 M REF7 • MH
MS2 L49 C4 D4 • MHi L15 D5 • MNS L1 • MNS-S L18 • MStoc
L1 • MWA MS1 L4 • MWH MS1 M • MWelC MS1 • MWiW L1 •
MdBJ L2 • MeB MS1 L10 • MeWC MS1 L3 M • MiMtpT L1 •
MiU MS1 L1 • MiU-C L12 C1 • MnHi L2 • MnM MS1 L2 • MnU
L2 • N L1 • NBu MS1 L2 REF65 • NCanHi L1 • NHi L7 • NIC
L5 • NN-B MS5 L28 C21 D5 • NN-Sc D1 REF1 • NNBa MS1 L5
• NNC L3 D1 • NNPM L3 D1 • NNU-F L4 D1 M • NPV L3 •
NRU L1 • NSyU L1 • Nc-Ar L1 D1 • NcD L3 • NhD MS1 L2 D1
• NjMD L1 • NjMoHP L6 • NjP L1 • OCHP MS2 L4 • OFH MS1
L73 M • OMC L1 • OO L5 • PBm L1 • PCarlD L9 • PHC L4 •

PHi L7 D1 • PPAmP L1 D1 • PPT C1 • PPiCI L2 M • PSC-Hi L2 D1 • PSt L1 • RNR MS L1 • RP L1 • RPB-JH MS1 L5 D2 • TxGR L1 • TxU MS2 L4 D1 • ViU MS14 L77 D4 • VtU L1 • WaU L1

STOWE, Leland (1899-   ) • CtW MS6 • CtY L3 • InU MS1 • KyBB L1 • MBU L3 • NNC L1 • WHi 24CTN REF1, 5, 7

STRAND, Mark (1934-   ) • InU MS1 L6 • MBU MS6 L42 C2 • MoSW MS4 L1 C1 • NBrockU-EC R • NNFF L1 D3 • PPiI L6 C7 R

STREET, Alfred Billings (1811-1881) • CCC MS3 L2 • CSmH MS2 L2 C5 • CtY L3 C3 • DLC MS12 L2 M • ICN MS1 L1 • IGK C1 • IU-R D2 • IaDmE C2 • MB MS2 L5 • MH L9 C2 • MHi MS1 L4 • MdBJ L1 • MiU L1 • MnHi MS1 • N MS13 L11 C44 D6 M • NBuHi L1 • NCH L2 • NHi REF66 • NIC MS1 L7 • NNC MS1 L1 • NNPM L1 C1 • NPV MS1 L1 • NRU MS1 L8 C1 • NjMD L1 • NjMoHP L26 • OCHP L1 • PCarlD C1 • PHC L2 • PHi MS3 L25 C15 • PP MS1 • R L1 • RPB-JH MS1 L1 C1 • TxU MS2 • ViU L9 C6 • VtMiM L3

STREET, James Howell (1903-1954) • Ms-Ar MS29 • MsU L1 M • NcA L1 • NcU MS5

STREET, Julian Leonard (1879-1947) • C L3 • CLSU L21 C1 • CSmH L27 C1 D1 • CU L6 • CtY L11 • DLC L1 • ICL L1 • ICN L9 REF1 • ICarbS L1 • IGK L5 • IaU L7 • InU L3 • MB L1 • MBU L3 • MH L54 C8 PR • MWiW-C L1 • MeB L2 • MeWC L60 C3 • MiU-H L3 C1 • NBu L1 • NIC D1 • NN-B L1 • NNC L22 • NPV L2 • NcD L1 • NjP 32CTN REF1 • OU L1 • OkU L3 C2 • OrU L25 • PP L3 • PPT L2 • PSt L2 • PU L1 • RPB-JH L5 • TxU L12

STREETER, Edward (1891-1947) • CSmH L8 • CSt MS1 • MBU L1 • MH L18 C13 • MWC L9 • NNC L2 • PU L1 • TxU L5 C1

STRIBLING, Thomas Sigismund (1881-1965) • CtY L1 • DLC L7 • FM MS1 • GEU L1 • IU-R L1 • LNHT C1 • MiU L4 C6 • NIC C1 • NNC L2 • NNU-F L1 • NRU L1 • NjP L5 C3 • OKentU L1 • OrU L1 • PSt L5 • PU L4 • T MS1 C7 D1 • TNJ L3 • TxU L4 • ViU MS1 L6 C5

STROBEL, Marion (1895-   ) • CtY MS1 • ICN L20 • InU L6 C3 • MH L2 • MiU L4 C6 • MnHi L1 • NBuU MS1 L9 • RPB-JH L3 D1 • ViU L1

STROBRIDGE, Idah (Meacham) (1855-1932) • CLSM MS1 L4 C4

309

Strobridge, Idah (cont.)

D30 M ● CSmH C2 ● NhD L2

STRODE, Hudson (1893-   ) ● CtY L12 ● InU L2 C1 ● KyLoB-M L4 ● MBU L2 ● NN-B L1 ● NNC L2 ● NcA L1 ● OrU L1 ● PU L10 ● TMM L2 M ● TxU L14 C2

STUART, Jesse Hilton (1907-   ) ● ArU L1 ● CLU L1 ● CSmH L1 M ● CU L1 ● CoU L32 ● CtY MS1 L105 C2 PR M ● DLC L1 ● FU MS3 L10 ● ICN L2 ● IU-Ar L3 R ● InTI J7 L61 D23 ● InU L10 ● KyBB L48 C1 D2 ● KyBgW L41 C14 M ● KyRE MS4 L9 ● KyU MS4 L28 C4 D1 REF4 ● MBU L6 ● MH L2 ● MiU-H L10 MG1 ● NBuU MS4 L6 ● NSyU L3 ● NbU L9 REF2 ● NcA L1 ● NhD L2 ● OAU MS1 ● OC L2 ● OMC L2 ● OU L3 C1 ● RPB-JH L1 ● T L1 ● TMM L19 M ● TNJ MS2 L125 C2 ● TU L2 ● TxU MS14 L37 ● ViBlbV L45 D2 ● ViLRM L1 ● ViRCU L7 ● ViU MS3 L67 C1 ● VtMiM L5 C4 ● VtU L14 ● WGr MS1 L2 ● WHi L1 C1

STUART, Ruth (McEnery) (1849-1917) ● CSmH MS2 L12 ● CU L2 ● CtY L5 ● DLC L3 ● DeU L1 C2 ● ICN L1 ● IU-R L1 ● InU L3 D8 ● LNHT MS5 L87 D2 ● LU-Ar L12 D51 ● MB L1 ● MH MS1 ● MWA L1 ● MWelC L1 ● MeB L1 ● NHemH L1 ● NNC L20 ● NcD L1 ● NjMoHP L7 ● PHi L6 ● PPT L1 ● UPB L1 ● ViU MS2 L22

STURGIS, Howard Overing (1855-1920) ● CtY L14 ● IU-R D2 ● MH C142 ● NN-B L6 ● NSchU L1 ● TxU L4

STYRON, William (1925-   ) ● DLC MS4 L2 ● ICN L2 ● MBU L11 ● NN-B L7 ● NNAL L5 C4 D5 ● NNC L70 ● NNFF D1 ● PHC L1 ● PSt L1 ● PU L2 ● TxU MS1 L1 ● WaU L2 C1

SUCKOW, Ruth (1892-1960) ● CSmH L2 ● CSt L4 ● CtY L1 C1 ● IGK L1 ● IaU MS12 L145 C135 M REF44 ● InNd L1 ● InU D1 ● MH L1 ● MiU L5 C7 D1 ● NBuU L1 ● NNC L9 ● NjP L1 C2 ● OU L2 ● PU L1 ● ViLRM L1 ● VtU L3

SULLIVAN, Frank (1892-1976) ● CtY MS1 ● IU-R D1 ● InU L1 ● MBU L5 ● MH L2 ● NCH C10 ● NIC MS49 L303 C477 D21 ● NN-B MS1 L1 D1 ● NNC L50 C1 D1 ● NNWH L12 C5 ● NSsS L9 ● OU L1 C1 ● OrU L1 M ● PBm L34 ● PSt L7 C5 ● PU L3 ● RPB-JH L1 ● TxU L3

SULLIVAN, Thomas Russell (1849-1916) ● CSmH L15 ● CU-S L1 ●

CtY L1 • DLC L1 • MB L4 • MBAt MS1 • MH MS1 L40 C1 • MHi MS1 • MWA L1 6CTN • NIC L1 • NNC L1 • NNU-F MS1 • NNWH L1 C1 • NjP L25 C45 • RPB-JH MS1 • UPB L1 • ViU MS5

SUMMERS, Hollis Spurgeon (1916-   ) • IU-Ar L7 • IaU MS1 • InU L1 • KyU MS2 PR • MBU L2 PR • MoSW L2 • NN-B L1 • NNFF L3 C3 • NbU L2 C1 REF2 • OU L3 C1 • OkU L1 • PU L1 • TxHR L1 • ViRCU L1

SUMNER, Charles (1811-1874) • CCC L2 • CCamarSJ L1 • CL L1 • CLU MS1 L6 C5 • CSmH MS2 L210 C33 D35 • CSt C1 D1 • CStbS L1 • CU L3 • CoCC D1 • CtHT-W L3 • CtHi L1 C2 • CtNbP L1 • CtY MS1 L26 C6 • DLC MS3 L463 C202 D90 M • DeGE L1 • DeU M • FU L1 • ICHi MS3 L11 C1 D5 • ICL MS1 L1 • ICN L1 D1 • ICarbS L18 • IEN L1 • IGK L4 • IU-HS L1 • IU-R L3 C1 D1 • IaDmE L1 • In L1 D9 • InFwL L8 • InU L2 C1 D4 • MA L4 • MAJ L2 • MB MS9 L95 C21 D61 PR • MBAt L1 • MBCo L7 D3 • MBU MS2 L20 • MCR L3 • MChB MS1 • MH MS38 L1030 C716 D8 MG1 PR M REF1, 2, 3 • MHa L16 C2 • MHi MS9 J1 L328 D8 • MMeT L3 • MNS-S L7 • MS L1 • MWA MS1 L46 D2 • MWelC L2 • MWiW-C L1 • MdBJ L3 • MdHi L7 C3 D4 • MeB MS1 L2 • MeWC L5 C1 • MiMtpT L10 • MiU L2 • MiU-C L4 • MiU-H L2 • MnHi MS1 L23 D2 M • MoSHi L4 • MoSW L1 C1 D1 • N L2 C1 D1 • NAurW L1 D1 • NBu MS1 L14 REF65 • NCanHi L1 • NHi MS2 L37 C7 D4 REF66 • NIC L28 C3 M • NN-B MS1 L44 C3 • NNC MS1 L168 C42 • NNPM L9 C2 D1 • NNS L1 • NNU-F MS1 L3 • NPV L3 • NRU L112 C24 • NSchU L12 • NSyU L31 C1 D1 • NcD L5 • NhD L2 • NhHi L8 C1 • NjMD L3 • NjMoHP L20 C6 • NjP L1 • OCHP L7 • OCl L1 • OClWHi L4 C70 D3 • OFH L31 C3 M • OHi L51 • OMC L1 C1 • PCarlD L2 • PHC L10 • PHi MS1 L24 C8 D5 • PP L2 C3 • PPL L1 D1 • PPRF L3 • PPT L1 D1 • PSC-Hi L9 C1 D1 • PSt L1 • PU L15 • RHi L2 • RNR M • RP L1 • RPA L1 • RPB-JH L21 C7 D8 • ScU C1 • TxU MS2 L20 C3 D1 • ViU C4 • VtU L5 • WHi L17 C3 D5 • WaU L1 C7

SWADOS, Harvey (1920-1972) • CU MS2 L10 D1 • IU-Ar L2 • MBU L29 • MU-Ar REF6 • MiU MS1 L9 C11 • MoSW L1 • NNC L348 • NNFF MS1 D1 • NSbSU L1 • NbU L1 REF2 • NjR L2 • PU L5 • TU MS1 L1

SWALLOW, Alan (1915-1966) • CLSU L4 • CLU MS6 L90 C300 •

311

Swallow, Alan (cont.)

CSmH L1 • CU L7 • CtY L163 C60 • DLC L11 • DeU L1 • ICN L5 • ICarbS L1 C1 • IU-Ar L2 C1 • IU-R L1 • IaU MS1 L2 • InU L3 C1 D1 • MA L1 • MBU L23 • MMeT C2 • MnU L53 C2 • MoSW L1 • NBuU L14 • NNC L45 • NNFF L6 C4 D2 • NbU L4 REF2 • OkU L4 C6 • PU L4 • RPB-JH L3 C1 • TxU L1 • WaU L9

SWAN, Emma (1914-   ) • CtY MS32 L2 C4 • DLC L2 • IU-Ar MS7 L8 • InU L1 • MA L1 • MH MS3 L18 C2 • NBuU MS3 L3 • NCH MS31 L2

SWARD, Robert (1933-   ) • CLU L2 • CU-S MS23 L37 D1 • IEN MS4 L14 PR • IU-Ar MS28 L19 D1 M • InU MS3 L40 C15 D7 • KU-S MS1 • MA L5 • MBU MS3 L40 • MoSW MS1187 J39 L1885 C3827 PR R M • NbU L2 C1 REF2

SWENSON, May (1919-   ) • CU-S L1 • CoU L1 • ICN L3 • IU-Ar L1 • InU MS10 L10 C6 D6 • MA L3 MS1 • MBU L2 • MiU L4 C6 • MoSW MS51 L24 C12 PR M • NBuU MS3 • NNAL L11 C18 D3 • NNFF MS1 L8 C8 D8 • NNU-F MS1 • NjR L1 • PPiI L9 C12 R • TxU MS4 L3

SWIFT, Ivan (1873-1947) • CLSU MS1 L4 • CU L1 • ICN L6 • IEN L2 • IGK MS1 L8 C57 • MH L2 • MeWC L5 • NBuU MS9 L5 • NCH L2 • PPT L1

SWISSHELM, Jane Grey (Cannon) (1815-1884) • DLC L1 • MB L1 • MCR L6 • MH MS1 L1 • MnHi L13 C10 M • NIC MS1 L1 • NPV L1 • NRU L2

TABB, John Banister (1845-1909) • CCamarSJ MS1 • CLSU L1 • CSmH MS4 L15 D1 • CtY MS1 L1 • DTr MS2 • ICN MS1 L5 REF1 • IGK L1 • InNd MS10 L12 C2 • InNd-Ar L1 D3 M • LNHT MS2 L1 • MB L1 • MH MS17 L65 C1 • MWA L1 • MWH MS11 L9 D1 M • MdBE MS1 L10 • MdBJ MS18 L53 C6 D3 • NBuU L3 • NN-B MS10 L38 • NNC L1 • NNPM MS12 L19 • NNU-F MS1 • NcD MS26 L9 • NjP L2 C3 • OMC MS1 • PHi MS1 L2 • PU MS3 • RPB-JH MS5 L33 C2 • TxU MS2 • UPB L1 • ViHi MS77 J1 L108 C16 D7 M • ViRCU MS10 • ViRVal MS12 L5 C3 D3 M • ViU MS100 L56 C5 • WvU L1

TAGGARD, Genevieve (1894-1948) • COMC MS1 L28 • CSf MS2 • CSmH L3 • CSt MS2 • CStbS L1 • CU MS8 L2 D1 • CtY L32 C9 D7 • DeU L8 C8 • ICN • ICarbS L2 C2 D20 M • IEN MS1 L1 • IU-Ar L7

312

C1 • IU-R L14 • IaU L1 • InU L9 C3 D2 • MA L4 C1 • MH L8 • NBuU MS116 L18 • NN-B L4 R • NNBa L1 • NNC L7 • NhD 8FT PR M REF4, 7 • NjP L8 C8 D2 • OU MS4 L2 • PSt L2 • PU L8 • RPB-JH C1 • TxU L4 C1 D1 1CTN • ViLRM MS1 • ViU MS1 L9 • VtU L2

TALLANT, Robert (1909-1957) • LN MS36 L5 C26 D202 M

TAPPAN, William Bingham (1794-1849) • CLU L1 • CtHC L2 • CtHT-W L1 • CtY L3 • MB MS1 L1 • NHi L1 • NNWML L3 • NhD D1 • NjMoHP L1 • PHi MS2 L2 • RPB-JH MS1 L1 D2 • ViU L1

TARBELL, Ida Minerva (1857-1944) • CLSU L1 • CLU L4 • CRedl L5 • CSmH L20 • CSt MS1 L2 D3 • CU L7 C1 • CtNlC L1 • CtY MS1 L22 C2 • DGU L3 • DLC L94 C25 • ICN L2 • IGK L3 • IHi L3 • IU-Ar D1 • IU-R L1 • IaU L2 • InNhW L1 M • InU L140 C195 D4 • KyBgW L14 • MA L2 • MBU L8 • MCR MS1 M • MChB L1 • MH L11 C6 • MHi L1 • MNS-S L36 C163 1CTN M • MWH MS1 • MdBJ L8 • MeWC L1 • MiU L1 • MiU-H L9 C3 • MnHi L3 • MnU-SW MS1 L5 C5 • MoSHi L2 • NIC L18 • NN-B L2 D1 • NNBa L1 • NNC MS1 L179 D1 • NNHuC L1 • NNU-F L3 • NNWML L8 • NPV L2 • NRU L5 C1 • NcD L4 • NhHi L9 C1 • NjP L28 C13 D2 • OCl L3 • OFH L1 • OrU L4 • PHarH MS1 • PMA MS244 L4000 C5000 PR M • PSt L1 C2 • PU L1 • RPB-JH L3 • ViLRM L1 • ViU L5 • VtU L3 • WHi L6 C3

TARKINGTON, Newton Booth (1869-1946) • CCamarSJ L3 • CLSU MS1 L22 • CLU L4 • CSmH L18 D1 • CU L10 • CtY MS2 L48 D3 • DLC MS3 L6 • ICIU L1 • ICL L1 M • ICN L7 • IEN L5 • IGK L3 • IU-Ar L1 • IU-R C1 D9 • IaU L1 • In MS2 L8 C1 D3 • InGrD-Ar L4 • InHi L195 C185 D204 • InI MS1 L1 • InLP L32 C4 M • InNhW M • InTI L1 • InU MS5 L101 C3 D20 M • KyBgW L1 • KyU L1 • MB L1 • MBU L5 • MCR L2 • MH MS3 L102 C1 D1 • MMeT L2 • MWC L7 • MeWC MS4 L175 C1862 M • MiU-H L1 • MoCgS L1 • NHi L1 • NIC MS5 L24 C14 D12 PR M • NN-B MS4 L12 D1 • NNAL MS2 L58 C100 D4 • NNC L123 • NNMus L1 • NNPM L5 D1 • NNU-F MS3 L6 • NNWH L2 • NPV L3 • NRU L2 • NSyU MS1 L103 • NcU L1 D3 • NcWsW MS1 L1 • NdU L1 C1 • NhD MS1 L1 • NhExP MS2 L6 • NjP 244CTN REF1 • OCX L1 • OHi L7 • OKentU L1 • PBm L1 • PCarlD L6 • PGC L1 • PHC L3 • PHi L2 C2 • PPT L12 C2 D2 • PSt L2 • PU L5 • TNJ L1 • TxU MS5 L31 D7 MG1 M • ViU MS4 L39 • WvU L2

TATE, John Orley Allen (1899-   ) • ArU L33 • CLU L3 • CU L1
• CU-A L6 • CtY L120 C77 • DLC MS14 L60 C2 • DeU MS2 L13 • FU
MS1 L2 • GHi L4 • ICN MS2 L130 D1 • ICarbS L2 • IU-Ar L12 C1
M • IU-R L3 • IaU L1 • InGrD-Ar L1 • InU L25 C1 D2 • KU-S L1
• KyBgW D12 • KyLoU L1 • KyU L1 • MA L28 • MBU L3 • MH MS3
L44 C4 • MdBJ L1 • MiU L13 C13 • MnU L1 C2 • MnU-Ar L4 D2 R
• MoSW MS2 L75 C44 D1 • NBuU MS3 L31 R • NIC L21 • NN-B L6
• NNAL .3FT • NNC MS3 L250 • NNFF D1 • NNU-F L6 • NSyU L20
• NbU L1 • NjP 55CTN REF1 • NjR MS2 L11 • OClWHi L4 • OkU
MS1 C2 • P L1 • PPiI L1 • PPiU L4 • PSt L4 • PU L18 • RPB-JH L17
C3 D3 • RU L1 • T MS1 L175 • TMM L5 • TNJ MS14 L900 C37 M
REF1 • TU L2 • TxHR L10 M • TxU MS3 L69 C1 D1 PR • ViLRM
L1 • ViLxW L5 • ViU MS10 L45 C12 • VtMiM L6 C4 • WMUW L2
• WaU L19 C4 • WyU-Ar L6

TAYLOR, Bayard (1825-1878) • CCC L1 • CLSU C1 • CLU L1 •
CLU-C L1 • COMC L2 • CSmH MS41 L454 D35 • CSt L2 • CStbS L1
• CU MS1 • CoU L1 • CtHT-W L2 • CtHi L2 • CtY MS33 L68 C25 D2
PR M • DDO L1 • DLC MS1 L26 D1 • DeGE REF5 • DeU L1 • FU
L2 • ICHi L2 • ICN MS1 L3 • IEN L1 • IGK L1 C2 • IU-R D3 • InNd
L1 • InU L3 D3 • KU-S L1 • MB MS1 L17 • MH MS14 L1228 C450
• MHi L13 • MNBedf L1 • MNF L1 • MNS L4 • MS L3 • MWA L6
• MWelC L1 • MdBE L1 • MdBJ L1 • MdHi L1 • MeB MS1 L5 PR •
MeWC L2 C1 • MiMtpT L5 • MiU L2 • MiU-H L1 • MnHi L1 D1 •
MoSHi L1 • N L2 C1 • NBu MS1 L1 REF65 • NBuHi L1 • NCanHi
L1 • NHi L6 C2 REF66 • NIC L1054 C2195 • NN-B MS3 L18 C9 • NNC
MS1 L46 D1 • NNPM MS25 L19 C17 D4 • NNS L1 • NNU-F MS2 L1
M • NNWH L3 • NPV L5 • NRU L4 C3 • NSchU L4 REF74 • NhD
D1 • NjMoHP L2 • NjP MS2 L35 • OCHP MS3 L5 • OFH L4 • OHi
L1 • PBL C1 • PCarlD C1 • PGC L1 • PHC L6 • PHi MS7 J1 L18 C4
D4 • PP C1 D1 • PPT L1 • PSC L8 • PSC-Hi MS1 L18 C1 D1 • PSt
MS8 L378 C50 M • PU MS5 L2 • RNR MS1 • RPB-JH MS2 L19 C1
D13 • TxGR D2 • TxU MS6 L2 • ViRVal MS1 • ViU MS1 L3 C1 •
VtMiM L1 • VtU L1

TAYLOR, Benjamin Franklin (1819-1887) • CSmH L1 • DLC D9 •
GEU C7 • ICHi L2 • IEN L3 • NIC L1 • NN-B L1 • NRU L5 • OClWHi
MS1 L6 C6 D1 • PHC L1 • PHi MS1 L3 • PSC-Hi L101 • RPB-JH L1

C1 • ViU L3

TAYLOR, Edward (c.1642-1729) • Ct L1 • CtY MS11 J1 C1 D1 REF7 • MB J1 L1 • MHi J1 • MWeA D1 REF4 • NjMoHP L1 • NjP 1CTN • PHi D2 • RNR MS3

TAYLOR, Peter Hillsman (1917-   ) • IU-Ar L5 C2 D1 R M • IaU L2 • MiU L16 C29 M • NN-B L27 • NNAL L11 C10 D5 • NNFF MS1 L12 C13 D10 • NcGU MS41 REF2 • NjR L1 • PBm L4 • TNJ L8 • ViLxW L1

TAYLOR, Robert Lewis (1912-   ) • CSmH L8 • ICarbS 5FT • P L1

TEASDALE, Sara (1884-1933) • ArU L5 C6 • CLSU L2 • CLU L1 • CSmH L13 • CStbS L1 • CtY MS20 J1 L34 D293 PR • DLC L4 • DeU L3 • ICL MS1 M • ICN L334 • ICarbS MS1 L7 • IEN L1 • IGK L2 • IU-R C4 • InGrD L1 • InU MS8 L6 • KU-S L1 • KyBgW L2 D1 • MA L6 • MB L1 • MChB L2 • MH MS1 L93 C44 • MNS L5 • MNS-S L2 • MWC L1 • MWH MS1 L1 • MWelC L7 • MeWC L2 • MnU-Ar L2 • MoS L2 • MoSHi REF2 • MoSW L1 • MoU L1 • NBuU MS7 L86 • NIC MS4 M • NN-B MS2 L61 • NNBa MS1 L2 • NNC L22 • NNHuC L1 • NNU-F L1 • NNWML L7 • NPV MS1 L1 • NRU L1 • NhD L1 • NjP MS1 L35 C22 D11 • OU L1 • RPB-JH L4 C1 • TxU MS2 L3 • UPB L1 • ViU MS88 L18 C1 • VtMiM L30 C1 PR • WMUW MS1

TENNEY, Tabitha (Gilman) (1762-1837) • MB L1 • NhD D2

TERHUNE, Albert Payson (1872-1942) • CSdS L1 • CU L1 • CtY L34 C61 D5 • DLC L1 18CTN REF1 • MA D1 • MWC L1 • MeWC L1 C1 • NNC MS1 C1 • NNU-F L1 • NcD L1 • NhD L7 D3 • NjN L3 • NjP L5 • NjR L78 • OrU L2 • PSt L1 • TxU L3 • WaU L1

TERHUNE, Mary Virginia (Hawes) (1830-1922) • CL MS1 • CLSU L1 • CSmH MS1 L18 • CU-S L1 • CtY L3 • DLC L1 • FU L1 • ICN L3 • IGK L1 • MA L2 • MB MS1 • MCR L2 M • MH L3 • MWA L1 • MeB L3 • MeWC L8 • MiU L1 • N L2 • NIC L1 • NNBa MS1 • NNC L4 D1 • NNPM L2 • NNU-F MS2 L9 • NNWML L8 • NcD L13 • NcU L1 • NjMoHP L2 • NjP L177 C21 D25 • NjR D16 • OCHP MS1 • PHC MS4 L1 • PHi L3 D1 • PSt L1 • RPB-JH L1 • UPB L1 • ViHi L3 D2 • ViRVal L1 • ViU MS2 L13

TESTUT, Charles (1818-1892) • LNHT MS7 L1 M • LU-Ar L2 D2

315

THATCHER, Benjamin Bussey (1809-1840) ● CSmH L3 C3 D1 ● CU L1 ● CtY C4 D1 ● IU-R L1 ● InU MS1 ● MB L10 C6 D1 ● MH MS2 L1 C1 ● MeB L1 ● NHi L1 C1 ● NNC L2 ● NNPM L1 ● NhHi L1 C5 ● NjP C2 ● OKentU L1 ● PHC L2 ● PHi MS3 L9 ● RPB-JH L2

THAXTER, Celia (Laighton) (1835-1894) ● CLU D1 ● CSmH MS32 L93 ● CU L4 ● CoCC L1 ● CtLHi D1 ● CtY MS6 L18 D1 ● DLC MS2 ● IGK MS1 L1 ● IaMc L1 ● IaU MS1 L25 ● MA L4 ● MB MS2 L140 C1 ● MBAt MS1 ● MBSpnea REF2 ● MChB MS1 ● MH MS17 L198 C83 M ● MHi L6 ● MNS-S L5 ● MWA L11 ● MWH C2 ● MWelC MS1 ● MdBJ L1 ● MeB MS1 L5 PR ● MeWC MS16 L164 C2 M ● MiMtpT L31 ● MiU MS1 L1 ● NBu MS2 L1 REF65 ● NHi MS1 ● NIC L1 ● NN-B MS3 ● NNBa MS1 L3 ● NNC L2 ● NNPM MS1 L1 ● NNU-F MS5 L11 M ● NRU L1 ● NcD L1 ● NhHi MS11 L4 ● NjMoHP L3 ● NjP L2 M ● OClWHi L1 ● OFH L1 M ● OU L12 ● PHC L1 ● PHi L4 ● PP L1 ● PSC MS1 ● PSC-Hi L1 ● PSt MS1 L1 ● RNR MS1 ● RP MS1 L1 ● RPB-JH MS9 L1 D1 ● ViU MS14 L44 ● VtHi L1 ● VtU MS1

THIELEN, Benedict Prieth (1902-   ) ● CLU L3 C1 ● CtY L6 C2 ● FKwHi MS2 PR M ● IU-R D1 ● NPV L8 ● NjP 4CTN

THOMAS, Albert Ellsworth (1872-1947) ● CLSU L1 ● CtY L5 C7 ● ICL L1 ● IU-R L1 ● InU C1 ● LU-Ar L1 ● MH L1 ● NNAL L4 C25 D1 ● NNC L4 ● NNMus L1 ● NhD L1 ● RPB-JH L1

THOMAS, Augustus (1857-1934) ● CLSU L45 C14 ● CSmH C7 ● CSt L2 ● CU-A L2 ● CtY MS3 L8 C1 ● DFo L3 C4 ● DLC L1 ● ICHi L2 C3 ● ICL MS1 L3 C7 M ● ICN L1 ● IaU L1 ● InLP L1 ● InU L2 ● KyBgW L1 ● LNHT L10 ● MA L1 ● MBU L1 ● MH L1 C1 ● MWC L4 ● MeWC L1 ● MoSHi MS1 L5 M ● NNAL MS4 L154 C200 ● NNC L49 D2 ● NNMus MS3 L5 C1 ● NNWH L2 ● NRU L2 C1 ● NcD L3 ● NcU MS179 L13 C28 D50 M REF1, 7, REF81 ● NjP L6 C4 D7 ● OFH L1 ● PHi L2 C2 ● PSC L1 ● PU MS4 L10 D1 ● RPB-JH MS1 L1 C1 D2 ● TxU L1 ● VtMiM C1

THOMAS, Edith Matilda (1854-1925) ● AzTeS L1 ● CLU MS1 L1 ● CSmH MS3 L13 ● CU L5 ● CU-S L1 ● CtY MS4 L5 ● DLC MS2 L1 ● DTr MS4 ● ICHi MS2 ● IGK MS2 ● IU-R L1 ● InU L8 C30 ● MA L12 ● MB MS1 L22 ● MCR MS2 L1 ● MH MS15 L109 ● MNS L10 ● MWA L3 ● MWelC L4 D1 ● MeB L1 ● MeWC MS2 L2 ● NBu MS1 L2 REF65

• NCH L2 • NHi L1 REF66 • NNBa MS3 • NNC L17 • NNPM MS1 L5 • NNU-F L1 • NNWML L24 • NRU MS1 • NcD MS1 L7 • NhD MS1 • NjP MS3 L27 C48 • OClWHi L1 • OHi L5 • OOxM MS5 L1 • PHC L1 • PHi MS5 L4 • PSC-Hi MS1 • PSt L3 • PU L1 • RNR MS1 • RPB-JH MS4 L4 • TxU MS1 • UPB MS1 L1 • ViU MS16 L28 • VtMiM MS2 L9 • WaPS 1CTN

THOMAS, Frederick William (1806-1866) • MB MS1 L38 C7 • MdBE L1 • NcD L39 • PHi L5 • PP L1 • ViU L1 C2

THOMAS, Isaiah (1749-1831) • CSmH L3 • CtHi L3 C1 • CtY L10 D1 • DLC L11 • DeGE L1 • ICHi L2 D2 • ICN L1 • MB MS1 L10 C2 D2 • MBNEH L1 • MBU L1 • MH L14 • MHi L12 D2 • MWA 6CTN 5FT • MWiW L1 • MeWC C1 • MiU-C L1 • N L2 D1 • NHi L55 C11 D3 REF66 • NNC L12 C5 D2 • NNPM L3 D1 • NSbSU L1 • NhD L1 D3 • NjMoHP L3 • NjP L3 D1 M • OMC L3 M • OU L1 • PHC L1 • PHi L30 C4 D2 • PMA L5 C7 D1 • PPAmP L7 C3 D3 • PPRF L1 • PU L1 • RNR L1 • VtHi L1 • WHi L2

THOMAS, Rosemary (1901-   ) • NBuU MS7 L1 • NNC MS706 L58 D12 REF7

THOMASON, John William (1893-1944) • CtY L5 • KyBB L1 • MH L33 C2 • MWC L2 • NcD L1 • NjP MS1 L263 C346 D166 PR • OkU L1 • PHi L1 • RNR L1 • TxU L2

THOMES, William Henry (1824-1895) • CU MS1

THOMPSON, Albert W. (1864-   ) • NmU MS8 L10 C10 1FT

THOMPSON, Augustus Charles (1812-1901) • CLU L1 • CtHC L577 C1255 36FT • CtY L1 • MH D1 • NjMD Li

THOMPSON, Daniel Pierce (1795-1868) • CtHi L1 • CtY MS1 • MB L1 D1 • MH C1 • MHi L2 • NhD C1 • PHi L1 • VtHi MS1 L2 C2 D4 M • VtU L1 • WHi MS2 L1

THOMPSON, Dorothy (1894-1961) • CCC L1 • CSmH L1 • CSt L4 • CU L35 • CtW L1 • CtY L15 C19 • DLC L3 • ICN L3 • ICarbS L4 C10 • IU-R C1 • InU L5 C1 D2 • MBU L2 • MH L22 C11 • MH-BA 1CTN • MiU L2 C8 D2 • MnHi L1 • MnU L1 • MnU-SW L15 C30 D10 • NN-B L11 • NNC L25 C3 • NNHuC L1 • NRU L1 • NSyU 139CTN REF75 • NcD L3 • NjP L5 C3 • OrU L2 • PPT L1 • PU L2 • TMM L1 • TxU L43 C2 D1 M • VtHi L1 D1 • VtU L1 C1 • WHi L2 C1 • WMM-Ar MS1

317

THOMPSON, Henry Denman (1833-1911) • NN-B L3 • NNC L5 • NhD L1

THOMPSON, James Maurice (1844-1901) • CU L2 • CtHC L6 • CtY MS4 L31 • DLC L1 • GEU 17CTN • ICHi MS1 • ICN MS1 L1 REF1 • In MS1 L10 D6 • InCW L2 • InHi L4 C1 • InLP L1 • InU MS10 L110 C15 D3 M • InViU MS1 L1 • MB L1 • MH MS1 L25 C1 • MeB L2 • NBu MS1 L1 REF65 • NBuU L1 • NNPM C1 • NcD L43 • NhD MS1 • NjMoHP L1 • NjP L26 C3 D1 • OFH C20 • OOxM L1 • PHi L3 • ScU C40 • TxU L1 • UPB L1 • ViU MS8 L17

THOMPSON, John Reuben (1823-1873) • CLU L1 • CSmH L9 C2 D1 • DLC L10 • ICHi L1 • IaU L2 • MB MS2 L23 • MH L8 C1 • MHi L1 • MdBE L22 • MiU L1 • N L1 • NHi L1 • NIC L1 • NNC L5 C2 • NNPM L1 C1 • Nc-Ar L1 • NcD MS1 L35 • NcU L3 • NjMoHP L1 • NjP C1 • PHC L1 • PHi L19 C1 D1 • PPRF C1 • RPB-JH MS2 D1 • TxU L7 D1 • ViRVal C1 D1 M • ViU J2 L19 C3 2.5FT • ViW L7 C6

THOMPSON, Vance (1863-1925) • CSmH L3 • DLC L2 • IU-R D3 • IaU L1 • MoSHi L1 • NNU-F MS2 • NNWML L1 • NcD MS2 L71 • NjP 7CTN • PHi L1 • ViU L2

THOMPSON, William Tappan (1812-1882) • GMiW MS2 L1 C3 M REF3 • NcD L1 • ScCleU L2 • ScU L10

THOMSON, Charles West (1798-1879) • CtY MS1 C1 • LNHT L2 • MB L1 • MeWC C1 • NHi 5CTN REF66 • NRU C1 • PHC L2 • PHi MS1 L5 • PPL L1 • RPB-JH MS1 • ViU MS1

THOMSON, Edward William (1849-1924) • IU-R C5 • LU-Ar L2 • MH L13

THOMSON, Mortimer Neal (1832-1875) • CtY L1 • MH L1 • NHi L1 • NRU L1 • NSchU L1 • PHi L1 D1 • ViU L2 • VtMiM L1

THOMSON, Virgil (1896-   ) • CLU L8 • CSt MS1 • CU L2 • CtY MS11 L182 C164 M • MBU L1 • MH MS1 L97 C78 D1 • NBP R • NNC L31 • NNFF C1 • NNPM MS2 • NSbSU L1 • NcA L1 • NjN L1 • RPB-JH MS1 • TxU MS1 L14 C1 • ViU L1

THOREAU, Henry David (1817-1862) • CCC L1 • CCamarSJ L1 • CSmH MS51 J1 L41 C11 D5 PR REF1 • CU-S MS1 • CtW C1 • CtY MS13 L2 C1 D1 • DFo D1 • DLC MS4 J2 L1 D16 • ICarbS MS16 L4 C3 MG4 • IU-R L1 D1 M • IaU MS1 • InNd-Ar L1 D2 • InU MS1 L3 D5 • MA MS1 • MB MS2 L4 D5 • MCR MS1 L3 D2 • MCo MS2 J1

D215 MG9 M REF4 • MH MS29 L11 C1 D6 MG1 M • MPlPS REF56
• MWiW-C MS1 • MeU L1 • MiDW MS1 • MiU MS1 • MnHi D3 • MnM
MS1 L1 • MoSW MS8 • NBu MS1 L1 REF65 • NHi L2 D2 M • NN-B
MS32 J3 L32 C44 D7 M • NNC L1 C1 • NNPM MS26 J41 L9 C20 D10
• NNPf MS2 REF2 • NRRI MS1 • NRU C1 • NcWsW MS1 • NjP L6
C1 D1 • OMC L1 • PHC L1 • PHi L3 • PPT MS1 • PPiU J1 • PSt MS2
L1 • RPB-JH MS9 J10 L4 C2 D7 M REF1 • TxU MS13 J2 L7 C2 D1
• ViU MS39 L24 C5 D1 • VtMiM MS36 L18 C11 D8 MG4 M

THORPE, Thomas Bangs (1815-1878) • CSdS L2 • CtY L1 • LU-Ar
L6 D6 • MB L2 D1 • MHi L1 • MdHi L1 • NHi L22 C1 REF66 • NNPM
C1 • NhD D2 • OFH L1 • PHC L1 • PHi L19 D3 • ViU MS1 L4

THURBER, James Grover (1894-1961) • CL L1 • CSmH L4 • CStbS
L1 • CU L1 • CoU L6 • CtY 7CTN • DLC L5 • ICN MS13 L20 REF5
• IEN L4 • IGK L1 • IU-R L1 • InHi L1 • KPT L1 • MBU L6 C1 D1
• MH MS2 L6 • MnU-K L2 • NBu L1 • NIC L12 C1 • NN-B L1 • NNC
L19 • NcA L1 • NjP C1 • OCU L2 • OHi L3 • OU MS150 J1 L550 C800
MG10 PR R M REF1, 5 • OrU L1 • PBm L24 • PHC L2 • PU MS1 L1
• TxU L2 C1 D1 • ViU L3 C1 D1 • VtU L2

THURMAN, Wallace (1902-1934) • CtY MS22 L31 C11 • DHU L1
• MBU L1

TICKNOR, Caroline (1866-1937) • CtW L1 • CtY L1 C1 • DLC L7
• ICN L1 • IGK C1 • InHi C1 • MB MS2 L6 • MCR C1 • MH L8 C1
• MWA L1 2CTN • MeWC L2 C1 • NNC L20 • NjP L1 C4 • PP L1
• TxU L3 D3

TICKNOR, Francis Orray (1822-1874) • GU L51 • LNHT L2 • NcD
MS1 L18 • ViU L1

TICKNOR, George (1791-1871) • CLU L3 • CSmH L34 C18 D2 • CtHi
L1 • CtY L13 C4 • DLC MS1 L25 C15 D1 • IGK D1 • IU-R MS1 D1
• IaDmE L1 C1 • InU L2 C1 • MB MS4 L88 C82 D17 PR • MBCo L6
C1 D1 • MBSpnea REF2 • MBU L1 • MChB L2 C2 • MH MS1 L214
C16 D2 • MHi L121 D1 MG2 • MWA L1 • MdHi L15 C2 D6 • MeB
L1 C1 • MiU-C L2 • MnM L1 • NHi L7 C2 D3 • NIC L12 C1 • NN-B
L2 C3 • NNC MS1 L13 C1 D2 • NNH L127 • NNPM L7 • NNS L4
• NNU-F L4 • NRU L1 • NcD L1 • NhD MS53 J18 L69 C100 D2 MG1
6FT REF4 • NhExP L5 • NhHi L4 C6 D5 • NjP MS1 C1 • PBm L3 •
PHC L1 • PHi L18 • PMA L1 • PPAmP L7 C1 D1 • PPC L1 • PPL

Ticknor, George (cont.)

L1 • PSC L1 • PSC-Hi C1 • PSt L12 • PU L2 • RNR L1 • RPB-JH L2 • RPJCB L3 C2 D1 • ScU C1 • TxU MS1 L1 C2 • UPB L1 • ViU MS1 L32 C11 • ViW L1 • VtHi D1 • VtU L27 • WaU C3

TICKNOR, William Davis (1810-1864) • CLU-C C1 • CSmH L1 C15 • CtY L1 C5 • DLC L2 C1 • InU C2 • MB C1 D6 • MH MS1 L321 C37 • NCaS C1 D1 • NHi D1 • NN-B L2 C190 • NNPM L1 • NhHi L1 C1 • NjP C1 • PHi L1 C2 D1 • PPT L1 • PSC-Hi C1 • RPB-JH L1 D4 • ViU L16 C13

TIERNAN, Mary Spear (Nicholas) (1836-1891) • FU L1

TIETJENS, Eunice (Hammond) (1884-1944) • AzTeS L1 • CLSU L1 • CLU L2 C1 • CSmH MS1 • CU L1 • CtY MS1 L1 • DLC MS20 • DeU L2 • ICN MS300 J1 L202 C3700 • IEN L1 • IU-R L1 C1 • InU L1 • MH MS1 L34 C22 • MiU MS1 L3 D1 • NBuU L1 • NcD L13 • PPT L2 • TxU MS1 L1 • ViU L1 • WMUW MS1

TILDEN, Freeman (1883-   ) • CtY L2 • ICN L1 • InU L15 C8 • MMal MS1 L2 • NcD L4 • NjP L1 • OrU L5

TILTON, Theodore (1835-1907) • CLU C1 • CLU-C C1 • CSmH L8 C1 D1 • CtHSD L1 C2 D1 • CtHi MS1 L1 D2 • CtY MS3 L13 C3 D3 • DLC MS441 L46 MG1 5CTN • ICHi C6 • ICarbS L1 D4 • InU MS1 • LU-Ar L2 • MB L3 C2 D24 • MBU C1 • MH L9 C1 • MHi L2 D1 • MS L1 • MWA L2 • N L1 • NBu MS1 C72 REF65 • NHi L9 C63 REF66 • NIC L23 C1 D1 M • NNCoCi MS1 L1 D8 • NNPM L3 C6 • NPV L5 • NRU L2 C4 • NSchU L2 • NSyU L8 • NhHi L1 C1 • OCHP L1 C1 • OFH L1 • PCarlD L2 C1 • PHC C1 • PHi L11 C1 • PSC-Hi L4 C1 • PSt L1 • PU L1 • RPB-JH MS10 L4 • TxU L1 C1 • ViU L2 C1 • VtHi D1 • VtMiM C1

TIMROD, Henry (1828-1867) • CSmH MS3 D1 • MdBJ D1 • MdHi D1 • NNC D3 • NcD L9 • NjP L3 • PU M • RPB-JH L1 • ScC MS1 J1 L1 M • ScU 1CTN • TxU L1 • ViU MS1 L1 D3

TINDALL, William York (1903-   ) • ICarbS D1 • IU-Ar MS4 Li0 • NBuU MS3 L2 • NNC MS25 C129 PR • NSyU L7 • TxU MS7 L2 C1

TODD, John (1800-1873) • CSmH L2 • Ct L2 • CtHC L2 • CtY L7 • MB L2 • MHi L1 • MNF L1 MG1 • MPB MS1 • MWA L15 • NRU L3 • NcD L1 • NjMD L3 • OClWHi MS1

TODD, Mabel (Loomis) (1858-1932) • CSmH L1 • CtY 100CTN •

IU-R D2 • LNHT L12 • MA L4 1CTN • MAJ L17 M REF1 • MB L15 D2 • MCR L2 M • MH L17 C11 • MWA L1 • MdBJ L2 • NNC L2 • NPV L1 • NRU L1 • UPB L1

TOKLAS, Alice Babette (1877-1967) • CCC L7 • CtNlC L4 • CtW L1 • CtY L362 C150 • IEN L1 • IaU L1 • InU L15 • LNHT L1 • MA L3 • MBU L3 • MCR L5 • MH L25 • MdU L8 • MeWC L1 • MiEM L1 • NGenoU PR • NNC MS1 L97 D1 • NNPM L1 • NRU L2 • TxU L15 • ViLRM L2 • ViRU L2 • ViU L1 • WHi L1 D2

TOLSON, Melvin B. (1898-1966) • DHU C1 • DLC L3 • OkLaU M • PU L2

TOMPKINS, Daniel D. (1774-1825) • CSmH L7 C1 D7 • CSt L1 • CtHi L3 C3 • CtY L2 C3 • DLC L103 C7 D2 • InU L25 C6 • MB L2 • MH L3 D1 • MHi L1 D1 • MWA L4 D1 • MWiW L1 • MWiW-C L2 • MdHi L1 D3 • N L3 C12 D29 • NAlI L2 • NBu L1 D1 • NBuHi L3 • NHi MS2 L65 C14 D24 REF66 • NNC L10 C17 D1 • NNPM L2 D1 • NcD D1 • NhD L1 C1 D2 • NhHi L1 • NjMoHP L9 • NjP L1 • OMC L1 • VtHi L1 • WHi L1

TOMPSON, Benjamin (1642-1714) • CtHi MS1 • MHi MS3 • RPB-JH MS1 L1

TOOMER, Jean (1894-1967) • CtY MS2 L97 C19 • DLC L1 C2 • DeU L2 • ICN MS2 L6 • ICarbS L3 • NNC L21 • NSbSU L2 • PU MS3 L45 • TNF MS236 L521 C1907 D4 M REF1, 4, 7 • WMUW MS3 L2

TORRENCE, Frederic Ridgely (1875-1950) • ArU L1 • CLSU L3 • CLU L4 • CU L37 D1 • CtW L1 • CtY MS1 L15 M • DeU L1 • ICN L1 • IEN L2 • IU-R L5 • InU MS1 L7 D1 • MA L9 • MH MS18 L93 C13 • MNS L17 • MeWC L3 • MoSW L1 • NBuU L3 • NN-B L2 • NNAL L20 C35 • NNC MS3 L23 • NNMus MS2 • NNPM L1 • NNWML L24 • NcD L1 • NhD MS1 L2 C2 D3 • NjP 113CTN REF1 • OOxM L12 • OU L1 • PSt L1 • PU L14 • RPB-JH L1 • TxU L4 • ViU MS2 L4 • VtU L1 • WaU L1

TORREY, Bradford (1843-1912) • CSmH L2 • CSt L1 • CU L17 • CtY L5 • MAJ L1 • MB L1 • MH L8 • MWelC L5 • MeB L2 • MeWC L1 • NNU-F MS1 • NPV L1 • TxU L1 • ViU MS8 L3

TORREY, Charles Turner (1813-1846) • CtY L2 • MB L47 C1 D60 • MBC MS7 L5 C34 D3 • MHi L2 • NBuHi C1 • NHi L3 • NNC L1 D1 • ScCleU L1

TOTHEROH, Dan (1895-   ) ● CU L1 ● CtY L45 ● MH MS1

TOURGÉE, Albion Winegar (1838-1905) ● CLU L1 ● CSmH L4 ● CtHi L1 ● CtY L1 ● DLC L9 ● IGK L2 ● IU-HS L1 ● IaU L1 ● LNHT L5 ● MH L1 ● MHi L1 ● MWA L3 ● MdBJ L3 ● MeWC L2 ● NBu L2 ● NIC L1 ● NN-B C2 ● NN-Sc L2 D1 ● NNPM D1 ● NNU-F L1 ● NRU L5 ● NWefHi MS275 J32 L1721 C5151 D160 PR M REF4, 7, REF78 ● NcD L8 ● NcU L5 D2 ● NjMD L1 ● NjP L3 C2 ● OFH L9 C2 ● OKentU L9 REF4 ● PHi MS1 L3 ● PSC-Hi L1 ● PU L1 ● RPB-JH L5 ● UPB L2 ● ViU L9

TOWNE, Charles Hanson (1877-1949) ● CLSU L5 C1 ● CLU L2 ● CSdS L1 ● CSmH L9 ● CU L25 ● CtY L7 C1 ● DLC L1 C1 ● DeU L1 ● ICN L5 ● ICarbS C2 ● IGK MS1 L1 ● IU-R L2 C1 ● Ia-HA L1 C1 ● IaU L1 ● InU L20 C5 D1 ● MBU L1 ● MChB L1 ● MH L55 C12 ● MNS L6 ● MWC L10 ● MWH MS1 ● MeWC L12 ● NBuU MS4 L4 ● NCH L2 ● NIC L1 ● NN-B L8 D1 ● NNC MS2 L92 ● NNPM MS2 L1 ● NNU-F MS3 L2 ● NNWH L1 ● NNWML L41 ● NcD L3 ● NjP L1 C1 ● OCl L2 ● OkU L1 ● PCarlD L1 ● PSt L9 ● PU L2 ● RPB-JH MS1 C1 ● TxU MS2 L2 C1 D1 ● ULA L1 ● ViU MS1 L6 C1 ● VtU L1

TOWNSEND, Edward Waterman (1855-1942) ● CSmH MS1 ● CSt L1 ● CtY MS1 ● ICN L4 ● IaU L1 ● NNAL L19 C23 D2 ● NNC L2 D1 ● NcD L1 ● NjP L3 ● UPB L1 ● ViU L1

TOWNSEND, Eliza (1788-1854) ● NNBa L1 ● VtHi C6

TOWNSEND, George Alfred (1841-1914) ● CSmH MS1 L3 C7 D2 ● CSt L1 ● CtY L2 C8 ● DFo C2 ● DLC L2 C1 D1 1CTN M ● DeU 3CTN ● ICN L1 ● MH MS1 L4 C3 MG1 ● MdBJ L1 ● MeB L1 ● MiMtpT L1 ● MiU L1 ● MoSHi C1 ● NHi L1 C3 ● NIC L5 ● NNC MS1 L9 D2 PR ● NNPM L2 ● NcU C1 ● OCHP L1 C1 ● OClWHi C1 ● OHi L2 C1 ● PHi L5 ● PSC-Hi L1 ● RPAB D1 ● RPB-JH L14 C8 ● ViU L2

TOWNSEND, Mary Ashley (Van Voorhis) (1832-1901) ● CtHT-W L4 ● ICarbS C1 ● LNHT MS221 J2 L35 C76 D4 M ● LU-Ar L3 D3 ● NHi REF66 ● NNBa MS1 ● NNC L2 ● NcD L5 ● PHi L3 ● TxGR L1 ● ViU MS2 L1

TOWNSEND, Virginia Frances (1836-1920) ● CSmH L1 ● MA L1 ● MB MS1 ● NHi MS1 ● OCHP L20 ● PHi L1 ● UPB MS1 L1

TRAIN, Arthur Cheney (1875-1945) ● ABH L1 ● CLSU C2 ● CU L1 ● CtY L256 ● ICN L1 ● IU-R C1 ● IaU L7 ● InU L2 ● MH L11 C2 ●

MeWC L2 • NN-B L2 • NNAL MS8 L44 C75 D8 • NNC L8 • NNU-F MS2 L1 • NRU L4 • NcD L5 • NjP L542 C577 D645 PR • OCl L1 • PBm L2 • PHi L1 • PSt L1 • PU L17 • TxU L12 C1 • ViU L4 • VtU L1

TRAUBEL, Horace (1858-1919) • A-Ar L2 • CCamarSJ L1 • CLSU L3 • CLU L1 • CSt L20 M • CtY L16 C4 • DLC MS1 L5 C74 29CTN REF1 • DeU MS2 • ICN L1 • ICarbS L3 • IGK L1 • InTI L10 C1 • InU L7 C3 D3 • MA L1 • MBU L1 • MH L6 • MWA L1 • MiU-H L2 • NN-B L2 • NNC MS1 L8 • NNPM PR • NNWML L2 • OkTU D1 • PMA L1 • PPL L95 • PPT L1 D1 • PSC-Hi L1 • PSt L2 D3 • PU L13 PR • RPB-JH L1 C1 • TxU MS2 L23 D4 MG3 1CTN PR • UPB MS1 L2 • ViU L11 C1 • VtU L2

TRAVEN, B. (1890-1969) • KyU M • MH L1 • NjP D3

TRENT, William Peterfield (1862-1939) • CSmH L15 D3 • CU L1 • CtHT-W L8 • CtY L10 C1 • DFo MS1 • DLC L5 • ICN L2 • IU-Ar L6 C1 • IaU L1 C1 • MB MS1 L9 C16 D2 • MH L19 • MdBJ L22 C1 • MdHi D2 • MoSHi L1 • NHi REF66 • NIC L1 • NNC L70 D1 REF7 • NPV L1 • NSchU L2 • NcD L10 • NjP C1 • PSt L17 • TxU L15

TRIEM, Eve (1902-   ) • InU MS1 L7 C2 D1 REF5 • MH MS16 L51 C64 • NBuU MS17 L7 • NN-B L1 • NbU L1 REF2 • TxU MS22 L6 • WaU MS400 L12 C489 PR M

TRIGG, Emma Gray (White) (fl.1937) • CtY L1 • MMeT L1 • MiU L1 C1 • ViLRM L4 • ViRVal MS1 L1

TRILLING, Lionel (1905-1975) • CLU L1 • CU L1 • CtY MS1 L2 • ICN L18 • IU-Ar L2 • InU L1 • MA L1 • MB L2 • MBU L10 • MH MS1 L8 C5 • MeWC L1 • MiU L16 C22 D1 • MoSW L2 • NBiSU L1 • NNAL MS2 L15 C25 D1 • NNC MS1 L167 C1 • NNFF L6 C6 D7 • NNHuC L1 • NNU-F L1 • NRU L1 • NSyU L23 • NjP MS2 • NjR L18 • PHC L1 • PPT L1 • PU L3 • RPB-JH L1 • TxU L11 C8 • VtMiM L3 C2

TROUBETZKOY, Amélie (Rives) Chanler (1863-1945) • CLSU MG1 • CLU MS1 L12 • CLU-C L1 • CSmH MS1 L5 • CU MS1 L4 • CtY L18 C4 • DLC L2 D2 • ICN L1 D1 REF1 • IGK L1 • IU-R C2 D2 • KyBgW L1 • MCR L1 • MH MS3 L25 • MWA L1 • MdBJ MS1 • NN-B L1 • NNBa L1 • NNC L18 D7 • NNU-F L9 M • NNWML L1 • NRGE L1 • NSchU L1 • NcD L9 •

Troubetzkoy, Amélie (cont.)

NcWsW MS1 ● NhD L1 D2 ● NjMoHP L2 ● NjP MS1 L8 C3 ● PHi L3 ● PPT L1 ● RPB-JH L1 ● TxU L4 ● ViCoC L5 ● ViHi J1 L51 C1 D3 M ● ViRCU MS4 M ● ViU 4FT

TROWBRIDGE, John Townsend (1827-1916) ● CLSU L1 ● CLU L1 ● CSmH MS2 L27 ● CU-S L3 ● CtY L26 ● DLC MS1 L1 ● ICHi L1 ● ICL L1 ● IGK MS1 L2 ● IaU L1 ● InU L8 C1 ● KyBgW L1 ● LNHT L1 ● MA MS1 ● MB MS2 J21 L31 ● MBAt L1 ● MH MS2 L74 ● MHi L1 ● MWA L36 ● MWH L1 ● MdBJ L78 C2 ● MeB L2 ● MeWC L21 C1 ● MiMtpT L1 ● MiU L2 ● MnM MS1 ● MnU-Rb L1 ● MoSW L1 ● NBu MS3 L5 REF65 ● NHi L1 ● NIC L1 ● NN-B MS2 ● NNC L2 D2 ● NNPM MS1 L2 ● NNU-F MS2 L6 ● NRM MS1 L1 ● NRU MS5 L12 ● NhD L1 ● NjMD L1 ● OClWHi L1 ● OFH MS1 L1 ● PHC L2 ● PHi L6 ● PPT L2 ● PSC MS1 L1 ● PSC-Hi MS1 ● PSt L2 ● PU L1 ● RPB-JH MS3 L4 ● TxGR MS1 L3 D1 ● TxU MS1 L3 ● UPB MS2 ● ViU MS17 L80 ● VtMiM L4

TRUMBO, Dalton (1905-1976) ● CU L1 ● ICarbS MS1 L1 ● MBU L1 ● MH L1 ● WHi 92CTN R REF1, 2, 7

TRUMBULL, Annie Elliot (1857-1949) ● CtH L2 ● CtHSD L2 M ● CtHT-W L3 ● CtHi MS8 J7 C120 M ● CtY L1 ● MH L1 ● NNC L2 D1 ● NjP C1

TRUMBULL, James Hammond (1821-1897) ● CLU L15 ● CSmH L4 ● Ct MS1 D3 ● CtHMTM L1 ● CtHSD L1 ● CtHT-W MS1 J1 L8 C120 M ● CtHi MS2 L18 C900 MG2 ● CtY MS3 L185 C1 D1 PR ● DLC L4 ● FU L1 ● InU C2 ● MB L1 ● MBC MS1 L8 ● MH L63 ● MHi L44 ● MWA L6 MG4 ● MeB L2 ● NHi L3 ● NIC L1 ● NNPM L1 ● NcD L1 ● NhD L2 C1 ● RPB-JH L1 D1 ● ViU C1

TRUMBULL, John (1750-1831) ● Ct L4 C1 ● CtHC L1 ● CtHSD L1 ● CtHi MS1 L10 C7 D2 ● CtY MS1 L13 C2 D3 ● DLC L1 ● ICL L1 ● IaDmE D1 ● MB L3 ● MBU D1 ● MH L1 ● NIC MS44 L1 C6 D3 M ● NNPM L1 ● NcD L1 ● NhD D1 ● NjMoHP L3 ● PHC D2 ● PHi L3 C1 ● TxU MG1 ● ViU L2 D8 ● VtMiM L1

TRUMBULL, John (1756-1843) ● Ct L4 ● CtHSD L1 D2 ● CtHT-W L1 ● CtHi L200 C100 D3 ● CtY MS10 J2 L460 C91 D380 18CTN M ● DFo D1 ● DLC MS11 J1 L234 C69 D2 M ● ICHi L1 D2 ● ICL L1 ● In D1 ● InU L1 C6 ● MB L5 C5 D1 ● MBCo C1 ● MH L9 C5 ● MHi L23

D8 • MWA L3 D3 • MiU-C L13 C4 D12 • NHi REF66 • NNC L23 C3 D2 • NNF MS1 J2 L5 C1 D1 PR M • NNPM L5 C3 D2 • NNS L1 • NhD D2 • NjMoHP L5 C9 • NjP L1 C11 D7 • OMC L2 C2 • OkTG L2 M • PHC L3 C1 • PHi L26 C28 D7 • PPAmP L4 D1 • PPRF L2 • PSC-Hi D1 • RPB-JH L1 • TxU C4 • WHi D2

TUCKER, George (1775-1861) • CSmH L10 C1 D1 • DLC C1 • MB L2 • MH L1 • MHi L3 • N L1 • NNC L1 D1 • NcD L2 • NcU L2 C1 • NjMoHP L2 • OClWHi L1 • PHC L1 • PHi L8 • PPAmP L2 D1 • ViHi MS1 L6 D4 • ViU MS51 L62 C25 • ViW L121

TUCKER, Nathaniel (1750-1807) • NHi D1 • ViW MS10 L41 M

TUCKER, Nathaniel Beverley (1784-1851) • CSmH L3 • DLC C6 • MB L4 • MoSHi L1 • NNC L1 D1 • NcD L2 • NcU L1 • PHC L2 • PHi L2 • ScCleU L5 • ViU J2 L21 C5 • ViW MS59 L582 M REF7

TUCKER, St. George (1752-1827) • CSmH J1 L6 C14 D46 • CtHi L1 • CtY D1 • DLC MS4 L47 C66 D1 • ICHi L1 • InU L1 • MB L1 • MH L2 C1 • MHi L17 • MWA L2 • MdBE L2 • MdHi L18 C8 D2 • MiU-C L1 • MnU-Rb L1 • NHi L5 • NIC L1 • NNC L1 • NNPM L2 • NcD MS1 L6 D1 • NcU L4 D1 • NjMoHP L4 • OMC L1 • PHC L1 D1 • PHi L12 C2 • PPL L4 • RPB-JH L1 • ViHi L23 C27 D2 M • ViU MS1 L231 C14 • ViW MS253 J26 L497 C480 MG503 M REF7 • ViWC MS66 L9 C2 D29

TUCKERMAN, Frederick Goddard (1821-1873) • MH MS19 L8 C23 • PHi L1 • TxU MS3 L1

TUCKERMAN, Henry Theodore (1813-1871) • CLU L3 • CSmH MS1 L21 C1 • CtHT-W L1 • CtY MS1 L25 • DLC MS1 L2 C1 • FU C1 • IGK L1 C1 • IU-R L3 D4 • IaU L2 • InU MS1 C1 • MB L30 • MBU L1 • MH MS1 L39 C2 • MHi L11 • MWA L3 • MWelC L1 • MdBE L15 • MdBJ MS1 L3 • MeWC L1 • N L8 • NBu L1 • NHi L6 D1 • NIC L16 C1 • NNC L5 • NNMM L2 D1 • NNPM L11 • NNS L1 • NPV L1 • NRU L9 C2 • NSchU L20 • NcD L8 • NhD L1 • NjMD MS1 • NjMoHP L1 • NjP L1 • PHC L3 • PHi MS2 L46 D2 • PP MS1 • PSC-Hi L1 • PSt L2 • PU L1 • RNR MS1 L1 • RPB-JH L8 • TxU MS2 L1 • ViU MS2 L30 • VtU L4

TUDOR, William (1779-1830) • CtHi L1 • CtY L2 • InU L2 • MB L4 D1 • MBAt MS2 • MBSpnea REF2 • MBU C1 • MH L25 C119 • MHi L17 D1 • MWA L4 D1 • MdHi D2 • NHi L11 • NIC L98 • NNC L2

325

Tudor, William (cont.)

C16 • NhD L5 D2 • NhHi L5 • PHC D1 • PHi L17 D2 • PPAmP L2 C1 • RPB-JH L4

TULLY, James (1891-1947) • CLSU L3 • CLU 32FT • CU L8 • CtY MS2 L7 C1 • ICL L1 • ICN L4 • IU-R L2 • InU L20 • LNHT L1 • MH L3 C2 • MeWC L3 • NB L1 • NIC L33 • NN-B D1 • NNC L1 • NNU-F M • NjP L93 C72 D12 • OkU C1 • OrU L3 • PU L7 • TxU L12 C2 • ViU L25 C9 D22

TULLY, Richard Walton (1877-1945) • C L3 • CLU L4 • CU L178 C1 • LNHT L1 • NIC L1 • NNWML L2 • OFH L1

TURBYFILL, Mark (1896-   ) • ICN L9 • ICarbS L1 C1 1FT • MH L6 C3 • NBuU MS2 L4 • OkU L1 C1 • RPB-JH MS1 • TxU L1 • WGr MS1 L4 • WMUW MS7 L4

TURELL, Ebenezer (1702-1778) • MB D1 • MHi L3 D1 • PHi L1

TWICHELL, Joseph Hopkins (1838-1918) • Ct D1 M • CtH L3 • CtHC L6 • CtHMTM L3 • CtHSD L1 C3 D1 • CtHT-W L1 • CtHi MS2 L7 C1 • CtY MS30 J11 L214 C70 D1 M • LNHT L1 • MH L1 • MeB L1 • NNC L7 • NjMD L1 • OKentU L1 • PHi L2 • RPAB L1 • RPB-JH C1

TYLER, Moses Coit (1835-1900) • CSmH L4 • CU L6 • CtY L25 • DLC L13 C2 • ICN L3 • IU-Ar C1 • InU L1 • LNHT L2 • MB L1 • MH L13 • MHi L17 • MWA L4 • MdBJ L7 • MiU L6 • MiU-C L17 • MiU-H L59 M • MnHi L3 • MoSW L1 • NIC MS49 J29 L532 C2071 D33 M • NNAL L3 • NNC L12 • NPV L10 C3 • NRU L2 • NcD L20 • NhD L1 D1 • NjP C1 • NjR L3 • PHi L3 • PSt L1 • RPB-JH L2 • TxGR L1 • UPB L1 • ViU L2 • VtHi L1

TYLER, Royall (1757-1826) • CSmH D1 • CtHi C2 • IGK C1 • InU D1 M • M-Ar L7 D31 • MB MS1 L4 C6 D6 • MH D2 • MHi L2 D1 • MiU-C D2 • NAlI L1 • NHi L1 C1 • NIC D1 • NNC MS1 L2 D2 • NcD L1 • NhD L2 D1 • NhHi L1 C1 • NjMoHP L1 • PHC L1 • PHi L2 C1 D2 • PPC C1 • ViU L4 D1 • VtHi MS47 J1 L19 C34 D86 M • VtU C2

TYLER, Samuel (1809-1877) • CSmH L14 • CtHC L3 • DLC L1 • MB D3 • MH L3 • MdHi L1 C1 D1 • NN-B L5 C1 • NRU L2 • PHi MS1 L10 • PP L1 C1 • ScU L1

ULLMAN, James Ramsey (1907-1971) • MiU L1 C2 • MnU-K L1 C1

• NjP 73CTN • OU L1 • TxU L7

UNDERWOOD, Francis Henry (1825-1894) • CSmH L4 • CU L1 • CtY L1 C15 • ICN L1 • MA C1 • MB L2 C4 • MH L76 C30 • MHi L5 • MWA MS1 L78 D3 • MdBJ L1 • MeB L4 • NN-B L1 • NNC L3 C2 • NRU L2 C5 • NcD L2 • NjP C7 • OFH L1 • PSC-Hi L1 C9 • RPB-JH L1 C1 • TxU C1 • ViU MS1 L3 C1 • VtMiM L2 C4

UNTERMEYER, Jean (Starr) (1886-1970) • ArU L4 • CU MS1 L5 • CtY MS6 L7 C25 • DGU L1 • DLC L45 • GU L1 • ICN L1 • IEN L1 • IU-R L3 D40 • InU L2 C6 • MA L1 • MBU L14 • MCR L2 • MH MS15 L87 C42 • MWH L18 • NBuU MS4 L74 • NHi L1 • NNC L1 • NNFF L2 C1 • NNU-F MS2 L2 C2 • NNWML L1 • NjP MS3 L3 C3 • OU L3 • PSt L3 • PU L9 • RPB-JH L5 C1 • TMM L5 • TxHR L1 • TxU L10 • ViU MS1 L4 C4 • ViW L2 • VtMiM L1

UNTERMEYER, Louis (1885-   ) • ArU L34 C11 • CLSU L3 • CLU L28 C3 R • CSmH L14 D1 • CSt L1 REF2 • CU L4 • CoU L1 • CtW L2 • CtY MS3 L81 C12 M • DLC MS7 L177 C7 PR • DeU MS6 L37 C1000 PR M • ICN L22 • ICarbS L10 • IEN L19 • IGK L1 • IU-Ar D1 • IU-R L37 C1 D5 • IaU MS1 L1 • InGrD-Ar L2 • InU MS5 L75 C620 D4 • KyBB L1 • KyBgW D4 • MA L11 • MAJ L5 • MB L3 C1 D1 • MBU L19 • MH MS7 L199 C84 D1 • MMeT L1 • MNS L3 • MWC L3 • MdBJ MS1 L1 • MeWC MS1 • MiU L18 C27 D1 • MiU-H L3 C2 • MnU-Ar L7 C1 M • MnU-K L1 • MoSW L5 • MoU L1 • NBiSU L1 • NBu MS1 L1 • NBuU MS4 L47 • NCH L5 • NIC MS1 • NN-B MS1 L20 D1 • NNAL L51 C66 D6 • NNC MS1 L65 • NNFF L1 C1 D1 • NNU-F MS1 L1 • NNWML L14 • NPV L1 • NRU L2 • NSbSU L1 • NSyU L27 C1 • NcD L3 • NhD L1 D7 • NjN L4 • NjP MS1 L6 C15 • OOxM L1 • OU L1 • OkU L2 • OrU L33 • PBm M • PPT R • PPiU L20 C3 • PSt L1 • PU L37 • RPB-JH MS3 L38 C11 M • TNJ L15 • TxU MS6 L17 • TxWB-B L1 • ViU MS5 L22 C1 • ViW L2 • VtU L3 C1 • WaU L28 C15

UPDEGRAFF, Allan Eugene (1883-   ) • CU L5 • CtY L2 • ICN L2 • InU L4 D2 • MH L3 • NBuU MS1 L1 • NNWML L1

UPDIKE, John (1932-   ) • CStbS D1 • DLC MS91 C2 MG1 PR M • InU L1 • MBU L5 • MH MS365 L18 C2868 D9 PR M REF2 • MdU MS5 PR • MiU L1 C2 • MnU C1 • MoSW MS3 L4 D2 PR • NNAL L6

327

Updike, John (cont.)

C13 D2 • NNC L7 • NNFF L2 C1 D2 • PBm L54 • PPiI L2 C8 D1 R
• PSt MS1 • PU L1 • RU L1 R • TxU MS1 1CTN

UPHAM, Charles Wentworth (1802-1875) • CSmH L5 • CtY L1 • MB
L2 D2 • MBCo D1 • MH MS3 L23 • MHi L7 • MWA L1 • MdHi D3
• MiU-C L1 • NRU L1 • NcD L5 • NhD D1 • NhHi L1 • NjMoHP
L3 • PHC L1 • PHi L10 • RPB-JH L1 • ViU L3 C1 • VtU L1

UPSON, Arthur Wheelock (1877-1902) • CtY MS1 D1 • LU-Ar L4 D3
• MH MS18 L75 M • MWH L4 • MnHi L1 • MnU-Ar MS209 J3 L172
C182 D11 M • MnU-Rb C2 • NBu L1 • NNWML L1

UPSON, William Hazlett (1891-   ) • MeWC L2 M • PSt L1 • VtU
24FT REF7

VALENTINE, Mann Satterwhite, II (1824-1892) • CSmH L10 C1 • MB
L1 C1 • ViRCU 3FT

VALLENTINE, Benjamin Bennaton (1843-1926) • CSmH L1 • CU C1
• InU L2 • LNHT L1 • LU-Ar C3 • MChB D1 • MH L1 • NNC L1
• RPB-JH L1

VANCE, Eleanor Graham (1908-   ) • NBuU MS12 L2 • OkU L14
C13

VANDERCOOK, John Womack (1902-   ) • CSt L1 • PPT L1 •
ViLRM L1 • WHi L1 C1

VAN DER VEER, Judy (1912-   ) • CLU 1.5FT

VAN DOREN, Carl Clinton (1885-1950) • ArU L3 • CCC L3 • CLSU
L16 C1 • CLU L2 • CSmH L26 • CSt L1 • CU L4 • CtU L6 • CtY MS1
L36 C1 D3 PR • DLC L7 • GEU L1 • ICN L5 • IEN L5 • IGK L3 •
IU-Ar MS1 L50 C4 D3 R M • IU-R L9 • IaU L2 • InLP L2 C2 • InNd
L1 C1 • InU MS1 L15 • KyBgW L1 C1 • KyU L1 • LNHT L17 • MA
L3 • MB MS1 L1 • MBU L1 • MH L43 C14 • MeWC L3 • MiU L12
C18 D2 • MiU-C MS2 L3 • MoLiWJ L1 • MoSW L1 • MtHi L1 • NBu
L1 • NHi MS1 • NIC L26 C7 • NN-B L2 • NNAL L2 C7 D1 • NNC
L49 • NNU-F L2 • NPV L36 • NhD MS1 L2 • NjP 19CTN • OkU L4
C2 • OrU L7 • PCarlD L2 • PHC L1 • PPL L1 • PPT L1 • PSt L12 •
PU L34 • RPB-JH L3 • TxU MS1 L4 C1 • ViLRM L1 • ViU L2 • VtMiM
L3 • VtU L1 C4

VAN DOREN, Mark Albert (1894-1972) • ArU L29 • AzU MS1 •
CLSU L1 • CLU L1 • CSmH L23 • CSt L3 C1 REF2 • CStbS L1 • CU

328

L2 • CU-A L1 • CtNbP MS1 • CtU L1 • CtY MS1 L17 C6 • DLC MS2
L127 C6 • GEU L1 • ICN L16 • ICarbS L1 • IEN L2 • IGK L1 • IU-Ar
MS1 L3 R M • IU-R L9 C2 • IaU L2 • InNd L1 • InU L20 C2 D5 •
KyLoB-M L41 • MA L8 • MAJ L2 • MBU L22 • MH MS2 L30 C10
• MMeT MS1 L1 • MNS L1 • MWelC MS1 L7 • MdBJ L6 • MeWC MS1
L1 • MiU L24 C30 D1 • MiU-H L1 • MoSW MS1 L11 • NBiSU L1 •
NBu L1 C1 • NBuU MS10 L7 • NCH L1 • NN-B L2 • NNAL .5FT •
NNC MS1670 L337 C2228 D3 MG2 PR REF1, 7 • NNFF L1 C2 D1 •
NNU-F L7 • NRU L1 C1 • NSsS L5 • NSyU L22 C1 • NbU L1 REF2
• NcA L1 • NhD MS2 L1 D1 • NjP L4 C3 • NjR L1 • NvU L1 C1 •
OClWHi L2 • OU L1 • OkU L5 C2 M • PPT MS1 • PPiI L5 C7 R •
PSC R • PSt L1 R • PU L27 • RPB-JH MS1 L6 C2 • TNJ L7 • TxU
MS11 L44 C1 • ViFreM MS1 • ViRCU L1 • ViSwC L3 • ViU MS7 L11
• ViW L3 • VtMiM L9 C9 • VtU L35 C7

VAN DRUTEN, John William (1901-1957) • CtY L15 C8 • ICL L1
• IU-R D6 • InU L2 • MBU MS3 L97 C15 D8 • MiU L1 C2 • NIC L3
• NN-B L1 D1 • NNAL L8 C5 • NNC L1 • NRU L1 • TxU MS3 L18
    VAN DUYN, Mona (1921-   ) • InU L10 C15 • MoSHi MS1 • MoSW
MS253 J12 L45 C645 PR R M • NN-B D1

VAN DYKE, Henry (1852-1933) • CCC L1 • CCamarSJ L2 • CLSU
MS4 L12 D10 • CLU L5 • CSmH MS7 L8 • CU L10 • CU-S L2 • CoCC
L2 • CtHC L1 • CtHT-W L5 • CtW L5 • CtY MS2 L47 C9 D9 PR •
DLC MS5 L62 • DeU L2 • GEU L3 • ICHi D1 • ICarbS L1 • IGK L3
• IU-Ar L1 C1 D1 • IU-R C2 • IaU L1 • In L1 • InU L8 C2 D3 • KyBB
L1 • KyBgW L1 • KyLoF L1 • KyRE L1 • KyU L2 • LNHT L20 C13
D2 • MA L4 • MB L2 • MCR L1 • MH MS4 L92 • MNS L6 • MWA
L8 • MWC L8 • MWH MS1 L2 • MWelC L3 • MWiW-C L1 • MdBJ
L9 C1 • MeWC L2 • MnHi L3 C3 • MoSHi L1 • NBuU L3 • NCH L3
• NHemH L1 • NHi L14 M • NIC L9 • NN-B MS2 L21 M • NNAL
MS13 L142 C250 D2 • NNC MS3 L46 • NNMus L6 • NNU-F L4 •
NNWML L7 • NPV L4 • NRU MS1 L17 C2 • NSchU L10 • NcD L17
• NhD L1 • NhHi L2 • NjMoHP L1 • NjP 133CTN • NjPT MS1 • NjR
L2 • OCl L2 • OClWHi L1 • OFH L1 • OMC L1 • OO L1 • OYesA
L2 • OkU C1 • OrU L1 • PBm MS1 • PCarlD L8 • PHC L1 • PHarH
MS2 L1 • PHi L3 • PP L2 • PPT L3 C2 • PSC L1 • PSC-Hi L1 • PSt
L4 • PU L2 • RNR L1 • RPB-JH MS2 L12 • ScU L2 • TxHR MS3 L3

Van Dyke, Henry (cont.)

Cl • TxU MS2 L2 • TxWB-B L1 • ViLRM L2 • ViSwC L1 • ViU MS2 L27 D30 • VtU L6 • WHi L2 • WvU L1

VAN ETTEN, Winifred (Mayne) (1902-   ) • IaU MS1 L4 C22

VAN ITALLIE, Jean-Claude (1936-   ) • MH MS11 MG3 • NNC MS1 • NNFF L3 C2 D7 • OKentU 6CTN

VAN LOON, Hendrik Willem (1882-1944) • CCamarSJ L1 • CLSU L1 • CLU L5 • CSmH L7 • CSt L2 • CU L1 • CtY L23 C3 D1 • DGU L1 • DLC L17 • ICL L1 • ICN L3 REF1 • IU-Ar L4 • IU-R L8 C17 • IaU L8 • InU L30 • MB L1 • MBCo L1 D2 • MBU L2 REF5 • MCR L5 M • MH L25 C6 • MWC MS2 L11 • MeWC MS1 L5 C2 • MiU-H L5 • MnHi L1 • MnU-K MS1 • MnU-SW L75 C75 D5 • NHpR L1 • NIC 18CTN REF5 • NN-B MS1 L1 • NNC MS2 L41 REF5 • NNWH L1 • NcD L1 • NjP MS1 L8 C3 D1 • NjR L2 • OU L2 • OkU L5 C10 • PBm L1 • PP MS1 L1 • PSt L5 • PU L56 • TxU MS2 L31 • UPB L1 • ViLRM L1 • ViU MS1 L66 C2

VAN VECHTEN, Carl (1880-1964) • AzTeS L1 • CLU L1 • CSmH L1 • CU L38 M • CoU L2 • CtU C1 • CtY MS107 L980 C10000 D5 PR M REF7 • DLC L1 • DeU L1 • GAU MS1 L70 • ICN L6 • ICarbS L3 • IU-Ar L1 • IU-R C8 D2 • IaU MS1 L7 C5 M • InLP L1 • InU L20 REF4 • LNHT L127 M • MBU L21 REF5 • MH MS1 L5 • MiU L20 C86 • NIC L3 C4 • NN-B MS2 L69 C290 M • NN-Sc C1 D1 REF1 • NNC L45 • NNU-F L2 • NjP MS1 L2 C3 D113 • OCl L1 • OU L6 • PPT L3 • PSt L3 • PU L30 • RPB-JH L2 • TNF R • TxHR L2 • TxU L96 C11 D14 1CTN • ViRU MS6 L1 C2 • ViU MS1 L56 • ViW L11

VAUGHAN, Sir William (1577-1641) • MB L1 D1

VAZAKAS, Byron (fl.1946) • CtY L22 D4 M • IU-Ar MS2 L8 PR • NBuU MS100 L9 • NNFF L3 • RPB-JH MS9 L37

VEBLEN, Thorstein Bunde (1857-1929) • CSt D1 R • CU L1 • CtY MS1 • ICN L1 • ICarbS L2 C3 • IU-Ar D1 • InU L2 • MnHi L5 D1 • MnNC-Ar D10 MG2 M • NNC MS1 L7 • NjP L11 C2 D7 • PCarlD L1 • PU L1 • RPB-JH MS2 L8 • WHi 1FT

VENABLE, William Henry (1836-1920) • CLU L1 • InRE L1 • InU L10 C4 • MH L3 • NIC L1 • NN-B L1 • NNC L1 • NcD MS1 • OC L1 • OCHP MS2 L2 M • OFH L7 M • OHi 6FT • UPB L1 • ViU MS1 • WvU MS3

330

VERPLANCK, Gulian Crommelin (1786-1870) ● CSmH L8 ● CU L1 ● CtHi L5 C1 ● CtW L1 ● CtY L1 C1 ● DFo C3 ● DLC L9 C6 ● ICHi L1 ● ICarbS C1 ● MB L7 ● MH L7 C1 ● MHi L30 ● MdBE L2 ● MdHi L2 D4 ● MiU-C L1 ● N L8 C2 D1 ● NHi REF66 ● NIC L2 ● NN-B L2 C41 ● NNC L4 C3 D6 ● NNPM L2 ● NNS L1 ● NRU L6 C14 ● NhD D2 ● NjP L1 ● PHC L1 ● PHi MS1 L15 C1 ● PPAmP C1 ● PPRF C11 D2 ● RPJCB C1 ● UPB L1 ● ViU L2 C1

VERY, Jones (1813-1880) ● CtY MS3 ● IaU L1 ● MB MS1 L1 D1 ● MH MS130 L5 ● MHi L3 D2 ● MSaE MS2 J1 L1 D2 M ● MWelC MS5 L8 ● NNPM MS1 ● PHC L1 ● PHi MS1 ● RPB-JH MS120 C2 D3 ● ViU MS3

VERY, Lydia Louisa Ann (1823-1901) ● CtY L1 ● MSaE MS2 L2 M ● MWA MS5 J1 ● PSt MS1 ● RPB-JH MS1

VICTOR, Frances Auretta (Fuller) Barrett (1826-1902) ● C L3 ● CU MS10 L4 C6 D1 ● CtY L8 MG1 ● InU L2 ● MB L1 ● MiU L1 ● N L1 ● NIC L1 ● OrHi L55 D1 MG2 ● PHi L1

VICTOR, Metta Victoria (Fuller) (1831-1886) ● DGU L1

VICTOR, Orville James (1827-1910) ● CSmH L2 C5 ● Ct C1 ● CtY C1 ● InU L1 ● KyLoF L1 ● MB L2 ● MH L6 C14 ● NIC L1 C2 ● NRU L1 ● NcU L4 D1 ● OCHP L2 ● RPB-JH L1

VIDAL, Gore (1925-   ) ● CtY L9 ● FU MS2 R ● ICN L2 ● IaU MS1 ● MBU L2 D2 ● MH L2 ● NN-B D6 ● NNC L2 ● NSyU MS1 D4 R ● PU L1 ● TMM L1 ● TxU MS3 L3 3CTN ● WHi 100CTN REF1, 2, 5, 7

VIERECK, George Sylvester (1884-1962) ● CLU L1 ● CSmH L1 ● CSt-H MS1 C12 M ● CU MS4 L2 C2 D1 ● CU-S L1 ● CtY MS2 L52 C3 D3 ● DDO MS4 C4 ● DGU L2 ● DLC MS6 C1 ● DeU L4 ● ICN L3 ● ICarbS L4 C2 ● IGK L1 ● IU-R L5 C2 ● IaU MS101 L184 C846 D37 M REF1 ● In L1 C1 D8 ● InTI L2 ● InU L45 D2 ● MB MS1 L150 C7 ● MBU L3 ● MH L27 C93 ● MWalB L6 ● MoSHi C14 ● MoU L1 ● NBuU L2 ● NIC MS1 C1 ● NN-B L1 ● NNC L2 ● NNCoCi MS1 L11 D47 ● NNPf D1 REF2 ● NNWML L24 ● NPV D1 ● NRU L5 C7 ● NcD L1 ● OkU L16 C11 D1 M ● OrU L2 ● PCarlD L1 ● PU L46 ● RPB-JH L4 C5 ● TxU L7 C5 ● WHi L2 C7

VIERECK, Peter Robert Edwin (1916-   ) ● CU-A L11 ● CtY L1 C2 ● DLC L7 ● ICN L2 ● IU-Ar L5 C1 D1 R M ● InU L7 C3 D1 ● KyU

Viereck, Peter Robert Edwin (cont.)

MS62 L1 C1 PR M ● MBU L5 ● MCR L7 C5 ● MU-Ar R ● MiU L10 C16 D1 ● MoSW MS1 L1 ● NBuU MS8 L11 ● NNC L11 ● NRU L1 ● NSyU MS1 L28 C2 ● NbU L6 C1 M REF2 ● NhD MS1 ● NjR L15 ● OkU L11 C9 M ● PHC L1 ● PSt L1 ● PU MS1 L7 ● RPB-JH L1 ● TxU MS2 L6 C2 ● ViU MS2 L2 ● ViW L1 ● VtMiM L6 C5 ● VtU L1 ● WHi L1 C1 R ● WaU L8 C1 ● WyU-Ar L10

VIERTEL, Peter (1920-   ) ● CLU MS1 ● ICN L1 ● MBU MS2 C1 REF1 ● TxU L1 C1

VILLARD, Oswald Garrison (1872-1949) ● CHi L2 ● CLU L2 ● CSmH L7 C1 D1 ● CSt L3 ● CU L16 ● CtW L1 ● CtY MS1 L131 ● DLC L26 ● ICN L8 ● ICarbS L2 ● IU-Ar L13 C4 ● IU-R L4 ● In L6 C1 D1 ● InU L45 C15 ● MA L10 C1 ● MB L3 D5 ● MCR L8 ● MH REF1 ● MH-BA 1CTN ● MNS-S L1 ● MWA L2 ● MdBJ L3 ● MiU-H L9 C4 ● MnHi L42 C48 ● MnU-SW L30 C30 D9 ● NHi MS1 L1 REF66 ● NIC L3 ● NN-Sc L1 REF1 ● NNC MS1 L156 C10 ● NNWML L1 ● NPV L3 ● NSchU L5 ● NSyU L51 C2 ● NcD L11 ● OO L1 ● OkU L1 C1 ● PCarlD L1 ● PHC L1 ● PHi L2 ● PPT L2 C1 ● PSC-Hi L1 ● PSt L1 ● PU L18 ● RPB-JH L1 C1 ● ViU L3 ● WHi L5

VINAL, Harold (1891-1965) ● CLSU L8 ● CLU L1 ● CoU L4 ● CtY MS1 L23 C23 ● DLC L9 ● IEN L11 ● IGK L1 ● MH L30 ● MMeT L2 ● MNS L4 ● MeWC L14 ● NBuU MS3 L22 ● NNC L3 ● NSyU L63 C1 ● NhD L3 ● OU L1 ● PPiU L16 C2 ● PSt L1 ● PU L4 ● RPB-JH L11 C1 ● TxU L30 C2 ● ViLRM L1 ● ViU L7 ● WGr MS2

VOLLMER, Lula (1898-1955) ● PU MS1

VONNEGUT, Kurt, Jr. (1922-   ) ● CU L1 ● ICN L1 ● IDeKN MS1 PR ● InU L1 ● MNoW MS1 R ● NNC L1 ● NNFF L1 ● OU R ● PPiI L1 C1 R

VORSE, Mary Marvin (Heaton) (1881-1966) ● CSmH L6 ● CU L2 ● CtY D3 ● ICN L2 ● InU L3 C1 ● MAJ L1 ● MB D1 ● MCR L33 C4 D1 ● MH L1 ● NNAL L3 C8 ● NNC L2 ● NjP L9 C8 ● PU L1 ● TxU L1

WAGONER, David (1926-   ) ● ICN L3 ● IU-Ar MS3 L3 ● InU L6 C5 D5 ● MA L2 ● MoSW MS581 J27 L1 C41 M ● NBuU MS9 L4 ● NNFF MS1 L10 C11 D4 ● NbU C1 REF2 ● PSt MS1 L12 C14 D15 ● RPB-JH L4 ● WaU L21 C7

WAGSTAFF, Blanche (Shoemaker) (1888-   ) ● CtY MS1 L5 ●
DLC L2 ● ICN MS2 L14 ● IGK MS1 ● InU L1 ● KyRE D2 ● MH
MS1 L19 C5 ● NNC L1 ● NNU-F MS1 L1 ● NNWML L16 ● NPV
MS1 ● PU L4 ● TxU L1 ● ViW L4

WALKER, David (1785-1830) ● CU L3 ● MHi L1 ● NHi C2 D1

WALKER, Mildred (1905-   ) ● MiU L45 C30 D20 ● MiU-Ho MS3

WALLACE, Horace Binney (1817-1852) ● CStbS L1 ● MB MS1 L11
● MHi L8 ● MWA L1 ● MdBE L1 ● PHi MS1 L25 C3 D1 ● TxU C1 D4
● ViU MS1 L14 C1

WALLACE, Lewis (1827-1905) ● CCamarSJ L5 D1 ● CLU L1 ● CSmH
MS1 L11 C1 D5 ● CStbS L1 ● CU L3 ● CoCC L1 ● CtHi L1 ● CtY MS1
L7 ● DLC L27 C4 ● ICHi J1 L2 ● IGK L2 ● IU-R L1 ● IaMc L1 ● In
L13 D13 ● InCLW M ● InCW MS1 ● InHi MS50 L560 C700 D30 M ●
InI L1 ● InU MS30 L1155 C140 D115 M ● MB D1 ● MBU L1 ● MH MS1
L2 ● MHi L1 ● MdBE L3 ● MdHi L1 C1 ● MeB L2 ● MiU L1 ● MiU-C
L1 ● MnHi MS1 L1 ● N L1 C1 D1 ● NBu L2 REF65 ● NHi L2 C1 ● NHpR
L1 ● NN-B L3 ● NNC L4 D19 ● NNPM L5 D1 ● NNU-F L5 ● NPV L1
D1 ● NRU L7 C1 ● NcD L2 ● NcWsW MS1 ● NjMoHP L2 ● OCHP L19
● OCl L1 ● OClWHi MS1 L4 D1 ● OFH L15 C2 ● OMC L3 ● OOxM
L1 ● PHC L1 ● PHi L5 ● PP L1 ● PSt L1 ● TxU MS1 L1 ● UPB L1 ●
ViU MS4 L32 ● VtU L1 ● WHi L4

WALLACE, William Ross (1819-1881) ● CLU L1 ● CSmH L1 ● ICHi
MS2 ● MB L1 ● MiU L1 ● NNC L4 D2 ● NcD L1 ● PHi MS1 L4 ● TxU
MS1 ● ViU MS1

WALLACK, John Lester (1820-1888) ● CU-A L1 M ● CtW L1 ● CtY
C1 ● DFo L47 C2 D4 M ● DLC L2 ● ICL L2 D1 M ● IGK L1 ● IaU
L1 ● InU L2 C4 M ● MH L1 C3 ● MiU D1 ● N L1 ● NHi MS1 L1 C1
D1 ● NIC L1 ● NNC L4 C2 D1 ● NNPM L2 ● NNWH L4 ● NPV L1
● NRU C1 ● PHi L1 ● PPL L1 ● PU L3 M ● WaPS L1

WALN, Robert (1794-1825) ● CLU L1 ● CSmH L3 ● CtY L1 C2 ● MB
L1 ● NHi C2 ● PHi L1 ● PPAmP L2 ● PPL J1 L2 D5 ● RPB-JH L1

WALSH, Chad (1914-   ) ● CU L2 ● CtU L8 ● CtY L5 ● DLC L15
C3 ● ICN L6 ● IU-Ar MS2 L2 ● InU L2 ● MBU L2 ● MiU L43 C19 D1
● MoSW L11 ● NBuU MS23 L14 ● NNFF L2 C1 D3 ● NbU L2 C1 REF2
● PPiI L7 C8 R ● RPB-JH L4 ● WHi R

WALSH, Robert (1784-1859) ● CLU L3 ● CSmH L8 ● CtHi L1 ● CtY

Walsh, Robert (cont.)

L5 C1 • DGU L1 • DLC L22 C28 D1 • ICHi C1 • IGK L1 • LU-Ar L2 • MA L1 • MB L6 • MHi L35 • MdBE L8 • MdBJ L1 • MdHi L8 C1 D3 • MiU-C L1 • NHi L24 C2 D2 REF66 • NIC D1 • NNC L9 D1 • NNPM L3 • NcD L3 • NhHi L3 • NjMoHP L1 • NjP L2 • OCHP L3 • PHC L2 • PHi L64 C10 D9 1CTN • PP MS1 • PPAmP L9 C17 D1 • PPL L6 D3 • PU L1 • RNR L1 • RPB-JH L2 • ScCleU L11 • ViU L2 C2 • WHi L1

WALSH, Thomas (1875-1928) • CSmH L4 • CU L11 • DGU L1 • DLC L7 C2 • IU-R C1 • IaU L1 • MH MS2 L10 • NB C1 • NBuU L3 • NNC L1 • NNWML L10 • OCX L9 D3 • PU L1 • ViU MS1 L1 C1

WALTER, Eugene (1874-1941) • CtY L2 • ICL L1 D1 • InU L3 D1 • MH L3 • NN-B D1 • NjP MS1

WALTER, Thomas (1696-1725) • MB D1 • MHi L1 • PHi L1

WALTER, William Bicker (1796-1822) • MeB L2 • NNPM D1 • PHi MS1

WARD, Christopher Longstreth (1868-1943) • CSmH L1 • DLC MS1 • DeGE L1 C2 • DeU 9FT • MH L2 • NN-B L2 • PSt L1

WARD, Elizabeth Stuart (Phelps) (1844-1911) • CHi L1 • CSdS L1 • CSmH MS4 L43 C2 D2 • CtHC L2 C1 D1 • CtY MS7 L28 • DLC L8 • DTr L2 • ICHi MS2 L1 • ICL L1 • IEN L1 • IGK L1 • IU-R C1 D2 • IaGG MS1 • InNd L1 • InU L4 D1 • MA L1 • MAnP MS1 L1 • MB MS2 L12 C16 D3 • MBCo C1 • MBU L2 • MCR L6 C1 • MH MS1 L153 C2 M • MHi L1 D2 • MNS L1 • MSaE L4 M • MWH L1 • MWelC L2 C1 • MdBJ L1 M • MeB MS1 L5 • MeWC L2 • MiMtpT L7 • MnHi L1 • MoSW L1 • NHi L1 M • NN-B L1 • NNBa MS2 L5 • NNC L4 • NNPM L2 C1 • NNU-F MS1 L4 • NRU L1 • NcD L1 • NjMoHP L3 • NjP L1 C1 • OCHP L2 • OFH MS1 L25 M • PHi L5 D5 • PSC-Hi L1 C62 • PSt L1 • RPB-JH MS5 • TxU C5 • ViU MS3 L63 C1 • VtMiM L4 C1

WARD, Leo Richard (1898-1953) • ICL L1 • IU-Ar L2 C1 • IaU MS2 L3 • InNd L11 C7 • InU L5 • NIC L1

WARD, Mary Jane (1905-   ) • IEN L2 • MBU 1FT REF1 • NNBa L1 • NNFF L2 C1 • NNU-F L1

WARD, Nathaniel (1578?-1652) • MHi D3

334

WARD, Samuel Ringgold (1817-1866?) • DLC L1 D1 • MdHi L1 •
NN-B L2 C5 • NRU L1 • NSyU L7 • PHi D1 • WaU C1

WARD, Thomas (1807-1873) • DeGE L1 • MB L2 • MH L2 • NcD
L1

WARE, Eugene Fitch (1841-1911) • CLSU L11 • CSmH MS6 L62 •
DLC L1 • ICN L5 REF40 • InRE L4 • InU MS2 L35 • MdBJ D1 • NBu
L1 • NHi MS1 L1 • NNC L4 • UPB L1

WARE, William (1797-1852) • CSmH L2 • CtY L2 • IU-R D7 • MB
L2 C17 D1 • MBCo L5 C16 D3 • MH MS4 J1 L11 C2 • MHi L9 • MoSU
C1 • NHi MS1 L1 REF66 • NNPM L1 • NNS L2 • NNU-F L1 • NRU
L1 • PHC L1 • PHi L3 • PP L1 • ViU L5 • WaPS D1

WARFIELD, Catherine Ann (Ware) (1816-1877) • LU-Ar C2 • NHi
MS1 • NNBa L1 • NNC D1 • NcD MS1 • OCHP MS1 • PHi L2 •
RPB-JH MS1

WARNER, Anna Bartlett (1827-1915) • CtW MS1 L1 • DLC L3 • IU-R
D2 • MB L1 • MWA L1 • MdBJ MS1 • MeB L1 C1 • NIC L6 • NNBa
L2 • NNC D2 • NSchU L3 • NWM L1 • NcU L4 • NhD L1 • NjMoHP
L1 • PHi L4 • TxU MS1 • ViU L3

WARNER, Charles Dudley (1829-1900) • CCC MS2 L2 • CLSU L5 •
CLU L4 • CSmH MS4 L68 C1 D6 • CSt L1 • CU L1 • CoCC L1 • Ct
MS1 L1 C1 • CtH L2 C1 • CtHC L5 • CtHMTM MS2 L7 • CtHSD
MS6 L62 C2 D1 M • CtHT-W MS35 J18 L61 C2628 PR M • CtHi L11
C1 • CtU L1 • CtY MS11 L264 C5 M • DFo L5 C2 • DLC L62 C1 •
DTr MS1 • GU L1 • ICHi L1 • ICL L2 • ICN L3 REF1 • IEN L1 •
IU-R L1 • IaGG MS1 • IaU MS1 L3 • InNd L1 • InNd-Ar D4 • InU
MS1 L1 • KyLo L1 • LNHT L6 • LU-Ar L74 C9 D17 • MA L2 • MAJ
L1 • MB L14 D2 • MCR L1 • MH MS3 L263 • MHi L7 • MNF L1 •
MWA L5 • MWH L4 D1 • MWalB MS1 • MWelC L3 • MdBJ L14 C1
• MeWC L2 • MiMtpT L2 • MiU L3 • MnHi L1 • MnU L1 • MoCgS
MS1 L1 • MoSHi D1 • N C1 • NBu MS1 L3 REF65 • NCH L3 • NHemH
L1 • NHi L12 REF66 • NIC L120 C235 • NN-B MS4 L8 C2 • NNAL
MS1 L4 • NNC MS6 L61 REF4 • NNPM MS2 L4 • NNU-F L14 •
NNWH L1 • NPV L9 • NRU L2 C1 • NSchU L21 REF74 • NcD L20
• NhD L1 D1 • NjMoHP L15 • NjP MS1 L3 C2 • OCHP L1 • OClWHi
L1 • OFH MS1 L3 M • OHi L1 • OMC C1 • PBL C1 • PCarlD L2 •
PHC L1 • PHi L9 • PInU L1 • PPT L1 • PSC L1 • PSt L4 • PU L2 •

335

Warner, Charles Dudley (cont.)

RPB-JH L4 C2 D8 • TxU MS4 L6 C1 D1 • ViU MS16 L73 C1 • WMUW L9 • WvU L1

WARNER, Susan (1819-1885) • CLU L1 • CSmH MS1 • CtHSD L1 • CtHi L1 • CtW L2 • CtY L2 • ICHi D2 • IU-R L11 D2 • MB L2 • MH L2 • MdBJ MS1 • NBu L1 REF65 • NHi L1 • NIC L4 • NNBa L4 • NNU-F L1 • NRU L1 • NSchU L3 • NcD L15 • NjMoHP L2 • PHC L1 • PHi L6 • RPB-JH L3 • TxU MS1 • ViU L8

WARREN, Austin (1899-   ) • CSt L13 C12 D1 M • CU L1 • ICN L33 • IU-Ar L14 C2 • MA L1 • MB L10 C17 D10 • MH MS1 L4 • MiU L9 C12 • MoSW L6 • NNC L2 • NcU L1 • OkU C1 • PU L9 • TNJ L4 • WaU C1

WARREN, Mercy (Otis) (1728-1814) • CStbS C1 • CtW L1 • DLC MS1 L6 C5 • InU L1 C1 • MB L2 C10 D1 • MCR J1 L4 C1 • MH MS5 C1 • MHi MS5 L345 D1 REF4 • NHi L3 • NNBa L2 • NNC L15 • PHi L3 • RPB-JH L1 • ViU L2

WARREN, Robert Penn (1905-   ) • ArU L10 C13 • CSt L2 • CU L10 • CU-A L4 • CU-S L1 • CoU L1 • CtW L1 • CtY L2 REF6 • DLC L40 C2 • DeU MS1 L1 • GEU L4 C1 • ICN L67 • ICarbS L10 C9 • IEN L2 • IU-Ar L12 D1 R M • IaU L5 • InU L7 • KU-S L1 • KyBgW L2 C1 D1 • KyHi L1 • LNHT L1 C1 • MA L7 • MBU L23 • MH L8 C2 • MU-Ar R • MdBJ L1 • MdU D1 PR • MiU L6 C9 D1 • MnU L8 C5 • MnU-Ar MS1 L7 C5 R • MoSW L19 C6 D11 • NBuU L4 • NN-B L10 D1 • NNAL L19 C23 D3 • NNC MS1 L28 • NNFF L2 C2 D3 • NNU-F MS2 L1 • NSyU L24 • NjP MS1 L1 C5 • NjR MS1 L8 • OkU L7 C9 • PBm L4 • PPiI L4 C5 R • PSt L22 • PU L12 • RPB-JH L4 D1 • T MS1 L42 D1 • TNJ MS6 L223 C15 M REF86 • TU L1 • TxU MS2 L10 MG1 PR • ViU MS10 L27 C2 D2 • VtMiM L3 C3 • VtU L1 • WaU L14 C7 • WyU-Ar L2

WASHINGTON, Booker Taliaferro (1856-1915) • A-Ar L17 • ABH MS1 L1 • CCC L1 • CLU L8 • CSdS L1 • CSmH L9 D1 • CSt L1 • CStbS L1 • CU L4 • CU-S L1 • CtHC L3 • CtHi L1 • CtLHi L2 D1 • CtY L194 D2 • DGU L1 • DLC MS612 L1707 C2183 D874 REF33 • ICN L6 REF1 • ICarbS L1 • IEN L4 • IGK L3 • IHi L2 • IU-Ar D2 • IU-R L1 D4 • IaU L1 • In D1 • InGrD-Ar L1 • InHi L1 • InTI L1 • InU L17 C1 • KyBB L16 • LNHT L13 • MA L12 C1 • MB L8 D7 • MCR L7 • MH

336

L72 • MH-BA L36 • MHi L6 • MMeT L1 • MNBedf L1 • MNS-S L4 • MU-Ar D39 • MWA L14 • MdBJ L19 • MdHi L1 • MeB L8 • MeLB L2 • MeWC L2 M • MiEM L1 • MiU-H L28 C3 • MnHi L20 • MnNC-Ar L1 • MoSHi L4 • NAlI L2 • NBu L3 • NBuHi L4 D1 • NCH L3 • NHi L3 M REF66 • NIC L13 C1 • NN-B L3 • NN-Sc L100 C1 D13 M REF1 • NNC L250 D1 • NNU-F L1 • NNWML L2 • NPV L5 • NRU L31 • NSchU L2 D1 • NSyU L4 C3 • NcD L21 • NcU L6 C4 • NhD L3 • NhHi L4 C2 • NjMoHP L28 • NjN L2 • NjP L9 C2 D1 • NjR L2 • OCHP L2 • OCl L4 • OClWHi L1 • OFH L6 • OMC L1 • PPL L2 • PSC L1 • PSt L3 • RPB-JH L5 • ScCleU L1 • TNF L59 C23 • TNJ L3 • TxGR L2 • UPB L5 • ViSwC L1 • ViU L14 • VtU L10 • WGr L1 • WHi L10

WASHINGTON, George (1732-1799) • A-Ar L1 D1 • CCC C1 • CCamarSJ L2 D4 • CGlF L1 • CSmH REF1 • CSt L5 D3 M • CU L3 D3 • CU-S L1 • CoCC L1 D1 • Ct MS1 J1 L18 C1 D9 • CtHC L2 D2 • CtHi MS1 L75 C85 • CtLHi L6 C49 D15 • CtY L42 C38 D31 • DDO D1 • DFo D2 • DGU L4 • DGW L1 • DLC MS12 L335 C381 D60 REF4, REF34 • DeGE L3 • GHi D1 • ICHi MS1 J5 L13 C9 D23 • ICN L2 D4 • ICarbS L2 • IEN L3 • IGK L1 D1 • IaHi L1 • IaU L1 • In D2 • InCW L2 • InFwL L1 • InGrD D2 • InHi L5 C2 D7 • InU MS3 L5 D30 • KyBgW D1 • KyHaHi L1 M • KyLoF L1 • KyU L1 REF4 • LNHT L20 • M-Ar D3 • MA L6 C4 D1 • MAnP L5 C1 D1 • MB L23 C8 D20 • MBAt MS1 J1 L5 • MBU L8 C1 D4 M • MCM L1 C1 • MH MS4 L114 C148 D8 MG1 M • MHi L627 D9 • MS L1 • MWA MS1 L2 C1 D2 • MWH L2 • MWalK L1 REF2 • MWelC L1 • MWiW L1 • MWiW-C MS3 L10 D1 • MdBJ L6 D1 • MdHi L20 C15 D16 • MeB L1 • MiU D2 • MiU-C L90 C96 D16 • MnHi L11 C7 M • MnSM L2 • MoS L1 • MoSHi L3 C1 D3 M • MoSW L6 D7 • N MS1 L3 C17 D15 • NBu L1 D1 REF65 • NBuHi L2 • NCanHi D1 • NHi REF66 • NHpR L6 • NIC MS1 L21 C16 D5 M • NN-B MS1 L4 C3 • NNC MS3 L63 C73 D17 REF4 • NNF J3 L5 • NNMus L1 • NNPM MS5 J1 L105 C11 D16 • NNS L7 • NNebgWM L13 C4 D10 • NPV L1 D1 • NRU L2 • NRom L2 • NSchU L49 C1 D1 • NTaHi L1 • NWM L2 • Nc-Ar L1 C1 D1 • NcD L13 D11 • NcU L4 C4 D4 • Nh L9 • NhD L39 C20 D45 • NhHi L12 C16 • NjMoHP MS12 L226 C75 D19 • NjP MS3 L157 C84 D47 • NjPT L1 • NjWdHi L1 • OCHP L1 C1 • OClWHi L7 C10 D20 • OFH L1 D2 M • OHi L11 REF6 • OMC L17 C11 D15 • OOxM L1 • PBL L1 • PCarlD

337

Washington, George (cont.)

L1 C2 • PHC L9 C1 D3 • PHi MS8 J30 L555 C562 D340 8CTN • PMA L1 • PP L9 C5 • PPAmP L16 C9 D74 • PPC C1 • PPL L2 D40 • PPRF L127 C14 D7 • PPT C1 • PPiU L6 D2 • PU L2 D1 • PWcS L1 C2 • RHi C7 D2 • RNR D2 • RPA L1 • RPAB L1 C6 • RPB-JH MS2 L5 D33 • RPJCB MS2 J2 L79 C3 D9 • ScC L22 D1 • ScHi L120 C8 • ScU L4 C1 • TU L1 • TxU L6 C2 D4 MG1 • Vi L10 C10 D5 • ViHi MS2 J3 L36 C35 D133 M • ViMtvL L229 C309 • ViU L32 C5 D5 • ViW L6 • ViWC D4 • VtHi C3 D17 • WHi L118 D1 • WaPS D1

WATERLOO, Stanley (1846-1913) • CLSU L1 • ICHi MS1 • ICN MS2 L3 REF1 • InU L1 • MiU-H L1 • TxU L1 • ViU L1

WATERS, Frank (1902-   ) • AzTP REF12 • CLU MS1 L1 C1 • CU L1 C1 • CoC MS1 • CtY MS1 L202 C15 D3 • MnU L6 • OkU L4 C5 D1 • OrU MS20 M • PU L3 • TxU L58

WATTERSON, Henry (1840-1921) • A-Ar L1 • CSmH L2 C1 D1 • CtHT-W L2 • CtY L11 • DFo L4 • DLC L8 C10 42CTN REF1 • ICL L1 • ICN L2 • InFwL L4 • InU L10 C5 • KyBB L1 • KyBgW L8 • KyLo L3 C4 • KyU MS1 L15 C3 M • MB L1 C1 • MH L10 • MHi L1 • MWA L7 • MeB L1 • MeU L1 • MiU MS2 • MnHi L2 • MoSW J1 L3 • NBu L1 REF65 • NHi L8 REF66 • NNC L6 • NNPM L1 • NRU C1 • NSchU L8 • NcD L24 • NhHi L6 C2 • NjP L2 • OCHP L2 • OFH L2 M • RPB-JH L5 D1 • TxGR L1 D1 • UPB L3 • ViU MS3 L4 • WHi L3

WATTS, Mary (Stanbery) (1868-1958) • CLSU L3 • MH L4 • NHi REF66 • NN-B L5 • NjP L1 • OCX L1 • PPT L1

WAYMAN, Dorothy (Godfrey) (1893-   ) • MH L3 • MWH 91CTN

WEAVER, John Van Alstyn (1893-1938) • CSmH L2 • CtY L2 • GEU L1 • InU L2 • KPT MG1 • MChB L1 • MH L3 • MWC L5 • NBuU L1 • NNWML L1 • NjP C2 • PU L3 • TxU D1 • ViU L1

WEAVER, Raymond Melbourne (1888-1948) • CLU L1 C18 • CtU L3 • IU-R L1 • MH C1 • MPB J1 • NNC MS2 L14 D1 • PU L2

WEBB, Charles Henry (1834-1905) • CLU D1 • CSmH L2 • CU D1 • CtY L7 C1 • DLC MS3 L19 C285 D2 3CTN • InU C1 • LNHT L2 • MA L1 • MCR L1 • MH MS2 L12 • MNF MS1 L1 • MWA L1 • MdBJ L20 • NHi L1 • NIC L2 • NNC MS7 L61 • NRU L1 • NjP C17 • OU L1 • PHi MS2 L4 • RPB-JH L10 C6 D2 M • ViU L12 • VtMiM L1

WEBBER, Charles Wilkins (1819-1856) • NjP D1 • PHi L3

WEBSTER, Daniel (1782-1852) • A-Ar L1 • CLU L5 C2 • CLU-C L1 • COMC MS1 L2 • CSmH MS1 L45 C9 D33 • CSt MS1 L3 D2 • CStbS C1 • CU L7 C1 • CU-S L1 C1 D1 • Ct L1 • CtHC L2 • CtHT-W L3 • CtHi L6 • CtLHi L1 D1 • CtY MS10 L164 C55 D15 M • DGU L7 • DLC MS1 L5 C56 D11 REF4 • DeGE L1 D1 • GEU L2 • ICHi MS1 L13 C1 D3 • ICL L1 • ICN L4 C1 D2 • ICarbS L1 • IEN L2 • IGK L4 C1 • IU-R C1 • IaDmE L1 • In D1 • InHi L3 C2 D2 • InNd L1 • InNd-Ar D2 • InU L6 C2 D8 • KyU L1 C3 D2 • MAJ L1 • MAnP L2 C1 D8 • MB MS3 L38 C3 D52 • MBAt L1 C6 • MBCo L1 C1 D2 • MBSpnea REF2 • MBU L3 D2 • MH MS6 L386 C149 D6 M • MHi 1FT • MNF L1 • MNS-S MS1 L9 • MS L1 • MWalB MS12 J5 L100 C1400 D46 • MWelC L2 D2 • MWiW L3 • MdBE L8 • MdBJ L2 • MdHi L62 C15 D7 • MeB L7 C1 • MeWC L2 • MiU L1 • MiU-C L13 C9 • MnHi L4 C1 • MoLiWJ L1 • MoSHi L4 C1 D1 • MoSM L2 • N L5 C1 D5 • NAurW L1 • NB L2 • NBu L4 REF65 • NBuHi L222 • NCH L2 • NCanHi L1 • NHC L1 • NHi REF66 • NIC L10 D1 • NNC L42 C9 D2 REF4 • NNPM L18 C1 • NNS L7 • NNU-F MS1 L1 • NNWH L1 • NNebgWM L3 • NPV L1 D1 • NRU L34 C27 • Nc-Ar L3 C1 D1 • NcD L34 D1 • NcU L34 C7 D6 • Nh L4 C4 D2 • NhD 8FT REF7 • NhExP L25 • NhHi 6FT • NjMD L3 C2 D10 • NjMoHP L21 C22 • NjP L42 C4 D2 • OCHP L10 C1 • OClW L1 • OClWHi L8 D1 • OFH L2 • OHi L1 C1 • OMC L1 C2 • OT L1 • OkTG M • PBL L1 • PCarlD L2 D1 • PGC L1 • PHC L20 D1 • PHi MS2 L54 C15 D23 • PMA L1 • PP L6 C1 D1 • PPAmP L4 D2 • PPL L4 D5 • PPT L1 D1 • PPiU L1 • PU L21 D21 • RHi D2 • RNR L3 • RPB-JH L9 C1 D8 • RPJCB L2 • ScU L1 C5 • T L7 D11 • TxGR D1 • TxU L5 C2 D2 • UPB L10 C1 • ViRCU L1 • ViU L11 • VtHi L2 D4 • VtU L3 C4 • WHi L7 C2 D3

WEBSTER, Henry Kitchell (1875-1932) • CLSU L2 • CSmH L4 • CtY L1 • ICN 12CTN • NCH L1 • NN-B MS2 L2 C2 • PPT L1

WEBSTER, Noah (1758-1843) • CCamarSJ L1 • CSmH MS1 L6 C1 D1 • Ct MS1 L11 C1 M • CtHT-W L2 • CtHi MS1 L40 C155 • CtLHi MS1 L4 C1 D1 • CtW MS1 L1 • CtY MS12 L95 C9 D23 M • DLC L15 C6 • ICHi L1 D1 • ICN C1 • IEN L1 • IGK L1 D2 • IaMc L1 • InU MS1 L3 D1 • MAJ L31 REF1 • MB MS1 L5 D1 • MBCo L1 D2 • MBNEH L1 • MBU MG1 • MH L15 • MHi L65 D1 • MWA L14 • MdHi

339

Webster, Noah (cont.)

L1 • MeB L1 • MiU-C L1 • N L1 • NBuHi MS1 • NHi L31 C3 REF66 • NN-B MS1 L3 • NNC L10 C4 M • NNPM MS19 L46 C10 D4 • NRom L1 • NcD L2 • NhD L4 • NhHi L4 D1 • NjMoHP L8 • NjP L3 • OCHP L1 • OClWHi L2 • OMC L1 • PBL L1 • PCarlD L1 • PHC L4 • PHi MS4 J1 L37 D7 • PPAmP L5 D4 • PPC L1 • PPL L21 D2 • PPRF L1 • PSC-Hi L1 • PU L1 • RHi L1 • RPB-JH L5 D2 • TxGR L2 • ViU L5 • VtU MS1 L1 • WHi L1

WECTER, Dixon (1906-1950) • CLU C1 • CSt L1 REF2 • CU L1 • CtHMTM L2 • CtY L11 C2 • MBU L2 • MH L9 C2 • NNWH L3 C1 • NjP L134 C92 D44 • OkU L1 C2 • PU L69 • RPB-JH L1 • TxU L1 • TxWB L49 D29

WEEKS, Robert Kelly (1840-1876) • CtY L1

WEEMS, Mason Locke (1759-1825) • CSmH L3 • CtHi D1 • DLC L12 C4 • MB L1 C1 • MWA L2 • NIC L1 • NNPM L1 • NcD L3 • NcU MG1 • NjP L1 D3 • OMC L1 • PHi L7 • PSC-Hi L2 • ViHi D1

WEGELIN, Oscar (1876-1970) • CtY L2 C3 • IU-R L1 • MH L1 C36 • NHi C13 • NHpR L1 • NJQ C1 • NNC L1 • PSt L1 • PU L1 • RPB-JH L2 C1 • VtMiM L2

WEIDMAN, Jerome (1913-   ) • CU L1 • ICN L1 • ICarbS L1 • KyU MS1 • MH L1 C1 • NNC MS2 L100 • NbU L1 REF2 • OU MS2 L1 C2 D1 M • PU L3 • TxU MS1535 J10 L1618 C4557 D858 MG22 PR M

WEIR, Ruth Cromer (1912-   ) • IaU MS12 L94 C78

WEISMILLER, Edward R. (1914-   ) • CCC MS1 PR • CtY L2 C1 • ICN L2 • IU-Ar MS2 L1 • InU L1 C1 • MH MS11 L2 • NBuU MS10 L13 • NbU L3 M REF2 • NjR L1 • RPB-JH L1 • TxU L9 • VtU L1 C5 • WGr D9

WEISS, Theodore Russell (1916-   ) • CtU L2 • ICN L1 • IU-Ar MS3 L23 C1 D1 PR • InU L15 C8 D4 • MA L6 • MH MS2 L26 C5 • MiU L1 C7 • MoSW L81 C1 • NBuU L14 • NIC L2 • NN-B L1 • NNFF MS1 L1 • NSyU L5 • NjR L3 • PU L10 • RPB-JH L1 • TxU MS2 L1

WELBY, Amelia Ball (Coppuck) (1819-1852) • CtHi MS1 L1 • MB L2 • MH L1 • NIC MS1 • NNBa MS1 • NcD L2 • NjMoHP L1 • PHC L1 • PHi MS2 L2 D1 • RPB-JH L1 D1

WELCH, Marie de L. (fl.1929-1940) • COMC MS68 L95 C5 PR •

CSf MS1 • CSmH L1 • CU L28 • DLC MS1 L1 • TxU MS6 L16

WELD, Thomas (1590-1662) • MB D1

WELLES, Winifred (1893-1939) • CtW L1 • CtY MS11 L42 • DeU L2 • InU L2 • MH MS1 L7 • MWelC L5 • NBuU MS2 L1 • NNU-F L1 • PU L1 • TxU MS3 L6

WELLMAN, Paul Iselin (1898-1966) • CCC L2 • CLU 14FT • CU L1 C1 • CU-S L1 • CtY L3 C1 • IaU L6 • MH L28 C36 • OkU MS1 L22 C40 • PU L2 • TMM L1

WELLS, Amos Russell (1862-1933) • CU L1 • CU-S L2 C500 • DLC C2 • LNHT L3 • MB MS3 L2 • MH L11 • NNC L1 • NcD L5 • OYesA L2 • PPT L3 C5 • TxU MS1 C1

WELTY, Eudora (1909-   ) • CtY L2 • ICN L3 • IU-Ar L6 C6 M • InU L1 • KU-S D1 • MBU L22 • MH L1 • MiU L5 C8 • MoSW L5 • Ms-Ar MS33 L5 C162 REF2, 5 • MsU M • NN-B L1 D1 • NNAL L18 C27 D3 • NNC L4 • NNFF MS1 L10 C11 D7 • NPV L7 • NSyU L2 • NbU L3 C1 REF2 • NhD MS1 L1 • NjR L1 • OU L2 C2 • PBm MS1 L3 • PSt L1 • RPB-JH D1 • TNJ L5 • TU L6 • TxU MS35 L1 C1 PR • ViHo L1 • ViU MS1 L2

WENDELL, Barrett (1855-1921) • CLSU L1 • CSmH L17 C10 D6 • CU L49 • CtY L20 C3 • DLC MS1 L22 • ICN L1 • IGK C1 • InU L2 C1 • MA L1 • MB L8 • MBAt MS1 L1 • MBU L1 • MH MS3 L148 C25 D1 MG1 • MH-BA L14 • MHi MS1 L3 • MWA L29 • MdBJ L1 • MeB L2 • MeWC L1 • NHi M REF66 • NIC L2 • NNAL MS3 L38 C6 D1 • NNC L46 • NNPM L1 • NNU-F L1 • NRU L2 • NcD L2 • NcU L1 • NhD L1 • NjP MS2 L357 C136 D100 • OU L1 • PSt L1 • RPB-JH L2 • ViU L11 • WHi L3

WESCOTT, Glenway (1901-   ) • ArU L1 • CLU L1 • CSt L1 • CU L22 • CtY MS1 L56 C2 • DLC D1 • ICN MS1 L24 • ICarbS L6 • IU-Ar L3 • MA L44 • MBU L1 • MH L11 C1 • MdU C106 • NBuU L1 • NNAL 1FT • NNC L6 • NNU-F L2 • NSyU L17 C1 • NjP L1 • NjR L1 • PU L34 • TMM L4 • TxU L12 • ViHo L1 • ViU L3 • WGr D8 • WMUW MS1

WEST, Jessamyn (1907-   ) • CU L1 • CWhC 15.5FT • InU L8 • MH L3 C1 • NNC L32 • NNU-F MS1 • NbU C1 REF2 • RPB-JH L2 • WaU L1

WEST, Nathanael (1902-1940) • CLU MS1 L1 • CtY L12 • DeU L1

341

West, Nathanael (cont.)

• ICarbS L12 C2 • NBuU L3 • NjPT L1

WETMORE, Prosper Montgomery (1798-1876) • CLU-C C1 • CSmH L4 • CtY L27 C1 • ICHi L1 • ICN L1 • MB L2 • MH L3 C4 • MHi L2 • MdHi L1 • MiU-C L2 • N L16 • NAlI L1 • NHi L3 C1 D2 REF66 • NIC L1 C2 • NNC L14 • NNPM L1 • NRU L26 C2 • OMC C1 • PCarlD L1 • PHC L1 • PHi L51 C1 • PP L2 • PU L3 • ViU L2 • WHi L2

WEYGANDT, Cornelius (1871-1957) • MH L1 • MiU-H L6 C1 • NhD MS2 L2 D1 • PHC L2 • PPT L3 • PU MS1 L4 • TxU L9

WHALER, James (1889-   ) • CSt L1 • DeU L9 • IU-R L1 • InU L4 • MH L4 • NNWML L1

WHARTON, Edith Newbold (Jones) (1862-1937) • CLSU L10 C1 • CSmH MS1 L9 • CU L2 • CtY MS275 J13 L1336 C3000 D15 PR M REF7 • DDO L2 M • DLC L14 C10 D2 • DeGE L7 • IU-Ar D1 • IU-R L2 • InLP L2 • InU L40 C10 D40 M • KU-S D1 • MA L52 C1 • MB D2 • MH L262 C2 D3 • MNS L13 • MNS-S L4 C1 • MWA L3 • MWH MS1 • MWelC L1 • MdBJ L47 • MeWC L3 • MiEM MS1 • NHi MS1 L5 • NN-B L13 D1 • NNAL L8 C47 D2 • NNBa MS1 L7 • NNC MS3 L21 • NNPM L7 • NNU-F L5 • NPV L2 D1 • NRU L2 • NSsS L1 • NSyU L8 C2 • NjMoHP L1 • NjP MS1 L804 C413 D667 PR • PBL L1 • PPT D1 • PSt L4 • PU MS1 • RNR L1 • RP L2 • RPB-JH L2 D1 • TxU MS1 L29 C3 D4 PR • ViU MS7 J2 L51

WHEATLEY, Phillis (1753?-1784) • CtHi D1 • DHU D1 M • DLC MS1 C1 • ICarbS D1 • MB L1 • MH MS1 • MHi MS1 L5 • MWA MS2 • MeB MS1 • NN-Sc MS1 D2 • NcD L1 • NhD MS2 • PHC L1 • PHi L1 D1 • PPL MS2

WHEELOCK, John Hall (1886-   ) • ArU L2 • CSmH L49 • CoU L61 • CtW MS1 L2 • CtY MS2 L21 C4 • DGU L4 • DLC MS263 L3 C1 PR • DeU L20 • GEU L1 • ICN L63 • IEN L5 D1 • IGK L1 • IaU L7 • In D1 • InGrD L1 • InU L10 C3 • KU-S L3 • MA L159 • MAJ L1 • MB L2 • MBU L4 • MH MS31 L90 C13 • MMeT L1 • MNS L1 • MWelC L3 • MeWC L5 • MiU L5 C6 D2 • MoSHi L1 • MoSW MS2 L152 C9 • NBuU MS9 L45 • NCH L1 • NIC MS3 • NN-B MS1 L5 C2 M • NNAL L56 C53 D5 • NNC L119 • NNFF L1 D1 • NNWML MS2

L13 • NbU L11 • NcD L3 • NhD L7 D3 • NjP L6800 C6000 D234 • NjR L4 • OCX L1 • OOxM MS1 L1 • PBm MS1 • PCarlD MS1 L1 • PSt L2 • PU MS11 L223 • RPB-JH MS2 L31 C7 • TNJ L18 • TxU MS1 L26 C3 • ViRCU L15 • ViU MS9 L15 C2 • ViW L1 • VtHi D1 M • WaU L13 C3

WHEELWRIGHT, John Brooks (1897-1940) • CU L2 • CtY L24 C11 • DeU L3 • ICN MS1 L38 D4 • IEN L1 • MB D4 • MH L6 C2 D1 • NBuU MS71 L11 • NSyU L4 • NjR L4 • PU MS1 L11 • RPB-JH 65CTN M REF1, 2, 7 • ViU L3 C3 • WMUW MS1

WHIPPER, William (1805-1885) • NNC D1 • PHi L1 C1 D1

WHIPPLE, Edwin Percy (1819-1886) • CSmH MS2 L5 C3 • CU-S L2 • CoCC L1 • CtY L14 C41 • DFo C1 • DeGE L1 • ICHi L2 • IGK C2 • IU-Ar L2 C18 M • IU-R L1 C1 D1 • IaU L3 • InU L2 • KyBB L1 • MB L20 C2 D2 • MH L37 C12 • MHi L7 D1 • MNF L2 • MWH L1 • MeB L4 • MeWC C1 • MiMtpT L4 • MiU L2 • MiU-C L1 • MiU-H L2 • NBu MS1 REF65 • NHi L1 C2 • NIC C2 • NN-B L1 C4 • NNC L2 C4 • NNPM L6 • NNSII C2 • NNU-F L1 • NRU L2 • NcD L9 • Nh L1 • NjMoHP L2 • OFH L2 C1 • OKentU L1 • PHC L1 • PHi L20 C2 • PP C1 • PSt L1 • RNR MS1 • RPB-JH D1 • ScU L1 • TxU MS1 C1 • ViU L14 C4

WHISTLER, James Abbott McNeill (1834-1903) • CCamarSJ L4 C1 • CLU L2 • CSmH L16 D3 • CtY L10 D7 M • DLC L9 D1 2CTN • IU-R D1 • IaMc L1 • IaU L2 • InU L1 • KU-S D1 • MB L2 • MBU L1 • MH MS1 L32 D1 M • MHi D1 • MWalB L6 • MnHi L1 D1 • NHi REF66 • NHpR L1 • NN-B MS10 L7 C1 D1 M • NNC L2 • NNPM L12 • NNU-F L5 • NjP L46 M • OKentU L1 • OMC L1 • PSt L1 D1 • PU L1 • RPB-JH MS1 D2 • TxU MS1 L45 D1 MG2 M • ViU L6 • VtMiM L1 • WU L1 M

WHITCHER, Frances Miriam (Berry) (1814-1852) • PHi L1

WHITE, Andrew Dickson (1832-1918) • CLU L16 C1 • CRedl L1 • CSmH L19 C40 • CSt L3 C16 • CU L11 • CtHMTM L3 • CtHT-W L28 • CtHi L2 • CtY MS2 L75 C3 • DFo L4 • DLC L91 C15 D3 • DeGE C1 • ICN L2 • ICarbS L3 C1 • Ia-HA L3 • InU MS1 L1 • MA L1 • MB L13 C1 • MCR L1 • MH L66 C14 • MHi L7 • MWA L8 • MdBJ L347 C30 D9 • MdHi L1 • MeB L3 • MiU-H L128 C1 • MnHi L6 • MoSHi M • N L8 • NAurW L2 • NBu L1 • NHi L9

White, Andrew Dickson (cont.)

REF66 • NIC 196CTN REF4 • NN-B L2 • NNAL L44 C50 D1 • NNC MS1 L128 • NNPM L3 C1 • NNU-F L4 • NPV L4 • NRU L97 C4 • NSchU L8 • NSyU L14 • NcD L4 • NhD L1 D1 • NhHi L1 • NjMoHP L2 • NjN L1 • NjP L2 C15 • NjR L51 • OC1 L1 • OKentU L1 • PBm L1 • PSt L1 • PU L3 • RNR L2 • RPB-JH L10 D5 • TxGR L2 • TxU L2 • UPB L1 • ViU L7 • VtHi L1 • VtU L1

WHITE, Edward Lucas (1866-1934) • CSmH L5 • CtY L1 • DLC L1 • MA L7 • MH L2 • MdBJ L35 C6 REF3 • MdHi MS1 PR • NIC C5 • NNC L2 D1 • NNPM C1 • NjP L17 C1 M • TxU C13 D4 • ViU MS2 L3

WHITE, Elwyn Brooks (1899-   ) • CtW L1 C1 • CtY L1 • DLC L5 • IGK L1 • MBU L6 • MH L11 C1 • MeWC L2 M • MiU L2 C3 • MnU-K L3 C1 • NBuU L1 • NCH L1 • NIC MS1275 L1813 C12875 REF2, 7 • NNAL L4 C5 D1 • NNC MS1 L6 • NNPM MS1 D1 • NhD MS1 L3 • NjP MS1 L2 • OU L2 C2 • P L1 • PBm L97 • PHC L7 • PSt L1 • PU L1 • TxU MS1 L10 C4 • ViLRM L1 • VtMiM L1 C1 • VtU L1 C1 • WyU-Ar L1

WHITE, John Blake (1781-1859) • DLC L1 • MHi L1 • NjMoHP L1 • PHi L10 C2 D1 • PU MS1 • ScHi MS6 J6 M

WHITE, Nelia (Gardner) (1894-1957) • CtH L1 • InNd L2 • MBU L3 • NBu MS1 L1 • PHarH MS1

WHITE, Richard Grant (1821-1885) • CSmH L41 D1 • CtY MS1 L21 • DFo MS1 L29 C1 • DLC L1 • ICN L2 • IEN L1 • IaDmE L1 • IaU L1 • KyBB L1 • MA C1 • MB L15 C3 D1 • MH MS1 L166 C41 • MHi L31 • MStoc L1 • MWiW-C L1 • MdHi L1 • MeB L2 • MeWC L1 • MiU L1 • N L1 • NBu MS1 REF65 • NCanHi L1 • NHi 2FT REF66 • NIC̦ L20 M • NN-B MS1 L1 C2 • NNC L16 • NNPM L6 C1 • NNWH L2 • NRU L8 C3 • NSchU L1 REF74 • NjMoHP L1 • OFH L1 • PHC L1 • PHi L8 • PU L5 • RP MS1 • RPAB C5 • RPB-JH L3 C1 • TxU L1 • ViU MS1 L22 C1

WHITE, Stewart Edward (1873-1947) • C L11 • CLSU L140 C1 D1 • COMC L1 • CSmH MS5 L9 D1 • CSt L2 • CStbS MS1 L1 • CU MS1 L134 C4 M REF1 • CtY L24 • ICN L1 • IGK L1 • IU-R C1 D1 • Ia-HA C1 • IaU L3 • InU L10 • MB L1 • MH L3 • MeWC L7 • MiU-H MS2 L10 C1 • NCH L1 • NNAL MS2 L22 C45 D13 • NNC L5 • NNU-F L3 M • NNWH L1 • NNWML L1 • NcD L1 • NhD MS1 L1 • NjP L6 C1

• OrU L14 • PHi L3 • PInU L2 • PSC L1 • PSt L2 • PU L4 • TxU L5 C1 • ViU MS1 L9 C1 • WHi L1

WHITE, Walter Francis (1893-1955) • CSmH L2 • CU L14 • CtY MS1 L444 C99 D3 M • DHU L36 M • DLC L82 C83 • GAU MS1 L10 • IU-R L2 • InU L3 • MBU L7 • MCR L2 • MH L20 C4 • MiU-H L4 C1 • MnHi L3 • NN-B L1 • OKentU L3

WHITE, William Allen (1868-1944) • A-Ar L3 • CCC L3 • CCamarSJ D2 • CLSU L38 C3 D1 • CLU L4 • CSmH MS1 L52 C1 D5 • CSt L165 M • CStbS L4 • CU MS1 L72 C3 • CU-S MG1 • CtY L58 C3 • DLC L42 C39 452CTN REF1 • DeU L5 • GEU L7 • ICN L22 • ICarbS L33 C9 • IEN L13 C7 • IGK L1 C1 • IU-Ar L1 C1 M • IU-R L18 • IaU L2 • InLP L6 C1 • InU MS1 L60 C7 D2 • KEmT REF48 • KHi MS8 L448 C64 REF4 • KPT MG1 • KU-RH L18 • KU-S L1 • KyBB L2 • KyU L8 • MA L2 • MB L1 • MBU L1 • MH MS2 L78 C50 D1 • MH-BA 1CTN • MeWC L1 • MiU L1 C4 D1 • MiU-H L4 • MnHi L1 • MtHi L3 C3 • NHpR L22 C19 • NIC L1 C1 • NNAL L32 C50 • NNC MS1 L255 C168 • NPV L1 • NbU L1 • NcD L8 • NcU L16 C7 D6 • NjP L42 C25 D9 • OCl L8 • OU L2 • OkU MS1 L8 C13 • OrU L2 • PBm L2 • PCarlD L10 C2 • PHC L2 • PMA MS3 L38 C9 D2 • PPT L2 • PU L5 • RPB-JH L2 C1 • TxFTC L1 • TxU MS1 • UPB L1 • ViU L24 C2 • ViW L1 • VtU L5 C1 • WHi L5 C5 D3 • WaPS L1 D1 • WvU L2

WHITE, William Lindsay (1900-   ) • CU L1 • CtY L5 C1 • DLC MS1 PR • InU L4 D2 • KHi MS1 L58 • MH L6 C1 • NcA L1 • PSt L1 • PU L2 • TxU L6 • WHi L50 C50

WHITEFIELD, George (1714-1770) • CSmH L4 C2 • Ct D1 • CtHC L1 • CtHi L2 • CtY L1 C1 D1 • DLC C140 D1 M • GEU L12 C1 • GHi L1 • ICHi L1 • MB L4 C1 D5 • MBU D14 • MH L1 D1 • MHi L6 D1 • MNF L1 • MiU-C L2 • MnNC-Ar J2 • NHi D1 • NIC C1 • NNC L2 • NNPM MS1 L1 • NcD L4 • NhD D158 • NjMD L30 • NjMoHP L1 • NjP C1 • NjPT J1 • PHC L1 • PHi L7 D9 • PPAmP L4 C2 D8 • PPL D1 • PU L1 • RHi L1

WHITFIELD, James Monroe (1822-1871) • NHi C1 • NN-Sc D2 • PHi L2 D1

WHITING, Lilian (1859-1942) • CSmH L8 • CU-S L1 • CtY MS2 L4 • ICN L1 • KU-S L1 • MA L1 • MB MS5 L2 C302 • MCR L2 • MH

Whiting, Lilian (cont.)

L14 • MMeT L1 • MWA L3 • MiU-H L1 • N MS1 • NBu L1 • NHi
L1 • NNC L49 • NPV L1 • NjMoHP L1 • NjP L1 C4 • PU L1 • RNR
MS1 • RPB-JH MS4 L2 • TxU L1 • TxWB-B L220 C85 • ViU MS1 L1
• VtMiM L1

WHITLOCK, Brand (1869-1934) • CLSU MS1 L26 C3 • CLU L2 •
CSt L1 • CSt-H 7CTN • CtW C4 D1 • CtY L10 C2 D1 PR • DDO L1
• DLC J8 L92 C47 D2 321CTN REF1 • ICN L21 • IGK L3 • Ia-HA
L1 • InLP L9 • InRE L1 • InU L10 C3 REF3 • KyBB D1 • MChB L2
• MH MS1 L34 C2 • MHi L1 • MiU L5 • MnHi L3 • NHi L1 • NNAL
MS5 L44 C80 D4 • NNC MS7 L55 C1 M • NNMus L1 • NNU-F L1 •
NPV L1 • NRU L3 • NcD L1 • NjP MS1 L5 • OFH L8 C1 • OHi L2
• OT L9 • OkU L1 • PHC L1 • PMA L2 • PSt L1 • PU L1 • RPB-JH
L1 • TxU L1 C1 • ViU L3 • VtU L1

WHITMAN, Albery Allson (1851-1901) • MH L2 • OFH L1 • PSt L1

WHITMAN, Sarah Helen (Power) (1803-1878) • CSmH MS1 L2 •
InU L20 C270 D5 M • MB MS5 L5 C1 • MH L1 • MdBE L9 •
MeWC L3 • NN-B MS2 L3 C4 • NNBa L1 • NNU-F MS1 • PHC
L1 • PHi MS5 L4 • PP L1 • RHi MS2 C2 • RP MS1 L2 • RPB-JH
MS21 L240 C385 D300 M • ViU MS2 L4

WHITMAN, Stephen French (1880-   ) • MH L1 • NjMD L1 • PSt
L1

WHITMAN, Walt (1819-1892) • AzTeS L1 • CCamarSJ MS4 L22 D4
• CLSU L3 • CLU-C L2 D3 PR • COMC MS2 L1 • CSmH MS36 L13
D9 PR • CSt 1CTN • CU MS77 J1 L1 PR M REF1, REF16 • CoU L1
• CtW L1 • CtY MS68 L113 C15 D7 PR M • DFo MS1 L1 D2 PR M
• DLC REF35 • DeU MS1 M • ICN MS3 • ICarbS D2 PR M • IDeKN
M • IEN L2 D1 M • IGK L1 • IU-Ar D1 • IU-R D4 • IaDmE MS1 L2
• IaMc L1 • IaU L1 C1 • In D1 • InU L2 D9 • KU-S MS1 L2 C1 M
• KyU D3 M • MA 1CTN • MB MS18 L10 C1 D4 • MBCo D46 • MBU
MS3 L9 C1 D15 PR M • MChB D1 • MH MS4 L10 C3 D9 M • MHi
L2 D2 • MNS L1 • MWA L1 • MWC D1 • MWelC D1 • MdBJ MS1
L1 D1 • MeB MS1 L3 PR • MnU-Rb MG1 • MoCgS L1 • MoSHi L20
D3 MG1 M • MoSW L3 PR • NBLiHi L2 • NBu MS1 REF65 • NCH
L1 • NHi L3 C1 D2 • NHsW L4 D4 PR M • NHu MS2 J1 L3 MG2 •
NIC MS1 L3 D2 M • NN-B MS29 L385 C68 D63 M • NNC MS2 L12

D7 PR M • NNMus L1 • NNPM MS12 L49 C1 D8 • NNU-F L4 M • NNWH L4 C2 • NPV L1 D1 • NRU L3 • NSchU L1 REF74 • NbU PR • NcD MS192 J95 L179 C164 D16 MG40 PR M REF79 • NhD MS1 L1 D4 • NhHi L1 • NjCaHi L3 • NjGbS L3 D1 • NjMoHP L1 • NjP MS3 • NjR L10 D15 MG5 • OClWHi L1 • OFH M • OMC L1 • PBL L1 • PBm D1 MG7 • PCarlD C1 • PHC L1 • PHi L5 C4 D1 • PPAmP D1 • PPL D1 • PPRF J1 • PPT MS3 D12 PR M • PSC-Hi MS1 • PSt D1 • PU 4CTN REF1 • RHi L1 • RPB-JH MS5 L5 C2 D55 PR • RU MG1 M REF1 • TxU MS220 J2 L88 C60 D204 MG42 PR M • UPB MS1 L1 • ViU MS183 L115 C16 D8 • VtHi D1 • VtMiM MS8 L3 C1 D1 • WHi L1

WHITTEMORE, Reed (1919-   ) • DLC L11 C1 • IEN L2 • InU L50 C2 D1 • MH L3 • MMeT L1 • MiU L5 C6 • MnNC-Ar 1CTN • MoSW MS1 L47 • NBuU L3 • NbU L2 REF2 • PPT R • PU L1 • TNJ MS7 • TxHR L1 • TxU L1

WHITTIER, John Greenleaf (1807-1892) • CCC L7 • CCamarSJ MS2 L6 D1 • CLO L1 • CLSU L1 C1 • CLU L2 • COMC L2 • CSmH MS51 L361 C9 D4 MG2 PR REF1 • CSt L1 • CStbS MS5 • CU L8 • CU-S L1 • CoCC L2 D1 • CtHC L1 • CtHi L13 C1 • CtY MS20 L137 C2 D2 PR • DGU MS1 L1 • DLC MS14 L148 C30 D3 M • DTr PR • FU L8 • GEU L9 C2 • ICHi MS1 J1 L5 • ICN L4 • ICarbS L3 • IEN L1 • IGK L3 • IU-Ar L1 • IaMc L1 • IaU MS1 L1 • InGrD-Ar L1 • InU MS1 L10 • KU-S L5 • KyU MS1 L1 • LNHT L2 M • MA L4 • MAJ L2 • MAm MS2 L8 D16 MG1 M • MAmW MS11 L7 C23 D11 PR M • MAnP L2 • MB MS27 L62 C7 D68 • MBAt 1CTN • MBCo L1 • MBNEH L1 • MBSpnea REF2 • MBU C1 D2 • MCR MS1 L3 C1 • MChB L1 • MH MS33 L547 C765 D7 MG2 M • MHa MS86 L106 C26 D11 • MHi MS4 L213 D5 • MNBedf L1 • MNF MS1 • MNS L5 • MNS-S MS1 L10 • MNoW C6 • MSaE 8FT • MWA MS1 L34 • MWHi L2 • MWelC MS2 L33 D4 • MWiW L3 • MWiW-C MS1 L1 • MdBE L4 • MdBJ L2 • MeB MS4 L21 D1 • MeWC MS5 L17 C1 • MiEM L1 • MiMtpT L76 C481 • MiU L3 • MiU-C L1 C1 • MnHi MS2 L11 • MnM L15 M • MnSM MS1 • MoLiWJ MS1 • MoS L1 • MoSHi L1 D1 • MoSU L1 D1 • MoSW L17 • NAurW L2 • NBLiHi L4 • NBu MS1 L3 REF65 • NBuHi L1 • NCanHi L1 • NHC L25 • NHemH D2 • NHi L10 C7 REF66 • NIC L18 C7 • NN-B MS19 L78 C10 D2 • NNC MS2 L65 C1

Whittier, John Greenleaf (cont.)

D1 • NNPM MS66 L21 C2 D5 • NNPf MS2 L2 REF2 • NNU-F L22
• NPV L5 D1 • NRU MS2 L8 • NSyU L11 C1 • NcD L25 • NcU L4
• Nh L2 C2 • NhD L17 D6 • NhHi L64 C2 • NjMoHP L15 C1 • NjP
MS1 L12 D1 • OCHP MS1 L6 C1 • OCl L1 • OClWHi L2 • OFH MS4
L84 M • OHi L2 C1 • OKentU L1 • OMC L2 • OO L1 • OOxM L1 •
PBL L3 • PBm L3 • PGC C1 • PHC MS2 L50 C1 M • PHi MS4 L26
C2 D4 • PMilS L1 • PP L2 • PPL D2 • PPRF L2 • PPT L1 • PSC-Hi
MG4 20CTN M REF1 • PSt MS1 L1 • PU L9 • RHi L1 C1 • RNR MS2
L1 • RP L1 • RPA L1 • RPB-JH MS4 L23 C2 D9 • RPRC L1 • TxFTC
REF87 • TxGR L1 D1 • TxHR L1 • TxU MS9 L26 D2 • UPB L1 •
ViLRM L1 • ViU MS21 L213 C8 PR • VtHi L1 D1 • VtMiM MS1 L17
C2 D1 • VtU L1 • WHi L2 • WvU L2

WICKENDEN, Dan (1913-   ) • DeWI MS1 • ICarbS L36 C3 • InU
L8 • MH L2 • NNC L1 • TxU MS1 L1

WIDDEMER, Margaret (1889-1953) • CSmH MS1 L8 • CoU L1 • CtY
MS1 L2 • DLC L34 • InU L5 • MA L10 • MA L1 • MBU L16 • MH
MS2 L34 C13 • MNS L11 • MWC L4 • MWelC L2 • MeWC MS1 L11
• MiU L2 C7 • MnHi MS3 L1 M • MoLiWJ L1 • MoU L2 • NBuU MS2
L19 • NNU-F L1 • NNWML L15 • NjP L1 • OU L1 • PPL D1 • PPiU
L6 • PSt L4 • PU L1 • TMM L27 • TxU L8 • ViLRM L1 • ViU L6 •
ViW L1 • VtMiM L1

WIGGIN, Kate Douglas (Smith) (1856-1923) • CCamarSJ D1 • CL
L1 • CLSU L4 • CLU L3 C2 • COMC MS1 • CSmH MS1 L6 • CSt
1CTN • CU L2 M • CtHT-W L1 • CtY L9 C2 • DLC L37 • FU
L1 • ICN MS1 L1 REF1 • IGK L2 • InU MS2 L20 C3 D7 • KyU
C1 • MA L2 • MB L4 C1 • MCR L2 • MH L108 C5 • MHi L4 •
MNBedf L1 • MNS L6 • MWH MS1 M • MWelC L2 • MeB MS1
J1 L24 C35 D1 M • MeWC MS1 L44 C3 • MiU-H L1 • MoSW
L11 • NBu L2 • NIC L2 C1 • NN-B L3 • NNBa L5 • NNC MS1
L18 • NNPM C1 D1 • NNU-F MS3 L1 M • NNWML L3 • NRU
L1 • NhD MS12 L33 D2 • NjMoHP L4 • NjP L57 C39 D8 PR •
OCl L1 • PCarlD L1 • PHi L2 • PInU L1 • PMilS L1 • PP L2 •
PPT L2 • PU L1 • TxU MS1 L2 C1 • UPB L2 • ViU MS3 L124
C4

WIGGLESWORTH, Michael (1631-1705) • InU MS4 L2 C1 D1 • MB

L1 D1 • MBAt 1CTN • MH L1 • MHi MS1 J2 L2 • NHi D1

WILBUR, Richard (1921-   ) • CoU L1 • CtW MS5 L4 M • CtY L11 • ICN L2 • IDeKN L1 • IU-Ar L3 C3 D1 M • InU MS2 L15 C10 D1 • KU-S L1 • MA L4 4CTN REF1 • MBU L2 • MH MS2 L3 • MMeT C2 • MU-Ar R • MWelC L1 • MdBJ MS1 L3 • MdU L1 • MiDW-Mi MS16 L2 • MiU L2 C5 • MoSW MS2 L8 C1 • NBrockU-EC R • NBuU MS32 L10 • NIC L1 • NN-B L2 • NNAL MS2 L18 C23 D4 • NNC L4 • NNFF L13 C10 D9 • NbU L3 • NcD L1 • NhD MS1 L2 • NjR L2 • NvU R • PPiI L2 C7 R • PSC MS2 L3 • PU MS1 • TxU MS6 L11 • ViU MS1 L6 C1 R • VtMiM L28 • WU L1 • WaU L21 C1 • WyU-Ar L2

WILCOX, Carlos (1794-1825) • CtHC L2 • PHi L1

WILCOX, Ella (Wheeler) (1855-1919) • A-Ar L2 D1 • CCamarSJ L1 • CLSU L1 • CLU MS3 L4 • CSdS L2 • CSmH MS26 L8 • CU L1 • CU-S MS1 L1 • CoCC L1 • CoU L1 • Ct L3 • CtHi L1 • CtY MS3 L3 • DLC L4 • FU L1 • ICHi MS3 • IEN MS1 • IGK MS2 • IaU MS1 L1 • InTI MS1 • InU MS2 L10 C3 D1 M • KU-S L1 • KyBgW L1 • MB L5 • MBU MS1 • MCR L2 M • MChB L1 • MH MS1 L4 • MNS L2 • MWA L2 • MWH L1 • MWelC L1 • MiU MS1 • MoSHi L1 C1 • N L1 • NBu L2 • NBuU L1 • NCH L1 • NHC L1 • NHi L3 • NN-B MS1 L42 C21 D2 • NNBa MS2 L3 • NNC L33 • NNMus L4 • NNU-F MS4 L6 • NNWH L1 • NNWML MS1 L23 • NSchU L1 • NhD D1 • NjMoHP L6 • NjN L1 • NjP L1 • OCl L3 • OFH L1 • OMC L1 • PBL L1 • PHC L1 • PHi MS2 L3 • PSt L1 • PU L1 • RPB-JH L2 • TxU MS15 L53 D1 • UPB MS1 L2 • ViU MS10 L59 C1 D1 • VtMiM L2 • VtU L1 • WGr D4 • WHi L15 D4 • WMUW L6

WILDE, Richard Henry (1789-1847) • A-Ar MS1 L1 • CSmH MS1 L3 C3 • CtY C2 D1 • DLC MS96 L2 • GHi L1 • GU L3 C1 D1 • ICHi L1 • MB MS2 L4 C1 • MChB C1 • MWA L1 • MdBE L5 • MdBJ D1 • N L1 C1 • NHi L19 C11 REF66 • NNC L2 D1 • NRU C1 • NcD MS17 L11 • NcU L3 C1 D1 • NhD L1 C1 • NhHi MS1 L1 • NjMoHP L1 • NjP L1 C1 • OCHP MS1 • OMC C1 • PHC L4 • PHi MS2 L10 C8 • PP L1 • RPB-JH L1 • ScU L2 C1 • TxU C1 • ViU MS4 L7 C2

WILDER, Amos Niven (1895-   ) • CtY MS3 L2 • InU MS1 • MBU L3 • NBuU MS3 L2 • NNU-F L1 • WGr MS4

349

WILDER, Laura (Ingalls) (1867-1957) • CPom MS2 L26 C1 D7
PR M • MiD MS2 L8 R M • MoManW MS4 D3 M

WILDER, Thornton Niven (1897-1975) • CCamarSJ L1 • CLSU L1 •
CLU L3 C2 • CSmH L3 • CSt L3 • CU L6 • CtY MS23 L193 C37 D1
MG1 PR • DLC L6 C1 • DeU L2 • ICHi D1 • ICN L13 • ICarbS MS5
L20 C8 D1 PR M • IEN L1 • IGK L1 • IU-Ar L5 D2 • IU-R C1 • IaU
L3 • InU L3 D1 • KLeS L3 • KyBB L22 C35 • KyBgW L1 • LU-Ar D1
• MB L2 • MBU L14 • MCM L1 • MCR L4 D2 • MH L225 C6 • MWC
L3 • MWelC L1 • MeWC L3 • MiU L5 C8 D1 • MnHi L6 • MnU-Ar
L4 • NBiSU L2 • NHi L14 • NIC L6 • NN-B MS1 L24 D4 • NNAL
MS5 L90 C120 D14 • NNC L38 D2 • NNFF L6 C2 D3 • NNMus L4
• NNU-F MS5 L18 D1 M • NNWH L2 C1 • NPV L8 • NRU L2 • NSyU
L4 D1 R • NcA L2 • NcGrE L1 • NcU L1 • NcWsW PR • NjP L6 C2
• NjR L1 • NvU MS2 • OKentU MS4 L24 • OO J2 M • OkU L1 C2
• OrU L1 C3 • PBm L2 • PCarlD L1 • PSt L5 • PU L16 • RPB-JH L9
• TxFTC L1 • TxU MS3 L25 D1 PR • ViLRM L1 • ViSwC L1 • ViU
MS1 L133 C3 • VtMiM L6 C3 • WHi L1 C1 • WM MS1 • WU L1 •
WyU-Ar L4

WILKINSON, Marguerite Ogden (Bigelow) (1883-1928) • ArU L1
C5 • C L8 • CLSU L1 • CLU L1 • CU L3 • CtW C30 • CtY MS1
• DLC MS1 L2 • ICN L7 D2 • IEN MS1 L12 C10 • IU-R C2 •
InU L3 C3 • MH MS5 L43 C33 • MNS L6 • NBuU L1 • NNC L1
• NNWML L14 • NSchU L1 • NjMD L1 • ViU L3 • VtMiM 2CTN

WILLARD, Charles Dwight (1860-1914) • CSmH REF1 • CSt 4CTN
• CU L21 • ICN L2 • NNC L8 • NjP L2 C3

WILLARD, Frances Elizabeth (1839-1898) • CCC L2 • CU L4 • CoCC
L2 • CtHC L1 • CtHi L4 • CtY MS1 • ICIU L5 • ICN L1 • IEN MS3
L10 C2 D8 M • IU-Ar L13 C1 M • InU L7 • KyBB L7 • LNHT L2 •
MB L4 • MCR L35 C1 • MH L26 C1 • MWA L18 • MdBJ L10 • MeB
L3 • MiMtpT L2 • MiU-H L4 • MnHi L9 • MoSW L2 • NBu L1 • NHi
L1 • NIC MS1 L67 • NNBa L6 • NNC L2 D2 • NNPM L1 • NPV L9
C2 D1 • NRU C1 • NSyU L1 • NcD L11 • NjMD L21 • NjP L2 • NjR
L2 • OCHP L4 • OFH MS1 L23 C4 M • PSC-Hi L4 • ViU L4 • VtHi
D2 • WHi MS2 L6 D1

WILLIAMS, Ben Ames (1889-1953) • CLSU L4 • CSmH L3 • CU L1
• DLC L1 • ICN L15 • IEN MS1 L26 C22 D4 • IaU L2 • InU L1 • LU-Ar

350

L8 C6 D4 • MB L1 • MWC L6 • MeWC MS61 J5 L49 C3084 D1 M • MiU L1 C1 • MnHi L1 • MsU M • NhD 72FT PR M • OkU L1 • PCarlD L1 • PHi L5 C5 • PInU L1 • PPT L2 • PSt L3 • PU L1 • TxU L3 C2 • ViU MS1 L5 C1

WILLIAMS, Catharine Read (Arnold) (1790-1872) • PHi L1 • RPB-JH L19

WILLIAMS, George Washington (1849-1891) • KU-S L1 • MB D1 • MH L2 • MHi L4 • NHi L1 C1 • NN-Sc L3 • NNC D3 • PHi D1 • RPB-JH L1

WILLIAMS, James (1796-1869) • IU-R L1 D3 • NNC L2

WILLIAMS, Jesse Lynch (1871-1929) • CLSU L7 • CSmH L3 • CU L5 • CtY L18 C1 • IaU L6 • InU L25 • LNHT L1 • LU-Ar L1 • MA L7 • MH MS1 L2 • N D1 • NNAL L54 C25 D10 • NNC L2 • NbU L2 • NjP L124 C87 D57 PR • OCl L1 • PCarlD L5 • UPB L1

WILLIAMS, John (1761-1818) • CtY MS1 M • DLC L1 • NNC L2 C3 D1 • NcD L1 • PHi D1

WILLIAMS, Jonathan Chamberlain (1929-   ) • CStbS L3 • CU-S MS12 L6 • CtU MS1 L212 R • DeU L14 D1 • FU MS1 L1 • IEN MS1 • InU MS8 L75 C7 D1 PR M • MBU L1 • MH MS4 L4 • MdU MS1 L14 PR • MeWC L2 • MoSW MS1 L27 C1 PR R M • NBuU L3 • NNC L24 D1 • NNU-F 1CTN • NSbSU L1 • NcWsW MS1 L2 C1 PR • NvU MS1 L9 • OKentU L21 • PSt L2 • RPB-JH L13 D1

WILLIAMS, Oscar (1900-1964) • ArU L3 C1 • CU L1 • CtY MS2 L15 C71 PR • DLC MS97 L11 C32 D4 • ICN L8 • ICarbS L25 C3 D3 • IU-Ar L5 • InU MS229 L25 C20 D5 M REF3 • KPT MG1 • MA L1 • MBU L1 • MH MS4 L34 C253 • MiDW-Mi L4 • MoSW MS1 L49 C17 • NBuU MS10 L15 • NHpR L1 • NIC L1 • NN-B L4 • NNC L1 C2 • NjP L1 C2 • PPT L1 • PSt L2 • RPB-JH MS1 L16 C5 PR • TxU MS1 L25 C23 D1 • ViLRM MS1 C2 • VtMiM L5 C4 • WaU L12 C3 • WyU-Ar L1 C1

WILLIAMS, Peter, Jr. (1780?-1840) • PHi L3 D1

WILLIAMS, Rebecca (Yancey) (1899-   ) • ViLRM MS1

WILLIAMS, Roger (1607-1684) • CtY L3 • M-Ar L2 D10 • MB L2 D1 • MHi MS1 J1 L6 • MWA L3 • PHi D3 • RHi MS2 L18 D5 • RPB-JH L3 D19 MG1 • RPJCB L4 D1

WILLIAMS, Tennessee (Thomas Lanier) (1914-   ) • CLSU R • CLU MS28 L2 • CtY L15 C20 • DLC L1 • FKwHi MS1 M • FM

Williams, Tennessee (cont.)

MS2 • ICarbS MS1 L6 C2 • MBU MS3 L30 C9 D3 • MH MS27 PR • MiU C1 • MoSW MS1 L2 • MsU M • NBuU MS1 • NN-B MS1 C1 • NNAL MS2 L3 C20 D11 • NNC MS38 L20 M • NNFF L4 C1 D2 • NNWH MS1 L1 • NRU L1 • NSyU D1 R • NbU L1 REF2 • NjR L1 • PHC L1 • PU L1 • TU L1 • TxU MS2311 L719 C719 D257 MG1 6CTN PR M • ViU MS2 L1

WILLIAMS, William Carlos (1883-1963) • ArU L2 C2 • CCFB L3 C2 • CLU L4 C2 R • CU L1 • CU-A L2 • CoU L15 • CtU L10 • CtY MS300 L397 C2000 D1 PR • DLC MS11 L12 C2 D2 • DeU MS3 L125 C5 • FU MS22 • ICN L8 • ICarbS MS3 L51 C3 • IEN MS2 L11 • IU-Ar MS3 L2 • IaU L2 • InU MS2 L15 C2 D20 • KU-S L8 • KyLoB-M L1 • MA L9 • MBU L3 • MH MS17 L19 C8 PR • MMeT L3 • MdU MS7 L54 D1 PR • MeWC MS1 • MnU L7 C4 • MoSW L38 C1 D2 • NBuU MS20000 L1000 • NHi L1 • NIC L1 • NN-B L5 C1 D3 • NNAL MS2 L14 C30 D2 • NNC MS5 L44 D7 • NNFF L2 C2 D2 • NNU-F MS7 L3 • NRU L1 • NSyU L4 C1 • NbU L1 REF2 • NcA L1 • NhD MS1 L14 D1 • NjN L1 • NjR L10 • NjRuF MS10 L33 C34 • OKentU MS5 L30 D1 PR • OkU L1 • PPT L3 C3 D1 • PSt MS1 L200 • PU MS1 L5 D1 • RPB-JH MS3 L68 C2 D3 PR REF1 • TxU MS62 L680 C108 D82 MG4 PR M • ViLxW MS1 L2 • ViU MS57 L89 C12 • VtMiM MS1 L3 • VtU L1 • WMUW MS10 L9 • WaU MS2 L49 C14 • WyU-Ar L20

WILLIAMSON, Thames Ross (1894-   ) • CSmH L2 • MeWC MS13 L6 • TxU L1

WILLINGHAM, Calder (1922-   ) • CLSU R • MiU C2 • NN-B D6 • NNU-F L1 • OU L1 C1 • PU L24 • TxU L7

WILLIS, Nathaniel Parker (1806-1867) • CCamarSJ L1 • CLU L4 C2 • CSmH MS2 L21 D2 • CSt L3 M • CU MS1 • CtHT-W MS1 • CtHi L6 • CtY MS8 L64 C5 D4 • DLC L3 C1 • ICHi MS2 L2 • ICN L1 • IGK L1 • IU-R L4 C1 D3 • IaDmE L1 • IaU L11 • In MS1 • InU L3 C1 • KU-S L13 C1 • KyU C1 • MAnP D2 • MB MS3 L20 C2 • MH MS1 L36 C4 • MHi MS1 L7 • MWelC L3 • MWiW-C L1 • MdBE L19 • MdBJ L2 • MdHi L1 • MiU-C L3 • MnU L1 • N L2 C2 • NAurW L1 • NBu L3 REF65 • NHi L20 D2 REF66 • NIC L16 • NN-B MS3 L19 C1 • NNC MS2 L44 D1 M • NNPM MS3 L8 C1 • NNU-F MS1 L27 • NNebgWM L1 • NRU MS1 L1 • NcD L4 • NhD L1 D1 • NhHi

MS1 L2 • NjMo MS1 C40 • NjMoHP L7 • NjP L43 C1 D1 • OCHP MS1 L2 • OMC L1 • PHC L4 • PHi MS5 L93 C7 D2 • PP L1 • PPL L2 • PSC L1 • PSt MS1 L6 C1 • PU L1 • RNR L1 • RPB-JH MS4 L8 C1 • TxU MS3 L3 C2 • ViU MS8 L65 C2 • VtHi D1 • VtU L1 • WHi L1

WILLSON, Meredith (1902-   ) • CLU MS1 L1 R • Ia-T MS4 L2 PR • IaU MS6 L3 M • InU M • MH D1 • NNC L5

WILSON, Alexander (1766-1813) • CtY L1 C1 • DLC L5 C2 • ICHi J2 • KU-S D1 • MB L2 • MH MS11 • N L1 • NHi MS1 • NNC L2 • NjMoHP L1 • PHC L1 • PHi MS1 L12 C3 • PPAmP L17 D11 • PPC L1 • PSC-Hi L1 • PU L1 • TxU MS1

WILSON, Augusta Jane (Evans) (1835-1909) • A-Ar L3 • CLU L1 • CU-S L1 • CtY MS1 L1 • DLC L6 • GEU L4 • LNHT L1 • NBu L1 • NNBa L2 • NNC L1 D1 M • NcD L2 • NcU L6 • NhD L1 • PHC L1 • PHi L3 • RPB-JH L1 • ViU L22

WILSON, Edmund (1895-1972) • CLU L2 C1 • CSt L7 D3 • CoU L1 • CtW L2 • CtY MS41 L22 C4 36FT PR REF7 • DLC L3 C2 • DeU L38 C22 D1 • FU L2 • GEU L36 C3 • ICN MS21 L193 D4 PR • ICarbS L6 • IEN L3 • IU-R L1 C1 • IaU L7 • InGrD-Ar L1 • InU L20 C2 D3 • MA MS8 L83 • MB L7 D3 • MBU L17 • MCR L2 • MH MS1 L24 C13 PR • MdU L1 • MeWC L1 • MiU L8 C13 • MiU-H L2 C1 • MnU-Ar L3 • MoSW L6 C1 • NBiSU L2 • NBuU MS1 L1 • NHi L1 • NIC L3 C4 • NN-B L6 D1 • NNAL MS1 • NNC L39 • NNFF D1 • NNPM L2 • NPV L4 • NSyU L11 • NcD L1 • NjP MS2 L29 C10 D2 • NjR L15 • OU L2 C1 • OkU L1 • OrU L1 • PBm L7 • PHC L1 • PSt L12 C1 • PU L60 • RPB-JH L8 • TxU L13 C1 PR • ViU MS1 L49 C1 • ViW L1 • WaU L1 C1

WILSON, Harry Leon (1867-1939) • CHi D1 • CLSU MS1 L3 • CSmH L2 • CU L1 • CtY L1 • DeU L2 • IU-R L4 C1 D1 • InRE L1 • InU L1 D1 • MBU L16 C1 • MH L1 • MWH L2 • MeWC L19 C1 M • NIC C1 • NN-B MS1 L1 D1 • NNC L2 • NNU-F L1 • NNWH L4 • NPV L1 • NcD L3 • NjP MS1 L1 • OKentU L5 • PU L2 • TxU L1 • ViU L14 C1

WILSON, James Grant (1832-1914) • A-Ar L2 • CLU C2 • CSmH MS1 L24 C9 D2 • CStbS L2 • CU L2 • CtY L23 C7 • DFo C2 • DLC L1 • DeGE C3 • FU C1 • ICN L3 • ICarbS C1 • IGK C1 • IaU L12 C1 •

Wilson, James Grant (cont.)

InNd L1 • InU L3 • KyU C1 • LNHT L1 • LU-Ar L2 • MAJ L1 • MB L21 C4 • MBU L1 • MH L39 C8 • MHi L14 • MWA L11 • MdBE L1 • MdBJ L11 C1 • MdHi L1 • MeWC L6 • MoSHi L2 D1 • N L5 C1 • NBu MS1 L1 C1 • NHi MS1 L3 C8 REF66 • NIC L4 C2 • NNC L38 C1 D3 • NNPM L2 • NNU-F L1 • NRU L12 C5 • NSchU L12 • NcD MS1 L6 • NhHi L2 • NjMoHP L4 • NjN L1 • NjP L14 C15 D2 • NjR L1 • OCHP L1 • OClWHi L1 • OFH L24 C6 M • OMC L1 C1 • PCarlD L1 • PSC L1 • PSC-Hi MS1 C3 • RPB-JH L3 • ScC L1 C1 • TxU L2 • ViU MS1 L13 C1 • WHi L1

WILSON, John (1588-1667) • CLSU L1 • CtY L126 C4 • DLC L1 • ICHi L2 • ICL L1 • MB D1 • NjMoHP L1

WILSON, Margaret Canby (1882-   ) • CtY L5 C1 • DLC L1 • IGK L1 • MA L1 • NN-B L3 • NSyU MS2 • PPT L4

WILSON, Thomas Woodrow (1856-1924) • A-Ar L37 • CCC L1 • CCamarSJ L4 D1 • CLSU L1 • CLU L4 C1 • CSmH L22 C11 D15 • CSt L3 D3 • CSt-H L152 C315 • CStbS L2 • CU L62 C5 D2 • Ct L4 • CtHC L13 C19 • CtHi L1 • CtLHi D2 • CtMyMHi L2 • CtW L12 M • CtY MS7 L264 C50 D22 1CTN PR M • DGU L8 • DLC L68 D4 REF4, REF36 • DeU L27 • FU L1 • GHi L3 • ICN L12 REF1 • ICarbS L2 • IEN L4 C2 • IGK L3 • IU-Ar L22 C40 D24 • IU-R L1 • Ia-HA L1 • In L1 D17 • InFwL L1 • InGrD-Ar L2 • InHi L1 D20 • InU L30 C20 D30 M • KyBB L20 • KyLoF L5 C2 D4 • KyLoU L2 • KyU L28 M • LNHT L1 • LU-Ar L3 D7 • MA L2 • MAnP L1 • MB L15 C10 D1 • MBU L3 D2 • MCR MS1 L4 C3 • MChB L1 • MH L171 C103 D5 • MH-BA L10 • MHi L2 • MNS L1 • MWA L3 • MWalA L26 D2 • MWiW-C L2 • MdBJ L50 C8 D16 • MdHi L18 C2 D6 • MeB L9 • MeU C5 • MeWC L3 • MiU L3 • MiU-C L5 D1 • MiU-H L20 C4 • MnHi L11 M • MoSHi L43 C12 D1 M • N L8 C1 D3 • NAlI L1 • NBu L1 • NBuHi L3 C2 D1 • NHC L2 • NHi L8 D8 M REF66 • NIC L44 C7 • NN-B MS4 L52 • NNAL L38 C69 • NNC L64 D5 M • NNH L3 • NNPM L6 D2 • NNWH L1 • NNWML L1 • NPV L9 • NRU L60 C7 • Nc-Ar D2 • NcD MS1 L66 D2 • NcDaD L5 M • NcU L28 C39 D10 • NhD L3 C4 D7 M • NhHi L2 C6 • NjMD L4 • NjMoHP L9 • NjP 60CTN • NjPT L1 • NjT L2 • OClW D7 • OClWHi L5 • OFH L4 C1 M • OHi L2 • OMC L3 • OOxM L1 • PBL L5 • PBm L1 • PCarlD L2

354

D3 M • PHC L9 • PHi L16 D3 • PMA L9 C6 • PP L8 C1 • PPT L1
• PSC-Hi MS1 L14 • PSt L9 • PU L4 • RPB-JH L4 D6 • ScU L3 • T
L10 D5 • TNJ L2 • TU L6 • TxHR 3CTN • TxU MS1 L3 D1 1CTN
• ViLRM L1 • ViU L242 C51 D1 • ViW L9 • VtHi L1 C1 • VtU L10
C7 D19 • WHi L150 C100 D2 • WaPS L1

WILSON, Walter C. (1909-   ) • NvU MS1

WINCHESTER, Caleb Thomas (1847-1920) • CSmH L1 • CtHC MS1
L9 • CtHi L1 • CtW 4FT M REF1 • CtY L4 • KU-S L1 • MH L1 • MdBJ
L4 • NIC L7 • PSt L4 • UPB L1 • WHi L1

WINSLOW, Anne Goodwin (1875-1959) • CtY L2 C1 • ICN L1 • MiU
L2 C5 • TMM REF85 • VtU L1

WINSLOW, Edward (1595-1655) • ICHi L1 • InU D1 • MB D1 • MHi
L2 D1 • NN-B MS2 • PHi L1 • RPB-JH D1

WINSLOW, Josiah (1629-1680) • MB L2 C3 D4 • MBAt C1 • MBNEH
C1 • MHi L14 D1 • NjMoHP L1 • PHi D1 • RPJCB D1

WINSLOW, Thyra (Samter) (1893-   ) • ArU L1 • CLSU L2 •
GEU L1 • MH L1 • NIC L1 • OU L1 C1 • PU L4 • TMM L1 •
TxU L2 • ViW L1

WINSOR, Justin (1831-1897) • CLU L3 • CSmH L39 C1 • CU L6 •
Ct MS1 • CtHC L1 C1 D2 • CtHT-W L8 • CtHi L1 • CtY L18 C2 • DFo
L5 C3 MG2 • DLC L7 C1 • ICN MS1 L24 C1 REF1 • IGK L1 • LNHT
L2 • LU-Ar L3 • MB MS1 L175 C80 • MBAt L1 • MBU L3 • MChB
L1 • MH MS8 L47 C31 MG1 • MHi MS5 L45 • MWA L30 D1 • MdBJ
MS1 L37 C1 • MdHi L1 • MeB L1 • MiU-H L2 • MnHi L1 • MnU-Rb
C1 • NBu MS1 L1 REF65 • NHi L1 • NIC L14 C1 • NNC L6 • NNPM
L1 • NPV L3 • NRU L1 • NSchU L4 • NcD L4 • NhD L1 • NjMoHP
L2 • OCHP MS8 • PSC L2 • RPAB L5 • RPB-JH C1 D2 • ViU L5 C1
• VtMiM L1 • WHi L7

WINTER, William (1836-1917) • C L5 • CCamarSJ L1 • CL MS1 •
CLSU L2 C1 • CLU L1 • CLU-C C1 • CSmH MS6 L4 • CSt L2 C1
• CU-A L1 • CtW L2 C1 • CtY MS8 L154 C16 D1 M • DFo L296
C1343 M • DLC MS11 L186 C1 • FU L1 • ICHi L1 D1 • ICN L1 •
ICarbS C1 • IGK L1 • InNd MS7 C1 • InRE L1 • InU L7 C55 D1 M
• MA C1 • MB MS1 L25 C5 MG1 • MH MS2 L117 C21 M • MNS
L1 • MWelC C1 • MdBE L2 • MeWC C3 • MiU L1 • MoSW L1 •
N L1 • NBu MS1 REF65 • NHi L4 C4 D1 • NIC L25 C28 • NN-B MS2 C3

355

Winter, William (cont.)

• NNC MS2 L100 C7 • NNMus MS1 L36 • NNPM L4 • NNU-F L2 • NNWH L7 C7 • NPV L1 • NbU L1 • NcD L1 • NhExP MS1 L7 • NjP L7 C3 • OCHP L2 • OFH L6 • PBL MS1 • PHC L2 • PHi L7 D1 • PSt L1 • PU L6 • RPB-JH MS3 L37 C7 D3 PR • TxU MS6 L1 C1 • UPB L1 • ViU MS10 L34 C35 • VtMiM L3 C1 MG1 • WaU C1

WINTERS, Arthur Yvor (1900-1968) • COMC L2 • CSt MS12 • CU L6 REF2 • CU-A L1 • CtY MS1 • DeU MS1 L14 • ICN L5 • IU-Ar L2 • InGrD-Ar D1 • MA L10 • MH MS2 • MdBJ L3 • MiU L1 C3 • MoSW L2 • NN-B L1 D1 • NNAL MS1 • NNC L11 C2 • NbU L1 REF2 • NjP MS6 L13 C9 PR • NvU L6 C1 • PSt L1 • TxHR MS1 L1 C1 • WGr C1 • WaU L8 C1

WINTHROP, John (1588-1649) • CU MS1 • CtHi L1 C2 • CtY L1 C3 D2 • InU D1 • M-Ar L2 C5 D74 • MB MS2 C2 D8 • MBCo C1 • MBU L1 • MH L1 D1 • MHi MS4 J4 L61 D3 • NHi MS1 C1 REF66 • NNS D1 • NhD L1 D1 • NjMoHP L1 • OMC D1 • OkTG D1 • PHi L1 C1 • RHi L2 C3 D2 • RPJCB C1

WINTHROP, Robert Charles (1809-1894) • A-Ar L1 C171 D1 • CLU L18 C16 • CSmH L55 C3 D5 • CU L1 • CoCC L1 • Ct L19 • CtHi L4 • CtLHi L3 • CtW L1 • CtY L73 C6 • DLC L36 D1 • DeGE C1 • ICN L1 • IGK C2 • InU L1 • KU-S L1 • KyBB L1 • MB MS1 L34 C2 D1 • MBAt L1 • MBCo L2 C1 • MBU L3 • MChB L1 • MH MS4 L341 C11 • MHi 1FT • MNF L1 • MWA L36 D2 • MdBE L399 • MdBJ L16 • MdHi L7 • MeB L23 C5 • MiMtpT L4 • MiU L1 • MiU-C L3 C2 • MiU-H L1 • MnHi L3 • MoSHi L2 • N L1 • NAurW L1 • NBu L1 • NHi L25 C1 D3 M REF66 • NIC L1 • NNC L17 D1 • NNPM L5 • NNWH L1 • NPV L3 C1 • NRU L19 C2 • NSchU L14 • NcD L22 • NhD L2 D8 • NhHi L6 • NjMoHP L5 • NjP L7 C6 • OCHP L4 • OFH L27 C5 M • OMC L1 • PU L1 • RHi L1 • RNR L1 • RPB-JH L13 • TxU MS1 C1 • ViU L5 • VtHi M • VtMiM L2 • VtU L24

WINTHROP, Theodore (1828-1861) • CLU L3 • CtY MS1 L11 C1 D1 • IaU L1 • MB D1 • MH MS2 L7 • MHi L1 • MeB L1 • MiU-C L1 • MoSHi L9 • N L1 • NNPM MS1 • NRU L1 • PHi L2 • TxU MS1 L2 • ViU MS3 L4 • VtU L2

"WINWAR, Frances" (pseud.), Mrs. B. D. Grebanier (1900-   ) • CU L2 • IU-Ar L1 C1 • IU-R D1 • MBU 1FT REF1 • PU L27 •

TxFTC L1 • TxWB-B L43 C30 D3

WIRT, William (1772-1834) • CLU L2 • CSmH L7 C1 D4 • CSt L1 • CtHT-W D1 M • CtHi L2 • CtW L1 • CtY MS2 L33 C1 • DLC MS25 L750 C152 D5 M • ICHi L25 C1 D1 • ICN D1 • IU-HS L24 • InHi L1 • InU L4 • KyU D1 • MA C1 • MB L8 D1 • MH L5 • MHi J1 L17 D1 • MWA MS1 • MdBE L10 • MdBJ L1 D1 • MdHi L253 C79 D5 REF1, 4 • MoSHi L2 D1 • N L1 • NHi L4 • NIC L2 D1 • NNC L2 • NNPM L7 • NRU L1 • NcD L18 • NcU MS2 L58 C10 M • NhD L6 D37 • NjMoHP L5 • OCHP L1 • OClWHi L1 • OMC L1 • PCarlD L1 • PHC L6 • PHi L30 C1 D3 • PMA L1 • PP L9 C1 • PPAmP C1 • PSC L1 • PU L4 • RPB-JH L1 • TxU L6 • Vi L66 • ViHi MS1 L18 C2 D22 • ViU L92 C12 D1 • ViW MS2 L41 • WHi L2

WISE, Henry Augustus (1819-1869) • CCC L1 • CSmH L10 C3 D3 • CU MS1 C1 • CtY MS1 L5 • DLC MS2 L28 C77 D3 M • GHi L1 • ICHi L1 • IU-R D2 • MB C1 • MH L8 • MHi L318 • MWA C23 • MdBJ L1 C1 • MdHi L1 • MiU-C L1 • MoSHi L1 C1 • NHi REF66 • NNC D1 • NRU L1 • NhHi L3 • OCHP MS1 L1 • OClWHi L2 • OMC C7 • PHi L5 C3 • PPRF L1 • RPB-JH L3 D6 • TxU MS1 • Vi L200 C800 • ViU L3 • ViW L3 • VtHi C1 • VtU L13

WISE, John (1652-1725) • M-Ar D6

WISE, John Sergeant (1846-1913) • CSmH L18 C2 • DLC L1 C14 • ICN L1 • InU L1 • MH L3 C2 • MHi L1 • NcD L19 • PSC L1 • ScU L2 C1 • UPB L1

WISTAR, Casper (1761-1818) • CSmH D1 • DLC L43 C47 D1 • MBCo L1 C2 D4 • NHi L1 • NIC L1 • NNPM L1 • NcD L1 D1 • PPAmP J2 L10 C56 D50 • PPC MS2 L6 M • PU L4 D1

WISTER, Owen (1860-1938) • CCamarSJ L2 • CLSU L21 • CSdS L1 • CSmH MS1 L9 D1 • CU L5 • CU-S L1 • CtY MS2 L31 C2 • DFo L1 • DLC J1 L14 C1 91CTN REF37 • GHi L2 • ICN L5 REF1 • IU-R D1 • IaU L1 • InU L3 C1 • LNHT L1 • LU-Ar L1 • MA L10 • MB L2 • MBU L1 • MH MS8 L366 C73 • MH-BA L21 • MHi L7 • MWH MS1 • MeLB L1 • MeWC L3 • MiU L1 • MiU-C L1 • MiU-H L1 • MnHi L1 • NHemH L11 • NHi L5 REF66 • NIC L1 • NN-B L5 C1 • NNAL MS3 L92 C250 • NNC MS1 L28 D2 • NNU-F MS2 L4 • NRU MS1 L1 • NbU L1 • NcD L3 • NcU MS1 L1 C10 M • NhD MS1 L3 • NjP L12 C20 D6 M • OO L1 • OU L1 • OkU C1 • PCarlD L2 • PHC L3 • PHarH

357

Wister, Owen (cont.)

MS2 • PHi L34 10CTN • PPT L3 C1 • PSC L1 • PSt L1 • PU L16 •
TxU L12 • UPB L1 • ViU MS4 L74 C216 D20 • WHi L2 • WvU L1 •
WyU-Ar MS2 J15

WITHERSPOON, John (1723-1794) • CCamarSJ L1 • CSmH L2 •
CtHi L8 • CtY L3 C1 D3 • DLC MS23 L10 C11 D2 2CTN M • ICHi
L1 • InU L1 • MA L1 • MB L2 D1 • MBU D1 • MH L4 C1 D1 • MHi
L5 D1 • N L2 D1 • NHi L5 C1 D1 M REF66 • NNC L2 • NNPM L4
• NcD L1 D1 • NcU C3 • NhD MS1 C1 D6 • NjMoHP L2 • NjP 2CTN
• OClWHi L1 • OMC L1 • PCarlD C1 • PHC L9 C2 D1 • PHi L31 C4
D6 • PPAmP L7 D1 • PPL L1 D1 • PPRF L4 D2 • PU L1 • RPJCB
L1 • ScU C1 • ViU L1 • VtHi D1 • WHi L1

WOLCOTT, Roger (1679-1767) • CSt J1 L2 • Ct MS1 • CtHi MS2
2CTN • CtY L3 C2 D1 • M-Ar L6 C3 D6 • MB C1 D1 • MH D1 • MHi
L4 D2 • MiU-C L1 C1 D1 • NHi MS1 D1 • NhD C1 • OMC D1 • PHi
L2 D2 • R L1

WOLFE, Thomas Clayton (1900-1938) • CLU L2 • CSt 1CTN • CtY
MS2 L3 C5 • DLC L1 • GEU D1 • ICN L3 • KyLoU L1 • MH MS16
L95 C1515 D15 M REF1, 2, REF53 • MNS MS1 D1 • MU-Ar D1 • MiU
L1 C2 • NNAL L3 C8 D2 • NNC L6 D4 • NNU-F MS1 L10 D7 PR M
• NcA L8 D2 M • NcU 18FT REF2 • NjP L109 C164 D1585 • OU L1
D1 • TxU MS17 L16 D62 PR M • ViLRM MS1 • ViU MS6 L28 C202
M • VtMiM L1

WOLFE, Thomas Kennerly, Jr. (1931-   ) • InU MS25 L2 C1 D1 •
NNC L6 D4 • ViSwC L1

WOLFF, Maritta Martin (1918-   ) • MiU MS5 L1 D8 PR • MiU-Ho
MS3

WOOD, Charles Erskine Scott (1852-1944) • CHi MS1 L9 M • CLSU
L13 • COMC MS4 L130 C3 • CSf MS2 • CSmH REF1, 7 • CSt MS1
L2 M • CU MS2 L160 C5 MG1 M REF1 • CtY L4 M • DLC D1 •
DeU L6 • ICN L1 • IGK MS1 • IU-R L1 D2 • InU L25 D6 • LNHT
L1 • MA L2 • MH L34 C8 • MdBJ L3 • MiU MS12 L55 C1 D8 PR
• MnHi L1 • NNC L23 • NNWML L1 • NhD L1 • NjP MS1 • OrHi
1CTN • OrU L1 • PU L1 • RPB-JH D1 • TxU C1 • ViU L3 C1

WOOD, Clement (1888-1950) • CSmH L2 • CoU L1 • CtY MS1 L19
C2 D1 • DLC L3 • DeU MS5 L12 • IGK MS1 • IU-R D1 • IaU L1 •

InNd L2 • KPT MG1 • MH L45 C3 • MoSHi L1 • MoSW L1 • NBuU MS4 L2 • NNC L1 • NNU-F L3 • NNWML L4 • NjP L3 C2 • OkU L1 • PSt L11 • PU L3 • RPB-JH 48CTN PR M REF1, 7 • TxU L3 • ViU MS1 L6

WOOD, George (1799-1870) • CSmH L2 • CtY L3 C3 • DLC MS1 L104 C21 D3 • DeU C1 • ICHi L1 • IEN L1 • MB L8 D1 • MHi L2 • MoSHi L1 C1 • NNC MS1 L1 • NjMoHP L3 • PHC L2 • PHi L11 C1 • PSC-Hi C2 • RPB-JH L3 • ViU L1

WOODBERRY, George Edward (1855-1930) • AzTeS L2 • CLU L1 • CSmH MS1 L47 D4 • CU MS1 L1 • CtY L22 D1 • DFo MS1 • DLC MS1 L6 • FU L1 • ICN L12 REF1 • IGK L1 • IU-Ar L3 • IaU L3 • InU L4 D1 • KyBgW L4 • LNHT L1 • MA L1 • MB L21 • MBU L2 • MChB MS1 L2 • MH L857 C2029 D2 REF1, 2 • MHi MS2 L2 • MWA L5 • MWH MS2 • MWelC MS3 L20 C1 D1 • MdBE L2 • MdBJ MS1 L6 • MeB L1 • MiU-H L1 • MoSW L1 • NBuU MS1 L129 • NIC MS1 L2 • NN-B L2 • NNAL MS1 L111 C50 • NNC MS81 L1196 D4 PR REF4, 7 • NNU-F MS1 L1 • NNWML L1 • NcD L178 • NhD L2 D2 • NhExP MS1 L6 C45 • NjP MS7 L75 C37 D6 PR • PSC L1 • PSC-Hi C2 • PSt L2 • PU L23 • RPB-JH L6 D1 • TxU L3 • ViU MS3 L17 • WvU L2

WOODS, Leonard (1774-1854) • CSmH L3 • CtHC L22 C14 • CtHi L1 • CtY L59 C3 D1 • DLC C1 • DeGE L1 • ICHi L2 • MAnP L1 • MB L2 D1 • MBC L2 • MHi L3 • MNtcA L13 M • MWiW MS1 L1 • MdBJ L4 • MdHi L1 • MeB L3 • MiU-C L3 • NHi L5 • NcD L1 • NhD L3 D10 • NhHi L1 • NjMoHP L4 C1 • NjP MS1 L3 • PHi L34 C1 • WHi L1

WOODSON, Carter Godwin (1875-1937) • CSmH L3 • CtW L1 • CtY L5 • DHU L24 M • DLC C5 15CTN REF1 • IGK L2 • IU-Ar L1 • KyBB L7 C3 • KyRE L1 • MB L1 • MH L7 C4 • NN-Sc L1 • NNC L25 • NcD L3

WOODWORTH, Samuel (1785-1842) • CSmH MS1 • CtY L2 • InU MS1 L1 • KyU D1 • MB MS1 L3 • MH MS1 L1 • NHi L1 • NNC L1 C1 • NNPM MS1 L1 • OClWHi L6 • PHi L4 • RPB-JH MS2 L8 C1 • ViU L3 D1

WOOLLCOTT, Alexander Humphreys (1887-1943) • CSmH L9 • CU L2 • CtW L1 • CtY L60 • DLC L5 • ICN L10 D3 • ICarbS L1 • IaU

359

Woollcott, Alexander Humphreys (cont.)

L2 • InLP L2 C1 • InNd L1 • InU L8 • LNHT L2 • MA L5 • MBU MS45 L200 C20 M REF1 • MH MS3 L216 C5918 • MWC L6 • MWH MS1 • MeWC L22 C2 • MiU C1 D1 • MiU-H L1 • NB D1 • NBC L9 • NCH MS12 L131 C17 D12 M • NHi L1 • NIC L2 C32 D1 • NN-B L1 • NNC L43 • NNPM C1 • NNU-F L3 • NNWH L1 • NjP L9 C11 D4 • OCl L2 • OOxM L1 • OkU C2 • PHC L1 • PU L6 • RPB-JH L18 C1 • TxU L13 • ViU L4 • VtMiM L2 • VtU L6 • WHi L1 C1

WOOLMAN, John (1720-1772) • CStbS MS1 • MH L1 D1 • NNC D1 • NjMoHP L1 • PHC L4 D1 • PHi J4 L17 D10 5CTN • PPL L3 D1 • PSC-Hi MS1 J6 L1 D5

WOOLSEY, Sarah Chauncy (1835-1905) • CSmH MS1 L8 • CU-S L1 • CtY MS1 L29 C3 • ICN L1 • IGK L1 • MA L3 • MCR MS1 L3 • MH L14 • MWA L2 • MdBJ L6 C2 • MeB L1 • MeWC MS1 L2 • MiU L1 • NBu MS8 L2 REF65 • NNBa MS2 L2 • NNC MS1 L12 • NNPM L1 • NjMoHP L2 • NjP L4 • PU L2 • RNR L1 • RPB-JH MS1 • UPB L1 • ViU MS16 L9 • VtMiM L1

WOOLSON, Constance Fenimore (1840-1894) • CSmH L1 • CtY L10 • DLC L3 • DTr MS1 • FU L1 • GEU L1 • IGK L1 • MCR L1 • MH L16 • MHi L1 • MdBJ L1 D1 • MeWC L4 M • MiMtpT L1 • NBu L1 • NNBa L1 • NNC L21 • NNPM MS1 L39 • NPV L1 • NcD L14 • NjP L2 C2 • OClWHi L1 D1 • OFH L1 • OOxM L1 • OU L1 • RPB-JH L22 D12 • UPB L1 • ViU L7

WORMELEY, Katharine Prescott (1830-1908) • CtY MS1 L151 C22 D2 PR • DFo L4 D1 • DLC L64 C1 • MCR L1 • MH L98 D6 • NBu L1 • NNC L14 • NNPM C1 • NcD L1 • NjMoHP L1 • NjP C9 • RNR L2 • UPB L1

WORTH, Kathryn (1898-   ) • TMM L2 • ViLRM L4

WOUK, Herman (1915-   ) • KyU MS1 L1 C1 D1 M • MBU L36 • MH L12 C4 • MWC L1 • MoSW L2 C1 • NNC MS50 L13 M REF7 • NNFF L1 C1 • NNHuC MS1 • NhD D1 • OkU L1 • TxU MS1 L2 1CTN • VtU L4

WRIGHT, Chauncey (1830-1875) • CtY L3 • MB L1 • MH MS9 L61 D1 • MeWC L1 • PPAmP D1

WRIGHT, Harold Bell (1872-1944) • ArU L4 • C L4 • CLSU L2 C1 • CLU MS14 L2 M • CU L2 • DLC L1 • IU-R D1 • IaU L1 • InU MS1 L2 D2 M • NNC L1 • NNU-F L1 M • NjMoHP L1 • OrU L1 • PU L1

• ViU L2

WRIGHT, Richard Nathaniel (1908-1960) • CU MS1 L1 • CtY MS1 L107 C68 D5 • DLC MS1 L5 C5 • IC MS1 • IEN MS1 • IU-Ar L4 C1 D2 M • IaU L1 • KU-S MS1 • MBU L3 • MH L1 • MsU M • NN-Sc MS24 J1 L7 C4 D10 R M • NNC L1 • NjP MS4 L500 D6 • OKentU MS1 L12 • PU L2 • RPB-JH L1 D1 • VtMiM C1 • VtU MS2 L5 C2

WRIGHT, Theodore S. (1797-1847) • NHi D1 • NSyU L4 C1 D1

WRIGHT, Willard Huntington (1888-1939) • CLSU L3 • CLU L1 • CU L1 • CtY MS2 L37 C175 • DLC L1 • DeU L6 • ICN L2 • IGK MS1 • InU MS1 D1 • MA L1 • MH L3 • NCH L4 • NN-B L1 • NNC L1 • NNU-F L1 • NhD L4 D2 • NjP MS1 L79 C225 D640 • PU L16 • TxU MS1 L2 • ViU MS1 D1

WRIGHT, William (1829-1898) • CU 5CTN REF1 • CtY L10 • PU L1 • ViU L1 • WHi D1

WURDEMANN, Audrey (1911-1960) • CLSU L2 • MH MS1 • NRU L1 • OrU L13 • PU L2

WYATT, Edith Franklin (1873-1949) • CtY MS1 L7 C19 M • ICN 4CTN • IGK L1 • InU L7 • MH MS1 L17 C2 • NBuU MS4 L6 • OFH L1 • OkU L13 C17 D4 • PPT L9 • PU L1 • WGr D2

WYLIE, Elinor (Hoyt) (1885-1928) • CoU L1 • CtHT-W L2 M • CtY MS202 L106 C200 D7 MG10 PR M • DLC MS42 J2 PR • ICL L1 • ICN L3 • IU-R D2 • InU MS11 L6 D2 • LNHT PR • MH MS10 L6 C9 • NBuU MS4 • NN-B MS29 L79 C1 D4 M • NNBa L2 • NNWML L2 • NPV L3 • NhD L1 • OrU 1CTN • PBm L6 • PHC L3 • PU L4 • TxU MS3 L3 • ViU L6 D1

WYLIE, Philip Gordon (1902-1971) • CSt L1 REF2 • CU L1 • CoU L1 • CtY L2 • DLC L9 • FM MS2 • FTaSU MS10 • ICN L7 • NNC L2 • NcA L1 • NjP 200CTN REF1 • PPiU L8 C6 • TxU MS1

YATES, Margaret Evelyn (Tayler) (1887-   ) • NNU-F L2 • ViLRM MS1

YERBY, Frank (1916-   ) • CtY L4 C3 • MBU 18FT REF1

YEZIERSKA, Anzia (1885-1970) • CSmH L3 • CtU L2 • CtY MS1 • ICN L2 • InU L3 • KPT MG2 • MBU MS22 L7 C36 REF1 • MH L1 C1 • VtU L23 C4 D3

YOSELOFF, Martin (1919-   ) • IaU MS6 L11 PR

YOUNG, Gordon Ray (1886-1948) • CLSU C6 • CLU MS1 L1 C51 • CSmH L1 • MH L8 C7 • TxU L2

YOUNG, Marguerite (1909-   ) • DLC L1 • FU MS1 L1 C1 • IU-Ar
L5 C1 • IaU L2 • MA L1 • NBuU MS3 • NN-B L2 • NNFF L1 C1 D6
• NSsS MG1 • NbU 1CTN • NjR L1 • PU L1

YOUNG, Stark (1881-1963) • CLSU L3 • CU L1 • CtY MS1 L31 C1
MG1 PR • DLC L3 • DeU L1 • FU MS1 • GEU L1 • GHi L2 • ICHi
L2 D2 • ICN L3 • ICarbS C1 • IEN D1 • InNd L1 • InU L3 D1 • KyBgW
L1 • KyU MS1 • MA L13 • MB L1 • MBU L1 • MH L11 C2 • MiU
MS1 L12 C12 • MnHi L1 • MoSW L9 C1 • Ms-Ar L6 C2 D1 • MsU MS1
L150 C49 PR R M • NIC L5 • NN-B L2 • NNAL L4 C9 D2 • NNC
MS5 L106 • NNPM L1 • NPV L1 • NcA L2 • NcD L4 • NjP L42 C219
D255 • PSC L1 • PSt L4 • PU L8 • T L5 • TMM L2 • TNJ MS1
L73 • TxU MS41 L110 C536 D90 MG8 PR M • ViHo L3 • ViLxW
L2 • ViU MS9 L106 C1 • WHi L3 C3

ZABRISKIE, George Albert (1868-1954) • CtY L250 C250 • MA L1
• MH L1 • NHi MS1 C4 D4 9CTN M REF66 • NNC L12 • NSchU L2
• TxU C1

ZAFFIRAS, George John (1917-   ) • IaU MS1 L2

ZATURENSKA, Marya (1902-   ) • ArU L6 • CtY L1 • ICN L1
• InU L4 C1 D1 • MH L18 C2 • NBuU L3 • NN-B L1 D1 • NNC L1
• NRU L1 • NSyU L30 • TxU L2 • WGr MS2 • WaU L8

ZENGER, John Peter (1697-1746) • CtY L1 • MH D1 • NHi D6
REF66 • NNC MS1 D1 • PHi D5

ZENOS, Andrew Constantinides (1855-1942) • CtHC L15 C11 D10 M
• ICMcC MS6 D1 • ICN L4

ZHITLOVSKY, Chaim (1865-1943) • NNYI 33FT

ZUGSMITH, Leane (1903-   ) • CLU L1 • ICN L1 • NNC L1 • PSt
L1 • PU L2

ZUKOFSKY, Louis (1904-   ) • CLU L19 C5 • CStbS D1 • CU
L2 • CU-S MS3 L12 • CtU L4 • CtY MS129 L134 C305 D3 • DTr
L2 • DeU L50 D1 • ICN L1 • IEN L4 • IU-Ar MS1 L4 M • InU
MS1 L20 C9 D15 PR M • KU-S L9 • KyLoB-M L13 • MBU L1 •
MH L4 C2 • MdU L21 PR • MoSW L16 D6 M • NBuU MS16 L53 •
NN-B D1 • NNC MS4 L13 D4 • NNFF L1 C1 D2 • NSbSU L1 •
NjR L1 • OKentU L53 • PSt L1 • RPB-JH MS1 L2 D2 • TxU MS695
L981 C2711 D195 MG26 PR M REF 90 • UPB L1 • WGr MS2 L2
D4 • WaU L1

APPENDIX A: CROSS REFERENCES

AKERS, Elizabeth. See Elizabeth Ann (Chase) Akers Allen.

ANTONINUS, Brother. See William Everson.

ARNOLD, Catherine Read. See Catherine Read (Arnold) Williams.

AUSLANDER, Audrey. See Audrey Wurdemann.

BALDWIN, Faith. See Faith (Baldwin) Cuthrell.

BONNER, Sherwood. See Katherine Sherwood (Bonner) MacDowell.

BOOTHE, Clare. See Clare Boothe Luce.

BUTLER, Frances Anne (Kemble). See Frances Anne Kemble.

BYRNE, Brian Oswald Donn. See Brian Oswald Donn-Byrne.

CABOT, Eliza Lee. See Eliza Lee (Cabot) Follen.

CANFIELD, Dorothy. See Dorothy Frances (Canfield) Fisher.

CHANDLER, Ellen Louise. See Ellen Louise (Chandler) Moulton.

CHANNING, Grace Ellery. See Grace Ellery (Channing) Stetson.

CHASE, Elizabeth Ann Akers. See Elizabeth Ann (Chase) Akers Allen.

CLARKE, Sara Jane. See Sara Jane (Clarke) Lippincott.

CUMMINS, Ella Sterling (Clark).
   See Ella Sterling (Clark) Cummins Mighels.

DE SELINCOURT, Mrs. Basil. See Anne Douglas Sedgwick.

DOOLITTLE, Hilda. See Hilda (Doolittle) Aldington.

EVANS, Augusta Jane. See Augusta Jane (Evans) Wilson.

FEIKEMA, Feike. See Frederick Feikema Manfred.

FULLER, Sarah Margaret.
   See Sarah Margaret (Fuller), Marchesa d'Ossoli.

GRAEME, Elizabeth. See Elizabeth (Graeme) Ferguson.

GRANICH, Irwin. See Michael Gold.

HALL, Eliza (Calvert). See Eliza Caroline (Calvert) Obenchain.

HARRIS, James Thomas. See Frank Harris.

HOWARD, Caroline. See Caroline (Howard) Gilman.

HUNT, Helen Maria (Fiske). See Helen Maria (Fiske) Hunt Jackson.

JONES, LeRoi. See Imamu Amiri Baraka.

KIDNEY, John Steinfort. See John Steinfort Kedney.

LEWARS, Elsie Singmaster. See Elsie Singmaster.

LITTLE, Malcolm. See Malcolm X.

LOUIS, Father. See Thomas Merton.

McLEAN, Sarah Pratt. See Sarah Pratt (McLean) Greene.

"McMEEKIN, Clark."

Dorothy (Park) Clark and Isabel (McLennan) McMeekin.

MARCH, William. See William Edward March Campbell.

MOWATT, Anna Cora (Ogden).

See Anna Cora (Ogden) Mowatt Ritchie.

NORTH, Jessica Nelson. See Jessica Nelson (North) MacDonald.

PHELPS, Elizabeth Stuart (1844–1911).

See Elizabeth Stuart (Phelps) Ward.

RABINOWITZ, Solomon. See Sholom Aleichem.

RIVES, Amélie. See Amélie (Rives) Chanler Troubetzkoy.

SEALSFIELD, Charles. See Karl Postl.

STRATTON-PORTER, Gene. See Geneva Grace (Stratton) Porter.

SWARTZ, Jerome Lawrence. See Jerome Lawrence.

WARD, Harriet Marion. See Harriet Marion (Ward) Stephens.

WILKINS, Mary Eleanor. See Mary Eleanor (Wilkins) Freeman.

WILLIS, Sarah Payson. See Sarah Payson (Willis) Parton.

WOODHULL, Victoria (Claflin).

See Victoria (Claflin) Woodhull Martin.

WRIGHT, Frances. See Frances (Wright) D'Arusmont.

YATES, Elizabeth. See Elizabeth (Yates) McGreal.

ZEPHYRIN, Father. See Charles Anthony Engelhardt.

APPENDIX B:

AUTHORS FOR WHOM NO HOLDINGS WERE REPORTED

The following authors were on our author list, but the survey failed to discover any manuscript holdings among the 600 reporting libraries.

ALLEN, Junius Mordecai (fl. 1906)
ANDERSON, Alston (1924–   )
BABSON, Helen Corliss (1881–   )
BENNETT, Gwendolyn B. (1902–   )
CARLEY, Daniel (1918–   )
CASE, Josephine (Young) (1907–   )
COOKE, Ebenezer (1672–1732)
CRUZ, Victor Hernandez (1949–   )
DOOLEY, Thomas (fl. 1944)
EDMONDS, Randolph (1900–   )
ELLSWORTH, Mary Wolcott (Janvrin) (1830–1890)
FAÍR, Ronald L. (1933–   )
FINLEY, Martha Farquharson (1828–1909)
GREENE, Asa (1788–1837)
GRIGGS, Sutton E. (1872–1930)
HORNSBY, Thomas (1896–   )
HUMES, Harold Louis (1926–   )
IMES, Nella (Larsen) (1893–1967)
JOHNSON, Helene (1907–   )
JOHNSON, Overton (1820?–1849)
KAUFMAN, Myron S. (1921–   )
KING, Verna (Gruhlke) (1908–   )
KNIGHT, Frederick (1791–1849)
LEWIS, Henry Clay (1825–1850)
MAURA, Sister (1881–   )
MERRILL, Albert Adams (fl. 1899)
MIRIAM, Sister (1886–   )

MORTON, George (1585–1624)

MURRAY, Frederick Gray (1874–   )

NEWMAN, Joseph Simon (1891–   )

NORSTOG, Jon (1878–1942)

OFFORD, Carl Ruthven (1910–   )

PINE, Hester (1913?–   )

POTOK, Chaim (1929–   )

PRATT, William W. (fl. 1858)

RICHARDSON, Willis (1889–   )

RODGERS, Carolyn M. (fl. 1969)

ROGERS, Elymas Payson (1815–1861)

ROPER, Moses (c. 1816–?)

SANDYS, George (1578–1644)

SMITH, Harry James (1880–1918)

SPENCER, Anne (1882–   )

SPILLANE, Frank Morrison (1918–   )

STALEY, Milo Victor (1866–   )

THOMPSON, Morton (1907–1953)

TURELL, Jane Colman (1708–1735)

VASHON, George Boyer (1824–1878)

VROMAN, Mary Elizabeth (1925–   )

WALLANT, Edward Lewis (1926–1962)

WILSON, Carl Bassett (1899–1937)

WILSON, Mitchell (1913–1973)

WINCHELL, Mary Edna (1878–   )

WOOD, Sally Sayward (Barrell) Keating (1759–1855)

REFERENCES

INFORMATION REFERENCES

These references give information about holdings cited in the text of the book.

REF 1   The library has a unique-copy checklist or finding list of the manuscripts of this author or of this author's family papers. (These are unpublished, in-house checklists, variously called indexes, finding lists, inventories, calendars, registers.)

REF 2   Consult the manuscript librarian of this library regarding restrictions on use of this author's manuscripts.

REF 3   Papers of this author currently are being processed. Consult the manuscript librarian of this library on when they may become available for use.

REF 4   The library has microfilmed the papers of this author or has a copy of another library's holdings on microfilm. Consult the manuscript librarian on use of the microfilm. (This reference is designed to record microfilming of the papers of individual authors only.)

REF 5   The library has drawings or other pictorial pieces by this author, or pictorial matter associated with his works.

REF 6   The library has manuscripts of this author on deposit from an individual or from another library.

REF 7   The library is the chief repository of the papers of this author, or has significant holdings of this author's papers.

REF 8   For full information on the papers of this author consult the Director, the Bancroft Library, Univ. of California, Berkeley 94720.

CITATION REFERENCES

The multiple-digit reference (REF) numerals in the text are keyed to this list. They include published articles or books which describe in useful detail holdings of manuscripts of individual authors, censuses of an author's papers found in several libraries, and catalogs of all the manuscripts in a library. We include published guides to microfilms of manuscripts, for, in addition to alerting one to the existence of microfilm copies, these often describe collections in detail. Works which are not assigned a REF number can be found in the Bibliography.

Each item has been screened for usefulness. General descriptions of collections, lacking in specifics, have been rejected. We do not include works which publish the texts of manuscripts. One cannot assume that in the References or in the Bibliography we have found all useful printed sources. These citations represent all items known to us at this time.

REF 11 ArStC *The Lois Lenski Collection in Dean B. Ellis Library, Arkansas State University.* State University: Arkansas State Univ., 1972. 72pp.

REF 12 AzTP Charles C. Colley. *Documents of Southwestern History: A Guide to the Manuscript Collection of the Arizona Historical Society.* Tucson: Arizona Historical Society, 1972. 233pp.

REF 13 CLO Alice H. Gay. *Robinson Jeffers at Occidental College: A Check List of the Jeffers Collection in the Mary Norton Clapp Library.* Los Angeles: Ward Ritchie Press, 1955. 23pp.

REF 14 CLSU Lloyd A. Arvidson, ed. *Hamlin Garland: Centennial Tributes and a Checklist of the Hamlin Garland Papers in the University of Southern California Library.* Library Bulletin No. 9. Los Angeles: Univ. of Southern California, 1962. 159pp.

REF 15 CU Robert J. Brophy. "The Mabel Dodge Luhan Correspondence: Library, University of California, Berkeley." *Robinson Jeffers Newsletter* No. 34 (Feb., 1973), 7–9.

REF 16 CU Rena V. Grant. "The Livezey-Whitman Manuscripts." *Walt Whitman Review* 7 (1961), 3–14.

REF 17 CtB Nelle Neafie. *A P. T. Barnum Bibliography.* Bridgeport, Conn.: Bridgeport Public Library, 1965. 55 pp., mimeographed.

REF 18 CtHT-W Marian G. M. Clarke. *The Robert Frost Collection in the Watkinson Library.* Hartford, Conn.: Watkinson Library, Trinity College, 1974. 104pp.

REF 19 CtY Maurice Bassan. "Papers of Julian Hawthorne at Yale." *Yale University Library Gazette* 39 (1964), 84–89.

REF 20 CtY Robert J. Brophy. "Una Jeffers–Blanche Matthias Correspondence: Beinecke Library, Yale." *Robinson Jeffers Newsletter* No. 35 (May, 1973), 7–9.

REF 21 CtY   Walter Prichard Eaton. "The Eugene O'Neill Collection." *Yale University Library Gazette* 18 (July, 1943), 5–8.

REF 22 CtY   Edward Nickerson. "Jeffers Scholarly Materials: The Yale University Library." *Robinson Jeffers Newsletter* No. 36 (Oct., 1973), 11–14.

REF 23 DLC   Leonie Adams. "The Ledoux Collection of Edwin Arlington Robinson Manuscripts." *Library of Congress Quarterly Journal of Current Acquisitions* 7, i (1949), 9–13.

REF 24 DLC   "John Barth Papers." *Quarterly Journal of the Library of Congress* 26 (1969), 247–49.

REF 25 DLC   *Benjamin Franklin: A Register and Index of His Papers in the Library of Congress.* Washington: Library of Congress, 1973. 27pp.

REF 26 DLC   *Douglas Southall Freeman: A Register of His Papers in the Library of Congress.* Washington: Library of Congress, 1960. 14 leaves.

REF 27 DLC   *Index to the Abraham Lincoln Papers.* Washington: Library of Congress, 1960. 124pp.

REF 28 DLC   *Index to the James Madison Papers.* Washington: Library of Congress, 1965. 61pp.

REF 29 DLC   *Index to the Theodore Roosevelt Papers.* 3 vols. Washington: Library of Congress, 1969. 1322pp.

REF 30 DLC   "Philip Roth Papers." *Quarterly Journal of the Library of Congress* 27 (1970), 343–344.

REF 31 DLC   *Henry Rowe Schoolcraft: A Register of His Papers in the Library of Congress.* Washington: Library of Congress, 1973. 26pp.

REF 32 DLC   *Carl Schurz: A Register of His Papers in the Library of Congress.* Washington: Library of Congress, 1966. 17pp.

REF 33 DLC   *Booker T. Washington: A Register of His Papers in the Library of Congress.* Washington: Library of Congress, 1958. 105pp.

REF 34 DLC   *Index to the George Washington Papers.* Washington: Library of Congress, 1964. 294pp.

REF 35 DLC   *Walt Whitman, A Catalogue Based upon the Collections of the Library of Congress. With Notes on Whitman Collections and Collectors.* Washington: Library of Congress, 1955. See pp. 7–41.

REF 36 DLC   *Index to the Woodrow Wilson Papers.* 3 vols. Washington: Library of Congress, 1972. 1600pp.

REF 37 DLC *Owen Wister: A Register of His Papers in the Library of Congress.* Washington: Library of Congress, 1972. 32pp.

REF 38 GDS Edna Hanley Byers. *Robert Frost at Agnes Scott.* Decatur, Ga.: McCain Library, Agnes Scott College, 1963. See pp. 62–64.

REF 39 ICN Benjamin Lease. "The Joseph Kirkland Papers." *American Literary Realism* 2 (1969), 73–75.

REF 40 ICN Colton Storm. *A Catalogue of the Everett D. Graff Collection of Western Americana.* Chicago: Univ. of Chicago Press for Newberry Library, 1968. 854pp.

REF 41 ICU Phyllis Franklin. "A Handlist of the Robert Herrick Papers at the University of Chicago." *American Literary Realism* 8 (Spring 1975), 109–154.

REF 42 IOa *Ernest Hemingway Collection.* Oak Park, Ill.: Oak Park Public Library, 1974. 15pp.

REF 43 IU-L Maynard J. Brichford, Robert M. Sutton, and Dennis F. Walle. *Manuscripts Guide to Collections at the University of Illinois at Urbana-Champaign.* Urbana: Univ. of Illinois Press, 1976. 384pp.

REF 44 IaU Frank Paluka. "Ruth Suckow: A Calendar of Letters." *Books at Iowa* No. 1 (Oct., 1964), 34–40; No. 2 (Apr., 1965), 31–40.

REF 45 InNd-Ar Lawrence J. Bradley. *Guide to the Microfilm Edition of Orestes Augustus Brownson Papers.* Notre Dame, Ind.: Univ. of Notre Dame Archives, 1966. 48pp.

REF 46 InU Ronald Gottesman and Charles L. P. Silet. *The Literary Manuscripts of Upton Sinclair.* Columbus: Ohio State Univ. Press, 1972. 470pp.

REF 47 InU Doris M. Reed. "Letters of Vachel Lindsay in the Lilly Library at Indiana University." *Indiana University Bookman* No. 5 (1960), 21–63. Cecil K. Byrd. "Check List of the Melcher Lindsay Collection," *ibid.,* pp. 64–106.

REF 48 KEmT *A Bibliography of William Allen White . . . from the William Allen White Collection.* 2 vols. Emporia, Kans.: Teachers College Press, 1969.

REF 49 KyTrA Frank Dell'Isola. *Thomas Merton, A Bibliography.* New York: Farrar, Straus and Cudahy, 1956. See pp. 77–87.

REF 50 MB   *Catalogue of the John Adams Library in the Public Library of the City of Boston.* Boston: The Trustees, 1917. 271pp.

REF 51 MB   Honor McCusker and Zoltán Haraszti. "The Correspondence of R. W. Griswold." *More Books* 16 (1941), 105–116, 152–156, 190–196, 286–289; 18 (1943), 57–68, 323–333; *Boston Public Library Quarterly* 1 (1949), 62–74, 156–165; 2 (1950), 77–84, 172–179, 269–275, 354–368; 3 (1951), 61–73, 146–154.

REF 52 MB   *The Prince Library: A Catalogue of the Collection of Books and Manuscripts . . .* Boston: A. Mudge and Son, 1870.

REF 53 MH   Thomas Little. "The Thomas Wolfe Collection of William B. Wisdom." *Harvard Library Bulletin* 1 (Autumn 1974), 280–287.

REF 54 MHi   *Microfilms of the Adams Papers Owned by the Adams Manuscript Trust and Deposited in the Massachusetts Historical Society.* 4 pts. Boston: Massachusetts Historical Society, 1954–1959. 60pp.

REF 55 MHi   Frederick S. Allis, Jr. *Guide to the Microfilm Edition of the Edward Everett Papers.* Boston: Massachusetts Historical Society, 1972. 87pp.

REF 56 MPlPS   Lawrence D. Geller. *Between Concord and Plymouth: The Transcendentalists and the Watsons, with the Hillside Collection of Manuscripts.* Plymouth, Mass.: Pilgrim Society, 1973. See pp. 109–237.

REF 57 MWalK   Philip Young and Charles W. Mann. *The Hemingway Manuscripts: An Inventory.* University Park: Pennsylvania State Univ. Press, 1968. 138pp. Papers, then in possession of his widow, now deposited in the John F. Kennedy Library.

REF 58 MdBE   John B. Boles. *A Guide to the Microfilm Edition of the John Pendleton Kennedy Papers.* Baltimore: Enoch Pratt Free Library, 1972. 30pp.

REF 59 MeWC   Richard Cary, "A Willa Cather Collection." *Colby Library Quarterly* 8 (1968), 82–95.

REF 60 MnHi   Helen McCann White. *Guide to a Microfilm Edition of the Ignatius Donnelly Papers.* St. Paul: Minnesota Historical Society, 1968. 34pp.

REF 61 MoSHi   Max Putzel. *The Man in the Mirror: William Marion Reedy and His Magazine.* Cambridge: Harvard Univ. Press, 1963. See pp. 301–305.

REF 62   MoSHi   Per Seyersted, ed. *The Complete Works of Kate Chopin.* 2 vols. Baton Rouge: Louisiana State Univ. Press, 1970. See Vol. 2, pp. 1001–1032.

REF 63   NB   Robert J. Brophy. "Jeffers Scholarly Materials: Brooklyn Public Library." *Robinson Jeffers Newsletter* No. 37 (1973), 11–12.

REF 64   NBiSU   Zack Bowen. *Annotated Catalogue and Bibliography for the Colum Collection of the Library at State University of New York at Binghampton.* Binghampton, N.Y.: Univ. Library, 1970. 45pp.

REF 65   NBu   *Descriptive Catalogue of the Gluck Collection of Manuscripts and Autographs in the Buffalo Public Library.* Buffalo, N. Y., 1899. 149pp.

REF 66   NHi   Arthur J. Breton. *A Guide to the Manuscript Collections of the New-York Historical Society.* 2 vols. Westport, Conn.: Greenwood Press, 1972.

REF 67   NHpR   *Historical Materials in the Franklin D. Roosevelt Library.* Hyde Park, N.Y.: Franklin D. Roosevelt Library, 1975. 17pp.

REF 68   NIC   James M. Highsmith. "A Description of the Cornell Collection of Eugene O'Neill's Letters to George Jean Nathan." *Modern Drama* 14 (1972), 420–425. See also Highsmith, "The Cornell Letters: Eugene O'Neill on his Craftsmanship to George Jean Nathan." *Modern Drama* 15 (1972), 68–88.

REF 69   NN-B   Andrew B. Myers. *The Worlds of Washington Irving, 1783–1859: From an Exhibition of Rare Book and Manuscript Materials in the Special Collections of the New York Public Library.* Tarrytown, N.Y.: Sleepy Hollow Restorations, 1974. 134pp.

REF 70   NN-B   "Edwin Arlington Robinson: A Descriptive List of the Lewis M. Isaacs Collection of Robinsoniana." *Bulletin of the New York Public Library* 52 (1948), 211–233.

REF 71   NNC   Kenneth A. Lohf. *The Literary Manuscripts of Hart Crane.* Columbus: Ohio State Univ. Press, 1967. 152pp.

REF 72   NNSII   Mabel Abbott. "The George William Curtis Collection." *Proceedings of the Staten Island Institute of Arts and Sciences* 12 (1950), 68–72; supplements: 13 (1951), 82–85 and 18 (1956), 22–26.

REF 73   NRU   Susan S. Smith. "Adelaide Crapsey: Materials for a Bibliographical and Textual Study." *University of Rochester Library Bulletin* 25 (1969–1970), 3–32.

REF 74 NSchU Frances Miller. *Catalogue of the William James Stillman Collection.* Schenectady, N.Y.: Friends of the Union College Library, 1974. 251pp.

REF 75 NSyU Stephanie Leon and Susan d'Angelo. *Dorothy Thompson, An Inventory of Her Papers in Syracuse University Library.* Syracuse, N.Y.: Syracuse Univ. Library, 1966. 144pp.

REF 76 NSyU John S. Patterson. *William Stanley Braithwaite: A Register of His Papers in the Syracuse University Library.* Syracuse, N.Y.: Syracuse Univ. Library, 1964. 18pp.

REF 77 NSyU John S. Patterson. *Robert Silliman Hillyer, A Register of His Papers in the Syracuse University Library.* Syracuse, N.Y.: Syracuse Univ. Library, 1964. 117pp.

REF 78 NWefHi Dean H. Keller. *An Index to the Albion W. Tourgée Papers in the Chautauqua County Historical Society, Westfield, New York.* Research Series VII. Kent, Ohio: Kent State Univ., 1964. 59pp.

REF 79 NcD Ellen Frances Frey. *Catalogue of the Whitman Collection in the Duke University Library, Being a Part of the Trent Collection.* Durham, N.C.: Duke Univ. Library, 1945. 148pp.

REF 80 NcU "Jeffers Scholarly Materials: University of North Carolina." *Robinson Jeffers Newsletter* No. 38 (April, 1974), 17.

REF 81 NcU Jim G. Lewis. "The Augustus Thomas Collection at the University of North Carolina." *Resources for American Literary Study* 4 (1974), 72–89.

REF 82 NjP Marguerite L. McAneny. "Eleven Manuscripts of Eugene O'Neill." *Princeton University Library Chronicle* 4 (1943), 86–89.

REF 83 OHi Sara S. Fuller. *The Paul Laurence Dunbar Collection: An Inventory of the Microfilm Edition.* Columbus: Ohio Historical Society, 1972. 40pp.

REF 84 OrU *Two San Francisco Writers: Inventory of the Papers of Dean S. Jennings and Inventory of the Papers of Peter B. Kyne.* Univ. of Oregon Library Occasional Papers No. 6. Eugene: Univ. of Oregon Library, 1974. See Kyne segment, separately paged, pp. 1–23.

REF 85   TMM   Helen White. *Anne Goodwin Winslow: An Annotated Checklist of Her Published Works and Her Papers.* Mississippi Valley Collection Bulletin No. 2. Memphis: Memphis State Univ., 1969. 57pp.

REF 86   TNJ   Martha Emily Cook and Thomas Daniel Young. "Fugitive/Agrarian Materials at Vanderbilt University." *Resources for American Literary Study* 1 (1971), 113–120.

REF 87   TxFTC   Lyle H. Kendall, Jr. *A Descriptive Catalogue of the W. L. Lewis Collection—Part One (Manuscripts, Inscriptions, Art).* Fort Worth: Texas Christian Univ. Press, 1970. 196pp.

REF 88   TxHU   Charles D. Peavy. "A Larry McMurtry Bibliography." *Western American Literature* 3 (1968), 235–248. See pp. 241–248.

REF 89   TxU   Laurence G. Avery. *A Catalogue of the Maxwell Anderson Collection at the University of Texas.* Austin: Univ. of Texas, 1968. 175pp.

REF 90   TxU   Marcella Booth. *A Catalogue of the Louis Zukofsky Manuscript Collection.* Austin: Humanities Research Center, Univ. of Texas, 1975. 249pp.

REF 91   TxU   Jon Bracker. "The Christopher Morley Collection." *Library Chronicle of the University of Texas* 7, ii (1962), 19–35.

REF 92   TxU   Victor A. Kramer. "James Agee Papers at the University of Texas." *Library Chronicle of the University of Texas* 8, ii (1966), 33–36.

REF 93   TxU   Gerald Langford. "Insights into the Creative Process: The Faulkner Collection at the University of Texas." *Proceedings of the Comparative Literature Symposium, Vol. 6 (William Faulkner: Prevailing Verities and World Literature).* Lubbock: Texas Technological Univ., 1973). See pp. 115–133.

REF 94   TxU   Joseph J. Moldenhauer. *A Descriptive Catalogue of Edgar Allan Poe Manuscripts in the Humanities Research Center Library, The University of Texas at Austin.* Supplement to *The Texas Quarterly* 16, iii (1973). 90pp.

REF 95   TxU   Noel Polk. " 'Hong Li' and *Royal Street:* The New Orleans Sketches in Manuscript" in *A Faulkner Miscellany,* ed. James B. Meriwether. Jackson: Univ. Press of Mississippi, 1974. See pp. 143–144.

REF 96 TxU Frank Lee Robinson. "Edgar Lee Masters, An Exhibition in Commemoration of the Centenary of His Birth: Catalogue and Checklist of Books." *Texas Quarterly* 12, i (1969), 1–143.

REF 97 TxU Alexander Sackton. *The T. S. Eliot Collection of the University of Texas at Austin.* Austin: Humanities Research Center, Univ. of Texas, 1975. See pp. 163–402.

REF 98 TxU Herb Stappenbeck. *A Catalogue of the Joseph Hergesheimer Collection at the University of Texas.* Austin: Humanities Research Center, 1974. See pp. 90–254.

REF 99 TxU Manfred Triesch. *The Lillian Hellman Collection at the University of Texas.* Austin: Univ. of Texas, 1966. 167pp.

REF 100 ViU Matthew J. Bruccoli. *Notes on the Cabell Collections at the University of Virginia.* Charlottesville: Univ. of Virginia Press, 1957. 178pp.

REF 101 ViU Lucy Trimble Clark. *The Barrett Library: Edwin Lassetter Bynner.* Charlottesville: Univ. of Virginia Press, 1961. 9pp.

REF 102 ViU Lucy Trimble Clark. *A Checklist of Printed and Manuscript Works of Francis Bret Harte in the Library of the University of Virginia.* Charlottesville: Univ. of Virginia Press, 1957. 64pp.

REF 103 ViU Lucy Trimble Clark and Marjorie D. Carver. *A Checklist of the Printed and Manuscript Works of Frank Richard Stockton in the Library of the University of Virginia.* Charlottesville: Univ. of Virginia Press, 1963. 24pp.

REF 104 ViU Joan St. C. Crane. *Robert Frost, A Descriptive Catalogue of Books and Manuscripts in the Clifton Waller Barrett Library, University of Virginia.* Charlottesville: Univ. Press of Virginia, 1974. 280pp.

REF 105 ViU Joan St. C. Crane. *Carl Sandburg, Philip Green Wright, and the Asgard Press, 1900–1910: A Descriptive Catalogue of Early Books, Manuscripts, and Letters in the Clifton Waller Barrett Library.* Charlottesville: Univ. Press of Virginia, 1975. 132pp.

REF 106 ViU Joan St. C. Crane and Anne E. H. Freudenberg. *Man Collecting: Manuscripts and Printed Works of William Faulkner in the University of Virginia Li-*

brary . . . Charlottesville: Univ. of Virginia Library, 1975. 142pp.

REF 107 ViU Fannie Mae Elliott and Lucy Trimble Clark. *A Checklist of the Printed and Manuscript Works of Charles Timothy Brooks in the Library of the University of Virginia.* Charlottesville: Univ. of Virginia Press, 1960. 9pp.

REF 108 ViU Fannie Mae Elliott and Lucy Trimble Clark. *A Checklist of the Printed and Manuscript Works of William Dean Howells in the Library of the University of Virginia.* Charlottesville: Univ. of Virginia Press, 1959. 68pp.

REF 109 ViU Fannie Mae Elliott, Lucy Trimble Clark, and Marjorie D. Carver. *A Checklist of the Printed and Manuscript Works of Richard Harding Davis in the Library of the University of Virginia.* Charlottesville: Univ. of Virginia Press, 1963. 31pp.

REF 110 ViU Eileen Gregory. "Faulkner's Typescripts of *The Town*" in *A Faulkner Miscellany,* ed. James B. Meriwether. Jackson: Univ. Press of Mississippi, 1974. See pp. 113–138.

REF 111 ViU Linton R. Massey. *William Faulkner, "Man Working," 1919–1962: A Catalogue of the William Faulkner Collections at the University of Virginia.* Charlottesville: Bibliographical Society of the Univ. of Virginia, 1968. 250pp.

REF 112 ViU John Carl Miller. *John Henry Ingram's Poe Collection at the University of Virginia.* Charlottesville: Univ. of Virginia Press, 1960. 397pp.

REF 113 ViU Anita Rutman, Lucy Trimble Clark, and Marjorie D. Carver. *A Checklist of the Printed and Manuscript Works of Oliver Wendell Holmes in the Library of the University of Virginia.* Charlottesville: Univ. of Virginia Press, 1960. 109pp.

REF 114 ViU Anita Rutman, Lucy Trimble Clark, and Marjorie D. Carver. *A Checklist of the Printed and Manuscript Works of Robinson Jeffers in the Library of the University of Virginia.* Charlottesville: Univ. of Virginia Press, 1960. 41pp.

REF 115 ViU Constance E. Thurlow, Francis L. Berkeley, Jr., John Casteen, and Anne E. H. Freudenberg. *The Jefferson Papers of the University of Virginia.* Charlottesville: Univ. Press of Virginia, 1973. 497pp.

REF 116 VtU   T. D. Seymour Bassett. "The Dorothy Canfield Collection in the Wilbur Library of the University of Vermont." *News and Notes* (Vermont Historical Society) 10 (Dec., 1958), 27–29.

REF 117 WU   Jerome Klinkowitz, James Giles, and John T. O'Brien. "The Willard Motley Papers at the University of Wisconsin." *Resources for American Literary Study* 2 (1972), 218–273.

REF 118 WaHi   Frank L. Green. *Inventory of the Ralph Chaplin Collection.* Tacoma: Washington State Historical Society, 1967. 30pp.

REF 119 WaU   James Richard McLeod. *Theodore Roethke, A Manuscript Checklist.* Kent, Ohio: Kent State Univ. Press, 1971. 295pp.

BIBLIOGRAPHY

As with the list of references, above, the editor has examined each item to insure that it has usefulness to those who consult this book. We have not cited library exhibition catalogs, though many of these have useful information on manuscripts; and, as noted elsewhere, we do not record works which publish the texts of manuscripts.

GENERAL INFORMATION ON THE USES OF MANUSCRIPTS

James Thorpe. *The Use of Manuscripts in Literary Research: Problems of Access and Literary Property Rights.* New York: Modern Language Association, 1974. 40pp. For comments on the Thorpe pamphlet and on literary manuscripts in this country, see John C. Broderick, "American Literary Manuscripts: An Essay Review," *Resources for American Literary Study* 6 (1976), 70–78.

GENERAL GUIDES TO MANUSCRIPTS

Helen L. Cripe. *Index to Manuscripts of Prominent Americans, 1763–1815, Listed in Book Auction and Dealer Catalogs.* In preparation.

Robert B. Downs. *American Library Resources, A Bibliographical Guide.* Chicago: American Library Association, 1951. Two supplements bring coverage to 1970.

Philip M. Hamer. *A Guide to Archives and Manuscripts in the United States.* New Haven: Yale Univ. Press, 1961. 775pp. The National Historical Publications and Records Commission is preparing a second edition of the *Guide.*

Andrea Hinding and Clarke A. Chambers. *Women's History Sources: A Guide to Archives and Manuscripts Collections in the United States.* In preparation.

National Union Catalog of Manuscript Collections. Ann Arbor, Mich.: J. W. Edwards, 1962 (1 vol.); Hamden, Conn.: Shoe String Press, 1964 (2 vols.); Washington: Library of Congress, 1965–1976 (11 vols.). Brief descriptions of manuscript collections, prepared by holding libraries. A continuing series.

Charles H. Nilon. *Bibliography of Bibliographies in American Literature.* New York: R. R. Bowker Co., 1970. See pp. 339–342.

Directory of Repositories of Historical Records (title tentative) is being prepared by the National Historical Publications and Records Commission. When published, it should contain information useful to persons seeking American literary manuscripts.

GENRE AND ETHNIC GUIDES

Dolores Gros Louis. *Autobiographies of American Women: An Annotated Bibliography.* Will locate manuscripts. In preparation.

William Matthews. *American Diaries: An Annotated Bibliography of American Diaries Written Prior to the Year 1861.* Univ. of California Publications in English, vol. 16. Berkeley: Univ. of California Press, 1945; rptd. Boston: J. S. Canner and Co., 1959. Published diaries; gives locations of MSS.

William Matthews. *American Diaries in Manuscript, 1580–1954: A Descriptive Bibliography.* Athens: Univ. of Georgia Press, 1974. 176 pp.

Walter Schatz. *Directory of Afro-American Resources.* New York: R. R. Bowker Co., 1970. 485 pp. Covers 5365 collections at 2108 institutions.

Joan R. Sherman. *Invisible Poets: Afro-Americans of the Nineteenth Century.* Urbana: Univ. of Illinois Press, 1974. See pp. 211–224, passim, for location of MSS.

William C. Young. *American Theatrical Arts: A Guide to Manuscripts and Special Collections in the United States and Canada.* Chicago: American Library Association, 1971. 166 pp.

REGIONAL GUIDES

John C. Broderick. "Manuscript Collections and Holdings." *A Bibliographical Guide to the Study of Southern Literature.* Ed. Louis D. Rubin, Jr. Baton Rouge: Louisiana State Univ. Press, 1969. See pp. 135–140.

Harry J. Carman and Arthur W. Thompson. *A Guide to the Principal Sources for American Civilization, 1800–1900, in the City of New York: Manuscripts.* New York: Columbia Univ. Press, 1960. See chapter 17 (Literature), chapter 23 (Publishing and Printing), chapter 30 (The Theatre).

Thomas H. English. *Roads to Research: Distinguished Library Collections of the Southeast.* Athens: Univ. of Georgia Press, 1968. 116pp.

David R. Larson, ed. *Guide to Manuscripts Collections & Institutional Records in Ohio.* [Columbus:] Society of Ohio Archivists, 1974. 315pp.

Manuscripts for Research: Five Associated University Libraries—Binghamton, Buffalo, Cornell, Rochester, Syracuse. Syracuse, N.Y.: Ronald F. Miller, 1969. 36pp.

Arkansas

Samuel A. Sizer. *A Guide to Selected Manuscript Collections in the University of Arkansas Library.* Fayetteville: Univ. of Arkansas Library, 1976. 155pp.

California

Herbert C. Schulz. "American Literary Manuscripts in the Huntington Library." *Huntington Library Quarterly* 22 (1959), 209–250. Brief descriptions of holdings, by author.

Dale L. Morgan and George P. Hammond. *A Guide to the Manuscript Collections of the Bancroft Library,* vol. 1. Berkeley: Univ. of California Press, 1963. 379pp.

Connecticut

80 Writers whose Books and Letters have been given over the past Twenty Years to the Yale University Library by Carl Van Vechten, compiled in honor of his 80th birthday, 17 June 1960. New Haven: Yale Univ. Library, 1960. 8pp.

The Beinecke Rare Book and Manuscript Library, A Guide to its Collections. New Haven: Yale Univ. Library, 1974. See pp. 73–85.

Delaware

John Beverley Riggs. *A Guide to the Manuscripts in the Eleutherian Mills Historical Library, Accessions Through the Year 1965.* Greenville, Del.: Eleutherian Mills Historical Society, 1970. 1205pp.

District of Columbia

Catalog of Manuscripts of the Folger Shakespeare Library, Washington, D.C. 3 vols. Boston: G. K. Hall and Co., 1971.

Guide to the National Archives of the United States. Washington: National Archives and Records Service, 1974. 884pp.

Iowa

Katherine Harris. *Guide to Manuscripts, State Historical Society of Iowa.* Iowa City: State Historical Society of Iowa, 1973. 332pp.

Frank Paluka. "American Literary Manuscripts in the University of Iowa Libraries, A Checklist." *Resources for American Literary Study* 3 (1973), 100–120.

Indiana

University of Notre Dame Archives (Notre Dame, Ind.) has a unique copy calendar of manuscripts of all authors reported in this volume.

Kentucky

History of Manuscript Division and Bibliography of Literary Manuscripts. Academic Services Library Bulletin, March, 1973. Bowling Green: Western Kentucky Univ. Library. 23pp. Includes some authors not covered in *ALM;* uses *ALM* format of item counts.

Maine

Richard Cary. "American Literary Manuscripts in the Colby College Library: A Checklist." *Resources for American Literary Study* 5 (1975), 217–240.

Maryland

Avril J. M. Pedley. *The Manuscript Collections of the Maryland Historical Society.* Baltimore: Maryland Historical Society, 1968. 390pp.

Massachusetts

American Literary Manuscripts in the Boston Public Library, A Checklist. Boston: Boston Public Library, 1973. 66pp. Includes some authors not covered in *ALM;* uses *ALM* format of item counts.

Arthur and Elizabeth Schlesinger Library on the History of Women in America: The Manuscript Inventories and the Catalogs of Manuscripts, Books and Pictures, Radcliffe College, Cambridge, Massachusetts. 3 vols. Boston: G. K. Hall and Co., 1973. See vol. 3.

Catalog of Manuscripts of the Massachusetts Historical Society. 7 vols. Boston: G. K. Hall and Co., 1969.

Catalog of the Sophia Smith Collection. Northampton, Mass.: Smith College, n.d. 55pp.

The Manuscript, Subject and Author Catalogs of the Sophia Smith Collection (Women's History Archive), Smith College, Northampton, Mass. 7 vols. Boston: G. K. Hall and Co., 1975.

Michigan

William S. Ewing. *Guide to the Manuscript Collections in the William L. Clements Library.* 2nd ed. Ann Arbor: Clements Library, 1953. 548pp.

Howard H. Peckham. *Guide to the Manuscript Collections in the William L. Clements Library.* Ann Arbor: Univ. of Michigan Press, 1942. 403pp.

Minnesota

Descriptive Inventories of Collections in the Social Welfare History Archives Center, University Libraries, University of Minnesota. Westport, Conn.: Greenwood Publishing Corp., 1970. 846pp.

Grace Lee Nute and Gertrude W. Ackermann. *Guide to the Personal Papers in the Manuscript Collections of the Minnesota Historical Society.* St. Paul: Minnesota Historical Society, 1935. 146pp.

Missouri

David Kaser and Jane Kaser. *Washington University Manuscripts: A Descriptive Guide.* Washington University Library Studies, No. 4. St. Louis: Washington Univ., 1958. 44pp.

New Jersey

Herbert F. Smith. *A Guide to the Manuscript Collection of the Rutgers University Library.* New Brunswick: Rutgers Univ. Library, 1964. 179pp.

Bruce W. Stewart and Hans Mayer. *A Guide to the Manuscript Collection, Morristown National Historical Park.* Morristown, N.J., 1967. 142pp.

New York

Sam P. Williams. *Guide to the Research Collections of the New York Public Library.* Chicago: American Library Assn., 1975. 336pp. This guide is the beginning point for anyone seeking manuscripts in the collections of the New York Public Library. Consult the index and relevant portions of chapters 2, 13–15, 20, 21, 23, 33.

Dictionary Catalog of the Henry W. and Albert A. Berg Collection of English and American Literature, New York Public Library. 5 vols. Boston: G. K. Hall and Co., 1969. Supplement. 1 vol. Boston: G. K. Hall and Co., 1975.

The New York Public Library Research Libraries. Dictionary Catalog of the Manuscript Division. 2 vols. Boston: G. K. Hall and Co., 1967.

Avi Wortis. "The Burnside Mystery: The R. H. Burnside Collection and the New York Public Library." *Performing Arts Resources,* 1 (1974), 99–146. Lists promptbooks, play scripts.

Manuscript Collections in the Columbia University Libraries, A Descriptive List. New York: Columbia University Libraries, 1959. 104pp.

Herbert Cahoon, Thomas V. Lange, and Charles A. Ryskamp. *American Literary Autographs: Washington Irving to Henry James.* MSS in Pierpont Morgan Library. In press.

Joseph R. McElrath, Jr. "Interviews with Contemporary Writers: The Brockport Video-Tape Collection," *Resources for American Literary Study* 6 (1976), 70–78. List of collection of interviews at New York State Univ. College, Brockport.

Elizabeth B. Mason and Louis M. Starr. *The Oral History Collection of Columbia University.* New York: Oral History Research Office, 1973. 460pp. Cites taped interviews with some authors and publishing officials.

U.S. Military Academy, West Point, New York. *Subject Catalog of the Military Art and Science Collection . . . Including a Preliminary Guide to the Manuscript Collection.* 4 vols. Westport, Conn.: Greenwood Press, 1970.

North Carolina

Susan Sokol Blosser and Clyde Norman Wilson, Jr. *The Southern Historical Collection: A Guide to Manuscripts.* Chapel Hill: Univ. of North Carolina Library, 1970. Unpaged.

Nannie M. Tilley and Noma Lee Goodwin. *Guide to the Manuscript Collections in the Duke University Library.* Historical Papers of the Trinity College Historical Society, Series 27–28. Durham, N.C.: Duke Univ. Press, 1947. 362pp.

In 1976 Duke University announced the founding of the Jay B. Hubbell Center for American Literary Historiography, to collect and make available for research the papers of scholars and critics in American literary history. Address inquiries to the Manuscript Curator, William R. Perkins Library, Duke University, Durham, N.C. 27706.

North Dakota

John B. Davenport. *Guide to the Orin G. Libby Manuscript Collection.* Grand Forks, N.D.: Chester Fritz Library, Univ. of North Dakota, 1975. 143pp.

Ohio

Kermit J. Pike. *A Guide to the Manuscripts and Archives of the Western Reserve Historical Society.* Cleveland: Western Reserve Historical Society, 1972. 425pp.

Manuscript Catalog of the American Jewish Archives, Cincinnati. 4 vols. Boston: G. K. Hall and Co., 1971.

Oklahoma

Mrs. H. H. Keene. *A Guidebook to Manuscripts in the Library of the Thomas Gilcrease Institute of American History and Art.* Tulsa, Okla.: Thomas Gilcrease Institute, 1969. 101pp.

Oregon

Martin Schmitt. *Catalogue of Manuscripts in the University of Oregon Library.* Eugene: Univ. of Oregon, 1971. 355pp.

Oregon Historical Society Manuscripts Collections. Oregon Historical Society Research and Bibliography Series, No. 1. Portland: Oregon Historical Society, 1971. 264pp.

Pennsylvania

Whitfield J. Bell, Jr. and Murphy D. Smith. *Guide to the Archives and Manuscript Collections of the American Philosophical Society.* APS Memoirs, v. 66. Philadelphia: American Philosophical Society, 1966. 182pp.

James J. Devlin. "William Coleman to Thomas Philipps: On the Early 19th Century American Theater." *Library Chronicle* (Univ. of Penna.) 32 (1966), 40–60. Annotated checklist of manuscripts.

Afro-Americana, 1553–1906: Author Catalog of the Library Company of Philadelphia and the Historical Society of Pennsylvania. Boston: G. K. Hall and Co., 1973. See pp. 529–707.

Tennessee

Guide to the Microfilm Holdings of the Manuscripts Section, Tennessee State Library and Archives. 2nd ed. Nashville: Tennessee State Library and Archives, 1975. 125pp.

Harriet Chappell Owsley. *Guide to the Processed Manuscripts of the Tennessee Historical Society.* Nashville: Tennessee State Library and Archives, 1969. 70pp.

Texas

Frederick J. Hunter. *A Guide to the Theatre and Drama Collections at the University of Texas.* Austin: Humanities Research Center, 1967. 86pp.

Chester V. Kielman. *The University of Texas Archives, A Guide to the Historical Manuscripts in the University of Texas Library.* Vol. 1. Austin: Univ. of Texas Press, 1967. 594pp. Includes some persons on the *ALM* author list.

Virginia

Marylee G. McGregor. *Guide to the Manuscript Collections of Colonial Williamsburg.* 2nd ed. Williamsburg, Va.: Colonial Williamsburg, Inc., 1969. 68pp.

The Research Center for the Federal Theatre Project (George Mason University, 4400 University Drive, Fairfax, Va. 22030) has in progress an oral history program—taped interviews of playwrights, actors, producers, technicians, critics. For list of persons interviewed, see *Federal One* (vol. 1, no. 2, May, 1976, pp. 10–11; vol. 1, no. 3, August, 1976, p. 17), a mimeographed publication of the center.

Alderman Library, University of Virginia (Charlottesville), has unique copy checklists of holdings for all authors reported in this volume. For published checklists, see References, above.

Washington

The Manuscript Collection of the University of Washington Libraries. Library Leaflet, new series, No. 1. Seattle: Univ. of Washington Libraries, 1967. 36pp., mimeographed. Revision in preparation.

Selected Manuscript Resources in the Washington State University Library. Pullman: Washington State Univ. Library, 1974. 94pp.

West Virginia

James W. Hess. *Guide to Manuscripts and Archives in the West Virginia Collection.* Morgantown: West Virginia Univ. Library, 1974. 317pp.

Wisconsin

Alice E. Smith. *Guide to the Manuscripts of the Wisconsin Historical Society.* Madison: State Historical Society of Wisconsin, 1944. 290pp. Josephine L. Harper and Sharon C. Smith. *Guide to the Manuscripts of the State Historical Society of Wisconsin. Supplement One* (1957). 222pp. Josephine L. Harper. *Guide . . . Supplement Two* (1966). 275pp.

CATALOGS OF AUTHORS' PAPERS

For catalogs of authors' papers confined to single library holdings, see Reference (REF) citations under author listings in the text of this book.

AUDEN. B. C. Bloomfield and Edward Mendelson. *W. H. Auden, A Bibliography, 1924–1969.* 2nd ed. Charlottesville: Univ. Press of Virginia, 1972. See pp. 243–251.

BURROUGHS. *A Descriptive Catalogue of the William S. Burroughs Archive.* London: Covent Garden Press, 1973. Archive housed in Vaduz, Lechtenstein.

CATHER. Margaret Anne O'Connor. "A Guide to the Letters of Willa Cather." *Resources for American Literary Study* 4 (1974), 145–172.

CULLEN. Florence E. Borders. *Guide to the Microfilm Edition of the Countee Cullen Papers, 1921–1969.* New Orleans: Amistad Research Center, Dillard Univ., 1975. 49pp. Papers on deposit at the Center.

FAULKNER. Keen Butterworth. "A Census of Manuscripts and Typescripts of William Faulkner's Poetry." *A Faulkner Miscellany.* Ed. James B. Meriwether. Jackson: Univ. Press of Mississippi, 1974, pp. 70–97.

James B. Meriwether. *The Literary Career of William Faulkner.* Princeton, N.J.: Princeton Univ. Library, 1961. See pp. 55–93. Manuscripts now at Alderman Library, Univ. of Virginia.

HAWTHORNE. Kenneth Walter Cameron. "Inventory of Hawthorne's Manuscripts, Part One." *Emerson Society Quarterly* 29 (1962), 5–20.

C. E. Frazer Clark, Jr. "Census of Nathaniel Hawthorne Letters, 1813–1849." *Nathaniel Hawthorne Journal, 1971* (Dayton, Ohio: National Cash Register Co., 1971), pp. 257–282.

HEMINGWAY. Audre Hanneman. *Ernest Hemingway, A Comprehensive Bibliography.* Princeton, N.J.: Princeton Univ. Press, 1967. See pp. 247–270. *Supplement.* Princeton, N.J.: Princeton Univ. Press, 1975. See pp. 101–131.

HOLMES. Thomas Franklin Currier and Eleanor M. Tilton. *A Bibliography of Oliver Wendell Holmes.* New York: New York Univ. Press, 1953. 707pp. Location of some MSS., passim.

HOUGH. Ellen D. Spaulding. Emerson Hough Collection: Calendar, Catalogue and Report. (Des Moines: Iowa State Department of History and Archives, Historical Library) 1925. 455pp. Typescript. See also Delpha T. Musgrave. Emerson Hough Collection: Index to Calendar. 1970. 36pp. Typescript.

HOWELLS. John K. Reeves. "The Literary Manuscripts of W. D. Howells: A Descriptive Finding List." *Bulletin of the New York Public Library* 62 (1958), 267–278, 350–363; 65 (1961), 465–476.

IRVING. H. L. Kleinfield. "A Census of Washington Irving Manuscripts." *Bulletin of the New York Public Library* 68 (1964), 13–32.

LEWIS. Charles Cooney. "Sinclair Lewis Manuscripts in the Library of Congress Manuscript Division: A Preliminary Checklist." *Prospects,* vol. 1 (New York: Burt Franklin and Co., 1975), pp. 75–79.

MENCKEN. Betty Adler. *Man of Letters: A Census of the Correspondence of H. L. Mencken.* Baltimore: Enoch Pratt Free Library, 1969. 335pp.

STEINBECK. Tetsumaro Hayashi. *John Steinbeck, A Concise Bibliography (1930–65).* Metuchen, N.J.: Scarecrow Press, 1967. See pp. 29–38.

Tetsumaro Hayashi. *A New Steinbeck Bibliography, 1929–1971.* Metuchen, N.J.: Scarecrow Press, 1973. See pp. 39–53.

THOREAU. William L. Howarth. *The Literary Manuscripts of Henry David Thoreau.* Columbus: Ohio State Univ. Press, 1974. 408pp.

WEBSTER. Charles M. Wiltse. *Microfilm Edition of the Papers of Daniel Webster: Guide and Index to the Microfilm.* Ann Arbor, Mich.: Univ. Microfilms, 1971. 175pp.

WELTY. W. U. McDonald, Jr. "Eudora Welty Manuscripts: An Annotated Finding List." *Bulletin of Bibliography* 24 (1963), 44–46; 31 (1974), 95–98, 126, 132.

WILBUR. John P. Field. *Richard Wilbur, A Bibliographical Checklist.* Kent, Ohio: Kent State Univ. Press, 1971. See pp. 44–56.

WILSON. Richard David Ramsey. *Edmund Wilson, A Bibliography.* New York: David Lewis, 1971. See pp. 289–290.

GUIDES TO AMERICAN LITERARY MANUSCRIPTS ABROAD

Lester K. Born. *British Manuscripts Project: A Checklist of Microfilms Prepared in England and Wales for the American Council of Learned Societies, 1941–1945.* Washington: Library of Congress, 1955; rptd. 1968. 179pp. Microfilm deposited in the Library of Congress.

Bernard R. Crick and Miriam Alman. *A Guide to Manuscripts Relating to America in Great Britain and Ireland.* London: Oxford Univ. Press, 1961. 667pp. Three lists of addenda, compiled by B. R. Crick, are published in *Bulletin of the British Association for American Studies,* n.s., No. 5 (Dec., 1962), 47–63; No. 7 (Dec., 1963), 55–64; No. 12–13 (1966), 61–77. Revised edition in preparation.

Nils Erik Enkvist. *British and American Literary Letters in Scandinavian Public Collections, A Survey.* Acta Academiae Aboensis, Humaniora, Vol. 27, No. 3. Åbo, Finland, Åbo Akademi, 1964. 110pp.

George Hendrick. "A Checklist of American Literary Manuscripts in Australia, Canada, India, Israel, Japan, and New Zealand." *Bulletin of Bibliography* 29 (July–Sept., 1972), 84–86, 92.

George Hendrick. "A Checklist of American Literary Manuscripts in Continental Libraries." *Bulletin of Bibliography* 25 (May–Aug., 1967), 49–58.

John Horden and Theodore Hofmann. *Index of English Literary Manuscript Sources.* Literary manuscripts in Great Britain. Expected to include George Sandys, Henry James, possibly a few other "American" writers. In preparation.

W. Kaye Lamb and Robert S. Gordon. *Union List of Manuscripts in Canadian Repositories.* Ottawa: Public Archives of Canada, 1968. 733pp.

Jenny Stratford. *The Arts Council Collection of Modern Literary Manuscripts, 1963–1972.* London: Turret Books, 1974. 168pp. Describes manuscripts in Great Britain of some twentieth-century American authors.